中国战略性新兴产业发展报告

徐匡迪

2013 Report on the Development of China's Strategic Emerging Industries

中国战略性新兴产业发展报告

中国工程科技发展战略研究院

科学出版社
北京

内 容 简 介

本书是中国工程科技发展战略研究院面向社会公众、面向决策人员的研究报告。全书分析了我国战略性新兴产业发展的总体形势，总结了主要国家和地区新兴产业的发展情况、宏观战略和政策举措以及对我国的启示，着重围绕战略性新兴产业七个领域若干重点方向的发展现状、主要技术、战略布局与政策取向等进行了介绍，并结合北京、江苏、安徽、广东、深圳、合肥六省市战略性新兴产业的发展案例，具体论述了区域的发展情况、有益做法、主要问题与制约因素等。同时，本书重点梳理分析了现有政策，并提出未来战略性新兴产业发展的政策取向。

本书有助于社会公众了解中国战略性新兴产业发展的总体情况、各领域发展态势和政策走向，可供各级领导干部、有关决策部门和社会公众参考。

图书在版编目（CIP）数据

中国战略性新兴产业发展报告．2013 / 中国工程科技发展战略研究院编．—北京：科学出版社，2013

ISBN 978-7-03-036317-6

Ⅰ.①中… Ⅱ.①中… Ⅲ.①新兴产业－产业发展－研究报告－中国－2013 Ⅳ.① F279.244.4

中国版本图书馆 CIP 数据核字（2012）第 314338 号

责任编辑：马 跃 / 责任校对：黄江霞
责任印制：阎 磊 / 封面设计：蓝正设计

科学出版社 出版

北京东黄城根北街16号
邮政编码：100717

http://www.sciencep.com

北京天时彩色印刷有限公司 印刷

科学出版社发行 各地新华书店经销

*

2013年1月第 一 版 开本：787×1092
2013年1月第一次印刷 印张：30 1/2
字数：688 000

定价：138.00元

（如有印装质量问题，我社负责调换）

中国工程科技发展战略研究院简介

2008 年 6 月，胡锦涛主席在两院院士大会上指出，中国工程院是国家的科学技术思想库，要继续团结带领全国科技界更加积极主动地参与决策咨询，为国家宏观决策提供科学依据。2011 年 4 月，胡锦涛主席在庆祝清华大学百年校庆大会上讲话指出，高校要深入开展政策研究，积极发挥思想库和智囊团作用。为贯彻落实胡锦涛主席的指示精神，中国工程院与清华大学强强联合，创新体制机制，整合优势资源，于 2011 年 4 月联合成立了中国工程科技发展战略研究院。

中国工程科技发展战略研究院坚持高层次、开放式、前瞻性的发展导向，围绕工程科技发展中的全局性、综合性、战略性重大课题开展理论研究、应用研究与政策咨询。战略研究院积极推动自然科学与社会科学相结合，发挥工程院的院士和清华大学中青年学者的智力优势，努力建成全球一流的战略决策思想库，为我国工程科技发展提供战略咨询。

编　委　会

序　一

国家发展和改革委员会主任　张　平

加快培育和发展战略性新兴产业是党中央、国务院为保持经济稳定增长，促进经济结构调整和经济发展方式转变的重大战略决策。党的十八大明确提出，以科学发展为主题，以加快转变经济发展方式为主线，是关系我国发展全局的战略抉择。要加快转变经济发展方式，必须坚持将推进经济结构战略性调整作为主攻方向，加快培育发展知识技术密集、物质资源消耗少、成长潜力大、综合效益好的战略性新兴产业，以充分发挥科技引领作用，在更高起点上形成新的经济增长点，提高经济增长质量和效益，真正走上加强经济社会创新驱动发展之路。这是《国务院关于加快培育和发展战略性新兴产业的决定》和《"十二五"国家战略性新兴产业发展规划》的根本目的。

从国际经济发展形势看，加快培育发展战略性新兴产业是我国努力掌握国际经济竞争主动权的必然要求。近年来，全球科技进入新的创新密集期，重大发现和发明不断涌现，在能源、环境、健康、信息化等战略领域，正在孕育着革命性突破，必将催生许多新兴产业。国际金融危机的爆发和持续发酵，引发全球对实体经济发展和产业结构优化升级的深度思考，促使世界产业发展格局发生新一轮重大调整。许多国家认识到，世界经济要实现真正意义上的复苏，必须充分依靠创新，挖掘新的需求，激发新的活力，提供新的引擎；必须采取力度空前的刺激措施，加大对节能环保、宽带网络、生物技术、新能源、新材料等战略领域的投入，加速实体经济的绿色健康发展，引领基础设施现代化建设，促进高层次就业。面对日益显现的新技术变革及其引发的产业革命新机遇，面对日趋激烈的新兴产业国际竞争新态势，培育和发展我国战略性新兴产业肩负着抓住发展机遇、把握今后竞争主动权、促进经济持续健康发展的历史使命。

从国内发展转型需要看，加快培育发展战略性新兴产业是我国实现可持续发展的必然要求。经过改革开放三十多年的快速发展，我国综合国力明显提高，但发展

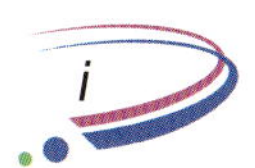

中不平衡、不协调、不可持续问题日益凸显，粗放经济发展方式下形成的经济结构与资源环境承载能力矛盾更加突出，金融危机使经济结构中的一些矛盾进一步显现。加速改变经济发展过度依靠出口、低成本要素投入拉动和大量的资源消耗的机制，加速改变农业基础薄弱、制造业大而不强、服务业发展滞后、产业结构不合理、经济增长主要依靠第二产业带动的格局刻不容缓。探索科学发展和可持续发展的新型工业化道路，必须大力培育发展战略性新兴产业，高起点地构建现代产业体系，促进资源节约型和环境友好型社会的建设，加快形成新的经济增长点，创造新的就业机会，更好地满足人民群众日益增长的物质文化生活需要，使我国经济社会能够真正走上创新驱动、内生增长、持续发展的轨道。

三年多来的实践证明，我国培育发展战略性新兴产业取得了广泛共识，全社会培育发展战略性新兴产业的氛围日益增强，新兴产业发展速度加快，技术创新基础不断加强，区域特色优势产业集群正在形成，吸纳高层次就业的人数增加，对经济发展的支撑作用正在逐步显现、增强。特别是在2012年经济增长下行压力加大的情况下，战略性新兴产业表现出良好的增长态势，为支撑中国经济的稳定发展作出了重要贡献。

党的十八大提出，经济发展要更多依靠战略性新兴产业带动，要推动战略性新兴产业健康发展。这是党中央对战略性新兴产业寄予的厚望，也是提出的新的更高要求。要落实好党的十八大对战略性新兴产业提出的新任务、新要求，需要我们进一步提高认识，正视发展中存在的技术基础薄弱、低水平重复发展、体制机制不完善等突出问题，坚定信心，共同努力，将培育发展战略性新兴产业的着力点聚集到相关核心、关键技术的掌握与运用、产业链的创新发展和区域集群的特色差异化发展，不断推动战略性新兴产业发展取得新的成绩，开拓新的局面，迈上新的台阶。

中国工程科技发展战略研究院汇集了国内相关领域的院士专家，编写了这本《中国战略性新兴产业发展报告2013》，对我国近年来战略性新兴产业的发展情况进行了系统回顾和全面分析，对认识和把握战略性新兴产业发展的现状和热点问题提供了有益的参考。我们相信，在党中央、国务院的坚强领导下，在各方面的共同努力下，中国的战略性新兴产业一定能够攻坚克难、开拓进取、占领制高点，为促进经济社会持续健康发展，实现中华民族伟大的复兴作出重要贡献。

序　二

中国工程院院长　周　济

我们国家的发展进入了新的历史时期，必须以科学发展为主题，以加快转变经济发展方式为主线，这是关系我们国家发展全局的战略选择。加快转变经济发展方式的主攻方向是推进经济结构战略性调整，要牢牢把握发展实体经济这一坚实基础，实行更加有利于实体经济发展的政策措施，推动战略性新兴产业、先进制造业健康发展，加快传统产业转型升级，推动服务业特别是现代服务业发展壮大。加快培育和发展战略性新兴产业是推进产业结构升级、加快经济发展方式转变的重大举措，是构建国际竞争新优势、掌握发展主动权的迫切需要，是全面建成小康社会、实现科学发展的必然选择，对推进我国现代化建设具有重要战略意义。

从国际上看，各国都极为重视战略性新兴产业，新兴产业正在成为引领未来经济社会发展的重要力量。进入21世纪，世界经济竞争格局发生了深刻变化，出现了两个重要的发展趋势：一方面，金融危机影响极为深远，实体经济的战略意义再次凸显。美国、英国、德国等世界主要发达国家纷纷实施再工业化战略，将重振实体经济作为经济复苏的关键，出台了一系列的政策和措施，着力提升产业核心竞争力，力图在知识技术密集的高端产业重塑竞争优势。另一方面，西方发达国家发展实体经济走的是一条新路子，它们依靠科技创新，将培育新兴技术和新兴产业作为抢占新一轮科技发展制高点的重点，谋求未来发展的主动权。新的科技革命已经初见端倪，第三次工业革命正在深化，科技竞争在综合国力竞争中的地位更加突出，科技创新已经成为经济社会发展的主要驱动力。

新一轮的技术革命和工业革命，对于当今中国，既是极为严峻的挑战，更是极为难得的机遇。发展和培育战略性新兴产业，实现产业结构调整，加快转变经济发展方式，最根本的是要依靠科技的力量，最关键的是要大幅提高自主创新能力。实施创新驱动发展战略，必须摆在产业结构优化升级的核心位置，成为培育和发展战略性新兴产业的主要驱动力量。

我国战略性新兴产业加速推进并取得实质性进展。2010 年，国务院颁布《国务院关于加快培育和发展战略性新兴产业的决定》；2012 年，国务院颁布《"十二五"国家战略性新兴产业发展规划》，明确了战略性新兴产业的发展目标、发展方向、主要任务、重大工程和政策措施；中央财政设立了战略性新兴产业发展专项资金，国家重大科技专项进行了重点部署，高端产业自主创新能力不断提高，相关标准和市场配套基础设施逐步建立，重点产业及其新业态加速成长壮大，战略性新兴产业在各地呈现出集聚蓬勃发展的态势。同时，我们必须有强烈的忧患意识，要清醒地看到，我国战略性新兴产业与发达国家相比还存在很大差距，主要原因在于自主创新能力还不强，关键核心技术严重缺乏，产业发展环境还不好，投融资体系、市场机制、体制政策都不能适应发展要求。我们要以高度的责任感和紧迫感，解放思想，改革开放，凝聚力量，攻坚克难，推动战略性新兴产业快速健康持续发展。

科学发展需要科学决策，科学决策需要战略研究。"九五"、"十五"和"十一五"期间，中国工程院针对高新技术产业持续开展了咨询研究，2010 年，中国工程院受国家发展改革委委托，开展了"战略性新兴产业发展战略研究"咨询项目，为国家制定关于战略性新兴产业的决定和"十二五"规划提供了基础性支撑性的咨询意见。2011 年，中国工程院与清华大学联合成立了中国工程科技发展战略研究院。中国工程科技发展战略研究院成立伊始，就在国家发展改革委的指导和支持下，动员和组织中国工程院和全国各方面的力量，开展了"战略性新兴产业培育与发展"重大战略研究咨询项目。

《中国战略性新兴产业发展报告 2013》是"战略性新兴产业培育与发展"咨询项目的阶段性研究成果。该报告是在全面调查、深入研究、科学论证、集思广益的基础上形成的，凝聚了几十位院士和数百位专家的心血和智慧。通过该报告，读者能够获得丰富翔实的信息，了解我国战略性新兴产业在产业发展、工程示范、科学研究等方面所取得的巨大成绩，所面临的严峻挑战，以及各个重点领域的发展现状、产业布局和相关政策等。该报告最大的特点是应运而生、恰逢其时，适应我国战略性新兴产业的发展需求。诚挚地期望《中国战略性新兴产业发展报告 2013》能够得到产业界的重视、学术界的支持和读者们的喜爱，能够为我国战略性新兴产业的培育和发展作出自己的贡献。中国战略性新兴产业的又好又快持续发展，是历史的必然，必定会经历艰难困苦，必定会赢得伟大的胜利。

衷心地希望《中国战略性新兴产业发展报告》能够长期坚持、越办越好，与中国战略性新兴产业的发展相随而行，为之欢呼、为之咨询、为之奋斗、为之奉献！

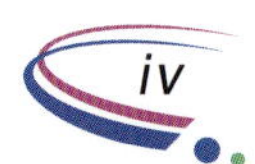

序　三

清华大学校长　陈吉宁

由国家发展和改革委员会与中国工程院牵头部署，由中国工程科技发展战略研究院负责编写的《中国战略性新兴产业发展报告2013》（简称《发展报告》）即将付梓。这部《发展报告》的出版，是《国务院关于加快培育和发展战略性新兴产业的决定》颁发两年多来，对我国战略性新兴产业方方面面的一次系统梳理，更加清楚地阐明了统领产业发展的方针政策，更加翔实地介绍了7个领域24个方向的发展动态，更加深入地描绘了国际主要发达国家和国内多个省市的鲜活实践。

2011年4月24日，胡锦涛主席在庆祝清华大学建校100周年大会上的重要讲话中指出，高校要"自觉参与推动战略性新兴产业加快发展，促进产学研紧密融合，加快科技成果转化和产业化步伐，着力推动中国制造向中国创造转变"。在这一重大战略任务面前，清华大学责无旁贷。在本次《发展报告》的编写工作中，中国工程科技发展战略研究院充分发挥了思想库的作用，利用清华大学文理交叉融合的优势，组织来自全校10个院、系（所）的15位院士和近百位教师、研究生参与研究和撰写工作。

纵观世界各国尤其是发达国家的发展历史，许多对经济社会产生深刻影响的战略性新兴产业都源自于大学。战略性新兴产业区别于传统的一般产业有两个核心要素，即"战略性"和"新兴产业"。清华大学恰恰在这两个方面都有着雄厚的基础和强大的依托。

在"战略性"方面，清华大学和清华人在国家历次重要发展战略特别是工程科技和产业发展战略的制订工作中，有着光荣的传统和卓著的贡献。1956年，在全国第一次自然科学规划会上，党中央、国务院决策制定了新中国第一个科技发展规划——《十二年科技发展规划》。在这次史无前例的科技规划制定过程中，钱学森、钱伟长、钱三强三位清华校友及一些专家学者从国际科技发展前沿和国家利益出发，大力倡导发展我国的原子能事业和火箭事业，他们的建议得到了毛泽东、周恩来等

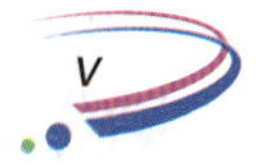

中央领导同志的认可，被编入《十二年科技发展规划》并作为重点任务实施。1986年3月，四位清华校友王大珩、王淦昌、杨嘉墀和陈芳允同志，敏锐地预见到世界新技术革命带来的严峻挑战，联名致信邓小平同志，提出要瞄准世界高技术发展前沿，加快发展中国的战略性高技术。他们的建议得到了小平同志的高度重视，直接促进了国家高技术研究发展计划，即“863”计划的出台和实施。新时期，在科技中长期发展规划等重要战略的制订和实施中，清华大学继续发挥着重要作用。

关于“新兴产业”方面，在不同时期，新兴产业有着不同的内涵。清华大学作为一所与产业界联系密切的综合性大学，对我国近代以来各个时期的产业发展都作出了重要贡献。20世纪三四十年代，我校的机械、水利、土木、电力等学科的建立和发展对我国基本工业体系的初步建设发挥了重要作用；五六十年代，为满足社会主义建设的迫切需要，我校创建了原子能、微电子等一系列高新技术专业，培养了一大批高层次的工程技术人才，为我国的工业发展和经济建设作出了巨大贡献。我国第一座核反应堆、第一枚高纯度单晶硅、第一套电视发射设备以及震撼世界的“两弹一星”，都凝聚着成千上万清华人的汗水。改革开放后，围绕国家战略需求，瞄准国际学术前沿，我校在具有战略意义的高新技术和产业上集中优势力量攻关，大力推动产学研一体化，取得了丰硕的成果。当前，我校在国务院确定的节能环保、新一代信息技术、生物、高端装备制造、新能源、新材料和新能源汽车七大战略性新兴产业方面，专业设置齐全，学科基础扎实、科研实力雄厚，面向经济建设、社会发展和国家安全的需要，在燃煤烟气脱硫石膏改良碱化土壤、基于IPV6的下一代互联网、3.6万吨垂直挤压机、高温气冷堆核电站、OLED关键技术、燃气轮机制造等方面已取得了一些重要成果。在已有的基础上，清华希望在新一轮战略性新兴产业的培育和发展进程中，继续为国家和社会作出应有的贡献。

自觉并积极参与推动战略性新兴产业加快发展，是清华大学新百年的新使命之一。对于这一重大战略任务，我们需要从两个方面入手：

一是继续加强科技创新工作。既要高度重视战略性新兴产业的基础研究，努力做到有所发现、有所发明，争取作出高水平的原创性成果；也要大力加强战略性新兴产业的应用研究，着重开展对产业发展有重要作用的关键共性技术研究，形成在国际上有竞争力的技术、产品和产业。

二是继续加强战略咨询研究。既要鼓励和引导从事自然科学研究的教师和学生，从专业的层次跃迁到产业的层次，站在国家和社会的高度上提出问题、思考问题、解决问题，努力培养一批既有精深专业水准，又兼具国家意识和全球视野的战略科学家；也要高度重视人文社会科学研究，引导政治学、经济学、管理学、社会学、法学等方面的教师和学生，将政治、经济、文化、社会等宏观层面的战略分解细化为战略性新兴产业发展的任务，积极参与到战略性新兴产业的软科学研究中。

正是基于上述考虑，清华大学和中国工程院于2011年4月联合成立了中国工程科技发展战略研究院。建院伊始，研究院就将“战略性新兴产业培育与发展”列为首批启动的四个重大咨询研究项目之一。《中国战略性新兴产业发展报告2013》正是

这一项目的重要阶段性成果。

这部《发展报告》的出版，得益于上级领导的大力支持，凝聚了“战略性新兴产业培育与发展”课题组各位院士专家的集体智慧，也饱含着《发展报告》编委会和工作组的辛勤汗水。在此，我向各位领导、专家和工作人员表示衷心的感谢！

今后，清华大学将以国家战略发展为牵引，进一步推进战略性新兴产业的研究与咨询工作，努力为产业技术的发展乃至国家综合竞争力的提升作出更大的贡献。

前　言

党中央、国务院以国际视野和战略思维，科学判断未来需求变化和技术发展趋势，对培育和发展战略性新兴产业作出重大部署。2010 年 10 月，国务院发布了《国务院关于加快培育和发展战略性新兴产业的决定》（简称《决定》），其中明确提出，战略性新兴产业是以重大技术突破和重大发展需求为基础，对经济社会全局和长远发展具有重大引领带动作用，知识技术密集、物质资源消耗少、成长潜力大、综合效益好的产业；现阶段重点培育和发展节能环保、新一代信息技术、生物、高端装备制造、新能源、新材料、新能源汽车等产业。自《决定》出台以来，在社会各界的大力支持下，我国战略性新兴产业出现了社会资本大幅投入、青年人才回国创业不断增加、高端产业原创能力不断提升、区域特色产业渐成优势、总量规模快速增长等趋势，引起了国内外的广泛关注。2012 年 7 月，国务院正式印发的《“十二五”国家战略性新兴产业发展规划》（简称《规划》），进一步指明了我国未来 5 ～ 10 年培育发展战略性新兴产业的路线图。

培育和发展战略性新兴产业，是促进经济发展方式转变、推动经济结构战略性调整、建设创新型国家的重大举措和重要实践，具有鲜明的时代特征。新一轮产业革命引发全球竞争格局深刻变化，必须抓住历史机遇，抢占新兴产业发展制高点。破解资源环境制约瓶颈，必须发展低能耗、少排放的战略性新兴产业，实现可持续发展。加快转变经济发展方式，必须发展知识技术密集的战略性新兴产业，提高经济发展质量。应对国际金融危机的深刻影响，实现经济社会的创新驱动发展，必须发展有内需支撑的战略性新兴产业。

为了认识和把握战略性新兴产业的发展规律，遴选并找准培育和发展战略性新兴产业的突破口，探索政府与企业协同推进战略性新兴产业的新路径，中国工程科技发展战略研究院（简称战略研究院）启动了“战略性新兴产业培育与发展”重大咨询项目。该项目共组织了 110 多位院士及近 200 位专家参与研究，分设信息、生物、农业、能源、材料、航天、航空、海洋、环保、智能制造、节能与新能源汽车、流程制造、现代服务 13 个领域课题组以及战略性新兴产业创新规律与产业政策课题

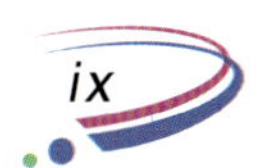

组和项目综合组。

结合“战略性新兴产业培育与发展”项目，为了更好地反映中国战略性新兴产业发展的总体情况及各领域发展态势，介绍国内外相关技术和产业的前沿热点与最新动向，宣传国家政策和引导社会投资，战略研究院受国家发展和改革委员会（简称国家发展改革委）委托，承担了《中国战略性新兴产业发展报告2013》的编写工作。

本次出版的研究报告共计10篇，32章，可分为四大部分。第一部分为综合篇，集中介绍战略性新兴产业培育和发展的两个纲领性文件，即国务院颁布的《决定》和《规划》，专门针对《规划》的编制背景、原则、框架和内容等进行了解读，重点分析了战略性新兴产业发展的总体情况，全面总结了主要国家和地区新兴产业的发展情况、宏观战略和政策举措以及对我国的启示。第二部分为产业篇（包括节能环保产业篇、新一代信息技术产业篇、生物产业篇、高端装备制造产业篇、新能源产业篇、新材料产业篇、新能源汽车产业篇），围绕战略性新兴产业七个领域若干重点方向的发展现状、主要技术、战略布局与政策取向等进行了介绍。第三部分为区域篇，结合北京、江苏、安徽、广东、深圳、合肥六省市战略性新兴产业的发展案例具体论述了区域的发展情况、有益做法、主要问题与制约因素等。第四部分为政策篇，重点梳理分析现有政策，并提出未来战略性新兴产业发展的政策取向。

战略性新兴产业既代表科技创新和产业发展的方向，又代表新兴科技和新兴产业的深度融合。培育和发展战略性新兴产业是当前保持经济平稳健康发展的重要举措，也是“十二五”时期以及更长时间内加快经济发展方式转变、促进产业结构优化升级的主攻方向。本报告力求通过介绍中国战略性新兴产业的基本情况、发展思路、政策措施与努力方向等，在向读者展示产业发展过程中所取得的一系列重要成就的同时，客观分析产业发展过程中所面临的挑战，并进一步探讨未来的政策走向，努力成为产业发展的“晴雨表”、政策导向的“风向标”。本报告的出版，旨在引导社会资源的合理配置，促进战略性新兴产业的良性健康发展。

编委会在组织撰写本报告的过程中收集了大量的数据与资料，特别是参加了2012年上半年由国家发展改革委、财政部联合组织的年度战略性新兴产业调研工作，在有关省市的配合与支持下，获取了丰富的第一手资料，为本报告的编写工作提供了翔实的素材。但限于篇幅，无法一一展现，因而只能聚焦若干重点与热点问题进行集中论述。在未来发展报告中，编委会将会结合更多的重点与热点问题进行论述，使读者对我国战略性新兴产业的发展有更为全面的认识，带给读者更多的思考与启示。

本报告的编写工作得到了中国工程院、国家发展改革委、清华大学、国家开发银行等单位和部门的大力支持，得到了徐匡迪、周济、潘云鹤、张晓强、干勇、陈吉宁、陈清泰、朱高峰、杜祥琬等同志的亲切关怀与悉心指导，在此表示衷心的感谢。

编委会

2012年12月

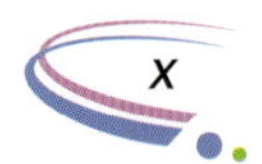

目　　录

生物产业篇

高端装备制造产业篇

新能源产业篇

新材料产业篇

新能源汽车产业篇

区域篇

政策篇

综合篇

第 1 章

国务院关于加快培育和发展战略性新兴产业的决定①

国发〔2010〕32 号

战略性新兴产业是引导未来经济社会发展的重要力量。发展战略性新兴产业已成为世界主要国家抢占新一轮经济和科技发展制高点的重大战略。我国正处在全面建设小康社会的关键时期，必须按照科学发展观的要求，抓住机遇，明确方向，突出重点，加快培育和发展战略性新兴产业。现作出如下决定：

一、抓住机遇，加快培育和发展战略性新兴产业

战略性新兴产业是以重大技术突破和重大发展需求为基础，对经济社会全局和长远发展具有重大引领带动作用，知识技术密集、物质资源消耗少、成长潜力大、综合效益好的产业。加快培育和发展战略性新兴产业对推进我国现代化建设具有重要战略意义。

（1）加快培育和发展战略性新兴产业是全面建设小康社会、实现可持续发展的必然选择。我国人口众多、人均资源少、生态环境脆弱，又处在工业化、城镇化快

① 本章全文刊载于 2010 年 10 月 18 日国务院颁布的《国务院关于加快培育和发展战略性新兴产业的决定》（国发〔2010〕32 号）。

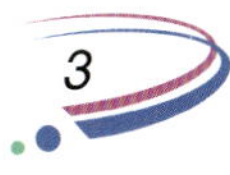

速发展时期，面临改善民生的艰巨任务和资源环境的巨大压力。要全面建设小康社会、实现可持续发展，必须大力发展战略性新兴产业，加快形成新的经济增长点，创造更多的就业岗位，更好地满足人民群众日益增长的物质文化需求，促进资源节约型和环境友好型社会建设。

（2）加快培育和发展战略性新兴产业是推进产业结构升级、加快经济发展方式转变的重大举措。战略性新兴产业以创新为主要驱动力，辐射带动力强，加快培育和发展战略性新兴产业，有利于加快经济发展方式转变，有利于提升产业层次、推动传统产业升级、高起点建设现代产业体系，体现了调整优化产业结构的根本要求。

（3）加快培育和发展战略性新兴产业是构建国际竞争新优势、掌握发展主动权的迫切需要。当前，全球经济竞争格局正在发生深刻变革，科技发展正孕育着新的革命性突破，世界主要国家纷纷加快部署，推动节能环保、新能源、信息、生物等新兴产业快速发展。我国要在未来国际竞争中占据有利地位，必须加快培育和发展战略性新兴产业，掌握关键核心技术及相关知识产权，增强自主发展能力。

加快培育和发展战略性新兴产业具备诸多有利条件，也面临严峻挑战。经过改革开放 30 多年的快速发展，我国综合国力明显增强，科技水平不断提高，建立了较为完备的产业体系，特别是高技术产业快速发展，规模跻身世界前列，为战略性新兴产业加快发展奠定了较好的基础。同时，也面临着企业技术创新能力不强，掌握的关键核心技术少，有利于新技术新产品进入市场的政策法规体系不健全，支持创新创业的投融资和财税政策、体制机制不完善等突出问题。必须充分认识加快培育和发展战略性新兴产业的重大意义，进一步增强紧迫感和责任感，抓住历史机遇，加大工作力度，加快培育和发展战略性新兴产业。

二、坚持创新发展，将战略性新兴产业加快培育成为先导产业和支柱产业

根据战略性新兴产业的特征，立足我国国情和科技、产业基础，现阶段重点培育和发展节能环保、新一代信息技术、生物、高端装备制造、新能源、新材料、新能源汽车等产业。

（一）指导思想

以邓小平理论和“三个代表”重要思想为指导，深入贯彻落实科学发展观，把握世界新科技革命和产业革命的历史机遇，面向经济社会发展的重大需求，把加快培育和发展战略性新兴产业放在推进产业结构升级和经济发展方式转变的突出位置。积极探索战略性新兴产业发展规律，发挥企业主体作用，加大政策扶持力度，深化体制机制改革，着力营造良好环境，强化科技创新成果产业化，抢占经济和科技竞争制高点，推动战略性新兴产业快速健康发展，为促进经济社会可持续发展作出

贡献。

（二）基本原则

坚持充分发挥市场的基础性作用与政府引导推动相结合。要充分发挥我国市场需求巨大的优势，创新和转变消费模式，营造良好的市场环境，调动企业主体的积极性，推进产学研用结合。同时，对关系经济社会发展全局的重要领域和关键环节，要发挥政府的规划引导、政策激励和组织协调作用。

坚持科技创新与实现产业化相结合。要切实完善体制机制，大幅度提升自主创新能力，着力推进原始创新，大力增强集成创新和联合攻关，积极参与国际分工合作，加强引进消化吸收再创新，充分利用全球创新资源，突破一批关键核心技术，掌握相关知识产权。同时，要加大政策支持和协调指导力度，造就并充分发挥高素质人才队伍的作用，加速创新成果转化，促进产业化进程。

坚持整体推进与重点领域跨越发展相结合。要对发展战略性新兴产业进行统筹规划、系统布局，明确发展时序，促进协调发展。同时，要选择最有基础和条件的领域作为突破口，重点推进。大力培育产业集群，促进优势区域率先发展。

坚持提升国民经济长远竞争力与支撑当前发展相结合。要着眼长远，把握科技和产业发展新方向，对重大前沿性领域及早部署，积极培育先导产业。同时，要立足当前，推进对缓解经济社会发展瓶颈制约具有重大作用的相关产业较快发展，推动高技术产业健康发展，带动传统产业转型升级，加快形成支柱产业。

（三）发展目标

到 2015 年，战略性新兴产业形成健康发展、协调推进的基本格局，对产业结构升级的推动作用显著增强，增加值占国内生产总值的比重力争达到 8% 左右。

到 2020 年，战略性新兴产业增加值占国内生产总值的比重力争达到 15% 左右，吸纳、带动就业能力显著提高。节能环保、新一代信息技术、生物、高端装备制造产业成为国民经济的支柱产业，新能源、新材料、新能源汽车产业成为国民经济的先导产业；创新能力大幅提升，掌握一批关键核心技术，在局部领域达到世界领先水平；形成一批具有国际影响力的大企业和一批创新活力旺盛的中小企业；建成一批产业链完善、创新能力强、特色鲜明的战略性新兴产业集聚区。

再经过十年左右的努力，战略性新兴产业的整体创新能力和产业发展水平达到世界先进水平，为经济社会可持续发展提供强有力的支撑。

三、立足国情，努力实现重点领域快速健康发展

根据战略性新兴产业的发展阶段和特点，要进一步明确发展的重点方向和主要任务，统筹部署，集中力量，加快推进。

（一）节能环保产业

重点开发推广高效节能技术装备及产品，实现重点领域关键技术突破，带动能效整体水平的提高。加快资源循环利用关键共性技术研发和产业化示范，提高资源综合利用水平和再制造产业化水平。示范推广先进环保技术装备及产品，提升污染防治水平。推进市场化节能环保服务体系建设。加快建立以先进技术为支撑的废旧商品回收利用体系，积极推进煤炭清洁利用、海水综合利用。

（二）新一代信息技术产业

加快建设宽带、泛在、融合、安全的信息网络基础设施，推动新一代移动通信、下一代互联网核心设备和智能终端的研发及产业化，加快推进三网融合，促进物联网、云计算的研发和示范应用。着力发展集成电路、新型显示、高端软件、高端服务器等核心基础产业。提升软件服务、网络增值服务等信息服务能力，加快重要基础设施智能化改造。大力发展数字虚拟等技术，促进文化创意产业发展。

（三）生物产业

大力发展用于重大疾病防治的生物技术药物、新型疫苗和诊断试剂、化学药物、现代中药等创新药物大品种，提升生物医药产业水平。加快先进医疗设备、医用材料等生物医学工程产品的研发和产业化，促进规模化发展。着力培育生物育种产业，积极推广绿色农用生物产品，促进生物农业加快发展。推进生物制造关键技术开发、示范与应用。加快海洋生物技术及产品的研发和产业化。

（四）高端装备制造产业

重点发展以干支线飞机和通用飞机为主的航空装备，做大做强航空产业。积极推进空间基础设施建设，促进卫星及其应用产业发展。依托客运专线和城市轨道交通等重点工程建设，大力发展轨道交通装备。面向海洋资源开发，大力发展海洋工程装备。强化基础配套能力，积极发展以数字化、柔性化及系统集成技术为核心的智能制造装备。

（五）新能源产业

积极研发新一代核能技术和先进反应堆，发展核能产业。加快太阳能热利用技术推广应用，开拓多元化的太阳能光伏光热发电市场。提高风电技术装备水平，有序推进风电规模化发展，加快适应新能源发展的智能电网及运行体系建设。因地制宜开发利用生物质能。

（六）新材料产业

大力发展稀土功能材料、高性能膜材料、特种玻璃、功能陶瓷、半导体照明材

料等新型功能材料。积极发展高品质特殊钢、新型合金材料、工程塑料等先进结构材料。提升碳纤维、芳纶、超高分子量聚乙烯纤维等高性能纤维及其复合材料发展水平。开展纳米、超导、智能等共性基础材料研究。

（七）新能源汽车产业

着力突破动力电池、驱动电机和电子控制领域关键核心技术，推进插电式混合动力汽车、纯电动汽车推广应用和产业化。同时，开展燃料电池汽车相关前沿技术研发，大力推进高能效、低排放节能汽车发展。

四、强化科技创新，提升产业核心竞争力

增强自主创新能力是培育和发展战略性新兴产业的中心环节，必须完善以企业为主体、市场为导向、产学研相结合的技术创新体系，发挥国家科技重大专项的核心引领作用，结合实施产业发展规划，突破关键核心技术，加强创新成果产业化，提升产业核心竞争力。

（一）加强产业关键核心技术和前沿技术研究

围绕经济社会发展重大需求，结合国家科技计划、知识创新工程和自然科学基金项目等的实施，集中力量突破一批支撑战略性新兴产业发展的关键共性技术。在生物、信息、空天、海洋、地球深部等基础性、前沿性技术领域超前部署，加强交叉领域的技术和产品研发，提高基础技术研究水平。

（二）强化企业技术创新能力建设

加大企业研究开发的投入力度，对面向应用、具有明确市场前景的政府科技计划项目，建立由骨干企业牵头组织、科研机构和高校共同参与实施的有效机制。依托骨干企业，围绕关键核心技术的研发和系统集成，支持建设若干具有世界先进水平的工程化平台，结合技术创新工程的实施，发展一批由企业主导，科研机构、高校积极参与的产业技术创新联盟。加强财税政策引导，激励企业增加研发投入。加强产业集聚区公共技术服务平台建设，促进中小企业创新发展。

（三）加快落实人才强国战略和知识产权战略

建立科研机构、高校创新人才向企业流动的机制，加大高技能人才队伍建设力度。加快完善期权、技术入股、股权、分红权等多种形式的激励机制，鼓励科研机构和高校科技人员积极从事职务发明创造。加大工作力度，吸引全球优秀人才来华创新创业。发挥研究型大学的支撑和引领作用，加强战略性新兴产业相关专业学科

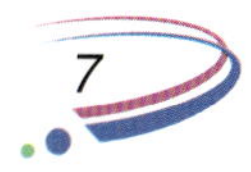

建设，增加急需的专业学位类别。改革人才培养模式，制定鼓励企业参与人才培养的政策，建立企校联合培养人才的新机制，促进创新型、应用型、复合型和技能型人才的培养。支持知识产权的创造和运用，强化知识产权的保护和管理，鼓励企业建立专利联盟。完善高校和科研机构知识产权转移转化的利益保障和实现机制，建立高效的知识产权评估交易机制。加大对具有重大社会效益创新成果的奖励力度。

（四）实施重大产业创新发展工程

以加速产业规模化发展为目标，选择具有引领带动作用，并能够实现突破的重点方向，依托优势企业，统筹技术开发、工程化、标准制定、市场应用等环节，组织实施若干重大产业创新发展工程，推动要素整合和技术集成，努力实现重大突破。

（五）建设产业创新支撑体系

发挥知识密集型服务业支撑作用，大力发展研发服务、信息服务、创业服务、技术交易、知识产权和科技成果转化等高技术服务业，着力培育新业态。积极发展人力资源服务、投资和管理咨询等商务服务业，加快发展现代物流和环境服务业。

（六）推进重大科技成果产业化和产业集聚发展

完善科技成果产业化机制，加大实施产业化示范工程力度，积极推进重大装备应用，建立健全科研机构、高校的创新成果发布制度和技术转移机构，促进技术转移和扩散，加速科技成果转化为现实生产力。依托具有优势的产业集聚区，培育一批创新能力强、创业环境好、特色突出、集聚发展的战略性新兴产业示范基地，形成增长极，辐射带动区域经济发展。

五、积极培育市场，营造良好市场环境

要充分发挥市场的基础性作用，充分调动企业积极性，加强基础设施建设，积极培育市场，规范市场秩序，为各类企业健康发展创造公平、良好的环境。

（一）组织实施重大应用示范工程

坚持以应用促发展，围绕提高人民群众健康水平、缓解环境资源制约等紧迫需求，选择处于产业化初期、社会效益显著、市场机制难以有效发挥作用的重大技术和产品，统筹衔接现有试验示范工程，组织实施全民健康、绿色发展、智能制造、材料换代、信息惠民等重大应用示范工程，引导消费模式转变，培育市场，拉动产业发展。

（二）支持市场拓展和商业模式创新

鼓励绿色消费、循环消费、信息消费，创新消费模式，促进消费结构升级。扩大终端用能产品能效标识实施范围。加强新能源并网及储能、支线航空与通用航空、新能源汽车等领域的市场配套基础设施建设。在物联网、节能环保服务、新能源应用、信息服务、新能源汽车推广等领域，支持企业大力发展有利于扩大市场需求的专业服务、增值服务等新业态。积极推行合同能源管理、现代废旧商品回收利用等新型商业模式。

（三）完善标准体系和市场准入制度

加快建立有利于战略性新兴产业发展的行业标准和重要产品技术标准体系，优化市场准入的审批管理程序。进一步健全药品注册管理的体制机制，完善药品集中采购制度，支持临床必需、疗效确切、安全性高、价格合理的创新药物优先进入医保目录。完善新能源汽车的项目和产品准入标准。改善转基因农产品的管理。完善并严格执行节能环保法规标准。

六、深化国际合作，提高国际化发展水平

要通过深化国际合作，尽快掌握关键核心技术，提升我国自主发展能力与核心竞争力。把握经济全球化的新特点，深度开展国际合作与交流，积极探索合作新模式，在更高层次上参与国际合作。

（一）大力推进国际科技合作与交流

发挥各种合作机制的作用，多层次、多渠道、多方式推进国际科技合作与交流。鼓励境外企业和科研机构在我国设立研发机构，支持符合条件的外商投资企业与内资企业、研究机构合作申请国家科研项目。支持我国企业和研发机构积极开展全球研发服务外包，在境外开展联合研发和设立研发机构，在国外申请专利。鼓励我国企业和研发机构参与国际标准的制定，鼓励外商投资企业参与我国技术示范应用项目，共同形成国际标准。

（二）切实提高国际投融资合作的质量和水平

完善外商投资产业指导目录，鼓励外商设立创业投资企业，引导外资投向战略性新兴产业。支持有条件的企业开展境外投资，在境外以发行股票和债券等多种方式融资。扩大企业境外投资自主权，改进审批程序，进一步加大对企业境外投资的外汇支持。积极探索在海外建设科技和产业园区。制定国别产业导向目录，为企业开展跨国投资提供指导。

（三）大力支持企业跨国经营

完善出口信贷、保险等政策，结合对外援助等积极支持战略性新兴产业领域的重点产品、技术和服务开拓国际市场，以及自主知识产权技术标准在海外推广应用。支持企业通过境外注册商标、境外收购等方式，培育国际化品牌。加强企业和产品国际认证合作。

七、加大财税金融政策扶持力度，引导和鼓励社会投入

加快培育和发展战略性新兴产业，必须健全财税金融政策支持体系，加大扶持力度，引导和鼓励社会资金投入。

（一）加大财政支持力度

在整合现有政策资源和资金渠道的基础上，设立战略性新兴产业发展专项资金，建立稳定的财政投入增长机制，增加中央财政投入，创新支持方式，着力支持重大关键技术研发、重大产业创新发展工程、重大创新成果产业化、重大应用示范工程、创新能力建设等。加大政府引导和支持力度，加快高效节能产品、环境标志产品和资源循环利用产品等推广应用。加强财政政策绩效考评，创新财政资金管理机制，提高资金使用效率。

（二）完善税收激励政策

在全面落实现行各项促进科技投入和科技成果转化、支持高技术产业发展等方面的税收政策的基础上，结合税制改革方向和税种特征，针对战略性新兴产业的特点，研究完善鼓励创新、引导投资和消费的税收支持政策。

（三）鼓励金融机构加大信贷支持

引导金融机构建立适应战略性新兴产业特点的信贷管理和贷款评审制度。积极推进知识产权质押融资、产业链融资等金融产品创新。加快建立包括财政出资和社会资金投入在内的多层次担保体系。积极发展中小金融机构和新型金融服务。综合运用风险补偿等财政优惠政策，促进金融机构加大支持战略性新兴产业发展的力度。

（四）积极发挥多层次资本市场的融资功能

进一步完善创业板市场制度，支持符合条件的企业上市融资。推进场外证券交易市场的建设，满足处于不同发展阶段创业企业的需求。完善不同层次市场之间的转板机制，逐步实现各层次市场间有机衔接。大力发展债券市场，扩大中小企业集合债券和集合票据发行规模，积极探索开发低信用等级高收益债券和私募可转债等

金融产品，稳步推进企业债券、公司债券、短期融资券和中期票据发展，拓宽企业债务融资渠道。

（五）大力发展创业投资和股权投资基金

建立和完善促进创业投资和股权投资行业健康发展的配套政策体系与监管体系。在风险可控的范围内为保险公司、社保基金、企业年金管理机构和其他机构投资者参与新兴产业创业投资和股权投资基金创造条件。发挥政府新兴产业创业投资资金的引导作用，扩大政府新兴产业创业投资规模，充分运用市场机制，带动社会资金投向战略性新兴产业中处于创业早中期阶段的创新型企业。鼓励民间资本投资战略性新兴产业。

八、推进体制机制创新，加强组织领导

加快培育和发展战略性新兴产业是我国新时期经济社会发展的重大战略任务，必须大力推进改革创新，加强组织领导和统筹协调，为战略性新兴产业发展提供动力和条件。

（一）深化重点领域改革

建立健全创新药物、新能源、资源性产品价格形成机制和税费调节机制。实施新能源配额制，落实新能源发电全额保障性收购制度。加快建立生产者责任延伸制度，建立和完善主要污染物和碳排放交易制度。建立促进三网融合高效有序开展的政策和机制，深化电力体制改革，加快推进空域管理体制改革。

（二）加强宏观规划引导

组织编制国家战略性新兴产业发展规划和相关专项规划，制定战略性新兴产业发展指导目录，开展战略性新兴产业统计监测调查，加强与相关规划和政策的衔接。加强对各地发展战略性新兴产业的引导，优化区域布局、发挥比较优势，形成各具特色、优势互补、结构合理的战略性新兴产业协调发展格局。各地区要根据国家总体部署，从当地实际出发，突出发展重点，避免盲目发展和重复建设。

（三）加强组织协调

成立由发展改革委牵头的战略性新兴产业发展部际协调机制，形成合力，统筹推进。

国务院各有关部门、各省（区、市）人民政府要根据本决定的要求，抓紧制定实施方案和具体落实措施，加大支持力度，加快将战略性新兴产业培育成为先导产业和支柱产业，为我国现代化建设作出新的贡献。

第2章

“十二五”国家战略性新兴产业发展规划[①]

国发〔2012〕28号

战略性新兴产业是以重大技术突破和重大发展需求为基础，对经济社会全局和长远发展具有重大引领带动作用，知识技术密集、物质资源消耗少、成长潜力大、综合效益好的产业。根据“十二五”规划纲要和《国务院关于加快培育和发展战略性新兴产业的决定》（国发〔2010〕32号）的部署和要求，为加快培育和发展节能环保、新一代信息技术、生物、高端装备制造、新能源、新材料、新能源汽车等战略性新兴产业，特制定本规划。

一、背景

当今世界新技术、新产业迅猛发展，孕育着新一轮产业革命，新兴产业正在成为引领未来经济社会发展的重要力量，世界主要国家纷纷调整发展战略，大力培育新兴产业，抢占未来经济科技竞争的制高点。

当前，全国上下正按照科学发展观的要求，加快转变经济发展方式，推进中国

① 本章全文刊载于2012年7月9日国务院发布的《“十二五”国家战略性新兴产业发展规划》（国发〔2012〕28号）。

特色新型工业化进程，推动节能减排，积极应对日趋激烈的国际竞争和气候变化等全球性挑战，促进经济长期平稳较快发展。在此过程中，必须站在战略和全局的高度，科学判断未来需求变化和技术发展趋势，大力培育发展战略性新兴产业，加快形成支撑经济社会可持续发展的支柱性和先导性产业，优化升级产业结构，提高发展质量和效益。

“十二五”时期是我国战略性新兴产业夯实发展基础、提升核心竞争力的关键时期，既面临难得的机遇，也存在严峻挑战。从有利条件看，我国工业化、城镇化快速推进，城乡居民消费结构加速升级，国内市场需求快速增长，为战略性新兴产业发展提供了广阔空间；我国综合国力大幅提升，科技创新能力明显增强，装备制造业、高技术产业和现代服务业迅速成长，为战略性新兴产业发展提供了良好基础；世界多极化、经济全球化不断深入，为战略性新兴产业发展提供了有利的国际环境。同时也要看到，我国战略性新兴产业自主创新发展能力与发达国家相比还存在较大差距，关键核心技术严重缺乏，标准体系不健全；投融资体系、市场环境、体制机制政策等还不能完全适应战略性新兴产业快速发展的要求。必须加强宏观引导和统筹规划，明确发展目标、重点方向和主要任务，采取有力措施，强化政策支持，完善体制机制，促进战略性新兴产业快速健康发展。

二、指导思想、基本原则和发展目标

（一）指导思想

以邓小平理论和“三个代表”重要思想为指导，深入贯彻落实科学发展观，把握世界新科技革命和产业革命的历史机遇，面向经济社会发展的重大需求，以改革创新为动力，以营造良好的产业发展环境为重点，以企业为主体，以工程为依托，加强规划引导，加大政策扶持，着力提升自主创新能力，加速科技成果产业化，推动战略性新兴产业快速健康发展，抢占经济科技竞争制高点，促进产业结构升级、经济发展方式转变和经济社会可持续发展。

（二）基本原则

市场主导、政府调控。充分发挥市场配置资源的基础性作用，以市场需求为导向，着力营造良好的市场竞争环境，激发各类市场主体的积极性。针对产业发展的薄弱环节和瓶颈制约，有效发挥政府的规划引导、政策激励和组织协调作用。

创新驱动、开放发展。坚持自主创新，加强原始创新、集成创新和引进消化吸收再创新；加强高素质人才队伍建设，掌握关键核心技术，健全标准体系，加速产业化，增强自主发展能力。充分利用全球创新资源，加强国际交流合作，探索国际合作发展新模式，走开放式创新和国际化发展道路。

重点突破、整体推进。坚持突出科技创新和新兴产业发展方向，选择最有基础、最有条件的重点方向作为切入点和突破口，明确阶段发展目标，集中优势资源，促进重点领域和优势区域率先发展。总体部署产业布局和相关领域发展，统筹规划，分类指导，适时动态调整，促进协调发展。

立足当前、着眼长远。围绕经济社会发展重大需求，着力发展市场潜力大、产业基础好、带动作用强的行业，加快形成支柱产业。着眼提升国民经济长远竞争力，促进可持续发展，对重要前沿性领域及早部署，培育先导产业。

（三）发展目标

产业创新能力大幅提升。企业重大科技成果集成、转化能力大幅提高，掌握一批具有主导地位的关键核心技术，建成一批具有国际先进水平的创新平台，发明专利质量数量和技术标准水平大幅提升，战略性新兴产业重要骨干企业研发投入占销售收入的比重达到 5% 以上。一批关键核心技术达到国际先进水平。

创新创业环境更加完善。重点领域和关键环节的改革加快推进，有利于创新战略性新兴产业商业模式、发展新业态的市场准入条件，以及财税激励、投融资机制、技术标准、知识产权保护、人才队伍建设等政策环境显著改善。

国际分工地位稳步提高。涌现一批掌握核心关键技术、拥有自主品牌、开展高层次分工合作的国际化企业，具有自主知识产权的技术、产品和服务的国际市场份额大幅提高，在部分领域成为全球重要的研发制造基地。

引领带动作用显著增强。战略性新兴产业规模年均增长率保持在 20% 以上，形成一批具有较强自主创新能力和技术引领作用的骨干企业，一批特色鲜明的产业链和产业集聚区。到 2015 年，战略性新兴产业增加值占国内生产总值比重达到 8% 左右，对产业结构升级、节能减排、提高人民健康水平、增加就业等的带动作用明显提高。

到 2020 年，力争使战略性新兴产业成为国民经济和社会发展的重要推动力量，增加值占国内生产总值比重达到 15%，部分产业和关键技术跻身国际先进水平，节能环保、新一代信息技术、生物、高端装备制造产业成为国民经济支柱产业，新能源、新材料、新能源汽车产业成为国民经济先导产业。

三、重点发展方向和主要任务

（一）节能环保产业

强化政策和标准的驱动作用，充分运用现代技术成果，突破能源高效与梯次利用、污染物防治与安全处置、资源回收与循环利用等关键核心技术，大力发展高效节能、先进环保和资源循环利用的新装备和产品；完善约束和激励机制，创新服务模式，优化能源管理、大力推行清洁生产和低碳技术、鼓励绿色消费，加快形成支柱产业，提高资源利用率，促进资源节约型和环境友好型社会建设。

（1）高效节能产业。发展高效节能锅炉窑炉、电机及拖动设备、余热余压利用、高效储能、节能监测和能源计量等节能新技术和装备；鼓励开发和推广应用高效节能电器、高效照明等产品；提高新建建筑节能标准，开展既有建筑节能改造，大力发展绿色建筑，推广绿色建筑材料；加快发展节能交通工具；积极开发和推广用能系统优化技术，促进能源的梯次利用和高效利用；大力推行合同能源管理新业态。

专栏 2.1 高效节能产业发展路线图

时间节点	2015 年	2020 年
发展目标	重大节能技术装备得到推广应用，主要终端用能产品能效接近国际先进水平，高效节能产品市场占有率大幅提升，采用合同能源管理机制的节能服务业销售额年均增长 30% 以上。	形成适合我国国情的节能技术装备和产品体系，主要节能装备、主要行业单位产出能耗指标达到国际先进水平。
重大行动	☆关键技术开发：重点开发高效内燃机和混合动力汽车，高压变频调速、稀土永磁无铁芯电机等电机节能技术，蓄热式高温空气燃烧、等离子点火等高效锅炉窑炉技术，高效换热器及系统优化等能源梯次利用技术，中低品位余热余压回收利用技术，能源优化技术等。 ☆产业化：大力推广重点节能技术和产品，开展重点节能技术示范、产品产业化及推广应用。实施节能产品惠民工程、重大节能技术与装备产业化工程，推进重点领域节能改造。 ☆商业模式创新：推广合同能源管理，开展节能量交易。	
重大政策	☆严格实施固定资产投资项目节能评估和审查制度。 ☆制定重点用能产品能效标准和重点行业能耗限额标准，扩大能效标识实施范围，推行能效领跑者制度。 ☆加大财政支持力度，完善能源价格机制。	

（2）先进环保产业。以解决危害人民群众身体健康的突出环境问题为重点，加大技术创新和集成应用力度，推动水污染防治、大气污染防治、土壤污染防治、重金属污染防治、有毒有害污染物防控、垃圾和危险废物处理处置、减震降噪设备、环境监测仪器设备的开发和产业化；推进高效膜材料及组件、生物环保技术工艺、控制温室气体排放技术及相关新材料和药剂的创新发展，提高环保产业整体技术装备水平和成套能力，提升污染防治水平；大力推进环保服务业发展，促进环境保护设施建设运营专业化、市场化、社会化，探索新型环保服务模式。

（3）资源循环利用产业。大力发展源头减量、资源化、再制造、零排放和产业链接等新技术，推进产业化，提高资源产出率。重点发展共伴生矿产资源、大宗固体废物综合利用，汽车零部件及机电产品再制造、资源再生利用，以先进技术支撑的废旧商品回收体系，餐厨废弃物、农林废弃物、废旧纺织品和废旧塑料制品资源化利用。

专栏 2.2　先进环保产业发展路线图

时间节点	2015 年	2020 年
发展目标	突破一批环保产业技术瓶颈，形成一批拥有自主核心技术的骨干企业和一批比较优势明显、产业配套完善、有序集聚发展的先进环保产业基地，城镇污水、垃圾和脱硫、脱硝处理设施运营基本实现专业化、市场化。	重点领域环保技术及装备达到国际领先水平，环保装备标准化、系列化、成套化水平显著提高，建立统一开放、竞争有序的环保产业市场和环保服务体系；污染治理设施建设和运营基本实现专业化、社会化。
重大行动	☆关键技术开发：加快实施水体污染控制与治理科技重大专项，重点开发膜技术、生物脱氮、重金属废水污染防治、污泥处理处置等污水处理关键技术，焚烧烟气控制系统、渗滤液处理等垃圾处理技术，高效除尘、烟气脱硫脱硝等大气污染控制技术，有毒有害污染物防治和安全处置技术，电子电气产品有毒有害物质替代与减量化技术，重金属污染治理与土壤修复等成套技术及装备，新型高效环保材料、药剂等。 ☆产业化：大力推广应用国家鼓励发展的环保产业设备和产品，推进先进环保产品和技术装备产业化；全面推行污泥处理处置、垃圾焚烧、燃煤电厂脱硝与钢铁行业烧结脱硫等；实施重大环保技术装备及产品产业化示范工程等。 ☆环保服务业：大力推进污染治理设施专业化、市场化、社会化运营服务，发展提供系统解决方案的综合环保服务业。	
重大政策	☆完善污染物排放标准体系和环保产品标准体系。 ☆推进环保税费、价格改革。	

专栏 2.3　资源循环利用产业发展路线图

时间节点	2015 年	2020 年
发展目标	减量化、再利用、资源化的先进资源循环利用技术得到推广应用。工业固体废物综合利用率达到 72% 以上，初步建立起现代废旧商品回收体系，以先进技术支撑的废旧商品回收率达到 70%，重要资源回收和再生利用能力明显提高。	形成再利用、资源化产业技术创新体系，形成一批具有核心竞争力的资源循环利用技术装备和产品制造企业，建成技术先进、覆盖城乡的资源回收和循环利用产业体系。
重大行动	☆关键技术开发：重点开发低品位共伴生矿产资源高效选冶、稀贵金属分离提取技术，大宗固体废物大掺量高附加值利用、废弃电器电子产品资源化利用、废旧材料分离与改性、废旧车用动力电池及蓄电池回收处理和利用、汽车零部件及机电产品再制造技术，城市及产业废弃物的生产过程协同资源化处理、餐厨废弃物资源化利用、农林废物高效利用技术，循环利用产业链接技术等。 ☆产业化：实施再制造产业化行动、废弃物资源化利用示范行动，加快“城市矿产”示范基地建设。促进区域循环经济体系建设。加快海水淡化产业发展。	
重大政策	☆推进资源税费改革。 ☆建立生产者责任延伸制，建立强制回收的产品和包装物名录和管理制度。发布《国家鼓励的循环经济技术工艺和设备名录》。 ☆建立资源循环利用产品认证体系和再制造产品标识管理制度。	

（二）新一代信息技术产业

把握信息技术升级换代和产业融合发展机遇，加快建设宽带、融合、安全、泛在的下一代信息网络，突破超高速光纤与无线通信、物联网、云计算、数字虚拟、先进半导体和新型显示等新一代信息技术，推进信息技术创新、新兴应用拓展和网络建设的互动结合，创新产业组织模式，提高新型装备保障水平，培育新兴服务业态，增强国际竞争能力，带动我国信息产业实现由大到强的转变。“十二五”期间，新一代信息技术产业销售收入年均增长 20% 以上。

（1）下一代信息网络产业。实施宽带中国工程，加快构建下一代国家信息基础设施，统筹宽带接入、新一代移动通信、下一代互联网、数字电视网络建设；加快新一代信息网络技术开发和自主标准的推广应用，支持适应物联网、云计算和下一代网络架构的信息产品的研制和应用，带动新型网络设备、智能终端产业和新兴信息服务及其商业模式的创新发展；发展宽带无线城市、家庭信息网络，加快信息基础设施向农村和偏远地区延伸覆盖，普及信息应用；强化网络信息安全和应急通信能力建设。

专栏 2.4　下一代信息网络产业发展路线图

时间节点	2015 年	2020 年
发展目标	城市和农村家庭分别实现平均 20 兆和 4 兆以上宽带接入能力，部分发达城市网络接入能力达到 100 兆；基于国际互联网协议第 6 版（IPv6）的下一代互联网实现规模商用；三网融合全面推广，电视数字化转换基本完成。网络装备产业整体迈入国际前列，掌握关键核心技术；信息智能终端创新和产业化取得重大进展。	具有国际先进水平的宽带、融合、安全、泛在的信息基础设施覆盖城乡。系统掌握新一代移动通信、数字电视、下一代互联网、网络与信息安全及智能终端等领域的核心关键技术，形成卫星移动通信服务系统，产业发展能力达到国际领先水平。
重大行动	☆信息网络升级：实施宽带中国工程，加快发展宽带光纤接入和无线移动通信，调整、优化频率规划，加快实施新一代宽带无线移动通信网科技重大专项，开展时分长期演进技术（TD-LTE）研发、产业化及商用示范，实施下一代互联网商用推广计划，推进农村宽带网络建设，统筹绿色数据中心布局，推进地面和有线数字电视网络建设。 ☆关键技术开发和产业化：实施物联网与云计算创新发展工程；加快 IPv4/IPv6 网络互通设备，以及支持 IPv6 的高速、高性能网络和终端设备、支撑系统、网络安全设备、测试设备及相关芯片的研发和产业化，加强 TD-SCDMA、TD-LTE 及第四代移动通信（4G）设备和终端研发，加快高性能计算机、高端服务器、智能终端、网络存储、信息安全等信息化关键设备的研发和产业化。推进数字电视下一代传输演进技术、接收终端、核心芯片、光通信、高性能宽带网等研发和产业化，推进三网融合智能终端的产业化和应用，建立广播影视数字版权技术体系。 ☆创新能力建设：完善云计算、移动互联网、信息安全等新兴领域工程实验室和工程（技术）研究中心建设，推动建立产业联盟和创新联盟，建设新兴信息技术领域的产品和技术可靠（控）验证实验室，提升数字电视、移动通信和下一代互联网等工程中心、实验室创新能力。	
重大政策	☆建立信息基础设施建设组织领导协调机制，制定支持宽带光纤、移动通信和数字电视建设相关政策，建立和完善电信普遍服务制度。	

（2）电子核心基础产业。围绕重点整机和战略领域需求，大力提升高性能集成电路产品自主开发能力，突破先进和特色芯片制造工艺技术，先进封装、测试技术以及关键设备、仪器、材料核心技术，加强新一代半导体材料和器件工艺技术

研发，培育集成电路产业竞争新优势。积极有序发展大尺寸薄膜晶体管液晶显示（TFT-LCD）、等离子显示（PDP）面板产业，完善产业链。加快推进有机发光二极管（OLED）、三维立体（3D）、激光显示等新一代显示技术研发和产业化。攻克发光二极管（LED）、OLED产业共性关键技术和关键装备、材料，提高LED、OLED照明的经济性。掌握智能传感器和新型电力电子器件及系统的核心技术，提高新兴领域专用设备仪器保障和支撑能力，发展片式化、微型化、绿色化的新型元器件。

专栏 2.5　电子核心基础产业发展路线图

时间节点	2015年	2020年
发展目标	高性能集成电路设计技术达到22纳米、大生产技术达到12英寸28纳米，掌握先进封装测试技术，初步形成集成电路制造装备与材料配套能力；新型平板显示面板满足国内彩电整机需求量的80%以上，新一代显示技术取得突破；关键电子元器件自主保障能力明显提升；关键专用设备、仪器和材料研发和产业化取得突破。	掌握新一代半导体材料及器件的制造技术，集成电路设计、制造、封装测试技术达到国际先进水平；实现下一代显示器件与国际先进水平同步发展；新型关键元器件满足国内市场需求并具有国际竞争力；电子专用仪器设备和材料基本满足国内配套需要，形成核心竞争力。
重大行动	☆关键技术开发：加快实施核心电子器件、高端通用芯片及基础软件产品科技重大专项和极大规模集成电路制造装备及成套工艺科技重大专项，重点开发移动互联、数模混合、信息安全、数字电视、射频识别（RFID）、传感器等芯片，推动32/28纳米先进工艺产业化，支持射频工艺、模拟工艺等特色工艺开发，大力发展先进封装和测试技术，加强8～12英寸生产线关键设备、仪器、材料的研发。支持半导体与光电子器件新材料制备技术，高世代TFT-LCD生产线工艺、制造装备及关键配套材料制备技术，高清晰超薄PDP及OLED等新型显示技术，以及新型电力电子器件关键技术的开发。 ☆产业化：实施集成电路、新型平板显示创新发展工程；推进LED、微机电系统（MEMS）、智能传感器、新型电力电子器件以及金属有机源化学气相沉积（MOCVD）装备等产业化。 ☆创新能力建设：建设集成电路装备及其生产系统集成开发等领域公共技术服务平台，建设微机电系统开发与应用实验室，建设完善LED、电力电子、智能传感器、光电子等领域工程实验室，建设平板显示共性技术研发及公共服务平台。 ☆骨干企业培育：实施创新企业扶持计划，鼓励产业链上下游强强联合和兼并重组，支持基础产品企业与整机和应用企业建立创新联盟、创新发展促进中心等。	
重大政策	☆细化和落实支持集成电路和平板显示产业发展的优惠政策，研究提出支持整机和元器件产品、集成电路设计和芯片制造联动发展的优惠政策，制定推动LED产品推广应用的政策措施。	

（3）高端软件和新兴信息服务产业。加强以网络化操作系统、海量数据处理软件等为代表的基础软件、云计算软件、工业软件、智能终端软件、信息安全软件等关键软件的开发，推动大型信息资源库建设，积极培育云计算服务、电子商务服务等新兴服务业态，促进信息系统集成服务向产业链前后端延伸，推进网络信息服务体系变革转型和信息服务的普及，利用信息技术发展数字内容产业，提升文化创意产业，促进信息化与工业化的深度融合。充分统筹用好国内、国际两个市场，继续扩大软件信息服务出口，积极承接国际服务外包，依托新一代信息产业技术提升我

国在国际产业链中的层次和水平。

专栏 2.6 高端软件和新兴信息服务产业发展路线图

时间节点	2015 年	2020 年
发展目标	攻克系统软件核心关键技术，重要应用软件的技术水平和集成应用能力显著提升，自主知识产权的系统、工具、安全软件对产业的带动力和辐射力显著增强。掌握网络信息服务关键应用和基础平台技术，基本形成高端软件和信息技术服务标准体系，培育一批世界知名的软件和信息技术服务企业。	基本形成具有较强创新能力的软件和信息技术服务产业体系，自主品牌的操作系统和工具软件国际影响力和骨干企业国际竞争力显著增强。一批软件和信息服务企业进入国际前列，形成具有世界先进水平的电子商务信息服务体系、网络信息安全服务体系，实现信息服务对城乡和社会各群体的全面覆盖，信息化程度接近世界先进水平。
重大行动	☆新兴业态发展：积极实施物联网、云计算、移动互联网、数字电视网等新兴服务业态推进计划，以重大应用工程带动相关产业发展；实施信息惠民重大应用示范工程，带动社保、医疗、教育、就业等领域的信息服务平台建设；推进国家电子商务示范城市创建工作，支持第三方电子商务交易与服务平台建设，健全电子商务支撑体系，完善电子商务基础设施。建立信息技术服务标准（ITSS）体系，并在重点城市示范应用。 ☆关键技术开发：开展移动智能终端软件、网络化计算平台与支撑软件、智能海量数据处理相关软件研发和产业化。组织实施搜索引擎、虚拟现实、云计算平台、数字版权等系统研发。推进信息安全关键产品研发和产业化。加强计算机辅助设计与制造、智能化管理等工业软件研发。鼓励电子政务、金融、电信、保险、交通、广播电视等领域重大信息系统的自主研发。加强在信息系统咨询设计、集成实施、系统运维、测试评估等领域支撑技术研发。组织实施数字内容共性关键技术攻关和产业化。加强生物特征识别与身份认证技术的研发与应用。 ☆创新能力建设：加快软件和信息技术服务产业共性技术、测试认证、软件评测、开发环境、内容资源、技术标准等公共技术支撑平台建设。加快电子商务创新体系建设，加强软件企业、电子商务企业创新能力建设，引导业务标准库、知识库和案例库建设。鼓励建立产学研用一体的技术研发机构和信息服务、整机生产和网络建设互动发展的创新联盟。加大行业领军人才和实用人才的培养和引进力度。 ☆培育骨干企业：实施骨干软件和信息服务企业培育计划，培育 20 家左右软件和信息服务业务收入超过 100 亿元的骨干软件和信息服务企业。	
重大政策	☆贯彻落实《国务院关于印发进一步鼓励软件产业和集成电路产业发展若干政策的通知》（国发〔2011〕4 号），为产业发展营造良好环境。 ☆制定和完善支持政府、企事业单位购买和使用第三方数据存储服务等相关采购政策。完善政府公共信息资源开发激励机制，促进行业应用服务的外部化。 ☆支持高端软件和新兴信息服务研发，研发关键技术和产品。 ☆实施高端软件产业的标准化和知识产权保护战略，提升产业竞争力。	

（三）生物产业

面向人民健康、农业发展、资源环境保护等重大需求，强化生物资源利用、转基因、生物合成、抗体工程、生物反应器等共性关键技术和工艺装备开发；加强生物安全研究和管理，建设国家基因资源信息库。着力提升生物医药研发能力，开发医药新产品，加快发展生物医学工程技术和产品，大力发展生物育种，推进生物制造规模化发展，加速构建具有国际先进水平的现代生物产业体系，加快海洋生物技术及产品的研发和产业化。“十二五”期间，产业规模年均增速达到20%以上。

（1）生物医药产业。提高我国新药创制能力，开发生物技术药物、疫苗和特异性诊断试剂；推进化学创新药研发和产业化，提高通用名药物技术开发和规模化生产水平；继承和创新相结合，发展现代中药；开发先进制药工艺技术与装备，发展新药开发合同研究、健康管理等新业态，推动生物医药产业国际化。

专栏2.7　生物医药产业发展路线图

时间节点	2015年	2020年
发展目标	形成基因工程药物、新型疫苗、抗体药物、化学新药、现代中药等为代表的一批具有国际水平的新药开发平台，制药技术和装备研制水平大幅提升。30个以上自主知识产权新药投放市场，200个以上药品制剂进入国际主流市场。产业集中度大幅提升。	形成以现代科学技术为支撑、以企业为主导的新药创制和安全评价体系，掌握当代新药创制关键核心技术，基因工程、新型疫苗、抗体工程等新医药的产品技术水平达到世界领先水平，5个以上创新药物完成国际注册并上市销售，制剂产品在国际主流市场形成规模销售。
重大行动	☆创新能力建设：建立国家基因资源库、蛋白质库和生物样本库；以化学药物制剂技术、动物细胞高效表达与大规模培养、基因重组治疗性抗体、多肽类药物合成、干细胞治疗、基因治疗、转化医学等为重点，依托优势企业建设完善医产学研紧密结合的新药研发平台。 ☆新药创制：加快实施重大新药创制、艾滋病和病毒性肝炎等重大传染病防治科技重大专项，研发防治恶性肿瘤、心脑血管疾病、糖尿病等重大疾病的创新药物，开展新药安全评价和新药临床研究。 ☆产业化：实施基因工程药物和疫苗创新发展工程；促进自主知识产权基因工程药物、疫苗、抗体药物、化学新药、天然药、现代中药新品种、新型中药饮片、中药材规范种植等产业化；提升大规模动物细胞培养、蛋白纯化等生产新工艺技术和新型制药装备的保障能力。 ☆产业结构优化：全面推进药品生产质量管理体系和产品质量标准体系升级，推动制剂产品进入国际主流市场。优化产业布局，鼓励优势企业兼并重组，促进品种、技术等资源向优势企业集中。	
重大政策	☆完善药品注册管理、价格管理、集中招标采购等政策。 ☆完善生物伦理法律法规。	

（2）生物医学工程产业。整合医产学研优势资源，推进医学与信息、材料等领域新技术的交叉融合，构建生物医学工程技术创新体系，提升新型生物医学工程产品开发能力。研究开发预防、诊断、治疗、康复、卫生应急装备和新型生物医药材料的关键技术与核心部件，形成一批适合大中型医院使用、具有自主知识产权的高端诊疗产品；大力开发高性价比、高可靠性的临床诊断、治疗、康复产品，促进基层医疗卫生机构建设和服务能力提升；发展数字医疗系统、远程医疗系统和家庭监

测、社区护理、个人健康维护相关产品等。

专栏 2.8 生物医学工程产业发展路线图

时间节点	2015 年	2020 年
发展目标	以高性能影像诊断设备为主，形成具有国际水平的生物医学工程技术和产品研发平台，关键技术和核心部件发展取得突破；高性价比医疗设备产品基本满足基层医疗卫生机构需求。产业集中度大幅提升。	形成企业主导、医产学研相结合的生物医学工程产品创新体系和新产品开发能力。高性能诊断治疗设备关键技术自主发展能力大幅提升，产品质量和技术水平达到国际先进水平，规模化进入国际市场。
重大行动	☆关键技术开发：支持生物医学研发，研究开发高性能临床诊疗设备的核心部件与关键技术，开发高集成度、高灵敏度、高特异性和高稳定性的临床诊断、治疗仪器设备及配套试剂，促进组织工程、介入及微创治疗、康复等产品开发，开发数字化、可移动医疗系统和适用于基层医疗卫生机构的高性价比诊疗设备。 ☆产业化：实施高性能医学影像设备创新发展工程，带动生物医学工程新技术、新产品产业化发展。 ☆创新能力建设：依托优势企业建设具有国际先进水平的高性能诊断和治疗设备、综合监护、组织工程、介入及微创治疗以及再生医学等产品创新与技术集成平台。 ☆产业升级：推进生产工艺创新，完善技术标准体系，强化企业质量管理，鼓励优势企业实施兼并重组，扩大企业规模，提高产业集中度，形成一批具有国际竞争力的大型企业集团。 ☆健康服务：推动覆盖城乡社区的数字化健康管理系统建设，加强城乡居民健康管理的日常化、实时化、动态化，带动家庭用健康监护设备、健康信息管理、远程医疗服务等相关产品发展，培育健康产业新业态。加强质量及使用安全评价与监督管理体系建设，完善产品市场准入审批程序、定价收费标准。	
重大政策	☆加强质量及使用安全评价与监督管理体系建设，完善产品市场准入审批程序、定价收费标准。	

（3）生物农业产业。围绕保障粮食安全和促进现代农业发展，完善育种科学设施体系，加强生物育种技术研发和产业化，加快高产、优质、多抗、高效动植物新品种培育及应用，推动育繁推一体化的现代育种企业发展，着力提升种业竞争力。积极推进生物兽药及疫苗、生物农药、生物肥料、生物饲料等绿色农用产品研发及产业化，为我国农业发展提供重要支撑。

（4）生物制造产业。以培育生物基材料、发展生物化工产业和做强现代发酵产业为重点，大力推进酶工程、发酵工程技术和装备创新。突破非粮原料与纤维素转化关键技术，培育发展生物醇、酸、酯等生物基有机化工原材料，推进生物塑料、生物纤维等生物材料产业化。大力推动绿色生物工艺在化工、制浆、印染、制革等领域关键工艺环节的应用示范，积极推进工程微生物与清洁发酵技术应用，提升大宗发酵新产品的国际竞争力。

专栏 2.9　生物农业产业发展路线图

时间节点	2015 年	2020 年
发展目标	形成一批现代生物育种和农用生物产品创新平台。培育动物新品种（系）20 个，培育高产优质多抗高效农作物新品种 180 个，累计推广 5 亿亩；一批新型绿色农用生物产品实现产业化。	形成现代生物育种、农用生物产品创新及安全评价与监督体系。产品发展能力跻身国际先进水平，1～2 家种子企业进入全球种业 20 强，10～15 家农用生物制品企业具有国际竞争优势。
重大行动	☆关键技术开发：加快实施转基因生物新品种培育科技重大专项；突破转基因育种、航天育种、分子标记育种、重离子辐照育种等生物育种和绿色农用生物制品关键技术，加快开发重要农业生物新品种，以及农业生产重大疫病防治新型疫苗、生物农药等绿色农用产品。 ☆产业化：组织实施生物育种产业创新发展工程，加强新品种的研制，建设育种基地，加快推进重要农作物以及重要畜禽、水产等动植物新品种产业化。 ☆创新能力建设：建设重要动植物基因资源信息库，完善国家转基因生物安全评价管理体系，建设区域性重要粮棉油作物和主要畜禽生物育种及产业化设施，强化生物育种工程化能力；建设和完善生物肥料、生物农药、生物饲料、生物兽药研究开发设施。	
重大政策	☆完善有利于生物种业发展的知识产权、生物安全、市场推广和服务体系建设等政策。 ☆完善现代种子企业扶持政策措施。 ☆完善转基因安全评价管理。	

专栏 2.10　生物制造产业发展路线图

时间节点	2015 年	2020 年
发展目标	生物制造技术能力显著提升，生物基产品在工业化学品中的比重大幅提高。聚乳酸、聚丁二酸丁二醇酯等有机化工原料与工业生物材料等品种实现十万吨级规模化生产。生物新工艺在印染、制浆、漂白、脱胶等工艺过程中达到规模化应用，污染物排放和能耗总量明显降低。	形成生物化工产品、生物基材料和生物工艺的规模化发展能力，生物基产品在工业化学品中的比重提高到 12%。生物发酵产业产值和技术达到国际先进水平。化工、印染、制浆、制革等行业 30% 的生产采用生物工艺，污染物排放和能耗总量大幅度降低。
重大行动	☆关键技术开发：支持先进生物制造科技研发，完善微生物资源中心与基因信息库，突破生物基原材料规模化生产工艺、非粮原料转化、合成生物技术、工程菌开发等关键技术，开发适用于化工、轻工、纺织等行业的生物法生产工艺。 ☆产业化：建设能源植物等生物质原料规模化生产基地，开展新型工程菌、新型酶制剂、氨基酸、寡糖和生物基材料、生物质纤维、非粮发酵、绿色生物工艺过程的产业化示范及应用。 ☆创新能力建设：建设工业微生物菌种资源信息库，提升现代发酵工程技术、生物炼制、生物加工和人工菌种设计、开发与工程化能力，建设工程菌生态安全评价技术平台。促进发酵等领域产业技术创新联盟发展。	
重大政策	☆制定生物基产品认定机制与财政补贴、税收优惠政策。	

（四）高端装备制造产业

面向我国产业转型升级和战略性新兴产业发展的迫切需求，统筹经济建设和国

防建设需要，大力发展现代航空装备、卫星及应用产业，提升先进轨道交通装备发展水平，加快发展海洋工程装备，做大做强智能制造装备，把高端装备制造业培育成为国民经济的支柱产业，促进制造业智能化、精密化、绿色化发展。

（1）航空装备产业。统筹航空技术研发、产品研制与产业化、市场开拓及服务提供，加快研制具有市场竞争力的大型客机，推进先进支线飞机系列化产业化发展，适时研发新型支线飞机；大力发展符合市场需求的新型通用飞机和直升机，构建通用航空产业体系；突破航空发动机核心关键技术，加快推进航空发动机产业化；促进航空设备及系统、航空维修和服务业发展；提升航空产业的核心竞争力和专业化发展能力。

专栏 2.11 航空装备产业发展路线图

时间节点	2015 年	2020 年
发展目标	大型客机实现首飞；ARJ21 支线飞机批量生产和交付；新型通用飞机、民用直升机发展和应用实现全面突破。初步形成具有国际水平的航空研发和生产体系，形成国产飞机整机集成和关键部件研制生产能力，航空产业融入世界航空产业链。	大型客机研制成功并批量进入市场；新型支线飞机完成研制，支线飞机实现系列化发展，通用航空实现产业化发展。完成大型商用航空发动机研制。航空产品、航空服务形成竞争优势，航空产业国际化发展水平显著提高。
重大行动	☆关键技术开发：加快实施大型飞机科技重大专项，开展大型商用涡扇发动机研制。加强飞机和直升机总体设计和试验；加强航空新材料及其零部件制造、航空设备及系统、新型涡轴发动机、适航、空管系统等关键技术研发。 ☆创新能力建设：建设完善民用航空创新体系，推进航空重点试验验证设施建设，提升飞机与直升机、发动机、机载系统设计、制造、试验验证和适航、安全保障等航空综合技术开发能力。 ☆产业化：实施支线飞机与通用航空重大创新工程，推进 ARJ21、新舟支线飞机系列化发展，建成 ARJ21 系列支线飞机的批产能力，适时启动研制新型支线飞机。多谱系、成系列发展通用飞机和直升机。以设计研制、生产制造为主要环节，提升航空大部件和机载系统的国际化专业化发展水平；推进发动机、机载系统、空管系统、场站设备及航空新材料、元器件产业化。 ☆市场培育：开展通用航空基础设施建设，发展通用航空服务。大力拓展包括市场开发、航空租赁、维修服务、通航运营等在内的航空服务业务，推进航空产业链的协调发展。	
重大政策	☆加快制定民用航空工业法律法规，加速推进和落实低空空域管理政策，加大民用航空技术研发和产业化投入。 ☆出台支持支线和通用航空发展具体政策。	

（2）卫星及应用产业。紧密围绕经济社会发展的重大需求，与国家科技重大专项相结合，以建立我国自主、安全可靠、长期连续稳定运行的空间基础设施及其信息应用服务体系为核心，加强航天运输系统、应用卫星系统、地面与应用天地一体化系统建设，推进临近空间资源开发，促进卫星在气象、海洋、国土、测绘、农业、林业、水利、交通、城乡建设、环境减灾、广播电视、导航定位等方面的应用，建立健全卫星制造、发射服务、地面设备制造、运营服务产业链。推进极地空间资源开发。

（3）轨道交通装备产业。大力发展技术先进、安全可靠、经济适用、节能环保的

专栏 2.12　卫星及应用产业发展路线图

时间节点	2015 年	2020 年
发展目标	初步建成由对地观测、通信广播、导航定位等卫星系统和地面系统构成的空间基础设施，建立健全应用服务体系，形成卫星制造、发射服务、地面设备制造及卫星运营服务的完整产业链。促进民用航天全面实现向业务化的转变。	建成由全天时全天候全球对地观测、全球导航定位、多频段通信广播等卫星系统构成的国家空间基础设施，建成完善的空间信息服务平台以及应用服务网络，航天产业发展水平处于国际先进行列。
重大行动	☆关键技术开发：突破卫星长寿命高可靠、先进卫星平台、新型卫星有效载荷、卫星遥感定量化应用、高精度卫星导航、宽带卫星通信、重型运载火箭、空间信息综合应用等关键技术，发展综合业务卫星系统；促进平流层飞艇、空间天气预报等关键技术攻关。 ☆重大工程：结合高分辨率对地观测系统、北斗导航等科技重大专项，实施国家空间基础设施建设重大创新发展工程，构建天基卫星系统、地面标校系统和增强系统、数据接收和信息处理系统、运营服务系统在内的一体化运行设施。 ☆产业化与推广应用：完善运载火箭系列型谱，提高国产地面设备市场竞争力，发展北斗兼容型导航终端以及数字化综合应用终端等产品；大力推进卫星遥感、通信广播、导航定位等空间信息资源产业化应用，提高国产卫星的应用范围与效益。促进航天技术在信息、新材料、新能源、节能环保和生物等领域的应用。	
重大政策	☆制定卫星及应用国家标准、卫星数据共享、市场准入等政策法规。制定开展卫星直播业务的产业扶持政策。 ☆制定鼓励民营资本进入卫星及应用领域的政策。	

轨道交通装备，建立健全研发设计、生产制造、试验验证、运用维护、监测维修和产品标准体系，完善认证认可体系等，提升牵引传动、列车控制、制动等关键系统及装备自主化能力。巩固和扩大国内市场，大力开展国际合作，推动我国轨道交通装备全面达到世界先进水平。

专栏 2.13　轨道交通装备产业发展路线图

时间节点	2015 年	2020 年
发展目标	掌握先进轨道交通核心技术，全面实现轨道交通装备产品自主设计制造，建成产品全寿命周期服务体系，满足我国轨道交通发展需要；主要产品具有国际竞争力。	标准体系及认证体系实现国际化，轨道交通装备技术水平国际领先，形成国际化发展的综合能力，打造拥有总承包商资质、具有全球配置资源能力的大型企业。
重大行动	☆关键技术开发与产业化：实施先进轨道交通装备及关键部件创新发展工程；完成交流传动快速机车、大轴重长编组重载货运列车技术研究；推进综合检测列车、高寒动车组、城际列车、智能列车的研制工作，实现动车组及交流传动机车产品谱系化，逐步完善中低速磁悬浮自主创新技术，基本掌握高速磁悬浮导向和牵引控制、大型养护设备制造等关键技术；开发现代有轨电车；开发新型列控系统、安全综合检测等关键技术。 ☆创新能力建设：加强牵引传动、走行、制动、通信信号、安全保障关键技术及系统集成等轨道交通装备研发平台建设；完善试验验证条件；推进轨道交通装备标准体系建设；加快培育第三方认证机构。	
重大政策	☆制定鼓励企业积极参与国际竞争的相关政策。	

（4）海洋工程装备产业。面向海洋资源特别是海洋油气资源开发的重大需求，大力发展海洋油气开发装备，重点突破海洋深水勘探装备、钻井装备、生产装备、作业和辅助船舶的设计制造核心技术，全面提升自主研发设计、专业化制造、工程总包及设备配套能力，积极推动海洋风能利用工程建设装备、海水淡化和综合利用等装备产业化。促进产业体系化和规模化，增强国际竞争力。

专栏 2.14 海洋工程装备产业发展线路图

时间节点	2015 年	2020 年
发展目标	初步实现深水海洋工程装备的自主设计建造和关键设备配套能力，基本形成自主的深水资源开发装备体系，提高国内市场占有率，产品具有国际竞争力。	全面具备深水海洋工程装备的自主设计建造和关键设备配套能力，形成海洋工程装备产业完整的科研开发、总装制造、设备供应、技术服务产业体系，进一步提高国内市场占有率，提高产品国际竞争力。
重大行动	☆关键技术开发与产业化：实施海洋工程装备产业创新发展工程，基本掌握主要海洋油气开发装备自主设计建造技术，提高关键设备和系统配套能力。突破海洋风能利用工程建设装备、海洋观测监测仪器设备及系统、水面支持系统、水下作业与保障装备的关键技术。积极开展深海工作站、海上大型浮式结构物等海洋可再生能源利用、海底金属矿产资源开发装备等前瞻性技术的研发。 ☆创新能力建设：在海洋深水勘探装备、钻井装备、生产装备、作业和辅助船舶的设计制造领域建设具有世界先进水平的工程中心、工程实验室、重点实验室；建设深海技术装备公共试验、检测平台，加强海洋工程装备企业技术中心能力建设，加大相关标准、规范研究制定力度，建立健全我国海洋工程装备的标准体系。	
重大政策	☆研究制定深海资源勘探专项鼓励政策。	

（5）智能制造装备产业。重点发展具有感知、决策、执行等功能的智能专用装备，突破新型传感器与智能仪器仪表、自动控制系统、工业机器人等感知、控制装置及其伺服、执行、传动零部件等核心关键技术，提高成套系统集成能力，推进制造、使用过程的自动化、智能化和绿色化，支撑先进制造、国防、交通、能源、农业、环保与资源综合利用等国民经济重点领域发展和升级。

（五）新能源产业

加快发展技术成熟、市场竞争力强的核电、风电、太阳能光伏和热利用、页岩气、生物质发电、地热和地温能、沼气等新能源，积极推进技术基本成熟、开发潜力大的新型太阳能光伏和热发电、生物质气化、生物燃料、海洋能等可再生能源技术的产业化，实施新能源集成利用示范重大工程。到 2015 年，新能源占能源消费总量的比例提高到 4.5%，减少二氧化碳年排放量 4 亿吨以上。

（1）核电技术产业。加强核电安全、核燃料后处理和废物处置等技术研究，在确保安全的前提下，开展二代在运核电安全运行技术及延寿技术开发，加快第三代核

专栏 2.15　智能制造装备产业发展路线图

时间节点	2015 年	2020 年
发展目标	传感器、自动控制系统、工业机器人、伺服执行部件为代表的智能装置实现突破并达到国际先进水平，重大成套装备及大型成套生产线系统集成水平大幅度提升。提高国内市场占有率。重点领域制造过程智能化水平显著提高。	建立健全具备系统感知和集成协调能力的智能制造装备产业体系，国内市场占有率达到 50%，形成一批具有国际竞争力的产业集聚区和企业集团，整体水平进入国际先进行列。
重大行动	☆关键技术开发：加快实施高档数控机床与基础制造装备科技重大专项。加强新型传感、高精度运动控制、优化控制、系统集成等关键技术研究及公共服务平台建设；提高新型传感器、智能化仪表、精密测试仪器、自动控制系统、高性能液压件、工业机器人等典型智能装置的自主创新能力。 ☆产业化与应用示范：实施智能制造装备创新发展工程，推进智能仪器仪表、自动控制系统、传感器、工业机器人、中高档数控系统与功能部件、关键基础零部件产业化。提高重大成套智能装备集成创新水平，实现智能技术、智能测控装置和高性能基础零部件在石化、冶金、资源开采、汽车、电力、机械加工、环保与资源综合利用等重点领域的推广应用。	
重大政策	☆在重大技术装备首台（套）示范应用中，支持智能制造装备首台（套）研发创新及产业化，探索首台（套）装备保险机制。	

电技术的消化吸收和再创新，统筹开展第三代核电站建设。实施大型先进压水堆及高温气冷堆核电站科技重大专项，建设示范工程。研发快中子堆等第四代核反应堆和小型堆技术，适时启动示范工程。发展核电装备制造和核燃料产业链。到 2015 年，掌握先进核电技术，提高成套装备制造能力，实现核电发展自主化；核电运行装机达到 4 000 万千瓦，包括三代在内的核电装备制造能力稳定在 1 000 万千瓦以上。到 2020 年，形成具有国际竞争力的百万千瓦级核电先进技术开发、设计、装备制造能力。

（2）风能产业。加强风电装备研发，增强大型风电机组整机和控制系统设计能力，提高发电机、齿轮箱、叶片以及轴承、变流器等关键零部件开发能力，在风电运行控制、大规模并网、储能技术方面取得重大突破。建设东北、西北、华北北部和沿海地区的八大千万千瓦级风电基地。在内陆山地、河谷、湖泊等风能资源相对丰富的地区，发挥距离电力负荷中心近、电网接入条件好的优势，因地制宜开发中小型风电项目，积极推动海上风电项目建设。

（3）太阳能产业。以提高太阳能电池转化效率、器件使用寿命和降低光伏发电系统成本为目标，大力发展太阳能光伏电池的生产制造新工艺和新装备；积极推动多元化太阳能光伏光热发电技术新设备、新材料的产业化及其商业化发电示范；建立大型并网光伏发电站，推进建筑一体化光伏发电应用，建立具有国际先进水平的太阳能发电产业体系。大规模推广应用高效、多功能太阳能热水器，推动太阳能在供暖、制冷和中高温工业领域的应用。建立促进光伏发电分布式应用的市场环境，推进以太阳能应用为主、综合利用各种可再生能源的新能源城市建设。

专栏 2.16 风能产业发展路线图

时间节点	2015 年	2020 年
发展目标	累计并网风电装机超过 1 亿千瓦，年发电量达到 1 900 亿千瓦时。基本建立完善的风电产业链，掌握先进风电机组整体设计能力，形成海上风电设备制造、工程施工能力。	累计并网风电装机 2 亿千瓦以上，年发电量超过 3 800 亿千瓦时。海上风电装备实现大规模商业化应用。风电装备具备国际竞争力，技术创新能力达到国际先进水平。
重大行动	☆风能资源评价：开展风资源观测评价，建立风能资源评价模型、标准、检测、认证体系和数据库。 ☆关键技术开发与产业化：建立风电技术研发机构，突破风电整机设计以及轴承、变流器和控制系统制造技术与装备瓶颈。开发与我国气候和地理特点相适应的风电技术和装备，3～5 兆瓦大型整机、新型风电机组及其关键零部件实现产业化，满足陆地、海上风电场建设需要。 ☆风电并网：建立风电场功率预测预报体系，显著提高风电集中开发区域电网运行消纳风电的比例；建成风电大型基地配套外输通道，解决风电远距离输送的消纳问题。	
重大政策	☆实施可再生能源发电配额制，建成适应风电发展的电网运行及管理体系。 ☆加快建设适应新能源发展的智能电网及运行体系。	

专栏 2.17 太阳能产业发展路线图

时间节点	2015 年	2020 年
发展目标	太阳能发电装机容量达到 2 100 万千瓦以上，光伏发电系统在用户侧实现平价上网。太阳能热利用安装面积达到 4 亿平方米。掌握太阳能发电、热利用关键技术，太阳能利用设备及其新材料的研发制造能力大幅提高。开展太阳能热发电试验示范。	太阳能发电装机容量达到 5 000 万千瓦以上，光伏发电系统在发电侧实现平价上网。太阳能热利用安装面积达到 8 亿平方米；太阳能光伏装备研发和制造技术达到世界先进水平，太阳能热发电实现产业化和规模化发展。
重大行动	☆关键技术开发与产业化：重点开发太阳能利用装备生产新工艺和新设备、提高太阳能光伏电池转换效率、降低电池组件成本关键技术；发展以太阳能光伏发电为主的分布式能源系统；开发太阳能光伏发电新材料、新一代太阳能电池、太阳能热发电和储热技术，太阳能热多元化利用技术、制冷和工业应用技术，风光储互补技术等。开发储能技术和装备。 ☆市场培育：建设大型光伏电站，组织实施金太阳工程，开展微电网供用电示范，建设太阳能示范城市。开展太阳能热发电工程示范。适时大规模推广太阳能光伏光热发电及太阳能在供暖、制冷和中高温工业领域的应用。加强适应光伏发电发展的电网及运行体系建设。	
重大政策	☆制定普及太阳能光热利用的法规、标准等。 ☆建立适应太阳能光伏分布式发电的电网运行和管理机制，完善光伏上网电价形成机制。	

（4）生物质能产业。统筹生物质能源发展，有序发展生物质直燃发电，积极推进生物质气化及发电、生物质成型燃料、沼气等分布式生物质能应用。加强下一代生物燃料技术开发，推进纤维素制乙醇、微藻生物柴油产业化。开展重点地区生物质资源详查评价，鼓励利用边际性土地和近海海洋种植能源作物和能源植物。

专栏 2.18　生物质能产业发展路线图

时间节点	2015 年	2020 年
发展目标	生物质能发电装机达到 1 300 万千瓦。生物燃气年利用量达到 300 亿立方米。固体成型生物质燃料年利用量达到 1 000 万吨。生物液体燃料年利用量达到 500 万吨。突破下一代生物液体燃料技术，纤维素制乙醇技术取得重大进展。	生物质能发电装机达到 3 000 万千瓦。生物燃气年利用量达到 500 亿立方米。固体成型燃料年利用量达到 2 000 万吨。生物液体燃料年利用量达到 1 200 万吨。实现新一代生物液体燃料的商业化推广。
重大行动	☆关键技术开发与产业化：推进大型自动化秸秆收集机械、以有机废弃物为原料的小型可移动沼气提纯罐装设备研发与推广；支持高效生物质成型燃料加工设备和生物质气化设备研发及产业化；完成兆瓦级低热值燃气内燃发电机组和兆瓦级沼气发电机组的产业化；建成 10 万吨级甜高粱乙醇示范工程；加强生物能源植物原料的育种与产业化；实现低成本纤维素酶、微藻生物柴油技术突破。 ☆市场应用：实施绿色能源示范县建设，推动生物质能源规模化、专业化、市场化开发建设，促进生物质能加快应用。	
重大政策	☆制定完善生物质能利用技术标准和工程规范，健全检测认证体系。 ☆完善生物燃料、能源化利用农林废弃物的激励政策及市场流通机制。	

（六）新材料产业

大力发展新型功能材料、先进结构材料和复合材料，开展纳米、超导、智能等共性基础材料研究和产业化，提高新材料工艺装备的保障能力；建设产学研结合紧密、具备较强自主创新能力和可持续发展能力的高性能、轻量化、绿色化的新材料产业创新体系和标准体系，发布国家新材料重点产品发展指导目录，建立新材料产业认定和统计体系，引导材料工业结构调整。到 2015 年，突破一批国家建设急需、引领未来发展的关键共性技术；到 2020 年，关键新材料自给率明显提高。

（1）新型功能材料产业。大力发展稀土永磁、发光、催化、储氢等高性能稀土功能材料和稀土资源高效综合利用技术。积极发展高纯稀有金属及靶材、原子能级锆材、高端钨钼材料及制品等，加快推进高纯硅材料、新型半导体材料、磁敏材料、高性能膜材料等产业化。着力扩大丁基橡胶、丁腈橡胶、异戊橡胶、氟硅橡胶、乙丙橡胶等特种橡胶及高端热塑性弹性体生产规模，加快开发高端品种和专用助剂。大力发展低辐射镀膜玻璃、光伏超白玻璃、平板显示玻璃、新型陶瓷功能材料、压电材料等无机非金属功能材料。积极发展高纯石墨、人工晶体、超硬材料及制品。

（2）先进结构材料产业。以轻质、高强、大规格为重点，大力发展高强轻型合金，积极开发高性能铝合金，加快镁合金制备及深加工，发展高性能钛合金、大型钛板、带材和焊管等。以保障高端装备制造和重大工程建设为重点，加快发展高品质特殊钢和高温合金材料。加强工程塑料改性及加工应用技术开发，大力发展聚碳酸酯、聚酰胺、聚甲醛和特种环氧树脂等。

（3）高性能复合材料产业。以树脂基复合材料和碳碳复合材料为重点，积极开发新型超大规格、特殊结构材料的一体化制备工艺，推进高性能复合材料低成本化、高端品种产业化和应用技术装备自主化。加快发展高性能纤维并提高规模化制备水平，重点围绕聚丙烯腈基碳纤维及其配套原丝开展技术提升，着力实现千吨级装备稳定运转，积极开展高强、高模等系列碳纤维以及芳纶开发和产业化。着力提高专用助剂和树脂性能，大力开发高比模量、高稳定性和热塑性复合材料品种。积极开发新型陶瓷基、金属基复合材料。加快推广高性能复合材料在航空航天、风电设备、汽车制造、轨道交通等领域的应用。

专栏 2.19 新材料产业发展路线图

时间节点	2015 年	2020 年
发展目标	在中高端新型功能材料、先进结构材料、高性能复合材料领域突破一批关键的专利核心技术，形成一批具有自主知识产权的产品，其中核心技术和先进零件加工制造技术达到国际先进水平。培育拥有自主品牌和较大市场影响力的骨干龙头企业 20 家，成为中高端新材料及产品的生产大国，提高国产高端新材料的自给率。	以我国高端装备制造和国家重大工程建设对新材料的需求为目标，掌握新材料领域尖端技术和应用器件的规模化生产技术，其中核心技术和先进器件加工制造技术达到国际领先水平。构筑产业链、提高高端功能材料及产品的市场竞争力，打破国外垄断，进一步提高国产高端新材料的自给率。
重大行动	☆关键材料开发及产业化：加快突破新材料先进加工制造技术和装备，推进高性能复合材料、先进结构材料、新型功能材料开发和产业化。开发关键新材料制备加工成套技术与工艺，建设一批关键材料产业化示范生产线，培育和发展一批新材料产业基地。 ☆关键材料推广应用：统筹考虑新材料设计、生产、应用等环节，着力推广一批科技含量高、市场前景广的重点新材料品种，打造一批龙头骨干企业。 ☆新材料产业创新能力建设：在重点领域建设一批新材料技术创新、产品开发、分析检测、推广应用和信息咨询的公共服务平台。	
重大政策	☆制定并发布新材料产业重点产品指导目录。 ☆建立健全新材料产业统计体系、认定体系和标准体系。 ☆制定新材料推广应用风险补偿机制。 ☆推动军民共用新材料产业化、规模化发展。	

（七）新能源汽车产业

以纯电驱动为新能源汽车发展和汽车工业转型的主要战略取向，当前重点推进纯电动汽车和插电式混合动力汽车产业化，推进新能源汽车及零部件研究试验基地建设，研究开发新能源汽车专用平台，构建产业技术创新联盟，推进相关基础设施建设。重点突破高性能动力电池、电机、电控等关键零部件和材料核心技术，大幅度提高动力电池和电机安全性与可靠性，降低成本；加强电制动等电动功能部件的研发，提高车身结构和材料轻量化技术水平；推进燃料电池汽车的研究开发和示范应用；初步形成较为完善的产业化体系。建立完整的新能源汽车政策框架体系，强化财税、技术、管理、金融政策的引导和支持力度，促进新能源汽车产业快速发展。

专栏 2.20 新能源汽车产业发展路线图

时间节点	2015 年	2020 年
发展目标	新能源汽车动力电池、电机和电控技术取得重大进展，动力电池模块比能量达到 150 瓦时 / 千克以上，电驱动系统功率密度达到 2.5 千瓦 / 千克以上。纯电动汽车和插电式混合动力汽车累计产销量力争达到 50 万辆。初步形成与市场规模相适应的充电设施体系和新能源汽车商业运行模式。	形成新能源汽车动力电池、电机和电控技术创新发展能力，动力电池模块比能量达到 300 瓦时 / 千克以上。纯电动汽车和插电式混合动力汽车累计产销量超过 500 万辆。充电设施网络满足城际间和区域内纯电动汽车运行需要，实现规模化商业运营。整体水平达到国际先进水平。
重大行动	☆创新能力建设：推进新能源汽车及零部件研究试验基地建设，建立全行业共享的测试平台、数据库和专利数据库等。 ☆关键技术研发：实施新能源汽车重大创新工程，突破产业化过程中的车身材料及结构轻量化等共性技术和工艺技术，研发新能源汽车全新底盘、动力总成、汽车电子等产品，加大力度联合研制动力电池及其关键材料，以及生产、控制与检测装备等，构建全行业共享的共性技术平台。建立健全新能源汽车、充电技术及设施标准体系。 ☆产业化推广：稳步推进公共服务领域新能源汽车示范，开展私人购买新能源汽车补贴试点，加强综合评价，积极推进充电基础设施建设，探索新能源汽车整车租赁、电池租赁以及充换电服务等多种商业模式，形成完善的市场推广体系。	
重大政策	☆完善财税激励政策，鼓励新能源汽车消费和使用。 ☆建立动力电池回收和梯级利用管理制度。	

四、重大工程

（一）重大节能技术与装备产业化工程

围绕应用面广、节能潜力大的高效锅炉窑炉、余热余压利用、热电联产、电机系统和大容量低成本蓄能等领域，实施重大技术装备产业化示范工程；推进高效风机、水泵、变压器、空调机组、内燃机、节能家电等技术装备和产品的发展。到 2015 年，形成一批以高效燃烧、能源梯级利用、高效蓄能、绿色节能建材、节能监测和能源计量等为重点的节能技术装备与产品制造骨干企业和产业化示范基地，高效节能技术与装备市场占有率提高到 30% 左右，创新能力和装备开发能力接近国际先进水平。

（二）重大环保技术装备及产品产业化示范工程

以烟气脱硫脱硝、机动车尾气高效净化等大气污染治理装备，城镇生活污水脱氮除磷深度处理、新型反硝化反应器等水污染治理成套装备，高效垃圾焚烧和烟气处理、污泥处理处置等固体废物处理装备，重金属、氨氮在线监测等环境监测专用仪器仪表，环境应急监测车、阻截式油水分离及回收设备等环境应急装备为重点，实施一批产业化示范工程。推进重金属污染防治、土壤污染防治技术开发与示范应用，加快高性能膜、脱硝催化剂纳米级二氧化钛载体、高效滤料等污染控制材料的产业化。到2015年，培育一批在行业具有领军作用的环保企业集团及一批“专、精、特、新”的环保配套生产企业，创建10～15个区位优势突出、集中度高的环保技术及装备产业化基地。

（三）重要资源循环利用工程

实施“城市矿产”示范工程，建设一批“城市矿产”示范基地，提升废钢铁、废有色金属（稀贵金属）、废橡胶、废轮胎、废电池等再生资源利用技术和成套装备产业化水平。实施再制造产业化示范工程，建立一批再制造工程（技术）研究中心，形成若干再制造产业集聚区。实施产业废弃物资源化利用示范工程，推进大宗固体废物、共伴生矿、建筑废弃物的循环利用。加快建立先进技术支撑的废旧商品回收利用体系，建设一批示范城市。加快海水淡化产业发展。到2015年，建成我国重要资源循环利用技术体系，再制造产业初具规模，资源再生加工利用能力达每年2 500万吨，煤矸石等大宗固体废弃物综合利用能力达每年4亿吨。

（四）宽带中国工程

加快推进宽带光纤接入网络建设，推进第三代移动通信（3G）网络全面、深度覆盖，开展TD-LTE规模商用示范；实施下一代互联网商用推广，建立新型网络体系架构及配套技术试验床，形成完备的互联网技术标准，完善网络安全防护体系；全面实施广播电视数字化改造，积极推进三网融合；组织关键技术、装备、智能终端的研发及产业化。到2015年，宽带接入能力显著提高，95%的行政村具备宽带接入能力，相关装备和智能终端达到国际先进水平，全国县级（含）以上城市有线电视实现数字化，80%实现双向化，并基本完成数字地面电视覆盖。

（五）高性能集成电路工程

围绕重点整机系统应用需求，突破高端通用芯片核心技术，大力支持移动互联、模数混合、信息安全、数字电视、射频识别、传感器等芯片的设计，形成系统方案解决能力。加快先进生产线和特色生产线工艺技术升级和产能扩充，提高先进封装工艺和测试水平。进一步完善产业链，增强关键设备、仪器和材料的开发能力，支持大生产线规模应用。强化国产芯片和软件的集成应用。加快提升国家级集成电路研发公共服务平台的水平和能力。到2015年，集成电路设计业产值国内市场比重由5%提高到15%。

（六）新型平板显示工程

开展TFT-LCD显示面板关键技术和新工艺开发，实施玻璃基板等关键配套材料和核心生产设备产业化项目。突破PDP高光效技术、高清晰度技术以及超薄技术，完善配套产业链。开展高迁移率 TFT 驱动基板技术开发，攻克 OLED 有机成膜、器件封装等关键工艺技术，加强关键材料及设备的国产化配套。开展 3D 显示、电子纸、激光显示等新技术研发和产业化。到 2015 年，新型平板显示面板满足国内彩电整机需求量的 80% 以上，提高关键材料和核心生产设备本地化配套率。

（七）物联网和云计算工程

构建物联网基础和共性标准体系，突破低成本、低功耗、高可靠性传感器技术，组织新型 RFID、智能仪表、微纳器件、核心芯片、软件和智能信息处理等关键技术研发和产业链建设。在典型领域开展基于创新产品和解决方案的物联网示范应用，培育和壮大物联网新兴服务业，加强物联网安全保障能力建设。开展云计算服务创新发展试点示范。整合现有各类计算资源，推动各领域信息共享和业务协同，突破虚拟化、云计算应用支撑平台、云安全、云存储等核心技术，大力加强高性能计算等领域应用软件的开发，推进高性能服务器、海量数据存储、智能终端等设备产业化，加强对云计算基础设施的统筹部署和创新发展，构建云计算标准体系，支持建设一批绿色云计算服务中心、公共云计算服务平台，促进软件即服务（SaaS）、平台即服务（PaaS）、基础设施即服务（IaaS）等业务模式的创新发展。到 2015 年，初步形成符合国情的应用模式、标准规范和安全可靠的产业体系。

（八）信息惠民工程

推进普遍服务，完善信息惠民基础条件；建立多层次的国家优质教育资源库和共享服务平台，完善现代远程教育传输网络和服务体系；加强公共安全信息化支撑体系建设，提升公共安全实时监控、预警预报和应急处理能力，提高社会管理信息化水平。推进远程医疗，推广医疗信息管理和居民电子健康档案管理系统；推进标准统一、功能兼容的社会保障卡应用，逐步实现“人手一卡”和“一卡通”；支持一批城市开展电子商务示范城市创建工作，支持应用新信息技术和服务模式，在海铁公水联运、智能电网、安全生产监管、林业生态监测、环境污染监控、食品安全监管、药品药械监管、智能交通、货物快递追踪、危险品管理、城市公共管理等领域开展新型信息服务。加快研发适应三网融合业务要求的数字家庭智能终端和新型消费电子产品，开展数字家庭多业务应用示范。扩大信息服务在城乡及各领域的覆盖和应用。

（九）蛋白类等生物药物和疫苗工程

建立国家人类基因资源信息库、蛋白质库和生物样本库，重点突破新产品研发和产业化过程中的高效筛选、评价、纯化、大规模细胞培养、制剂技术、质量控制方法等环节的技术瓶颈，加强新型佐剂研究，建设若干研发和产业化技术平台，推进单克隆抗体药物、基因工程蛋白质及多肽药物、多联多价疫苗、治疗型疫苗、人畜共患病疫苗等新产品的研发及产业化，加强疫苗供应体系建设。到 2015 年，实现

30个以上生物医药新品种投放市场，基因工程药物和疫苗创新能力大幅提升，我国防控重大疾病和传染病的能力明显提高。

（十）高性能医学诊疗设备工程

建设具有国际先进水平的高性能医学影像诊断治疗设备研发与技术集成平台，突破数字化探测器、高频高压发生器、超声探头、超导磁体等核心部件和关键技术，加快发展数字化X射线机、多层螺旋计算机断层扫描（CT）机、超导磁共振成像系统（MRI）、核医学影像设备正电子放射断层造影术（PET）/CT、数字化彩色超声诊断系统等高性能医学影像设备，加快推进高强度聚焦超声（HIFU）等高性能医学治疗设备开发，加速产业化和推进临床应用。到2015年，掌握一批拥有自主知识产权的高性能医学影像诊断和治疗设备的核心技术，提高创新产品国内市场占有率。

（十一）生物育种工程

围绕国家粮食生产核心区，构建重要动植物基因信息库，重点研发转基因、分子设计、航天育种、胚胎工程等生物育种技术，建设国家级生物育种基地、区域性良繁基地，建立转基因生物安全管理体系，加快培育水稻、玉米、小麦、大豆、棉花、油菜等主要作物以及猪、牛、羊、鸡、鱼等重要畜禽水产新品种并实现产业化。到2015年，突破一批分子育种关键技术和装备，具有自主知识产权的主要农作物和畜禽新品种市场占有率明显提高。

（十二）生物基材料工程

建设工业微生物菌种与基因信息库，突破微生物菌种设计、生物炼制工艺等关键技术，建立非粮生物质原料种植加工基地，加快工业微生物、生物基工业原料、生物基塑料、生物质纤维、生物溶剂等生物基产品的产业化，加强生物基产品应用示范，构建生物基原材料生产加工与应用产业链，利用生物技术提升传统产业发展水平。到2015年，突破一批生物基材料开发和产业化技术，与化石原料相比具有竞争力的一批生物基材料实现规模化生产。

（十三）航空装备工程

按照安全、经济、舒适和环保的要求，研制具有国际竞争力的150座级C919单通道干线飞机。加快科技攻关，发展高可靠性、低成本、数字化支线飞机和通用飞机（含直升机）设计与制造技术。推进ARJ21支线飞机的规模化生产和系列化发展，支持新舟系列支线飞机改进改型，研制新型支线飞机，发展大中型喷气公务机和新型通用飞机（含直升机）；拓展支线飞机市场应用，扎实推进通勤航空试点。推动航空发动机、航空设备产业发展及航空维修、支援、租赁等产业配套体系建设。到2015年，我国航空装备发展能力大幅提升。

（十四）空间基础设施工程

建设时空协调、全天候、全天时的对地观测卫星系统和天地一体的地面配套设施，发展空间环境监测卫星系统；完善我国全球导航定位系统；启动由大容量宽带多媒体卫星、全球移动通信卫星、数据中继卫星等系统组成的空间信息高速公路建设；建设相关地面配套设施。开展先进卫星平台、新型卫星有效载荷、核心部组件、卫星遥感定量化应用等关键技术研发，推进重点行业和领域的卫星系统应用示范，进一步提升卫星对地观测、卫星通信和卫星导航定位应用产业化水平。到2015年，形成长期连续稳定运行、系统功能优化的国家空间基础设施骨干架构，大幅提升我国卫星提供经济社会发展需求空间信息的能力。

（十五）先进轨道交通装备及关键部件工程

建立现代轨道交通装备核心技术、关键零部件及系统的研发、试验验证、标准及知识产权保护体系。开发高寒及城际动车组、交流传动快速机车、30吨轴重机车与货车、新型城轨车辆、大型施工装备、多功能高效率工程及养路机械。研发永磁电传动、磁悬浮、列车制动、牵引控制、安全监测、通信信号等关键技术，研制轮轴轴承、传动齿轮箱、转向架等关键零部件，加强产业化，提升核心部件及系统创新能力。到2015年，形成具有世界先进水平的轨道交通装备发展能力。

（十六）海洋工程装备工程

突破深水浮式结构物水动力性能、结构设计和强度分析等共性技术，加快发展深海高性能物探船和钻井船、浮式生产储油卸油装置、半潜式平台、水下生产系统、环境探测、观测与监测、深海运载及应急作业等装备及其关键配套设备和系统，建设液化天然气浮式生产储卸装置等新型装备总装制造平台，完善设计建造标准体系。到2015年，国产深海资源探采装备国内市场占有率明显提高，关键设备和系统实现配套，国际市场竞争力得到提升。

（十七）智能制造装备工程

突破新型传感、高精度运动控制、故障智能诊断等关键技术，大力推进泛在感知自动控制系统、工业机器人、关键零部件等装置的开发和产业化，开展基于机器人的自动化成形与加工装备生产线、自动化仓储与分拣系统以及数字化车间等典型智能装备与系统的集成创新，推进智能制造技术和装备在石油加工、煤炭开采、发电、环保、纺织、冶金、建材、机械加工、食品加工等典型领域中的示范应用。到2015年，具有自主知识产权的智能测控装置及零部件国内市场占有率达到30%，掌握智能制造系统关键核心技术，以传感器、自动控制系统、工业机器人、伺服和执行部件为代表的智能装置实现突破并达到国际先进水平，重大成套装备及生产线系统集成水平大幅提升，基本满足国民经济重点领域和国防建设的需要。

（十八）新能源集成应用工程

在风电、太阳能、海洋能发电等可再生能源电力开发集中区域，示范建设以智能电网为载体、发输用一体化、可再生能源为主的电力系统；选择可再生能源资源丰富、经济条件较好的城市，在公共建筑、商业设施和工业园区推进太阳能、页岩气、生物质能、地热和地温能等新能源技术的综合应用示范；开展绿色能源和新能源区域应用示范建设，建成完善的县域绿色能源利用体系；在可再生能源丰富和具备多元化利用条件的中小城市及偏远农牧区、海岛等，示范建设分布式光伏发电、风力发电、沼气发电、小水电“多能互补”的新能源微电网系统。推进新能源装备产业化。到2015年，建成世界领先的新能源技术研发和制造基地。

（十九）关键材料升级换代工程

加快突破气相沉积、等静压、先进熔炼、高效合成等材料先进技术和装备，支持高强铝合金等轻型合金材料、稀有金属材料、装备制造和重大工程需要的高品质特殊钢开发；推进高强高模碳纤维等高性能纤维及其复合材料、全氟离子膜等功能性膜材料、医用材料、先进电池材料、高纯硅等新型半导体材料、纳米绿色印刷材料和技术的产业化；开展高磁感取向硅钢、铁基非晶带材、高饱和磁感铁基纳米晶材料等金属合金材料、无机改性高分子材料、高性能复合材料以及新型绿色节能建材等在电力、交通运输、建筑等领域的应用示范；完善新材料认定及标准体系，建设一批新材料开发、检测、应用、信息等公共服务平台。到2015年，形成新材料持续发展的创新能力，一大批关键新材料的国内保障能力基本满足需求。

（二十）新能源汽车工程

建设新能源汽车公共测试平台、试验验证和应用综合评价体系，建立产品开发和专利数据库，重点研发动力电池、电机及控制系统等关键核心技术和新产品，加速纯电动、插电式混合动力汽车系列产品产业化，加大公共服务领域示范推广力度，扩大私人购买新能源汽车补贴试点城市范围和规模。推进充电网络体系和设施建设，探索新型商业化运行模式。

五、政策措施

（一）加大财税金融政策扶持

（1）加大财税政策扶持。在整合现有政策资源、充分利用现有资金渠道的基础上，建立稳定的财政投入增长机制，设立战略性新兴产业发展专项资金，着力支持重大关键技术研发、重大产业创新发展工程、重大创新成果产业化、重大应用示范工程及创新能力建设等。结合税制改革方向和税种特征，针对战略性新兴产业特点，加快研究完善和落实鼓励创新、引导投资和消费的税收支持政策。

（2）强化金融支持。加强金融政策和财政政策的结合，运用风险补偿等措施，鼓励金融机构加大对战略性新兴产业的信贷支持。发展多层次资本市场，拓宽多元化直接融资渠道。大力发展债券市场，扩大公司债、企业债、短期融资券、中期票据、中小企业集合票据等发行规模。进一步完善创业板市场制度，支持符合条件的企业上市融资。推进场外证券交易市场建设，满足处于不同发展阶段创业企业的需求。完善不同层次市场之间的转板机制，逐步实现各层次市场有机衔接。扶持发展创业投资企业，发挥政府新兴产业创业投资资金的引导作用，扩大资金规模，推动设立战略性新兴产业创业投资引导基金，充分运用市场机制，带动社会资金投向处于创业早中期阶段的战略性新兴产业创新型企业。健全投融资担保体系。引导民营企业和民间资本投资战略性新兴产业。

（二）完善技术创新和人才政策

（1）加强企业技术创新能力建设。构建新兴产业技术创新和支撑服务体系，加大企业技术创新的投入力度，对面向应用、具有明确市场前景的政府科技计划项目，建立由企业牵头组织、高等院校和科研机构共同参与实施的有效机制。依托骨干企业，围绕关键核心技术的研发、系统集成和成果中试转化，支持建设若干具有世界先进水平的工程化平台，发展一批企业主导、产学研用紧密结合的产业技术创新联盟，支持联盟成员构建专利池、制定技术标准等。进一步加强财税政策的引导，激励企业增加研发投入。

（2）加强知识产权体系建设。加强重大发明专利、商标等知识产权的申请、注册和保护，鼓励国内企业申请国外专利。健全知识产权保护相关法律法规，制定适合战略性新兴产业发展的知识产权政策。建立公共专利信息查询和服务平台，为全社会提供知识产权信息服务。针对我国企业在对外贸易投资中遇到的知识产权问题，尽快建立健全预警应急机制、海外维权和争端解决机制。大力推进知识产权的运用，完善知识产权转移交易体系，规范知识产权资产评估，推进知识产权投融资机制建设。

（3）加强技术标准体系建设。制定并实施战略性新兴产业标准发展规划，加快基础通用、强制性、关键共性技术、重要产品标准研制的速度，健全标准体系。建立标准化与科技创新和产业发展协同跟进机制，在重点产品和关键共性技术领域同步实施标准化，支持产学研联合研制重要技术标准并优先采用，加快创新成果转化和产业化步伐。

（4）建设高素质人才队伍。支持企业人才队伍建设。加快完善高校和科研机构科技人员职务发明创造的激励机制。加大力度吸引海外优秀人才来华创新创业，依托“千人计划”和海外高层次创新创业人才基地建设，加快吸引海外高层次人才。加强高校和中等职业学校战略性新兴产业相关学科专业建设，改革创新人才培养模式，建立企校联合培养人才的新机制，促进创新型、应用型和复合型人才的培养。

（三）营造良好的市场环境

（1）完善市场培育、应用与准入政策。鼓励绿色消费、信息消费、健康消费，促进消费结构升级。加大节能环保、新能源、新能源汽车等市场培育与引导力度，培育发展新业态。加快建立有利于战略性新兴产业发展的相关标准和重要产品技术标准体系，优化市场准入的审批管理程序。

（2）深化国际合作。引导外资投向战略性新兴产业，丰富外商投资方式，拓宽外资投资渠道，不断完善外商投资软环境。继续支持引进先进的核心关键技术和设备。鼓励我国企业和研发机构在境外设立研发机构，参与国际标准制定。扩大企业境外投资自主权，支持有条件的企业开展境外投融资。完善相关出口信贷、保险等政策，支持拥有自主知识产权的技术标准在国外推广应用。支持企业通过境外注册商标、境外收购等方式，培育国际化品牌，开展国际化经营，参与高层次国际合作。国家支持战略性新兴产业发展的政策同等适用于符合条件的外商投资企业。

（四）加快推进重点领域和关键环节改革

完善相关市场开放机制，深化民间投资准入改革，鼓励各类企业投资战略性新兴产业。推行能效“领跑者”制度，建立健全排污权、节能量和碳排放交易制度，推进环保和资源税费、价格改革；建立生产者责任延伸制，建立资源循环利用产品认证体系和再制造产品标识管理制度；大力推进环境标志产品认证和政府绿色采购制度，积极倡导绿色消费。建立健全推进三网融合的政策和机制，深化电信体制改革，推进有线电视网络整合和运营机构转企改制，按照分业管理的原则探索建立适应三网融合要求的电信、广电监管体制和协调高效的运行机制，完善相关法规标准，推动三网融合高效有序开展。加强生物安全管理，完善药品、医疗器械注册管理、价格管理、集中招标采购、安全评价与监督管理等机制，制定实施有利于绿色生物基产品发展的激励政策。加快制定民用航空工业法律法规，加快推进空域管理体制改革，建立空域灵活使用机制，优化航路航线和飞行繁忙地区空域结构，推进低空空域开放；完善卫星应用数据共享、市场准入等政策法规；支持智能制造装备首台（套）研发创新和产业化，探索首台（套）装备保险机制。实施可再生能源发电配额制，落实可再生能源发电全额保障性收购制度，深化电力体制改革，完善新能源发电补贴机制，建立适应风电、太阳能光伏发电发展的电网运行管理体系；完善生物燃料、能源化利用农林废弃物的激励政策及市场流通机制等。

六、组织实施

（一）加强统筹协调

有效统筹协调中央、地方和其他社会资源，促进军民融合，突出重点，集中支持本规划明确的重大产业创新发展工程、重大关键技术研发与创新成果产业化、重大应用示范工程、创新能力建设等。加强与科技重大专项的衔接，发挥科技重大专项的引领带动作用。营造公平竞争环境，激发和调动各类市场主体的积极性，引导加大对战略性新兴产业的投入，加快推进战略性新兴产业发展。

（二）加强宏观引导

优化产业布局，加强对地方发展战略性新兴产业的信息引导和宏观指导，明确不同区域总体功能定位和重点发展方向。各地要结合国家战略性新兴产业发展重点，从当地实际出发，重点发展具有竞争优势的特色新兴产业，避免盲目发展和重复建设。强化行业和企业自律，发挥行业协会在企业投资、经营决策方面的指导、协调和监督作用。加强市场信息预警与引导，定期向社会发布战略性新兴行业产能规模、产能利用率及生产、技术、市场发展动向等信息。

（三）培育发展产业示范基地

依托现有优势产业集聚区，充分利用现有资源，促进技术、人才、资金等要素向具有技术创新优势的企业和产业集聚，建设一批体制机制健全、市场活力大、产业链完善、辐射带动强、具有国际竞争力的战略性新兴产业示范基地，培育战略性新兴产业增长极。发挥创新资源密集、创新环境良好区域的比较优势，完善创新创业体系，推进先行先试，培育若干全国战略性新兴产业的策源地。

（四）完善规划体系

根据本规划提出的重点方向和任务，研究制定战略性新兴产业分类及重点产品和服务指导目录，健全统计监测体系。制定实施节能环保、新一代信息技术、生物、高端装备制造、新能源、新材料、新能源汽车产业等专项规划，明确实施内容和实施机制。鼓励相关省（区、市）联合编制区域性发展规划，推进战略性新兴产业差别化、特色化协同发展。各专项规划和地方规划要加强与本规划的衔接。

（五）加强组织实施

成立由发展改革委、科技部、工业和信息化部、财政部等有关部门参加的战略性新兴产业发展部际协调小组，加强统筹协调和督促落实。协调小组办公室设在发展改革委，承担协调小组的日常工作。根据规划实施的需要，组建由相关部门组成的政策工作组，加强沟通协调，及时制定出台有关政策措施。

有关部门要加强相关战略性新兴产业的统计和监测，加强形势分析，及时发布产业发展信息。发展改革委要会同有关部门加强对规划实施情况的跟踪分析和监督检查，及时开展后评估；要针对规划实施中出现的新情况新问题，适时提出解决办法，重大问题及时向国务院报告。

第 3 章

“十二五”国家战略性新兴产业发展规划解读

张晓强

当前，发展新兴产业已成为世界主要国家抢占新一轮经济和科技发展制高点的重大战略。我国正处于经济发展方式转变的攻坚时期，要紧紧抓住世界科技创新和新兴产业发展正在孕育重大突破的历史机遇，面向经济社会发展的重大需求，把培育发展战略性新兴产业放在产业结构调整和经济发展方式转变的突出位置。“十二五”时期是我国战略性新兴产业发展关键的起步阶段。为落实《国民经济和社会发展第十二个五年规划纲要》（简称《规划纲要》）和《决定》, 国务院发布了《规划》，成为我国未来5～10年培育发展战略性新兴产业的重要行动指南。贯彻落实好《规划》，对于构建国际竞争新优势、加快经济发展方式转变、全面建设小康社会、实现可持续发展，具有十分重要的意义。

3.1 《规划》的编制过程是集思广益、科学决策的过程

为做好《规划》的研究编制工作，按照“十二五”规划的统一部署，国家发展改革委会同有关部门成立了部际协调小组和文件起草组，从 2010 年 10 月开

始着手《规划》的研究起草工作。《规划》的整个研究编制过程主要经历了三个阶段：

（1）调研与框架起草阶段。文件起草组就《规划》涉及的一些重大问题开展专题调研，先后召开了十多次行业专家座谈会，委托中国工程院与中国科学院开展了“十二五”战略性新兴产业发展前期研究，收集整理并研究了相关国际组织和美国、德国、日本等国家与地区近年来新兴产业发展的相关资料。研究成果形成了三卷五册约200万字的参考资料汇编。经多次有关部门协商和专家讨论，形成《规划》框架，并提请部际协调小组会议审议通过。

（2）集中编制阶段。从2011年1月开始，按照部际协调小组审议通过的《规划》框架，国家发展改革委、科学技术部（简称科技部）、工业和信息化部（简称工信部）、财政部多次召开文件起草组会议讨论，集中起草《规划》，形成《规划》初稿。在此基础上，文件起草组认真学习胡锦涛总书记在中央政治局第29次集体学习时的讲话精神，进一步深化《规划》的研究和编写，经文件起草组全体会议审议并修改完善后，形成《规划》征求意见稿。

（3）征求意见与修改完善阶段。文件起草组将《规划》征求意见稿送国务院有关部门、各地方、相关行业协会等广泛征求意见并修改完善后，组织召开了包括著名经济学家、科学家、企业家等参加的《规划》论证会。按照专家论证意见，文件起草组又再次进行了修改完善，报部际协调小组会议审议通过，形成了上报国务院的《规划》送审稿，由国务院审议通过后发布实施。

3.2 《规划》是《决定》与《规划纲要》的细化和具体体现

《规划》是落实《规划纲要》的重点专项规划之一，是《决定》主要内容的深化和细化，是今后5～10年我国培育和发展战略性新兴产业的总体部署，是指导相关产业和地方专项规划编制的重要依据。因此，《规划》从指导思想、基本原则、发展目标和发展重点上充分贯彻和体现《决定》的精神，加强了与《规划纲要》的衔接，注重了与其他产业规划之间的协调，与《决定》和《规划纲要》对战略性新兴产业的部署一脉相承。

同时，《规划》作为培育发展战略性新兴产业的重要行动指南，突出了针对性和操作性，进一步细化了“十二五”的阶段性目标和任务，并展望2020年的发展方向，明确培育和发展战略性新兴产业的宏观目标、主要任务、发展方向等重大部署，提出重点产业发展的路线图和重大工程，以及强化组织实施的具体措施。《规划》全文共六个部分，第一部分是背景，第二部分是指导思想、基本原则和发展目标，第三部分是重点发展方向和主要任务，第四部分是重大工程，第五部分是政策措施，第六部分是组织实施。《规划》的每个部分都充分体现了《决定》和《规划纲要》的要求，同时又作出了更为详细的部署和安排。同时，为使正文的表述更加简洁，《规划》采取了正文加专栏的表现形式，并借鉴国际上制定新兴产业发展规划普遍采用的“路线图”方法，使重点领域的发展目标、重大行动和重大政策要求等有关内容更加突出和清晰。

3.3 《规划》提出了更为具体的发展目标

《规划》在《决定》提出到2015年战略性新兴产业增加值占国内生产总值（GDP）比重达到8%左右目标的基础上，针对战略性新兴产业特点和阶段性发展特征，定量和定性相结合，分别从产业创新发展能力、创新创业环境、国际分工地位、引领带动作用四个方面对“十二五”目标进行了细化。

一是产业创新发展能力大幅提升。这是培育发展战略性新兴产业的核心。“十二五”时期，要着力突破一批关键核心技术，加速科技成果产业化，完善产业创新体系，为战略性新兴产业发展奠定坚实基础。

二是创新创业环境更加完善。这是战略性新兴产业发展的关键，也是“十二五”时期的重要工作目标。力争通过五年的努力，基本建立健全有利于新技术产业化和新兴企业成长壮大的投融资、政策、体制环境。

三是国际分工地位明显提高。这是战略性新兴产业发展的重要着力点。要大力培育具有自主知识产权和知名品牌的国际化经营企业，努力抢占经济技术竞争制高点，提升国际化发展水平。

四是引领带动作用显著增强。这是培育发展战略性新兴产业的根本出发点和落脚点。“十二五”时期，要着力优化战略性新兴产业产品、企业、布局结构，保持快速增长，增强对国民经济和社会发展的引领带动作用。

3.4 《规划》提出了更为明确的发展方向和主要任务

《规划》按照统筹部署、集中力量、加快推进的原则，针对产业发展关键核心问题，明确了各产业领域的重点发展方向和主要任务，并提出了产业发展路线图。

1. 节能环保产业

节能环保产业发展是高质量实现节能环保工作目标的重要手段。我国节能环保产业具备一定基础，正进入快速发展时期，但也存在产业技术水平较低、政策机制不完善、服务体系不健全等问题。《规划》提出，充分运用现代技术成果，突破一批核心技术，高质量发展一批节能环保新技术、新装备和新产品；强化约束和激励机制，创新服务模式，鼓励绿色消费，提升节能环保产业发展层次和水平。

2. 新一代信息技术产业

信息技术不断演进，正在与经济社会发展的方方面面融合并纵深发展。为把握有利时机，《规划》提出要加强网络关键技术研发和产业化，加快高性能集成电路、新型平板显示、关键电子元器件的技术研发及产业化；加强软件开发，培育新兴信息服务新业态；建设宽带、融合、安全、泛在的国家信息基础设施，推动大型信息资源库建设。

3. 生物产业

生命科学与生物技术的重大突破正在孕育生物产业的大发展，并将为解决人类社会发展面临的健康、食品、资源、环境问题提供强有力的手段。近年来，我国生物产业进入加速发展时期，但存在新药创制能力弱、生物医学工程产品对外依存度高、生物育种缺乏核心技术和重大新品种、生物制造技术层次低等问题。《规划》提出，要组织实施生物医药领域科技重大专项，构建生物医学工程关键技术创新体系，加快建设现代育种产业技术体系，培育发展生物材料；加速构建生物技术新药创制平台，形成一批具有自主知识产权的高端产品。

4. 高端装备制造产业

高端装备制造业是产业升级、技术进步的重要保障和国家综合实力的集中体现。目前，我国国民经济和国防建设急需的大量高端装备基本依赖进口，开发高端装备核心技术能力不足，基础配套件发展滞后。为此，《规划》提出，要加快突破航空发动机等核心关键技术，加快实施大型飞机重大科技专项，大力发展新型通用飞机和直升机；加快通用航空基础设施建设，促进卫星在气象等领域及公众生活中的应用；大力发展先进轨道交通装备；突破海洋深水勘探、钻井等装备核心技术，促进海洋工程装备产业体系化和规模化发展；突破工业机器人等核心关键技术。

5. 新能源产业

发展新能源已成为世界各国的共同选择。近年来，我国新能源产业发展迅速，在一些关键领域取得突破，自主创新能力不断提高，具备实现跨越发展的良好基础和条件。“十二五”时期，新能源产业要在确保安全的前提下，开展二代在运核电安全运行技术及延寿技术开发，统筹开展第三代核电站建设，研发第四代核反应堆和小型堆技术；加强风电装备核心技术研发；大力发展太阳能光伏电池的生产制造新工艺和新装备，突破储能技术，促进太阳能规模应用；推进分布式生物质能应用，推进纤维素制乙醇、微藻生物柴油产业化。

6. 新材料产业

新材料是国民经济的基础产业和材料工业发展的先导，具有广阔的市场前景。经过多年的努力，目前我国新材料产业初具规模，具备加快发展的较好基础和条件，但存在部分核心技术受制于人、高端品种发展滞后、关键材料严重依赖进口等问题。“十二五”时期，要大力发展稀土功能材料、高性能膜材料、特种玻璃、功能陶瓷、高温合金材料、超硬材料等新型功能材料；积极发展新型合金材料、高品质特殊钢、工程塑料等先进结构材料；提升碳纤维、芳纶、超高分子量聚乙烯纤维等高性能纤维及其复合材料发展水平。

7. 新能源汽车产业

新能源汽车是汽车行业转型升级的重要方向，我国在动力电池、驱动电机、系统集成等关键技术领域取得明显进步，但核心零部件技术还有待进一步突破，产品成本较高、产业链不健全、社会配套体系不完善等问题亟待解决。“十二五”时期，要以纯电驱动为技术发展主导方向，以纯电动汽车和插电式混合动力汽车产业化为重点，加快电池、电机、电控等重点关键零部件核心技术研发，推进相关基础设施建设，加大推广应用，初步形成较为完善的产业化体系。

《规划》从发挥政府资源引领作用、突出重点的角度，围绕产业重点发展方向，提出实施 20 项重大产业创新发展工程和重大示范应用工程，作为培育发展战略性新兴产业的重要抓手。《规划》提出的 20 项重大工程包括：一是节能环保产业领域，实施重大节能技术与装备、重大环保技术装备、重要资源循环利用三大工程；二是新一代信息技术领域，实施宽带中国、高性能集成电路、新型平板显示、物联网和云计算、信息化惠民五大工程；三是生物产业领域，实施蛋白类等生物药物和疫苗、高性能医学诊疗设备、生物育种、生物基材料四大工程；四是高端装备领域，实施航空装备、空间基础设施、先进轨道交通装备及关键部件、海洋工程装备、智能制造装备五大工程；五是其他领域，实施新能源集成应用、关键材料升级换代、新能源汽车三项重大工程。选择这些重大工程的原则，一是从重要程度看，充分体现世界经济科技发展方向，有利于突破关键核心技术，对相关产业整体发展具有基础性和重大引领带动作用；二是从工作基础看，优先选择目标明确、任务清晰、技术路线基本确定、产业化前景广阔、有工程实施基础条件、“十二五”期间可以顺利实施的工程；三是既反映了产业发展的重点，又与科技重大专项作了有效衔接。

3.5 《规划》充分衔接了《决定》提出的各项政策措施

《决定》明确提出了培育和发展战略性新兴产业的一系列重大政策取向。《规划》对此进行了充分衔接。目前国务院有关部门正在按此抓紧制订相关实施细则，力争从财税、投融资、技术创新、知识产权、人才等政策及市场环境培育，以及重点领域和关键环境改革等方面加大力度，为战略性新兴产业营造更加良好的发展环境。

在加大财税金融政策扶持方面，针对现阶段资金投入不足、使用分散、投融资环境不完善等问题，进一步强调了建立稳定的财政投入增长机制、设立专项资金、完善税收政策、强化金融支持。

在完善技术创新和人才政策方面，针对我国战略性新兴产业存在的企业创新能力薄弱、关键核心技术掌握少、人才缺乏等问题，围绕加大企业技术创新的投入力度、建立企业牵头的工程化平台和产业技术创新联盟，加强知识产权体系建设，加快基础通用、强制性、关键共性技术、重要产品标准研制的速度，健全标准体系，大力吸引海外优秀人才，建立企校联合培养人才的新机制。

在营造良好的市场环境方面，一方面要进一步促进国内市场的消费结构升级，培育发展新业态，优化市场准入审批管理程序；另一方面要充分利用国际市场的资金、技术、市场等资源，完善外商投资软环境，鼓励我国企业和研发机构以多种形式走出去，培育国际化品牌，参与高层次国际合作。

在加快推进重点领域和关键环节改革方面，进一步细化了《决定》的有关要求，提出要深化民间投资准入改革，推进环保和资源税费、价格改革，建立节能环保产品认证体系、标识管理制度和政府绿色采购制度，推进三网融合，加强生物安全管理，完善有关注册、招标、监督管理机制，推进空域管理体制改革，支持智能制造装备首台（套）研发创新和产业化，落实可再生能源发电配额制、收购制等。

3.6 《规划》还明确了落实各项任务的保障措施

为确保各项目标和任务能够落到实处，《规划》还就加强组织协调，完善《规划》实施机制提出了明确的要求。

一是加强统筹协调。有效统筹协调各方资源，集中支持重大产业创新发展工程、重大关键技术研发与创新成果产业化、重大应用示范工程、创新能力建设，加强与科技重大专项的衔接。

二是加强宏观引导。针对当前暴露出的一些盲目发展和重复建设等问题，要加强信息引导和宏观指导，鼓励各地从实际出发，突出优势和特色，明确本地的总体功能定位和重点发展方向。

三是培育发展产业示范基地。促进技术、人才、资金等要素向具有技术创新优势的企业和产业集聚，建设一批体制机制健全、市场活力大、辐射带动强、具有国际影响力的战略性新兴产业示范基地和创新策源地。

四是完善规划体系。制定战略性新兴产业重点产品和服务指导目录。加快编制有

关专项规划，鼓励制定地区发展规划，加强各规划与《规划》的衔接。

五是加强组织实施。建立部际协调机制，成立部际协调小组及其办公室。组织对规划实施情况进行统计、监测、评估和调整，保障规划顺利实施。

第 4 章

战略性新兴产业总体发展形势

张汉威　周　源

战略性新兴产业是引导未来经济社会发展的重要力量。发展战略性新兴产业已成为世界主要国家抢占新一轮经济和科技发展制高点的重大战略。加快培育和发展战略性新兴产业对推进我国现代化建设具有重要战略意义。《决定》发布以来，战略性新兴产业在市场需求和技术进步的双重驱动下，有利于产业发展的有利因素逐步增多，发展质量不断提升，呈现出产业规模效益和创新能力建设协同并进的良好发展局面。

4.1　密集发布政策措施，着力构建创新生态

4.1.1　出台规划政策，加强宏观引导

发展规划是战略性新兴产业发展的设计蓝图，国家有关部门及时出台产业规划，加强宏观引导。各地适时出台各项配套政策，保障具体落实。

国务院有关部门根据《决定》和“十二五”《规划纲要》，制定了《规划》，于2012 年 5 月 30 日国务院常务会议讨论通过，并于 7 月 9 日发布实施。国家有关部门

组织编制了节能环保、新一代信息技术、新能源等七个产业发展规划，以及物联网、集成电路、航空、航天等一系列细分领域的专项规划，形成了系统完整的规划体系，明确了发展目标和重点任务。

国家相继出台了新的软件产业和集成电路产业政策、高技术服务业指导意见、海洋工程装备产业创新发展战略、鼓励和引导民营企业发展战略性新兴产业的实施意见等一系列产业政策，启动了战略性新兴产业发展指导目录的编制工作，引导新兴产业发展。

围绕战略性新兴产业，各地方政府也出台了相关规划以指导产业发展，截至2012年上半年，北京、上海、黑龙江等22个省市均已发布战略性新兴产业规划，其他省市也在积极制定中。

国家和地方一系列战略性新兴产业规划和相关政策的出台，明确了重点发展产业及发展目标，对于保障战略性新兴产业发展将起到积极作用。

4.1.2 设立专项资金，加大要素支持

资金、人才等是战略性新兴产业发展的核心要素，国家有关部门从各方面加大了支持力度。

2011年，中央财政设立了战略性新兴产业发展专项资金，通过需求激励、商业模式创新等综合扶持方式，以组织实施参股创投基金、重大应用示范工程、重大产业创新发展工程等为载体，推动战略性新兴产业尽早形成国民经济的先导产业和支柱产业。

初步统计，截至2011年年底全国共有24个省市设立了战略性新兴产业专项资金。进一步扩大了新兴产业创投计划实施规模，新批复了41只创投基金的设立方案，吸引社会资本70多亿元。出台了《关于促进融资性担保行业规范发展的意见》、《银行业金融机构知识产权质押贷款业务指引》等一系列政策，促进有利于战略性新兴产业发展的金融产品创新。

此外，在高校增设了25种战略性新兴产业相关专业，积极推动科技成果转化处置权和收益权、股权激励个人所得税改革等试点政策，加快夯实战略性新兴产业发展的人力储备。

4.1.3 启动试点工作，推进体制改革

体制机制是战略性新兴产业发展的有效保障，国家有关部门适时启动各项试点工作，加强体制机制改革。

在三网融合方面，组织了第一批12个地区（城市）开展三网融合试点，试点地区的IPTV（即交互式网络电视）试商用业务用户达到350万户，基于有线电视网的宽带接入用户超过100万户，第二批三网融合试点工作业已启动。

在新能源价格形成机制和新能源配额制方面，制定了可再生能源电价附加补贴和配额交易方案，将可再生能源电价附加征收标准由每千瓦时4厘（1厘=0.001元）

调整为8厘，制定了太阳能光伏发电标杆上网电价和天然气价格改革方案。

此外，在天津、河北等10个省市启动了国家排污权交易试点，在北京、天津、上海等7个省市启动了碳排放交易试点，生产者责任延伸制度、军民融合、空域管制等方面的改革也取得了阶段性成果。

4.1.4 部署重大项目，强化科技创新

科技创新是战略性新兴产业发展的重要支撑，国家有关部门部署了一批重大项目。

“973”计划、“863”计划、国家重大科技专项、国家自然科学基金等科技计划都在新能源、新材料、生物、资源环境等领域进行了重点部署，为产业发展提供有力的科技支撑。通过实施科技重大专项，在高性能中央处理器（CPU）、12英寸（1英寸=2.54厘米）65-40纳米介质刻蚀机、快速成像测井技术装备等领域突破了一批关键技术瓶颈。

实施重大产业创新发展工程，组织实施了智能制造装备、新型显示、云计算等重大产业专项和深圳国家基因库、卫星及应用等重大项目，增强产业自主发展能力，加快突破产业发展关键技术环节。制定了战略性新兴产业知识产权工作的指导意见和推进方案等一系列政策措施，重点支持了北京音视频、重庆超声治疗医疗器械、深圳新能源等8个产业专利联盟，促进战略性新兴产业领域的知识产权创造和运用。

4.1.5 实施示范工程，积极培育市场

市场的启动是战略性新兴产业发展的关键一环，国家有关部门通过实施示范工程、加强基础设施建设等措施拉动市场需求。

组织实施了节能惠民、十城万盏、十城千辆、金太阳等重大应用示范工程，推广节能空调3 000多万台、节能汽车360多万辆、高效节能电机400多万千瓦、节能灯1.6亿只、LED（即无机发光二极管）灯160万盏以上，试点运行各类电动汽车1.4万辆，建设光伏发电项目343个。

组织建设云计算及信息安全示范专项，在北京、深圳等5个城市开展云计算服务创新发展试点示范，促进云计算的广泛应用。建立战略性新兴产业行业标准和产品技术标准，2011年共批准发布了90余项战略性新兴产业领域的国家标准。电动汽车、三网融合、物联网、半导体照明等标准已进入标准化试点阶段。

加强相关市场配套基础设施建设。2011年新建成通航支线机场4个，着力改善了支线机场助航灯光和仪表着陆系统等基础设施，加快阿拉善盟通勤航空试点工作进度。加快建设国家农业转基因生物安全评价和检定中心、国家农业生物安全大科学工程，为我国生物育种产业发展提供支撑保障条件。

大力发展合同能源管理，发布了第二批、第三批节能服务公司审核备案名单。进一步扩大废旧商品回收体系试点城市范围。完善药品招标采购制度和注册管理体制，实施药品生产质量管理规范（2010年修订），全国各省市纷纷出台实施采购机制

的基本办法。

4.1.6　开展国际合作，推动服务外包

国际市场是战略性新兴产业发展的重要资源，服务外包是资源配置的有效方式，国家有关部门通过多种渠道开展国际合作，推动服务外包。

利用高访、双边经贸合作机制，以及中国国际高新技术成果交易会等平台，大力促进战略性新兴产业技术交流与项目对接。编制了《服务外包产业发展“十二五”规划纲要》和《中国国际服务外包产业发展规划纲要（2011—2015）》，落实技术先进型服务企业税收优惠政策。

中央财政安排专项资金，支持21个示范城市服务外包公共平台建设，推动我国服务外包产业向生物医药研发、技术研发、工业设计研发等高端研发服务外包拓展。努力将我国自主标准推向国际，目前已有4项“射频连接器”国际标准提案成为国际电工协会（IEC）标准，我国地面数字电视国家标准（DTMB）、时分长期演进技术（TD-LTE）等成为国际电信联盟（ITU）标准。

4.2　产业加速成长壮大，区域集聚蓬勃发展

上述六大政策部署的初步落实，促使我国战略性新兴产业发展实现了良好开局，新一代信息技术、生物医药、新能源、高端装备等重点产业及其新业态加速成长壮大，战略性新兴产业在各地呈现出集聚蓬勃发展的态势。截至2012年上半年，我国战略性新兴产业发展总体上呈现五大特点。

4.2.1　经济发展带动作用更加凸现

《决定》出台后，战略性新兴产业对经济发展的带动效应持续增强，已成为推动我国经济增长的新引擎。特别是在2012年上半年经济形势比较复杂的情况下，战略性新兴产业表现出逆势上扬的良好态势，为稳定经济增长作出了重要贡献。从广东、江苏等重点区域的发展情况看，新能源、新材料、生物医药等战略性新兴产业实现产值的同比增长速度显著高于当地工业同期增速。在全国出口形势不太理想的情况下，战略性新兴产业出口形势喜人，2012年上半年，近300家被调查企业出口总值同比增速达到23.5%，两倍于全国出口总值增速。

4.2.2　创新驱动产业发展特征明显

与传统产业相比，战略性新兴产业通过技术创新驱动产业发展的特点更加突出。例如，深圳光启研究院凭借自身拥有的超材料领域最前沿创新技术和近1 600件底层技术专利及应用专利，在深圳宝安投资建设了全球第一条超材料生产线，有望形成千亿元产值规模的超材料产业集群。迈瑞、腾讯、比亚迪等战略性新兴产业的企业

通过技术创新，实现了快速增长，收入增速明显，创新带动作用显著。

4.2.3 区域产业集聚态势初步展现

在地方规划或实施方案的引导下，一些地区已涌现出若干各具特色、拥有国际竞争力和较大发展潜力的产业集群，加速产业链向上下游逐步延伸，带动相关配套产业的发展。例如，广州形成了以广州无线电、晶科电子等为龙头的新一代信息技术产业集群，以广药集团为龙头的生物与健康产业集群，以金发科技、广州数控等为龙头的新材料与高端制造产业集群；深圳形成了以华大、迈瑞、海普瑞等为龙头的基因、医疗器械、生物技术药物等生物前沿产业集群，以华为、中兴为龙头的新一代通信设备集群；武汉形成了以人福医药为代表的生物产业集群和以烽火通信为代表的光电子信息产业集群；合肥形成了以京东方、鑫昊、晶澳、海润为代表的新型平板显示、新能源产业集群；南京形成了以物联网为代表的电子信息产业集群，以风电、光伏为代表的新能源产业集群，以智能电网与电力自动化、轨道交通为代表的高端装备制造集群；泰州依托中国医药城，精心策划和设计疫苗、生物医药、化合药新型制剂、高端医疗器械、中药现代化、保健品项目六大特色产业链，以完善的产业链吸纳集聚项目，形成了功能清晰的生物医药产业集群。各地依托优势特色资源，高起点规划、高水平建设、高定位发展，初步展现出了区域产业集聚的发展态势。

4.2.4 青年人才回国创业抱团发展

目前，许多地区都积极创造条件吸引人才，人才引进战略已从以往的单个人才引进转变为鼓励人才团队抱团发展。“引进资金不如引进技术，引进技术不如引进人才，引进单个人才不如引进整个团队”的理念逐渐成为共识，人才抱团发展正在成为战略性新兴产业发展的新动力。深圳光启理工研究院、浙江亚威朗光电（中国）有限公司、上海联影医疗科技有限公司、北京泰德制药股份有限公司、江苏美时医疗技术有限公司、深圳先进研究院等都是通过吸引青年人才回国创业，通过人才积聚实现抱团发展，快速形成发展和竞争优势。

4.2.5 行业发展呈现冷热两极分化

2012 年上半年，行业发展呈现冷热分化局面，受此影响，不同行业间企业经营状况也有所不同。节能环保企业受国家政策利好等因素带动，经营效益持续向好，1 ～ 5 月，紫光吉地达、科行等企业营业收入同比增幅达 35% 以上；与之产生明显反差的则是新能源企业，无锡尚德、南京中电等光伏企业由于受到价格下滑、双反等不利因素影响，均表示面临较大的经营压力。目前，虽然战略性新兴产业各领域发展冷热不均，但随着产业环境的不断完善，以及产业自身的成长和市场需求的逐步扩大，未来的发展形势将持续好转。

4.3　客观认识存在的困难，冷静应对当前问题

虽然战略性新兴产业总体上进展良好，成绩显著，但也面临着一些困难和问题。

4.3.1　市场竞争压力加大

虽然希腊大选结果使受欧债危机影响的全球经济暂时得到缓解，但经济增长的不确定因素依然很多，对国际市场需求仍将产生不利影响，这一影响在2012年上半年光伏产业出口情况中已有明显体现。同时，新兴产业领域的贸易保护主义有愈演愈烈之势，美国商务部分别在2012年3月和5月宣布了对中国光伏产业的双反初裁，这对已经处境艰难的众多中国光伏企业来说无疑是雪上加霜。如果此次美国光伏“双反”诱发欧洲和新兴市场效仿，中国光伏产业将面临更大的挑战。在战略性新兴产业各领域，企业之间的竞争日趋激烈，兼并重组愈演愈烈，如英特尔收购InfiniBand、IBM收购云测试绿帽公司、优酷网和土豆网宣布合并、戴尔收购SonicWALL等，考虑到我国企业竞争实力总体上相对较弱，兼并重组将对国内企业发展构成一定威胁。

4.3.2　企业资金压力不减

战略性新兴产业一般属于资金密集型的产业，从技术成熟到市场成熟的周期比较长，投入比较大，资金对企业的重要性尤为突出。2012年上半年，中国人民银行两次下调存款准备金率，这对于增强市场流动性，从而改善企业融资环境、降低企业融资成本将产生积极的作用。但是从行业协会及战略性新兴产业领域相关企业的调研来看，企业资金压力依然存在，特别是中小企业面临的资金压力尤为突出。调研中有的企业也反映由于前期货币政策从紧，市场总体资金面紧张，货款回收难度加大，应收账款及存货都出现较大幅度的增加，直接增加了运营成本。

4.3.3　共性技术支撑不足

现阶段战略性新兴产业的一些产品在由研发阶段的样品向商品化的产品过渡的产业化过程中，相关技术支撑不足的问题比较突出。一是相关标准比较缺乏。例如，在LED领域，应用端和产业链前端的标准还不够完善，从而导致市场上的产品种类及型号繁多、质量参差不齐、产品包装标识不清等现象出现。此外，一些新的医疗器械由于缺乏相应的产品标准，难以进入医疗市场。在新能源汽车、风电、光伏、生物、云计算、物联网、新材料等战略性新兴产业的众多领域，也普遍反映了标准建设滞后的问题。二是行业检测体系不完善。例如，在光伏领域，由于目前国内检测和认证服务体系不健全，缺乏与检测相关联的成套检测设备，国内光伏企业需要花费大量的外汇去做检测认证。三是产品的一致性较差。虽然通过研发实现了样机或样品的生产，但一旦大规模生产，由于工程化技术方面的问题，产品的一致性较

差，难以被市场接受。

4.3.4　管理体制改革滞后

虽然在《决定》中提出了一系列管理体制改革的方向，但目前相关改革相对滞后，难以适应产业发展的要求。如医药企业管理协会指出，在生物医药领域，新药审批周期长、创新药物进不了医保目录、药品采购恶性竞争等现象比较严重，打击了医药企业创新的积极性。而中国材料学学会光伏分会则指出，目前青海、新疆、内蒙古等地建设的光伏电站，除了成本因素以外，并网难严重制约着光伏市场的发展。同时，地区、部门、行业之间相互分割的情况还普遍存在，相互之间缺乏有效的沟通协调机制，致使战略性新兴产业的有关规划、政策难以形成合力，在一定程度上削弱了规划、政策的效果。

4.4　完善落实配套政策，积极营造良好环境

4.4.1　推进规划的落实和配套政策的制定

随着战略性新兴产业及其相关领域的“十二五”规划出台，政府工作的重心应转向狠抓规划任务的落实。在战略性新兴产业重点工作分工方案框架内，建立部际协调机制，充分发挥战略性新兴产业部际协调小组及其办公室的统筹协调作用，抓紧建立规划的分工考核机制，将规划任务分解落实到各个主管部门，保证长期目标和阶段目标的顺利实施。积极研究制定“十二五”规划的各项配套政策，综合运用财政、金融、税收等多种政策，大力扶持有利于政策落实与放大的创新平台和产业载体发展，优化市场主体的发展环境。

4.4.2　培育战略性新兴产业发展重点区域

有关部门应引导和发挥好地方政府发展战略性新兴产业的积极性，培育战略性新兴产业发展的重点区域，以点带面，促进战略性新兴产业的整体发展。一方面，选择一批技术、资金、人才密集的重点地区，推进战略性新兴产业示范基地的建设，培育战略性新兴产业发展的重点集聚区，发挥战略性新兴产业策源地的示范带动作用。另一方面，促进建立区域间战略性新兴产业的联动机制，促进分工协作，实现协同发展。

4.4.3　加大战略性新兴产业多元投入力度

在目前经济环境比较复杂的情况下，更要加大对战略性新兴产业的投入力度。发挥好财政资金的引导和杠杆作用，抓紧设立战略性新兴产业创投引导基金，研究

设立产业基金、融资担保基金、风险补偿基金等。发挥资本市场力量，积极发挥多层次资本市场的融资功能，鼓励优势企业利用专项基金和多层次资本市场进行融资、开展并购重组。

4.4.4　完善战略性新兴产业标准体系建设

有关部门应推进战略性新兴产业相关产业领域的关键技术和重要产品标准研制的速度，健全标准体系，建立标准化与科技创新和产业发展协同跟进机制，在重点产品和关键共性技术领域同步实施标准化，支持产学研联合研制重要技术标准并优先采用，加快创新成果转化和产业化步伐。同时要鼓励优势企业参与国家标准制定，力争输出标准和技术，为占领国际市场铺路。

4.4.5　拓展市场需求侧政策的广度和深度

市场的需求决定了技术创新和产业发展的速率和方向。由此衍生出来的政策启示是，政府应该通过政府采购、贸易政策、用户补贴、应用示范、价格指导等措施引导市场需求，减少市场的不确定性，从而带动产业健康发展。政府有关部门应拓展需求侧政策的广度和深度。例如，通过政府采购提供相对稳定的市场预期，降低市场的不确定性，激发企业创新的决心；通过用户补贴提升消费者的购买能力和意愿，促进产品推广和市场拓展；通过应用示范进行市场检测和展示，提升产品的社会可接受度；通过价格指导对市场需求进行调节；等等。

第 5 章

世界新兴产业发展概述

薛 澜 梁 正 周 源 王 玺 林泽梁 赵 静 侯俊军

【内容提要】 本章考察了世界主要国家新兴产业的发展现状，分析了各产业的发展趋势和所面临的挑战，并从发展动力、发展目标、发展模式、发展主体和发展格局等角度总结了世界范围内新兴产业发展的五大特征。之后，归纳了各国在发展新兴产业过程中所制定的国家战略、发展目标与三类针对性政策。在此基础上，总结了世界各国发展新兴产业的四点启示。

历史经验表明，每一次重大科技突破都会催生新兴产业，推动产业革命。在此过程中，总有一些国家抓住机遇，趁势而上，实现了跨越发展。蒸汽机的发明导致工业革命的出现，奠定了英国 19 世纪头号经济强国的地位；化工等技术的进步带来近代重化工业的发展，推动了德国 20 世纪初的崛起；半导体和网络技术的先后突破引发信息技术革命，确立并保持了美国第二次世界大战以来的领先优势。而进入 21 世纪以来，世界各国科技、产业和综合国力之间的竞争日趋激烈，世界多极化、经济全球化深入发展，科技创新不断取得重大突破。近年来，国际金融危机影响深远，气候变化等全球性问题更加突出。世界范围内以知识技术密集、绿色低碳增长为主要特征的新兴产业蓬勃兴起，逐渐为世界各主要国家所重视，呈现出与传统产业不同的特征，并日益成为引领新一轮产业革命的主导力量。

5.1　世界新兴产业发展现状和趋势

近年来，随着各领域科学技术的迅速发展和交叉融合，新兴产业在世界范围内逐渐涌现并快速发展起来。基于不同的国情和创新基础，各主要国家在产业发展重点和技术研发方面实现了不同方向上的突破，产业发展取得了相当重要的进展。但与此同时，新兴产业发展本身也仍面临技术、市场、制度等不同层面的挑战。

5.1.1　发达国家新兴产业发展现状

为应对全球气候变化、化石能源紧缺等问题，发达国家在新兴产业战略方向上有很多共同选择。但是，新兴产业的发展不仅取决于国家目标，更要建立在创新能力和产业基础之上。各国资源禀赋、发展阶段、技术积累并不一致，产业发展格局也呈现出差异化分布。

美国拥有着强大的研发实力和产业基础，在信息、新材料、生物等战略领域上领先于各国，其优势地位短期内难以撼动。以生物领域为例，全球生物医学工程前十强公司大部分来自美国[1]；而生物育种方面，美国孟山都公司、Cobb公司等企业几乎直接或间接地掌控了全球蔬菜和谷物的种子产业[2]。此外，在高速宽带、无线通信、有机材料、碳纤维材料、大飞机制造、燃料电池汽车等产业，美国也保持了全球领跑者的地位。

作为传统创新强国，德国、日本、英国、法国也充分发挥各自优势，并根据现实需求有所侧重，而非面面俱到。例如，针对资源和能源的短缺，德国和日本长期投入于节能环保产业技术，重点扶持太阳能、风能等多样化替代能源发展，从而在这些方面实现了全球领先[3]。得益于坚实的制造业基础，德国和日本也在智能制造装备、轨道交通装备、新能源汽车、有机和碳纤维材料等产业领域上独树一帜，与美国一起位于产业前沿。英国长期重视生物产业和高端制造。例如，在制药和生物技术产业上持续投入巨资，其2010年的研发投资占到所有研发投资的近三分之一。在分层医学等生物技术前沿领域，英国处于世界领先地位[4]。法国阿尔斯通公司在高速铁路基础设施领域位居国际前沿，并成为了轨道交通行业的基准。另外值得注意的是，这几个国家均在优势产业上发展出独特的技术路径，并足以挑战美国。例如，在新能源汽车领域，日本长期致力于混合动力汽车的开发，其技术水平世界领先，形成了完整的产业链和创新生态系统。德国、英国在替代能源车上有着长期的投入，而且在电动汽车上也拥有较充足的技术储备，从而为技术路线竞争做好了准备[5]。

韩国作为后起发达国家，在许多领域中也已迎头赶上。在三星、LG等超大型全产业链企业的引领之下，韩国在半导体、平板显示、3G移动通信、宽带网架构等新一代信息技术产业领域上率先实现突破，在国际上与美国等传统强国形成分庭抗礼之势。在特定产业的技术路线上，韩国也有独到之处。例如，在有机发光半导体的

AMOLED 技术上，其已经率先实现规模化生产，产业化进展领先于欧洲主导的高分子 OLED（即有机发光显示器）技术[6]。

5.1.2 新兴国家新兴产业发展现状

新兴国家一直期望在更高层次上参与全球竞争，伺机实现产业和科技上的“弯道超车”。经济危机之后，新兴国家都认识到了历史性的机遇，纷纷加大对高科技研发和新兴产业发展的投资，基于各自禀赋取得了重要进展。

巴西在能源、信息等领域上的发展卓有成效。依靠自身丰富的生物质资源和农业优势，巴西长期致力于生物燃料技术研究和产业开发。例如，2007 年投入 4 000 万雷亚尔（1 雷亚尔约合 0.34 美元）开发生物柴油项目。经过多年的开发和推广，巴西生产乙醇燃料的工艺技术日渐成熟，其生物燃料乙醇产量已位居世界第二位，成为乙醇燃料替代石油最成功的国家之一，并且是当前世界上唯一不供应纯汽油的国家。同时，巴西政府重视核能发电，于 2007 年拨款 7.4 亿美元，用于铀浓缩和核潜艇研发[7]。目前，巴西核电发电量占能源生产总量的 4% 左右，是南美最大的核电拥有国。在此基础上，巴西政府计划进一步扩大本国核电发电能力，在 2030 年前再建 4 座核电站，每座发电能力为 1 000 兆瓦。另外，信息化也是巴西新兴产业政策的重点。2010 年巴西启动了国家宽带计划，其目标是到 2015 年使上网人数增长 3 倍，将宽带接入用户提高至 4 000 万户[8]。至 2012 年，其年增长率达到 19.3%，用户总数已经达到了 1 648 万户。

印度在信息、医药等产业领域继续保持了快速发展势头，并在新能源领域野心勃勃[9]。2009 年印度提出了《国家太阳能计划》，希望成为全球太阳能领导者。目前，印度已经建成一个初级的太阳能产业，总太阳能发电装机已从 2009 年的 17.8 兆瓦上升至现在的 10 亿瓦，并且还处于快速发展之中，预期到 2020 年其太阳能装机容量将达到 200 亿瓦，2030 年将达到 1 000 亿瓦，2050 年将达到 2 000 亿瓦[10]。2009 年 3 月，国际原子能机构废除了针对印度的核贸易制裁，为印度耗资 1 000 亿美元的大规模核能开发计划铺平了道路。印度到 2012 年已进口至少 8 座核反应堆，到 2020 年拟新增核电装机容量 160 亿瓦[11]。

俄罗斯曾经是传统制造业强国，但受当前国力限制，也与印度、巴西等新兴经济体一起，立足于本国的比较优势和需求，通过开拓细分市场、弥补产业空白等策略在新兴产业创新上紧紧跟随，希望能够走出“差异化发展”的追赶道路[6]。在发展过程中，俄罗斯试图利用自身在重工业等领域的基础，提出了传统优势部门与创新部门共同发展的综合发展战略目标，在宇航工业、船舶制造业、核能工业实现了产业复苏，并在无线电工业、动力机械工业、信息和通信技术产业等具有重要竞争优势的高技术产业实现了重要的进展。

5.1.3 世界新兴产业发展的趋势和挑战

作为金融危机后各国走向复苏的战略选择，以及未来经济发展的重要增长点，

世界范围内新兴产业近年来历经快速发展，呈现出群体涌现的趋势。

信息产业已成为当前世界经济的支柱产业，信息技术持续创新和深度应用将继续对经济社会广泛渗透，宽带接入和无线互联网等信息基础设施的建设，将引发新一轮信息产业快速发展。物联网、云计算等信息技术应用和商业模式的创新，为信息产业的深入拓展提供了后续动力。据中国物联网研究发展中心预测，未来5年全球物联网产业市场规模年均增长率将达25%，2015年市场规模将达到3 500亿美元。另据弗雷斯特（Forrester）研究机构预计，到2020年全球云计算市场价值将达2 410亿美元，是目前的6倍。

现代生物技术正步入产业化加速发展阶段，以基因工程、干细胞、生物育种等为标志的生物产业技术体系正在形成。根据美国洲际市场服务（IMS）公司统计，1998～2010年全球生物技术药物市场规模年均增长率为19.4%，是全球药品市场增长率的两倍以上，至2010年已达1 662亿美元。生物育种产业处于成长阶段，技术不断成熟。据国际农业生物技术应用服务组织（ISAAA）统计，2010年全球29个国家转基因作物种植面积达到22亿亩（1亩=0.067公顷），是1996年的87倍；与2010年相比，2011年全球转基因作物种植面积增长了8%，达到1.6亿公顷。全球共有29个国家种植转基因作物，其中19个为发展中国家，10个为发达国家[12]。另据经济合作与发展组织（OECD）预测，到2030年，生物技术对化工和其他工业产品领域的贡献将达到35%，对药品和诊断产品领域的贡献将达到80%，对农业领域的贡献将达到50%。

新能源、节能环保产业处于高速成长期。从2004年开始，上网光伏以年均60%的速度增长；到2009年，累计发电容量已经达到22吉瓦，是当前发展速度最快的能源；据估计，没有并入电网的光伏系统，目前的容量也有3～4吉瓦[13]。据全球风能委员会统计，过去风能的年均增长率达到了27%，未来5年全球风能发电平均年增长率估计为21%[14]。环保产业方面，2010年全球市场规模已经达到7 760亿美元，2010～2020年，全球节能投资将达1.999万亿美元，2020～2030年节能投资将达5.586万亿美元[15]。新能源汽车产业虽然处于起步阶段，但已被视为未来的发展方向。2010年德勤公司发布的调查报告称，全球已有近440亿美元的政府资金投向新能源汽车开发和应用。

新材料和高端装备制造产业在全球范围内蓬勃发展。截至2010年年底，全球新材料市场规模达到8 000亿美元[16]。据美国国家科学技术理事会纳米分会预测，未来10～15年全球纳米相关产品市场规模将超过1.3万亿美元[17]。美国航天基金会的报告表明，2010年各国政府航天投入达到871亿美元，全球航天经济总产值为2 765亿美元，自2005年以来年均增长率为9%。2011年全球航天经济增长至2 897.7亿美元，年度增长率高达12.2%，五年增长达到41%[18]。

与此同时，主要新兴产业的发展也面临着技术、市场、制度等不同层面的挑战。在技术层面，某些新兴产业领域尚处于起步阶段，存在着多种技术路线的竞争。如新能源汽车方面，美国、英国选择燃料电池和插电式混合动力车作为发展方向，而日本则主攻混合动力汽车产业化和纯电动的研发。技术路线的不确定性使得各国现有技术积累难以形成产业竞争优势，一方面为新兴国家参与竞争提供了机会，另一方面也阻碍了产业下一步的迅速发展。在市场层面，一些领域的产业化技术不成熟，价格过高，尽管投资热情高涨，但实际市场启动的容量有限。这一方面导致了政府必须长期且大量地提供市场补贴，另一方面也可能由于市场不能迅速、充分消化产能，出现相对的产业投资过热、过快的问题。此外，在制度层面，各国也存在相应的发展障碍，如生物医药产业的发展面临着各国监管环境的制约等。

5.2 世界新兴产业发展的特征

本轮新兴产业的发展以学科交叉和多点突破为引领，以低碳增长为目标，不断创新商业模式和产业融合。在此过程中，科技成果转化周期加快，中小企业表现活跃，产业创新实现集群化发展，新兴国家快速崛起，都呈现出与以往产业革命所不同的特点。

5.2.1 知识技术密集，创新驱动发展

新一轮科学技术的密集突破正在催生以新兴产业为先导的产业革命。进入 21 世纪，自然科学迅猛发展，信息、生命、能源、材料学科相互交叉，开辟了新的科技前沿，如生物与信息科学的融合产生了生物信息，认知科学、计算科学推动了智能技术快速发展。科技创新和成果转化速度大大加快，宽带信息技术、基因工程技术、干细胞技术、高效能源材料技术、纳米技术的快速产业化带动了新一代信息技术产业、生物产业、新能源产业、新材料产业的崛起。科学的多点突破和技术的交叉融合为新一轮产业革命奠定了基础。

5.2.2 应对危机挑战，绿色低碳增长

走出金融危机、重振经济活力，成为拉动新兴产业发展的重要因素。应对气候变化、资源短缺、生态恶化、重大疾病、粮食安全等全球共同的挑战，世界各国加速了新兴产业的发展进程。与以往不同，本轮新兴产业的发展在充分满足消费者个体需求的同时，更加注重社会公共利益，在追求经济目标的同时更加强调资源节约、环境保护、公共健康等社会目标。绿色增长、智慧增长成为众多国家共同的发展理念，节能环保、低碳能源、新能源汽车、宽带网络、生物医药、绿色材料、智能制造等成为主要国家在发展领域上的集中选择。以新兴产业为先导的新一轮产业革命，将深刻改变人类的生产生活方式。

5.2.3 商业模式不断创新，制造业、服务业融合发展

商业模式创新在新兴产业发展中起着重要作用。以信息产业为例，商业模式创

新在该领域极为活跃，微博、团购、社交网站等新业态层出不穷。苹果公司创立了一种横跨信息、通信和娱乐领域的崭新业态，带来了个人电脑和手机行业的颠覆性变化。其仅仅上市四年的全新产品 iPad 和 iPhone 在 2011 年第四季度分别占领全球平板电脑和智能手机市场的 59.1%[19] 和 32%[20]。与以往不同，这些新产品的巨大成功在很大程度上源于商业模式创新，体现在应用软件和内容服务的付费下载，以及与合作伙伴的新型利益分享机制。

新兴产业中制造业和服务业融合发展的趋势十分显著，服务价值比例不断提高。信息技术产品在教育、医疗等传统领域的应用，正在推动产品供应商向信息服务商转型，并带动传统服务业向信息服务业转变。在节能环保领域，合同能源管理、能效认证等新兴服务业态的出现，使商业模式创新与技术创新相互促进，成为推动产业发展的“两翼”。在装备制造领域，制造业服务化趋势日趋明显，如通用电气公司已从单纯的制造商转变为产品和服务的综合提供商，服务收入比例超过总收入的 50%。有鉴于此，许多国家在新兴产业的发展中均强化了现代服务业的重要地位。

5.2.4 科技型中小企业活跃，产业集群化趋势明显

科技型中小企业在新兴产业发展中扮演了重要角色。美国 80% 以上的技术创新成果来自中小企业，欧盟中小企业人均创新成果是大企业的两倍。新兴产业领域的一些核心关键技术，如超高速无线网核心技术、手机电视、大容量锂电池、商业化的插电式电动车和干细胞医疗技术等均出自科技型中小企业。根据世界知识产权组织 2011 年的报告，美国的太阳能专利技术约有 70% 掌握在中小企业手中[21]。创业企业的快速成长，成为新兴产业发展壮大的突出标志，通用电器公司从诞生到市值达到 1 000 亿美元花了 103 年，同样的过程微软花了 22 年，而谷歌只花了 7 年。

新兴产业呈现出明显的集群化趋势。例如，美国的生物技术企业主要集中于波士顿、旧金山、圣地亚哥、北卡罗来纳等地区，信息技术产业集中于硅谷。又如，英国剑桥地区形成了欧洲最成功的高新技术产业集群，其中生物、信息等领域在世界上处于领先地位。集群内密集的知识与人员流动、活跃的创业与兼并收购、良好的产业生态，带来了产业竞争与合作方式的变化。

5.2.5 新兴经济体快速崛起，世界产业格局变化深刻

新兴产业创新活跃程度和创新速度都远远超过传统产业，技术快速演进，产业国际分工格局尚未最终定型，呈现出各国“群雄逐鹿”的局面，为新兴经济体提供了在更高层次上参与全球竞争、实现“弯道超车”的机遇。近年来，新兴经济体的崛起带来全球创新要素的转移，为相关国家把握这一良机创造了非常有利的条件。根据联合国教科文组织 2010 年发布的报告，金砖四国研发投入占全球的比例从 2002 年的 10% 增加到 2007 年的 15%，发展中国家研发人员占全球总数的比例从 2002 年的 30% 增加到 2007 年的 38%[22]。另据英国商业创新和技能部的报告，2009 年全球 1 000 强企业总研发投入下降 1.9%，而其中的中国和印度公司研发投入却分别增长

了 40% 和 18%。在某些产业领域，新兴经济体已成为重要的市场和产业策源地。截至 2011 年，中国风电的新增装机容量为 18 491 兆瓦，占世界新增装机容量的 43%，总装机容量达到 63 225 兆瓦，占世界的 26%，位居世界第一[23]。根据世界风能协会（WWEA）发布的《全球风能 2011 年年度报告》的统计，印度的风电装机量也跻身世界前五名[24]。

新兴经济体的不俗表现正在深刻改变新兴产业的全球竞争与合作格局。一方面，发达国家有意识地加强与新兴经济体的合作。2010 年英国与印度承诺共同出资 6 000 万英镑用于气候变化、水及食物安全和疾病预防研究，并启动“携手创新”计划以促进两国在信息通信技术领域的合作[25]。2007 年巴西和美国签署了关于促进生物燃料合作的谅解备忘录，共同推动新一代生物燃料的研究和开发。另一方面，新兴产业领域的国际竞争日趋激烈，贸易摩擦日益增多，如 2008 年美国食品药品监督管理局（Food and Drug Administration，FDA）以生产过程不规范为名禁止印度最大药厂兰巴克西三十多种药物的进口，致使该企业面临近 1 亿美元的损失。可以预见，随着新兴产业的进一步发展，围绕市场、资源、人才、技术、标准等的国际竞争将更加激烈。

5.3 世界各国发展新兴产业的主要做法

世界各国都认识到了新兴产业引领技术未来和增强国家竞争力的重大意义。因此，各国都将新兴产业的发展提升到国家战略高度，针对新能源、生物制药、信息基础设施、清洁能源汽车等成长潜力大、综合效益好的产业领域，明确和制定了发展目标和规划，在研发、市场、产业环境等不同层面出台政策，全面加强政府扶持力度，大力推动新兴产业加速发展。

5.3.1 出台国家战略，超前部署发展重点

迄今为止，二十多个发达国家和新兴国家已制定了新兴产业发展战略，启动了一百余项专门计划。美国、欧盟推行全面领先战略。为走出经济衰退，推动可持续增长和高质量就业，美国于 2009 年和 2011 年两度发布《国家创新战略》。2011 年 12 月，美国总统奥巴马指出：“……世界正在走向创新性经济，而没有国家会比美国的创新实力更强……在全球经济中，我们获得繁荣的关键绝不是竞相压低工人工资，或者制造廉价、低质的产品，这不是我们的专长。我们成功的关键，就像以往一样，是开发新产品，产生新行业，保持我们在科学发现和技术创新方面的世界领先地位。”美国创新战略的核心理念是构筑“创新金字塔”，将清洁能源、生物技术、纳米技术、先进制造、空间技术、健康医疗、教育技术作为国家优先发展领域。为实现优先领域的突破，首要任务是构建创新基础设施，包括培育具备 21 世纪知识和技能的人才，加强并扩大在基础研究上的领先地位，创建领先的新型基础设施，发

展先进的信息技术系统；主要手段是促进创新市场化，包括采用研发税收抵扣加速商业创新，改革知识产权制度，鼓励创意，推动企业家创业，构筑更具创新性、更加开放和更富竞争力的市场。

欧盟为实现经济复苏、消除发展痼疾、应对全球挑战，于 2010 年 3 月制定了《欧洲 2020 战略》，提出三大战略重点，即以知识和创新为基础的“智慧增长”，以提高资源利用效率、发展绿色经济、强化竞争力为内容的“可持续增长”，以提高就业率和消除贫困为目标的“包容性增长”。该战略确立了信息技术、节能减排、新能源、先进制造、生物技术等优先发展领域。作为欧洲经济的主要发动机之一，德国针对高新技术发展的前沿重点制定了领先发展战略。2010 年，德国政府发布《创意、创新、繁荣：德国高技术 2020 战略》，总结了德国科技发展的成功典范，并试图在欧洲范围内推广；该战略包括能源、健康、移动、安全、通信五大领域，采用目标管理的方式列举了纳米技术、生物技术等多种技术的长期发展要求[26]。英国也非常重视新兴产业发展。2011 年 12 月，英国商业、创新与技能部发布了《促进增长的创新与研究战略》报告；在该战略报告中，英国明确提出将发展生命科学、高附加值制造业、纳米技术和信息技术四大关键技术领域[4]。

日本实施特色发展战略，于 2010 年 6 月发布了《新增长战略》，将低碳革命、健康长寿、发挥魅力作为振兴经济的“三大神器”。继续坚持科技立国和信息技术立国的策略，提出走以创造新需求和就业为目标的“第三条道路”，重点培育环保、能源、健康、旅游、信息技术等领域。巴西、印度、俄罗斯等新兴经济体采取重点赶超战略，在新能源、新材料、生物医药等领域制定专门规划，力图在未来新兴产业国际竞争中抢占一席之地。

韩国于 2009 年 7 月公布了《绿色增长国家战略及五年行动计划》，提出“绿色增长”的经济振兴战略，计划在 2020 年前将韩国建设成为世界第七大“绿色经济大国”，2050 年成为第五大“绿色经济大国”。韩国政府近期还制定了《新增长动力规划及发展战略》，将绿色技术、尖端产业融合、高附加值服务三大领域共 17 项新兴产业确定为新增长动力，计划投资 1 550 亿韩元，以支持促进经济发展的新兴产业，如生物制药、机器人技术、发光二极管、新型半导体、绿色轿车等。

5.3.2　明确发展目标，引领新兴产业发展

为实现发展预期，引导发展方向，主要国家依据不同产业的特点，结合本国基础和需求，制定了明确的发展目标。多数国家将应对环境挑战、倡导绿色发展作为首要任务，加大了在低碳技术和清洁能源领域的投入，并制定了约束性政策目标。例如，美国提出到 2012 年可再生能源发电达到总发电量的 10%，2025 年达到 25%，2035 年全国 80% 的电力由清洁能源供应。欧盟为建立以低碳经济为核心的绿色增长模式，全力打造具有国际水平和全球竞争力的绿色产业，于 2007 年 3 月明确提出具有较强操作性的“三个 20%”目标，即到 2020 年能耗降低 20%，可再生能源利用比例占能源消费的 20%，温室气体排放比 1990 年减少 20%；而 2012 年提出的路线图

更是将 2050 年的温室气体减排目标设定为比 1990 年减少 80% ～ 95%[27]。

与节能环保相关的新能源汽车也成为众多国家优先发展的目标。美国提出 2015 年本国制造的插电式混合动力车累计上路 100 万辆。德国的目标是 2020 年拥有 100 万辆电动汽车。日本提出到 2020 年，电动汽车和混合动力汽车等“新一代汽车”的销量比例达到 20% ～ 50%，总保有量达到 1 350 万辆。

主要国家均将宽带建设视为推进信息化发展的重要基础设施和战略资源。美国计划投资 72 亿美元用于发展宽带建设和无线互联网的接入，并提出在未来 5 年内使高速无线网络接入率达到 98%，实际下载速度至少为 100 兆（Mbps），以保证每个美国人都能“拥有使用宽带的机会”。未来 10 年，美国依靠速度最快、覆盖范围最广的无线网络，引领全球移动通信领域的创新。按照《欧洲数字进程》的规划，2020 年欧盟所有公民将用上 30 兆以上的宽带网络，50% 以上的公民使用带宽将大于 100 兆[28]。在欧盟基础上，德国提出 2014 年有线宽带互联网至少达到 50 兆带宽，覆盖 75% 的家庭，并尽快实现全覆盖[29]。日本力争 2015 年使国内全部约 4 900 万户家庭均能使用宽带服务。

为引领未来经济发展，生物产业成为发达国家竞相抢占的领域。美国 2012 年 4 月发布《国家生物经济蓝图》，提出将对重大疾病领域超过 1 800 个基因组的排序进行投资，增幅超过现在水平（34 个基因组）的 50 倍[30]。德国经济与科技部的研究报告提出，德国 2050 年初级能源的使用将降至 2008 年的一半，达到 7×10^{18} 焦耳，届时生物能源使用将从 2008 年的 0.880×10^{18} 焦耳上升至 $2\ 200\times10^{18}$ 焦耳[31]。

5.3.3 采取针对性政策，加大政府扶持力度

针对新兴产业发展存在的突出问题，相关国家普遍采取了三类政策工具。第一类是促进研发与创新活动的政策，主要包括资助研发、人才培养、扶持创新联盟等。美国一向注重研究开发等基础性工作，致力于为产业长期发展奠定基石。在新版《国家创新战略》中其提出将研发投资提高到 GDP 的 3% 以上，实行永久化研发税收减免，并将国家自然科学基金会、能源部科学办公室和国家标准与技术研究所三个研发资助机构的预算翻番。

欧盟为缩小与美国和日本在研发投入上的明显差距，在《欧洲 2020 战略》中提出将研发投入占 GDP 比重提高到 3%，并实施“创新联盟”计划，针对全社会共同面临的挑战，增强创新链中从尖端研究到成果商业化的每一个环节。德国则在《创意、创新、繁荣：德国高技术 2020 战略》中定下远高于欧盟的研发投入目标，要求至 2020 年研发投入占 GDP 的 10%[26]。英国政府将高附加值产业定为汽车、航天航空、电子等领域，并由工程与自然科学委员会和技术战略委员会投入超过 1 亿英镑经费予以资助。其中在空间技术领域方面，英国政府将投入 2 100 万英镑用于遥感服务、雷达技术、小卫星平台的研发。在系统和软件工程、3G 移动产品和服务、智能系统、高性能计算机等领域，工程与自然科学研究委员会为网络和分布系统研究投入 3 200 万英镑的研发费用，技术战略委员会也在数字技术领域投入了 3 000 万英

镑的项目费用。

美国和欧洲等发达国家和地区在培养和吸引高素质劳动者方面同样不遗余力。2012年2月，白宫科技办公室发布的2013年科技工作预算计划中提出将提供30亿美元用于科学、技术、工程和数学的教育，强调切实提高教学工作的绩效[32]。德国政府降低了国外技术工人向德国移民的收入门槛，在一些特别缺乏劳动力的部门，国外年薪达到35 000欧元的工人就可以移民到德国，并且工作21个月之后就可以申请保障住房[33]。

在整合科研力量方面，欧盟制定了名为“框架项目”的基础性研究支持计划，目前正在执行第七届框架项目（FP7）。在历届框架项目的推动下，欧盟研发经费总额不断提高，效益得到提升，各项具体研究的平均参与国和参与机构数目大幅上升。到2013年，欧盟FP7项目研究经费总额将超过100亿欧元，比FP6（第六届框架项目）上升41%[34]。欧盟也非常重视在研究工作中建立公私伙伴关系。2009年，欧盟首先在先进制造业、新能源汽车、节能建筑三大领域中建立了公私伙伴关系，由欧盟和欧洲投资银行等机构进行资助，鼓励大学、研究机构和企业进行联合研发，加强实验室和市场间的联系。目前，公私合作（PPP）项目也被整合至FP7框架中，其中企业参与者的比例为55%，大批研究成果申请了专利[35]。

第二类是塑造产业健康发展的市场环境政策，主要包括改革管制制度、制定标准、建立新型基础设施、完善知识产权制度、改善融资环境等。在改革管制制度方面，英国2010年发布《数字经济法》，在全球范围内率先建立了数字版权保护的法律和管制框架，并首次立法规定通信监管机构具有促进通信基础设施建设的职能[36]。德国政府承诺降低政府管理给企业带来的行政成本，利用电子政务等形式减轻企业压力，据估计，目前政府的信息发布工作相比于2006年为企业降低了110亿欧元的成本[33]。在建立新型基础设施方面，日本政府计划到2020年，电动汽车所需的快速充电站达到5 000座[37]。在改善融资环境方面，巴西为生物柴油企业提供90%的专项融资信贷，并设立1亿雷亚尔的信贷资金鼓励小农庄种植生物柴油原料。

第三类是培育和扩大市场需求的政策，主要包括财政补贴、定价支持、税收减免、政府采购、应用示范等。在定价支持方面，德国首创上网固定电价制度，即电力供应商必须按政府指定的价格向可再生能源生产商购电，并签订10年以上的长期合同以保证可再生能源企业收益。德国的智能能源（E-energy）计划建立了巴登、亚琛等六大产业示范区，各示范区拥有自己的特色技术、特殊政策工具、领导企业和参与企业，对推动新能源技术普及产生了非常好的应用示范效果[38]。印度对生物乙醇和生物柴油实施最低购买价格，并定期调整公布。在政府采购方面，美国政府提出到2015年公共机构购买的所有新车都应是新能源汽车。

专栏5.1

美国政府发展生物质能的政策配套

生物质能是唯一可代替液体运输燃料的可再生能源。为减少美国对进口原油的依赖，美国能源部能源效率和可再生能源办公室于2006年从战略高度提出了美国生物质能计划[39]。该计划着眼于生物化学转化和热化学转化两个核心技术[40]的突破和产业链环节的整合[41]，以建立完整的生物质能产业链。2007年，美国生物质能利用约占全部一次能源消耗的4%。

鉴于生物质能前期投入高、收益见效慢，企业投资意愿较低，美国联邦政府采取了供给面、环境面、需求面等多种政策工具支持和激励美国生物质能的技术创新和产业发展。在技术推动型政策方面，美国能源部于2008年提供3.85亿美元资金支持纤维素生物质能源技术的研发[42]；2009年5月，能源部再次计划投入7.865亿美元促进生物燃料关键核心技术研发[43]。在环境面政策方面，美国政府于2007年12月颁布《能源独立与安全法案》，要求2022年先进生物燃料、纤维素生物燃料和生物柴油等可再生能源的年需求量达到360亿加仑[1加仑（美制）=3.785升]；2009年2月，美国政府颁布《美国复苏和再投资法案》，对已具备商业规模的综合性生物提炼项目，政府提供资金支持其商业化。在需求面政策方面，美国政府于2005年8月颁布《能源政策法案》，提出通过示范授权、税收抵免和贷款担保等激励措施，促进生物产品的生产和消费；2008年美国农业部颁布《2008食品、保护和能源法案》，对具有商业规模和示范作用的生物炼制提供赠款、贷款和贷款担保；成立生物质作物援助计划以支持生物质作物的生产；确定纤维素生物燃料的生产商可获得每加仑1.01美元的税收抵免[44]。

在这一揽子政策工具的刺激下，美国生物质能产业取得了迅猛发展，2005年代替巴西成为世界头号燃料乙醇生产国[45]。据美国可再生燃料协会（RFA）统计，2008年美国乙醇燃料的生产能力增加27亿加仑，比2007年增加34%；乙醇的新型生产技术及纤维素转化技术也快速实现了商业化应用[46]。美国政府对生物质能的大力支持，不仅成功发展了生物能源产业，而且为美国经济带来了丰厚的收益[47]。

5.4 世界各国发展新兴产业的启示

世界范围内，新兴产业实现了快速发展，并可能引领下一轮产业革命。世界各国对其高度重视，基于各自的基础推出了相应的战略和配套政策，希望能够在竞争中占领优势地位。全球新兴产业发展的趋势特点和世界其他国家的有效做法，都对我国战略性新兴产业的发展战略和政策制定有着重要的启示。

5.4.1 坚定国家意志，稳定政府支持

坚定的国家意志和稳定的政府支持是新兴产业发展的有力保障。新兴产业对于带动经济社会发展、提升国家竞争实力具有重大意义，主要国家均将新兴产业的发展明确为国家战略，从实现经济结构转型、塑造未来竞争优势的高度进行超前布局

与支持，充分体现了国家意志。新兴产业的出现往往带来全新的发展路径，在未来方向的判断上，缺乏可参照的历史经验，这就更加要求决策者审时度势，打破思维定式，开创全新局面，否则就难以抓住机遇，实现跨越式发展。与此同时，新兴产业发展初期，往往由于技术路线未定、市场需求不明确、创新风险较高，出现产品规模和市场需求双双不足的困境。这就特别需要政府施以外力，打破僵局，表明坚定的发展态度，明确长期的发展目标，建立稳定的政策预期，给予持续的有力支持。例如，针对国内化石能源短缺但生物资源丰富的独特国情，巴西在过去35年间长期致力于生物燃料技术的研究和产业开发。在政府的坚定支持下，巴西国内主要大学、科研机构以及石油公司均参与其中，探索出一条与其他国家均不相同的技术路线，如今已发展成为世界上可替代能源消费比例最高（超过44%）的国家之一，以及最大的燃料乙醇生产和出口国。

5.4.2 提升技术创新能力，完善产业创新体系

提升技术创新能力、完善产业创新体系是新兴产业发展的重要基础。新兴产业具有知识高度密集、技术快速演进的特征，提升技术创新能力是把握新兴产业发展主动权的关键。技术创新能力既包括核心技术研发能力，也包括产品开发和设计能力，还包括工艺开发和工程化实施能力。在发展战略性新兴产业上，应特别注重从基础研究、人才培养等方面夯实产业发展的基础，构建产学研互动机制，打造全球领先的创新基础设施，提升企业的技术创新能力。完善的产业创新体系是发展新兴产业的重要支撑。基础研究、技术开发、融资环境、创新基础设施、规制政策框架等创新体系上任何一个环节的欠缺，都会成为相关产业发展的“短板”。今天的硅谷，不仅是全球信息技术产业高地，同样也是生物产业重镇和新能源技术研发基地，其持续竞争力主要源于全球顶尖的研究型大学、宽容失败的商业环境、高度集聚的风险资本和充满活力的创业企业家。反观欧洲各国，虽然在高等教育、基础研究等局部条件上不逊色于美国，但在风险投资、创业氛围等关键因素上却存在着不同程度的缺失，从而至今尚难以发展出与硅谷相抗衡的新兴产业集群。

5.4.3 塑造公平竞争的市场环境，培育蓬勃健康的产业生态

公平竞争的市场环境、蓬勃健康的产业生态是激发新兴产业活力的必要条件。发展新兴产业需要政府积极发挥作用，但最终要靠充满活力的企业来推动。公平竞争的市场环境和蓬勃健康的产业生态是企业成长壮大的关键，而制度创新则在重塑产业发展空间上发挥着至关重要的作用。公平竞争的市场环境体现在所有市场主体均有平等参与竞争的机会，政府一方面要放松管制，容忍新兴技术的新特征与新业态，乃至对传统市场的“颠覆”和“破坏”，另一方面又要加强监管，消除不正当竞争与垄断行为。蓬勃健康的产业生态表现为中小企业与大型企业相互竞争、相互合作的局面。科技型中小企业是新兴产业发展的创意和技术源泉，大企业则在整合与配置资源、开拓市场上具有组织优势，政府要为企业发展创造良好的政策环境和社

会氛围，形成一批科技型中小企业“丛林”，以及若干领军企业“大树”，奠定新兴产业发展的坚实基础。通过重构监管框架、拆除产业壁垒，能够促进产业之间的交叉融合，催生新的产业领域，如平面媒体与互联网的融合带来了网络出版，广播媒体与移动通信的融合产生了手机电视。通过碳预算、碳税、碳交易等一系列制度创新，节能环保产业的发展潜力得到有效释放，充分体现了制度创新的力量。

5.4.4 立足国情，开放发展

坚持立足国情、开放发展是后发国家发展新兴产业的必由之路。在经济全球化日益深入发展的背景下，要素跨国流动成本大幅下降，基于全球创新要素整合的创新和制造，已成为很多国家发展新兴产业的主要模式。同时，共同应对全球性挑战，也使得各国在新兴产业发展上具有合作的动力和意愿。因此要发展新兴产业，一开始就必须有走向“蓝海”的勇气，积极开拓国际合作渠道，整合全球创新资源，否则就有被边缘化的危险。

要打造新兴产业领域的“航空母舰”，就必须有走向“蓝海”、搏击风浪的胸襟与勇气。如果不能开放式发展和利用好国际资源，将失去发展机遇，甚至面临被边缘化的危险。但也必须看到，在日益激烈的国际竞争环境中，很多领先国家既垂涎后发国家的市场，又对后发国家的追赶采取种种阻挠措施，严格控制技术转让。后发国家要发展新兴产业，必须立足国情，发挥市场优势，在开放合作中坚持自主研发，培育内生技术能力，打破领先国家的技术垄断。这是后发国家发展新兴产业的必由之路。

参考文献

[1] 科米化工网，Fast Company.2010年全球生物技术类最具创新力公司前十位 . http://www.chemicalec.com/news/show-htm-itemid-15.html，2010-02-26.

[2] Berry I.Monsanto digs into seeds.http://online.wsj.com/article/SB10001424052702304458604577490600217020934.html，2012-06-26.

[3] 中国工程院 . 十二五战略性新兴产业研究报告，2010.

[4] 王德生 . 英国明确发展四大关键技术领域 .http://www.istis.sh.cn/list/list.aspx?id=7405，2012-05-04.

[5] 国务院发展研究中心 . 2012 中国新能源汽车产业发展报告，2012.

[6] 科技政策中心 . 战略性新兴产业国际发展研究，2011.

[7] 邓国庆 . 巴西：把握“铀时代”的自主权 .http://www.stdaily.com/oldweb/gb/stdaily/2006-05/11/content_519774.html，2006-05-11.

[8] 连晓东 . 巴西启动国家宽带计划 .http://news.ccidnet.com/art/1032/20100527/2071165_1.html，2010-05-27.

[9] 王新新 . 战略性新兴产业发展的国际经验及启示 . 科技管理研究，2011，23：90 ~ 95.

[10] 沈敏.印度政府的《国家太阳能计划》. http://finance.jrj.com.cn/2010/01/1507026811172.shtml，2010-01-15.

[11] 郑雄伟. 2010 世界新兴产业发展报告（全文）. http://cn.chinagate.cn/reports/2010-11/12/content_21330754.htm，2010-11-12.

[12] 楚墨.2011 年全球转基金农作物种植面积增 8%　巴西领跑. http://finance.sina.com.cn/stock/usstock/c/20120208/210011339061.shtml，2012-02-08.

[13] Renewable Energy Policy Network for the 21st Century，Steering Committee.Renewables 2010 global status report. http://www.ren21.net/REN21Activities/Publications/GlobalStatusReport/GSR2010/tabid/5824/Default.aspx，2010-07-15.

[14] Global Wind Energy Council（GWEC）. Global wind 2011 report，2012.

[15] 国际能源署.国际能源展望 2009，2009.

[16] 郎振.新材料产业 2012 年市场规模将超 1 300 亿. http://money.163.com/10/1110/02/6L3HENEQ00253B0H.html，2010-11-10.

[17] 上海情报服务平台.全球纳米市场现状与趋势（一）.http://www.istis.sh.cn/list/list.aspx?id=3783，2006-10-24.

[18] 侯丹，许红英.美国航天基金会 2012 年年度报告公布 2011 年全球航天工业增长 12.2%.http://www.cannews.com.cn/2012/0410/191758.html，2012-04-10.

[19] Clara S.NPD：2011 年 Q4 苹果 iPad 出货量 4840 万台 市场份额 59.1%. http://www.199it.com/archives/25227.html，2012-02-25.

[20] 中国经济网.2011 年全球手机市场：巨星变暗 新星闪耀. http://intl.ce.cn/specials/zxgjzh/201202/21/t20120221_23090100.shtml，2012-02-21.

[21] 世界知识产权组织. 2011 年世界知识产权报告，2011.

[22] 联合国教科文组织. Regional totals for R&D Expenditure（GERD）and Researchers，2002，2007，2009.

[23] 中国可再生能源协会风能专业委员会. 2011 年中国风电装机容量统计，2012.

[24] The World Wind Energy Association. World wind energy report 2011，2011.

[25] 钱敏锋.英国印度启动 ICT 合作创新计划.http://www.c114.net/news/17/a540650. html，2010-09-07.

[26] Federal Ministry of Education and Research（BMBF）. Ideas，Innovation，Prosperity：High-tech strategy 2020 for Germany. Berlin，2010.

[27] European Commission. Energy roadmap 2050，2011.

[28] European Commission.Communication from the commission to the European parliament，the council，the European economic and social committee and the committee of the regions：a digital agenda for Europe，2010.

[29] Federal Ministry of Economics and Technology. ICT strategy of the German federal government：digital Germany 2015，2010.

[30] Office of Science and Technology Policy. National Bioeconomy Blueprint，2012.

[31] Federal Ministry of Economics and Technology. Research for an environmentally sound，reliable and affordable energy supply. 6th Energy Research Program of the Federal Government，2011.

[32] Officer of Science and Technology Policy. R&D budget，2012.

[33] Federal Ministry of Economics and Technology. Making the most of technology：spurring progress，stimulating growth，shaping the future，2012.

[34] Seventh framework programme（FP7）. http://cordis.europa.eu/fp7/home_en.html，2007.

[35] Public private partnerships in research. http://ec.europa.eu/research/industrial_technologies/ppp-in-research_en.html，2008.

[36] 康彦荣.《数字经济法》引领ICT立法新潮流. http://www.cnii.com.cn/xxh/content/2010-10/26/content_806487.html，2010-10-26.

[37] 忻文.加速我国电动汽车产业发展（上）. http://mag.oauto.com/maintain/html/?15861.html，2012-08-07.

[38] E-Energy-Smart Energy made in Germany. http://www.e-energy.de，2008.

[39] 刘斌.美国DOE生物质能项目. http://www.biotech.org.cn/information/35961，2006-07-05.

[40] Committee on America’s Energy Future，National Academy of Sciences，National Academy of Engineering，National Research Council. America’s Energy Future：Technology and Transformation .Washington，D.C.：The National Academies Press，2009：219.

[41] The Biomass Research and Development Board. National biofuels action plan，2008.

[42] 闫逢柱，乔娟.国际生物质能源发展的评价——动机、支持措施及对世界粮食供求影响视角.财贸研究，2009，(3)：53～60.

[43] 游文娟.DOE投入近8亿美元复苏与再投资法案资金以促进生物燃料的研发与商业化进程. http://www.bioindustry.cn/info/view/11095，2009-05-12.

[44] U.S. Department of Energy. Biomass multi-year program plan. http://www.eere.energy.gov/biomass/pdfs/biomass_mypp_november2010.pdf，2010-11-30.

[45] 丁声俊.生物能源发展全球冷热不均.中国经济导报，2010-04-15（第A04版）.

[46] 陈晖.全球生物质能发展概况（2004～2009）. http://www.istis.sh.cn/list/list.aspx?id=6484，2010-03-11.

[47] 车长波，袁际华.世界生物质能源发展现状及方向.天然气工业，2011，(1)：104～120.

节能环保产业篇

第 6 章

与流程制造业有关的节能产业

殷瑞钰　王淀佐　陈克复　金　涌　袁晴棠　王基铭　姚　燕

【内容提要】 由于化工、冶金和建材工业的能源消耗占工业能源消耗的比重超过60%，流程工业的高效节能是推进工业节能的重点。“十一五”以来，我国流程制造业节能产业取得了较快的发展，产业规模不断扩大，能源利用效率显著提高，并已基本建立了节能产业体系，但仍存在着创新能力不强、结构不合理、市场不规范、政策机制不完善、服务体系不健全等问题。未来全面提高流程制造业的能效，应在发挥流程制造业的能源转换功能的同时，着眼于全社会综合能效的提高。我国与流程制造业有关的节能产业的发展应紧紧抓住国内、国际环境的变化趋势，着眼于满足我国节能减排、发展循环经济和建设资源节约型、环境友好型社会的需要，加快培育和发展环境友好的、提高能源利用效率的、节能效益显著的新工艺、新装备和新技术，从而有效缓解我国资源能源紧张的压力。同时，流程制造业未来发展应建立健全节能减排管理体系，统筹节能发展方向，推动产业结构调整，鼓励开发并推广节能减排新技术。

2008 年流程制造业中化工、冶金和建材工业的能源消耗分别为 48 705 万吨标准煤、64 014 万吨标准煤和 25 461 万吨标准煤，占工业能源消耗的 23.27%、30.58% 和 12.16%，占全国能源消耗的 16.71%、21.96% 和 8.74%。2008 年这三个流程工业能源消耗总和为 138 180 万吨标准煤，占工业能源消耗的 66.01%，占全国能源消耗的 47.41%[1]。本报告中工业节能部分重点探讨流程制造业的节能。

6.1 与流程制造业有关的节能产业发展现状与趋势

6.1.1 节能产业的基本概念与范畴

国务院于2012年6月16日发布的《“十二五”节能环保产业发展规划》中指出，节能环保产业是指为节约能源资源、发展循环经济、保护生态环境提供物质基础和技术保障的产业，是国家加快培育和发展的七个战略性新兴产业之一。节能环保产业涉及节能环保技术装备、产品和服务等，产业链长，关联度大，吸纳就业能力强，对经济增长拉动作用明显。加快发展节能环保产业，是调整经济结构、转变经济发展方式的内在要求，是推动节能减排，发展绿色经济和循环经济，建设资源节约型、环境友好型社会，积极应对气候变化，抢占未来竞争制高点的战略选择。

流程制造业是指原料经过一系列以改变其物理、化学性质为目的的加工—变性处理，获得具有特定物理、化学性质或特定用途产品的工业，包括化学工业、冶金工业、石化工业、建筑材料工业等。对于流程制造业而言，节能产业是在可持续发展战略指引下，对流程制造业结构调整升级、转变增长方式具有重要推动作用，市场前景良好，在生产和应用过程中以降耗提效为最终目标的研发、生产、应用、管理、销售的总称。其具体内容包括流程制造业节能新技术、节能新工艺、节能新装备、节能新材料、节能管理与服务等。

6.1.2 与流程制造业有关的节能产业发展现状

“十一五”以来，我国大力推进节能减排，发展循环经济，建设资源节约型、环境友好型社会，为节能环保产业发展创造了巨大需求，节能环保产业得到较快发展，目前已初具规模。据测算，2010年，我国节能环保产业总产值达2万亿元，从业人数达2 800万人[2]。产业领域不断扩大，技术装备迅速升级，产品种类日益丰富，服务水平显著提高，初步形成了门类较为齐全的产业体系。在节能领域，干法熄焦、纯低温余热发电、高炉煤气发电、炉顶压差发电、等离子点火、变频调速等一批重大节能技术装备得到推广普及；高效节能产品推广取得较大突破，市场占有率大幅提高；节能服务产业快速发展，到2010年，采用合同能源管理机制的节能服务产业产值达830亿元[3]。

1）流程制造业综合实力明显增强，产业规模不断扩大

粗钢产量自1996年起连续15年位居世界第一，2011年粗钢产量达到了6.83亿吨，占全球粗钢产量的45.9%[4]；有色金属产量从2002年起连续9年位居世界第一，2011年我国10种有色金属产量为3 424万吨，表观消费量为3 458万吨[5]；2010年，纸及纸板产量达9 270万吨，比2005年增长65.5%，年均增长10.6%，消费量达9 173万吨，比2005年增长54.7%，年均增长9.1%[6]；2011年我国炼油能力达到5.4亿吨/年，乙烯能力达到1 520万吨/年，均居世界第二位[7, 8]；截至2010年

年底，我国石化和化学工业规模以上企业约 3.5 万家，资产总计约 5.25 万亿元，全行业实现工业总产值 7.64 万亿元，年均增长 22.3%，无机原料、化肥、农药等重要大宗产品产量位居世界前列，基本满足国民经济和社会发展需要[9]；水泥产量自 1985 年起连续 26 年位居世界第一，2011 年全国水泥产量为 20.85 亿吨，约占世界水泥产量的 60%，平板玻璃产量达 7.38 亿重量箱，建筑陶瓷产量达 92.01 亿平方米，卫生陶瓷产量达 1.73 亿件，其产量均位居世界第一[10～12]。

2）流程制造业能源利用效率显著提高

2005 ～ 2010 年，钢产量增长了 79.56%，相应地能源消耗总量却只增长了 26.63%[4]。2011 年在炼油能力和乙烯生产能力不断增加的情况下，中国石油（即中国石油天然气集团公司）和中国石化（即中国石油化工集团公司）两大集团的炼油综合能耗平均为 61.6 千克标准油 / 吨，比 2006 年下降 10.96 千克标准油 / 吨，相当于加工相同数量的原油，减少能耗约 490 万吨标准油；乙烯燃动能耗平均为 615.22 千克标准油 / 吨，比 2006 年下降 97.2 千克标准油 / 吨，相当于生产相同数量的乙烯，减少能耗约 151 万吨标准油[13，14]；2011 年中国石油和中国石化两大集团全年实际节约能源 262 万吨标准煤[15]。2010 年化工行业综合能源消费量为 4.14 亿吨标准煤，约占全国能耗总量的 13%，约占工业能耗总量的 18%；2009 年与 2005 年相比，每吨合成氨生产综合能耗由 1 582.1 千克标准煤下降到 1 356.4 千克标准煤，下降了 14.3%；电石、30% 离子膜烧碱和纯碱的生产综合能耗也分别下降了 14.8%、26.3% 和 29.1%[16]。2010 年建材工业单位工业增加值综合能耗比 2005 年下降了 52%。其中，每吨新型干法水泥熟料综合能耗比 2005 年下降 12%，每重量箱平板玻璃综合能耗年均下降 4.9%，建筑陶瓷和卫生陶瓷单位工业增加值综合能耗分别下降 25% 和 21%[17～19]。

3）流程制造业中部分行业已基本建立节能产业体系

以流程制造业中建材行业为例，在水泥、玻璃、建筑卫生陶瓷、墙体材料等领域的节能产业体系已经建立。水泥和玻璃窑炉余热利用（发电）、墙体材料行业的煤矸石制砖余热发电技术、水泥行业低电耗粉磨系统、节能减排型预分解窑烧成系统、薄型陶瓷砖和节水卫生陶瓷等产业体系已经建立并逐渐成熟。节能建材新材料在建筑节能及其他领域的应用不断扩展，初步形成了包括研发、设计、生产和应用，品种门类较为齐全的产业体系。

4）与流程制造业有关的节能产业有力地促进了流程制造业工业结构调整与增长方式的转变

截至 2010 年，高浓度化肥比重达 80%，重质纯碱比重达 50%，离子膜烧碱比重达 80%，轮胎子午化率达 80%，高毒高残留农药比重下降到 5% 左右，淘汰电石落后产能 305 万吨；各主要建材的生产技术水平有了长足进步，如新型干法水泥熟料产量比重达 81%，浮法玻璃产量比重达 87%，池窑玻璃纤维产量比重达 85%，新型墙体材料比重达 55%[20]。

与流程制造业有关的节能产业虽然有了较快发展，但总体上看，其发展水平还比较低，与需求相比还有较大差距。其主要存在以下问题：

（1）创新能力不强。以企业为主体的节能技术创新体系尚不完善，产学研结合不够紧密，技术开发投入不足。一些核心技术尚未完全掌握，部分关键设备仍然需要进口，一些已实现自主生产的节能设备有待提高性能和效率。

（2）结构不合理。企业规模普遍偏小，产业集中度低，龙头骨干企业带动作用有待进一步提高。节能设备成套化、系列化、标准化水平低，产品技术含量和附加值不高，国际品牌产品少。

（3）市场不规范。地方保护、行业垄断、低价低质恶性竞争等现象严重；市场监管不到位，一些国家明令淘汰的高耗能设备仍在使用。

（4）政策机制不完善。节能法规和标准体系不健全，财税和金融政策有待进一步完善，企业融资困难，生产者责任延伸制尚未建立。

（5）服务体系不健全。合同能源管理等市场化服务模式有待完善；节能产业公共服务平台尚待建立和完善。

与流程制造业有关的节能产业存在的问题与制约因素见专栏 6.1。

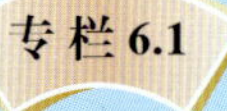

与流程制造业有关的节能产业存在的问题与制约因素

（1）自主创新能力薄弱，高端装备和关键部件依赖进口；
（2）研发投入少且分散；
（3）企业创新动力不强；
（4）产学研用相互脱节；
（5）新材料推广应用困难；
（6）产业发展模式不完善；
（7）产业缺乏统筹规划和政策引导；
（8）基础管理工作比较薄弱。

6.1.3 与流程制造业有关的节能产业发展基本趋势

从国际来看，在应对国际金融危机和全球气候变化的挑战中，世界主要经济体都把实施绿色新政、发展绿色经济作为刺激经济增长和转型的重要内容。一些发达国家利用节能方面的技术优势，在国际贸易中制造绿色壁垒。

从国内来看，面对日趋强化的能源、资源、环境约束，要加快转变经济发展方式，实现“十二五”《规划纲要》确定的节能减排约束性指标，必须加快提升我国节能环保技术装备和服务水平。我国节能环保产业发展前景广阔。据测算，到 2015 年，我国技术可行、经济合理的节能潜力将超过 4 亿吨标准煤，可带动上万亿元投资，节能服务总产值可突破 3 000 亿元[3]。

“十二五”时期是我国节能产业发展难得的历史机遇期，必须紧紧抓住国内、国际环境的新变化、新特点，顺应世界经济发展和产业转型升级的大趋势，着眼于满足我国节能减排、发展循环经济和建设资源节约型、环境友好型社会的需要，加快培育和发展节能产业，使之成为新一轮经济发展的增长点和新兴支柱产业。

与流程制造业有关的节能产业发展趋势包括：发展具有低碳、绿色、可再生循环等环境友好特性的，可进一步提高能源利用效率的，节能效益显著的新工艺、新装备和新技术；节能新材料向着结构一体化、材料功能化、集成化的趋势发展。

从未来全面提高流程制造业的能效来看，需要从两大方面、三个层次进行。

（1）发挥能源转换功能，从流程制造业生产流程自身提高能效，其中分两个层次：第一层次是单体设备和工艺技术节能、流程结构优化节能、余热余能利用；第二层次是构建和优化全厂的能量流网络[21，22]。

（2）着眼于全社会综合能效的提高，即第三层次——在流程制造业之间以及流程制造业与社会之间构建循环经济链（如冶金煤气与化工、石化链接，煤气与电厂发展共同火力，钢厂余热供社区使用以及钢厂利用城市中水等），注重产品全生产周期的节能。以钢铁行业为例，废钢铁是可无限循环利用的载能资源，用废钢铁炼钢可以大幅度降低综合能源的消耗，可以大量降低碳排放，减少“三废”的产生。随着我国钢铁积蓄量的迅速增长，废钢铁的产出量也会持续提高。预计 2015 年我国钢铁积蓄量为 85 亿吨，废钢铁年产出量约为 1.6 亿吨，将会为钢铁工业的节能减排、低碳发展提供有力支持[4]。

6.2　与流程制造业有关的节能产业重点技术现状与发展方向

6.2.1　与流程制造业有关的节能产业重点技术现状

（1）自主创新能力与国际先进水平仍有一定差距。例如，我国还不能制造出可以实现清洁生产的大型装备，如年产 20 万吨以上的木浆生产线和年产 10 万吨以上的非木浆生产线；高速控制系统差距也较大，特别是幅宽 5 米以上、车速 1 200 米 / 分以上的高速文化纸机，以及车速 1 000 米 / 分以上纸板机相关的自动控制系统[6，23，24]。

（2）节能信息技术的开发和利用尚待加强。

（3）某些高技术含量、高附加值产品仍不能完全满足要求。例如，石化产品结构以中、低端和通用产品为主，高端产品短缺。

（4）产业集约化程度偏低，产业布局不尽合理。例如，钢铁行业 2009 年居前 10 位的企业产量比重比 2001 年下降了 6.5%[4]，石化行业 2010 年尚有小炼厂近百家、产能近 1 亿吨 / 年[25]。

6.2.2 与流程制造业有关的节能产业重点技术发展方向

未来国家对节能的要求会越来越高，我国流程制造业需要加快开发节能技术，降低能源消耗，有效缓解我国资源能源紧张的压力。未来我国流程制造业节能产业重点技术呈现如下发展趋势：

（1）积极实施一次能源优化。

（2）改变原料路线，提高能源利用率。

（3）利用清洁天然气资源。

（4）积极开发和应用热电联产技术，发展煤气化燃气－蒸汽联合循环过程（integrated gasification combined cycle，IGCC），向炼厂和石化厂供应电力、工艺蒸汽和氢气，提高资源和能源的利用率。

（5）优化工艺条件，降低加热炉负荷，提高加热炉效率。

（6）应用烟气轮机、液力汽轮机等能量回收设施，广泛应用高效机泵和变频电机。

（7）采用高效节能的机电设备，尤其是大型节能装备。

（8）采用节能工艺，在可能的条件下，采用短流程。

（9）尽可能采用新优化工艺流程中的过程自动控制技术。

6.3 与流程制造业有关的节能产业战略布局与发展重点

6.3.1 战略布局

紧紧围绕产业链中能耗较高的环节，加强重点节能技术攻关，实施节能重点项目。在具有资源和市场优势、产业集聚发展基础好、产业链较为完善的地区，依托龙头企业，按照“布局合理、特色鲜明、集约高效、生态环保”的原则，壮大主导产业，完善研发设计、信息网络、污染治理、公共服务平台等产业链配套体系，创建若干钢铁、有色金属冶炼，造纸、石化、化工、玻璃、陶瓷、新型建筑材料、非金属矿等生产精深加工一体化的新型工业化产业示范基地。

（1）优化能源结构，大力发展天然气、生物质、地热等绿色低碳能源。

（2）调整产业结构，要严格控制资源消耗高、经济效益差的业务发展，特别是对小炼油、小化工、小冶炼要该退出的退出、该关停的关停，优先发展低能耗、高附加值业务，逐步实现流程制造业的可持续发展。

（3）提高资源综合利用率，解决好流程制造业上中下游一体化资源优化的问题。

（4）流程制造业生产布局尽量依托现有的布点，充分优化利用土地、水、原油管线、公用工程、原料等实现内涵发展，同时，降低新布点带来的更大的能源消耗。

（5）在流程制造业生产的全过程开展设备节能、工艺节能及能量利用工作，优化能量利用方案，抓好重点节能专项改造项目，在取得成效后加快推广，提高资源利用效率，减少加工损失，降低能耗。

6.3.2　发展重点

未来国家对节能的要求会越来越高，我国流程制造业需要加快开发节能技术，降低能源消耗，有效缓解我国资源能源紧张的压力。未来我国与流程制造业有关的节能产业重点技术见表 6.1。

表 6.1　未来我国与流程制造业有关的节能产业重点技术 [26]

<table>
<tr><th>行业</th><th colspan="2">重点技术</th></tr>
<tr><td rowspan="2">钢铁</td><td>加快推广的关键技术</td><td>（1）采用高温高压锅炉的干熄焦（CDQ）技术
（2）转炉煤气和蒸汽回收利用技术
（3）煤调湿（CMC）技术
（4）烧结矿余热发电技术
（5）电炉烟气余热回收技术</td></tr>
<tr><td>积极探索、研发、加快工程化的关键技术</td><td>（1）中低温烟气余热回收与利用技术
（2）钢铁企业余热蒸汽综合利用技术
（3）焦炉荒煤气余热回收利用技术
（4）钢铁制造流程能量流网络及能源高效转换集成技术
（5）钢厂物质流和能量流耦合优化及动态运行技术
（6）高炉渣和转炉渣余热回收和资源化利用技术
（7）冶金煤气资源化高效利用技术</td></tr>
<tr><td rowspan="2">造纸</td><td>制浆造纸行业的前沿技术</td><td>（1）植物组分的高效清洁分离技术
（2）纳米纤维素等多功能材料制备及应用技术
（3）非木原料的化学机械法制浆生产关键技术
（4）制浆造纸废水低耗高效的深度处理技术
（5）高效、低毒、环保化学品制备及应用技术
（6）极端环境下高效生物酶制备技术
（7）高速造纸机全自动在线检测及监控技术</td></tr>
<tr><td>制浆造纸行业要推广的或需进一步完善的关键技术</td><td>（1）高硅含量的非木原料除硅型、留硅型蒸煮技术
（2）非木原料的 RDH 或 DDS 蒸煮技术及其蒸煮设备研发
（3）非木材原料深度氧脱木素技术
（4）非木纸浆的全无氯或无元素氯短流程漂白技术及设备研发 [27]
（5）非木纸浆高效洗涤技术及设备的研发
（6）非木纸浆碱回收过程硅干扰控制技术
（7）白泥等固体废弃物的综合利用技术
（8）废纸制浆造纸过程胶粘物去除与控制技术
（9）高得率制浆工艺优化及低浓废液浓缩技术
（10）现代造纸机的智能型白水稀释水力式流浆箱技术
（11）现代造纸机的夹网（双网）脱水技术
（12）靴形宽压区压榨技术
（13）适用于高速造纸机的网毯制造技术
（14）高速造纸机机电一体化集成技术
（15）应用于制浆造纸过程的生物技术
（16）对环境友好的低耗高效化学品的研制及在制浆造纸中的应用技术</td></tr>
<tr><td>有色金属</td><td colspan="2">（1）加快推进选矿拜耳法生产氧化铝技术
（2）提高铝电解槽电流密度和强度
（3）改进电极质量，跟踪世界电解铝先进技术进展
（4）降低重有色金属冶炼的能源消耗
（5）进一步研究推广强化冶炼技术
（6）选用高效、节能、环保的冶炼炉及配套装备</td></tr>
</table>

续表

行业	重点技术	
石化	（1）分布式能源技术 （2）煤气化燃气－蒸汽联合循环（IGCC） （3）炼厂节能关键技术 （4）乙烯节能关键技术 （5）过程能量系统优化技术	
化工	（1）劣质煤、高硫煤的加压气化利用技术 （2）水煤浆气化、加压粉煤气化等先进煤气化技术 （3）高效率、大型化脱硫脱碳，变换，气体精制，氨合成和新型催化剂等先进净化和合成技术 （4）预还原催化剂、蒸发式冷却（冷凝）器和先进氨合成技术 （5）三塔及三塔多效精馏工艺、热泵精馏工艺和节能型甲醇合成技术 （6）提升电石炉尾气的综合利用水平和经济效益技术 （7）膜极距离子膜电解槽、三效逆流降膜 50% 液碱蒸发、干法乙炔等节能先进适用技术	
建材	水泥	水泥窑炉高效节能工艺技术及装备，余热梯度利用技术及装备，新型节能粉磨技术与装备，二氧化碳的分离、捕获及转化利用技术
	平板玻璃	浮法线高效脱硫、脱硝和余热发电一体化技术，多元燃料先进燃烧技术，全氧燃烧技术，分段式玻璃熔窑新型熔化技术
	建筑卫生陶瓷	陶瓷生产的低温技术，窑炉、喷雾干燥塔能源高效循环利用技术，陶瓷砖减薄工艺技术、成套装备，干法制粉工艺技术 在大中型建材企业建立能源管理中心，推进合同能源管理，提升能效水平，最大限度实现能源梯级利用，开展变频调速、（纯）低温余热利用等节能减排技术

6.4 节能产业发展重点案例

6.4.1 烧结矿余热回收（钢铁行业）

烧结矿余热回收是提高烧结能源利用效率、降低烧结工序能耗的途径之一。2004 年，马鞍山钢铁股份有限公司引进日本川崎技术，在两台 300 平方米的烧结机上建设了国内第一套余热发电系统（装机容量为 17.5 兆瓦），该系统于 2005 年 9 月并网发电。随后多家钢铁企业对烧结余热资源及发电技术开展了前期可行性研究工作，截至 2009 年，我国已有 8 家钢铁企业建成烧结余热发电系统，总装机容量达到 190.5 兆瓦，按照每生产 1 度（1 度 =1 千瓦时）电需要 0.404 千克标准煤，如果按全年满负荷生产天数为 300 天计算，这些钢铁企业的余热发电正常满负荷生产每年可节约标准煤 55.4 万吨。

此外，太原钢铁（集团）有限公司、江苏沙钢集团有限公司、南京钢铁集团有限公司等 20 多家钢铁企业的 60 多台烧结机正在陆续建设烧结余热发电项目。迄今为止，投产和在建的烧结余热发电项目已超过烧结机数目的 15%。基于上述原因，烧结余热发电技术备受钢铁企业的青睐，在日益激烈的市场竞争中为钢铁企业进一步降低生产成本、实现节能降耗发挥了积极作用。

烧结余热发电技术在国内的应用趋于成熟，已在国内得到了一定的推广，烧结余热发电的技术和主体设备已实现国产自主化。

6.4.2　高纯度生态纤维用溶解浆研制的核心技术（造纸行业）

该技术已在我国太阳纸业有限公司等企业研发成功。

溶解浆是一种高纯度的特种化学浆，原料主要是棉短绒、木材和竹子，棉纤维 α-纤维素高、木素含量很低，含有少量蜡质、脂肪及半纤维素，是生产溶解浆最好的原料。由于精棉可以直接用于纺织工业，生产溶解浆的棉原料主要是棉短绒，随着新的无籽棉花的培育和劳动成本的提高，棉短绒的价格越来越高，开始用木材来代替棉短绒，木材纤维素含量在 50% 左右，可以作为生产高纯度生态纤维用溶解浆的原料，产品广泛应用于纺织、食品、医药等相关行业，填补了国内高纯度生态纤维用溶解浆生产的空白。该项目是世界性热点课题，在世界上首创以木材等为原料，利用预水解硫酸盐制浆方法，采用独立连续水解、连续低固形物蒸煮、无氯和酶预处理的清洁漂白新工艺，生产国际一流品质的高端生态纤维用溶解浆。

该项目的核心关键技术为：①连续独立水解工艺和设备技术；②连续蒸煮法生产溶解浆技术；③高纯度生态纤维用溶解浆清洁漂白技术。

目前太阳纸业有限公司已攻破上述核心技术，开发出了满足市场需求的高纯度生态纤维用溶解浆，年产量达到 22 万吨，产品供不应求，已形成一个新型的高附加值产业。

6.4.3　石化行业

中国石化作为国有特大型能源化工企业，多年来，其在致力于规模发展的同时，始终通过不断强化责任意识和忧患意识，努力转变发展方式，大力发展循环经济，使生产过程的能源消耗量和温室气体排放量越来越低、对环境的伤害越来越小，为社会提供绿色低碳、清洁环保的产品，努力实现与社会、环境和谐发展，建设能源资源节约型和环境友好型企业。2005 ～ 2011 年，中国石化在生产经营规模不断扩大的情况下，累计节约能源消耗 1 580 万吨标准煤，减排二氧化碳 3 887 万吨，相当于 1 100 万辆经济型轿车停开 1 年的减排量；2011 年产值能耗为 0.76 吨标准煤 / 万元，比 2006 年下降 0.12 个单位[13, 14]。

在节能方面，中国石化不断加强节能管理，持续推进产业结构优化升级，努力形成“低投入、低消耗、低排放、高效率”的发展模式。

（1）加强管理，落实责任，为节能减排提供组织保障。中国石化建立健全节能减排组织管理体系，形成了职责明确、协调有效的节能减排管理网络；成立节能监测中心和节能技术服务中心，为节能减排提供持续的监测服务和技术支撑；推行节能减排工作问责制和目标考核制，制定和下发《节约能源管理办法》等相关规定，对节能减排工作进行全方位检查、监督和考评，对未完成节能减排目标的单位，在年度各项评比时实行“一票否决”。

（2）加快产业结构调整。中国石化依靠技术创新，实施炼油化工装置新建、扩建及技术改造，实现大型化、一体化、集约化发展。目前千万吨级炼厂已达11座，百万吨级乙烯生产基地达4个。同时加快淘汰高耗能、高污染的低效落后产能。2005年以来，已累计关停和淘汰落后炼油能力1 700万吨/年，关停几十套低效化工装置及燃油锅炉，优化调减油库500多座。通过结构调整，2005～2011年，中国石化炼厂平均规模提高了35.32%，乙烯装置平均规模提高了39.07%[13，14]。

（3）加大先进节能技术应用。在全面推广应用国家重点成熟节能技术的同时，中国石化结合自身实际，重点开发推广了一系列实用节能技术。如油田企业采用了油气密闭集输工艺等技术，炼化企业推广应用低温余热回收利用、热联合以及加热炉节能技术等，减少能源消耗。经过努力，2005～2011年，中国石化在原油加工量增加47.9%、乙烯产量增加82.5%的情况下，炼油综合能耗和乙烯综合能耗分别下降了17.5%和14.8%[13，14]。

（4）加大节能投资力度。中国石化2005～2011年共安排投资360亿元，实施节能减排技改技措项目1 345个，使一批先进适用技术和设备在生产经营中得到了广泛应用，取得了明显成效。在油田企业，通过采用油气密闭集输工艺技术、稠油冷输工艺技术、二氧化碳驱油技术等措施，减少了油气损耗和能源消耗；通过推广应用节能抽油机、调整改造注水管网、农电分离改造等措施，降低了系统损耗；通过实施煤代油、低压蒸汽伴热系统改造等工程，替代和节约了原油资源；通过实施网电钻机技术，实现降本减费50%以上；通过推广应用S11型节能变压器、稀土永磁同步电动机，大大降低了系统电耗。在炼化企业，通过推广应用加热炉节能技术，使加热炉平均热效率提高了4个百分点，能效水平显著提高；通过推广应用火炬气回收技术，每年可回收瓦斯80万吨以上，减少二氧化碳排放400万吨以上；组织推广实施低温热利用、装置热联合、裂解炉空气预热和炉管扭曲片改造，取得了良好的节能降耗效果。特别是通过实施大规模的成品油质量升级技术改造，向社会提供清洁燃料，使污染物排放大幅减少。在油品销售企业，通过优化成品油流向，加快油库、加油站节能改造，发展管道运输技术，应用油气回收技术，降低了经营和储运损耗。同时加大投入、加快进度，对全系统19家自备电站、107台燃煤锅炉实施烟气脱硫改造，大幅减少了二氧化硫排放。6年间，中国石化共投资28亿元进行锅炉烟气脱硫治理，已上脱硫装置并投入运行的锅炉有89台，超额完成国家和地方政府要求的85台动力锅炉烟气脱硫治理任务。2011年二氧化硫排放量比2005年下降42%。

（5）全面推行清洁生产和生产清洁产品。中国石化持续加大环保投入，加强隐患治理，重点实施大气污染治理、污水达标治理、在线检测设备配置等项目，加强建设项目的环保管理，在部分企业建立外排污染物在线监测系统，实现对企业外排污染物的实时监控，减少污染物排放。2005～2011年，中国石化实施清洁生产方案4 684个，实现污水削减量3 988万吨/年，废气削减量达87 130万标准立方米。与此同时，中国石化累计投入490多亿元，千方百计实施油品质量升级。目前，国Ⅲ汽、柴油质量升级已全面完成，国Ⅳ汽、柴油质量升级正在加紧推进，京Ⅴ标准汽、柴油已开始供应北京市场。

6.4.4　化工行业

2008 年，新疆天业集团有限公司根据自身发展需要，在完成 16 500 千伏安、25 000 千伏安、30 000 千伏安建设的基础上，建设了 40 000 千伏安密闭电石炉设备，实现了电石炉的进一步大型化、自动化，有力地推动了电石产业的装备升级和节能示范[28]。40 000 千伏安密闭式电石炉通过参数的合理配置、多项有针对性的设备局部细节的优化设计、提高电炉的开车率、采用先进的分散控制系统（distributed control system，DCS），提高了电石的工艺指标的稳定性，经过两年的生产运行数据分析，40 000 千伏安密闭电石炉吨电石电耗在 3 100 千瓦时左右，较 30 000 千伏安电石炉吨电石可节电 150 千瓦时左右。按全国年生产 1 500 万吨电石计算，如果采用 40 000 千伏安密闭电石炉，年可节约用电 22.5 亿千瓦时，相当于节能 27.7 万吨标准煤。

6.4.5　水泥纯低温余热发电（建材行业）

水泥纯低温余热发电能够充分利用预热器、篦冷机排出的温度在 250 ～ 350℃的气体中的热焓，实现能源充分利用，从而提高系统热效率。该技术在回收水泥生产过程中产生余热的同时，减少了水泥厂对环境的热污染和粉尘污染。对于 5 级预热器的新型干法水泥熟料生产线，每吨水泥熟料具有 25 ～ 30 千瓦时的发电能力；对于 4 级预热器的新型干法水泥熟料生产线，每吨水泥熟料具有 34 ～ 40 千瓦时的发电能力，相当于每吨水泥熟料降低成本 15 元左右。因此纯低温余热发电是水泥企业节能减排、实施循环经济的重要途径和措施。

目前我国 5 000t/d（吨 / 天）水泥新型干法生产线的可比熟料综合煤耗在 110 千克标准煤 / 吨左右，当建有纯低温余热发电装置时，按余热发电供电量 33.5 千瓦时 / 吨计算，供电折煤耗为 4.12 千克标准煤 / 吨，其可比熟料综合煤耗变为 105.88 千克标准煤 / 吨，比不带余热发电的可比熟料综合煤耗降低 3.75%。在一般熟料烧成煤耗的情况下，采用纯低温余热发电技术的 2 500t/d 生产线可发电 2 600 万度，间接减排 CO_2 18 750 吨，5 000t/d 生产线可发电 5 000 万度，间接减排 CO_2 37 500 吨。

2007 年年底，我国只有 122 条生产线的余热发电系统投产，装机容量 740 兆瓦，发电能力 49.6 亿千瓦时，占全国电力供应的 0.15%。近年，全国水泥企业大力推广纯低温余热发电，2010 年我国已有 692 条新型干法生产线（约占总量的 55%）增设了窑尾余热发电系统，装机总容量达到 4 210 兆瓦，为世界之最[29]。“十二五节能环保产业发展规划”将水泥行业明确列为九大重点节能行业之一，要求到 2015 年，水泥窑纯低温余热发电比例提高到 65% 以上。可见，水泥纯低温余热发电技术还有广阔的发展空间[2]。

这些成功案例说明，通过在流程制造行业中采用并推广新的节能技术，提高了资源利用效率，减少了能源消耗，起到了良好的节能效果。

6.5 促进与流程制造业有关的节能产业发展的政策取向

（1）推动产业结构调整，统筹节能发展方向。国家有关部门和行业协会应发布并严格行业准入条件，控制产能低水平盲目扩大，提高产业集中度。在产业结构调整中，国家应严格控制总产能，建议采用“上大压小”、“等量置换”的政策淘汰落后产能，建立并健全节能发展的激励约束机制。例如，对转产其他符合国家产业政策产品的企业，国家可通过税收减免的方式给予补偿。

（2）大力推广节能减排技术，鼓励开发新技术，进一步完善节能产业的技术创新体系。国家应从经济、政策和社会责任等方面积极鼓励和引导企业采用先进、适用的节能减排技术，进一步落实研发费用“加计扣除”、所得税优惠等政策，推动企业开展技术创新并建设研发中心，采用资金支持、应用示范、试点推广等多种政策手段重点研发和推广关键节能减排技术。

（3）健全节能减排管理体系。国家应建立并健全节能减排相关法律、法规和标准体系，完善节能减排的监督、评估和审核体系，加快出台行业能耗、排污相关的生产标准，以及生产评价体系和审核办法；进一步推动在企业中广泛建立节能管理机制；培育和发展节能减排服务型产业，鼓励专业节能服务公司为企业提供能源审计、节能减排工程服务、合同能源管理、节能项目融资等一系列节能减排技术应用服务。其中，针对石化行业的建议见专栏 6.2。

专栏 6.2

针对石化行业的建议

（1）针对石化企业存在的效益与万元产值能耗的矛盾，建议国家相关部委尽快组织各方专家详细讨论，修订原有的能源统计报表制度，制定出新的能源消耗核算方法，明确能耗统计范围。

（2）针对节能目标评价考核工作面临省、市、县等多头管理的局面，且节能目标的统计方法、统计口径不一致的问题，建议由省级政府统一管理属地内二级企业，避免省、市、县多级管理，产生混乱。同时，建议由国家发展改革委牵头制定全国统一的节能目标评价考核体系，避免不同地区节能目标评价考核采用不同的统计方法、统计口径。

（3）尽快制定《中央企业合同能源管理办法》以及相关财税配套政策，鼓励、指导、帮助中央企业及分、子公司完成节能服务公司注册、备案等法律程序，统一进行合同能源管理的规范及制度建设，以利于各企业执行，切实扶持中央企业节能服务产业的发展。

参考文献

[1] 国家统计局能源统计司，国家能源局综合司 . 中国能源统计年鉴 . 北京 ：中国统计出版社，2009.

[2] 国务院 .“十二五”节能环保产业发展规划，2011.

[3] 中国节能协会节能服务产业委员会 .“十一五”中国节能服务产业发展报告，2011.

[4]《中国钢铁工业年鉴》编辑委员会 . 中国钢铁工业年鉴 . 北京 :《中国钢铁工业年鉴》编辑部，1992 ～ 2011.

[5] World Steel Association. Steel production 2011. http://www.worldsteel.org/statistics/statistics-archive/2011-steel-production.html，2011-07-31.

[6] 中国造纸协会 . 造纸工业发展“十二五”规划，2011.

[7] 张日勇，刘向东 . 2011 年中国炼油行业运行回顾及未来两年展望 . 国承石油经济，2012，(5)：28.

[8] 舒朝霞，高春雨 . 2011 年世界和中国石化工业综述及 2012 年展望 . 国承石油经济，2012，(5)：32.

[9] 工业和信息化部 . 石化和化学工业“十二五”发展规划，2012.

[10] 中国建筑材料联合会信息部，中国建材数量经济监理学会 . 2011 年水泥产量和产能统计分析报告 . 中国水泥，2012，(3)：10 ～ 12.

[11] 编辑部 . 玻璃短信 . 建材发展导向，2012，(10)：84.

[12] 编辑部 . 2011 年建筑卫生陶瓷工业统计数据 . 陶瓷，2012，(3)：25.

[13] 中国石油化工集团公司 . 2006 年石化统计提要，2006.

[14] 中国石油化工集团公司 . 2012 年石化统计提要，2012.

[15] 中国石油化工集团公司，中国石油天然气集团公司 . 中国石油化工集团公司和中国石油天然气集团公司 2012 年年报，2012.

[16] 石油和化学工业联合会 .“十二五”石油和化工行业节能减排指导意见，2011.

[17] 工业和信息化部 . 水泥工业“十二五”发展规划，2011.

[18] 工业和信息化部 . 平板玻璃工业“十二五”发展规划，2011.

[19] 工业和信息化部 . 建筑卫生陶瓷工业“十二五”发展规划，2011.

[20] 工业和信息化部 . 建材工业“十二五”发展规划，2011.

[21] 殷瑞钰 . 冶金流程工程学（第 2 版）. 北京：冶金工业出版社，2009.

[22] 温燕明，郑文华，孙思伟 . 从流程工业看焦化工艺的解构与集成优化 . 见：中国金属学会 .2010 年全国能源环保生产技术会议文集，2010：49 ～ 57.

[23] 陈克复. 提高造纸行业自主创新能力，构建造纸技术创新体系. 中华纸业，2007，(7)：6 ～ 10.

[24] 陈克复，胡楠 . 我国制浆造纸设备制造业的进步及面临的任务 . 纸和造纸，2005，S0：5 ～ 8.

[25] 中国石化经济技术研究院．中国石化经济技术研究院分析预测报告，2012.

[26] 工业和信息化部．石化行业节能减排先进适用技术指南，2012.

[27] 陈克复，李军．纸浆清洁漂白技术．中华纸业，2009，(14)：6 ～ 10.

[28] 工业和信息化部．石化行业节能减排先进适用技术案例，2012.

[29] 孔祥忠．中国水泥工业转变发展方式的思路探讨．中国水泥，2012，(1)：15 ～ 18.

缩略词表

IGCC（integrated gasification combined cycle，即整体煤气化联合循环发电系统）：是将煤气化技术和高效的联合循环相结合的先进动力系统。它由两大部分组成，即煤的气化与净化部分和燃气－蒸汽联合循环发电部分

干熄焦（CDQ）技术：其英文名称为 coke dry quenching，简称 CDQ。干熄焦技术是利用冷的惰性气体（燃烧后的废气），在干熄炉中与赤热红焦换热从而冷却红焦。吸收了红焦热量的惰性气体将热量传给干熄焦锅炉产生蒸汽，被冷却的惰性气体再由循环风机鼓入干熄炉冷却红焦。干熄焦锅炉产生的蒸汽或并入厂内蒸汽管网或送去发电

煤调湿（CMC）技术：其英文名称为 coal moisture control，简称 CMC，指“装炉煤水分控制工艺”，是将炼焦煤料在装炉前去除一部分水分，保持装炉煤水分稳定在 6% 左右，然后装炉炼焦

DCS：是分散控制系统（distributed control system）的简称，国内一般习惯称为集散控制系统。它是一个由过程控制级和过程监控级组成的以通信网络为纽带的多级计算机系统，综合了计算机（computer）、通信（communication）、显示（CRT）和控制（control）4C 技术，其基本思想是分散控制、集中操作、分级管理、配置灵活、组态方便

DDS 蒸煮技术：DDS 蒸煮系统的基本原理与 RDH（rapid displacement heating，即快速置换加热）蒸煮系统相同，是 RDH 的升级版本，DDS 是一项节能环保的“绿色技术”

第 7 章

环保产业

孟　伟　罗　宏　杨占红　路超君　傅泽强

【内容提要】 本章系统论述了环保产业发展的现状与趋势，阐明了环保产业重点领域技术发展现状与发展方向，包括水污染防治技术、大气污染防治技术、噪声与振动控制技术、固体废物处理处置技术、土壤污染防治技术和环境监测技术等。同时，结合环保产业分布现状提出了环保产业战略布局与发展重点，分析了盐城环保产业园案例。最后，提出促进环保产业发展的政策取向，包括用法律和政策手段保障环保产业的发展，建立以企业为主体的产学研产业创新体制，加快环保产业专业化和市场化进程，推进国家污染控制与治理重大专项，拓宽环保产业融资渠道，加速发展环境服务业等。

环保产业既是保护环境、实施可持续发展战略的重要物质基础和技术保障，也是国民经济的重要组成部分，还是未来经济发展中最具潜力的新增长点之一。《规划》及《"十二五"节能环保产业发展规划》将节能环保产业列为七大战略性新兴产业之一，节能环保产业包括高效节能产业、先进环保产业和资源循环利用产业三个重点方向[1, 2]。目前，中国在发展环保产业方面取得了显著的成效，拥有了一批较为成熟的常规环保技术及装备。但是，很多关键技术及设备与国际先进水平仍有一定差距。因此，进一步认识先进环保产业的战略性、基础性地位，加快发展先进环保产业，是提升传统产业、促进结构调整、加快经济发展方式转变的重大举措。

7.1 环保产业发展现状与趋势

7.1.1 环保产业的基本概念与范畴

环保产业是指国民经济结构中为环境污染防治、生态保护与恢复、有效利用资源、满足人居环境需要，为社会、经济可持续发展提供产品和服务支持的产业。其不仅包括为污染控制与减排、污染清理及废物处理等提供产品与技术服务的狭义内涵，还包括涉及产品生命周期过程中对污染控制和环境保护提供协助的技术与产品、节能技术、生态设计与环境相关的服务等。环保产业作为一个跨行业、跨领域，且与其他经济部门相互交叉、相互渗透的综合性产业，可划分为五种类型，即环境保护产品生产、洁净产品生产、环境保护服务、资源循环利用和自然生态保护[3]。

先进环保产业作为节能环保产业的一个重点方向，主要是以解决危害人民群众身体健康的突出环境问题为重点，加大技术创新和集成应用力度，推动水污染防治、大气污染防治、土壤污染防治、重金属污染防治、垃圾和危险废物处理处置，以及减震降噪设备、环境监测仪器设备的开发和产业化，提高环保产业整体技术装备水平和成套能力；推进高效膜材料及组件、生物环保技术工艺、控制温室气体排放技术及相关新材料和药剂的创新发展；大力推进环保服务业发展，促进环境保护设施建设运营专业化、市场化、社会化，探索新型环保服务模式[1]。

7.1.2 环保产业发展现状与特征

1）受到国家高度重视

近年来，环保产业日益受到国家各个层面的重视，环保产业相关政策已达二百多项，国家近期发布的《决定》将节能环保产业作为七个战略性新兴产业之一，将先进环保产业作为重点发展方向之一，随后又发布了《规划》、《“十二五”节能环保产业发展规划》等；环境保护部（简称环保部）发布了《关于环保系统进一步推动环保产业发展的指导意见》等，工信部发布了《环保装备“十二五”发展规划》等。这些政策对于促进环保产业的发展具有极大的推动作用，环保产业受到的重视程度几乎前所未有。

2）产业规模不断扩大

经过多年的发展，中国环保产业规模呈现出持续稳定的增长趋势（图 7.1[4] 和图 7.2[3, 5～10]，环保产业产值年均增长率在 15% 以上，高于国民经济增长率，发展势头强劲，正成为国民经济中最具潜力的增长点。据环保部吴晓青副部长介绍[11]，2010 年，环保产业产值为 11 000 亿元，全国环保企业有 3.5 万家，吸纳就业人数约 300 万人，涌现了一批年产值超 10 亿元的现代化环保企业。

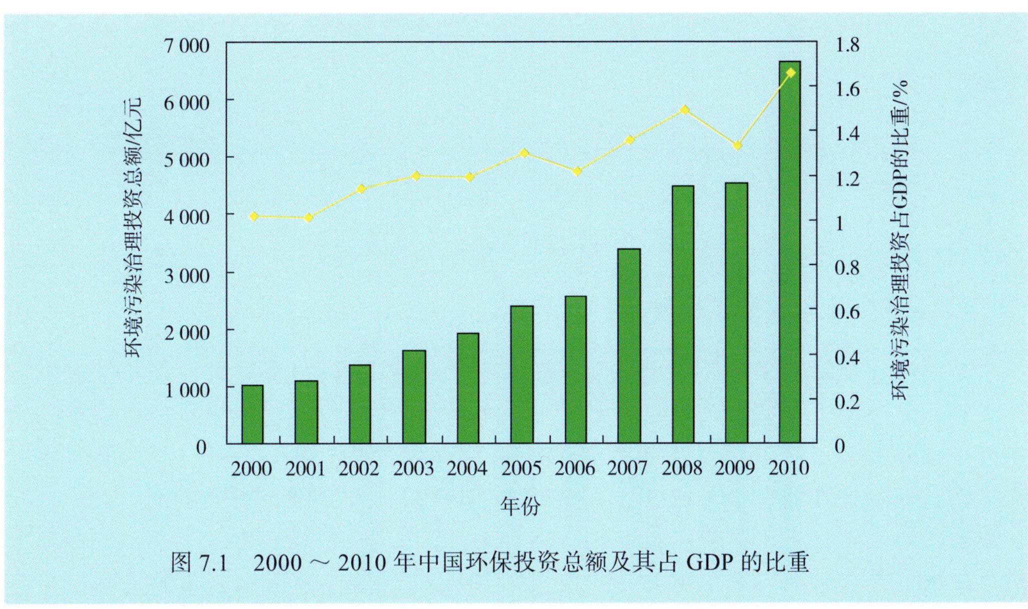

图 7.1 2000 ～ 2010 年中国环保投资总额及其占 GDP 的比重

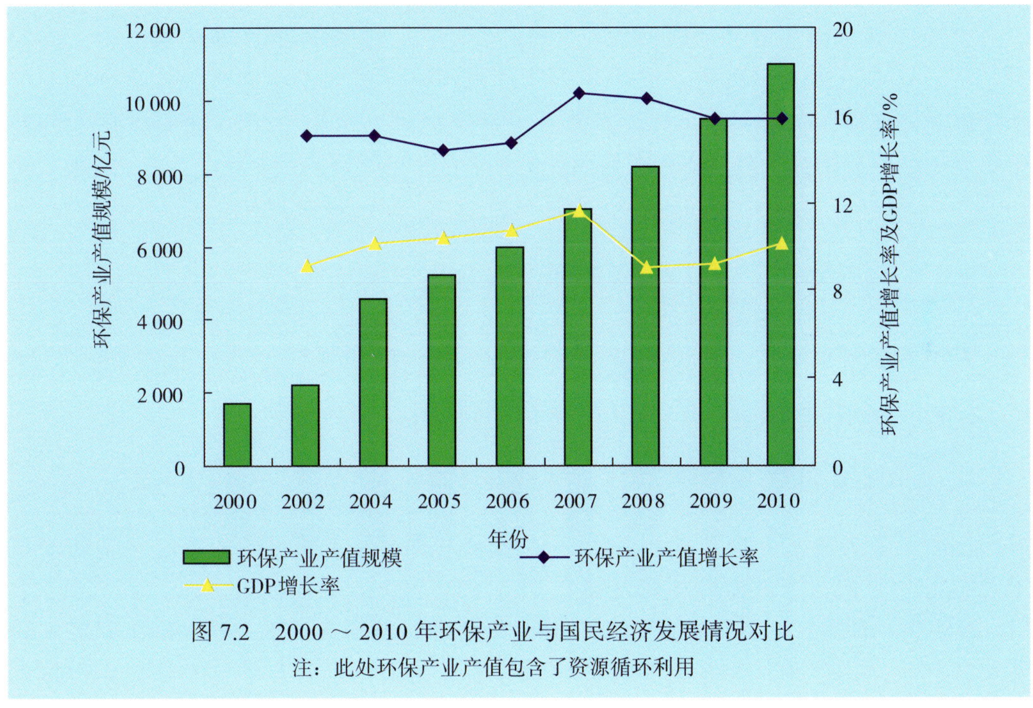

图 7.2 2000 ～ 2010 年环保产业与国民经济发展情况对比

注：此处环保产业产值包含了资源循环利用

3）技术水平不断提高

通过自主研发与引进消化相结合，中国环保技术与国际先进水平的差距不断缩小，主导技术与产品基本满足市场的需要，掌握了一批具有自主知识产权的关键技术。国家科技创新体系中更加突出环保科技，如“863”计划、国家科技支撑计划等均设立了环境领域。“十一五”期间国家启动了“水体污染控制与治理”科技重大

专项，中央财政投资三十多亿元，力图解决中国水污染防治中面临的重大科技瓶颈问题。

目前，中国环保产品已达三千多个品种，覆盖了污染治理和生态保护各个领域。在大型城镇污水处理、工业废水处理、垃圾填埋、焚烧发电、除尘脱硫、噪声与振动控制等方面，已具备依靠自有技术进行工程建设与设备配套的能力。工业一般废水治理、烟气净化、工业废渣综合利用等技术已达到国际水平。

7.1.3 环保产业发展趋势

中国环保产业与发达国家有一定差距，且环境类专利的质量水平和技术水平皆低于其相邻邻域非环境类专利的质量水平和技术水平[12]。随着国家对环境保护的重视程度不断加大及环境质量改善和减排目标的实现需求，中国环保产业的发展将迎来难得的新的历史机遇期，大力发展环保产业将是大势所趋，初步测算，“十二五”时期实施节能减排重点工程需投资约 23 660 亿元[13]。国家相继发布了《国家环境保护“十二五”规划》、《节能减排“十二五”规划》、《2012 年国家先进污染防治示范技术名录》、《2012 年国家鼓励发展的环境保护技术目录》等，对环境保护和环保产业的宏观战略布局及重点领域相关技术进行了引导。预计环保产业的规模将急剧扩大，技术水平也将不断提高。据预测全国环保产业产值“十二五”末期将达到 2 万亿元以上，环境服务业产值占环保产业的比重将达到 35% 以上[14]，环保产业到 2020 年将成为国民经济的支柱产业。

7.2 重点领域技术发展现状与发展方向

7.2.1 水污染防治技术

1）发展现状

目前，各类废水处理技术已基本达到国际先进水平。现有的先进水污染防治技术及装备主要包括高效低能耗曝气设备和 A^2/O（anaerobic-anoxic-oxic，即厌氧–缺氧–好氧法）城市污水处理技术、高效微生物处理制革废水技术、难处理工业废水双膜法处理及回用技术、污泥高温好氧发酵与生态利用技术等，并且大部分先进技术目前已有工程应用，实现了国产化。

2）发展方向

推进发展膜处理、新型生物脱氮、重金属废水污染防治、高浓度难降解有机工业废水深度处理技术；加速开发污泥生物法消减、移动式应急水处理设备，水生态修复技术与装备；推广污水处理厂高效节能曝气、升级改造，农村面源污染治理，污泥处理处置等技术与装备[2]。

7.2.2　大气污染防治技术

1）发展现状

在电除尘技术领域，本体及电源开发加工、制造技术方面继续保持国际电除尘大国的地位；在袋式除尘技术领域，强化清灰、降低损耗等方面均达到了较高水平，耐高温、耐腐蚀滤料和特种纤维的开发应用也有了较大突破；在电–袋组合技术开发应用方面，完成了 300 兆瓦级燃煤机组电除尘器的改造，并取得了良好的运行效果。在脱硫技术领域，已发展了石灰石 / 石灰–石膏法、氨法等十多种烟气脱硫工艺技术，具备 300 兆瓦火电机组自主知识产权的烟气脱硫主流工艺技术。在工业挥发性有机污染物控制方面，吸附回收技术、催化氧化技术得到了一定的应用。在机动车污染治理技术领域，燃料质量控制技术、机内净化技术已经在中国开始广泛应用。

2）发展方向

重点开发移动极板静电除尘设备、袋式除尘器用高压无膜脉冲阀、干湿结合电除尘设备、电袋复合式除尘技术及细微粉尘控制技术等；示范推广非电行业烟气脱硫技术与装备，改造和提升现有燃煤电厂、大中型工业锅炉窑炉烟气脱硫技术与装备；研发和推广重点行业烟气脱硝、开发燃煤电厂 SCR（selective catalytic reduction，即选择性催化剂还原法）脱硝系统设备和低氮燃烧技术等；加大开发和应用重型柴油机尾气净化设备、汽车尾气高效催化转化及工业有机废气治理等技术与装备、重金属及二噁英有毒气体控制技术、恶臭气体污染控制技术与设备等[2]。

7.2.3　噪声与振动控制技术

1）发展现状

中国取得了一批有关环境噪声和振动控制技术的科研成果，在城市交通噪声控制技术、声学材料等领域已达一百多项。中国在常规噪声与振动污染控制技术与产品方面发展得比较成熟，特别是在微穿孔板吸声材料和吸声结构、微穿孔板消声器、小孔喷注高压排气消声器的研究方面处于国际领先地位[15]。但是，在有源噪声与振动控制和声源控制技术方面还处于研究阶段，电磁污染、热和光污染的控制技术还处于发展初期，尚未形成产业化规模。

2）发展方向

进一步深入研究声源控制技术，如低噪声风机、低噪声冷却塔、低噪声空压机、低噪声电机等；同时，重点研究轨道噪声、低频噪声等污染控制技术，如城市轨道浮置板用钢弹簧隔振装置、地铁大风量阻抗复合消声器、低频噪声和固体声污染控制设备等。开发适合中国国情的噪声与振动预测、分析、设计软件，并注重现代新技术（如计算机技术、数字技术、有源控制技术等）的引入。

7.2.4 固体废物处理处置技术

1）发展现状

近年来，中国固体废物处理处置技术发展较快，大型城市垃圾焚烧技术已实现国产化，但垃圾填埋仍是中国垃圾处理的主导模式，占生活垃圾运量的60.7%[4, 16]。虽然已经启动与国外公司合作的填埋气体回收利用和发电项目，但大多数项目停留在协议阶段。在危险废物和医疗废物处理技术方面总体上处于探索和起步阶段，与发达国家尚有一段差距。

2）发展方向

发展生活垃圾焚烧处理和生物化处理（堆肥）技术，大力推广生活垃圾预处理技术装备；研发渗滤液处理技术与装备；示范推广大型焚烧发电及烟气净化系统、中小型焚烧炉高效处理技术、大型填埋场沼气回收及发电技术和装备；推广安全有效的危险废物和医疗废物处理处置技术和装置。

7.2.5 土壤污染防治技术

1）发展现状

中国地质调查局2010年公布的数据显示，中国占国土面积13%的土壤存在污染。中国的污染土壤修复技术研究起步较晚，在“十五”期间才得到重视，列入了高技术研究规划发展计划，研发水平和应用经验与起步于20世纪70年代后期的美国、英国、德国、荷兰等发达国家存在相当大的差距。土壤修复技术主要包括生物修复、物理修复、化学修复、增施有机肥料及各方法联合修复的污染土壤修复技术。

2）发展方向

土壤修复技术重点发展绿色与环境友好的生物修复、联合杂交的综合修复、原位修复、基于环境功能材料的修复、基于设备化的快速场地修复以及土壤修复决策支持系统及修复后评估等技术；发展广泛应用、安全、低成本的原位农田生物修复技术和物化稳定技术；发展安全、土地能再开发利用、针对性强的工业场地快速物化工程修复技术与设备；发展能控制水土流失与污染物扩散的矿区植物稳定化与生态工程修复技术等；加快研发重金属、危险化学品、持久性有机污染物、放射源等污染土壤的治理技术与装备[17]。

7.2.6 环境监测技术

1）发展现状

自动在线监测仪器、应急监测仪器、多功能便携式现场监测仪器和环境监测实验室专用仪器的研究、开发和生产能力大大加强，应用也更加广泛，国产环境监测仪器的质量和技术水平有了明显的提高，国产环境监测仪器的自动化、智能化和产业化正在逐步实现。

2）发展方向

鼓励开发烟气中重金属在线监测仪器，水中氨氮、重金属、氰化物、持久性有机污染物等传感技术和在线监测仪器；同时，进一步深入研究便携式无线广谱智能分光光度水体污染物检测仪和水体中基因毒性污染物快速筛查仪等污染事故应急监测便携式现场快速测定仪；另外，加强对温室气体（greenhouse gas，GHG）排放监测技术与设备和红外–紫外法在线温室气体监测技术等的开发和应用[18]。

7.2.7　环保产业发展优劣势分析

中国环保产业与发达国家相比，总体上还存在相当大的差距。在未来发展中，中国环保产业既有自身的优势，也有相应的劣势[7, 19]，其综合分析详见表 7.1。

表 7.1　中国环保产业发展综合分析

分类		优势	劣势
水污染防治技术	城市污水处理	自行设计、建设城市污水处理设施，技术与设备达到国际水平，能满足国内需求，价格有优势	部分关键设备、材料的质量与国际水平有差距，有的仍需进口，节能技术开发有待加强
	工业废水处理	工业废水处理技术基本与国际水平相当，基本能满足需求，价格有优势	部分含难降解、难处理污染物的工业废水处理技术尚待开发，部分机械设备质量与国际水平有差距，部分高端技术设备、材料需进口
大气污染防治技术	电除尘	电除尘技术、设备处于国际先进水平，完全满足国内需求，免检出口，价格有优势	供电电源关键芯片尚需进口
	袋式除尘	袋式除尘技术、设备处于国际先进水平，可以满足国内需求，免检出口，价格有优势	部分滤料、脉冲阀需进口
	脱硫	中小锅炉烟气脱硫满足国内需求，电厂脱硫已有自主知识产权技术	电厂脱硫主要技术、设备需进口
	脱硝	科研单位已展开脱硝工程的研究，相关企业对进口的脱硝技术和设备进行消化吸收和应用	尚处于起步阶段，运行情况不好，催化剂需要进口，技术、设备国产化率低
	废气净化	一般的废气净化技术设备满足国内需求	高端技术设备需进口，企业规模小，加工精度差
	机动车尾气净化	可满足部分在用车尾气净化需求，摩托车大部分采用本国技术产品	新车基本采用国外技术产品，企业规模、技术水平不能满足机动车发展速度
噪声与振动控制技术		总体水平处于国际先进水平，微穿孔板吸声材料吸声结构、微穿孔板消声器、小孔喷注高压排气消声器处于领先水平，价格有优势	噪声与振动源分析预测技术、噪声与振动设备计算机辅助设计制造技术、高速运输系统噪声与振动控制设备、新材料与发达国家有较大差距，企业规模小，加工精度较差

续表

分类	优势	劣势
固体废物处理处置技术	工业固废资源回收利用满足国内需求，垃圾卫生填埋、渗滤液处理均可满足要求	焚烧、堆肥技术设备尚不过关，关键零部件需进口
土壤污染防治技术	物理修复、化学修复和生物修复已开展研究和示范工程	前沿修复技术大部分仍停留在实验室研究阶段，经济、安全的原地修复和生物修复技术较少
环境监测技术	一般计量、监测仪器满足国内需求	关键零部件需进口，高端产品需进口

7.3 环保产业战略布局与发展重点

7.3.1 区域布局及发展重点

目前，中国环保产业分布与经济发达程度基本一致，环境技术创新水平也有同样的趋势，呈现“东高西低”的格局[20, 21]，形成了“一带一轴”的总体分布特征，即以环渤海、长三角、珠三角三大核心区域聚集发展的环保产业“沿海发展带”和东起上海、沿长江至四川等中部省份的环保产业“沿江发展轴”[8]。

1）加强环渤海地区环保技术开发转化

环渤海地区在人力资源、技术开发转化方面优势明显。依托北京市技术优势和人才优势，以北京通州国家环保产业园、朝阳循环经济产业园及中关村环保科技示范园为载体，结合天津循环经济和制造业基地等优势，形成中国北方环保技术开发转化中心。

2）推进长三角地区环保产业集群建设

长三角地区环保产业基础良好，是中国环保产业最为集聚的地区，目前已初步形成了以宜兴、常州、苏州、南京、上海等城市为核心的环保产业集群，江苏和浙江环保产业规模占据全国第一位和第二位。长三角区域经济一体化的趋势要求环保产业加强区域合作，未来，长三角环保企业与园区将在技术、投融资、公共平台等多领域开展合作。

3）打造珠三角地区环保服务业核心

广州、深圳作为珠三角区域环保服务业两大核心地区，正在建立多个环保专项技术研发中心，成为珠三角区域环保产业自主创新的主要地区。广州、深圳、东莞、佛山四个城市环保产业产值占珠三角地区的 90% 以上。珠三角地区环保产业产值占广东省的 90% 左右。广东是环保产业大省，其环保产业年收入总额全国排名第三，其中环保技术服务年收入位列全国第二，资源综合利用和洁净产品年收入位列全国第三，环保产品生产年收入位列全国第七。

珠三角区域重点发展技术密集、资金密集、人才密集的环保服务业以及环保产品和洁净产品生产。

4）加快中部沿江发展轴环保装备制造业发展

中部沿江发展轴区域重点发展环保装备制造业。中西部地区在土地资源和劳动力成本等方面具有优势，未来，环保产业向中西部转移是产业经济发展的必然结果。一方面，西部地区的污水处理、大气治理、固废处理等环保事业将在国家环保政策和东部环保技术的支持下逐渐发展起来；另一方面，中西部地区的武汉、重庆、西安等城市，由于经济发展水平较高等，将承接东部地区环保产业，尤其是环保制造业的转移，有望成为第一批实现环保产业成功对接的示范城市。

7.3.2 相关重点实验室及工程技术研究中心建设

科技部依托高校和科研院所组建国家重点实验室和工程技术研究中心，到目前为止，环保领域的重点实验室主要有9个，工程技术研究中心主要有4个，详见表7.2。

表7.2 科技部体系的环保领域国家重点实验室

类别	序号	实验室名称	承担单位
环保领域国家重点实验室	1	城市水资源与水环境国家重点实验室	哈尔滨工业大学
	2	污染控制与资源化研究国家重点实验室	同济大学等
	3	资源与环境信息系统国家重点实验室	中国科学院地理科学与资源研究所
	4	环境地球化学国家重点实验室	中国科学院地球化学研究所
	5	近海海洋环境科学国家重点实验室	厦门大学
	6	湖泊与环境国家重点实验室	中国科学院南京地理与湖泊研究所
	7	环境化学与生态毒理学国家重点实验室	中国科学院生态环境研究中心
	8	环境模拟与污染控制国家重点实验室	中国科学院生态环境研究中心等
	9	环境基准与风险评估国家重点实验室	中国环境科学研究院
环保领域国家工程技术研究中心	1	国家城市环境污染控制工程技术研究中心	北京市环境保护科学研究院
	2	国家工业烟气除尘工程技术研究中心	中钢集团武汉安全环保研究院
	3	国家城市污水处理及资源化工程技术研究中心	中国工程物理研究院
	4	国家环境光学监测仪器工程技术研究中心	中国科学院合肥物质科学研究院

7.3.3 环保科技产业园及产业基地建设

为促进环保产业的发展，环保部组织开展国家环保科技产业园和国家环保产业基地的建设，截至2012年，国家环保科技产业园共建有8个，国家环保产业基地共建有3个，详见表7.3。

表7.3 国家环保科技产业园及产业基地

	序号	名称
国家环保科技产业园	1	苏州国家环保高新技术产业园
	2	常州国家环保产业园
	3	南海国家生态工业建设示范园区暨华南环保科技产业园
	4	西安国家环保科技产业园
	5	大连国家环保产业园
	6	济南国家环保科技产业园
	7	哈尔滨国家环保科技产业园
	8	青岛国际环保产业园
国家环保产业基地	1	沈阳市环保产业基地
	2	国家环保产业发展重庆基地
	3	武汉青山国家环保产业基地

7.4 环保产业发展重点案例

7.4.1 盐城环保产业园简介

江苏盐城环保产业园目前是中国专业性非常强的环保产业园，是国务院通过《江苏沿海地区发展规划》后，在江苏沿海地区重点规划布局的唯一国内最大的环保产业基地。盐城环保产业园现已被科技部批准为国家环保装备高新技术特色产业基地，被江苏省经济和信息化工作委员会评定为江苏省第一批新型工业化产业示范基地，并与联合国南南全球技术产权交易所、上海环境能源交易所签订了全面合作协议。现拥有中建材环保研究院、国家建材行业生产力促进中心环保分中心、国家节能环保机械产业研发平台等多家国家级科研机构；科行、吉地达、同和等一批国内行业百强知名环保企业已进驻；投资20亿元的闽盛环保工业材料城、投资12亿元的涂附磨具新材料项目、投资10亿元的烟气除尘脱硝技术研发及产业化项目、投资8亿元的高效布袋除尘器等17个重大项目均已开工建设。

7.4.2 重要启示

1）环保产业园是环保产业发展的重要载体

作为全省六大环保产业基地之一，园区以环保装备研发制造为重点，集聚了一

大批环保产业龙头企业，形成了一定的环保产业规模和空间集聚。园区内企业上下游配套齐全，产业园配套率达40%，基本形成了比较完备的环保产业链条。

2）产学研相结合是环保产业发展的重要基础

园区重点企业基本均设有自己的研发机构，促使园区整体尤其是烟气治理成套装备的技术研发能力得到增强。目前，园区已拥有两家国家级企业技术中心，以及多家省级企业技术中心或研发机构。同时，积极与科研院所形成良好合作机制，清华大学成果孵化基地、同济大学环保技术研发服务中心、国电环保研究院等国家级科研院所相继在园区建立，实现了园区产学研的一体化发展。

3）政策导向是环保产业发展的重要支撑

盐城市将节能环保作为战略性新兴产业发展的重点之一，制定了《关于加快培植战略性新兴产业的实施意见》，同时提出重点发展盐城环保产业园，规划建设环境能源交易所，打造污染防治产业链，到2015年实现销售300亿元。出台了《盐城市人民政府关于推进江苏盐城环保产业园建设与发展的政策意见》(〔2009〕167号)，其对推进盐城环保产业园建设、加快环保产业发展具有巨大的促进和支撑作用。

7.5 促进环保产业发展的政策取向

1）用法律和政策手段保障环保产业的发展

中国环境法律体系已初具规模，但环保产业的法律体系还不健全，需要在原有环保法律、法规体系的基础上，制定更加符合实际的环境政策和法规，以规范企业的生产行为。发达国家坚持以法治环境，为环保产业的发展奠定良好的基础。中国应借鉴西方国家的成功经验，从研究、开发、生产经营、标准、认证、监控、惩处等各个方面健全立法，优化环保产业发展环境，同时加大环保执法力度。

2）建立以企业为主体的产学研产业创新体制

环保产业从产品制造到服务对技术有着极高的依赖性，因此，技术创新是环保产业发展的生命线。中国环保产业的技术创新不够，环保科技研发以科研院所和大专院校为主，尚未形成以企业为主体的科技创新体系；新技术、新产品没有进行很好的推广与应用；环保新技术和产品研发风险较大，利润空间有限，国家支持力度不够。因此，需要建立利益机制，促进以企业为主体的产学研有机结合；加快先进技术的推广转化机制，加快环保技术的产业化进程，加强环保技术的国际合作；同时，充分发挥行业协会的作用。

3）加快环保产业专业化和市场化进程

加快中国环保产业的发展，市场化改革是关键。通过完善环保产业市场化机制，充分发挥市场在配置资源中的价值决定、供求调节和优胜劣汰竞争机制的良性作用；完善环保产业投融资体制，多渠道筹集资金，税收政策也要向新兴战略产业倾斜；运用环境经济政策，开展环保产业市场化专题研究，针对环保产业的特殊属性，在培育市场主体、优化投资结构、建立监管体系、完善收费制度、落实优惠政策等方面制定鼓励和扶持环保产业发展的政策。

4）推进国家污染控制与治理重大专项

“十一五”期间，中国实施了水体污染控制与治理科技重大专项，其作为《国家中长期科学和技术发展规划纲要（2006—2020年）》设立的16个重大科技专项之一，主要针对解决制约中国社会经济发展的重大水污染科技瓶颈问题，提高水污染防治技术和管理水平。“十二五”之后，应继续推进国家水体污染控制与治理科技重大专项。同时，可加快实施国家大气污染控制与治理科技重大专项及国家土壤污染控制与治理科技重大专项等，以促进大气和土壤污染控制与治理技术的创新和提高。

5）拓宽环保产业融资渠道

完善环保产业投融资体制，积极拓宽投融资渠道。在增加环保产业财政收入的同时，发挥债券、股票市场、项目融资等融资方式的潜力。对于建设运营环保设施的民营企业，在银行贷款、股票上市以及发行债券方面给予相应的优惠政策。树立科学的投融资观念，提高投融资效率，鼓励有资质的个人或团体设立战略性新兴产业风险投资公司，以“高效融资、分散风险”的方式为发展战略性新兴产业提供资金支持和智力保障。

6）加速发展环境服务业

环境服务业水平在一定程度上反映了整个环保产业的发展情况，同时可促进环保产业的发展，因此需加快推进环境服务业的发展。其主要任务包括：优化发展污染治理设施的社会化、专业化运营服务；大力推进环境咨询服务；加快发展环境技术服务；重点发展综合环境服务；加快建设环境服务支撑体系等[22，23]。

参考文献

[1] 国务院．“十二五”国家战略性新兴产业发展规划，2012.

[2] 国务院．“十二五”节能环保产业发展规划，2012.

[3] 国家环境保护总局，国家发展和改革委员会，国家统计局．2004年全国环境保护相关产业状况公报，2006.

[4] 国家统计局，环境保护部．中国环境统计年鉴2011. 北京：中国统计出版社，2011.

[5] 中国科学院可持续发展战略研究组．2010中国可持续发展战略报告．北京：科学出版社，2010：115.

[6] 王金南，逯元堂，吴舜泽，等．国家“十二五”环保产业预测及政策分析．中国环保产业，2010，(6)：24～29.

[7] 李黎，李华友 . 我国“十二五”环保产业的展望与发展研究 . 中国环保产业，2011，(4)：38 ～ 41.

[8] 赛迪公司中国市场情报中心 . 中国环保产业投融资与并购战略研究系列之一——中国环保产业投融资机遇 . http://www.ccidreport.com/pub/html/market/info-zt/zt/2012/0517HBTRZ/index.htm，2012-05-17.

[9] 环保产业发展战略研究课题组 . 环保产业“十二五”发展战略研究报告，2010.

[10] 中国节能与清洁生产协会 . 中国节能减排发展报告 2011. 北京：中国经济出版社，2011：245.

[11] 中国环境科学学会网 . 吴晓青副部长在中国环境科学学会 2012 年单位会员交流年会上的致辞 . http://www.chinacses.org/c/cn/news/2012-08/21/news_5100.html，2012-08-21.

[12] 王崇锋 . 基于专利视角的中国环境类和非环境类技术质量差异分析 . 中国人口 • 资源与环境，2011，21（11)：112 ～ 117.

[13] 国务院 . 节能减排“十二五”规划，2012.

[14] 环境保护部 .“十二五”环境服务业增长速度达 40% 左右 . 海南环保产业，2012，11（2)：7 ～ 8.

[15] 中国环境保护产业协会噪声与振动控制委员会 . 我国噪声振动控制行业 2010 年发展综述 . 中国环保产业，2011，(9)：11 ～ 18.

[16] 环境保护部 . 历年环境统计公报，2006 ～ 2010.

[17] 骆永明 . 污染土壤修复技术研究现状与趋势 . 化学进展，2009，21（2/3)：558 ～ 565.

[18] 工业和信息化部，财政部 . 环保装装备“十二五”发展规划，2011.

[19] 王业耀，赵英民 . 中国环境宏观战略研究——科技保障专题研究报告，2008.

[20] 孙亚梅，吕永龙，王铁宇，等 . 基于专利的区域环境技术创新水平空间分异研究 . 环境工程学报，2007，(3)：123 ～ 128.

[21] 范群林，邵云飞，唐小我 . 中国 30 个地区环境技术创新能力分类特征 . 中国人口 • 资源与环境，2011，21（6)：31 ～ 36.

[22] 孟伟，罗宏 . 中国环境咨询服务业的发展现状与对策 . 环境保护，2002，(7)：37 ～ 45.

[23] 环境保护部 . 环境服务业“十二五”发展规划，2012.

缩略词表

A^2/O：anaerobic-anoxic-oxic，即厌氧–缺氧–好氧法，亦称 A-A-O 工艺，是生物脱氮除磷工艺的简称

SCR：selective catalytic reduction，即选择性催化剂还原法

GHG：greenhouse gas，即温室气体

第 8 章

资源循环利用产业

孟　伟　罗　宏　吕连宏　杨占红　乔　琦

【内容提要】 本章论述了资源循环利用产业的发展现状与趋势，阐明了产业重点技术现状与发展方向，包括城市矿产资源开发利用、矿产资源综合利用、大宗固体废物综合利用、再制造、餐厨废弃物资源化利用、农林废物资源化利用等领域。城市矿产资源开发利用领域包括废旧金属再生利用技术、废旧电子电器拆解利用技术、废旧高分子材料高值利用技术、报废汽车资源化利用技术等。同时，指出了产业战略布局与发展重点，剖析了新天地环境服务集团案例。最后，提出了促进产业发展的政策取向，包括完善相关政策保障体系、建设发展静脉型生态工业园区、提高资源循环利用技术水平、充分发挥企业主体作用等。

随着国家发布《规划》、《“十二五”节能环保产业发展规划》等重要政策，资源循环利用作为国民经济和社会发展的一项重大技术经济政策和长远战略方针，其推进力度将不断加大，在建设“资源节约型、环境友好型”社会的道路上将发挥重要作用。随着现代化进程的加快，国内资源供给不足的趋势日益严重，资源能源的安全问题更加突出，经济增长的资源环境约束不断强化，进一步推动资源循环利用产业的快速发展已成为满足现实需求、顺应形势发展的重要选择，也是践行科学发展观、实施可持续发展、建设生态文明的重要举措。

8.1　资源循环利用产业发展现状与趋势

8.1.1　资源循环利用产业的基本概念与范畴

《规划》提出，资源循环利用产业要大力发展源头减量、资源化、再制造、零排放和产业链接等新技术，推进产业化，提高资源产出率；重点发展共伴生矿产资源、大宗固体废物综合利用，汽车零部件及机电产品再制造、资源再生利用，以先进技术支撑的废旧商品回收体系，餐厨废弃物、农林废弃物、废旧纺织品和废旧塑料制品资源化利用。

本章阐述的资源循环利用产业是指从事再生资源流通、加工利用、科技开发、信息服务和设备制造、环境保护等经济活动的集合，是集流通、生产、科研、环境保护于一体，集经济效益、社会效益、环保效益于一体的新型产业[1,2]。在企业层面，资源循环利用主要是指企业内部的物质循环；在区域（产业）层面，资源循环利用主要是指在同一经济区域内产业上下游企业之间的物质循环，区域层面的资源循环利用以企业层面的资源循环利用为基础，产业资源循环利用可以看做区域层面资源循环利用的一种特殊形式；在社会层面，资源循环利用主要是指建设资源节约型社会，构建全社会的资源循环利用体系[3]。

8.1.2　资源循环利用产业发展现状

近些年来，我国资源循环利用产业取得了较大的发展，但与加快转变经济发展方式、建设“两型”社会的要求还有很大差距，与发达国家相比仍存在巨大差距，主要表现为区域发展不平衡、企业普遍规模较小、产品与技术含量不高、配套市场支撑体系不完善等突出问题。

1）产业政策发展现状

自1985年开始，我国就将资源综合利用作为一项重大的技术经济政策，提出对综合利用资源的生产和建设实行优惠政策[4]，并在1996年明确提出国家将进一步研究、制定有关资源综合利用的价格、投资、财政、信贷等其他优惠政策[5]。“十一五”期间，《循环经济促进法》、《废弃电器电子产品回收处理管理条例》、《再生资源回收管理办法》、《中国资源综合利用技术政策大纲》等法律法规及政策陆续颁布实施；近期发布的《决定》和《“十二五”节能环保产业发展规划》，明确将资源循环利用产业列为未来我国重点培育和发展的战略性新兴产业，初步构成了资源循环利用产业的政策引导与保障体系[6]。

2）产业发展现状

至“十一五”期末，资源循环利用技术得到快速发展，部分技术装备达到国际先进水平。全国共伴生金属矿产约70%的品种得到了综合开发，工业固体废物综合利用率达到69%，累计利用粉煤灰超过10亿吨、煤矸石约11亿吨、冶炼渣约5亿吨，回收利用废钢铁、废有色金属、废纸、废塑料等再生资源9亿吨，农作物秸秆年综合利用量达5亿吨，资源循环利用产业年产值已超过1亿元，就业人数超过2 000万人[7]。资源循环利用产业已经成为煤炭、电力、钢铁、建材等资源型行业调整结构、改善环境、创造就业机会的重要途径。

截至2011年年底，国家已经分两批启动国家循环经济示范试点138个[8, 9]，批准挂牌国家级生态工业示范园区14个[10]，批准建设国家级循环经济示范区1个[11]，启动建设矿产资源综合利用示范基地40个[12]，以及餐厨废弃物资源化利用和无害化处理试点城市33个[13]，这些示范企业和园区作为重要载体极大地促进了资源循环利用产业的发展。

8.1.3 资源循环利用产业发展趋势

1）资源循环利用产业在国民经济发展中的地位不断提升

在一些发达国家，资源循环利用产业成为经济发展中的重要产业。随着中国可持续发展战略的实施，环境保护得到高度重视，资源循环利用产业不断得到推进，从而使其在国家经济发展中的地位不断提升。预计到2015年，中国资源循环利用产业产值将达到1.5万亿元[14]。

2）再生资源的出口量将逐步减少

由于部分再生资源特别是电子废弃物等拆解利用的人工成本较高，近些年来发达国家一直将部分再生资源予以出口。随着资源循环利用技术水平与经济效益的不断提高，各国经济发展对再生资源的需求逐渐增加，再生资源的出口量将逐步减少，很多发达国家都已经开始限制和减少再生资源的出口。

3）资源循环利用技术研发进一步加强

目前，发达国家都已经普遍掌握了比较成熟且有自主知识产权的资源循环利用技术，并随着资源循环利用产业发展的需要，不断加大人力和物力投入来提高资源循环利用技术水平和利用效率。中国近些年虽然也取得了一定的技术进步，但与发达国家相比仍然是比较落后的。

4）产业分工与企业规模结构逐步趋向合理

随着资源循环利用产业的不断发展与完善，产业内部分工将进一步细化，更有利于按照废弃物的不同种类和性能进行回收、加工利用和无害化处理。同时，相关企业经过不断的优胜劣汰、专业化和规模化，其规模结构逐步趋向合理，规模效益得到充分发挥。

5）产业政策在实践中不断完善

随着资源循环利用产业的发展和实践中出现的问题，各国都对其政策体系不断

加以完善。中国已经实施了一些有关的法律法规及政策，但仍不完善，迫切需要在未来的实践中予以健全，为资源循环利用产业发展营造良好的外部环境。同时，随着政策的不断完善，“产学研”相结合的联盟形式将越来越普遍。

8.2　产业重点技术现状与发展方向

8.2.1　城市矿产资源开发利用

“城市矿产”是指工业化和城镇化过程中产生和蕴藏在废旧机电设备、电线电缆、通信工具、汽车、家电、电子产品、金属和塑料包装物以及废料中，可循环利用的钢铁、有色金属、稀贵金属、塑料、橡胶等资源。大力发展城市矿产资源开发利用是缓解资源瓶颈约束的有效途径。

1）废旧金属再生利用技术

中国在再生铜低能耗精炼除杂、再生铝反射炉低烧损熔炼、再生铅低温连续熔炼等技术和装备领域实现了产业化。随着再生金属所占比例在中国有色金属消费结构中的大幅提升，迫切需要突破废旧金属低能耗清洁生产技术与配套装备，开发高品质再生金属产品及二次污染控制技术，提高废旧金属再生利用品质与利用效率[15]。

未来应开发易拉罐有效组分分离及去除表面涂层技术与装备，推广废铅蓄电池铅膏脱硫、废杂铜直接制杆、失效钴镍材料循环利用等技术，提升从废旧机电、电线电缆、易拉罐等产品中回收重金属及稀有金属的水平[16]。

2）废旧电子电器拆解利用技术

中国已进入电子电器产品的快速更新与淘汰期，废旧电子电器产品拆解利用技术研究已有一定基础，但产业化不足，迫切需要突破大型废旧家电低成本破碎与高效分选一体化装备、小型废旧电子产品贵重金属清洁分离与提取技术、非金属材料高值化利用技术及二次污染控制技术等关键技术与装备，支撑废旧电子电器拆解产业升级[17]。

未来应示范推广废旧电器电子产品和电路板自动拆解、破碎、分选技术与装备，推广封闭式箱体机械破碎、电视电脑锥屏机械分离、非金属材料资源化技术、拆得再生物深加工等技术。研发废电器电子稀有金属提纯还原技术、新型电子废弃物拆解和资源化技术（如废液晶）[18]。

3）废旧高分子材料高值利用技术

中国废橡胶粉碎改性、废塑料回收利用等技术研发取得了一定进展，在广东、山东、河北等地形成了一批废旧高分子材料回收加工集聚区，利用废旧轮胎生产的精细胶粉已推广应用到北京奥运会、上海世博会、天津滨海新区等标志性工程建设中，巨型工程机械轮胎翻新技术在上海、新加坡等二十余个港口推广应用。需要加快废旧橡胶超细胶粉制备与改性利用、废旧塑料制备高端材料、废旧纺织品分离与综合利用等技术和装备的研发及产业化[17]。

未来应推广应用常温粉碎及低硫高附加值再生橡胶成套设备；研发和集成各种废塑料混杂物分类技术或直接利用技术，推广应用深层清洗、再生造粒和改性技术，以及铅酸蓄电池再生技术[18]。

4）报废汽车资源化利用技术

该技术主要是指报废汽车的拆解与资源化利用技术，即拆除零部件后，对车体和结构件等进行压扁、切割、破碎、分选，获得不同材质的废旧资源。随着2007年《报废汽车回收企业总量控制方案》、《报废机动车拆解环境保护技术规范》等相关政策法规的执行，中国报废机动车拆解和破碎技术水平大幅提升，已经初步形成了手工拆解、机械化破碎及多级分选技术相结合的资源化工艺路线，基本改变了传统的“气焊加大锤”的粗放拆解模式[19]。

未来应完善报废汽车车身机械自动化粉碎分选技术及钢铁、塑料、橡胶等组分的分类富集回收技术，研发报废汽车主要零部件精细化无损拆解处理平台技术，提升报废汽车拆解回收利用的自动化、专业化水平[16]。

8.2.2 矿产资源综合利用

中国矿产资源综合利用技术总体上已处于世界领先水平，形成了一大批具有世界领先水平的技术创新成果，如发明了磁团聚重选新工艺、鞍山式铁矿反浮选技术等新工艺技术，研制出磁团聚重选机、高压辊磨机等新设备，显著提高了选矿效率和资源回收利用水平，但远不能满足“立足国内保障资源供给”的客观要求[18]。

未来应重点开发加压浸出、生物冶金、矿浆电解技术，提高从复杂难处理金属共生矿和有色金属尾矿中提取铜、镍等国家紧缺矿产资源的综合利用水平；加强中低品位铁矿、高磷铁矿、硼镁铁矿、锡铁矿等复杂共伴生黑色矿产资源开发利用和高效采选；推进煤系油母页岩等资源开发利用，提高页岩气和煤层气综合开发利用水平，发展油母页岩、油砂综合利用及高岭土、铝矾土等共伴生非金属矿产资源的综合利用和深加工[16]。

8.2.3 大宗固体废物综合利用

近年来，中国大宗固体废物综合利用量逐年增加，综合利用技术水平不断提高，开发了一批用量大、成本低、经济效益好的综合利用技术与装备。例如，高铝粉煤灰提取氧化铝多联产技术、磷石膏生产硫酸联产水泥技术、尾矿生产加气混凝土技术等一千多项技术获得国家发明专利授权；尾矿高强结构材料技术、拜耳法赤泥深度选铁技术等一批重大共性关键技术已在中试、工业试验或实际工程上取得重大突破；一批综合利用先进适用技术得到推广应用，高压立磨等部分大型成套设备制造实现国产化，并达到国际先进水平[7]。

未来应加强煤矸石、粉煤灰、脱硫石膏、磷石膏、化工废渣、冶炼废渣等大宗工业固体废物的综合利用，研究完善高铝粉煤灰提取氧化铝技术，推广大掺量工业固体废物生产建材产品；研发和推广废旧沥青混合料、建筑废物混杂料再生利用技术装备；推广建筑废物分类设备及生产道路结构层材料、人行道透水材料、市政设施复合材料等技术；加快集中式工业生物质废物燃气利用技术开发，发展标准化、系列化和成套化装备[16]。

8.2.4　再制造

通过实施生产者责任延伸制度，欧美国家正在积极推动将淘汰或达到使用寿命的零部件使用到新产品上去，高温喷射清洗、堆焊、热喷涂、激光等技术已广泛用于汽车、工程机械等废旧机电产品主要零部件再制造。近年来，中国一些科研单位在汽车零部件、工程机械、机床等再制造技术研发方面取得了显著进展，汽车发动机、变速箱、电机等再制造技术已经初步满足产业化需求。“十二五”期间，国家将进一步推进对工程机械、大型机床、工业机电设备、矿采机械、办公信息设备等再制造试点工作[15]。

未来应重点推进汽车零部件、工程机械、机床等机电产品再制造，研发旧件无损检测与寿命评估技术、高效环保清洗设备，推广纳米颗粒复合电刷镀、高速电弧喷涂、等离子熔覆等关键技术和装备[16]。

8.2.5　餐厨废弃物资源化利用

中国城市餐厨废弃物的产量大，目前的资源化利用和无害化处理主要为饲料化、肥料化、能源化三个方向，餐厨废弃物好氧堆肥技术、发酵生物制氢技术、生产生物柴油技术、提炼油类制品及发电供热等技术正在不断创新发展，餐厨废弃物资源化利用技术向成熟化迈进。

未来应鼓励使用餐厨垃圾生产油脂、沼气、有机肥、饲料等，并加强利用，鼓励餐厨垃圾与其他有机可降解垃圾联合处理[19]。建设餐厨废弃物密闭化、专业化收集运输体系，研发餐厨废弃物低能耗高效灭菌和废油高效回收利用技术装备，鼓励餐厨废油生产生物柴油、化工制品，餐厨废弃物厌氧发酵生产沼气及高效有机肥[16]。

8.2.6　农林废物资源化利用

发达国家已经广泛地将农林废弃物用于处理废水、清洁油污地面、发电、饲料、液体燃料和加工复合材料等领域。中国已经形成了一些多样化的资源化利用技术，其中主要是沼气工程综合利用技术，形成养殖—沼气—种植综合能源生态系统，对于畜禽粪便资源化利用，还可以用其生产非常规饲料和有机质肥料[20]。

未来应推广农作物秸秆还田、代木、制作生物培养基、生物质燃料等技术与装备，秸秆固化成型等能源化利用技术及装备；推进林业剩余物、次小薪材、蔗渣等综合利用技术和装备的应用；推动规模化畜禽养殖废物资源化利用，加快发酵制饲料、沼气、高效有机肥等技术集成应用[16]。

8.3 资源循环利用产业战略布局与发展重点

8.3.1 产业战略布局

在国家大力发展循环经济政策的支持下，依托国家循环经济试点工作的开展，我国资源循环利用产业已经取得了一定的发展，在全国东、中、西部地区均已有相关产业布局。随着循环经济发展政策的不断完善，资源循环利用产业将重点布局在资源型和资源匮乏型城市、开发区、重化工业聚集区和农业示范区等区域，实施资源综合利用、废旧商品回收体系、“城市矿产”示范基地、再制造产业化、餐厨废弃物资源化、产业园区循环化改造、资源循环利用技术示范推广等循环经济重点工程，在“十二五”期间建设100个资源综合利用示范基地、80个废旧商品回收体系示范城市、50个“城市矿产”示范基地、5个再制造产业集聚区、100个城市餐厨废弃物资源化利用和无害化处理示范工程[21]。

生态工业园区是依照循环经济理念而形成的产业聚集区，将成为国家战略性新兴产业特别是资源循环利用产业发展的重要载体。中国在“十二五”期间计划建设50家国家级生态工业示范园区，鼓励在示范园区发展资源循环利用产业，有效地优化产业布局和发挥产业聚集效应[22]。

8.3.2 产业发展重点

1）城市矿产资源开发利用

“城市矿产”资源开发利用产业通过实施“城市矿产”示范工程，建设一批“城市矿产”示范基地，重点布局在国家或省级循环经济试点产业园区，重点提升废钢铁、废有色金属（稀贵金属）、废橡胶、废轮胎、废电池等再生资源利用技术和成套装备产业化水平。到2015年，形成资源再生利用能力2 500万吨，其中再生铜200万吨、再生铝250万吨、废钢1 000多万吨、黄金10吨，实现产值4 300亿元[16]。

2）矿产资源综合利用

依托大型骨干矿业集团，选择资源分布相对集中、潜力大、综合利用前景好的矿产资源集中区，建设矿产资源综合利用示范基地。以大中型矿山为主体，兼顾不同地区的小型矿山企业，实施矿产资源节约与综合利用示范工程。重点在油气资源、煤炭与煤层气资源、铀矿资源、金属矿产、化工及非金属矿产、矿山尾矿和固体废弃物六大领域开展矿产资源综合利用工作[23]。

3）大宗固体废物综合利用

在各种大宗工业固体废物产生和堆存较多、综合利用水平较低、经济发展状况较好的地区开展大宗工业固体废物综合利用产业的布局工作，重点发展尾矿、煤矸石、粉煤灰、冶炼渣、工业副产石膏和赤泥等大宗工业固体废物的综合利用，建设大宗工业固体废物综合利用产业化基地，形成产业集聚效应，培育和扶持大宗工业固体废物综合利用专业化、现代化企业和资源综合利用企业集群[7]。到2015年，实现新增固体废物综合利用能力约4亿吨，产值达1 500亿元[16]。

4）再制造

选择在汽车、工程机械、机床等保有量较大的区域建立再制造研发与生产中心，实施再制造产业化示范工程，建立一批再制造工程（技术）研究中心，形成若干再制造产业集聚区。重点发展废旧汽车零部件、工程机械、机床等再制造产业，加快再制造重点技术研发与应用[24]。到2015年，实现再制造发动机80万台，变速箱、起动机、发电机等800万件，工程机械、矿山机械、农用机械等20万台（套），再制造产业产值达到500亿元[16]。

5）餐厨废弃物资源化利用

重点在具备开展餐厨废弃物资源化利用和无害化处理条件的设区的城市或直辖市市辖区，继续推动餐厨废弃物单独收集和运输，以适度规模、相对集中为原则，建设餐厨废弃物资源化利用和无害化处理设施。发展餐厨废弃物制生物柴油、沼气等技术，鼓励使用餐厨废弃物生产油脂、沼气、有机肥、饲料等，并加强利用。鼓励餐厨废弃物与其他有机可降解垃圾联合处理[25]。

6）农林废物资源化利用

选择农林废弃物产生量较大、利用率低的广大农村地区，进一步推广秸秆、林业剩余物、蔗渣、规模化畜禽养殖废物的资源化利用，实现生物有机肥、有机基质和生物质能源产业化。在13个粮食主产区、棉秆等单一品种秸秆集中度高的地区，以及交通干道、机场、高速公路沿线等重点地区，实施秸秆综合利用试点示范，大力推广用量大、技术含量和附加值高的秸秆综合利用技术[26]。

8.4 资源循环利用产业发展案例：新天地环境服务集团

新天地环境服务集团经过多年的发展，已经成为中国节能环保战略性新兴产业领域的领跑企业，下辖的青岛新天地静脉产业园早在2008年就已成为国内首个国家级静脉产业类生态工业示范园区，是我国第一批国家“城市矿产”示范基地，被列入第一批废家电资源化项目和再生资源回收体系试点项目，拥有我国最先进的保费汽车升级改造试点示范工厂、废家电处置总能力最高的废家电处置连锁工厂及国内首个按照欧盟标准建设的危险废物处置中心，并与中国环境科学研究院、青岛市环境保护局共建国家“城市矿产”开发工程技术中心，已经建立了废弃电器电子产品、报废汽车、废旧轮胎等废物的回收、运输、资源化利用、无害化处置的链条式循环经济产业体系，形成静脉产业集群发展模式。其实践经验为中国发展资源循环利用产业提供了有益的借鉴。

近年来，国家为企业提供了一定的政策保障。2011 年国家实施的《废弃电器电子产品处理基金管理办法》，大大缓解了公司的拆解成本压力，并且创造出较大的利润空间。2009 ～ 2011 年，中国在 19 个省市执行家电以旧换新试点政策，截至 2011 年 11 月 30 日，全国家电以旧换新一共销售五大类新家电 8 130 万台，回收废家电 5 373 万台，拆解处理 6 621 万台，回收利用废家电中的钢铁、有色金属、塑料总计 97 万吨[27]，极大地促进了新天地环境服务集团等一批符合环保要求的废家电回收拆解一体化龙头企业的发展。2010 年，新天地环境服务集团固定资产达到 50 亿元，员工 5 000 余人，销售收入 35 亿元。商务部已经开始着手研究家电以旧换新的接续政策，未来政策补贴的着眼点可能转向扶持废弃电子产品的拆解企业，这将给新天地环境服务集团带来新的发展机遇。

8.5 促进产业发展的政策取向

1）完善相关政策保障体系

将资源循环利用纳入法制化轨道，加快资源循环利用立法进程，尽快形成以《循环经济促进法》为核心、以《资源循环利用条例》为基础、各项法规和标准相配套的法规政策体系。重点制定相应的市场准入和环境准入制度，以及促进资源循环利用的经济激励政策，并确保政策的连续性和稳定性，全面促进资源循环利用产业健康、持续、稳定地发展。

2）建设发展静脉型生态工业园区

静脉型生态工业园区是资源循环利用产业发展的重要载体和最佳形式，需要根据我国不同地区经济发展水平、产业结构特点及基础设施建设的现状，按照《静脉产业类生态工业园区标准（试行）（HJ/T 275-2006）》的要求，合理规划和引导静脉产业类生态工业园区的规划建设，形成资源利用最大化和废物产生最小化的物质循环模式，规模化、集约化建设资源循环利用产业聚集区。

3）提高资源循环利用技术水平

实施资源循环利用技术示范工程，建立国家废物资源化科技项目库，通过引进、吸收、创新和集成创新，充分利用现有渠道支持相关基础研究、技术研发、工程示范与技改推广等，提高废物资源化技术支撑水平[15]。重点支持该领域工程技术中心的建设，提高资源循环利用的技术研发和工程示范能力。鼓励建设产学研联盟，鼓励将资源循环利用技术研究纳入科技发展规划，促进研究成果的转化。广泛开展资源循环利用的国际科技合作与交流。

4）充分发挥企业主体作用

充分发挥政府的引导与服务功能，加快以企业为主体、以市场为导向、产学研相结合的技术创新体系建设，支持大型骨干企业牵头承担国家及地方科技项目，提升核心企业技术创新能力。充分发挥中国环保产业协会和中国物资再生协会等行业协会和非政府机构在企业与政府管理部门之间的纽带和桥梁作用，加强资源循环利用的宣传教育和培训，促进公众参与，提高人们对发展资源循环利用产业的重要性的认识。

参考文献

[1] 蒋正华 . 经济发展的必然选择——全国人大常委会副委员长蒋正华在首届中国再生资源论坛上的讲话 . 有色金属再生与利用，2004，(12)：14.

[2] 程会强 . 建设有中国特色的再生资源回收利用体系 . 再生资源与循环经济，2011，4（9）：9～10.

[3] 孟帮燕 . 资源循环利用经济效益评价模式研究 . 重庆大学硕士学位论文，2006.

[4] 国家经济委员会 . 关于开展资源综合利用若干问题的暂行规定，1985.

[5] 国家经济贸易委员会 . 关于进一步开展资源综合利用意见，1996.

[6] 国家发展和改革委员会 . “十二五”资源综合利用指导意见，2011.

[7] 工业和信息化部 . 大宗工业固体废物综合利用“十二五”规划，2011.

[8] 国家发展和改革委员会 . 关于组织开展循环经济试点（第一批）工作的通知，2005.

[9] 国家发展和改革委员会 . 关于组织开展循环经济示范试点（第二批）工作的通知，2007.

[10] 环境保护部 . 国家生态工业示范园区名单 . http://kjs.mep.gov.cn/stgysfyq/m/201209/t20120920_236538.htm，2012-09-20.

[11] 国务院 . 国务院关于甘肃省循环经济总体规划的批复，2009.

[12] 于洪奇 . 首批 40 个矿产资源综合利用示范基地建设正式启动 .http://www.gov.cn/gzdt/2011-10/28/content_1980266.htm，2012-10-28.

[13] 国家发展和改革委员会 . 餐厨废弃物资源化利用和无害化处理试点城市（区）名单（第一批），2011.

[14]《再生资源与循环经济》编辑部 . “十二五”末我国资源循环利用产业产值有望达到 1.5 万亿元 . 再生资源与循环经济，2011，4（5）：6.

[15] 科学技术部 . 废物资源化科技工程“十二五”专项规划，2012.

[16] 国务院 . “十二五”节能环保产业发展规划，2012.

[17] 郑骥，刘军 . 我国报废汽车资源化行业发展现状及展望 . 新材料产业，2011，(4)：68～71.

[18] 刘亚川 . 我国矿产资源综合利用技术现状分析与展望 . 人民日报，2012-09-25.

[19] 国务院 .“十二五”全国城镇生活垃圾无害化处理设施建设规划，2012.
[20] 国家环境保护农业废弃物综合利用工程技术中心 . 农业废弃物综合利用技术发展报告，2012.
[21] 国务院 .“十二五”节能减排综合性工作方案，2011.
[22] 环境保护部 . 关于加强国家生态工业示范园区建设的指导意见，2011.
[23] 国土资源部 . 矿产资源节约与综合利用“十二五”规划，2011.
[24] 国家发展和改革委员会 . 关于推进再制造产业发展的意见，2010.
[25] 国家发展和改革委员会 . 关于组织开展城市餐厨废弃物资源化利用和无害化处理试点工作的通知，2010.
[26] 国家发展和改革委员会 .“十二五”农作物秸秆综合利用实施方案，2011.
[27] 雷敏，程群 . 全国家电以旧换新共售新家电 8 130 万台 . http://news.xinhuanet.com/fortune/2011-12/16/c_111250990.htm，2011-12-16.

专 题

煤炭高效转化及近零排放利用产业培育与发展

彭苏萍　黄其励　俞珠峰　孙　锐　韩敏芳

【内容提要】 我国一次能源中煤炭资源储量占比超过90%，煤炭在我国主体能源中的基础地位在今后相当长的一段时间内不会改变。现有煤炭单元利用技术对进一步大幅度提高煤炭利用效率、降低环境污染已比较困难，因此必须转变煤炭传统的单元技术利用方式，发展煤炭多联产高效集约化和绿色低碳化体系。重点构建以洁净煤技术为主体的多能源近零排放联产系统，形成煤炭清洁高效利用的全产业链和多形态耦合新型先进的能源系统，实现煤基能源的绿色高效利用，推动煤炭利用产业从工业文明向社会文明、生态文明全面转变，实现“能源、经济、社会、环境”的和谐发展。战略方案将以煤气化技术为基础，将煤炭高效发电和煤化工转化整合在一起，并集成 CO_2 利用和处理技术，实现煤炭高效转化及近零排放一体化利用体系。

我国一次能源中煤炭资源储量占比超过90%，煤炭在我国的主体能源中的基础地位在今后相当长的一段时间内不会根本改变，因此必须强化煤炭的战略地位。从国内外经济社会可持续发展的现实需求和长远要求角度来说，必须转变煤炭传统生产利用方式，提高煤炭生产利用技术水平和效率，实现煤炭高效绿色开发利用。转变煤炭发展方式，必须意识到传统的煤炭利用和单方向的煤炭石油替代产业在绿色低碳、高效集约等方面的突破有限。现代煤炭产业发展必须从粗放型向集约型转变，从劳动密集型向技术密集型转变，从污染低效型向绿色高效型转变，因此要求在煤炭利用方式的发展过程中，战略地位要进一步提升，产业结构要进一步优化，产业自主创新能力要进一步增强。

基于现代煤炭产业发展新理念，通过煤炭全生命周期的效率、环保和经济综合评价将是未来开发和利用煤炭的标尺，未来煤炭发展的重要方向和目标是：研发和示范煤炭开发与利用多方面的新技术集成与耦合，重点突破核心单元技术和相关工程系统问题，构建以洁净煤为主的多能源近零排放联产系统，形成煤炭清洁高效利用的全产业链和多形态耦合新型先进的能源系统，实现煤基能源的绿色低碳化和高效集约化，推动煤炭产业从工业文明向社会文明、生态文明全面转变，实现“能源、经济、社会、环境”的和谐发展。

一、煤炭高效转化及近零排放利用产业发展现状和趋势

（一）产业的基本概念与范畴

煤炭高效转化及近零排放技术是“从煤炭开发到利用全过程中，旨在减少污染物排放和提高利用率的煤炭加工、转化及污染控制”等一系列新技术的总称，是“使煤作为一种能源和高碳资源达到最大限度的利用，同时把释放的污染控制在最低水平，以实现煤的高效、清洁利用”的技术体系。煤炭高效转化及近零排放技术集中体现了煤炭产业发展的经济效益、社会效益和环境效益，是当前世界各国解决煤炭利用问题的主导技术，也是高技术国际竞争的重要领域，通过理念创新和技术突破，将培育和促进一批战略性新兴产业。

（二）中国煤炭生产消费现状分析

中国煤炭生产和消费呈现占比高和增长快的特点。自 1990 年以来，原煤生产和消费占中国能源总产量的比重一直保持在 70% 左右，均值高达 75.16%，远高于美国约 20% 和世界约 30% 的平均水平，具体见专题图 1.1[1]。

中国煤炭产业波动发展，总体呈快速增长趋势。1985 年，中国煤炭产量超越美国，成为世界上煤炭产量最大的国家。亚洲金融危机期间及之后的复苏阶段，中国煤炭产量总量有所回落，2001 年煤炭产量回到 1996 年的水平。之后中国煤炭产量进入稳步快速增长阶段。截至 2011 年，我国原煤产量达 35.2 亿吨，是美国的 3 倍、澳大利亚的 7 倍，占全球的一半左右。

我国煤炭安全稳定生产是我国能源自给和能源安全供应的保障。在目前我国石油对外依存度高达 55%，天然气超过 25% 的背景下，以煤炭为主的能源结构使得我国能源总体自给率超过 90%，整体上保障了国家能源的安全和稳定的供应。“十一五”期间，我国煤炭开发利用对 GDP 总量和增量的贡献率平均为 15%

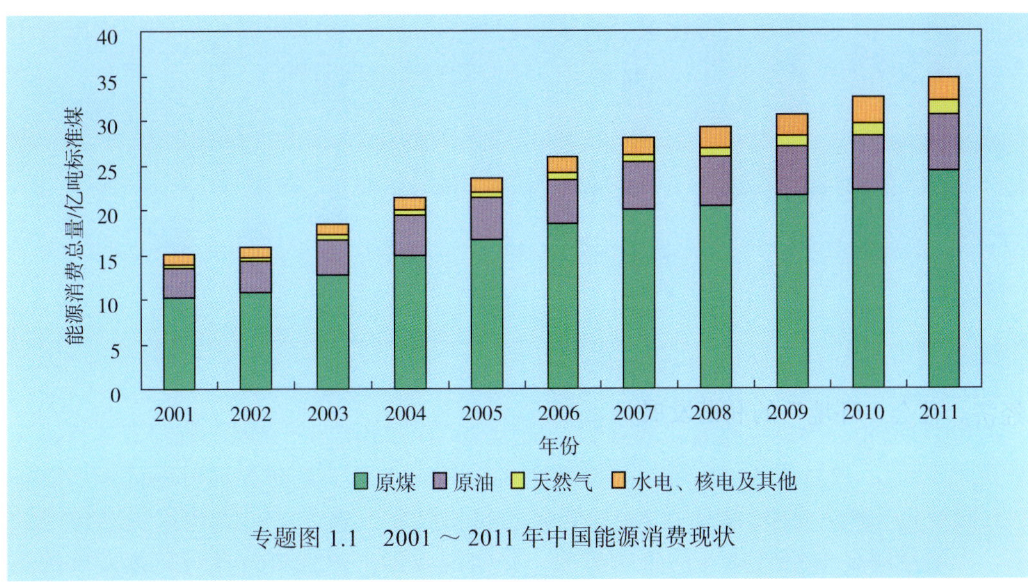

专题图 1.1 2001 ～ 2011 年中国能源消费现状

和 18%。电力、钢铁、石化、化工、有色、建材、造纸、纺织等主要耗煤行业，其煤炭消费量占全国煤炭消费总量的 80% 以上。

“十五”、“十一五”期间，尽管煤炭生产和利用技术水平取得了长足进步，但仍存在重大核心技术自主研发不足、科研技术投入较少和整体科技贡献率偏低的问题。例如，煤炭生产方面，2010 年，我国煤炭开发领域科技投入占企业销售额的比例为 0.46%，而美国投入的煤炭科研经费占其煤炭销售收入的比例达 3% 以上。科技进步对煤炭工业增长的贡献率约为 25%，远低于美国、澳大利亚等国 60% 的平均水平。

（三）产业发展基本趋势

煤炭高效转化及近零排放利用产业已被看做是具有“市场潜力”和“时间持久”的新兴产业，随着各核心技术和系统技术的不断发展与完善，有望在“十三五”时期得到大规模产业化应用，将部分替代和减少我国石油天然气的消费量，部分弥补我国石油天然气资源的短缺，有效解决煤炭转化利用的效率和污染问题，为实现我国能源的安全性、经济性和清洁性供应提供战略支撑。

近年来，国际煤炭能源领域的重要发展标志是多联产概念的明确化。研究表明，虽然国际上在煤炭燃烧和转化等各个单元技术方面均取得了重要的进展，但进一步大幅度提高煤炭利用效率、降低环境污染已比较困难，难以同时满足新时期对效率、环境和经济的要求。其根本原因在于：一是现有的这些过程均是单一过程，仅产生单一产品，如电、燃料、化学品等，而煤炭能源过程体量巨大，过程复杂，如完全气化就存在操作条件高、设备投资大以及煤质要求严格等问题；二是对污染物排放控制而言，最经济适宜的方式也不一定是尾部治理，而可能是在利用之前或在加工之中进行处理。

对煤进行综合利用，实现高效率、污染物近零排放，是煤炭清洁高效可持续利

用的核心目标。煤炭高效转化部分技术已经成熟，综合效率较高，可实现规模化生产，且有较强的经济竞争力，具备形成战略性新兴产业的条件。

二、煤炭高效转化及近零排放利用产业重点技术现状与发展方向

（一）700℃超超临界燃煤发电技术

700℃超超临界燃煤汽轮机组参数一般为700℃ /720℃ /35MPa，机组效率将提高至50%以上，与目前600℃超超临界发电机组相比，每千瓦时煤耗可降低近36克，CO_2减少近13%。掌握和应用700℃等级超超临界发电技术，可大幅度提升发电效率，大幅度降低温室气体与污染物排放，是实现我国火力发电行业可持续发展的不可缺少的途径；开发自主创新的700℃先进超超临界发电技术，可提高我国火力发电装备的研发、设计、制造和运行的技术水平，提高我国在该技术领域上的竞争力；开发自主创新的700℃先进超超临界发电技术，可带动电力装备制造行业、原材料生产行业的协同发展，实现超超临界发电装备和材料的自主化，摆脱国外知识产权的束缚，扩大我国机电设备在国际市场上的份额，增强我国的经济实力。

（二）IGCC与IGFC发电技术

IGCC技术把高效的燃气–蒸汽联合循环发电系统与洁净的煤气化技术结合起来，既有高发电效率，又有极好的环保性能，是一种有发展前景的洁净煤发电技术[2]。在目前技术水平下，IGCC发电的净效率可达43%～45%，今后可望达到更高。而污染物的排放量仅为常规燃煤电站的1/10，脱硫效率可达99%，SO_2排放在25mg/Nm^3（毫克/标准立方米）左右（目前国家SO_2为1 200mg/Nm^3），氮氧化物排放只有常规电站的15%～20%，耗水只有常规电站的1/2～1/3，有利于环境保护。IGCC电厂和利用煤粉（power of coal，PC）的传统燃煤电厂相比有很多显著优点。首先，IGCC用水量较少。由于IGCC电厂生产的电力约2/3都来自于燃气轮机，1/3来自于汽轮发电机，而汽轮发电机才需要冷却水，与同等规模的PC电厂相比，IGCC电厂用于冷却用途的水量可减少33%。其次，IGCC能够生成可利用的副产品。在采用高温气化技术时，原料所剩余的灰渣以一种类似玻璃一样的不会渗析的废渣形式排出，比飞灰更容易输送、贮存和运输，并可用于生产水泥或屋面瓦，或作为沥青填缝料或集料。最后，IGCC具有碳捕集优点。由于燃烧前CO_2捕集所要求的技术已经成功地运用于煤气化技术，当其配置在IGCC电厂时，更具CO_2捕集优势。

IGFC（integrated coal gasification fuel-cell combined cycle）是在IGCC的基础上首先采用固体氧化物燃料电池（solid oxide fuel cell，SOFC）发电，再联合汽轮机

发电形成一体化高效发电系统，其核心是引入以气化煤气为燃料的新型高效燃料电池发电技术，可以更有效地富集和处理 CO_2，降低煤发电电厂的整体用水量，提供发电效率，总体能量转化率达到 80% 以上，实现煤炭高效洁净利用。

（三）煤炭高效转化系统技术

煤炭高效转化系统是将煤作为一种化工原料，通过相关技术途径以获取国民经济发展和人民生活所需的有关产品。

现代煤炭高效转化技术以煤炭气化为基础，包含多种先进的煤炭转化技术，如煤制油、煤制烯烃、煤制天然气、煤制乙二醇、煤制芳烃、甲醇制汽油等，可生产出煤基清洁燃料或化工品，是适合于中国国情的新型、洁净、高效能源新技术。目前我国的煤制油、煤制烯烃等工艺已基本完成工业示范，正在总结工业示范成果，煤制乙二醇等工艺正在进行工业示范。继续研发新型、特种、高附加值的煤炭转化目标产品和先进、高效、低排放和节水型的转化工艺，是煤炭高效转化未来发展的重要方向。

低排放的分级转化清洁发电综合利用技术也是解决我国煤炭高效、洁净利用问题的一条途径。此项技术基于煤炭各组分具有的不同性质和转化特性，以煤炭同时作为资源和燃料，将煤的热解、气化、燃烧等各过程有机结合，实现煤炭分级转化梯级利用，在同一系统获得低成本的煤气、焦油产品和蒸汽产品，所生产的煤气可用于化工合成或燃料气，焦油可分馏出各种芳香烃、烷烃、酚类等，也可经加氢制得汽油、柴油等产品，蒸汽则用于电力生产和供热，从而有效降低煤炭转化工艺过程的复杂程度和成本，提高煤炭利用效率和效益。

（四）CO_2 处理与利用技术

CO_2 的处理与利用可有多条途径，这里重点推荐的是 CO_2 重整煤循环技术、CO_2 电解还原技术以及碳捕获与封存（carbon capture and storage，CCS）技术。高温 CO_2 重整煤循环技术是通过由 IGFC 产生的高温、高浓度 CO_2 来重整煤或焦炭，产生高含量的 CO 气体，为下游煤化工的发展做好准备。CO_2 电解还原技术旨在利用 IGFC 在 SOFC 阳极产生的高浓度 CO_2，为 CO_2 的捕获和集中处理提供有利条件。利用太阳能、风能、生物质能、地热能等可再生能源发电所产生的电，或者输电中峰谷富余的电，通过固体氧化物电解池（简称 SOEC，即 SOFC 的一个逆过程）电解还原 IGFC 在阳极产生的 CO_2 和 H_2O，制取合成气和氧气，以合成气为基础合成化学品。

CCS 是指将大型发电厂、钢铁厂、化工厂等排放源产生的 CO_2 收集起来，并用各种方法储存以避免其排放到大气中的一种技术。CCS 技术包括 CO_2 捕获、运输以及封存三个环节，它可以使单位发电碳排放减少 85% ～ 90%。 到现在为止，全球共有三个成功的 CCS 项目在进行中。美国 Weyburn-Midale 项目填埋的是北达科他州一座废弃油田的煤炭气化厂产生的 CO_2，这些 CO_2 经由 320 千米的管道运送到加拿大萨斯喀彻温省东南部的油田中。英国石油公司经营的阿尔及利亚萨拉油田项目把从当地生产的天然气中提取的 CO_2 输入地下。挪威大型石油天然气公司国家石油公司也在北海有类似的项目。另外，全球有上百个 CCS 项目正在建设中。在我国，继北京华能高碑店项目后，华能石洞口第二电厂碳捕获项目于 2011 年 7 月在上海开工，该项目总投资 1.5 亿元，预计年捕获 CO_2 10 万吨，是全球最大的燃煤电厂碳捕获项目。2011 年，神华集团承担的我国首个 10 万吨 / 年全流程内陆咸水层 CCS 示范工程建成投运，并已在鄂尔多斯盆地正式连续注入。

三、煤炭高效转化及近零排放利用产业战略布局与发展重点

（一）产业战略布局

我国已经把煤炭洁净高效转化（洁净煤技术）作为调整煤炭产业结构、改善环境、实现可持续发展的战略对策。1994 年成立了“煤炭工业洁净煤工程技术研究中心”，1995 年 9 月成立了“国家洁净煤技术开发推广应用领导小组”，1997 年 6 月国务院批准了《中国洁净煤技术“九五”计划和 2010 年发展纲要》，并将发展洁净煤技术列入《中国 21 世纪议程》中最优先发展的科技项目。洁净煤技术还被列为《煤炭工业“十五”规划》的四大战略之一。《国家中长期科学和技术发展规划纲要（2006—2020 年）》里明确将煤炭的清洁高效综合利用确定为能源领域的优先发展主题。

（二）产业发展重点

1. 超超临界燃煤发电技术

发展高参数、大容量先进煤电技术，是实现目前煤电产业升级的主要方向之一。对我国而言，在现有 600℃等级超超临界燃煤发电技术基础上，通过自主研发，全面掌握“超超临界二次再热技术”和“700℃先进超超临界燃煤发电技术”，不仅可以提高我国煤电发电效率，提升我国燃煤发电机组的设计、制造和运行水平，使我国在燃煤发电技术领域赶上并超越国际先进水平，而且可以大大推动我国装备制造行业整体技术水平的进步，推进战略性新兴产业的形成。

700℃先进超超临界燃煤发电机组研发重点的主要内容包括：

（1）700℃超超临界燃煤发电机组系统及工程创新性方案设计。研究提出锅炉系统、汽轮机系统、各辅助系统以及整体布置的创新性方案设计。

（2）700℃超超临界燃煤发电机组高温材料共性技术。其包括：关键部件材料的筛选；材料的服役特性研究；材料的焊接技术基础研究；镍基合金的无损检测技术研究。

（3）700℃超超临界燃煤发电机组关键材料国产化研制和部件验证。其包括：锅炉管与管道材料成分优化与改进研究；镍基合金冶炼工艺研究；锅炉管生产技术研究；蒸汽管道制造技术研究；焊接材料研究；国产材料的性能评定；关键高温热部件的结构单元高温高压模拟试验研究；关键高温热部件的现场验证。

（4）700℃超超临界燃煤发电机组关键技术、关键部件制造和工艺研究。其包括：① 700℃锅炉炉型研究；700℃锅炉炉膛结构研究；高温受热面设计；锅炉制造技术研究。②耐热钢和镍基合金在700℃超超临界燃煤发电机组汽轮机上的选配；采用镍基合金的汽轮机部件及系统的设计研究；采用镍基合金的汽轮机部件及辅机的制造技术。③ 700℃超超临界燃煤发电机组大型铸锻件研究；700℃超超临界燃煤发电技术高压管件制造与管道现场焊接研究。

2. 煤气化高温SOFC技术

SOFC的突出优点之一是可以直接使用含碳类的化石燃料，如气态的天然气（CH_4）、煤相关的气化煤气（含地下气化煤气）、焦炉煤气（主要成分是CO、H_2、CH_4）和煤层气（主要成分是CH_4）等，液态的（以异辛烷为主要成分）汽油、航空柴油和醇类等，以及固态的焦炭和煤等（根据化学成分，碳基燃料还可以进一步拓宽至沼气和生物质气等可再生的生物质燃料，其中的主要成分也是CO、H_2、CH_4）。碳基燃料SOFC是实现化石燃料高效转化和洁净利用的有效途径。与燃煤发电技术相比，SOFC极大地降低了化石燃料在热电转换中的能量损失和对生态环境的破坏，具有更高的效率和更低的污染，SOFC一次发电效率为50%～60%，（与汽轮机）热电联动后，能量转化效率高达80%以上[3]。与熔融碳酸盐燃料电池相比，SOFC具有更高的功率密度，没有液态熔盐腐蚀介质，避免了材料的热腐蚀，提高了可靠性，延长了使用寿命。与必须采用贵金属材料（如Pt、Pd）作电极催化剂的质子交换膜燃料电池（PEMFC）相比，SOFC不需要贵金属催化剂，而是采用Ni、Cu等普通金属以及轻稀土类陶瓷材料作为电极，价格低廉，大幅度地降低了成本。与必须采用纯氢为燃料的碱性燃料电池、磷酸燃料电池和PEMFC相比，SOFC可以直接使用各种碳基燃料，来源广泛，运输方便，容易储存，使用更安全。SOFC是基于碳基燃料的最合适的高效、洁净能源动力系统，其发电效率的提高，直接降低单位发电量的CO_2排放；SOFC系统中产生的CO_2易于回收处理，有望实现碳基燃料能源利用过程中的近零排放。SOFC能源系统适合模块化设计，可以组装成不同规格的发电和动力系统，安装灵活，很容易与现有各种燃料及燃料供应基础设施兼容。因此，基于我国能源结构现状，发展碳基燃料SOFC能源动力系统很有必要，它将为我国以化石能源尤其是以煤为主体的能源结构和以燃煤发电为主的电力结构调整作出重要贡献。

煤气化高温固体氧化物燃料电池发电技术的研究重点有：

（1）煤气化高温固体氧化物燃料电池发电系统研发。研究煤气化高温燃料电池堆关键技术和核心部件；研究燃料电池模块和燃料电池发电系统的集成技术；研究煤气化高温燃料电池发电系统自动化控制技术；气化高温燃料电池发电系统设计和优化。

（2）研制开发 100 ～ 200 千瓦煤气化高温燃料电池发电系统和建设示范工程。

3. 煤炭高效转化系统技术

近年来，我国在煤制油、煤制烯烃、煤制乙二醇等新型煤炭转化路线的关键技术和产业化方面取得了一系列突破性进展。在煤直接液化方面，采用自主知识产权的世界首套百万吨级煤直接液化示范项目已于 2011 年进入商业化运营并实现盈利；在煤间接液化方面，相继建设投产了 3 套规模为 16 ～ 18 万吨 / 年、具有自主知识产权的工业示范装置；在煤制烯烃方面，我国率先实现了甲醇制烯烃（methanol to olefins，MTO）的工业化，拥有自主知识产权的 180 万吨 / 年甲醇、60 万吨 / 年 MTO 工艺技术和示范工程；在煤制乙二醇方面，具有自主知识产权的世界首套 20 万吨 / 年的示范装置于 2009 年正式建成投料试车。这些产品新技术的突破在推进现代新型煤化工发展、保障国家能源安全等方面产生了十分重要的积极作用。

积极拓宽现代煤化工产品方向和工艺路线研发范畴、加大现代煤化工工程示范，是调整煤炭产业经济增长方式、转变煤炭产业结构、探索煤炭绿色发展之路的新思路。如根据煤制油产品特征开发特种燃料，开发高效的煤化工转化催化剂，研发高效节水型先进工艺，突破煤基多联产过程中的重大单元问题和系统集成技术等，对于实现煤炭产业高效节能、减排低碳都具有重大意义；同时，随着产业规模的扩大，也必将形成众多战略性新兴产业。

4. CO_2处理和利用技术

煤炭高碳资源低碳化利用的途径主要分为两个环节：一是需对煤炭利用过程中排放的 CO_2 进行富集、提纯，形成高浓度的 CO_2，主要集中在煤炭发电和煤炭转化环节；二是对高浓度的 CO_2 进行综合利用和封存。

发展高浓度 CO_2 富集技术是实现煤炭高碳资源低碳化利用的重要环节。目前我国已经掌握 CO_2 提浓净化技术，但鉴于成本、效率等原因，仍面临诸多技术升级和创新的压力。“十一五”期间，煤炭产业在煤转化领域产生的较高浓度的 CO_2 的净化提纯方面做了一定工作；煤电领域在产生较高浓度的 CO_2（燃烧前捕捉）方面的技术突破和工程示范尚属空白，在未来 CO_2 富集方面潜力巨大。

CO_2 利用和封存，是煤炭低碳化利用的后续环节，是实现低碳化利用的最直接和最有效的手段。目前我国一些科研院所和大专院校在 CO_2 利用和封存方面作出了许多努力，也尝试了多种途径，但在工业化技术方面和工程示范方面，还需要做大量的工作。

四、煤炭高效转化及近零排放利用产业发展重点案例

（一）神华煤直接液化项目

神华煤直接液化项目是全世界第一套商业化示范工程；是国家“十五”重点项目之一，是涉及国家能源战略和煤炭产业战略的重大项目；是一种洁净的煤炭转化示范工程；是补充我国石油资源不足的一条重要途径，同时也是神华集团迈向世界煤基综合能源企业的重要跨越。

神华煤直接液化工艺是神华自主知识产权的煤炭转化工艺。该工艺以神东公司上湾煤为原料，采用神华和煤炭科学研究总院联合开发的列入国家“863”计划的纳米级催化剂，在供氢溶剂的作用下，通过高温、高压提质反应，生产出石脑油、柴油和液化气等产品。神华煤直接液化工艺的主要特点有：

（1）采用优质供氢溶剂，确保长期稳定运转；

（2）采用减压蒸馏分离固液；

（3）采用新型合成高效催化剂；

（4）采用 T-Star 工艺对循环溶剂加氢，进一步提高了液化油加氢的可靠性；

（5）采用悬浮床反应器，单系列处理能力大、效率高。

神华煤直接液化项目通过化学加工过程生产石油石化产品，在世界上居于领先地位。工程分两期建设，总建设规模为年产油品 500 万吨；公司拥有采用自主开发知识产权的神华煤直接液化技术的核心装置，包括备煤、催化剂制备、煤液化、加氢稳定、加氢改质、轻烃回收、煤制氢、空分、锅炉、脱硫、硫黄回收、油渣成型、酚回收、含硫污水汽提等主要工艺装置，拥有标准化的质量检测中心，配备一流的检测设备。

神华煤直接液化项目一期于 2008 年 12 月 31 日一次投料试车成功，工程投资约 150 亿元人民币，项目设计产能为 108 万吨 / 年油品，项目主要包括车用柴油、石脑油、液化气等主要产品，副产品包括工业粗酚、工业硫黄等。

神华煤直接液化示范工程自开工建设以来，得到了党和国家的高度重视，胡锦涛总书记、吴邦国委员长、温家宝总理、李克强副总理、张德江副总理等党和国家领导人先后到工程现场视察指导工作。工信部在祝贺煤制油试车成功的贺电中说“煤直接液化工业化装置开车圆满成功，使我国煤制油技术实现了里程碑式的跨越，标志着我国成为世界上首个掌握百万吨级直接液化工程关键技术的国家，对增强我国科技创新的能力和能源自我保障能力，走中国特色工业化道路都具有深远意义”。

（二）神华包头煤制烯烃项目

神华包头煤制烯烃项目采用煤气化制甲醇、甲醇转化制烯烃、烯烃聚合工艺技术路线生产聚乙烯和聚丙烯产品，聚乙烯和聚丙烯产量各为 30 万吨 / 年。该项目是

世界首套、全球最大煤基甲醇制烯烃工业化示范工程，核心装置采用具有中国自主知识产权的DMTO（methanol to light olefins，即甲醇制低碳烯烃）工艺技术。

煤制烯烃项目于2010年5月全面建成，8月打通全流程、投料试车一次成功、生产出合格聚烯烃产品，是我国5个现代煤化工示范工程中第一个进入商业化运营的项目，创造了中国大型化工、石化项目从建成到商业化生产的最快纪录。项目总投资约170亿元，2011年正式投入商业化运行。该工程主要生产装置包括180万吨/年甲醇装置、60万吨/年MTO装置、30万吨/年聚乙烯装置、30万吨/年聚丙烯装置。

神华集团的聚乙烯产品采用国际先进的气相流化床反应器工艺技术进行生产，既可生产线性低密度聚乙烯，也可以生产高密度聚乙烯。通过调换催化剂，可以生产不同分子量分布的产品，产品的分子量分布较宽，特别适合作为薄膜专用料和片材专用料。聚丙烯产品的生产同样采用了国际先进的气相流化床反应器技术，产品性能均一、质量可靠。其应用范围覆盖了薄膜、纤维、管板材、注塑料、挤出和热成型的各个聚丙烯应用领域，完全满足国内市场对聚丙烯通用料和各种专用料的需求。

该项目科研团队攻克了世界首套煤制低碳烯烃工艺技术工程化及实现长周期稳定运转等世界性难题。通过系统集成与优化，将现代煤化工、石油化工有机地结合在一起，开发并掌握了工业化煤制烯烃的操作与运行技术，取得了世界首套MTO工艺技术工程化、世界首套煤制烯烃分离工艺技术工程化等10项创新成果。其中自主研发的MTO催化剂在2012年3月成功实现工业化应用，标志着神华已全面掌握了MTO的核心技术。

该项目的成功投产，实现了传统煤化工向石油化工产业的延伸，开创了世界煤基能源化工产业的新途径，奠定了我国在煤基烯烃工业化生产领域的国际领先地位，对于我国石油化工原料替代、优化能源消费结构、保障国家能源安全、推进低碳经济发展具有重要的示范意义。

五、促进煤炭高效转化及近零排放利用产业发展的政策建议

（一）产业存在的问题与制约因素

我国煤炭利用的能效和洁净化仍落后于世界最先进水平。例如，2010年10万千瓦以下机组占比为11.06%，而美国不到7%；供电煤耗比日本2005年的水平（313.3克标准煤/千瓦时）高出6.3%；二氧化硫和氮氧化物的排放绩效也比先进水平高[4]。其主要的问题和挑战在于：未来电力供应的进一步增加，会导致更多的煤炭消耗以及更多的排放，这将与要求节约资源并减少常规污染和温室气体排放的目标相矛盾。而且，我国分散燃煤能源利用效率低，资源浪费严重。我国燃煤工业锅炉以层

燃燃烧为主，锅炉设计热效率一般在 72% ～ 80%，但实际运行热效率大多在 60% ～ 65%，通常比锅炉产品的鉴定热效率低 10 ～ 15 个百分点，有的锅炉实际运行热效率仅为 30% ～ 40%，能源效率比发达国家低 30% ～ 50%。此外，服役时间越长的燃煤工业锅炉其效率越低，这与发达国家的燃煤工业锅炉实际运行效果有很大差距。我国的煤化工企业中，技术水平落后、能源利用效率低、污染物控制难度大的占有很大比例。这些企业使用的煤焦化及气化合成技术与装备都相对比较落后，能耗高，环保水平低，资源浪费及环境污染问题较为突出，与发达国家先进环保技术水平还有很大差距。

（二）产业有关政策的发展趋势与改进方向

1. 融合与规范煤炭利用行业，推进煤炭高效转化及近零排放利用技术的推广应用

目前我国存在行业分隔、环保政策及执行水平低等问题，政府应该制定相关政策，凸现洁净煤高效利用技术的优势，充分调动企业的积极性，推动该类技术的推广应用：打破行业分隔，电力、化工、煤炭等企业相互融合，促使企业能从系统效益上认识煤炭分级转化利用技术；协调各方利益，打破行业保护，实现电力市场公平竞价上网，低成本、低污染电力优先；制定与煤炭分级转化利用系统及其产品相关的健康、安全、环境法规及技术规范。

2. 建立以企业为主体、产学研相结合的煤炭高效转化与近零排放利用技术创新体系

目前我国的创新体系尚不够完善，高校等研究机构作为原始创新的主体，其大量创新技术不能直达应用终端。而国家一直倡导的创新主体——企业，由于行业特别是能源电力行业的垄断性思维，以及条块分割的行业管理模式，实际创新能力还有待进一步加强，这在一定程度上制约了行业的科技创新发展。因此，建立以企业为主体、产学研相结合的煤炭高效转化与近零排放利用技术创新体系，是要促进高校等研究机构的原始创新与企业（行业）技术需求紧密结合，充分发挥高校等研究机构的多学科交叉和多种创新要素的集聚效果，通过企业有效的工程实施，使技术尽快工程化和产业化，保证技术创新有源泉，技术的发展有动力，以促使技术的不断发展。

3. 加强煤炭高效转化及近零排放利用的科技研发投入

近期内，国家应该快速确立洁净煤高效利用技术在我国煤炭资源利用技术中的重要地位，并由科技部等通过研究课题的形式组织形成我国相关研究开发力量，开展多联产技术的基础研究和技术开发，如国家重点基础发展规划项目（“973”）、“863”计划、科技攻关等形式。在现有的试验研究基础上，建立、开展工业试验项

目，检验其可靠性和经济性；开展大型电厂采用煤炭高效转化与近零排放系统技术的可行性研究，并开展煤炭高效转化及近零排放利用的关键技术和关键设备的研究和开发。

4. 出台优惠金融引导政策，调动企业创新技术研发与应用的积极性

政府可以通过经费投入、优惠电价、项目审批、税收、优惠金融政策，甚至优惠补贴等一系列的政策倾斜，鼓励企业积极参与煤炭清洁发电技术等重点技术的研究、开发及示范运行，为煤炭高效转化技术等重点技术方向的商业推广应用打下基础。通过金融等政策引导，调动企业内在的积极性，使煤炭高效转化及近零排放利用的重点技术真正发挥生命力。

参考文献

[1] 国家统计局．中国统计年鉴 2012. 北京：中国统计出版社，2012.

[2] 倪维斗．基于煤气化的多联产能源系统．北京：清华大学出版社，2011.

[3] 彭苏萍，韩敏芳．煤基 / 碳基固体氧化物燃料电池技术发展前沿．自然杂志（特约稿），2009，31（4）：187 ～ 192.

[4] 黄其励．我国清洁高效燃煤发电技术．华电技术，2008，20（3）：1 ～ 8.

缩略词表

IGCC：integrated gasification combined cycle，即整体煤气化联合循环发电系统

IGFC：integrated coal gasification fuel-cell combined cycle，即整体煤气化联合燃料电池循环发电系统

SOFC：solid oxide fuel cell，即固体氧化物燃料电池

CCS：carbon capture and storage，即碳捕获与封存

MTO：methanol to olefins，即甲醇制烯烃

DMTO：methanol to light olefins，即甲醇制低碳烯烃

新一代信息技术产业篇

第 9 章

集成电路产业

李国杰　魏少军　洪学海

【内容提要】 集成电路产业开始进入“后摩尔时代”，产业格局调整步伐加快，集成电路生产线建设和新工艺研究的投入急剧增加，工艺和设计结合更紧密，产业生态正在发生巨大变化，政府的作用更加突显。新器件、新结构和新材料日趋重要，“扩展摩尔”（more than moore，MTM）成为重要的发展路径。我国集成电路生产能力与巨大的市场需求不相适应，芯片制造业与世界先进水平的差距扩大到两代。我国芯片设计企业规模不大、竞争力弱，与国际先进水平还有不小差距。应尽快在国家层面上做好集成电路科技和产业发展的顶层设计，彻底扭转我国有规划、无战略、资源配置不落实的局面，设立集成电路产业发展基金，真正集中资源打造和夯实集成电路产业的发展基础，打造集成电路设计业的航母型企业，争取“后摩尔时代”的发言权。

作为信息产业的基础和战略制高点，集成电路（integrated circuit，IC）技术与产业的发展，不仅可以带动消费类电子、计算机、通信以及相关产业的发展，而且将促使传统产业迸发出新的活力。集成电路对提升国家信息化水平和增强信息安全起到了关键作用，被誉为信息产业的“心脏”。

一直以来，集成电路技术和产业的发展受到党和政府的高度关注，已先后推出多项举措提升我国集成电路产业实力。在欣喜于我国集成电路产业取得长足进步的同时，也遗憾地看到，我国集成电路产业整体上仍然技术含量不高、核心技术缺失、产品附加值低，在集成电路制造和工艺技术、电子设计自动化（electronic design automation，EDA）技术等方面严重受制于人，尚不能有力支撑我国战略性新兴产业的发展。

目前，全球集成电路产业格局受到技术变革和金融危机的双重影响，正在进行产业升级和布局调整，这是快速提升我国集成电路产业实力的良机。下面从产业未来走向、技术发展趋势、产业发展基础、存在的问题和面临的挑战、产业发展的政策取向等几方面着手分析，探讨我国集成电路产业发展之路。

9.1 对集成电路产业未来走向的基本判断

9.1.1 集成电路产业正在进入“后摩尔”时代

自 1965 年提出“摩尔定律”[1] 以后的四十余年中，世界半导体产业一直朝着更高的性能、更低的成本、更大的市场方向发展。然而，随着半导体技术逐渐逼近硅工艺尺寸极限，摩尔定律作出的“芯片集成度约每隔两年翻一倍，性能提升一倍”的预测将不再适用。为此，国际半导体技术路线图组织（International Technology Roadmap for Semiconductors，ITRS）在 2005 年的技术路线图 [2] 中，提出了“后摩尔时代”的概念。

国际上对“后摩尔时代”的时间起点并没有统一的认识，如果以主流器件结构及制造工艺发生根本性变化为标志，可以认为当主流工艺达到 22/20 纳米时，集成电路产业就开始进入“后摩尔时代”，因为基本器件结构及制造工艺开始从平面硅器件向三维器件迁移。

在“后摩尔时代”，随着集成电路制造工艺不断逼近物理极限，工艺复杂度大幅提升，导致生产线的投资达到上百亿美元的规模，集成电路工艺研发与集成电路设计的成本也将急速上升，32/28 纳米的工艺研发费用为 12 亿美元，至 22/20 纳米时将达到 21 亿美元。而一颗集成电路产品的设计费用将由 32 纳米的 5 000 万～ 9 000 万美元上升到 22 纳米的 1.2 亿～ 5 亿美元。

业界测算，当集成电路制造建厂费用逼近 100 亿美元规模时，年销售额必须大于 100 亿美元才符合基本建厂条件，因此未来有能力再建新厂的企业已屈指可数。目前看，只有英特尔、三星、IBM 和 TSMC 等少数巨头可以建设 20 纳米以下工艺的芯片制造厂，众多的垂直整合制造（integrated device manufacturer，IDM）大厂将纷纷转向代工（foundry）模式，这将对整个半导体产业链产生巨大影响。

9.1.2 产业格局调整步伐加快

近年来，全球集成电路产业发展格局正在发生调整，我国是此轮产业格局调整的聚焦点之一。随着集成电路工艺特征尺寸不断缩小，集成电路制造设备和工艺流程成本快速上升，集成电路产业必然向资本活跃地区转移，而在金融危机中，我国相对而言是资本较富裕的国家。我国消费类电子产品的生产和销售规模已跃居世界前列，已成为全球集成电路产品的主要市场，促使全球集成电路产业形成向我国转移的趋势。

国际上几家主要的IDM企业纷纷转向无晶圆厂商（fabless）模式。Freescale、NXP、Infineon、TI等传统IDM企业陆续分拆制造业务或宣布不再自行发展新一代集成电路制造技术，寻求与芯片代工厂合作。我国台湾地区和东南亚等地的集成电路企业也在收购其他代工厂的产能。据美国咨询公司Dataquest统计和预测，2015～2020年，全球由芯片代工厂生产的集成电路芯片将超过集成电路芯片总量的50%。

在20纳米和14纳米工艺条件下，代工厂能够同时支持的芯片研发数量会大大减少，而单个制造厂的产能却大幅提升，代工厂迫切需要数量巨大的产品来填充生产线，这必然使得代工厂优先考虑通用产品，如存储器、微处理器、可编程逻辑阵列等。高昂的工艺开发和工厂建设投入使得具有先进工艺的代工厂数量显著减少，需要先进工艺的芯片设计企业将与代工厂形成某种形式的捆绑[3]。这种形态不同于今天的"fabless+foundry"模式，而与传统的IDM模式有部分相似之处，可以称为"虚拟IDM"模式。

2008年以来，收购和并购成为国际集成电路产业的主旋律，业界巨头纷纷通过产业整合扩展市场份额，企业收购经费常达几十亿美元之巨。这些眼花缭乱的产业整合既是国际金融危机大背景下企业生存发展的个体选择，也是"后摩尔时代"集成电路产业整体上需要巨额资本的大势所趋[4]。未来将有更多的案例印证"大者更大"这一集成电路产业的普适原则。

9.1.3 工艺和设计密切结合

在"后摩尔时代"，工艺浮动（process variation）等因素将严重影响芯片制造的成品率，提升成品率将是代工厂和设计公司共同面对的重大挑战[5]。芯片设计工程师已经不太可能预测所设计的产品在最终生产过程中可能获得的成品率，许多原来属于生产过程的问题已经迁移到设计阶段，可制造性设计（design for manufacturability，DFM）和面向成品率的设计（design for yield，DFY）成为必不可少的技术。芯片设计团队必须对芯片制造过程有深入的了解，尤其是工艺参数在制造过程中的变化。这已经成为芯片设计工程师不可或缺的知识。高额的研发成本将要求EDA厂商更多地为设计公司提供定制服务，一对一的"贴身服务"将成为EDA厂商不得不面对的挑战。

在设计与工艺紧密结合的情况下，集成电路产品的设计费用也将大幅度增加。从财务角度来看，只有通用性的平台化产品才会被芯片设计企业和制造企业所接受。从技术角度来看，在22纳米节点，单个芯片上可以集成几十亿只晶体管。这样的芯片一定不会是专用集成电路，只可能是通用电路或平台化的电路，如移动通信终端芯片、数字电视芯片等。因此，在"后摩尔时代"，通用器件、平台化器件和大宗专用器件将成为主流。除了少数领域，今天的专用集成电路（application specific integrated circuit，ASIC）将逐步退出历史舞台。

9.1.4 产业生态发生大变化

相对于制造企业，IC 设计企业投入较少、利润高（毛利一般超过 50%）、发展速度快（是行业平均增速的 3 倍）、创新空间大，因而发展迅猛。从 2000 年到 2006 年，IC 设计业全球排名第一的 Qualcomm 公司营业额增长了 36 倍。前 20 大 IC 企业中，Fabless 企业已占到 6 家。

根据 GSA（Global Mobile Supplier Association，即全球移动供应商协会）的统计，2011 年，全球 Fabless 行业的销售收入接近 800 亿美元，约占全球集成电路产业销售收入的 26.7%。现在，除了桌面计算机用中央处理器（central processing unit，CPU）、高端数字信号处理（digital signal processing，DSP）和半导体存储器仍然由 IDM 所把持外，第三代移动通信和近年来兴起的移动互联网产业所依赖的核心芯片基本上都由集成电路设计企业所垄断，设计企业已经成为集成电路产业的核心力量。截至 2011 年 9 月，先进半导体公司（Advanced RISC Machines，ARM）主导的产业联盟已有 705 家成员，涉及芯片设计、软件开发、开发工具、嵌入式系统集成、代工制造等众多领域。为了顺应产业潮流，我国应优先发展集成电路设计业。在集成电路领域，传统的软硬件划分准则已不再有效，架构设计的内容包括芯片和芯片软件，而且软件收益的比例将超过芯片本身。芯片软件包括底层驱动程序、监控程序、标准应用接口等，还包括操作系统，甚至部分基础应用软件。软件将从被动跟随芯片升级，发展到主动引导芯片的产品定义。

9.1.5 政府的作用更加突显

集成电路产业具有资金密集和技术密集的特点，仅靠企业自身力量难以发展。20 世纪八九十年代，美国政府组织实施了 3 个关于半导体产业的计划，终于成就了美国半导体技术的霸主地位。新加坡通过政府投资公司，先后对特许半导体公司等集成电路企业直接投资数十亿美元，为企业成长提供了强大动力。韩国政府对三星电子长期扶持，20 世纪 90 年代总共投入 266.5 亿美元，其中大部分投入是政府直接干预下的银团贷款，直到 20 世纪 90 年代中后期，其产业才形成整体规模。我国台湾集成电路产业起始于当地有关部门直接投资运作的“工业研究院”，通过当地有关部门主导、民营化运作，才造就今天我国台湾集成电路产业的成功 [6]。

政府的主导作用体现在多个层面，在国家层面，统一的顶层设计和扶持政策是集成电路产业发展的根本保障；在地方政府层面，需要行之有效、落实到位的政策细则，创造良好的发展环境，才能充分调动产业界的积极性，使其集中更多资源投入到集成电路产业中来。在“后摩尔时代”，集成电路产业所需投资急剧攀升，政府在引导和推动集成电路产业发展方面的作用将更加突显。

9.2　集成电路技术发展趋势

9.2.1　芯片的复杂性进一步提高

集成电路制造的下一个工艺节点将是14纳米。产业界一致认为14纳米有可能是集成电路制造的工艺拐点。图形曝光技术及DFM等缩微技术可以实现22～20纳米工艺，但突破14纳米有较大风险。近期，英特尔公司已准备为14纳米设备下订单，据此判断，英特尔14纳米制造工艺应已取得实质性突破。在实验室环境下，采用极紫外光刻（extreme ultraviolet，EUV，波长14纳米）及超越极紫外光刻（beyond extreme ultraviolet，BEUV，波长6.8纳米）技术已经可以实现7纳米、5纳米工艺。由此可见，集成电路制造工艺仍有继续向前的潜力。

芯片的集成度已经超过50亿只晶体管，NVidia公司最新发布的产品Tesla GPU已经集成了70亿只晶体管。集成度的提高导致设计复杂度也相应增加，提高设计生产率及其IP（intellectual property，即知识产权）可复用性是今后应该考虑的主要问题。高层次抽象、基于平台的设计等是提高设计生产率的重要手段。“等比例缩小”的芯片技术升级原则已快走到尽头，通过先进封装技术将多种非常规互补金属氧化物半导体（complementary metal oxide semiconductor，CMOS）器件集成为高附加值的集成电路产品，将是“后摩尔时代”的另一发展方向。大量异质器件的集成将使系统复杂度大幅增加。工艺节点换代的周期已从两年逐步延长至三年。

9.2.2　新器件、新结构和新材料日趋重要

英特尔率先推出的3D晶体管结构是晶体管结构的根本性转变。与之前的32纳米2D平面晶体管相比，22纳米3D晶体管在低电压下性能提高37%，耗电不到一半[7]。工业界普遍认为，对于14纳米工艺，3D晶体管是必然的选择。

基于锗化硅（SiGe）材料生长的应变硅技术，能提供更高的器件驱动电流和更快的晶体管速度，将有可能替代硅材料而成为65纳米以下CMOS的主流技术；同时，人们也在开发诸如高K栅介质、双栅／多栅器件、应变沟道和高迁移率材料和铜互连技术等。此外寻求基于全新原理的材料、器件和电路技术也是另一研究热点，如基于量子力学效应的纳米电子技术、量子信息技术和光计算技术等[8]。

石墨烯晶体管比硅晶体管功耗低，运行速度快，可制作出性能优良的半导体器件。2011年4月7日，IBM宣布研制成功主频155GHz的石墨烯晶体。石墨烯的出现可能使摩尔定律得以延续，从硅时代转向碳时代，值得高度关注。但有些专家认为，石墨烯材料在集成度上要赶上硅材料可能还需要相当长的时间。

目前，分子器件、自旋晶体管等新兴逻辑器件的风险仍然较大，但近年来各种新型非挥发性存储器得到了迅速发展，如铁电存储器、磁存储器、相变存储器和阻变存储器等，其中相变存储器和阻变存储器研发尤为活跃。世界存储器市场规模巨

大，我国存储器市场规模已达到 1 800 亿元，需要密切注意新存储器件的进展。

9.2.3 “扩展摩尔”成为重要发展路径

“扩展摩尔”的发展路径是利用先进封装技术（如多层薄膜封装、三维硅通孔、MEMS 真空封装、微组装等）将多种器件（如 SiGe 晶体管、高压晶体管、MEMS 器件、光电器件、图像传感器、生物芯片等）集成为高附加值的集成电路产品[9]。近几年这类产品已在市场上取得成功，如苹果手机 iPhone、任天堂的 Wii 等平台中，其核心处理器和应用处理器性能远远比不上英特尔的多核 CPU，但是丰富有趣的应用却迷倒了全球上亿的用户。其中各种模拟和混合信号传感器、高性能编解码器等扮演了极其重要的角色。“扩展摩尔”为集成电路产业开辟了另一个维度上的发展道路，将会引发集成电路产业的变革。

ITRS 已经明确系统级封装（system in package，SiP）将是未来扩展摩尔定律的主要技术。目前，基于硅通孔（TSV）技术的 3D 集成是 SiP 的重要发展方向。SiP 推动了半导体设计、制造、封装和系统集成的发展，必将改变半导体产业链。

9.3 我国集成电路产业已具备大发展的基础

9.3.1 中国已成为全球最大的集成电路市场

中国是全球最大的电子产品制造基地。到 2014 年，中国手机产量将达到 11.15 亿部，占全球总产量的 50%；中国笔记本电脑产量将达到 3.28 亿台，占到世界总产量的 80%。巨大的电子整机产能带动了集成电路市场规模的不断上升，中国已经成为全球最大的集成电路市场，图 9.1 反映了近 5 年我国巨大的集成电路市场，2011 年已达到 8 065.6 亿元，约占全球集成电路市场销售额规模的 51%（2011 年全球集成电路市场销售额规模为 2 470 亿美元）[10]。

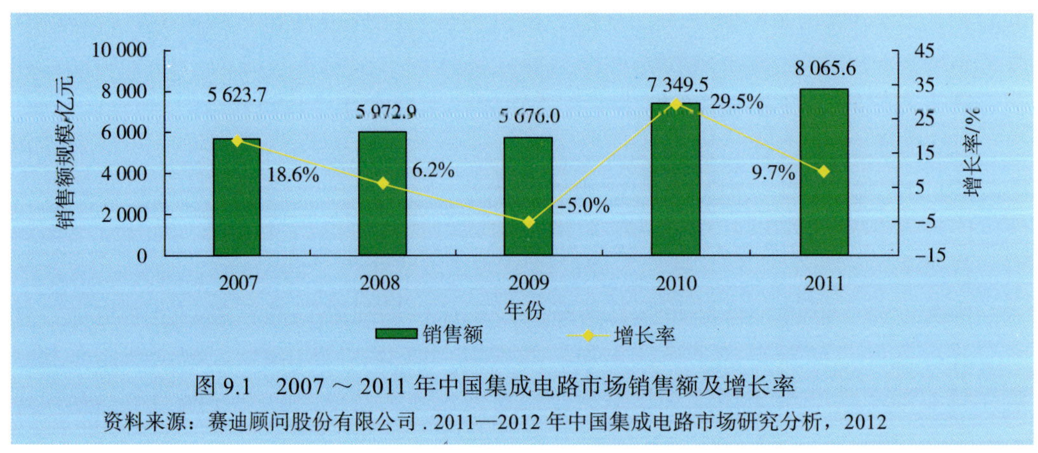

图 9.1　2007 ～ 2011 年中国集成电路市场销售额及增长率

资料来源：赛迪顾问股份有限公司 . 2011—2012 年中国集成电路市场研究分析，2012

与巨大的市场需求形成强烈反差的是，中国自行设计生产的集成电路产品只能满足市场需求的20%，不但CPU、存储器等通用芯片几乎全部要进口，通信、网络、消费电子等产品中的高档芯片也都基本依靠进口，集成电路已连续8年成为最大宗的进口商品，2011年进口额高达1 700亿美元。

巨大的市场缺口既是压力也是动力，尤其是当前以移动互联网、三网融合、物联网、云计算、智能电网、新能源汽车为代表的战略性新兴产业快速发展，将成为继计算机、网络通信、消费电子之后，推动中国集成电路产业发展的新动力。工信部预计，国内集成电路市场规模到2015年将达到12 000亿元。

9.3.2　我国已形成较完整的集成电路产业体系

截至2011年，我国集成电路设计产业产值过亿元的企业已有99家，另外，销售额达5 000万～1亿元的企业也有84家。从2000年至今的十几年间，展讯通信等多家国内集成电路设计公司在美国NASDAQ成功上市；国民技术等几家公司成功登陆国内创业板；还有若干家企业已达到上市标准。我国集成电路设计企业的规范化管理和运作水平逐步提高，已经获得国内外资本市场的认可。表9.1反映出近几年我国集成电路设计业营业额的增长十分明显。

表9.1　我国集成电路设计业营业额的增长情况

年份	2006	2007	2008	2009	2010	2011
设计业营业额/亿元	186.2	225.2	235.2	269.9	363.85	473.74
占产业链比重/%	18.5	18.0	18.9	24.3	25.3	30.1

资料来源：中国半导体行业协会，中国MRO网编辑整理

“十一五”初期，全国芯片生产线从4英寸线到12英寸线总数已达40条。中芯国际公司28纳米工艺线量产预计在2013年能够顺利完成。华力微电子55纳米工艺在2011年开始试流片，丰富了我国高端芯片制造的版图。我国年销售额超过6 000万美元的芯片制造商已超过8家，集成电路制造业2005～2012年的销售额平均增长率达到30%。我国集成电路封装业一直保持稳定增长的势头，年封装能力超过亿块的企业超过9家，整体技术能力与国际水平的差距正在逐步缩小。

在集成电路制造所需要的关键设备和关键材料方面，如12英寸65纳米步进光刻机、高密度等离子体多晶硅刻蚀机、大角度倾斜大剂量离子注入机、12英寸硅抛光片、248纳米和193纳米波长的光刻胶等方面也相继获得一大批高水平成果，这些成果已直接应用在集成电路生产线上。

9.3.3　我国逐步完善集成电路产业的生态环境

在相当长的时期里，国内整机企业对国产芯片的认可度不高。国内集成电路产业发展的最大挑战不完全是设计技术问题，而是整机企业“敢用、能用、会用”国产芯片的问题。通过政府、行业协会和相关企业的努力，近几年这种局面开始改变。

在部分产品领域，已经形成了产品定义、芯片设计与制造、封装测试的协同开发，形成了多个由芯片设计企业、电子整机企业、系统应用单位组成的战略联盟。依托国家集成电路设计产业化基地，公共服务体系基本建立，已开始为集成电路设计企业提供各类公共服务。以深圳集成电路设计产业化基地为例，截至2011年，基地公共EDA平台和测试验证平台服务企业有402家（次），支持设计971个；MPW/IP服务和补贴企业有270家（次），支持设计项目516个，每年约为企业节省2亿元的研发投入。

“65-45-32纳米成套产品工艺”重大专项取得了较好成果，有35种国产设备与材料进入国内生产线，已累计销售国产半导体设备与材料超过10亿元。

近年来，我国集成电路产业发展的良好前景吸引着海外高端人才纷纷回国创业，带动了整体研发队伍水平的提升。我国也加大了集成电路人才自主培养的力度，北京大学、清华大学等20所高校成为“国家集成电路人才培养基地”，大批国内培养的集成电路人才已经成为很多企业的中坚力量。

9.3.4 近10年我国集成电路的专利申请明显增多

自2001年到2011年，我国集成电路专利公开数量达161 311件，年平均增长率超过20%，如图9.2所示。2001年我国集成电路专利公开量达3 194件，2011年申请专利达到25 000件，拥有专利数的增加表明我国在集成电路领域技术创新活跃[11]。

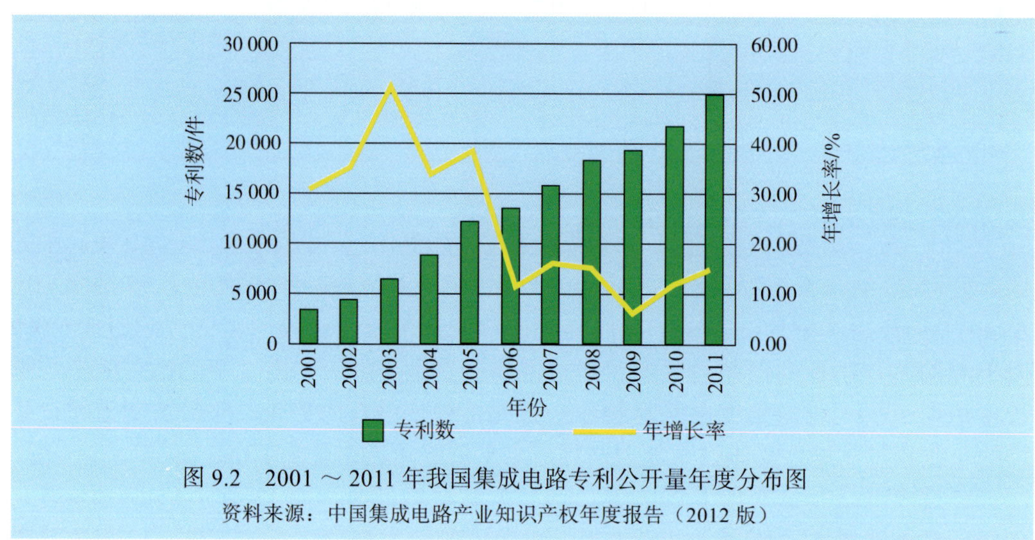

图9.2 2001～2011年我国集成电路专利公开量年度分布图

资料来源：中国集成电路产业知识产权年度报告（2012版）

9.4 我国集成电路产业存在的问题和面临的挑战

9.4.1 我国大陆集成电路制造业与国外和我国台湾的差距扩大到两代

代表我国大陆集成电路晶圆制造最高水平的中芯国际公司目前规模位居世界第4

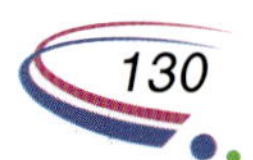

位，12 英寸生产线的工艺水平已达到 65 纳米，40 纳米工艺开始小批量生产，但与代工业的龙头企业台湾积体电路制造股份有限公司（简称台积电，TSMC）的 32 纳米相比，差距从 1.5 代又扩大到两代。韩国三星 2012 年计划投资 132 亿美元用于产能扩充。台积电每年的研发投入达 60 亿美元，而中芯国际公司每年的研发投入只有 4 亿美元。从目前的研发投入上看不到缩小差距的希望。我国大陆集成电路先进制造中使用的高端装备、专用材料几乎全部依赖进口，说明我国大陆集成电路制造业的基础不强。

9.4.2　我国集成电路生产能力与巨大的市场需求不相适应

据统计，截至 2011 年，美国建立了 54 条 8 英寸集成电路生产线和 20 条 12 英寸生产线；欧洲有 285 座晶圆厂，其中 12 座晶圆厂具备 65 纳米制造工艺；日本建立了 75 条 8 英寸集成电路生产线和 16 条 12 英寸生产线；韩国有 19 条 8 英寸集成电路生产线和 8 条 12 英寸生产线；中国台湾地区共建立了 23 条 8 英寸集成电路生产线和 25 条 12 英寸生产线，占世界 12 英寸集成电路生产线的 32.5%。中国大陆地区集成电路芯片生产线目前还是以 8 英寸以下为主，只有 6 条 12 英寸生产线。目前我国大陆地区共建立了 66 条集成电路芯片生产线，其中 6 英寸以下生产线占 66.6%（表 9.2）[12]。

表 9.2　截至 2011 年我国大陆地区集成电路生产线数量

晶圆尺寸 / 英寸	4	5	6	8	12	合计 / 条
生产线数 / 条	13	11	20	16	6	66

资料来源：中国半导体行业协会 . 2011 年集成电路行业发展情况回顾及 2012 年展望，2011

9.4.3　集成电路设计企业规模不大、能力不足

据中国半导体行业协会（China Semiconductor Industry Association，CSIA）2011 年统计，我国销售额小于 1 000 万元的集成电路设计企业还有 225 家，约占设计企业总数的 40%。与国际水平相比，我国集成电路设计业仍然规模不大、能力不足[13]。据对 105 家较大规模的设计企业的抽样调查，其平均毛利率为 27.61%，比国际公认的行业平均毛利水平（40%）低 12.39 个百分点。全行业的销售额接近 110 亿美元，小于世界排名前两位的设计企业销售额之和。

“十一五”、“核高基”重大专项部署了一批关键芯片设计课题，执行情况不容乐观，一半的课题需要延期，少数课题可能难以通过验收。“十二五”的课题要等到 2013 年才能启动。而且国家对“核高基”重大专项的经费支持方式做了新的调整，大量课题只能获得“后补助”，这对于自有资金能力不足的集成电路设计业来说无形中增加了财务成本，集成电路设计能力的提升将受到影响。

9.4.4　集成电路产品档次不高、竞争力弱

目前，我国集成电路设计企业的主流产品仍集中在中低端，尚未全面进入国际

主战场[13]。除了在通信领域有了比较重要的突破外，在微处理器、存储器、可编程逻辑阵列、数字信号处理器等大宗战略产品领域的建树还不多。虽然“核高基”等国家科技计划在这些产品领域给予了较大力度的支持，但受制于软件生态环境、知识产权、加工能力和基础设计能力的不足，我国企业还未能在上述领域进入大规模量产，更谈不上全面参与市场竞争。我们在国产 CPU 和操作系统的国防应用、超级计算机用的高性能多核 CPU、动态随机存储器、嵌入式 CPU 等领域取得了重要进步，但与国际先进水平相比还有不小的差距。

过去的 10 年中，我国的芯片设计企业主要是依靠工艺和 EDA 工具的升级实现自身产品的进步。以微处理器为例，英特尔公司早在 0.18 微米工艺节点就实现了 2GHz 的主频，但我国企业今天使用 65 纳米工艺还做不到 2GHz。有些曾经辉煌一时的企业，由于强烈依赖国外厂商的先进 IP 核和外包设计服务，产品竞争力下降，经营业绩大幅下滑。

9.4.5 发展战略不清晰，投资分散

我国对集成电路产业的管理，政策在国家发展改革委，科研在科技部，产业在工信部，资金在财政部，存在政出多门、相互牵制、难以统一协调的现象。与集成电路有关的国家科技计划，包括国家重大科技专项、“863”计划等，投入不小，但效果不显著。小而散是目前我国集成电路产业发展的现状，有一定实力的省市都在投资生产线，但没有产品类型和发展方向的分工，处于盲目竞争状态。中央财政的支持也不集中，难以培育出真正的龙头企业。据统计，一条产能为每月 4 万片的 45/40 纳米生产线比产能 2 万片的两条生产线投资省 25%（前者为 30 亿美元，后者为 40 亿美元），运行费省 40%，工业废气排放减少 35%。

目前我国集成电路产业的投资体系缺乏统一的顶层设计，缺乏对民间资本的引导措施。投资体系的不健全已严重影响我国集成电路产业的发展。“十一五”期间，集成电路生产线的投资项目不多，而且投资缺乏继承性，所投项目的市场目标和工艺种类也缺乏明显的前瞻性。如果对 3D 和 22 纳米以下工艺线的投资不到位或投资失误，在“后摩尔时代”我国的先进集成电路设计企业可能面临无处加工芯片的可怕局面。

9.4.6 政策不到位，管理思路需要调整

由于 2005 年已取消集成电路企业的增值税退税政策，与软件企业相比，集成电路设计企业享受的实质性政策支持很少。目前集成电路设计企业在政策上被视同于软件企业，但集成电路设计企业需要支付昂贵的流片制造费，通常需要购买 IP 核，需要 EDA 和测试平台的支持，需要积累较多的知识产权，人工费用也比软件企业更高，因此，用对待软件企业的政策支持集成电路设计企业不尽合理，应当出台支持集成电路设计企业的专项政策，在税收上给予更优惠的激励。

建议改变政府的工作思路，从抓项目、抓评审转变为抓普惠政策的落实，如落

实企业按研发投入的150%抵扣当年应纳税额等，通过减税来支持真正做研发的企业，这样才能形成激励创新的公平环境。

9.5 促进产业发展的政策取向

9.5.1 制定国家层面的集成电路发展战略和实施规划

在应用和商业模式越来越重要的今天，集成电路仍然是电子信息产业的基础，要坚定信心大力发展集成电路产业，不能左右摇摆，丧失发展机遇。我国在后摩尔时代发展集成电路的前景不容乐观，只有下定决心，采取非常手段，才有可能绝处逢生。首先要尽快在国家层面上做好集成电路科技和产业发展的顶层设计。集成电路是战略性产业，必须充分体现国家意志。在市场配置资源能力丧失或失灵的时候，政府作用不能缺位。政府、企业界、学术界应联合制定中国集成电路发展行动计划，彻底扭转我国重规划、轻战略、资源配置不落实的局面，真正集中资源打造和夯实集成电路产业的发展基础。

在集成电路制造业投资剧增和CMOS的替代材料、器件和工艺尚不明朗的情况下，从发展战略上看，我国一方面要加大政府对集成电路制造业的投入，争夺后摩尔时代的发言权；另一方面要大力开展集成电路新原理、新材料、新器件、新工艺的基础研究，探索跨越式发展的新道路，积极推动“扩展摩尔定律”道路的研究开发，争取从SiP上取得突破。过去几十年，体系结构的改进对集成电路性能、功能的提高也作出了巨大贡献，我国在体系结构方面有较好的基础，应争取在体系结构上另辟蹊径。

9.5.2 统筹安排，优化集成电路产能布局

对长江三角洲、珠江三角洲和环渤海地区的集成电路产业发展作出统筹规划，几家大企业分别选择不同的重点产品发展方向，“有所为，有所不为”，协同发展。设立跨部门的管理机构，协调资源分配和各类计划的执行。

国家应加大集成电路产业的集群建设力度，鼓励企业合并重组，做大做强，提高产业集中度。一是加大要素资源倾斜和政策扶持力度，推动优势企业强强联合。二是推动多种形态的企业整合，鼓励同类企业整合、上下游企业整合、整机企业与集成电路企业整合[14]。三是通过设立引导资金、直接注资、贷款贴息和减免相关费用等方式，形成一批符合重大产品、重大工艺发展方向，具备一定产业链整合能力的龙头骨干企业。四是鼓励企业扩大国际合作，整合并购国际资源。

9.5.3 设立集成电路发展基金

集成电路产业既是技术密集型的产业，又是资金密集型的产业，产业的发展需

要巨额资金支持。目前我国外汇储备超过 3 万亿美元，民间资本也非常活跃，应鼓励、引导各类资本进入集成电路产业。

建议设立集成电路产业发展基金，以投资基金的方式快速扩大我国集成电路制造业的规模，提高企业竞争力；同时建立集成电路设计企业整合基金，以投资基金的方式加大整合力度，打造集成电路设计业的航母型企业；还要建立集成电路设计风险投资基金，通过资本的杠杆，持续投资集成电路设计业，防止外资对我国优质企业的并购；鼓励系统整机类上市公司并购集成电路设计企业，形成优势互补，做大做强。

据推算，单独建设一条月产 4 万片的 14 纳米生产线需要 100 亿美元。如果要达到比较好的经济规模，则需要达到月产 15 万片的国际先进水平产能，即需要同时建设 4 条生产线，建厂费需要 250 亿美元，加上 150 亿美元左右的新工艺投入，全周期投资至少需要 400 亿美元。没有生产线就没有发言权，未来 10 年内对集成电路产业必须有巨额投入。

9.5.4 在统一指令系统的基础上完善产业生态环境

硬软件密切配合的生态环境是发展集成电路产业的关键。目前国家支持的集成电路研发和应用采用了五种以上指令系统，软件厂商要分散精力开发移植多种版本的软件，很难形成有竞争力的产业生态环境。政府应鼓励支持集成电路设计企业通过协商和竞争达成共识，逐步形成一个重点发展的指令系统。如果中国的集成电路设计企业全部采用 X86 和 ARM 指令系统，很难有自己的发展权。在政府的大力支持下，中国有可能培育成世界上第三个有强大生命力的集成电路产业生态环境。

参考文献

[1] Moore G. Cramming more components onto integrated circuits. Electronics，1965，38（8）：82 ～ 85.

[2] ITRS. International technology roadmap for semiconductors，2011.

[3] Wei S J. Reconfigurable computing：evolution of Von Neumann architecture.Proceedings of International Conference on Field-Programming Technology，2010.

[4] 莫大康 . 导体产业的十年巨变 . 中国半导体行业协会报告，2012.

[5] Jones H. Process technology and ecosystems. *In*：IBS Inc. Global System IC（ASSP/ASIC）Service Management Report，2012.

[6] 中国产业研究报告网 . 我国半导体产业集成电路芯片制造市场贸易分析 . http://www.chinairr.org，2012-09-20.

[7] Intel P R. Intel 22nm 3-D Tri-Gate transistor technology. http://newsroom.intel.com，2011-05-02.

[8] 王藜蓓，陈芬，周亚训 . 几种光电信息功能材料的研究进展 . 新材料产业，2011，(5)：43 ～ 47.

[9] Fontanelli A. System in package technology：opportunities and challenges. 9th International Symposium on Quality Electronic Design（ISQED）. San Jose，CA，2008：589 ～ 593.

[10] 赛迪顾问股份有限公司 . 2011—2012 年中国集成电路市场研究分析，2012.
[11] CSIA. 中国集成电路产业知识产权年度报告，2012.
[12] CSIA. 2011 年集成电路行业发展情况回顾及 2012 年展望，2012.
[13] 魏少军 . 提升竞争能力、夯实发展基础 . 中国集成电路，2011，（12）：16 ～ 22.
[14] 俞忠钰 . 中国集成电路产业发展形势分析与应对举措 . 中国集成电路，2009，（3）：12 ～ 20.

缩略词表

IC：integrated circuit，即集成电路

EDA：electronic design automation，即电子设计自动化

ITRS：International Technology Roadmap for Semiconductors，即国际半导体技术路线图组织

IDM：integrated device manufacturer，即垂直整合制造

DFM：design for manufacturability，即可制造性设计

DFY：design for yield，即面向成品率的设计

ASIC：application specific integrated circuit，即专用集成电路

CPU：central processing unit，即中央处理器

DSP：digital signal processing，即高端数字信号处理

ARM：Advanced RISC Machines，即先进半导体公司

EUV：extreme ultraviolet，即极紫外光刻

BEUV：beyond extreme ultraviolet，即超越极紫外线光刻

IP：intellectual property，即知识产权

CMOS：complementary metal oxide semiconductor，即非常规互补金属氧化物半导体

SiP：system in package，即系统级封装

CSIA：China Semiconductor Industry Association，即中国半导体行业协会

第 10 章

物联网产业

余晓晖　高艳丽　李　健　王　锋　康彦荣

【内容提要】 本章提出了物联网产业的基本概念与范畴，系统分析了国内外物联网产业、技术、应用的进展情况，提出了我国物联网产业发展存在的问题，明确了物联网发展需突破的障碍及未来发展趋势；分析了物联网通用架构、传感器、RFID、网络通信、数据和信息处理等关键技术的国内外发展状况及趋势；围绕我国经济社会发展的重大应用需求和国际竞争需要，从推进先导应用、提升技术和产业能力、统筹构建标准体系、培育骨干企业、提升公共服务能力、加强模式创新、优化区域布局、健全安全保障体系八个方面提出了我国物联网产业战略布局与发展重点，并提出了促进我国物联网产业发展的政策建议。此外，本章还对国内主要电信及 IT 企业开展的物联网应用服务进行了案例分析。

物联网的本质是通过信息网络，将感知识别、传输互联和计算处理有机整合，对物理世界进行动态感知和智能控制，从而实现信息在人与物、物与物层面的无缝对接，达到人对资源的有效利用、科学管理、优化配置和对生产生活的智能决策[1, 2]。物联网是新一代信息技术的高度集成和综合应用，蕴涵着巨大的产业增长潜力和创新空间，并将推动形成智能化制造、精确化管理和个性化服务的新生产模式，有效提升政府管理效能和社会基础设施与城市的管理水平，实现社会公共服务和人民生活的智能化、便捷化、绿色化，推进经济、社会、人与自然的协调可持续发展。

物联网已成为各国推动经济增长、构建经济社会发展新模式和重塑国家长期竞争力的先导领域。全球物联网总体上仍处于起步阶段，发达国家凭借其信息产业和信息化的综合优势抢占战略主动权和发展先机，通过国家战略指引、政府研发布局、企业全球推进、应用试点建设、政策法律保障等措施加快物联网发展，并在局部领域取得了一定的突破和进展。我国物联网发展总体形势向好，形成了一定的产业、技术和应用基础，但也面临着关键核心技术有待突破、高端产业基础薄弱、安全保障措施不足、部分地区盲目无序发展等突出问题，亟须抓住机遇实现产业技术突破，推进物联网的健康可持续发展。

10.1　物联网产业发展现状和趋势

10.1.1　物联网产业的基本概念与范畴

严格意义上说，没有独立的物联网产业，物联网产业是指物联网相关产业，即实现物联网功能所必需的相关产业集合，涉及服务和制造两大领域[1, 2]，如图 10.1 所示。

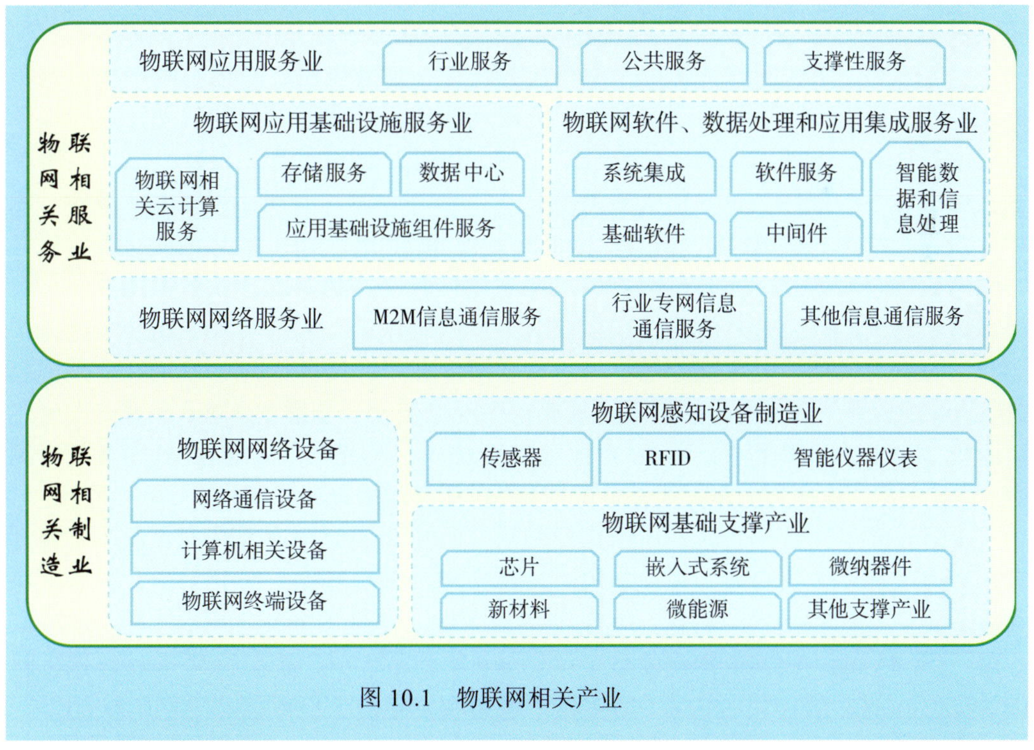

图 10.1　物联网相关产业

物联网相关制造业以感知设备制造业为主，包括传感器、RFID（radio frequency identification，无线射须识别）、智能仪器仪表（如智能电表等）；同时，物联网终端设备以及支撑物联网应用的计算机相关设备、网络通信设备等也是物联网制造业的重要组成部分。此外，物联网相关的芯片、嵌入式系统、微纳器件、新材料、微能源以及其他支撑产业是物联网发展的基础支撑产业。

物联网相关服务业主要包括物联网相关的网络服务业，应用基础设施服务业，软件、数据处理和应用集成服务业以及应用服务业等。

如图 10.2 所示，物联网产业链几乎涵盖了信息通信技术和信息产业的全领域，具有产业链长、跨领域宽的特点。

芯片 / 处理器	感知器件	感知设备	感知节点 / 感知网络	通信网络	云计算服务	应用软件 / 中间件	系统集成	服务提供
核心芯片 微处理器 通信模块 微操作系统 …	传感器 RFID 二维码 GPS RTLS …	智能终端 智能仪表 读写器 …	传感节点 传感器网络 …	网关设备 网络设备 M2M 服务 …	IaaS PaaS SaaS …	中间件 数据挖掘 智能处理 应用软件 …	行业集成服务 企业集成服务 …	智能电网 智能交通 智能医疗 智能家居 …

图 10.2　物联网产业链

10.1.2　物联网产业发展现状

从全球看，物联网整体上处于起步阶段，正在加速发展。目前物联网核心技术持续发展，标准和产业体系逐步建立，物联网应用加速向各领域渗透并注重向深度拓展，在物流、电网、交通、工农业、金融、医疗、城市管理、环保、家居、军事等领域已有不少应用项目，但大多处于试点、示范阶段，呈现小规模、区域性、闭环应用等特征，其中 RFID、M2M（machine to machine，即机器与机器间通信）等物联网应用相对成熟，无线传感网应用部署规模较小。物联网产业体系还处于培育期。物联网核心产业初具形态，仪器仪表、嵌入式系统、软件与集成服务等相关产业虽已有较大规模，但大部分还不具备物联网形态。2011 年全球物联网产业规模超过 1 300 亿美元 [3]，其中传感器市场规模约 700 亿美元，分散到 5 000 多家研发生产企业和 20 000 多种产品中；RFID 产业规模为 65.1 亿美元 [4]；无线 M2M 市场规模约 233 亿美元 [5]，连接到公众无线通信网络的 M2M 终端数超过 1 亿个 [6]。

我国开展了一系列物联网应用试验和示范，涉及工业生产、精准农业、金融支付、智能电网、智能交通、现代物流、城市管理、节能环保、公共安全、智能家居等多个领域。如在钢铁、石化、汽车等制造领域，传感器和 RFID 等已有一定规模应用；截至目前，国家电网已安装了一亿多只智能电表①；截至 2011 年，高速公路 ETC（electronic toll collection，即不停车电子收费系统）已推广到 2 500 条车道②，

① 资料来源于国家电网新闻发布会，http://news.xinhuanet.com/politics/2012-09/25/c_113205842.htm。

② 根据全国智能运输系统标准化技术委员会相关数据整理。

肉类蔬菜流通追溯体系建设试点已在全国 20 个城市开展。

我国已建立了基本齐全的物联网产业体系，部分领域已形成一定的产业规模。估计 2011 年我国物联网相关产业规模在 2 000 亿元左右，其中传感器产业规模约 1 000 亿元，RFID 产业规模约 180 亿元，M2M 相关服务业规模约 30 亿元。总体看，我国在物联网相关网络通信方面产业化能力较强，公众无线通信网络的 M2M 终端数达 2 100 万个，居全球第二位 [6]。而传感器、RFID 等感知端制造产业结构偏中低端，产业技术水平与国外差距较大，其中传感器中高端产品和芯片基本依赖国外进口，高端的物联网软件与集成服务能力与国外差距较大。

10.1.3　物联网产业发展基本趋势

尽管物联网有形成巨大市场的潜力，但从应用到产业，要完全转化为大规模现实市场还需要较长时间的培育，需要解决三个方面的制约：一是突破物联网各个领域的核心技术并实现产业化应用能力，特别是与传感器网络和大数据智能处理相关的核心技术。二是形成规模扩张的标准化条件，重点推进物联网从核心架构到各层的技术体制、产品接口的标准化，以及重点行业的应用标准化。三是解决应用成本问题，实现产品、技术、网络到解决方案的经济性，从而大规模启动市场。

当前，全球物联网产业的发展仍然是通过应用带动，以技术创新与商业模式创新为主要驱动，通过培育发展而形成物联网新服务、新市场和新业态，可分为三种情形：一是物联网应用对已有产业的内在提升。例如，传感器、RFID 产业发展已数十年，测量仪器仪表已广泛应用于生产生活各个领域，而由于物联网应用可使之向智能化、网络化升级，从而可实现产品功能、应用范围和市场规模的大幅扩展。二是物联网大规模应用而实现已有产业的横向市场拓展，如物联网将催生新型智能终端、嵌入式系统、云计算服务、软件与集成服务等产业新的增长点。三是物联网应用而创新和衍生出的新市场和新服务，包括传感器网络设备与服务、M2M 设备及服务、物联网数据处理服务、各类物联网应用服务等。例如，M2M 与移动通信和移动互联网结合成为当前的一个重要趋势，据估计，全球 M2M 终端数（包括通过各种方式连接到公众网络或企业专用网络的 M2M 终端）将从 2011 年的 20 亿个增长到 2020 年的 120 亿个①。

预计“十二五”期末，我国物联网产业规模将达到 5 000 亿～6 000 亿元，“十三五”后期可能真正形成万亿级产业规模 [1, 2]。

10.2　物联网产业重点技术现状与发展方向

物联网产业的关键技术包括感知技术、网络通信技术、应用技术以及共性技术

① 全球移动通信系统协会（GSMA）估计。

四类。其中重点技术主要包括感知技术中的传感器技术和 RFID 技术等，网络通信技术中的近距离、局域和广域无线通信技术等，应用技术中的海量数据和信息处理技术等，以及共性技术中的通用架构技术等。

10.2.1 物联网通用架构技术

物联网通用架构技术是指承载物联网应用的网络体系和服务提供架构，它基于现有的互联网和电信网体系架构，并在此基础上为适应物联网特点而有新的发展，其核心包括感知识别的大规模终端接入、通用网关、通用标识与解析、通用服务架构、应用支撑平台、统一语义等。国际电信联盟（ITU-T）“物联网概览”标准提出了为世界各国广泛认可的通用物联网技术参考模型。欧洲通过 FP7（the seventh framework program，即欧盟第七研发框架计划）、FI（future Internet，即未来互联网）等研究计划，对物联网参考模型、标识和解析等进行了系统研究。ETSI（European Telecommuni-cations Standards Institute，即欧洲电信标准化协会）对 M2M 应用支撑平台架构、网关、语义等方面进行了标准化，并推动了面向全球的通用架构标准化组织 OneM2M 的成立。美国 Jasper 等专业物联网服务提供商基于互联网和电信网的物联网通用平台已在全球大规模应用。

基于互联网的通用架构技术将是我国未来需要主攻的重点方向。目前，我国通过科技重大专项和“973”等加大了对通用架构方面的研究、国内行业龙头企事业也积极参与并主导了“物联网概览”等 ITU-T 和 ETSI 标准的制定过程。而在通用应用支撑平台方面，我国软件企业和电信运营企业接近世界先进水平。

10.2.2 传感器技术

传感器技术是从物理世界获取信息的核心技术之一。美国、日本、英国、法国、德国、俄罗斯等国都将其列为国家重点技术，并几乎垄断了高端传感器市场。目前，传感器主要采用微电子和微机电系统（micro-electro-mechanical systems，MEMS）技术，并逐渐向低成本、低功耗、微型化、智能化、综合化方向发展。

我国已经形成了较为齐全的传感器产品门类，光纤传感器技术已达到世界先进水平，MEMS 传感器技术取得了突破。但我国传感器总体的技术、工艺和装备水平较为滞后，传感器精度、灵敏度和可靠性等与国外差距较大，尤其是高端传感器基本被国外垄断，传感器敏感芯片严重依赖进口。上述问题近来已受到国家重视，但整体落后的局面短期内尚难以改变。

10.2.3 RFID 技术

RFID 是实现物体自动识别的关键技术。目前中高频 RFID 已经十分成熟，面向远距离识别的超高频和微波 RFID 是今后技术发展的重点。整体上，欧美国家在 RFID 软硬件技术及相关标准方面走在世界前列，在超高频 RFID 芯片和中间件方面具有垄断地位，标签、天线设计与封装等技术领先。

我国中高频 RFID 技术接近国际先进水平，在超高频和微波 RFID 技术方面取得了一定进展，但核心技术与欧美差距较大。虽然核心芯片方面也取得了一定突破，但产品主要遵从欧美标准，核心知识产权缺乏，产品市场份额较小。此外，应用于金属材料、液体环境的 RFID 标签天线设计制造能力有待提高。

10.2.4 网络通信技术

满足物联网需求的专用物联网近距离、局域和广域无线通信是物联网技术发展的重点。

近距离无线通信多技术并存，主要基于 IEEE 802.15 系列标准。低速、低功耗方面以 IEEE 802.15.4 影响最大，各应用领域广泛采用的 Zigbee、Z-wave、ISA100、Wireless HART 等都基于此标准。IPv6 在低速、低功耗网络中的应用成为近年来的焦点和重要方向，得到了思科等传统厂商的大力推动，Zigbee 等也开始支持 IPv6。IETF 已完成 IPv6 协议适配、路由和应用等标准的制定。尽管近距离技术、标准及核心芯片仍由发达国家主导，但我国近年来通过加大研发力度也取得了一些突破，包括推动工业无线通信技术 WIA-PA 成为 ISO/IEC 标准，推动 IEEE 将对我国 780M 频段和 MPSK 调制方式的支持作为可选项写入标准等。

局域无线通信方面，IEEE 正在针对物联网推动一些局域无线通信新型技术标准的制定。802.11ah 重点是减低传输速率和功耗，以满足物联网需要。而 802.11p 是专用于智能交通的短程通信协议，目前已开始产业化。我国现阶段主要以跟随为主，该领域的相关研发需进一步加强。

广域网无线通信的发展重点是面向 M2M 的无线移动通信。世界主要电信设备商和运营商正在积极推动相关技术的研发和标准化。3GPP 在版本 11 中已完成架构、拥塞控制、标识、寻址等标准化，版本 12 将重点解决小数据、监控增强、终端低功耗、组优化等问题。我国是国内外相关标准的主导力量之一，技术和产品与发达国家保持同步。

10.2.5 数据和信息处理技术

物联网数据将具有规模大和非结构化特点，云计算和大数据处理将是物联网信息处理技术发展的重点。云计算方面，虚拟化软件、虚拟机流量的接入控制、数据中心内部横向流量承载、数据网络与存储网络融合等是业界研究和发展重点。大数据处理方面，低成本、实时、可扩展、能够理解并处理多维多结构数据是主要发展趋势。

发达国家凭借传统计算机和基础软件方面的优势，继续在云计算和大数据处理技术方面占据主导地位，技术和产品领先。我国虽然基于开源技术取得了一定突破，但整体与国外仍有较大差距，且面临隐性侵权和自有知识产权保护的挑战。未来亟须在云计算虚拟化，大规模云操作系统，高扩展、高可用数据分析技术，高通量计算机等关键技术方面实现进一步突破。

10.3 物联网产业战略布局与发展重点

围绕我国经济社会发展的重大应用需求和国际竞争需要，加快战略部署，坚持市场化导向，以应用为引领，将攻克关键核心技术、提升产业自主核心能力作为中心任务，统筹推进物联网应用示范、技术研发、产业发展、标准研制、安全保障等重大任务，促进物联网产业持续健康发展。

10.3.1 推进重点领域的物联网先导应用

选择生产生活中具有重大经济社会效益和示范效应、技术产业带动作用强、关联性高的重点领域开展物联网先导应用示范。结合推进信息化与工业化深度融合和加快转变经济发展方式的需要，开展智能制造、精细农牧业、智能物流、金融支付等应用示范。结合国家重要基础设施的智能化升级需求，开展智能电网、智能交通、智能水利等应用示范。结合社会服务、公共安全和安全环保需求，开展医疗卫生、安全生产监控、节能环保监测等物联网应用示范。结合城市智能化管理和服务需求，开展城市综合交通智能管理、智能家居、公共环境安全监控等应用示范。以应用为引领，开展应用模式的创新，攻克一批关键技术，形成通用、标准、自主可控的应用平台，加快形成市场化运作机制，促进应用、技术、产业的协调发展。

10.3.2 全面提升物联网技术和产业能力

（1）突破信息获取和感知识别技术瓶颈，推进感知产业向自主发展和高端发展的转型升级。一是突破传感器技术，拓展传感器检测类型，围绕应用需求调整传感器产品结构，重点发展新材料、新功能、新能源、新结构传感器、MEMS 微型传感器、智能化传感器、多功能集成化传感器，实现由低端基本物理量传感器向中高端化学、生物传感器研制的转型。以智能化、集成化传感器为突破口，全面提升技术、工艺和规模产业化水平，提升高精度、低成本、低功耗、高可靠等功能性能，摆脱中高端传感器依赖进口的局面，实现传感器产业向价值链高端延伸。二是以应用为牵引，以超高频、有源等新型 RFID 为重点，突破核心技术，加快形成涵盖各类型 RFID 的芯片、标签、读写器、中间件、系统集成等完整产业链和产业能力，发展高速高可靠、多功能多接口、多制式模块化 RFID 和多读写器，发展嵌入式、智能化、可重组 RFID 中间件，加快研发与条码、生物识别、信息网络、传感器、定位融合的 RFID 技术。三是重点突破集传感器、微处理器、智能控制和通信技术为一体的智能仪表关键技术，发展物联网智能仪表产业。

（2）以传感器网络和 M2M 为重点，打造国际领先的物联网网络通信产业。一是加强传感器网络产业与传感器以及通信产业的上下游协作，重点突破传感器网络、传感器节点、物联网网关、核心芯片、嵌入式微处理器和微操作系统、应用集成等技术和产品。二是突破异构网络环境下的物联网通信网络技术，加快建立国际领先的物联网通信产业，重点发展近距离通信设备、RFID与移动通信集成终端、M2M设备和终端、RTLS定位系统、IPv6物联网终端和设备、M2M公共应用平台、移动M2M终端模组、车路协同近距离无线通信等技术和产品，积极研究并适时改造现有通信网络以适应物联网规模发展，培育壮大M2M应用服务。

（3）突破智能处理和应用集成薄弱环节，打造具有国际竞争力的物联网服务产业。一是突破大数据智能处理关键技术，重点包括跨平台嵌入式操作系统，面向物联网计算的一体化软件体系架构与可重构技术，物联网中间件，物联网搜索引擎，海量感知数据存储和并行处理、知识发现、数据挖掘、语义集成关键技术，基于物联网的分布式实时数据库技术，计算资源虚拟化控制技术，综合信息与业务集成技术，实时控制与多媒体人机交互技术等。二是完善物联网相关软件产业链和服务体系，打造实现物联网应用各环节紧密贯通和与行业流程紧密耦合的软硬件、网络与应用一体化高端综合集成服务能力，培育大型高端服务企业。加快云计算、金融支付、数据处理、行业应用等物联网服务的产业化进程，扶持有条件的企业提供社会化商业服务。

（4）发展关键共性和基础支撑产业，构建和完善产业链。加强物联网总体架构技术、安全技术、标识技术等通用共性技术研究；加快构建自主可控的物联网物体标识和解析体系；加强核心芯片、智能控制系统、微纳器件、微能源、新材料、测试仪器仪表等关键支撑产业发展，形成物联网配套的材料、能源、组件和技术能力；打造互动共赢、相互支撑的物联网端到端的完整产业链。

10.3.3 统筹构建物联网标准体系

按照“应用牵引、急用先行、广泛合作、国际同步”的原则，加快构建物联网标准体系，建立跨行业、跨领域的标准化高效协作机制，引导产学研联合加速完成标准体系框架建设。尽快发布物联网概览、传感器网络等已有基础的标准，以指导我国物联网产业发展。进一步完善共性标准体系，加快解析、QoS、安全、网管方面总体性标准的制定。传感器的发展应立足我国成熟的自主技术，实现产业突破并逐渐进行标准化。在RFID国外先发优势和专利布局已经形成的局势下，应建立自主知识产权、兼容国际标准的RFID标识。加强对IPv6等技术研究、标准跟踪和国内标准的制定，以及物联网（M2M等）公共应用支撑平台的标准化。应用标准方面，加强信息通信行业与垂直应用行业的合作，重点实现电力、物流、车联网、远程医疗监测、智能家居等行业物联网应用的标准化。国际标准方面，鼓励和扶持国内企业和组织参与制定国际技术标准，推动自主技术标准的国际化，提升我国在国际物联网标准中的主导力和话语权。

10.3.4 培育发展物联网骨干企业

在加大对科技型中小企业的孵化和扶持、完善产业体系的同时，注重提高产业集中度，加强产业链条的横向整合。通过企业间联合并购、品牌经营、虚拟经营等方式，在传感器、RFID、仪器仪表、核心芯片、嵌入式软件、系统集成、物联网网关及信息通信网、信息服务、智能控制等领域分别形成一批影响力大、带动性强的骨干企业，支持并鼓励这些企业实施国际化战略，积极开辟全球发展空间。同时加强产业链条的纵向整合，培育具备软硬件、网络、平台、应用、流程耦合的一体化高端综合集成服务能力的龙头企业，完成跨技术、跨网络、跨平台、跨应用的高端综合集成服务，把握产业发展方向并引领产业前进，积极参与国际竞争。

10.3.5 提升物联网产业公共服务能力

积极探索物联网公共服务与运营机制，整合各区域、各行业现有平台及公共资源，吸引相应的社会资源投入，形成资源共享、优势互补的产业公共服务体系，提升物联网技术研发、产业化、推广应用等方面的公共服务能力。建立物联网关键共性技术研发与产业化、测试认证、知识产权、人才培训、推广应用、投融资等公共服务平台，以及重点实验室、工程实验室、工程中心、推广应用中心等公共支撑机构，完善产业发展的配套和支撑机制。

10.3.6 加强物联网商业模式创新

鼓励运营模式创新，建立市场化运作机制，探索产业链上下游协作、价值链各方互利共赢的新型商业模式，形成应用、技术、产业互相促进、协调发展的良性循环态势，真正实现物联网产业的内生发展。在物联网重点应用领域，逐步建立反映市场供求关系、资源稀缺程度和环境损害成本的价格形成机制。促进物联网应用服务的社会化和商业化，培育物联网第三方服务企业。鼓励电信运营、信息服务、系统集成等企业积极参与物联网应用示范工程的运营和推广。

10.3.7 优化物联网发展区域布局

立足国家战略性新兴产业发展的整体需求，结合我国现有信息产业带的空间布局，充分考虑技术、人才、产业、区位、经济发展、国际合作等基础因素，在长三角、珠三角、环渤海、成渝、东北、西安等地区，以重点城市或城市群为依托，部署一批物联网工程中心和产业化基地，高起点培育一批基础坚实、特色突出、功能完善、具备国际竞争潜力的物联网综合产业集聚区，因地制宜地开展物联网区域试点应用和产业培育，积累技术发展、产业应用、经营管理、政策实施等方面的经验，形成优势互补、相互支持、协同发展的物联网产业布局。

10.3.8 健全物联网安全保障体系

加强物联网网络基础设施安全及信息安全技术的研究开发，保障信息采集、传输、处理等各个环节的安全可靠。重点开展隐私保护、节点的轻量级认证、访问控制、密钥管理、安全路由、入侵检测与容侵容错等安全技术研究，推动关键技术的国际标准化进程。建立以政府和行业主管部门为主导、第三方测试机构参与的物联网信息安全保障体系，通过构建有效的预警和管理机制，做好物联网重大技术、应用项目的安全评测和风险评估，大力提升信息安全保障能力。涉及国家基础设施和公共安全的重点物联网应用，其解决方案、核心设备以及运营服务必须立足于自主可控。

10.4 物联网产业发展重点案例

10.4.1 我国电信运营企业的M2M应用服务

物联网M2M服务已成为国内三大通信企业的发展重点，M2M终端数量快速增加。2011年年底我国M2M终端数量达到2 100万个，已跻身全球最大的M2M市场。

中国移动物联网终端数量已超过1 200万个，业务年均增长率超过了88%，营业收入超过14亿元。典型业务电力抄表终端规模已高达500万个，包括无线POS、警务通、市政、环保、城管等应用在内的公共服务类的终端规模已达到200万个。中国移动已搭建了包括通道型业务、智能通道型业务和应用集成型业务在内的物联网产品体系，并形成了多样化的标准产品和标准行业应用模板。标准行业应用主要包括十大重点行业（电力、交通、物流、农业、金融、医疗、环保、气象、家居、石化）和一项综合应用（无线城市）。

中国电信以应用为驱动，围绕重点行业需求，挖掘物联网特征，进一步丰富和深化原有转型业务；广泛联系产业链上下游，搭建开放合作平台，推动物联网业务的合作模式创新，实现共同发展；角色定位为物联网能力平台的运营者、物联网重点行业应用的集成者、物联网通信管道的提供者。中国电信物联网应用主要包括全球眼视频服务、位置（定位）服务、手机支付、家庭应用（即医疗、安防、家居等）、行业应用（即能源、金融、交通、环保、农业等）。2011年中国电信物联网终端数突破400万个，其中翼机通约占70%，全球眼约占15%，智能交通约占12%。

中国联通立足业务和技术发展主线，聚焦重点行业应用、公众服务应用、企业运营管理等重点应用方向，力争成为物联网领域创新服务领先者。目前，中国联通已在电力、金融、教育、城市管理、交通、物流、医疗、环保、传媒、家庭等行业推出了成熟的M2M业务应用。截至2011年年底，中国联通M2M终端数约为400万个，其中智能汽车的终端数达到300万个，联通神眼终端数为40万个，智能公交则约为32万个。

国内三大运营商的物联网发展思路基本趋同：在产业定位方面，确立“智能管道 + 开放平台”发展方向，提升通信管道价值，聚合产业链资源；在业务应用方面，选择重点行业、重点产品“以点带面”突破，推动物联网业务规模发展；在技术标准方面，积极参与物联网相关技术研发、终端发展和标准制定，谋划物联网未来发展技术布局；在运营管理方面，通过建设物联网运营管理平台，实行平台化运营。

10.4.2　我国主要 IT 服务企业的物联网应用服务

截至 2011 年年末，大唐电信物联网规模已达到 15 亿元。从 2009 年在物联网产业的一些环节和产品领域如 RFID、M2M 终端、视频监控等仅具备一些产业基础，到目前已具备物联网产业和多行业拓展能力，在综合监控系统、智慧城管、应急指挥、城市管网、智慧交通、智慧物流、智慧矿山、智慧油田、智慧核电等领域已具有比较丰富的、较为完整的、可实际应用的解决方案，大唐电信物联网业务规模实现了大跨度增长，年均增长率超过了 250%。大唐电信物联网产品线包括工业级 M2M 模块和智能卡系列、企业安全生产新型传感器系列、RFID 芯片及其规模化封装等。

同方软件依托清华大学的技术、人才和资本优势，从 2003 年开始专注于 M2M 领域应用软件产品开发、销售和营运业务。2011 上半年其物联网应用营业收入达到 4.6 亿元，毛利率达到 10.19%，营业收入比上年同期增长 49.51%。同方的发展策略是以 ezONE 业务基础平台为核心，以物联网业务中间件平台 ezM2M 为基础，在该平台上构建各行业公共构件库，进而提出各行业的解决方案，产品覆盖节能环保与能源管理、公共安全与应急、综合交通枢纽与轨道交通、RFID 与智能卡、GPRS 车辆和特种行业、市政与楼宇设备管理等众多领域。目前同方已在 20 多个行业、超过 300 个项目中成功推出解决方案，在智能建筑、智能市政、能源环境、水务工程等领域积累了丰富的经验。

远望谷从 1993 年就开始致力于 RFID 技术和产品研发，于 2007 年成功上市，是销售额突破亿级大关的骨干企业。2011 年 9 月，公司实现营业收入 2.24 亿元，同比增长 65.19%。远望谷的发展思路是紧密围绕 RFID 技术，加强技术研发，进一步提高公司在 RFID 领域的技术优势。远望谷拥有 100 多项 RFID 专利技术，以及六大系列 100 多种具有自主知识产权的产品，包括读写器、电子标签、天线及其衍生品。目前远望谷已在保证铁路领域销售额 30% 的年增长率基础上，积极开拓烟草、物流、食品药品监控、畜牧养殖及肉品溯源、图书档案管理、资产追踪以及服装零售等多个领域市场。

除大唐、同方、远望谷外，国内大部分 IT 服务商如神州数码、方正集团、新大陆等纷纷推出了各自的物联网产品和解决方案。

10.5　促进物联网产业发展的政策建议

10.5.1　物联网产业存在的问题与制约因素

（1）物联网技术有待整体突破，标准体系亟待建立。感知识别、智能处理等基础核心技术尚未实现自主可控，产业价值链的高端环节的核心技术和具有前瞻性的

前沿技术基本掌控在发达国家手中。系统、统一、协调的物联网标准体系尚未建立。

（2）物联网产业整体水平较低，产业链各环节供给能力不均衡。尚未形成从感知、芯片、软件、终端、整机、网络到业务应用的产业链各环节优势互补、协同互动的发展局面，骨干龙头企业缺乏，商业模式尚在探索，制约着物联网的大规模推广。

（3）物联网应用处于试验和示范性探索阶段，规模化应用少。目前我国物联网应用发展主要以政府示范类、行业闭环应用为主，系统集成服务能力和应用水平较低，传感器、电子标签和读写器的高成本制约着物联网的大规模应用。部分地区存在不顾实际、发展过热、项目盲目上马等情况。

（4）保障物联网健康发展的法律政策环境有待建立。促进物联网发展的投融资、税收、人才等优惠政策尚未到位。大数据环境下的信息和个人数据安全保障规则亟须建立和完善。

10.5.2　物联网有关行业管理政策的发展趋势和改进方向

1）注重顶层设计，强化统筹协调

发挥物联网发展部际联席会议制度的作用，加强组织领导，及时研究和解决物联网发展中的重大问题，加强统筹规划和顶层设计，形成合力。充分发挥物联网发展专家咨询委员会的作用，为物联网发展战略、顶层设计、重大政策、重大专项等决策提供咨询和支撑。加强区域间的协调联动，合理布局物联网重大应用示范和产业化项目，强化产业链配套和区域分工合作，避免低水平重复建设。

2）加大财税政策支持力度，完善投融资政策

加大国家科技计划、科技重大专项、战略性新兴产业发展专项资金、物联网发展专项资金等的投入力度，保持资金支持的长期稳定性，注重使用效果评估。支持符合条件的物联网企业享受适用于软件和集成电路产业以及高新技术企业的现有税收优惠政策。鼓励金融资本、风险投资及民间资本等多种资本以不同形式投向物联网产业发展和应用，加快建立包括财政出资和社会资金投入在内的多层次担保体系，对技术先进、优势明显、带动和支撑作用强的重大项目优先给予信贷支持。鼓励设立支持和引导物联网发展的股权投资基金。

3）强化有利于物联网发展的市场环境

完善物联网发展的法制环境，重点推进数据和信息保护、信息安全等相关立法。完善应用促进、创新激励、竞争规范等政策体系，在加强安全保障体系建设的同时放松物联网的市场准入标准，降低重点行业领域的进入门槛，建立多元资本公平进入的市场准入机制。建立健全服务体系，加大对物联网相关标准、检测、认证等公共服务平台建设的支持力度。建立面向物联网应用的数据信息共享机制，以基础设施、公共服务等领域为试点，探索信息源开放、共享的机制和商业模式，建立物联

网在不同领域应用过程中的数据和信息共享机制，促进物联网应用和市场发展。加强知识产权保护，积极开展物联网相关技术的专利评估分析，加快物联网相关专利布局。

4）建立物联网军民融合发展的长效机制

建立军民共用的重大项目联合申请机制和军民融合的产业发展机制，在受价格等因素制约的高端和特种传感器等物联网产品方面，可以军用先行，促进军用技术向民用的转化，以军用带动民用，促进整个产业的发展。充分利用民用物联网技术、产品和解决方案服务于军队物联网应用需求，寓军于民，融合发展。

5）建立物联网研发产业化重大项目协调联动机制

在物联网发展部际联席会议制度下建立物联网重大研发、产业化和应用示范项目的常态化联动协调机制，建立重大项目的虚拟群管理，统筹关键技术攻关、研发和产业化部署，充分借助现有科技和产业化平台，有效实现国家重大专项、科技计划和重大产业化等各类物联网相关项目的协同。

6）积极参与物联网国际合作，提升国际合作水平

充分利用国际资源，积极参与技术、政策和标准化的国际合作，在物联网架构和核心技术标准领域加大话语权和主导权。引导国际优势企业与我国相关企业加强物联网关键技术和产品的研发合作，支持我国企业参与物联网全球市场竞争。积极参与物联网国际治理。

参考文献

[1] 中国工程院．研究报告：物联网及其在重要领域的应用，2011.

[2] 中国工程院．研究报告：我国物联网和相关产业“十二五”发展战略研究，2011.

[3] 工业和信息化部．无锡国家传感网创新示范区发展规划纲要（2012—2020年），2012.

[4] IDTechEX 咨询机构 .RFID forecasts，players and opportunities 2012—2022，2012.

[5] IDATE. Machine-to-machine market，2012.

[6] Ryberg T. The global wireless M2M market. Berg Insight，Sweden，2012.

缩略词表

RFID：radio frequency identification，即无线射频识别

M2M：machine to machine，即机器与机器间通信

ETC：electronic toll collection，即不停车电子收费系统

FP7：the seventh framework program，即欧盟第七研发框架计划

ETSI：European Telecommunications Standards Institute，即欧洲电信标准化协会

MEMS：micro-electro-mechanical systems，即微机电系统

第 11 章

有机发光显示（OLED）产业

杨淑娟　任雪艳　段　炼　张国辉

【内容提要】 显示产业作为电子信息产业的重要组成部分，其市场规模逾千亿美元，并具有明显的拉动效应，大力发展显示产业将带动相关产业的全面发展。在显示产业中，OLED 技术被业界人士认为是最有发展前景的新型显示技术之一。由于其具有可大面积成膜、功耗低以及其他优良特性，OLED 还是一种理想的平面光源。OLED 显示技术的总体发展趋势是从小尺寸到大尺寸，从 PMOLED 到 AMOLED，从刚性到柔性，其中围绕大尺寸 AMOLED 技术和工艺的研究开发是目前的核心。OLED 将在显示和照明两大产业中占据越来越重要的位置。OLED 显示目前逐渐从中小尺寸过渡到大尺寸应用，随着技术的发展将会拓展到柔性显示和透明显示等领域。2019 年 OLED 的销售额将达到 435 亿美元。OLED 对于我国是一个战略性新兴产业，我国企业已具备较好的发展基础。国家统筹支持 OLED 产业的发展，打造 OLED 龙头企业，将对我国把握产业机会，实现突破和跨越式发展，并进而提升我国信息显示产业的发展水平，有重要的战略意义。

在我国，电子信息产业是国民经济的战略性、基础性和先导性支柱产业，对于拉动经济增长、促进产业升级、转变发展方式和维护国家安全具有重要作用。显示产业作为电子信息产业的重要组成部分，其市场规模逾千亿美元，并具有明显的拉动效应，大力发展显示产业将带动相关产业的全面发展。

在显示产业中，目前最具有发展潜力的是 OLED 技术。OLED 是继液晶显示器

（liquid crystal display，LCD）之后的新一代显示技术。与 LCD 相比，OLED 具有全固态、主动发光、高亮度、高对比度、超薄、低功耗、无视角限制、工作温度范围宽、可实现柔软显示等诸多优点，是国际上高技术领域的一个投资热点。由于具有可大面积成膜、功耗低以及其他优良特性，OLED 还是一种理想的平面光源，在未来的节能环保型照明领域也具有广泛的应用前景[1]。

全球平板显示领域的主要企业，如三星、LGD、友达、奇美电、索尼和夏普等，以及照明行业巨头 GE、飞利浦、欧司朗等均对 OLED 技术十分重视。韩国、日本等国家非常重视 OLED 显示产业的发展，美国和欧盟也大力支持 OLED 照明产业的发展。

OLED 对于我国是一个战略性新兴产业，我国企业已具备较好的发展基础。国家统筹支持 OLED 产业的发展，促进 OLED 新兴企业的发展，这对我国提升显示产业发展水平有重要的战略意义。

11.1 OLED 产业发展的现状与发展趋势

11.1.1 OLED 产业的基本概念与范畴

OLED 是一种将电能直接转换成光能的有机发光显示器件，OLED 器件结构如图 11.1 所示，由非常薄的玻璃基板和附着在玻璃基板上的纳米铟锡金属氧化物（indium tin oxides，ITO）阳极、有机空穴传输层、有机发光层、有机电子传输层和金属阴极构成。OLED 属于载流子双注入型发光器件，其工作机理为：在外界电压的驱动下，由阴极注入的电子和阳极注入的空穴在有机发光层中复合而发光。采用不同的发光分子，即可以获得红、绿、蓝等各种颜色的发光。

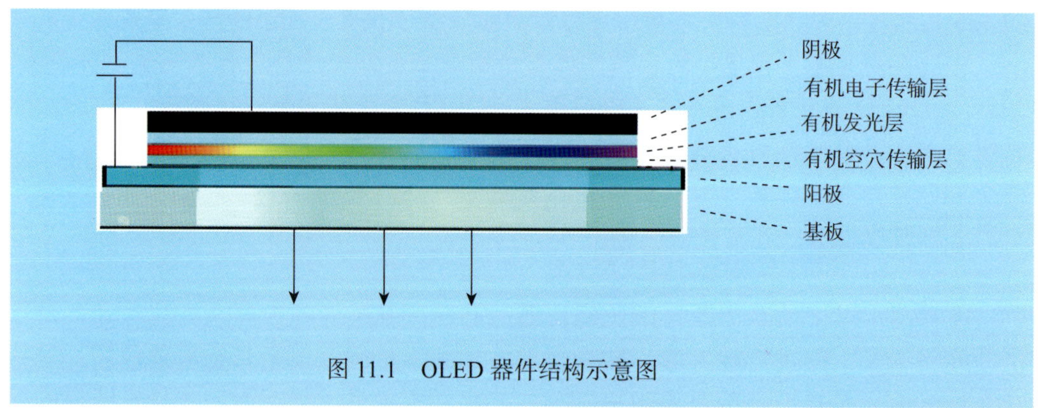

图 11.1　OLED 器件结构示意图

根据驱动方式的不同，OLED 可以分为被动矩阵有机发光显示（passive matrix organic light emitting display，PMOLED）和主动矩阵有机发光显示（active matrix organic light emitting display，AMOLED）两大类。其中 PMOLED 适合小尺寸显示应用和照明光源应用，AMOLED 适合中大尺寸显示应用。有机发光层厚度极薄而且透明，如果选取适当的透明导电背板和透明封装盖 / 封装膜，则可制作出透明 OLED 器件；如果将背板材料改为金属薄片或塑料薄膜，并采用薄膜封装，就可制作出可弯曲甚至卷曲的柔性 OLED 器件。

11.1.2 OLED 产业发展现状

OLED 显示产业目前的发展阶段相当于薄膜场效应晶体管液晶显示器（thin film transistor liquid crystal display，TFT-LCD）产业在 20 世纪 90 年代的状况。2010 年 OLED 全球销售收入达到 14 亿美元，2011 年全球销售收入超过 30 亿美元。国际权威市场调查机构 Display Search 发表的研究报告显示，2012 年第 2 季度，全球 AMOLED 出货量激增 93%，销售额达到 14.7 亿美元，在整个中小型显示器市场中所占比重增至 20.2%，较上年同期增长 9.1%。从出货量来看，2012 年第 2 季度 OLED 面板创下出货新高，比第 1 季度增长 10%，而其中 AMOLED 手机面板也创下了季出货 3 200 万片的新高纪录，较前一季度增长 8%。具体销售额见图 11.2。

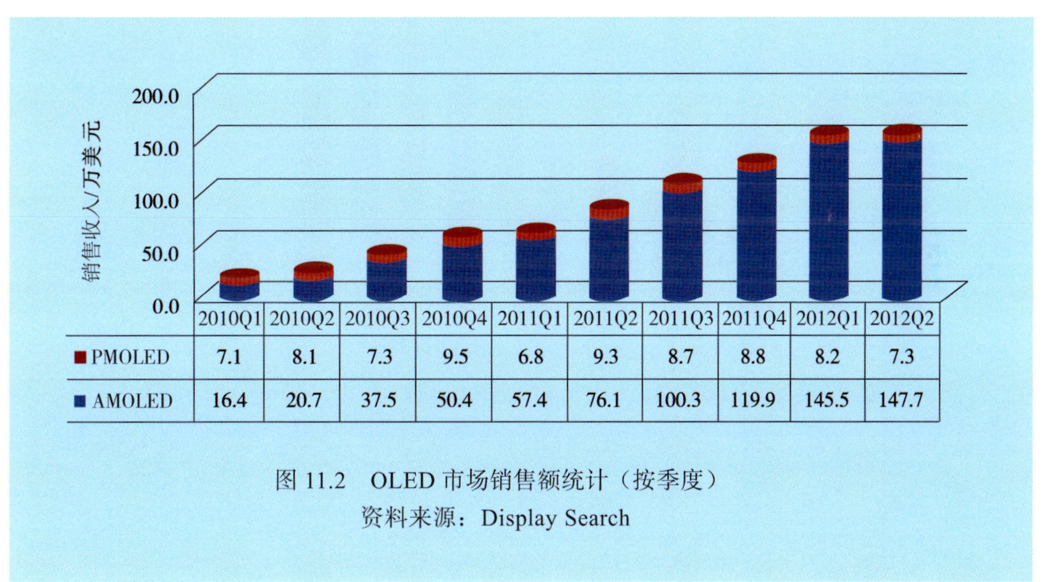

	2010Q1	2010Q2	2010Q3	2010Q4	2011Q1	2011Q2	2011Q3	2011Q4	2012Q1	2012Q2
PMOLED	7.1	8.1	7.3	9.5	6.8	9.3	8.7	8.8	8.2	7.3
AMOLED	16.4	20.7	37.5	50.4	57.4	76.1	100.3	119.9	145.5	147.7

图 11.2 OLED 市场销售额统计（按季度）
资料来源：Display Search

2012 年，OLED 产业进入飞跃期，各大厂商加快了产业化步伐。三星旗下 Samsung Display、S-LCD 以及 SMD 将被合并成一个公司，合并后的公司被称为 Samsung Display，将重点发展 OLED 产业。

随着 AMOLED 产业化进程加大，主流电视厂商开始转向 OLED。2012 年 1 月，在 2012 CES 展会上，韩国三星和 LG 分别展出了 55 英寸 OLED 电视，并宣示将于近期启动规模量产。OLED 电视是全球公认的下一代平板电视的最佳方案。

11.1.3 OLED 产业发展趋势

OLED 显示器目前逐渐从中小尺寸过渡到大尺寸应用，随着技术的发展，其将会拓展到柔性显示和透明显示等领域。2012 年 7 月，韩国知识经济部将 LG 确定为开发 60 英寸高清可弯曲 OLED 显示屏幕的领头公司，要求其在 2017 年之前完成这种显示屏幕的开发。

到 2014 年，OLED 面板最大的应用终端产品仍为移动电话，据统计，2011 年全球 OLED 手机已达 1.3 亿部。而在大尺寸 AMOLED TV 产品方面，由于初期售价高昂（以 55 英寸 AMOLED TV 为例，三星公布的售价为 9 000 美元，LG 公布的售价为 7 500 美元），市场拓展会比较缓慢。根据调研机构 IDC 预估，全球 OLED TV 出货量 2016 年将突破 1 亿台。

Display Search 指出，按照目前已发布的投资与生产规划分析，预计 2016 年 AMOLED 出货面积将达到 2 200 万平方米，相较于 2012 年的 230 万平方米成长近 10 倍。2019 年 OLED 的销售额将达到 435 亿美元，如图 11.3 所示。

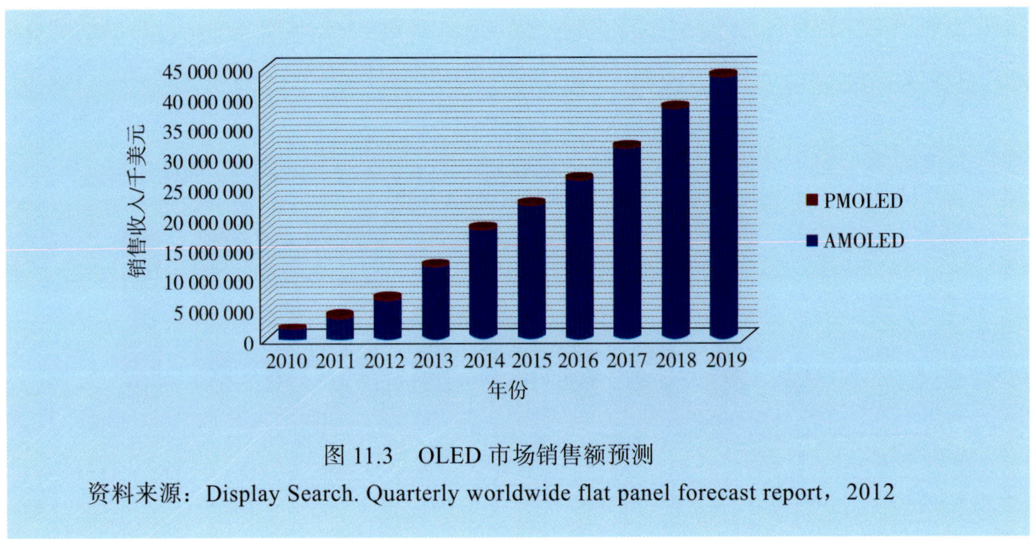

图 11.3 OLED 市场销售额预测

资料来源：Display Search. Quarterly worldwide flat panel forecast report，2012

11.2 OLED 产业重点技术现状与发展方向

OLED 显示技术的总体发展趋势是从小尺寸到大尺寸，从 PMOLED 到 AMOLED，从刚性到柔性，其中围绕大尺寸 AMOLED 技术和工艺的研究开发是目前的重点。

在 AMOLED 器件技术方面，PMOLED 技术是基础，OLED 器件技术的研发重点包括新型有机功能材料、新型器件结构、新型封装技术等。

对于 TFT 驱动背板技术来说，通常是根据 TFT 沟道层使用的材料不同来进行分类，主要包括非晶硅（α-Si）TFT、微晶硅（μ-Si）TFT、多晶硅（p-Si）TFT、单晶硅 TFT、氧化物 TFT 和有机 TFT 等。目前比较成熟的 AMOLEDTFT 背板技术是采用准分子激光退火（ELA）的低温多晶硅（LTPS）技术，在小尺寸应用方面已经取得成功；而 ELA 技术在大尺寸基板上的应用仍然有很大的问题，业者对氧化物 TFT 技术寄予希望[2]。

11.2.1 OLED 有机发光材料技术

OLED 有机发光材料是 OLED 的关键原材料，制约着 OLED 器件的显示性能，在屏体成本中所占比重也较大。有机发光材料按功能分主要有载流子传输材料、空穴 / 电子注入材料、发光层主体材料、发光材料等。

与 PMOLED 所用材料相比，AMOLED 技术要求材料具有更高的发光效率和更长的寿命。在 PMOLED 产品中，荧光材料仍是主要的选择。而对于 AMOLED 产品，充分利用磷光的高效率，开发出长寿命的磷光材料是解决大尺寸 OLED 器件寿命的关键。

据 Displaybank 调研报告，作为全球 AMOLED 面板的主要出货地，2010 年韩国国内 AMOLED 有机发光材料市场规模为 5 600 万美元，2011 年已增加到 2 亿美元，并预测将以平均每年 1.65 倍的速度增长，到 2015 年将达 13 亿美元[3]。

美国市场调查公司纳诺市场公司（NanoMarkets）在《2012 年 OLED 材料市场报告》中预测，OLED 材料在显示与照明领域的整体应用价值将进入快速增长期，从 2012 年的 5 亿美元增长至 2019 年的 70 亿美元，其中，用于 AMOLED 领域的发光材料、发光层主体材料、空穴 / 电子注入与传输材料的价值就达 30 亿美元[4]。

11.2.2 OLED 背板技术

1）非晶硅TFT背板技术

非晶硅 TFT 背板技术在 LCD 产业中已经获得了广泛的应用，但 OLED 是电流驱动型器件，需要 TFT 的沟道材料具有较高的迁移率，以提供较高的电流密度，从而达到足够的亮度。而非晶硅 TFT 的载流子迁移率一般仅为 0.5 ～ 1cm^2/Vs①，很难满足 OLED 驱动能力的要求，而且 OLED 对阈值电压 Vth 稳定性的要求远高于 LCD，而这也恰恰是非晶硅 TFT 的弱点。因此，非晶硅在材料性质上的先天弱势使其无法直接应用于 AMOLED 产业。虽然研究人员提出了很多新型驱动方式或像素内外补偿电路的方法试图加以改善，但目前还不能达到量产的要求。

2）多晶硅TFT背板技术

多晶硅 TFT 的载流子迁移率较高（10 ～ 200cm^2/Vs），更适于实现高分辨率、高对比度和高开口率，并且有希望通过集成驱动电路来降低成本。目前主要采用 LTPS 技术来制备多晶硅，其中关键的结晶化工艺技术包括 ELA、连续横向结晶（SLS）、

① cm^2/Vs 表示载流子在电场作用下其漂移速度与电场强度的比例系数。

固相结晶化（SPC）、金属诱导横向结晶化（MILC）等技术，目前已量产的中小尺寸AMOLED 产品基本都是采用 ELA 技术。

3）氧化物TFT背板技术

氧化物 TFT 背板技术可以采用与非晶硅 TFT 类似的工艺流程，且能够获得较高的载流子迁移率和很好的 TFT 一致性，其主要问题在于制造工艺再现性较差，TFT 的重复性和稳定性仍需提高。该技术在 AMOLED 上的应用尚处于技术开发阶段，距离产业化仍然有一定距离，但由于其具有良好的发展前景，近年来受到了业界的极大关注。韩国 LG 在 CES 2012 展会上展出的 55 英寸 AMOLED TV 样机即采用了 IGZO TFT 背板技术。

11.2.3 OLED 照明技术

1879 年，爱迪生发明了电灯，照明光源真正进入电能转化光能的时代。后来陆续出现了荧光灯、LED 及 OLED 等照明光源。LED 及 OLED 照明均具有节能、绿色环保、固态化等优点，有望成为未来照明光源的主流。其中与 LED 相比，OLED 还有面光源、无频闪、光谱接近自然光、可实现柔性化等独特优势。正因为白光 OLED 的上述优点，其有机会成为新一代室内固态照明的主角。

目前，国际上白光 OLED 器件及屏体性能发展很快，发光效率的实验室水平已达到 128lm/W（流明 / 瓦）[5]。

日本 Lumiotec 公司从 2011 年 1 月就开始量产 OLED 照明面板，日本新创公司（ELTechno）计划在 2012 年设立熊本工厂，开展 OLED 照明面板的规模生产。

欧洲的 Astron FIAMM 公司和欧司朗公司已开始 OLED 照明面板的中试生产。

韩国 LG 公司推出了小批量的 OLED 照明面板产品，效率分布在 45 ～ 60lm/W。

在我国，清华大学、吉林大学、苏州大学、华南理工大学、中科院理化所、长春应用化学研究所、维信诺公司等也都开展了白光 OLED 技术的研发[5]。维信诺公司早在 2009 年就开始了 OLED 照明模块及灯具的销售，2012 年年初推出了 40lm/W 的照明模块及灯具。

从近几年全球各厂家积极进军 OLED 照明的事态可以看出，未来 2 ～ 5 年是 OLED 照明技术、产业、市场发展的关键时期。OLED 照明屏体正向着大面积化、高可靠性、高效率及低成本的方向发展。研究和开发 OLED 照明技术给我国的照明产业发展提供了难得的机会。

11.2.4 OLED 柔性技术

OLED 作为全固化的显示器件，其优点之一就是能够实现柔性显示。OLED 柔性显示屏兼具柔性显示屏和 OLED 显示屏的优点，不仅能够实现柔软、可弯曲的特性，还具有卓越的显示效果，是未来显示器的发展趋势之一。

与普通的硬屏相比，OLED 柔性显示屏的最大不同是采用了柔软的衬底，常用的柔性衬底材料有聚合物薄膜、金属箔片、超薄玻璃等。聚合物薄膜衬底相对金属箔片和超薄玻璃，具有易于制备、质量轻、柔韧性好等优点，但这些材料对水、氧的阻隔能力较差，无法满足OLED器件的要求，因此OLED柔性显示屏的寿命一直是制约该技术发展的瓶颈之一。另外，聚合物薄膜无法承受高温，这对在其上面制作TFT器件造成了诸多不便。三星、LG等公司先后展示了使用金属箔片衬底的柔性显示屏样品，但是金属箔片的表面粗糙度大，需要严格而精密的平坦化处理。

11.3 OLED产业布局与发展重点

11.3.1 OLED全球产业布局与技术重点

1）韩国将OLED产业列为国家战略

韩国OLED产业的发展很大程度上得益于韩国政府的大力支持。韩国政府将OLED产业列为国家战略来发展。

韩国经济知识部2009年1月发布的《韩国绿色IT国家战略》中概述了当时韩国OLED技术发展的状况。韩国政府希望通过发展OLED技术，并将照明和IT技术相融合，创造节能环保的新一代照明产业，从而提高国家竞争力。

2010年5月，韩国政府又推出了《显示器产业动向及应对方案》，明确OLED发展目标是：到2013年能够成为世界首个实现AMOLED显示面板量产的国家，引领新一代显示器市场的发展；到2015年，韩国基本进入显示器时代；韩国国产显示器设备产品及零配件材料在韩国的市场份额扩大到70%。韩国政府将OLED产业列为中长期发展目标，目的是使韩国最终能够成为世界首个AMOLED电视和OLED照明面板量产的国家，并确保其在柔性显示器、电子印刷等新一代显示器领域的核心技术竞争力。

2011年12月，韩国政府宣布组建发展OLED显示和照明技术联盟，该联盟计划由26个机构和企业组成，并计划在2018年生产40英寸的柔性电视。

2012年7月，韩国政府以“未来旗舰项目”支持LG在OLED柔性显示方面的研发。

2）日本政府主导OLED产业发展

日本是最先将OLED技术产品化的国家。2007年，日本索尼曾向日本国内推出全球首款OLED TV，尺寸为11英寸。但由于OLED TV成本太高，索尼后来退出了OLED技术的研发及相关技术的产品化进程。现在日本以政府为主导，联合相关面板企业，重新加快了OLED技术的研发及产品化步伐。

2011年11月，日本官民基金“产业革新机构”（INCJ）、索尼、日立、东芝组建了Japan Display（简称JDI），该公司把OLED面板定位为新一代核心技术，将在

2013 年生产 AMOLED 面板。

11.3.2 我国 OLED 产业政策支持与发展现状

1）我国OLED产业相关政策

在国务院 2012 年 7 月印发的《规划》中，已明确将包括 OLED 技术在内的新型平板显示工程列为重点发展对象。在 2012 年 7 月颁布的《财政部海关总署税务总局关于进一步扶持新型显示器件产业发展有关税收优惠政策的通知》中，明确对 OLED 生产企业进口国内不能生产的自用生产性（含研发用）原材料和消耗品，免征进口关税等优惠措施。

2）我国OLED产业的发展现状

基于清华大学的技术基础，维信诺公司已先后建成国内第一条 PMOLED 中试线、第一条 PMOLED 量产线和第一条 AMOLED 中试线，彩虹、长虹、上海天马、北京京东方、TCL 和创维等企业也开展了相关技术研发和产业化准备工作。

国内 OLED 产业在产业链配套方面，驱动 IC、有机材料、封装片等部分实现了国产化，在基板玻璃、高精密 MASK 等方面有了很大进展，目前在进行产品导入；但在装备、部分关键原材料方面还不能自足。

11.4 我国 OLED 产业发展典型案例

11.4.1 昆山维信诺显示技术有限公司简介

维信诺公司是基于清华大学有机发光显示器技术成立的，集自主研发、规模生产、市场销售于一体的高科技企业。维信诺公司在增强自身研发与生产实力的同时，积极与国内外企业开展各种形式的合作，致力于推动中国 OLED 技术与产业的发展。截至目前，维信诺和清华大学已申请国内外专利 400 多项，包括 39 项国际专利。维信诺与清华大学还是 OLED 国际标准的重要参与者和 OLED 国家标准的主要制定者，已完成国际标准 1 项、国家标准 2 项、军用标准 1 项。

2002 年，维信诺在北京建成中国大陆第一条 OLED 中试生产线。从 2003 年起，维信诺 OLED 产品开始小批量供应市场，获得了便携式消费电子产品、仪器仪表、医疗设备客户的青睐，还通过了严苛的使用环境条件验证，性能指标达到并超过了目前市场上的常规 OLED 产品。2008 年，维信诺自主设计的国内首条 OLED 大规模生产线在昆山产业化基地建成投产，大生产线产品很快进入国内国际市场。权威市场调研机构 Display Search 的调查数据显示，2011 年维信诺 PMOLED 产品出货量居全球第二位。

11.4.2 昆山维信诺显示技术有限公司创新特色

1）通过自主创新建立完整的OLED技术体系，多项核心技术处于国际领先水平

清华大学和维信诺公司通过持续自主创新，成功取得了多项核心技术突破。“新型电子注入材料”、“双极性电子传输材料”、“复合发光层器件结构”等核心技术居于国际领先水平。

清华大学和维信诺公司的 OLED 产品解决了高亮度、高对比度、抗震动、抗电磁干扰等技术问题，所研制的 OLED 显示器成功应用于“神七”舱外航天服上，在国际上开创了将 OLED 技术应用到航天领域的先例（图 11.4）。

图 11.4 OLED 技术应用于航天领域

从 2002 年开始，清华大学和维信诺在显示产业首次牵头制定国际 OLED 标准，并主导了国内 OLED 标准的制定，已完成国际标准 1 项、国家标准 2 项。截至目前，维信诺与清华大学共同申请国内外专利 400 余项，其中发明专利占 85% 以上。2012 年 2 月，清华大学和维信诺公司共同申报的“有机发光显示 OLED 材料，器件与工艺集成技术和应用”项目荣获 2011 年度国家技术发明奖一等奖。

2）在国内率先开展OLED大规模量产，产业化水平处于国际前列

2008 年 10 月，以江苏省昆山市政府资金为主体，维信诺公司投资建成了中国大陆第一条 OLED 大规模生产线（图 11.5），并入选 2009 年《科技导报》评选的“2008 年中国重大科学、技术与工程进展”，该报对其的评价为：“这是我国大陆在显示产业领域第一次依靠自主掌握的技术实现大规模生产，标志着新型平板显示技术领域通过多年自主创新已取得重大突破，显示产业由‘中国制造’开始走向‘中国创造’。”

2011 年，维信诺 PMOLED 产品出货量位居全球前二位。目前维信诺 OLED 产品已在消费类电子（手机、MP3 等）、工控仪表、医疗仪器、煤矿安全产品、智能监控系统等行业获得应用，并拥有康佳、TCL、联想等知名客户，产品进入德国、日本、韩国等国际市场。

图 11.5　维信诺 OLED 大规模生产线

3）积极布局OLED大尺寸显示和OLED照明技术，是国际为数不多的能够制备透明OLED器件和柔性OLED器件的企业

2009 年维信诺公司在昆山市政府的支持下，成立了昆山平板显示中心，全面开展大尺寸 OLED 关键技术和中试工艺技术的开发工作，已建成了国内首条 AMOLED 中试生产线，全线打通了 AMOLED 制造工艺技术，制备了 3.5 英寸、7.6 英寸、12 英寸 AMOLED 样品（图 11.6）。目前正在筹划建设 5.5 代 AMOLED 大规模生产线，已完成产线选址、规划、设备选型，预计 2014 年该产线将建成。

图 11.6 国内首条 AMOLED 中试线图

在 OLED 照明技术方面，维信诺自主研发的 OLED 照明产品已小批量供应市场，是继飞利浦、欧司朗之后国际上第三家供应 OLED 照明产品的企业。维信诺和清华大学在照明技术上还实现了一系列突破，设计开发的具有自主知识产权的器件结构，在 1 000cd/m^2（坎德拉 / 平方米）的亮度下，寿命达 10 万小时，为全球业界最高纪录之一，最高流明效率达 60lm/W，居于国际先进水平。

在透明 OLED、柔软 OLED 等新技术方面，维信诺公司和清华大学也开展了系统研究工作，是国际上少有的几家可以制备透明 OLED 和柔性 OLED 的单位之一（图 11.7）。

4）建立以企业为主体、以市场为导向的技术创新体系

维信诺公司在发展 OLED 技术和产业化过程中，经过多年的探索和实践，形成

（a）AMOLED样品

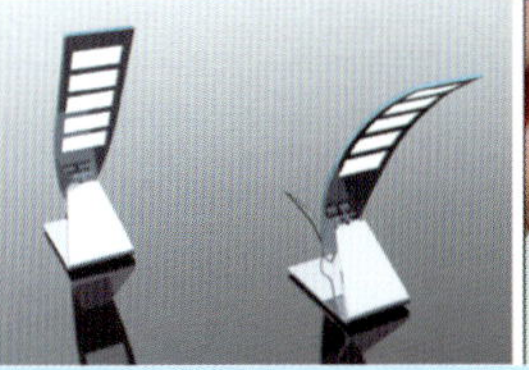

（b）白光照明灯具图

（c）柔性显示样品图

（d）透明显示样品

图 11.7　OLED 应用样品

了有特色的自主创新模式——以企业为创新主体的产学研一体化合作机制。项目团队确立了产业报国的使命和持续创新的文化，并以此凝聚了一批志同道合的优秀人才，形成了一支强有力的创新团队。

11.5　我国 OLED 产业发展的政策建议

11.5.1　OLED 产业发展中存在的问题与制约因素

OLED 产业发展机遇巨大，但同时也面临着国际竞争压力大、资本投入大等风险。我国要把握产业升级的机遇，需将 OLED 产业发展上升到国家战略层面，以强有力的措施集中支持重点企业的发展。

OLED 涉及我国七大战略性新兴产业中的新一代信息技术、新材料、节能环保三大产业，OLED 产业的发展将有力地带动和促进多个相关产业的成长。

1）来自TFT-LCD产业的竞争压力

作为现阶段平板显示的主导性产品，TFT-LCD 无论是在技术上还是在产业上均已进入成熟期。成熟的产业链配套和多年积累的规模效应，会在价格和应用领域上打压新兴的 OLED 产业。不过，OLED 技术优势明显，在移动显示等重要显示应用领域已站稳脚跟，随着技术进步和产业成熟度提升，其产品成本和价格也会迅速下降，产业规模会迅速扩大，整体技术竞争优势会越来越强。

2）产业发展机遇中国际同行带来的压力

TFT-LCD 产业的发展经验告诉我们，一旦技术的产业化可行性得以证明，越早介入产业，越容易形成技术路线和制式锁定，越容易获取知识产权，越容易占领价值链中的高端位置。目前大尺寸 OLED 产业化仍处于起步阶段，OLED 照明刚有小批量产品投放市场，我国应该果断抓住这一产业发展的战略机遇期，加大研发和产业投入；否则，我们很可能再次失去产业升级所带来的赶超机会。

根据国内外企业的产业化计划，预计 2014 年以前全球会建起 3 ～ 5 条 5.5 代生产线，2015 年左右有可能发展到 8.5 代生产线。在市场整体供不应求的情况下将可获得高额回报，投资者可利用回笼资金推动产业滚动持续发展；而若投资和建线延迟，将有可能陷入到成本竞争、价格下降、利润下滑、投资回报慢的困境，进而严重影响投资者的信心和企业的后期发展。

3）持续、大量的资本需求

显示产业对资本的需求十分巨大。与三星、LG 等企业相比，中国 OLED 产业发展所需的大量资本的支持问题，可能成为产业起步和持续发展的一个重大瓶颈。

11.5.2 促进产业发展的政策取向

（1）在国家战略方面，OLED 产业在国际范围内的竞争已不单是企业间的竞争，而体现为国家之间的竞争。欧美、日韩等国家和地区已制定了专门针对 OLED 产业发展的战略规划。

建议我国成立国家层面的产业发展战略方面的专家委员会，国家多个部委的政策实现联动，从最高层面设计我国 OLED 产业化的道路，明确提出国家级的产业发展战略和计划，出台明确的支持计划，加快产业链的建设。

（2）在研发投入方面，由于 OLED 产业技术发展迅速，技术创新所需投入巨大，三星、友达等产业巨头每年在 OLED 领域投入的研发经费达数亿美元，反观中国企业目前的规模，即使有地方政府的鼎力支持，在大额的研发投入面前仍然会倍感压力。建议改变我国目前仅以政府项目向众多承担单位分散提供有限科研资金的支持方式，集中国家专项经费资源，重点支持具有优势和基础的单位牵头承担相关研发任务，以合力应对与行业巨头的研发竞赛。

（3）在资本投入方面，由于 OLED 产业所需资金量较大、竞争风险大，在目前中国企业的现状下，大多数企业和投资者没有资金能力，或者没有挑战风险的信心，不敢参与这类产业的发展，OLED 产业发展无法完全依靠社会资本投入。建议政府协调国有投资公司，或者具有相关产业资源的国家大型企业，与地方政府共同投资支持 OLED 企业的发展，并进一步带动社会资源的跟进。

参考文献

[1] 张德强 .OLED 技术与产业发展的机会与挑战 . 化工新型材料，2010，（8）：1 ～ 4.
[2] 段炼，邱勇 .OLED 照明及 OLED 有源显示材料与器件 . 新材料产业，2011，（2）：20 ～ 27.
[3] Displaybank. Korea AMOLED light-emitting material industry analysis. Korea，2011.
[4] 纳诺市场公司 . 2012 年 OLED 材料市场报告 . http://nanomarkets.net/news/article/nanomarkets_announ-ces_release_of_latest_report_on_oled_materials_market，2012-07-05.
[5] 肖柏容 . 2012 年日本 LED/OLED 照明技术展 . http://www.31info.com/jianwen.asp?id=22，2012-02-10.

缩略词表

OLED：organic lighting emitting display，即有机发光显示器

LCD：liquid crystal display，即液晶显示器

ITO：indium tin oxides，即铟锡金属氧化物

PMOLED：passive matrix organic light emitting diode，即被动矩阵有机发光显示

AMOLED：active matrix organic light emitting diode，即主动矩阵有机发光显示

TFT-LCD：thin film transistor liquid crystal display，即薄膜场效应晶体管液晶显示器

生物产业篇

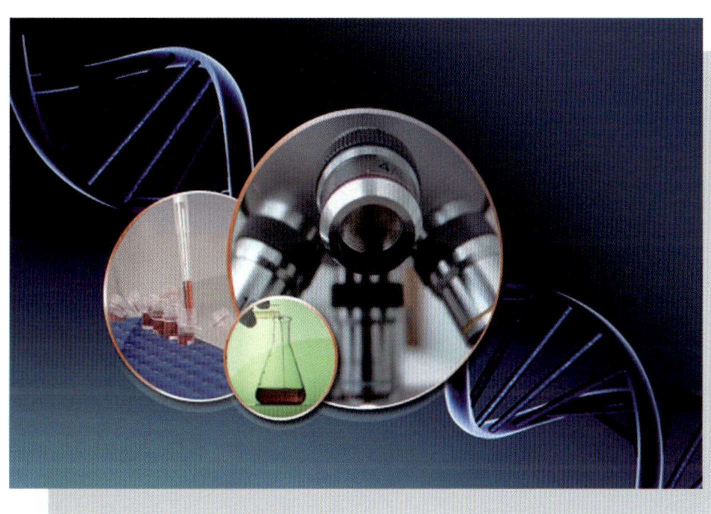

第 12 章

生物医药产业

杨胜利　曹竹安　陈必强　董大鹏

【内容提要】 随着生命科学领域的不断突破，生物技术为可持续的生产方式和多样化创新产品的开发提供了动力，生物产业未来的广阔发展前景和战略意义得到了全球多数发达国家的广泛共识。生物医药产业作为生物产业的重要组成部分，也是我国战略性新兴产业发展的重要方向之一。近年来，我国的生物医药产业虽然得到了快速发展，但是与国外相比仍存在着较大差距。作为未来生物领域的革命性技术，合成生物学的发展为生物医药产业创造了重大机遇。明确生物医药技术与产业的重点发展方向，推动产业技术创新，促进我国的生物医药产业快速健康发展，对于我国产业结构战略调整和保障中国经济的可持续发展，以及提高国民健康水平具有重大意义。

本章深入分析了我国生物医药产业目前的发展状况与可能的未来趋势；从产业发展方向、产业组织结构、产业区域、产业监管和产业发展保障五个角度，对我国生物医药产业战略布局进行了归纳概括；遴选出八种需要重点发展的产业重大关键性技术；并以化学药、生物技术药物、医疗器械和诊断试剂四大领域为代表具体剖析了我国生物医药产业的未来发展重点；选取华兰生物、天坛生物、深圳迈瑞医疗三个典型案例介绍了我国生物医药相关领域领军企业的优势特色、发展现状及未来趋势；最后，提出了制约我国生物医药产业发展的六大因素，并对促进我国生物医药产业发展的政策取向提出了建议。

12.1 生物医药产业发展现状与趋势

12.1.1 生物医药产业的基本概念与范畴

根据《规划》，我国生物产业主要包括四大方向，即生物医药、生物医学工程、生物农业与生物制造。生物医药产业主要是以现代生命科学理论为基础，利用医学与生物技术相结合的方式来研发和制造各种生物技术产品；以医疗器械产业为标志的生物医学工程产业是综合应用生命科学与工程科学的原理和方法，研究用于防病、治病、人体功能辅助及卫生保健的人工材料、制品、装置和系统技术的总称，生物医学工程产业也是生物医药的重要组成部分。我国在“十二五”规划中将生物医学工程产业从生物医药产业中分离出来，能够更加突出产业的优先发展方向及其重要性。为了突出研究的全面性与针对性，本章将生物医药产业的研究范畴集中在化学药、生物技术药物、医疗器械和诊断试剂四大领域。

12.1.2 全球生物医药产业发展现状与趋势

1.市场规模：增长稳健，美国稳居世界第一大医药市场

2010 年全球医药市场销售额为 8 800 亿美元，增速为 5.14% 左右，产业规模继续保持稳定增长。尽管全球销售额依然保持着持续增长的势头，但是截至 2008 年，全球医药市场的增长率呈现持续下降的趋势，增长率已经从 2003 年的 9.13% 逐步下滑至 2008 年的 5.39%。虽然 2009 年增长率有所回升，达到 7.03%[1]，但是 2010 年全球医药行业增速再度创下新低，增长率只有 5.14%（图 12.1）。

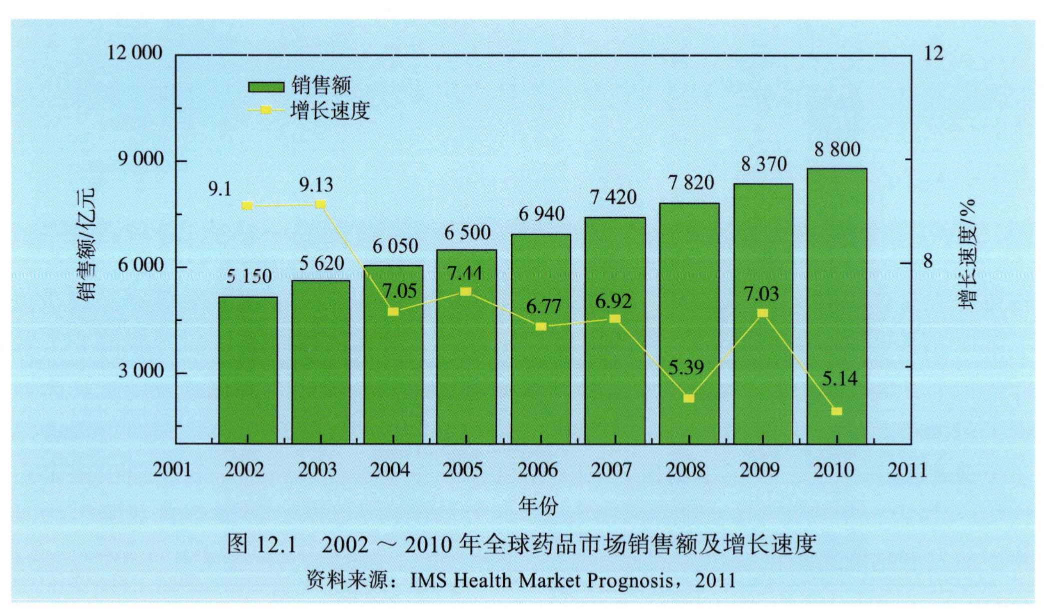

图 12.1 2002 ～ 2010 年全球药品市场销售额及增长速度

资料来源：IMS Health Market Prognosis，2011

2010 年全球生物医药产业的销售额占整个医药领域的比重达到 16%，较 2009 年的 12% 上升近 4 个百分点，并且市场规模保持持续扩大的趋势。2010 年全球生物医药市场产值规模达到 1 662 亿美元左右，2009 ～ 2010 年的年均复合增长率达到了 9.4%，高于整个医药行业 7% 的增长速度（图 12.2）。

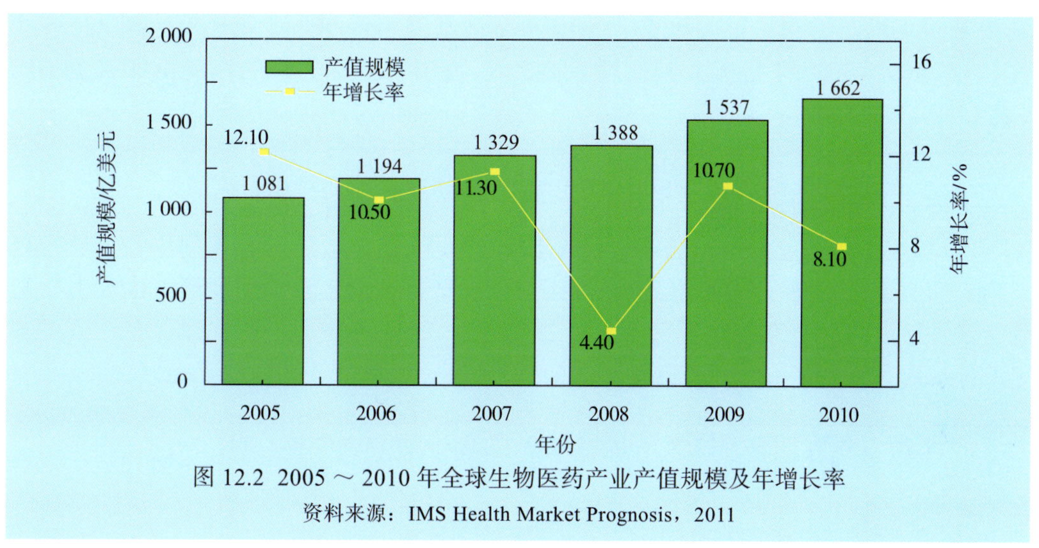

图 12.2 2005 ～ 2010 年全球生物医药产业产值规模及年增长率

资料来源：IMS Health Market Prognosis，2011

2.产业结构：基因工程药物占生物医药领域的份额接近一半，市场规模增长强劲

生物医药产品主要分为五大类，即基因工程药物、诊断试剂、抗体、疫苗以及血液制品。2010 年，在生物医药产业中，市场增长较快且占据主要地位的是抗肿瘤药物、自体免疫疾病治疗药、抗糖尿病药以及疫苗类产品。2010 年全球生物医药产业结构为：基因工程药品占 49.4%，诊断试剂占 18.0%，抗体占 14.2%，疫苗占 9.4%，血液制品占 9.0%，如图 12.3 所示。

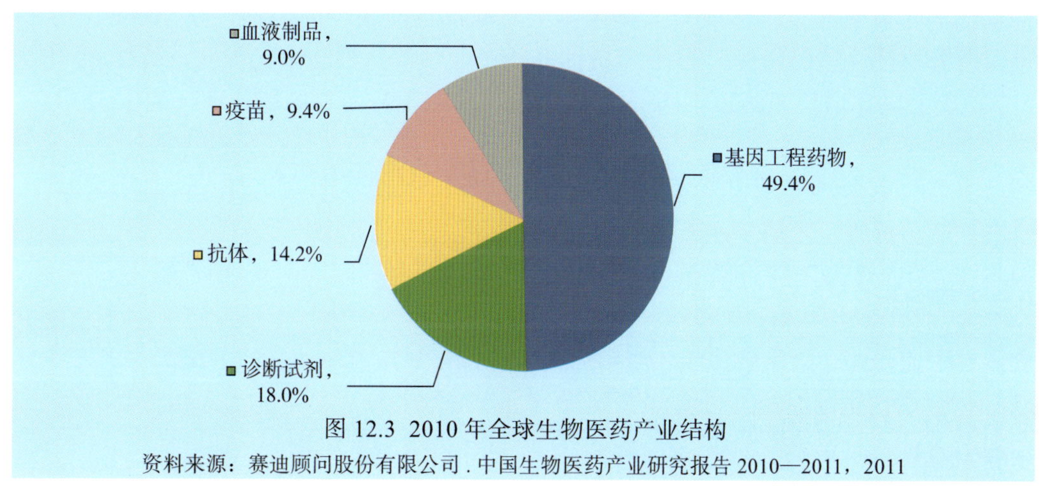

图 12.3 2010 年全球生物医药产业结构

资料来源：赛迪顾问股份有限公司 . 中国生物医药产业研究报告 2010—2011，2011

1）基因工程药物

基因工程技术作为现代生物技术的核心得到了快速发展，发达国家和全球制药巨头都投入了大量的精力。美国拥有国际上一半以上的基因工程药物专利、研究机构、人员和经费，截至 2011 年，美国 FDA 总共批准了约 120 个生物技术药物上市，其中基因工程药物占了很大比重。2010 年全球基因工程制药产业规模达到 821 亿美元，较 2009 年的 757 亿美元同比增长 8.5%，占生物技术药物的市场份额接近 50%（表 12.1）。

表 12.1　2007～2010 年全球基因工程药物市场规模

年份	产值规模 / 亿美元	增长率 /%
2007	646	9.1
2008	680	5.3
2009	757	11.3
2010	821	8.5

资料来源：赛迪顾问股份有限公司 . 中国生物医药产业研究报告 2010—2011，2011

2）诊断试剂

体外诊断试剂产品按检验医学的检测项目可分为几个主要大类，即生化、免疫、血液及临检、微生物、分子诊断等。体外诊断试剂的范畴包括医用诊断、兽用诊断、食品安全检测。2010 年全球体外诊断市场的规模超过 400 亿美元，美国心脏病学会（American College of Cardiology，ACC）公布的数据显示，国际诊断试剂需求平均增长率为 7%。其中约 80% 集中在美国、欧盟、日本等发达国家和地区，预计未来 5 年全球体外诊断市场的增长率为 5%～7%。

3）抗体

抗体作为疾病预防、诊断和治疗的制剂经历了漫长的发展过程，随着各种传染性疾病的不断爆发，抗体成为人类在各个时期都不能缺少的药物，其全球产业规模也保持着持续快速的增长。2010 年抗体药物产业规模达到 236 亿美元，较 2009 年的 217 亿美元同比增长 8.8%，四年内首次超过了基因工程药物的增长率（表 12.2）。

表 12.2　2007～2010 年全球抗体药物市场规模

年份	产值规模 / 亿美元	增长率 /%
2007	189	9.3
2008	197	4.2
2009	217	10.2
2010	236	8.8

资料来源：赛迪顾问股份有限公司 . 中国生物医药产业研究报告 2010—2011，2011

4）疫苗

在疫苗领域，国际疫苗生产主要由欧美发达国家供应，全球80%以上的疫苗市场份额被赛诺菲巴斯德（ASP）、辉瑞（惠氏）、默克、葛兰素史克（GSK）、诺华5家企业垄断。2010年全球疫苗产业规模达到156亿美元，较2009年的141亿美元同比增长10.6%，增长速度居生物医药子行业第一位，预计2013年全球疫苗市场规模将超过360亿美元（表12.3）。

表12.3　2007～2010年全球疫苗市场规模

年份	产值规模/亿美元	增长率/%
2007	118	8.9
2008	124	5.1
2009	141	13.7
2010	156	10.6

资料来源：赛迪顾问股份有限公司. 中国生物医药产业研究报告2010—2011，2011

5）血液制品

最初，全球的血液制品企业超过100家，但是由于各国相继发生了血液制品的安全问题，政府开始加强监管。在多轮兼并重组之后，目前，全球血液制品企业不到20家。其中，排名前5位的企业其产品占据了血液制品市场份额的80%～85%，余下的企业仅占15%～20%[2]。2010年，全球血液制品市场规模约为150亿美元，销售额与2009年相比略有上升。

3.发展趋势：跨国药企研发战略发生转变，研发业务向发展中国家转移

医药行业的企业盈利能力相比信息技术企业较弱，主要原因在于医药企业新药和新产品研发投入巨大、持续周期长、新药获得批准的难度较大，这些因素导致其研发产出率较低。自1996年以来，制药巨头企业研发投入产出率逐年走低，总体呈现出研发投入不断增长、新药产出却不断下降的趋势（图12.4）。因此，大型制药企业开始加速剥离研发环节，将部分研发机构转移到具备临床资源与科研优势的发展中国家，不断提高研发外包比重。多数企业都在亚太地区建立了自己的全球研究中心和跨国研究中心，截至2011年，全球制药巨头仅在中国就建立了23个研发中心，其中包括12个全球研发中心。

12.1.3　我国生物医药产业发展现状与趋势

1.市场规模：整个行业呈现高速发展的态势

作为全球人口最多、经济发展最快的发展中国家，我国医疗卫生领域拥有广大的市场需求和前景。近20年来我国医药行业一直保持着高速的增长，年均增长率保

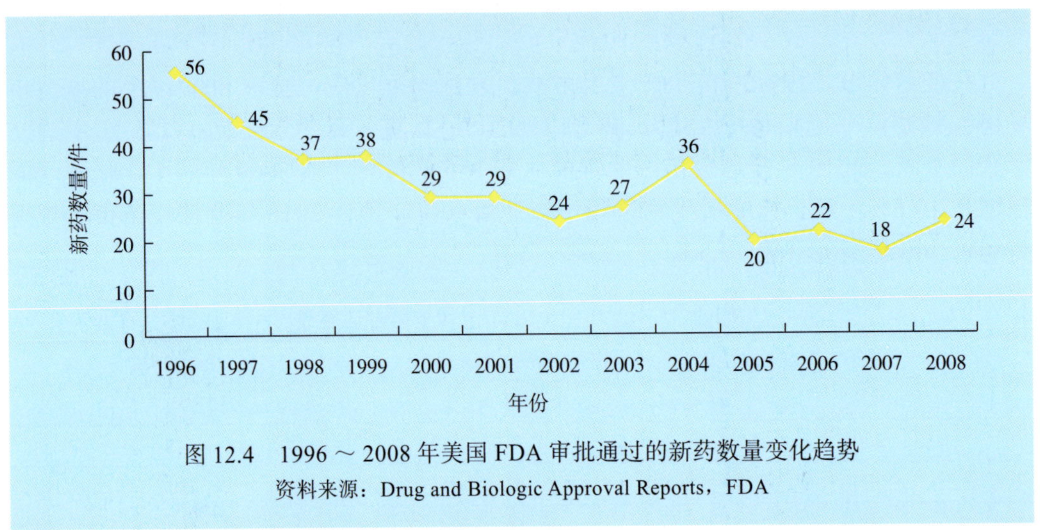

图 12.4　1996 ～ 2008 年美国 FDA 审批通过的新药数量变化趋势
资料来源：Drug and Biologic Approval Reports，FDA

持在 15% ～ 30%，远远高于全球医药行业年均不到 10% 的增长率。2011 年全国医药制造业市场规模为 15 708 亿元，较 2010 年的 12 192 亿元同比增长约 29%，增速为近 10 年来的最高水平，整个行业呈现高速发展的态势（图 12.5）。

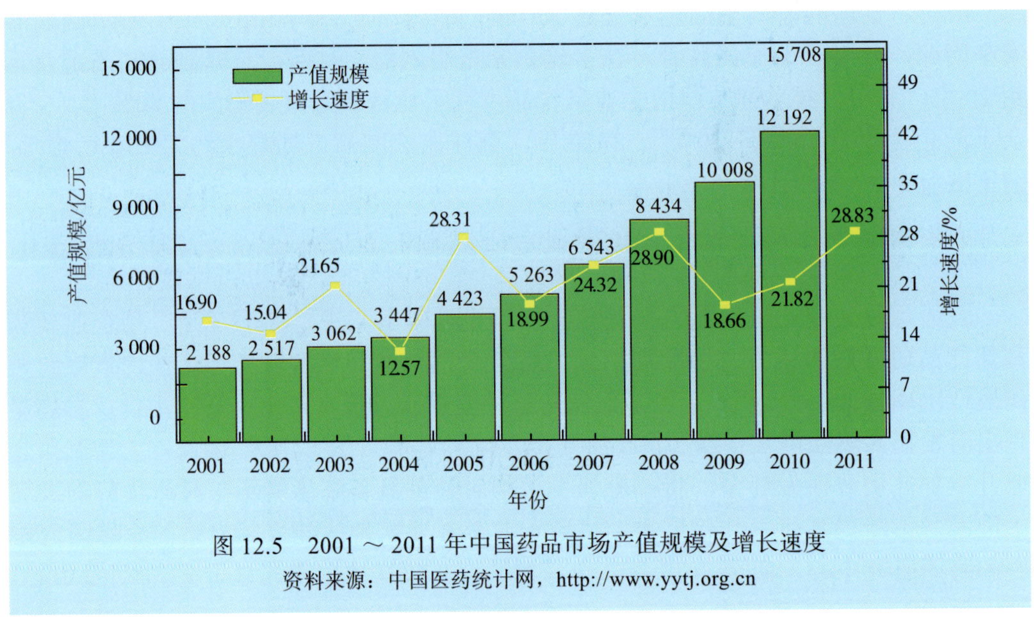

图 12.5　2001 ～ 2011 年中国药品市场产值规模及增长速度
资料来源：中国医药统计网，http://www.yytj.org.cn

生物医药产业作为我国战略性新兴产业之一，也迎来了重要的发展机遇期。2006 ～ 2010 年，我国生物医药产业年平均增长率达到 14% 以上。2011 年我国生物医药企业已经发展到 690 家，生物医药工业总产值达 1 592 亿元，同比增长 18.8%[3]（图 12.6）。虽然生物医药产业规模增速高于全球，但却低于我国医药行业规模整体增速，有较大的上升空间。

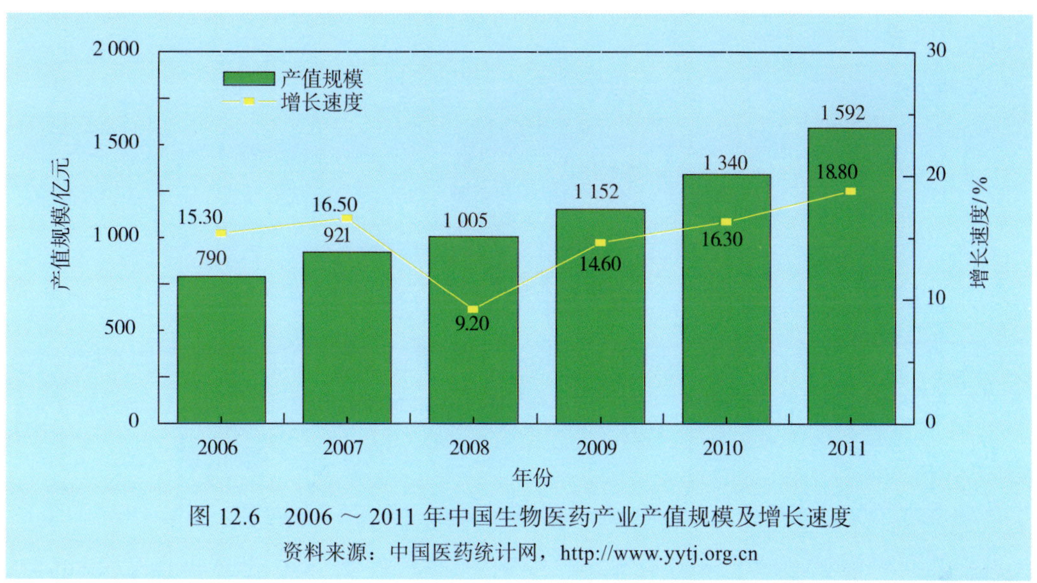

图 12.6 2006 ～ 2011 年中国生物医药产业产值规模及增长速度

资料来源：中国医药统计网，http://www.yytj.org.cn

2.产业结构：市场份额变化不大，行业子领域药品种类相比国际较少

2010 年，中国生物医药产业结构为：基因工程药物占 44.9%，诊断试剂占 19.6%，抗体占 15.6%，疫苗占 11.9%，血液制品占 8.0%（图 12.7）。

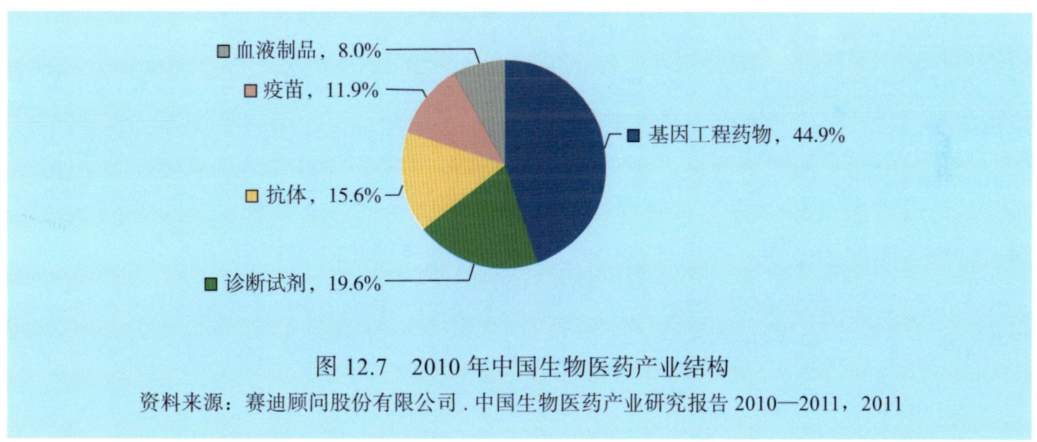

图 12.7 2010 年中国生物医药产业结构

资料来源：赛迪顾问股份有限公司 . 中国生物医药产业研究报告 2010—2011，2011

1）基因工程药物

2010 年中国基因工程药物行业产值规模达到 602 亿元，较 2009 年的 517 亿元同比增长了 16.4%。国内生产的基因工程药品主要有六种，即促红细胞生成素（erythropoietin，EPO）、人粒细胞集落刺激因子、重组人生长激素、干扰素、白细胞介素 -2、重组人乙型肝炎疫苗（如图 12.8 所示，目前可获得数据仅包括前五类）。

目前生产促红细胞生成素的企业主要有南京华欣药业、山东永铭伟沃生物、沈阳三声、山东威海赛诺金等。人粒细胞集落刺激因子市场上主要是粒细胞巨噬细胞

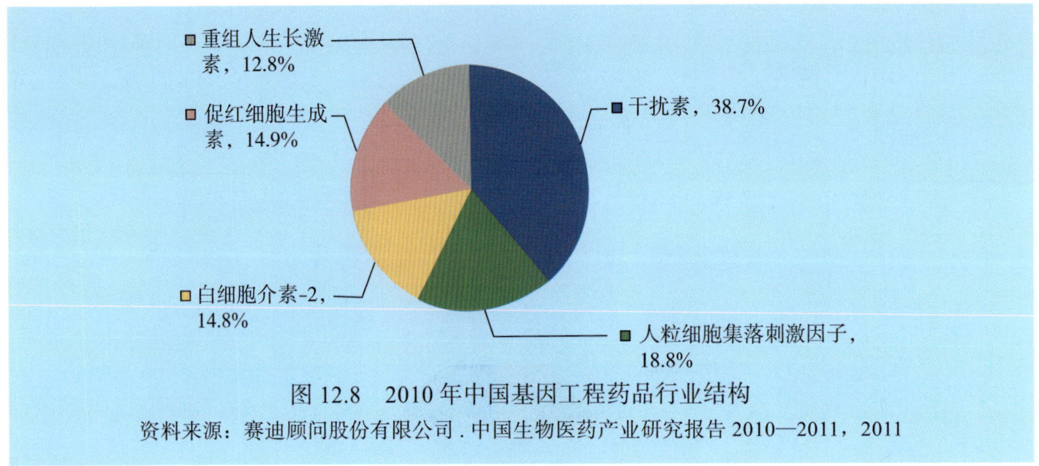

图 12.8　2010 年中国基因工程药品行业结构

资料来源：赛迪顾问股份有限公司 . 中国生物医药产业研究报告 2010—2011，2011

集落刺激因子（GM-CSF）和粒细胞集落刺激因子（G-CSF）两类。GM-CSF 的生产厂商主要有厦门特宝、华药等；G-CSF 的生产厂商主要有杭州九源、长春金赛、华药和上海三维等。重组人生长激素的国内生产厂商主要有长春金赛、上海细胞所等。干扰素的国内生产厂商主要有深圳科兴、上海生物制品所等，其中，深圳科兴为国内最大的生产商，产品占到国内市场的 60% 左右。对白细胞介素 -2 这一产品来说，具备较强研究和应用能力的是中国军事医学科学院下属研究所，国内生产厂商有长春生物制品研究所、沈阳三声和北京四环等 [4]。

2）诊断试剂

2010 年中国诊断试剂行业产值规模达到 263 亿元，较 2009 年的 226 亿元同比增长了 16.4%。国外诊断试剂的需求增长率仅为 7% 左右，而中国平均保持在 15% 以上，而且逐年增长的趋势明显，未来 5 年中国诊断试剂的年需求增长率预计为 15% ～ 20%。我国诊断试剂可分为心血管诊断试剂、性病系列诊断试剂、肝炎系列诊断试剂、肿瘤标志物测试剂、优生优育诊断试剂五大类（图 12.9）。

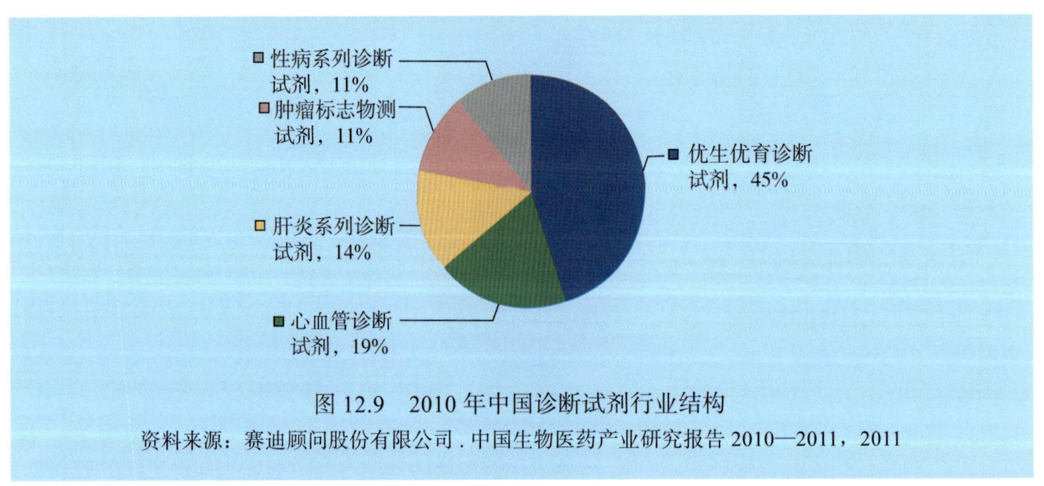

图 12.9　2010 年中国诊断试剂行业结构

资料来源：赛迪顾问股份有限公司 . 中国生物医药产业研究报告 2010—2011，2011

3）抗体

2010 年中国抗体药物行业产值规模达到 209 亿元，较 2009 年的 181 亿元同比增长了 15.5%。我国抗体药物的发展远远落后于世界水平，华药集团与上海张江生物在国内抗体药物领域的技术及产业化能力最强。

2010 年中国抗体药物市场上，单克隆抗体占到绝大部分比重，其次是基因工程抗体，极少数为多克隆抗体（图 12.10）。

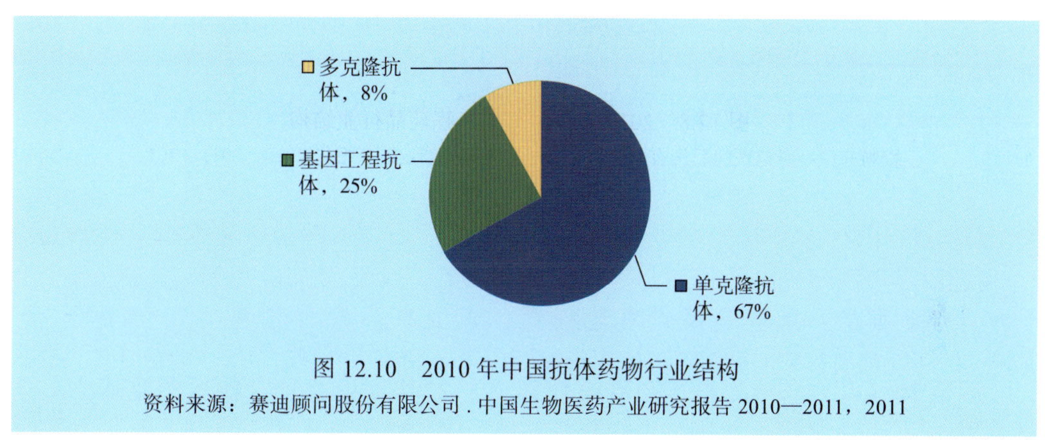

图 12.10　2010 年中国抗体药物行业结构

资料来源：赛迪顾问股份有限公司 . 中国生物医药产业研究报告 2010—2011，2011

4）疫苗

2010 年中国疫苗行业产值规模达到 159 亿元，较 2009 年的 135 亿元同比增长了 17.8%（表 12.4）。

表 12.4　2008 ～ 2010 年全球和中国疫苗产业规模及年增长率

年份	全球		中国	
	产值 / 亿美元	年增长率 /%	产值 / 亿元	年增长率 /%
2008	124	5.1	116	9.2
2009	141	13.7	135	16.4
2010	156	10.6	159	17.8

2009 年中国疫苗种类由 6 种扩大到 14 种，主要是乙肝疫苗、甲肝疫苗、狂犬疫苗、流感疫苗、流脑 A 群疫苗、流脑 A + C 群疫苗、乙脑疫苗、肺炎疫苗、结核疫苗、艾滋病疫苗、禽流感疫苗、宫颈癌疫苗、轮状病毒疫苗、SARS 疫苗等。截至 2011 年，中国共有疫苗生产企业近 50 家，年产疫苗 44 种。

5）血液制品

2010 年中国血液制品行业产值规模达到 107 亿元，较 2009 年的 94 亿元同比增长了 13.8%。目前，在国外成熟市场上，凝血因子类产品在血液制品领域占据主流，而我国占据血液制品主流地位的是人血白蛋白，占中国血液制品市场的 60% 以上

（图 12.11）。

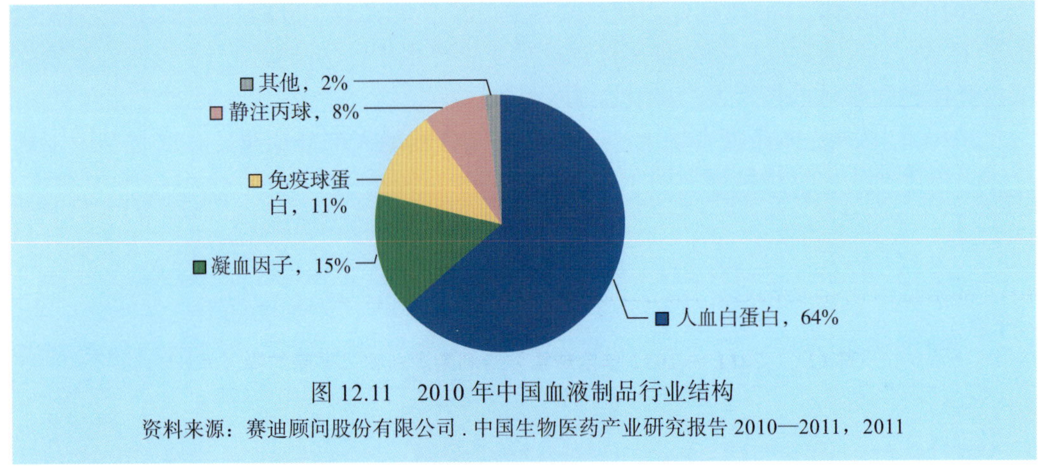

图 12.11　2010 年中国血液制品行业结构

资料来源：赛迪顾问股份有限公司 . 中国生物医药产业研究报告 2010—2011，2011

3. 产业布局：采取集聚式发展模式，产业布局基本形成

截至 2011 年，国家发展改革委总计确立了 22 个国家生物高技术产业基地，科技部确立了 16 个火炬计划特色生物产业基地，工信部确立了 3 个生物产业示范基地（表 12.5）。除去重叠的生物产业基地，目前，国家总共确立了 38 个生物产业基地。多数生物产业基地都将生物医药作为重点扶持产业，以基地为载体的现代生物医药产业集群已经初具规模，在全国形成了以长江三角洲、珠江三角洲和京津冀地区 3 个综合性生物产业基地，以及东北地区、中西部地区等若干专业性生物产业基地为主的空间布局。

表 12.5　国家生物产业基地分布

产业	分布城市（排名不分先后）
国家高技术产业基地	北京综合性国家高技术产业基地、天津综合性国家高技术产业基地、上海综合性国家高技术产业基地、西安综合性国家高技术产业基地、长沙综合性国家高技术产业基地、深圳综合性国家高技术产业基地、石家庄国家生物产业基地、哈尔滨国家生物产业基地、通化国家生物产业基地、长春国家生物产业基地、德州国家生物产业基地、青岛国家生物产业基地、郑州国家生物产业基地、泰州国家生物产业基地、杭州国家生物产业基地、南昌国家生物产业基地、广州国家生物产业基地、南宁国家生物产业基地、昆明国家生物产业基地、武汉国家生物产业基地、重庆国家生物产业基地、成都国家生物产业基地
火炬计划特色产业基地	大连双 D 港生物医药产业基地、通化生物医药产业基地、济南生物工程与新医药产业基地、淄博生物医药产业基地、济宁生物技术产业基地、禹城生物技术产业基地、沂水功能性生物糖特色产业基地、南京浦口生物医药产业基地、启东生物医药产业基地、德清县生物与医药特色产业基地、呼和浩特生物发酵特色产业基地、西安高新区生物医药产业基地、濮阳生物化工产业基地、新乡生物医药产业基地、葛店生物技术与新医药产业基地、浏阳生物医药产业基地
国家新型工业化产业示范基地	石家庄医药产业示范基地、德州生物产业示范基地、通化医药产业示范基地

4.重大机遇：全球专利药迎来到期高峰，其中包含众多“重磅炸弹”药品，市值巨大

全球专利药迎来到期高峰。据IMS统计，2011 ～ 2015年，将有包括辉瑞的立普妥、百时美施贵宝和赛诺菲安万特联合开发的波利维等价值1 390亿美元的品牌药失去专利保护，市场价值相当于2010年全球生物医药产业1 400亿美元的销售额（表12.6）。预计到2015年，全球药品消费量将达1.1万亿美元，其中仿制药将至少占60% ～ 70%的市场份额。可见未来5年内到期的“重磅炸弹”专利药将为发展中国家带来重大的市场机遇，因此必须引起我国的足够重视。

表12.6　2011 ～ 2012年全球重要专利期满药物（重磅炸弹药品）

到期时间	药物名称	公司
2011年	立普妥	辉瑞
2011年	再普乐	礼来
2011年	Levaquin	强生
2011年	Concerta	强生
2011年	Protonix	辉瑞
2012年	波利维	百时美施贵宝和赛诺菲安万特
2012年	斯瑞康	阿斯利康
2012年	顺尔宁	默沙东
2012年	艾克拓	武田制药
2012年	恩利	暗金
2012年	来士普	Forest Laboratories
2012年	代文	诺华
2012年	万艾可	辉瑞
2012年	Provigil	Cephalon
2012年	Geodon	辉瑞

资料来源：赛迪顾问股份有限公司.中国生物医药产业研究报告2010—2011，2011

12.2　生物医药产业重点技术现状与发展方向

当前我国需要重点发展的产业重大关键性技术可以遴选出以下几种，分别是合成生物学技术，治疗性抗体研发和生产技术，动物细胞高效表达和动物细胞大规模高效培养技术，生物技术药物“二次创新”关键技术，如蛋白质工程技术、PEG（polyethylene glycol，即聚乙二醇）化学修饰技术等，多肽药物大规模合成技术，干细胞治疗相关技术与核酸药物递送缓释技术，生物影像技术，生物信息技术。本节

着重介绍合成生物学、干细胞、蛋白质修饰三种技术。

12.2.1 合成生物学技术

借鉴英国皇家工程院的定义，本章将合成生物学定义为：在系统生物学研究的基础上，引入工程学的模块化概念和系统设计理论，以人工合成DNA为基础，设计和创建元件（parts）、器件或模块（devices），以及通过这些元器件改造和优化现有自然生物体系（systems），或者从头合成具有预定功能的全新人工生物体系，从而突破自然体系的限制，实现合成生物体系在化学品（包括天然化合物、手性药物、材料、能源）、医学、农业、环境等领域的规模化应用，同时加深人类对生命本质的理解。近年来，合成生物学在理论建设、应用研究、技术方法、产业化以及药物化合物等方面都取得了很大的进展。

在理论建设方面，2000年美国波士顿大学的詹姆斯•科林斯（James Collins）设计的双稳态开关与加州理工学院迈克尔•伊洛维兹（Michael Elowitz）设计的自激振荡环并称为合成生物学的发端之作，证明了搭建人工基因线路并在生物体内实现其逻辑功能的可行性，奠定了合成生物学技术的基础。在此基础上，基因线路的构建扩展到更为复杂的基因网络水平。詹姆斯•科林斯“由下而上”地构建基因网络；迈克尔•伊洛维兹提出用各种人工基因网络模型来模拟实际生物网络；麻省理工学院的罗恩•韦斯（Ron Weiss）则通过构建不同层次的基因网络，提出了合成生物网络的工程化设计原则。

在应用研究方面，杰伊•科斯林（Jay Keasling）将来自细菌、酵母及植物（青蒿）等的多种酶基因，在大肠杆菌和酵母中进行组装、集成和微调，设计构建能够合成抗疟药物青蒿酸的人工细胞，并使青蒿酸的合成能力与现有水平相比大大提高，堪称合成生物学的典范。格雷格里•斯特凡诺普洛斯（Gregory Stephanopoulos）在经过优化的底盘生物大肠杆菌细胞内，建立了基于非甲羟戊酸途径的各种萜类物质生产的基本功能模块，并通过不同启动子、不同拷贝数的组合筛选，优化萜类物质生产的功能模块，使人工细胞对碳源的利用率达到最佳。詹姆斯•里奥（James Liao）通过引入不同的酶将代谢流中的含碳化合物转化为不同的中间物，再以这些中间物为底物合成了一系列丁醇的衍生物，开发了能够合成一系列支链高碳醇的人工细胞。在医药领域，合成生物学已经在若干天然医药化学物的制造中获得了成功，而合成病毒和合成噬菌体在减毒疫苗制备和耐药性超级细菌感染治疗方面的进展显著。

在技术方法方面，作为支撑合成生物学发展的重要技术之一，大片段DNA（deoxyribonucleic acid，即脱氧核糖核酸）合成技术发展很快，成本越来越低。2010年12月，美国哈佛大学丘奇（Church）研究小组发明了新一代DNA合成技术。他们利用高通量焦磷酸测序技术进行识别，利用取自高保真微阵列DNA库的选择性扩增，进行可扩展的基因合成，使合成一个核苷酸的成本低于1美分。克莱格•凡特（Craig Venter）研究团队则一直致力于构建有活性的、含有完全人工合成基因组的细胞。合成生物学的另外一个重要支撑技术是简化的底盘生物体系。2006 年《科学》杂志发表了大肠杆菌基因组工程研究方面的论文：对基因组精确删除 15% 以上，结果使菌种电转化效率提高、稳定性增强。随后日本协和发酵公司构建了基因组剔除约 25% 的大肠杆菌；日本花王公司则获得了基因组删除 20% 的枯草芽孢杆菌。

在产业化方面，杜邦公司（Dupont）和杰能科公司（Genencor）联合，将酵母的甘油代谢模块和克氏杆菌的甘油至 1，3- 丙二醇代谢模块在大肠杆菌中进行重组合成，解决了外源途径与大肠杆菌代谢和调控网络兼容的问题，使生物基 1，3- 丙二醇实现了工业化生产。

在药物化合物方面，大量复杂药物的关键中间代谢物及其结构类似物被人工细胞所合成。加州大学伯克利分校实现了青蒿酸的生化合成，青蒿素的生产成本可望显著降低。麻省理工学院模拟植物中的自然代谢途径，优化、重构了紫杉醇前体物——紫杉烯的生物合成途径，还合成了制造萜烯化学品海松二烯（levopimaradiene）的人工细胞。

20 世纪 70 年代基于分子生物学的基因工程学科在不到 5 年的时间内促成了以基因泰克（Genentech）公司为代表的现代生物技术产业。基于系统生物学的合成生物学是生物技术的未来，已经在短短 10 年内诞生了第一家美国上市公司——阿米香树（Amyris）公司。可以预见，合成生物学将很有可能像基因工程一样，开创现代生物技术产业 2.0 的发展。

近 20 年来，我国在生物信息学、系统生物学、基因组学、元基因组学、进化基因组学、微流控和纳米等各个领域的研究达到了国际先进水平，为增强合成生物学研究领域的国际竞争力奠定了坚实的基础。近 10 年来，总体而言，国内在人工合成生物系统的基础研究方面已经积累了较强的方法基础和团队基础，并在不同局部取得了重要成果。

1）基础科学和方法研究

目前，深圳华大基因研究院、天津大学、南京大学、清华大学等院所已经加入到由约翰·霍普金斯大学医学院牵头的酵母基因组计划 SC 2.0 项目，旨在进行酿酒酵母全基因组的精简设计和人工合成工作，实现真核生物全基因组的人工合成。中国科学院上海生命科学研究院系统研究了链霉菌线型质粒的生物学功能，建立了国际上最大的线型质粒资源库，发展了高温链霉菌等重要微生物的遗传操作系统，建立了链霉菌体内重组克隆大片段 DNA 的方法，发展了新的链霉菌基因组遗传操作技术等。军事医学科学院生物工程研究所已建立了一种基于 Red 重组和 SceI 双链断裂诱导重组的改良无痕基因组删除技术，在代谢网络改造中进行了初步应用。上海交通大学构建了神经节苷脂等的体外多酶耦合合成体系。

深圳华大基因研究院已经参与到斯坦福大学和 BIOFAB 牵头的 C-Dog（中心法则元件人工合成和标准化）项目，在启动子、终止子等功能元件的标准化工作中积累了相关经验。中国科技大学利用分子定向进化方法改造转录因子，构建了正交的转录基因网络。

中国农业科学院生物技术研究所和清华大学发现了来源于极端微生物耐辐射奇球菌（deinococcus radiodurans）的外源全局调控蛋白——irrE，其能够大幅度增强植物的抗逆性和微生物对乙醇和丁醇等化学品的耐受性，并建立了相应的系统优化的方法，拓展了改造菌株耐受性的方法，并暗示着极端微生物体可能是抗逆元件和模块的重要资源。

2）应用基础研究

上海交通大学和中国科学院上海有机化学研究所在微生物代谢及天然化合物合成相关领域已掌握了关键技术。如邓子新院士团队完成了多种产药微生物的全序列测定及基因草图绘制；对微生物药物中具有代表性的聚酮类药物、非核糖体肽类药物、氨基糖苷类药物等生物合成机理已有深入研究，建立了有效的放线菌遗传操作系统，通过在大肠杆菌染色体上整合技术建立了类异戊二烯化合物生物合成途径。中国科学院和军事医学科学院等单位已成功将甲羟戊酸代谢途径、青蒿素前体倍半萜合成途径、番茄红素合成途径整合到大肠杆菌基因组上，实现了倍半萜类化合物青蒿素前体紫穗槐 -4，11- 二烯（amorphadiene）、四萜化合物番茄红素的生物合成。

军事医学科学院微生物流行病研究所已经分离到一系列大肠杆菌噬菌体，其中一株裂解性噬菌体 IME08 为宽宿主谱噬菌体，可裂解大约一半临床分离的大肠杆菌（包括机会致病性大肠杆菌和致病性大肠杆菌）。中国科学院武汉病毒研究所创造性地利用朊病毒蛋白聚集成纤维性质建立了高灵敏度的荧光分子生物传感器，在国际上产生了较大的影响。

广东省微生物研究所发现并认识了多个参与重要持久性有机污染物多溴联苯醚降解转化和能量传递的功能微生物和功能基因，系统研究了脱色希瓦氏菌的铁还原和偶氮还原特性，及其在呼吸链电子传递上的差异。北京大学工学院利用分子微生物生态学以及分子生物学等手段进行油田环境微生物分离培养，以及群落结构和功能的解析、跟踪和调控的研究，分离培养了约 20 000 株细菌菌株、约 400 株酵母菌株，发表了 14 个微生物新种、3 个微生物新属和 1 个新科，完成了 3 株石油细菌的全基因组完成图测序[5]。

12.2.2 干细胞技术

干细胞是生物机体内一类未分化细胞的总称，这类细胞具有自我更新和分化成为多种细胞的能力。干细胞可以分化成为特定细胞类型，替代机体内受损或缺失的细胞，从而恢复组织器官的正常功能，达到治疗疾病的目的。

在国际干细胞技术领域的研究中，诱导多功能干细胞（induced pluripotent stem cells，即 iPS 细胞）技术仍然是关注的焦点，同时，胚胎干细胞向临床转化的进程也进一步推进。2010 年，美国波士顿儿童医药和哈佛大学等机构共同研发出以 mRNA 作为载体的新型高效 iPS 细胞重编程技术。该技术大大提高了诱导的效率，同时避免了癌变和机体先天抗病毒免疫反应的风险，这一成果被《时代周刊》评为“2010

年十大医学突破”。在干细胞临床应用领域，美国FDA批准了两例胚胎干细胞治疗疾病的临床试验，分别用于治疗急性脊髓损伤和遗传性黄斑营养不良。此外，英国药品和健康产品管理局也批准了英国首例胚胎干细胞治疗视网膜黄斑变性的人体临床试验。另外，在干细胞培养技术的优化、从不同组织获取干细胞的技术、干细胞系的建立等技术方面都取得了较大发展。

我国在干细胞领域的研究也取得了较大进展。其中，在iPS细胞诱导技术的优化与iPS细胞重编程机制的研究中都取得了突破性进展。北京大学和中国科学院广州生物医药与健康研究院的研究人员分别利用Oct4结合其他小分子构建出单因子iPS细胞；中国科学院广州生物医药与健康研究院的研究团队发现间质—表皮转化过程对于iPS细胞的重编程具有至关重要的作用。另外，我国在胚胎干细胞技术和成体干细胞技术中也都获得了重要进展。

12.2.3 蛋白质修饰技术

蛋白质翻译后修饰在生命体中具有十分重要的作用，它使蛋白质的结构更为复杂，功能更为完善，调节更为精细，作用更为专一。近几年，国际蛋白质修饰的重要进展体现在磷酸化方面，美国加州大学圣克鲁兹分校癌症研究人员发现蛋白质链中加入或清除磷酸基可调整细胞生长周期，该研究有助于开发癌症治疗的新途径。另外，功能蛋白的富集和分离也被广泛重视。

近几年，我国蛋白质修饰研究在蛋白质乙酰化、去乙酰化、磷酸化、泛素化、甲基化方面都取得了重大进展。2010年，复旦大学研究人员在《科学》杂志上发表了乙酰化对蛋白质进行修饰以及代谢通路进行调控的问题的研究成果；中国科学院上海生命科学研究院研究发现组蛋白去乙酰化酶1在转化生长因子-β1诱导的上皮细胞向间质细胞的转变过程中能够发挥重要作用。

12.3 生物医药产业战略布局与发展重点

12.3.1 生物医药产业战略布局

2011年以来，我国陆续发布了《规划》、《医药工业十二五规划》、《全国药品流通行业发展规划纲要（2011—2015年）》、《国家“十二五”科学和技术发展规划》。

根据国务院《规划》，“十二五”期间我国生物医药产业的发展目标为：到2015年，形成以基因工程药物、新型疫苗、抗体药物、化学新药、现代中药等为代表的一批具有国际水平的新药开发平台，制药技术和装备研制水平大幅提升，30个以上自主知识产权新药投放市场，200个以上药品制剂进入国际主流市场，产业集中度大幅提升；到2020年，形成以现代科学技术为支撑、以企业为主导的新药创制和安全评价体系，掌握当代新药创制关键核心技术，基因工程、新型疫苗、抗体工程等新医药的产品技术达到世界领先水平，5 个以上创新药物完成国际注册并上市销售，制剂产品在国际主流市场形成规模销售。

根据我国发布的四大规划，“十二五”期间我国生物医药产业战略布局主要分为五个方面：

在产业发展方向方面，主要强调新药创制能力、药品质量安全水平、药品流通秩序、共性关键技术突破、药品产业化发展、现代中药的传承与创新，以及新药开发合同研究等新业态。

在产业组织结构方面，鼓励优势企业兼并重组，支持研发和生产、制造和流通、原料药和制剂、中药材和中成药企业之间的上下游整合，提高行业集中度。同时继续深化体制机制改革和管理创新，促进大中小企业协调发展。

在产业区域方面，目前已经形成长三角、珠三角、环渤海、京津冀等生物产业聚集区，“十二五”期间，力图发挥中部地区的优势主导作用，鼓励中西部地区因地制宜，发展特色医药产业，防止低水平重复建设，形成东、中、西部优势互补和协调发展的格局。

在产业监管方面，新版 GMP（Good Manufacturing Practice，即《药品生产质量管理规范（2010 年修订）》）颁布实施，标准比肩欧盟，为国内优势企业向欧盟出口创造了条件；新版 GSP（Good Supplying Practice，即《药品经营质量管理规范》）更加注重全过程管理，催化了药品流通业的行业标准整体升级进程；《医疗器械召回管理办法》接轨国际通行做法，进行产品缺陷信息披露，在一定程度上弥补了信息不对称的弊端，基本实现了全产业链监管，药品安全保障进一步提高。新版《中国药典》药品安全性检测标准明显提高，药品注册申报程序进一步规范，不良反应监测和药品再评价工作将得到加强。

在产业发展保障方面，“十二五”时期，我国将深入落实《加快医药行业结构调整的指导意见》，大力进行知识产权保护，加大战略性新兴产业专项资金投入，集中力量实施一批科技重点专项，研究完善鼓励创新的税收支持政策，鼓励社会资本设立医药产业投资基金，投资创新型医药企业，完善价格招标医保政策等，以支持生物医药产业发展。

12.3.2 生物医药产业发展重点

化学药和大多数医疗器械虽然不属于生物医药，但在医药产业中占有重要地位。本节在重点讨论生物医药的同时，对化学药产业和医疗器械产业也做一些介绍。

1）化学药

全球多个“重磅炸弹”专利药物即将到期，预计未来 5 年专利到期的“重磅炸弹”药物的销售额为 1 300 亿～1 400 亿美元，仿制药迎来战略发展机遇期，我国应该抓住此次战略机遇，建立仿制药研发机构，对失去专利保护的“重磅炸弹”药物进行仿制；整合化学原料药企业，优化产业结构，加快发展特色原料药；加强新型

释药系统和新辅料的研制；全力推进重大专项的实施，加快自主创制新药的进程。

2）生物技术药物

（1）重点开展合成生物学技术、治疗性抗体研发和生产技术、生物技术药物“二次创新”关键技术（蛋白质工程技术、PEG化学修饰技术）、多肽药物大规模合成技术、干细胞治疗相关技术与核酸药物递送缓释技术、生物影像技术等的研究与开发。

（2）加强重大技术和自主创新药物的产业化应用能力，重点攻克动物细胞大规模培养技术。提高“重磅炸弹”药物的仿制技术，以3～5种国家需要、疗效确切的抗体产品，如罗氏公司的抗肿瘤血管生成药物安维汀（Avastin）、转移性乳腺癌治疗药物赫赛汀（Herceptin）等为研发重点，加强对市场需求大、已在国内研发成功的生物技术药物产业化的资助力度，使其能够快速地形成一批重大产品。

（3）建立合作与集成的生物医药产业发展模式。美国和欧盟等发达国家和地区的生物医药产业的发展模式主要是基于科研院所、政府部门、企业、大型医院和医疗卫生领域等各部门之间的合作与交流的集成模式和大型企业与中小型专业生物技术公司的合作模式，未来这两种模式将继续发挥重要作用。我国要注意培育和建立一批专注于某一领域的中小型生物技术公司，为大型企业提供持续的技术创新和产品专利，发挥合作效应。同时，加强相关领域各部门之间的交流与合作，建立长效对话和协调机制，确保能够对我国医疗领域的市场发展趋势、关键技术、重大产品进行有效管理和准确预测，发挥集成效应。

（4）推动我国具备一定规模和技术实力的重点企业进行战略性重组，通过优势互补、强强联合等模式组建规模和市场份额更大、研发能力更强的大型生物制药企业。

3）医疗器械

（1）重点推进生物影像技术的研究与开发，提高光学成像、核磁成像、X射线成像等成像技术在医疗器械领域的应用水平。

（2）加大对自主创新的基层普及型医疗器械和高端医疗器械国产化的研发投入，逐步将生产力从中低端转向高端。重点产品包括X光机、计算机X线断层摄影机（CT机）、核磁共振、超声治疗仪、血管造影机、核成像等医学影像设备和心脏支架、心脏起搏器、骨科器械等高端耗材。

（3）加强基础和应用研发平台建设，重点培育先进制造、医学影像等方面的力量；积极推进医疗器械共性技术平台和区域创新平台建设，优化创新链布局。

4）诊断试剂

（1）重点开展体外诊断技术和检测系统的研究，加强免疫、血液及临检、微生物、分子诊断等重点领域的体外诊断试剂研制。重点开展定性、定量检测能力有明显提高的现场适用快速检测系统（基于免疫检测、生化检测、核酸检测等）的研究；

可同时检测同一病症的多种相关检测靶标的集成性检测系统研究；特异性T细胞免疫体外检测系统研究；以诸如唾液、尿液、头发等为检测标本的无创检测系统研究；常见病、多发病的常见生理病理指标连续监测技术系统研究（如血糖仪等）；基于免疫诊断、分子诊断和生化诊断的自动化检测系统研究；细菌快速培养检测/鉴定自动化检测系统研究；等等。

（2）重点开展重要慢性疾病（如肿瘤、心脑血管疾病、糖尿病、自身免疫病、内分泌类疾病等）诊断试剂的研制和升级研究，尤其是目前被国外体外诊断试剂市场垄断的高端诊断试剂，如肌钙蛋白T（cTnT）和肌钙蛋白I（cTnI）定量检测试剂（化学发光法/免疫荧光法/时间分辨荧光法，POCT试剂）；重要产前诊断和新生儿筛查等优生优育系列诊断试剂的研制和升级研究；恶性肿瘤诊断和筛查诊断试剂的研究；药物敏感性相关检测产品的研制；若干重大传染病和重要地方疫源性疾病（如登革热、流行性出血热、恙虫病等）的体外诊断试剂的产品化研究。

（3）提高体外诊断试剂关键原、辅材料研发水平，推进体外诊断试剂产品临床评价能力建设。

12.4 生物医药产业发展重点案例

近年来，虽然我国的生物医药产业在技术和产业规模上都与国外发达国家存在一定的差距，但是我国生物医药产业的发展也取得了很大的成就，国内涌现出了一批以自身技术为核心、以持续的技术创新为基础的生物医药企业，主要以华兰生物、迈瑞医疗、山东威高、科华生物、天坛生物、中牧实业、海王生物等企业为代表，它们依托自身的核心技术优势和持续的技术创新奠定了企业自身在我国生物医药领域的领先地位，以下着重介绍三个案例。

1）我国血液制品领域的龙头企业——华兰生物

华兰生物工程股份有限公司（简称华兰生物，前身为华兰生物工程有限公司）成立于1992年，是从事血液制品研发和生产的国家级重点高新技术企业，并于1998年首家通过了血液制品行业的GMP认证。作为国家定点大型生物制品生产企业，华兰生物在技术开发实力和技术水平方面都有较大优势，生产检测设备先进，质量保证体系较为完善，在全国同行业企业中处于领先地位。

华兰生物主要从事血液制品研发和生产，拥有人血蛋白、静注丙球、肌注丙球、冻干人凝血原复合物、外科用冻干人纤维蛋白胶等产品，企业拥有国家级博士后工作站，并创办了河南省生物医药工程技术中心，形成了一支高水平的研发团队，为企业的快速发展和核心竞争力的提升奠定了坚实的基础，新产品开发能力在同行业内居于领先地位。

2011年，华兰生物总资产达到27.35亿元，营业收入为9.61亿元，较2010年的

12.62 亿元同比降低了 23.9%；净利润为 3.86 亿元，较 2010 年的 6.95 亿元同比降低了 44.5%，业绩有所下滑。主要原因是其关闭了贵州的 5 家浆站，对于企业总体投浆量产生了较大的影响。从 2012 年第 1 季度的财务数据来看，华兰生物营业收入和净利润都在增长，公司正逐渐从上年的影响中复苏。

华兰生物可生产 8 个品种 27 个规格的血液制品，主导产品人血白蛋白市场份额约 10%，免疫球蛋白市场份额约 40%，凝血因子市场份额为 20% ～ 30%，具有较大的市场优势与定价优势，保证了企业未来的持续稳定发展。

2）我国疫苗领域的领军企业——天坛生物

北京天坛生物制品股份有限公司（简称天坛生物）是一家从事疫苗、血液制剂、诊断用品等生物制品的研究、生产和经营的企业，于 1998 年由北京生物制品研究所（其前身为 1919 年成立的北洋政府中央防疫处）在上海证券交易所发起上市，现在的控股股东是中国生物技术集团公司。随着天坛生物的快速发展，目前企业已经拥有长春祈健生物制品有限公司、数家单采血浆公司等控股子公司。

天坛生物拥有 110 多种产品，包括乙型肝炎疫苗、脊髓灰质炎疫苗、麻腮风疫苗、乙型脑炎疫苗、流感疫苗、水痘疫苗、人血白蛋白、静注人免疫球蛋白等品种，是国家免疫规划疫苗的重要生产基地。天坛生物参股新兴疫苗国家工程研究中心，标志着自身研发能力的强化，该中心的疫苗研发水平代表着国家疫苗产业研发的最高水平，天坛生物新产品的来源也将从之前单一地依赖北京生物制品研究所扩展到包括国家新型工程疫苗研究中心等多个机构的多种来源。

2009 ～ 2011 年天坛生物血液制品收入复合增长率达 27%，预计其疫苗研发与生产将保持持续增长的趋势。同时，天坛生物新建的渠县、安岳两家浆站已经开始采浆，预计两浆站在 3 ～ 4 年后有望形成 60 ～ 80 吨的年采浆能力，提升企业血浆供应能力，天坛生物在未来的发展中将会获得更大的效益。

3）我国领先的高科技医疗设备研发制造厂商——深圳迈瑞医疗

迈瑞公司是国内最大的医疗器械集团，同时也是全球医疗设备的创新领导者之一。自 1991 年成立以来，迈瑞公司致力于临床医疗设备的研发和制造，产品涵盖生命信息与支持、临床检验及试剂、数字超声、放射影像四大领域。目前，迈瑞公司在全球范围内的销售已扩展至 190 多个国家和地区。2006 年 9 月迈瑞公司作为中国首家医疗设备企业在美国纽约证券交易所成功上市；同年 10 月，获科技部批准正式挂牌成立“国家医用诊断仪器工程技术研究中心”；2008 年 5 月完成对美国 Datascope 监护业务的收购，成为全球生命信息监护领域的第三大品牌 [6]。

深圳迈瑞业务主要包括临床监护设备（PMD，以监护仪为主）、影像诊断设备（MIS，以数字超声和数字 X 线机为主）和体外诊断设备（IVD，以血液细胞分析仪、生化分析仪和检验试剂为主）。迈瑞目前在深圳、北京、南京、西雅图、新泽西、斯德哥尔摩设立了 6 个研发中心。企业中近 30% 的员工服务于研发系统，从事各种与临床应用相关的产品研究。迈瑞公司每年投入的支持产品创新的研发经费已经接近公司营业收入的10%，并建立了具有较高水准的研发管理平台。2002年12月，科技部“国家医用诊断仪器工程技术研究中心”在迈瑞公司成功组建。经过3年多的组建运行，2006年经科技部评审正式挂牌成立，标志着迈瑞公司将以一种全新的机制来引领和提升国内医疗设备行业的技术研发进程。

2011年，深圳迈瑞营业收入为8.8亿美元，同比增长25.1%；净利润为1.7亿美元，同比增长7.2%。其中，中国市场的营业收入达到3.74亿美元，比2010年增长了27.6%，海外市场的营业收入达到5.06亿美元，年度增幅为23.3%，国际市场的营业收入已经超过国内市场的营业收入，国际拓展能力突出。深圳迈瑞以持续的技术研发投入与技术创新为核心，发展战略清晰，产品定位在中高端医疗器械，规模和渠道优势明显，未来将继续保持国内医疗器械行业的龙头地位，并有望成为大型跨国医疗器械企业。

12.5 促进生物医药产业发展的建议

12.5.1 生物医药产业存在的问题与制约因素

1）化学原料药行业产业结构不合理、多种矛盾凸显，同时国际原料药监管的日趋严格也让我国企业面临更高技术标准的压力

（1）产能过剩。2011年有47%的化学原料药品种出口均价在10美元/公斤以下，近31%的化学原料药品种出口均价在5美元/公斤以下，产能过剩压缩了利润空间。目前，多数化学原料药企业都普遍面临同样的困境。

（2）成本上升。原辅料、水电煤运等成本上升，人工费用的持续上涨以及新版GMP的执行，都加重了企业的成本压力。

（3）能耗和污染大。以资源消耗和环境污染为基础的化学原料药利润微薄，产品性价比较低。

（4）国际监管趋严。最近，各国政府不断提高市场准入门槛，加大了对海外生产商的监管和检查力度，加强了对上游产品的监控和追溯能力。总体上看，我国化学原料药出口企业将面临更加复杂的备检程序，需满足更高的生产条件和质量标准[7]。

2）生物技术药物产品结构单一，大肠杆菌表达的产品占绝对统治地位，技术壁垒低，重复生产的企业较多

截至2011年，美国FDA总共批准了接近120个生物技术药物上市，其中基因工程药物占了很大比重。目前，我国主要的基因工程药物只有6种，而且这些药物所主要基于的大肠杆菌蛋白表达技术、发酵技术以及产物的纯化技术等都是相对简单的生物制药生产技术，容易掌握，产品的基因及蛋白序列都没有专利保护，生产工艺的专利几乎对产品的开发没有任何限制作用，产品技术壁垒较低，缺乏市场竞争力。

3）缺乏重磅专利药物，市场竞争力不强，产品利润率低

生物技术药物是典型的高技术产品，技术创新是生物医药行业发展的重要保障，研发出创新性药物、获得技术专利所有权对于企业占领医药市场份额是至关重要的。全球500强的生物制药企业，多数都拥有多个自己研发或享有技术专利的“重磅炸弹”药物，很多药物的年销售额都达到了40亿美元以上，成为超级“重磅炸弹”药物。这些药物的销售额不仅为企业带来了巨额的收入，而且由于产品附加值和利润率高，为企业贡献了可观的利润，保证了企业拥有足够的资金进行下一步的新药研发，形成了良性循环；而在我国的生物医药市场上，几乎没有“重磅炸弹”药物，年销售额超过10亿元的药物至今没有出现，绝大部分生物制药企业的年销售收入都低于1亿元。

同时，国外制药巨头的药品市场垄断性很强，主要得益于拥有自己的技术专利，重磅药物都受到了专利保护，其他厂商根本无法获得此类药物的制造技术和生产、销售权。我国医药市场上仿制药的比例过高，高新生物技术水平总体低下，绝大多数领域的技术制高点为发达国家所控制，拥有技术专利的企业占比少，产品的竞争力不强，导致国内企业的产品附加值和利润率都不高。

4）动物细胞大规模培养技术的高门槛严重阻碍了我国生物制药产业的发展

国外生物技术药物70%以上的产品都是动物细胞表达的基因重组蛋白，由于动物细胞培养技术的复杂性，尤其是治疗性抗体用量大，常常需要年产吨级抗体才能满足市场需要，因此每种抗体药物的生产线一般都采用总体积在10万升左右的反应器来生产。我国批准上市的动物细胞表达的产品非常有限，只有促红细胞生成素、乙肝疫苗等剂量为微克级/人的产品，还有如益赛普、泰欣生等CHO细胞表达的抗体产品，这些抗体的生产规模还比较有限，年产量在十几公斤水平，反应器规模与国外先进国家差距很大。

5）整体研发实力依旧薄弱，研发资金投入比例失衡，与全球大型企业相差甚远

发达国家生物医药行业研发投入占产值的比重都在10%以上，而我国研发资金相对于产值的比例过低，仅占生物医药工业产值的2%左右，企业全部研发投入不及一个跨国药企的研发投入，根本无法保证足够的研发资金进行技术创新。目前，我国已批准上市的13类25种382个不同规格的基因工程药物和基因工程疫苗产品中，只有6类9种21个不同规格的产品属于原创，其余都是仿制，具有国际专利的新药非常少，大多为买进或者生产国外专利到期药，原创性药物的研发非常薄弱。

6）产业发展模式不成熟，企业战略定位不清晰，缺少具有国际竞争力的大型企业和专注于单一领域的中小型生物技术公司

基于当前全球经济的复杂形势与医药市场的战略机遇，全球多数大型药企在研发方式和战略规划方面都进行了重大调整，其中包括联合研发、专利收购、兼并重组、调整产品结构、转移研发中心和开发新兴国家市场等多种方式。

我国产业发展模式不成熟，严重缺乏专注单一领域技术创新和成果转化的中小生物技术公司，无法为我国大型生物医药企业发展提供持续的产品创新和技术支持；企业在面临当前经济形势和国外企业的强势竞争下，总体反应较慢，战略定位不够清晰。生物医药企业规模普遍较小，上市公司总资产在100亿元以上的不足5家，总资产在30亿元以上的不足10家，多数企业总资产都在1亿～30亿元，大型企业数量太少，产业集中度不高。

12.5.2 促进生物医药产业发展的政策取向

1）持续推进合成生物学等产业重大关键技术的研究与开发，加强我国创新药物的研发与生产力度

持续推进合成生物学等产业重大关键技术的研究与开发，保障技术研究的连贯性，确保重大专项的顺利实施；进一步加强我国创新药物的研发力度，能够生产出我国自己的创新药物，在技术获得有效突破的同时加强科技成果的转化，并不断提高产业化能力。

2）制定适当的产业政策，降低生物医药企业的投资与经营风险

生物医药领域的技术研发周期长、资金投入大、失败率高，对于企业的资金实力、研发能力和人才规模要求较高，投资人和企业进入生物医药领域需要承担较大风险。我国应当制定适当的政策和措施来降低生物医药企业的经营风险，提高投资人以及企业对生物医药领域投资的积极性，鼓励和支持企业进行高水平的研发活动。

3）优化产业结构与布局，促进区域协调发展

继续加大淘汰落后力度，制止低水平重复建设。根据各地区生态资源环境状况和区域的特色优势，按照“突出特点、特色发展”的方针，优化我国医药产业总体布局，在长江三角洲、珠江三角洲和京津冀地区三个综合性生产基地和东北地区、中西部地区等多个专业性生产基地的基础上形成区域相互促进、优势互补、因地制宜的互动机制，促进各地区医药经济协调发展。

4）鼓励医药产品出口及实施“走出去”的国际发展战略

药监局不仅要加强医药监管，还应帮助企业加强国际合作，研究国外市场需求，建立医药产品出口信息平台。加强医药行业标准与国际标准的对接，指导医药企业境外注册和相关认证。建立药品国际化服务体系，加快并进一步扩大我国生物制药企业的国际认证，为我国企业成为生物技术药物合同生产商（CMO）以及为我国生产的生物技术药物进入国际市场奠定基础。加快创新品种的产业化和上市速度，并对具有市场发展潜力的优秀品种给予扶持和培育。

5）创造良好的医药行业发展环境

坚持政府主导和市场机制相结合的原则，积极稳步推进医疗卫生体制改革，加

大政府卫生投入，解决医疗机构的收入补偿问题，从根本上改变“以药养医”的局面；加强生物医药产品临床评价能力建设，提高临床评价的规范性、科学性；加强标准化、法制化建设和知识产权保护，建立有利于生物医药产业发展的市场环境；在保证药品安全的前提下，进一步修改和完善现有的药品审批制度，提高药品申报效率，简化审批流程，加快新药的上市时间，创造有利于新药研发的制度环境。

参考文献

[1] 国家发展和改革委员会高技术产业司，中国生物工程学会．中国生物产业发展报告．北京：化学工业出版社，2010.

[2] 中经网数据有限公司．中国生物制药行业分析报告（2008 年 2 季度），2008.

[3] 中研普华．2012 年上半年我国生物医药进出口情况探讨．中国行业研究网，2012-08-14.

[4] 赛迪顾问股份有限公司．中国生物医药产业研究报告 2010—2011，2011.

[5] 中国合成生物学路线图规划．中国工程院战略性新兴产业培育与发展生物领域课题组内部资料，2012.

[6] 安信证券．医疗器械行业深度分析，2010.

[7] 中国医药保健品进出口商会．化学原料药出口：在机遇与挑战中前行，2012.

缩略词表

ACC：American College of Cardiology，即美国心脏病学会

EPO：erythropoietin，即促红细胞生成素

GM-CSF：粒细胞巨噬细胞集落刺激因子，人粒细胞集落刺激因子的一种

G-CSF：粒细胞集落刺激因子，人粒细胞集落刺激因子的一种

PEG：polyethylene glycol，即聚乙二醇，一种化学药品

DNA：deoxyribonucleic acid，即脱氧核糖核酸，又称去氧核糖核酸，是一种分子，可组成遗传指令，以引导生物发育与生命机能运作

C-Dog 项目：中心法则元件人工合成和标准化项目

iPS 细胞：induced pluripotent stem cells，即诱导多功能干细胞

mRNA：一种细胞重编程技术

Oct4：参与调控胚胎干细胞自我更新和维持其全能性的最为重要的转录因子之一

GMP：Good Manufacturing Practice，即《药品生产质量管理规范（2010 年修订）》

GSP：Good Supplying Practice，即《药品经营质量管理规范》

第 13 章

生物育种业

李　宁　汤　波　刘录祥　邱丽娟　万建民

【内容提要】《规划》将生物产业列为重点方向加以大力支持，既顺应国际趋势，也是应对国家战略需求的必然选择。生物育种业是其中的重要前沿领域之一。本章首先界定了生物育种业的概念，分析了我国生物育种业的发展情况，从国际产业竞争格局和国内产业创新能力两个角度分析了我国生物育种业面临的主要挑战，进而探讨了生物育种业的基本发展趋势，从功能基因规模化克隆技术、全基因组选择育种技术、安全转基因育种技术、合成生物育种技术四个方面阐述了生物育种业重点技术现状与发展方向，提出了生物育种业战略布局与发展重点，选择国产转基因抗虫棉技术领域和以企业为主体的畜禽种业发展模式作为重点案例进行分析，最后提出促进生物育种业发展的政策取向。

生物育种业是国家战略性、基础性核心产业。转基因、全基因组选择、合成生物学等前沿技术不断发展与应用，促进了国际生物育种业的蓬勃发展。近年来，我国生物育种业在政府各部门的大力支持下取得了长足的进步，初步形成了生物育种创新体系，创制了一大批动植物优良品种，产业规模不断扩大。但是，目前生物育种业正处于战略发展期，少数跨国种业集团凭借其在科技创新、资源积累、资本投入等方面的优势，逐步形成了全球种业的垄断局面。只有加强种业科技创新，壮大种业龙头企业，完善商业化种业创新体系，才能实现我国生物育种业的跨越式发展。

13.1　生物育种业发展的现状和趋势

13.1.1　生物育种业的基本概念与范畴

生物技术作为国内外最活跃的前沿研究领域，在医药、农业、能源等领域均展现出强大的生命力和巨大的应用前景。转基因技术、分子育种技术、干细胞技术和合成生物技术等生物技术在现代农业中广泛应用，催生出生物育种、生物农药、生物兽药、生物肥料和生物饲料等生物农业新兴产业，生物育种业是其中的佼佼者。

生物育种业是相对于传统种业而言的，即将分子育种技术、转基因育种技术、合成生物技术、细胞工程育种技术和胚胎工程育种技术等一系列现代生物技术应用于动植物育种研究领域，培育一大批性能优良的突破性新品种，围绕这些新品种的培育、生产和推广而形成的新兴产业，包括农作物种业、动物种业和林木果蔬花草种业等。

13.1.2　生物育种业的发展现状

1）依靠科技创新，培育出了一大批动植物新品种

我国政府历来重视种业科技创新，在科技部、农业部、国家发展改革委等部门的持续支持下，2001～2010年我国利用杂种优势、分子标记辅助育种、转基因育种等现代生物育种技术，培育出超级稻、高产小麦、杂交玉米、转基因抗虫棉等主要农作物品种1 342个，实现了5～6次大规模的品种更新换代，良种对农作物增产的贡献率达到40%左右[1]；同时培育和推广苏太猪、京红蛋鸡、农大三号小型蛋鸡、中国荷斯坦奶牛、中国西门塔尔牛、中国对虾等畜禽水产新品种（配套系）182个（图13.1）。目前主要农作物的良种覆盖率达95%以上，主要畜禽水产的良种覆盖率也达90%以上。

图13.1　近年来经国家审定的部分动植物新品种

2）重视产业发展，生物育种业的规模不断扩大

随着《中华人民共和国种子法》、《种畜禽管理条例》等一系列法律法规的制定和执行，我国种业市场得到了进一步的规范和发展。近两年来国务院相继出台了《关于加快培育和发展战略性新兴产业的意见》和《关于加快推进现代农作物种业发展的意见》等指导性文件，更是将生物育种业提升到了战略高度，表明我国生物育种业正在迎来重大的战略机遇期。我国拥有世界上最大的种业市场。据测算，我国的水稻、小麦、玉米、棉花、油菜等农作物种业市场容量从2001年的200亿元发展到2010年的500亿元，未来5～10年还将增加到900亿元以上；2010年农业动物种业产值也达1 200亿元，林木花卉种子种苗年产值约1 400亿元[2,3]。随着以生物技术为主导培育的动植物新品种成为市场上的主打品种，我国动植物种业市场规模仍有较大的增长空间。

13.1.3 我国生物育种业发展面临的主要问题

1）国际种业巨头不断渗透

国际种业集团发展历史较长，与我国种业企业相比，在资金、资源、技术、产品、产业经营等方面均具有较大优势，对我国发展自主生物育种业产生了较大的影响。同时这些跨国种业集团通过不断地兼并重组，垄断地位不断增强。孟山都、杜邦等十大跨国公司利用其基因专利和品种，控制着国际农作物种业市场约70%的份额，也对我国种业不断进行渗透。如美国杜邦先锋公司培育的杂交玉米品种“先玉335”于2004年通过我国国家品种审定之后，通过与国内种业企业合资等方式，加大推广力度，在短短5年内，其种植面积跃居我国第二位。而我国动物品种对进口品种依赖性更高，目前规模化养殖的主要畜禽品种80%以上均需进口，如瘦肉型猪核心种源主要来自欧美国家培育的大白猪、长白猪和杜洛克猪等品种，白羽肉鸡核心种源主要来自美国等国培育的品种，英国培育的樱桃谷鸭品种则占我国肉鸭养殖品种的85%以上，每年我国还需从国外进口大量荷斯坦奶牛及其精液和胚胎。据农业部统计，2006～2010年我国累计进口种猪2.4万头、种牛17.1万头、种禽1 147.7万只、精液212.6万剂、种蛋18万枚、胚胎2.7万枚，占全球畜禽品种贸易量的40%以上。

2）我国种业企业创新能力有待提升

与国外种业巨头相比，我国种业企业主要存在规模“小多散”、缺乏创新能力和抗风险能力等问题。据调查，我国种子经营机构多达63 000多家，现有农作物种子企业近9 000家，其中注册资金超过3 000万元的不到100家，而真正具有品种研发能力的不过50家左右[4]。据农业部统计，2011年全国具有种畜禽生产经营资质的各类种畜禽场达14 600多个，种畜禽数量基本能满足当前畜牧业生产需要，但大多数种畜禽场养殖的畜禽原种却以进口品种为主，尚未完全走出“引进国外原种—扩繁和销售种畜禽—进口种源退化—再次引进国外原种”的恶性循环，缺乏品种培育自

主创新能力。企业规模小、研发投入少等是制约我国种业企业创新能力提升的主要因素。2011 年我国种业收入达上亿元的上市公司有 14 家，种业收入总和为 77.8 亿元（表 13.1），不到 2010 年美国孟山都公司的 1/6（76 亿美元）；国内企业研发投入仅为销售额的 2% ～ 3%，而美国杜邦、孟山都等公司研发投入均占其销售额的 10% 以上 [5]。

表 13.1　2011 年种业收入超亿元的国内上市公司资产收入一览表

上市公司	主营种业	总资产 / 万元	营业收入	
			总收入 / 万元	种业收入 / 万元（占比 /%）
敦煌种业（600354）	玉米等	402 551	181 678	121 066（67）
隆平高科（000998）	水稻等	297 861	154 657	114 419（74）
登海种业（002041）	玉米等	228 762	114 505	113 096（99）
雏鹰农牧（002477）	种猪、种鸡等	255 402	130 009	75 973（58）
丰乐种业（000713）	水稻等	184 024	161 974	60 486（37）
民和股份（002234）	鸡苗	211 499	134 128	54 001（40）
大北农（002385）	水稻等	473 670	778 046	53 143（7）
万向德农（600371）	玉米等	100 781	54 726	50 127（92）
神农大丰（300189）	水稻等	133 870	42 733	42 032（98）
荃银高科（300087）	水稻等	88 785	27 668	27 211（98）
顺鑫农业（000860）	种猪等	1 033 287	758 020	19 329（3）
大康牧业（002505）	种猪等	89 762	48 469	17 990（37）
中农资源（600313）	小麦等	77 567	125 438	15 534（12）
壹桥苗业（002447）	水产种苗	134 023	20 835	13 188（63）
总计		3 711 844	2 732 886	777 595（28）

资料来源：各上市公司财务报表

3）种业科技创新能力仍需强化

改革开放以来，我国种业科技创新能力有了大幅度提升，培育和推广了一大批性能优良的动植物新品种，为保障我国粮食安全和农产品有效供给作出了重大贡献。但是，与发达国家相比，我国生物育种业的科技创新能力相对较低。据联合国粮农组织统计数据，2010 年我国玉米和水稻平均单产仅为美国的 57% 和 87%，生猪、肉牛和肉鸡胴体体重分别为美国的 80%、41% 和 75%，而奶牛平均单产也只有美国的 1/3，表明我国种业科技创新能力还比较薄弱，主要是因为我国种业发展仍处于初级阶段，种业科技投入仍显不足，研究基础相对薄弱，科研与生产严重脱节，更为主要的是商业化的种业创新体制机制尚未建立。

13.1.4 生物育种业发展的基本趋势

1）颠覆性技术创新正在引领生物育种业发展

生物育种业的发展历史证明，每一次重大的种业科技进步，都会对生物育种业跨越式发展起到重要的引领和推动作用。杂交育种技术在动植物育种中的广泛应用，培育出了一大批杂交水稻、杂交玉米、杂交小麦等新品种，杂交优势利用技术仍将在生物育种业发展中发挥重要作用。人工授精、性别控制、超数排卵和胚胎移植等突破性技术的研发和广泛应用，解决了动物育种周期长、进展慢、成本高等问题，大大促进了动物种业和养殖业快速发展。转基因作为一种典型的颠覆性技术，日益成为生物育种业的主流技术。2011 年全球转基因农作物种植面积达 1.6 亿公顷，相当于我国全年农作物总播种面积；农作物种植国家达 29 个，其中转基因大豆和玉米已分别占到全球大豆和玉米种植面积的 47% 和 32%[6]。功能基因和分子育种技术的日益成熟，使得生物育种从“表型选育”跨入“基因型选育”时期，如主要农作物矮秆基因的发现和利用，培育了一大批抗倒伏、高产水稻和小麦等品种，催生了第一次“绿色革命”；猪高温应急综合征（MSH）基因作为分子标记在世界猪品种选育中广泛应用，每年为全球养猪业减少 20 亿美元的损失。随着基因组测序和功能基因研究不断深入，全基因组成千上万的分子标记和基因可同时用于动植物新品种选育中，生物育种将进入“全基因组选择育种”这一新的发展阶段，极大地缩短了选育周期，提高了育种精度，加快了品种更新应用的步伐。

2）创新型龙头企业成为生物育种业发展的主力军

拥有丰富的种质资源和性能卓越的品种，具备超强的创新能力和资本运作能力，是国际种业巨头的共同特点。国际种业企业作为生物育种业发展的主体，掌控了大多数农作物和畜禽种业市场，引领着世界种业的发展走向。2009 年仅排名前三位的孟山都、杜邦、先正达三家种子公司的营业额就占到全球种子市场的 47% 左右。而全球种蛋鸡、种肉鸡以及种猪与种牛市场分别由 2 家、4 家和 5 家跨国种业集团所垄断。我国种业企业数量多、规模小、创新能力羸弱，应该大力扶持我国种业龙头企业发展，逐步淘汰规模小、缺乏创新能力的种业企业，培育一批品种培育创新能力强、资本实力雄厚、市场占有率高、“育繁推一体化”的创新型龙头种业企业，才能成就我国自主生物育种业的大发展和大繁荣。

3）生物育种业国际合作与竞争进一步加剧

目前，生物育种业国际化趋势更加明显，整体呈现出种质资源利用国际化、育种技术创新国际化、资本运作国际化、研发平台国际化和技术推广服务网络国际化等趋势，生物育种业国际合作与竞争将进一步加剧。我国生物育种业发展虽然面临国际种业巨头的巨大竞争压力，但同时也获得了利用全球优质种质资源、先进育种科技等来发展我国自主生物育种业的良好机遇。在国际化战略视野下合理利用各种有利条件，大力提升我国生物育种业自主创新能力，是应对日益激烈的国际竞争的主要手段。

13.2　生物育种业重点技术现状与发展方向

13.2.1　功能基因规模化克隆技术

基因是生物育种等农业生物技术的核心，基因资源深层次挖掘是现代生物技术创新的源泉。一个有价值的功能基因关系到一个产业的发展。应用抗除草剂基因的作物种植面积占转基因作物总种植面积的比例超过 60%，充分显示出功能基因的巨大效益和作为生物技术制高点的战略意义。根据世界知识产权组织的数据，美国、日本和澳大利亚等发达国家拥有全球 70% 以上的水稻基因专利、90% 以上的玉米基因专利、80% 以上的小麦基因专利和 75% 以上的棉花基因专利[7]。美国将我国太湖猪的高产仔数主效基因——雌激素受体（ESR）基因用于猪的育种，培育出了生长性能和繁殖性能都非常优秀的新品系，在全世界广泛推广。我国拥有极其丰富的生物资源，但只有加强功能基因研究和开发，把我国特有的生物资源优势转变为基因资源优势，才能赢得未来国际基因资源竞争。基于我国特有生物品种资源的重要功能基因及遗传标记资源的挖掘和验证仍将是我国生物育种业科技创新的重点研究领域；开发新一代基因组测序技术、功能基因调控网络解析技术，规模化克隆具有重要育种价值的动植物功能基因，是该领域的主要研究趋势。

13.2.2　全基因组选择育种技术

分子育种技术是 20 世纪 90 年代初发展起来，基于分子标记进行选育的生物育种新技术。随着基因组测序技术的日益成熟和不断创新，在经历单分子标记辅助选择、多分子标记聚合选择阶段后，分子育种技术进入了一个崭新的发展阶段，即全基因组选择育种阶段，可以对动植物个体的整个基因组上数千个甚至上万个分子标记或基因进行选择，从而提高动植物育种的精确性和效率（图 10.2）。如 1994 年，美国 PIC 国际种猪集团公司首次将单个分子标记应用到猪的育种中。截至 2011 年年底，已有超过 200 个 DNA 分子标记用于猪分子标记聚合育种，预计 5 ～ 10 年内，将有 1 万个以上的 DNA 分子和基因标记加入到猪新品种选育实践中。

13.2.3　安全转基因育种技术

转基因技术被认为是人类有史以来应用速度最快的技术之一。转基因技术又称遗传转化或基因工程，是将人工分离和修饰过的基因导入到生物基因组中而引起生物目标性状的可遗传修饰的技术。1973 年，转基因技术问世，1994 年世界第一例转基因作物（延熟保鲜转基因番茄）实现商业化生产。到 2011 年，50 多种转基因作物种植面积之和已超过 1.6 亿公顷，涉及 150 多个转化体。据国际农业生物技术应用

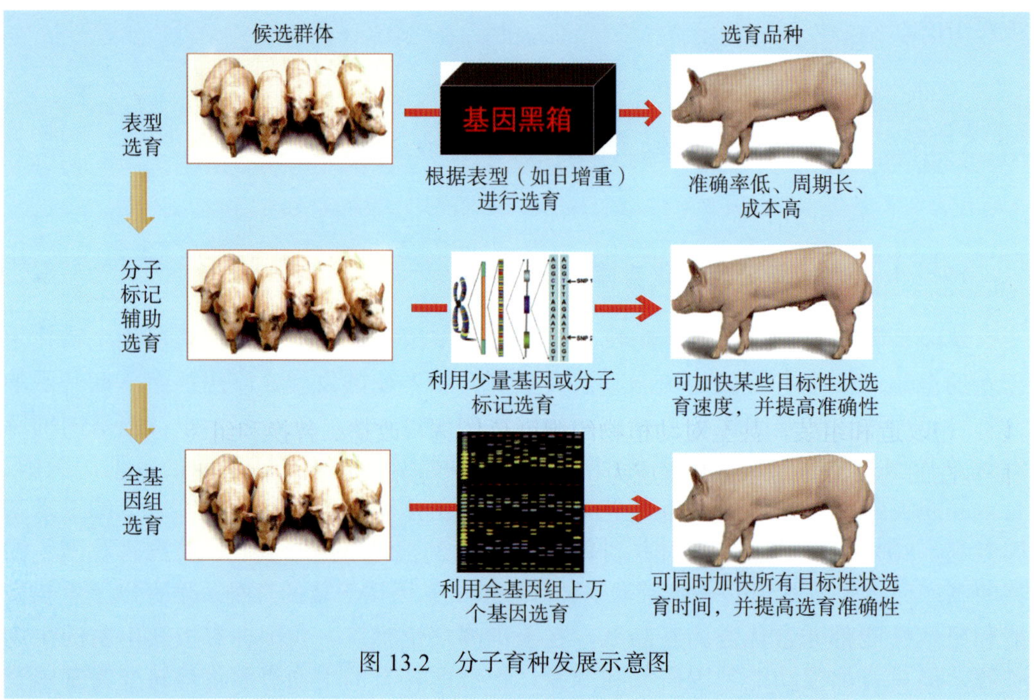

图 13.2　分子育种发展示意图

服务组织（ISAAA）预测，至 2015 年，全球种植转基因作物的数量和规模将大幅度提升，种植转基因作物的国家将超过 40 个，年种植面积将达 2 亿公顷，总市场价值将超过 1 500 亿美元[6]。第一代转基因技术以单个基因导入为主，目标产品以抗虫、抗除草剂转基因作物品种为主，更有利于转基因生物的生产者和经营者，而新一代转基因技术将更注重消费者的诉求和利益，在技术上大大革新，如基因敲除育种技术（图 13.3）、RNA 干涉技术可将动植物中对人体有害的基因删除或使其沉默，从而培育安全性更高、营养保健功能强大、抗非生物逆境性能显著的转基因动植物新品种，将使转基因育种技术得到更广泛的应用。

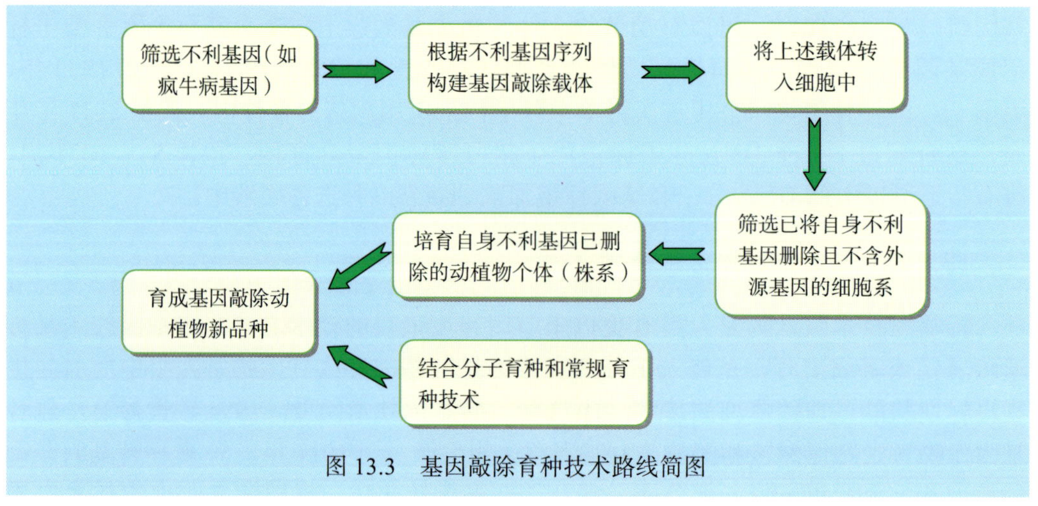

图 13.3　基因敲除育种技术路线简图

13.2.4 合成生物育种技术

合成生物学是生命科学的一个新兴分支学科，是以工程学思想为指导，对天然生物系统进行重新设计与改造，同时设计并合成新的生物元件、模块和系统的崭新学科。2010 年 5 月生物学家克雷格 • 文特尔等在世界著名权威学术期刊《科学》上宣布他们通过化学合成方法成功合成了人类历史上首个“人造单细胞生命体”[8]，成为现代生命科学的研究热点。合成生物学的发展带动了医药、能源、环保、农业等领域的进步和创新，进而极大地提升了生物产业的发展水平，将对未来的生物经济产生重大影响。以全基因组测序技术、基因工程技术、细胞工程技术、生物信息学技术等为基础，合成生物育种技术可以直接对一系列与经济性状相关的功能基因群进行设计、改造和组装，甚至对动植物细胞染色体进行改造、替换和组装，创造出具有优良特性的动植物新品种，其将成为生物育种技术创新的重要方向（图 13.4）。

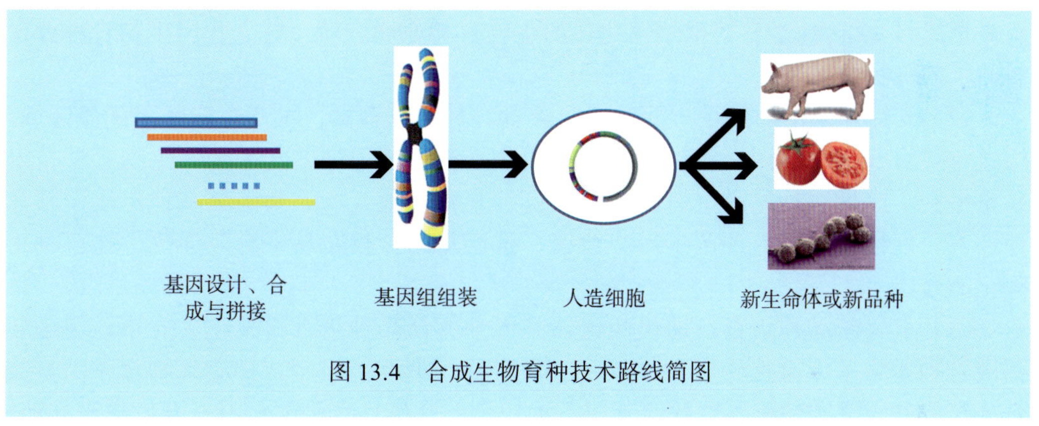

图 13.4　合成生物育种技术路线简图

13.3　生物育种业战略布局与发展重点

13.3.1 生物育种业战略布局

一是以战略规划为指引，做好生物育种业顶层设计。明确现阶段政府在发展生物育种业中的主导作用，制定生物育种业发展战略和规划，加强生物育种业培育和发展的顶层设计，减少政府对生物育种业科技创新的直接干预。

二是以科研院校为中心，加强生物育种业科技创新。充分发挥科研院校人才、设施、研究基础等优势，着实深入功能基因克隆、基因调控网络解析等基础研究；加强全基因组选择技术、安全转基因技术、干细胞技术等生物育种业核心关键技术创新；以主要农作物、主要畜禽水产养殖品种等为重点，创制一批具有国际竞争力、市场占有率高的动植物新品种，提升我国生物育种业原始创新能力。

三是以龙头企业为主体，创新生物育种业发展模式。鼓励“育繁推一体化”种子企业和大型动物育种企业整合现有育种力量和资源，促进育种资源优化配置，创新生物育种业发展模式，推动生物育种业产业链协同发展，培育具有核心竞争力和较强国际竞争力的大型生物育种业龙头企业。

13.3.2 生物育种业发展重点

围绕生物育种产业发展和关键技术突破的重大需求，支持龙头企业，联合优势科教单位，优化配置种业科技创新资源，重点开展生物育种产业发展的种业创新资源整合、支撑体系全面建设、重大新品种培育与产业化等。

（1）种业创新资源整合。探索通过企业与科教单位股份制合作，或与科教单位建立其他实质性长期合作关系等方式，推进整合现有种业创新资源，组建高层次人才团队，逐步建立专业化分工、规模化生产、集约化经营的产品研发与市场运作模式，形成科企结合、“育繁推一体化”的生物育种业联合体，建立我国生物育种业发展的长效机制。

（2）支撑体系全面建设。面向主要粮食、林木、畜禽、水产主产区和优势区域，构建重要农林生物基因资源信息库、规模化表型与基因型鉴定平台、生物育种技术共享平台、区域育种站、生态试验站、良种繁育基地（场）和南繁基地，建设新品种选育、规模化繁育、种苗生产、营销、推广与品种权交易平台，强化生物育种工程化能力。

（3）重大新品种培育。加快实施转基因生物新品种培育科技重大专项，突破转基因育种、全基因组选择育种、航天工程育种、重离子辐照育种等生物育种关键技术，挖掘种质资源的重要性状新基因，加快创制突破性育种新材料，开发选育高产、优质、多抗农林动植物重大新品种，大幅提升我国生物育种业科技创新能力。

（4）重大新品种产业化。组织实施生物育种产业创新发展工程，加强新品种的研制，建设育种基地，开展种子（畜、苗）规模化繁育、栽培（养殖）、加工、检验检测技术研究，强化种业技术服务，加快推进新品种产业化。

13.4 生物育种业发展重点案例

13.4.1 国产转基因抗虫棉

截至 2011 年年底，我国共有 230 个自主研发的转基因抗虫棉新品种通过国家品种审定，累计推广应用面积达 2 400 万公顷。2011 年我国转基因抗虫棉种植面积达 390 万公顷，占全国棉田面积的 71%，其中国产抗虫棉已占 97% 以上（图 13.5）。国产转基因抗虫棉之所以取得如此骄人的成绩，与研发者和生产者在品种培育上不断进行科技创新、注重专利保护和产业化运作等密不可分。

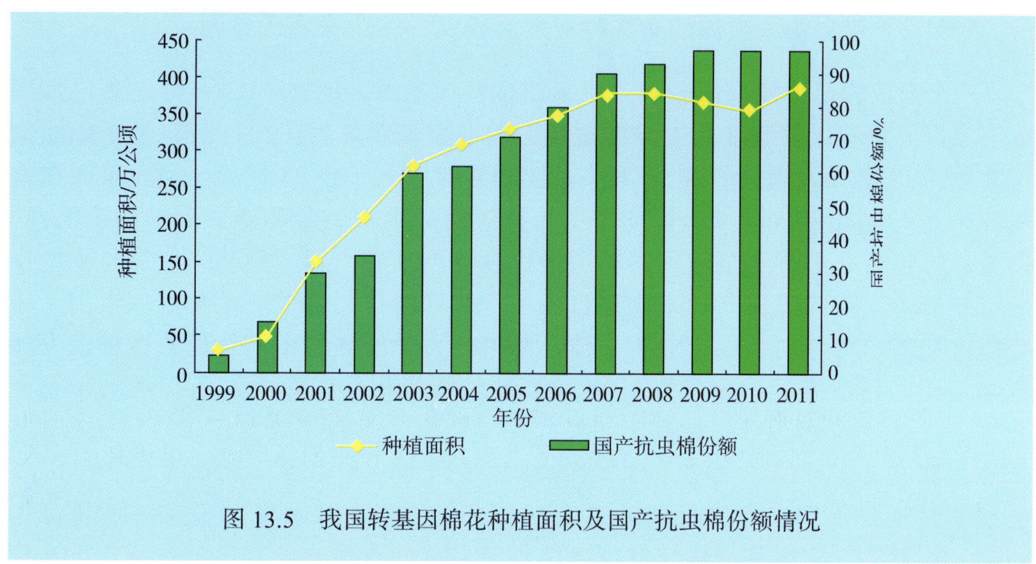

图 13.5 我国转基因棉花种植面积及国产抗虫棉份额情况

（1）在品种创制和推广技术上不断创新。我国抗虫棉研究开始于 20 世纪 80 年代，1994 年育成首个具有自主知识产权的单价抗虫棉新品种，标志着我国成为继美国之后，世界上独立自主研制成功抗虫棉的第二个国家。1996 年国产双价抗虫棉（同时抗棉铃虫和蚜虫）培育成功，3 年后通过安全评价并获准生产，比美国双价抗虫棉应用于生产早了整整 5 年。中国科学家再接再厉，集成杂交育种、分子标记育种和转基因育种等技术，于 2005 年育成转基因抗虫三系杂交棉，可比常规抗虫棉增产 26%，制种成本可降低一半，进一步巩固了我国在抗虫棉研发领域的领先优势。我国科学家还在新功能基因克隆、高效转化体系、抗虫棉快速扩繁体系等方面进行大量创新，为国产抗虫棉实现产业化提供了坚实的科技保障。

（2）在研发和推广过程中注重专利保护。研发人员在抗虫棉研发过程中及时将核心技术申请了国家发明专利，该专利于 1998 年获得授权，2001 年被国际知识产权组织及国家知识产权局授予发明专利金奖。同时研发人员在新基因、新载体、新转化技术和新转化体等方面均申请了国家发明专利和国际发明专利。

（3）建立“育繁推一体化”产业化模式。以专注于新品种培育的科研院校为上游，以擅长于抗虫棉规模化制种的科研机构为中游，以科技型棉花产业化龙头企业为下游，我国组建了“育繁推一体化”的抗虫棉产业化模式，实现了上、中、下游的协同创新和利益共享。如中国农业科学院棉花所以其科技贸易公司为投资主体，依托该所科技成果，在黄河流域棉区、长江流域棉区和新疆棉区与地方优势生产经营企业及新疆生产建设兵团等单位合作，通过优势互补成立了 8 个区域性合资公司，并与地方合作，建立了转基因棉花新品种示范点 200 个，逐步形成了国产转基因棉花示范推广网络，做到统一供应亲本、统一生产种子、统一棉种价格、统一售后服务，对稳定有序地发展抗虫棉与杂交棉市场起到了积极作用。

13.4.2 以企业为主体的畜禽种业发展模式——广东温氏集团

广东温氏食品集团有限公司（以下简称温氏集团）创立于 1983 年，现已发展成一家以养鸡业、养猪业为主导的现代大型畜牧企业集团。2011 年，温氏集团上市肉鸡 7.77 亿只、肉猪 663.56 万头，实现销售收入 309.93 亿元。温氏集团在发展养殖业的实践中，逐步认识到优良品种对保障生产效益和企业利润的重要性，由最初每年需花大量资金从国内外引进优良猪鸡品种，转变到后来依靠自主培育出符合市场定位的优质品种来满足自身生产和周边市场需求，该集团探索出了一套以市场需求为导向，以企业为主体，坚持产、学、研紧密结合的畜禽种业发展成功模式。目前温氏集团已先后培育出新兴黄鸡Ⅱ号配套系、新兴矮脚黄鸡配套系、新兴竹丝鸡 3 号配套系、新兴麻鸡 4 号配套系和华农温氏 1 号猪配套系 5 个经国家畜禽品种审定委员会审定的畜禽新品种（配套系）。2006 ～ 2010 年，公司累计推广优质肉鸡父母代种鸡 1 600 万套，优质肉鸡苗 15 亿只，自主品种猪苗 910 万头，按市场价格计算，温氏集团自主培育猪鸡品种已创产值达 110 亿元。其主要做法如下：

（1）以企业为主体，坚持产学研用紧密结合。1994 年，温氏集团成立专业化家禽育种公司，从事优质鸡选育种和产品研发工作，目前建立了 40 多个优质肉鸡品系，年可供父母代种鸡 2 000 万套，成为全国最大的优质鸡育种企业。为了进行猪新品种培育和扩展养猪业务，温氏集团以自身为主导，联合华南农业大学等单位，于 2002 年共同成立广东温氏畜牧发展有限公司，目前该公司拥有存栏 1 万多头纯种猪、年产二元杂种猪 10 万余头的育种基地。在走公司化畜禽育种道路的同时，温氏集团不断与华南农业大学、中国农业大学、广东省农业科学院等科研院所和机构加强合作，聘请育种专家直接参与公司畜禽育种实践和经营管理，实现了企业、科研机构、专家和农户的共同发展与合作共赢，温氏集团也因此获得了“2011 年度中国产学研合作创新奖”。

（2）以市场为导向，培育专门化品种。20 世纪 80 年代，温氏集团主要养殖进口的快大型白羽肉鸡，该品种生长快，但肉质较差，在广东等市场上越来越不受欢迎。该公司经调查发现，广东地区本土黄鸡肉质鲜美，但是生长缓慢、饲料消耗多，养殖效益并不可观，遂决定成立家禽育种公司培育自己的优质肉鸡品种。他们首先从全国各地收集优质地方鸡资源，进行系统的性能测定，再根据各地方鸡种的特点和生产性能，利用现代育种技术分别进行了专门化品系的培育。现已收集育种素材 48 个，建成了全国最大的优质鸡种质资源库，形成 8 个优质肉鸡品系系列——快大型黄鸡系列、矮小型黄鸡系列、供港黄麻鸡系列、黄脚麻鸡系列、竹丝鸡系列、土鸡系列、青脚麻鸡系列、乌皮麻鸡系列，利用这些种质资源培育了新兴黄鸡Ⅱ号配套系、新兴矮脚黄鸡配套系、新兴竹丝鸡 3 号配套系、新兴麻鸡 4 号配套系等国家审定品种，可以满足不同地区、不同类型的市场需求。

13.5 促进生物育种业发展的政策取向

13.5.1 加快有关生物育种业发展的政策法规建设

制定和完善农业生物育种技术和产品创新的知识产权保护、市场准入以及市场监管等方面的政策法规。严格种业市场准入和品种审定条件；鼓励种业龙头企业以并购、参股等多种方式进行兼并重组，做大做强；支持具备条件的生物育种业龙头企业上市，扩大市场份额；支持生物育种业龙头企业聚集品种创制资源，扩大育种规模，提升种业科技创新能力。

13.5.2 加强知识产权保护，完善科技成果利益分享机制

加大动植物新品种保护力度，将重大原创性品种列入政府采购和主推品种范围；建立企业自主知识产权品种的后补助机制；建立公益性资金支持的自主知识产权品种向生物育种产业发展工程试点转移机制，合理调节材料创制者、育种者与企业之间的利益关系；明确科教单位在推进商业化育种和现代种业发展中的定位和作用，进一步完善利益分配和成果收益反哺科研机制，提高科技人员的积极性。

13.5.3 完善生物育种业发展的多元化融资渠道

充分运用财政支持、金融信贷、外资引进、风险投资等渠道，完善生物育种产业的投融资渠道，形成多元化、多渠道、市场化的投入体系；建立国家生物育种业发展专项资金，支持生物育种产业发展中的科研设施条件建设、重大品种选育及推广、市场营销等重点项目建设，引导社会资金投向生物育种业。

13.5.4 探索生物育种产业发展的人才政策

探索科教单位人员进入企业的利益保障机制，鼓励企业引进和培养一批生物育种技术创新人才、技术应用人才以及复合型人才，推动各类人才逐步向企业流动，并给予政策上的支持和配合。

13.5.5 强化国际合作，促进生物育种业国际化发展

“引进来”和“走出去”相结合，开展国际间种业高端技术的合作交流。依托相关重大科技项目和产业化工程，引进国际先进种业技术并对其进行消化、吸收、利用和再创新。通过国际合作研究，促进种业人才和技术交流，培养和引进一批高水平学科带头人和企业管理型人才，推进和重点扶持一批生物育种业优势创新团队建设。支持和鼓励企业实现“走出去”战略，建立海外研发基地和产业化基地，开拓生物育种业国际市场。

参考文献

[1] 张桃林．农业部副部长：创新育种技术 做大做强种业．经济日报，2010-06-24.

[2] 民生证券．种业行业深度报告——市场容量数百亿，新政为龙头公司扩张铺路，2011.

[3] 万钢．强化种业科技创新 支撑现代农业发展——在第二届中国博鳌农业（种业）科技创新论坛上的讲话．中国软科学，2012，2：1～4.

[4] 姜瑾华．“大喜小忧”看“种业新政”．江苏农村经济品牌农资，2011，（2）：11.

[5] 董峻．“与狼共舞”——外资种业进入中国市场透视．新华网，2009-12-25.

[6] James C. 2011 年全球生物技术 / 转基因作物商业化发展态势．中国生物工程杂志，2012，32（1）：1～14.

[7] 邱丽娟，郭勇，黎裕．中国作物新基因发掘：现状、挑战与展望．作物学报，2011，37（1）：1～17.

[8] Gibson D G，Glass J L，Lartigue C，et al.Creation of a bacterial cell controlled by a chemically synthesized genome. Science，2010，329（5987）：52～56.

高端装备制造产业篇

第 14 章

民用航空制造业

陈淮秋　陈少军

【内容提要】 2012年《规划》将“航空装备产业”列入“高端装备制造产业”的重点发展方向之一。依托中国工程院“战略性新兴产业培育与发展”咨询项目航空领域课题组的研究，本章将主要以干线飞机、支线飞机、直升机、通用飞机以及航空发动机、机载设备和空管系统为例，对我国航空产业的发展进行阐述。

航空制造业是国家战略性高技术产业，是国家经济发展、科学技术创新的重要推动力量，是航空武器装备建设的物质和技术基础，关系国家战略安全和核心利益。航空制造业处于装备制造业的制高点，是一个国家科技水平、国防实力、工业水平和综合国力的集中体现和重要标志。航空制造业具有稳定广阔的市场前景，发展航空制造业不仅对科学技术进步和众多制造业产业领域具有带动作用，同时对我国经济发展和转变经济发展方式也有巨大的带动和促进作用。

14.1　产业发展现状和趋势

本章研究限于民用航空制造业。民用航空制造业是指与民用航空产品有关的科学技术研究、设计、试验、制造、市场开发及相关服务业等。其中民用航空产品是指民用航空器整机及其相关的发动机、螺旋桨、机载系统和设备、标准件、零部件等。

航空制造业组织体系、产品领域和技术体系庞大而复杂。在众多的产品领域中，根据世界航空产业发展现状和未来发展趋势，以及我国航空产业发展的实际情况，本章选择干线飞机、支线飞机、直升机、通用飞机、航空发动机、机载设备和空管系统6个领域作为重点研究对象。

14.1.1 干线飞机

美国和欧盟在其本土都拥有完整的大型民用飞机产业集群。大型民用飞机产业面临全球范围内剧烈的市场竞争。美国波音公司和欧洲空客公司形成彼此竞争与妥协并存的垄断态势，在全球大型民用飞机市场上占有压倒优势。2011年，全球航空运输业机队在役飞机共19 890架。其中，波音产品占50%，空客占31%，巴西安博威占7%，加拿大庞巴迪占7%，福克占1%。除中国、俄罗斯的核心企业外，庞巴迪和安博威公司正在以不同方式力图打破两霸垄断，发展大型民用飞机。随着上述新兴主流竞争者和其他竞争者的加入，全球大型民用飞机市场多极化竞争格局正在形成。大型民用飞机产业在全球政治经济舞台上正扮演着越来越重要的角色。

在所在国家的政策保护和经济扶持下，国际大型民用飞机制造业企业正在竭尽全力抓住机遇，开发新产品，拓展产品链，扩大满足市场需求的方位和层次，不断增加对外提供的升级换代的产品和服务，对内提升技术能力，增强竞争力。在市场需求的牵引下，新概念、新技术、新项目、新产品层出不穷。美国波音公司和欧洲空客公司先后开展了以波音787和A380、A350等为代表的新一代先进宽体民用飞机，以及以737MAX和A320NZO为代表的150座级换装飞机的研制生产。

2006年国务院发布《国家中长期科学和技术发展纲要》，大型飞机重大专项被列为16项重大科技专项之一。2007年党中央、国务院批准大型飞机重大科技专项正式立项，同意组建大型客机股份公司。2008年国务院常务会议通过《航空工业体制改革方案》和《中国商用飞机有限责任公司组建方案》，我国航空工业体制机制改革举措连连。新成立的中国商用飞机有限责任公司是实施大型客机项目的主体，也是统筹干线飞机和支线飞机的发展、实现我国民用飞机产业化的主要载体。大型飞机重大专项全面实施，并且一开始就从重大科技专项转化为有明确产业化发展目标的重大工业项目。大型客机项目成为改革开放新时期的标志性工程和建设创新性国家的标志性工程。

目前我国大型民用飞机研制、生产和服务不断进步，但尚未真正形成产业，与世界航空工业先进国家相比，存在着巨大的差距，主要体现在以下几方面：一是大型民用飞机市场开发和营销、产品研制和生产、产品支援和客户服务全过程的实践不足，承载在实践中取得的宝贵经验教训的专业技术团队的能力、规模、稳定性和知识管理亟待加强；二是尚未真正形成完整的本土化大型民用飞机产业集群；三是自主创新能力不强；四是整体技术实力和管理水平落后，相关工业基础薄弱；五是我国适航当局缺乏实施对大型民用飞机研制项目的适航管理，以及支持我国大型民用飞机产业发展的能力和经验。

14.1.2　支线飞机

目前参与支线飞机设计与制造竞争的机型主要有：加拿大庞巴迪公司的 CRJ 系列飞机、C 系列飞机、Q400 NextGen，巴西航空工业公司的 ERJ 系列飞机，俄罗斯的安 -148/158、SSJ-100、SSJ-130 NextGen，日本三菱飞机公司的 MRJ，以及我国的 MA60/600、ARJ21 等。目前支线飞机的国际市场主要由加拿大庞巴迪公司、巴西航空工业公司和 ATR 公司垄断。

我国的 MA60 支线飞机是在 Y7-200A 的基础上研制的，1993 年 12 月首飞，1998 年 5 月取得了中国适航当局颁发的型号合格证。MA600 是在 MA60 的基础上的改进型，2008 年 10 月首飞，转入适航验证试飞阶段。截至目前，MA60/600 现已交付 78 架，在国内外的 200 条航线上进行服役，该系列飞机已获得的确认和意向订单约 170 架。

ARJ21 支线飞机是中国首次研制的涡扇支线客机，基本型 70 座级。ARJ21 支线客机于 2002 年 4 月立项，2003 年开始初步设计，2006 年 4 月完成详细设计评审，转入生产试制阶段，2008 年 11 月首飞，并将于 2013 年完成适航审定试飞。

此外，我国正在规划研制 70 座级新型涡桨支线飞机 MA700。MA700 飞机于 2006 年开始论证，计划 2015 年首飞，2017 年进入航线服役。

我国的支线飞机研制起始于 1966 年 4 月，比庞巴迪公司早 12 年，比 ATR 公司早 15 年，和巴西航空工业公司同时进入支线航空领域。但由于未能坚持持续发展，现在我国全面落后于这几家国外公司，与其差距巨大，主要表现在：

（1）飞机交付量。庞巴迪成功研制了冲 8/Q 系列涡桨支线飞机，共生产 1 000 多架；CRJ 系列涡扇支线飞机共生产 1 000 多架。巴西航空公司成功研制了 ERJ 系列涡扇支线飞机，共生产 6 000 余架。ATR 公司成功研制了 ATR 系列涡桨支线飞机，共生产 1 000 余架。我国共生产 Y7 和新舟系列飞机 100 多架，其规模无法和国外三大支线机制造商相比。

（2）研制能力。国外三大支线机制造商全力专注支线飞机的研制，而我国缺少一支专门从事支线飞机研制的队伍。

（3）适航取证能力。国外三大支线机制造商研制的支线飞机都取得了欧洲和美国的适航证，体现了设计水平，也具有丰富的取证经验；新舟系列飞机仅取得了中国适航当局的适航证，要取得欧美的适航证还需要很长的路要走。

（4）售后服务体系。国外三大支线机制造商的飞机销售遍布全世界，有健全、有效的产品支援保障体系，而我国支线飞机的产品支援保障体系还处于建设阶段。

（5）产品质量与性能。我国支线飞机的产品质量和性能与当前国外同类飞机有较大差距，具体表现在：①空机单位客座重量较大；②飞行速度低；③舱内噪音水平高，没有采取类似噪音主动控制技术；④飞机的航程较短；⑤使用寿命低；⑥维修周期短。

14.1.3 直升机

目前全世界有 14 个国家、约 60 家企业能够生产直升机，构成了一个非常有竞争性的工业领域，但真正具有技术实力和市场竞争力的企业屈指可数。2000 年前后，随着直升机在各领域应用日益广泛，直升机制造业进入了新的发展期，完成了一轮合并重组，形成了目前由欧洲直升机公司、阿古斯塔•韦斯特兰公司、西科斯基飞机公司、贝尔直升机公司、波音公司和俄罗斯直升机公司六家巨头统治市场的局面，竞争格局整体趋向稳定。

上述六家企业具备强大的技术研发实力，引领着直升机技术的发展方向，发展出了完善的产品系列，市场占有率和销售收入均占全球的 90%，产业集中度很高。

在产品技术方面，目前常规构型直升机已经开始从第三代产品向第四代产品发展，20 世纪 90 年代后投放市场的新产品大多属于此类。这代产品的动力装置采用功重比更大、耗油率更低的全权限数字控制涡轴发动机，性能得到显著提高；旋翼系统采用先进复合材料桨叶和球柔性或无轴承桨毂，使用寿命和效率大幅提升；机体主结构和次结构都大量采用复合材料，重量更轻，维护工作量降低；飞控和航电系统采用电传飞控和计算机综合控制系统，人机工效显著提高。

新构型旋翼机方面出现了倾转旋翼机和复合式旋翼机等技术和机型，均以高速为主要特征，其中军用倾转旋翼机已经投入使用，民用倾转旋翼机也即将投放市场。同时，随着遥控和自主飞行控制技术的发展，一些轻小型无人直升机产品也已经投放市场。

我国自改革开放以后，制定了科学的发展规划，基本思路是：立足国情，突破影响型号发展的关键技术，2000 年前后以武装直升机为重点，按 2 吨级、4 吨级、8 ～ 10 吨级、13 吨级系列发展。该规划在 1985 年获国务院、中央军委批准，从根本上扭转了以往盲目上马、仓促下马的混乱局面，统一了领导机关、使用部门和工业部门的思路和行动。按照该规划，直升机行业坚持“军民结合，系列发展”的方针，走“自主发展为主，积极开展国际合作”的道路。型号发展坚持在直 -8、直 -9、直 -11 三个平台的基础上大做文章，发展了数十个型号，保证了国防和国民经济建设的需要。

经过引进专利生产、测绘研制、自主开发和国际合作，特别是通过“高新工程”的研制，形成了比较完整的直升机科研生产体系；形成了以 602 所、昌飞、哈飞为核心的景德镇、哈尔滨两个直升机科研生产基地，以及以 608 所、120 厂、300 厂为核心的株洲、哈尔滨两个传动系统科研生产基地；形成了 2 吨级、4 吨级、6 吨级、13 吨级产品系列和一批国际合作项目；基本形成了年产 200 多架各型直升机（其中大中型直升机 100 多架）的能力。

在我国直升机产业发展过程中，国际合作发挥了重要的推动作用。广泛深入的国际合作解决了型号研制和生产中众多短期内难以自行解决的难题，同时我国从中学到了许多技术诀窍和管理经验，有效地加速了技术标准和管理方式与国际接轨的步伐。

当前和今后较长时期内我国直升机制造业的发展仍存在一些矛盾和问题，主要包括：

（1）我国直升机产业链仍不完善，包括关键原材料、元器件、配套设备供应体系存在明显短板，尤其是关键专用设备缺失；售后服务和运营体系不完善，很大程度上造成我国直升机产品（尤其是民用产品）竞争力弱、总体产销规模较小的市场局面。

（2）我国具有巨大的直升机市场需求，现有国产直升机产品在性能方面基本可满足国内大多数用户需求，但在客户化和产品可靠性、维修性方面存在不同程度的不足；产品品种方面，高原直升机还没有投入市场，重型直升机还没有立项研制。

（3）直升机凸显的地位与相关体制机制不健全之间的矛盾。

14.1.4　通用飞机

据不完全统计，全球通过商用适航生产许可的通用飞机制造企业有超过150家。在活塞飞机市场中占据前5名的制造商分别为塞斯纳、西锐、钻石、豪客比奇、派珀，其中塞斯纳、西锐、豪客比奇、派珀都来自美国，钻石来自奥地利。2011年全球活塞飞机市场份额最高的5家主要制造厂商占据了95%的市场份额。在涡桨飞机市场中占据前5名的制造商分别为塞斯纳、豪客比奇、皮拉图斯、派珀、Socata，其中塞斯纳、豪客比奇、派珀来自美国，皮拉图斯来自瑞士，Socata来自法国。2011年全球涡桨飞机市场份额最高的5家主要制造厂商占据了89%的市场份额。在喷气飞机市场中占据前5名的制造商分别为庞巴迪、塞斯纳、达索、巴西航空、湾流，其中塞斯纳、湾流来自美国，庞巴迪来自加拿大，达索来自法国，巴西航空来自巴西。2011年全球喷气公务机市场份额最高的5家主要制造厂商占据了94%的市场份额。2011年美国共生产通用航空飞机1 215架，占全球通用航空飞机总产量的65.15%。可以看出，通用飞机产品和市场集中在几家主要的制造商手中，它们都拥有完整和独立的销售和客户服务体系。

国内通用航空企业数量少、规模小、研发能力弱、企业竞争能力不强；通用飞机产品数量少、型号单一，没有形成谱系，大都集中在低附加值的活塞类飞机，涡桨类飞机有一定发展，高附加值的喷气类公务机几乎没有；满足国际市场需求、符合国际标准的通用飞机产品极少，除运-12飞机外几乎没有飞机出口；国内专门从事通用飞机制造技术和通用航空技术研究的单位和部门少，研发能力弱；采取合资、合作和并购国外厂商生产通用飞机的企业日趋增加。

14.1.5　航空发动机

民用航空发动机包括民用大型涡扇发动机、民用中小型涡扇发动机、民用涡轴（含传动）发动机、民用涡桨发动机、辅助动力装置（APU）及活塞发动机。

1）民用大型涡扇发动机

世界大型民用涡扇发动机已经发展了四代，目前使用的基本上是20世纪90年代中期发展的第三代发动机。第四代民用涡扇发动机预计将在2014年左右投入使用，可预见的型号包括CFM国际公司的LEAP-X和普惠公司的PW1000G发动机，其耗油率将比第三代发动机降低15%～20%，全寿命周期费用也将大大减少。

世界民用航空运输呈现了快速发展的态势。20世纪70年代，世界军、民用航空发动机的销售额比例基本为80%∶20%，而目前这个比例倒了过来，变成20%∶80%。在世界和平发展的形势下，民用航空发动机将占据世界航空动力产业的主导地位，市场容量十分巨大。

在产业组织上，目前世界航空发动机形成了四个层次的产业结构，即发动机原设备制造商（提供完整的发动机系统）、核心部件和较大的子系统供应商、小系统及零组件供应商、原材料供应商。其中发动机原设备制造商是整个发动机项目的产业龙头企业，负责为飞机提供完整的发动机或动力装置，是整个发动机项目的主承包商，也是承担项目风险和收益最大的企业。目前主要有通用电气（GE）公司、普惠公司、R&R公司、CFMI公司（SNECMA与GE的合资公司）和几家俄罗斯发动机企业。其中GE公司、普惠公司、R&R公司和CFMI公司目前占据航空发动机产业整个市场约70%的份额，并基本垄断了150座级大型客机发动机市场。

2）民用中小型涡扇发动机

支线客机、公务机等使用的中小型涡扇发动机也经历了大致三代的发展历程。与第一代涡扇发动机相比，第三代涡扇发动机的压气机压比提高了1倍左右，涡轮进口温度提高了大约400℃，耗油率则下降了1/3。同时，发动机寿命也从20世纪60年代的数百小时增长到数千乃至上万小时。

目前，民用中小型涡扇发动机技术主要由欧美少数国家掌握，并已经形成完整而成熟的产业，提供系列发动机供各种飞机选择。其中主要有普惠加拿大公司的JT15D、PW300、PW500系列，霍尼韦尔公司的LF500系列、HTF7000系列、TFE731系列，美国通用电气公司的CF34系列，罗•罗/艾利逊公司的AE3007/AE3007H，威廉姆斯国际公司的FJ44-1A/-2E，美国CEF公司的CEF738，乌克兰的АИ-25、АИ-22系列等。

3）民用涡轴发动机

民用涡轴发动机经过半个多世纪的迅速发展，单位功率提高了近1倍，压气机压比提高了1～2倍，耗油率下降了20%以上，产品实现了功率的全覆盖。CTS800等是现役最先进涡轴发动机的代表，其典型技术特点是：采用三维气动设计、高强度高温材料、高温冷却与隔热、复杂机匣整体精密铸造及特种加工等技术，以及全权限数字电子控制技术、单元体结构设计等。

4）民用涡桨发动机

国外民用涡桨发动机大致可分为三代。第三代于20世纪八九十年代投入使用，主要有AE2100和PW150A等型号。民用涡桨发动机主要集中在1 200千瓦以下和2 500千瓦以上两个功率范围。

随着通用飞机和支线客机市场竞争的需要，其对民用涡桨发动机的安全可靠性、经济性、环保性、舒适性等提出了更高的要求。未来涡桨发动机的整机和部件性能指标大幅提升：压比达16以上，涡轮前温度将超过1 550K（开尔文，热力学温标，0K=－273.15℃），单位流量功率大于270kW/(kg•s)（每千克空气每秒的流量功率），耗油率将低至0.26kg/（kW•h）（千克/千瓦时）以下，采用单元体结构设计和全权限数字电子控制技术，全寿命期使用成本进一步降低。

目前，全球民用涡桨发动机市场基本由加拿大普惠公司垄断，占据世界涡桨发动机年交付数量的75%和交付额的55%以上，其产品包括PT6A系列（350～1 100千瓦级）和PW100系列（1 500～4 500千瓦级）。国际市场上具有一定影响力的民用涡桨发动机制造商还有英国R&R公司、美国GE公司、美国Honeywell公司、俄罗斯Klimov公司等。

5）辅助动力装置

辅助动力装置（APU）是一种小型涡轮发动机，在军、民用飞机特别是民用飞机上得到广泛应用。世界上几个航空大国对APU的研制非常重视，主要APU厂商包括美国的Honeywell公司、Hamilton Sundstrand公司，法国的Micro turbo公司和俄罗斯的Aerosila公司等。

目前民用APU有如下发展趋势：APU的使用越来越频繁，运行时间大大增加（民机用APU工作时间/飞机飞行时间可达到0.8），要求APU单位燃油消耗率更低。为了实现这个目标，APU的循环参数不断提高。

6）活塞发动机

活塞发动机主要应用于小型通用飞机，功率级主要集中在100～300千瓦范围。在美国通用飞机中，活塞发动机占89%。

目前，活塞式航空发动机生产厂商主要集中在美国、德国和奥地利等西方国家，功率从几十马力（1马力=735.5瓦）到几百马力，基本已形成了标准化、系列化，实行积木式结构发展，同时采用了中冷和废气涡轮增压技术、电控燃油技术等新技术，充分吸纳现代汽车发动机的先进技术，使发动机的性能更加成熟稳定。

新中国成立以来，我国的航空工业包括航空动力产业是以军用为主建设发展的，虽然早期我们也仿制改进了涡桨5、涡桨9、活塞5、活塞6等民用发动机，但现在大都已停产停用，民用涡扇航空发动机尚为空白，至今没有一台国产的、成熟好用的民用航空发动机。对民用航空发动机的研发工作重视不够、投入很少，导致技术基础薄弱，缺乏技术储备和自主创新能力。在产业结构和能力布局上，也是以军用航空发动机为主，民用航空发动机研发工作分散在各个军工厂所内进行，没有形成较强的研发技术能力和相对独立完整的民用航空动力产业。总体水平远远落后于世界先进水平，已成为严重制约我国民用航空制造业发展的瓶颈。

改革开放以来，我国逐步开展了一些民机的研发工作。在技术研究方面，通过国际合作和 APTD 计划，开展了一些关键技术研究工作。在型号研制方面，2007 年，国务院批准大飞机工程立项，150 座干线客机发动机启动研制；2011 年国家批准，中航工业与法国透博梅卡开始了涡轴 16 民用涡轴发动机的合作研制。在转包生产方面，我国参与了部分低附加值民机零件的制造，2011 年转包生产达 4.2 亿美元。

14.1.6 机载设备和空管系统

1）机载设备

机载设备所包含的技术学科及产品十分广泛，企业数量众多，约 2 400 个（几乎是飞机机体和发动机企业数量的 5 倍），竞争十分激烈。随着机载设备产品不断向系统综合化发展，逐渐形成了机载设备系统的集成供应商。同时，飞机制造商的供应商管理风险和难度也在日益增加。波音公司、空客公司等为降低研制风险、费用和缩短研制周期，不断调整和加强机载设备供应商的管理，力图减少一级供应商，培养少数几个具有独立综合系统能力的一级供应商，并与其建立长期稳定的合作关系。作为这一趋势的引领者，波音公司已经将 B787 项目的一级供应商数量减少到近 50 个，而 B777 项目有数百个。

目前全球有几十家年销售额达几亿美元到上百亿美元的大型机载设备与系统供应商，它们作为机载设备与系统的核心系统供应商，处于整个行业的核心层，形成垄断地位。机载设备与系统供应商前十大垄断巨头企业分别是霍尼韦尔（Honewell）、罗克韦尔•柯林斯（Rockwell Collins）、泰勒斯（Theles）、GE、汉胜（Hamilton Sundstrand）、利勃海尔（Liebherr）、穆格（Moog）、帕克•汉尼汾（Parker•Hannifin）、古德里奇（Goodrich）和 B/E 航宇（B/E Aerospace），它们占据民机机载设备 2/3 的世界市场。

据预测，2011 ～ 2015 年全球民用飞机机载设备价值约 1 386 亿美元，占整个民机市场的 27.2%，若考虑到全寿命成本，可达 1 800 亿美元。

我国机载设备从仿制到跟踪研制再到自行研制已经历经六十多年的发展，军用飞机的机载设备已逐步成熟，基本满足飞机研制和生产的配套供应。民用飞机机载设备的发展明显滞后于军用飞机，仅在零部件和某些分立式仪表及设备方面取得了一定的成绩。由于没有建立一套满足适航要求的质量保障体系，仅有少量仪表和设备取得 CTSO（约三十多项），而这些仪表和设备只能装在未进行系统综合的小飞机上。由于国产机载设备的品种少，接口、可靠性不满足要求，加上系统集成商又是外国的，规模大一点的飞机，如运-12、MA60/600 根本选装不上。ARJ21 和 C919 更是如此。

由于缺乏基础技术研究，虽然这几年国家也安排了少量科研项目，如飞行管理、飞行控制等，但没有装机对象，只能停留在地面样机阶段，达不到装机应用阶段。

系统的顶层设计、综合验证、可靠性设计和适航取证方面没有走完一个完整的过程，缺乏工程实践经验。

目前国内民机机载设备产业尚处于起步阶段，具体表现在：计划经济时期“散、弱、小”、低水平重复的痕迹依旧存在，系统集成能力尚不具备，以系统集成商为主导的供应商管理体系尚未形成；缺乏专门从事民用航空产品研究、开发、适航、验证以及服务保障的专业化队伍，产业规模未形成，市场化程度不高，独立出口的产品几乎为零，随主机实现的出口收入比例非常低，转包业务少，外贸收入比例也很小；未形成可以直接装机的货架产品谱系，产品市场竞争力弱。目前我国所有民用飞机、直升机项目中，除小型通用飞机外，机载设备的系统级供应商均为国外企业。

2）空管系统

西方航空发达国家在空中交通管理体系以及相应的通信、导航、监视、气象等系统和装备的研发、使用方面居于世界领先地位，且拥有成熟的技术标准体系、现代化空管设备产业体系及相关的产业政策。

2012 年美国用于空管系统方面的科研经费就超过 5 亿美元，美国 2012 ~ 2016 年仅地面系统的预算经费就超过 110 亿美元。美国的巨大投入带动了国内空管产业的健康持续发展，提升了空管产业的自主创新能力和核心竞争力，推动国内企业积极开发具有自主知识产权和核心技术的产品，进一步健全了产学研产业体系。目前，主要空管设备制造企业有美国的雷神公司、洛克希德马丁公司和法国的泰雷兹公司。

我国空管系统装备产业队伍已初具规模，系统集成能力有了较大提高，能够自主研制生产空管系统建设要求的大部分关键系统和设备（雷达、通信、导航、管制中心系统等）。但由于国产空管系统（设备）的功能、技术性能较国际先进空管系统（设备）整体上尚存在一定差距，特别是可靠性和结构外观、工艺水平需要提高，限制了国产空管系统进入民航领域。国家重建设、轻研发，国产空管设备和系统的市场占有率仍然很低，我国民航空管设备 80% 依赖进口。国内的空管企业规模相对较小，产业分布较分散。

14.2　产业重点技术现状与发展方向

14.2.1　喷气式干、支线飞机

为满足航空运输对环境影响的要求，美国和欧洲等国家和地区提出了一系列研究计划来实现“绿色航空”、“绿色飞机”的目标。在“绿色航空”的背景下，民用飞机将向更安全、更经济、更舒适、更环保的方向发展。在安全性方面，从材料、设计、制造、试验和使用等全过程考虑，不断提高最低适航要求。预计到 2020 年，航线飞机安全性比 2000 年将提高 5 倍，即事故率降低到现在的 1/5。在经济性方面，

采用轻质材料和一体化综合设计、进行全寿命经济评估、降低保障费用等策略提高经济性。预计到2020年经济性相比2000年将提高1倍，即运营成本降低50%。在舒适性方面，主要着眼于提高乘坐品质，降低噪声、扩大个体空间，以及改善舱内压力、温度、湿度和视界环境等是主要方向。在环保性方面，主要集中在降低发动机排放、降低舱外噪声等方向，力争到2020年飞机（与2000年相比）的NO_x排放减少80%，CO_2排放减少50%，噪声降低50%。同时，力争飞机研制时间缩短30%，研制费用降低35%，制造成本减少35%，巡航效率增加30%，飞机结构重量减轻20%。上述目标要靠先进的设计和制造技术来实现。

在气动设计方面，将综合利用先进的计算流体动力学技术、风洞试验技术和飞行试验技术，完善大展弦比超临界机翼设计，开发先进的减阻、推进系统和机体一体化等总体综合设计技术。随着计算流体动力学、层流减阻等技术的进步，阻力将进一步降低，升阻比将进一步提高，预计到2020年大型客机的气动效率将提高5%～10%。

在结构设计方面，将采用耐久性损伤容限设计准则，进行长寿命结构设计，大量应用新型复合材料，主要采用抗冲击损伤设计技术，提高结构许用应变值，同时着重研究复合材料过屈曲稳定性和结构健康监控，提高结构效率。在新材料应用方面，将广泛应用复合材料、钛合金、铝锂合金以及超塑成形金属机体结构等以降低结构重量和成本。重点研究智能结构材料，开发自适应结构等新概念结构技术。

在发动机方面，为进一步降低发动机的耗油率、噪声以及污染物排放，同时提高可靠性和维修性，目前国外正在研发齿轮传动发动机（GTF）、开式转子发动机、多电发动机、间冷回热发动机等新型民机发动机技术。这些发动机都体现了未来发动机的节能、环保的特点。

民用飞机机载系统的技术发展趋势是更加突出综合化、模块化、数字化和多电化。综合化可进一步提高信息利用和资源共享能力。模块化的航空电子通用平台具有较强的接口能力，可适应各种档次的机载电子设备配置。模块化的航空电子综合系统可大大提高系统的可靠性、维修性和保障性。多余度数字式电传飞行控制系统将成为大型客机飞控系统配置的主要结构形式。多电化可以优化飞机的总体结构，简化飞机的动力系统结构，改善飞机发动机的性能，减少飞机的能源消耗并提高效率。

在飞机制造和管理方面，三维数字化设计与三维数字化制造技术得到广泛应用，仿真技术也越来越发挥重要作用。先进的少夹具和无夹具装配技术、搅拌摩擦焊等先进连接技术正在扩大应用。此外，并行工程的实施将有助于缩短飞机的研制周期，降低成本，提高飞机质量。

展望未来，2030年前，传统民机的发展主旋律是渐进式的改进，而不是革命性的创新。为满足未来市场需求，会有新的设计产生，但新设计的民机也许相对今天使用的民机不会有太大改变。目前，先进国家正在抓紧研发第二代超声速客机技术，预计超声速公务机可能会在2020年后投入使用，超声速运输机也可能在2030年后投入商业运营。

同时，新概念民机探索将不断深入。先进国家已经在探索新概念的新型民机技术，新气动布局、新构型设计方案多种多样，目前，具有代表性的是翼身融合体（BWB）飞机方案。

14.2.2　直升机

目前，美国、西欧和俄罗斯的常规直升机技术发展已经达到相当高的水平，其不断尝试采用新技术来提升直升机的综合性能。对于未来发展，目前直升机用户和制造商主要关注三个方面：一是性能（主要是速度、航程和机动性）；二是寿命、可靠性、安全性和舒适性；三是价格和全寿命使用成本。20世纪末，西方对2020年直升机总体发展提出了具体目标，包括：

（1）提高飞行速度，常规构型直升机达到370千米/小时，倾转旋翼机达到740～920千米/小时。

（2）增加航程，使任务半径在现有基础上增加50%。

（3）降低噪声，使乘员区噪声与目前喷气式运输机相当。

（4）降低振动，使振动水平降低到0.05g（g是用于度量重力加速度的单位）。

（5）减少维护工作量，使每飞行小时维护人数减少一半。

（6）减轻飞行员负担，发展具有满足贴地飞行能力的内部显示器座舱。

为实现上述目标，国外制造商近年来在先进旋翼系统、先进传动系统、先进构型技术、先进航电系统、振动与噪声控制技术、新材料新工艺等技术领域持续加大研究力度，部分成果已开始实际应用。在动力方面，涡轴发动机采用组合压气机、环形回流燃烧室、高速转子、全权数字控制、状态与使用监控等先进技术，功重比已达到7～8，耗油率为0.27～0.28kg/（kW•h），正在研制功重比为8～13、耗油率更低的发动机，变循环涡轴发动机和可转换的涡轴/涡扇发动机也在研究中。

常规直升机仍是各大直升机制造商未来一段时期的发展重点，主要工作仍将集中在对现役产品的改型升级上，同时针对新的市场需求有选择性地开发少量新平台，如贝尔为满足海上油气服务需求研制的贝尔525。

值得注意的是，进入21世纪后，各大制造商在无人直升机、新概念/新构型旋翼机等领域的研究不断升温。阿古斯塔•韦斯特兰正在加紧将AW609倾转旋翼机推向市场；西科斯基经过50年的研究，其X2复合式高速验证机在技术上已取得重大突破；欧洲直升机公司X3复合式高速验证机试验试飞工作进展顺利；俄罗斯直升机公司也正在开展高速直升机研制；此外波音公司的A160和卡曼公司的K-MAX等无人直升机产品的研制已接近完成。无人直升机和新构型高速旋翼机极有可能成为未来直升机技术和产品的发展重点。

14.2.3　航空发动机

下面以大涵道比涡扇发动机和涡轴发动机为代表来说明民用航空动力重点技术和发展方向。

1）大涵道比涡扇发动机技术

大涵道比涡扇发动机是民用航空运输的主要动力。目前在役的民用大涵道比涡扇发动机其涵道比最高达 9，总压比超过 50，最大推力超过 5 万 daN（力学单位，1daN=10 牛），最长机上寿命长达 4 万小时，最低巡航耗油率为 0.55kg/（daN•h）[kg/（daN•h）为每小时产生 1daN 推力的耗油量]，热端零件寿命达 4 万小时，冷端零件寿命可达 7 万小时，空中停车率为 0.002 ～ 0.02 次 /1 000 发动机飞行小时。

下一代民用大涵道比涡扇发动机技术的发展方向是进一步降低污染、降低噪声、降低耗油率、降低成本、提高寿命和可靠性，具有良好的维修性。参数指标达到涵道比 10 以上，总压比 50 ～ 60，耗油率降低 12% ～ 16%，噪声降低 10 ～ 20dB（dB 是声压级的单位分贝，因其是一个相对单位，所以，只可以作为参考量，并不能作为评价量），污染物排放下降 40% ～ 50%，寿命超过 10 万小时。

除传统结构的大涵道比涡扇发动机外，革新改进的新构型发动机也正在研究和发展，主要有齿轮传动涡扇发动机、桨扇发动机、间冷回热和多电发动机等。

2）涡轴发动机技术

美国的 CTS800 发动机代表当今在役最先进的涡轴发动机，单位功率达 286 kW/（kg•s），耗油率达 0.283kg/（kw•h），其典型技术特征包括：广泛采用了三维气动设计技术、高强度高温材料技术、高温冷却与隔热技术、复杂机匣整体精密铸造及特种工艺加工技术，普遍采用了 FADEC 技术以优化发动机的性能和操作性，提高其维护性，由于采用单元体结构设计和耗油率的减小，发动机寿命期费用显著降低。

为进一步降低耗油率、提高单位功率及功重比、增加寿命和可靠性、降低使用和维护成本等，各国政府和企业继续加大投入开展一系列研究计划。以美国“经济可承受涡轮发动机技术”（VAATE）计划为例，到 2017 年，在 1987 年的技术基准上，耗油率将降低 40%，成本将降低 35%，经济可承受性将提高 5.5 倍。

3）我国民用航空发动机技术现状和发展方向

我国民用航空发动机目前正处于起步阶段，改革开放以来，随着国力的增强和民航业的发展，逐步开展了一些民用航空发动机的研发工作，如与俄罗斯彼尔姆设计局合作完成了民用大涵道比涡扇发动机（GF90）风扇 / 增压级模型试验件的设计和试验；与美国普惠公司合作开展了 LP60 增压级的设计研究；与 R&R 德国公司合作开展了高压压气机的设计研究；与俄罗斯 CIAM 合作开展了民用大涵道比涡扇发动机总体方案、主要部件和控制系统的技术研究。“十一五”期间，在自研小流量级核心机基础上开展了中小型涡扇发动机验证机的研究。目前我们所掌握的部分技术相当于国外第三代的水平。

我国民用航空发动机技术的发展方向是突破高可靠性、长寿命设计、低排放、低噪声环保性设计、低油耗、低成本经济性设计、特种制造和试验等关键技术，为完成当代水平的型号研制提供技术支持；并开展新一代先进技术的探索研究，为今后的创新发展奠定基础。

14.2.4　机载设备和空管系统

1）机载设备

美国和欧洲等西方航空工业发达国家和地区机载设备的研发、生产和使用均居于世界领先地位，并形成了成熟、完善的技术标准、规范、质量保障体系、适航认证体系和维修服务体系。国际上，机载设备技术的发展异常迅猛，超过飞机机体和发动机的发展速度，如采用综合模块化（IMA）构型，A380 处理模块减少了 50%；采用高清晰大屏幕液晶显示、增强 / 合成视景平视显示技术，改善了人机功效和安全性；采用三轴四余度非相似余度的电传操纵系统，进一步提高了飞机的安全性，任务失效率达到 10^{-9}；A380、B787 采用了机电综合系统，体积、重量大幅度下降；A380 采用了 35 兆帕的液压系统，减少了体积和重量；B787 采用大功率变频电源，逐步向多电乃至全电体制过渡；A380 座舱气压高度由 2 400 米增压到 1 800 米，改善了乘客的舒适性；采用以星基为基础的通信、导航、监视系统（CNS），改善了空中交通管理，提高了航班运行效率。未来飞机性能的提升越来越依赖于机载设备，它已经成为飞机获取竞争优势的重要砝码。如何推进机载设备的高速发展，已成为民机发展的关注焦点。

2）空管系统

为了提高空中交通管理的控制能力及决策能力，美国和欧洲于 2005 年分别提出了下一代空中交通运输系统发展计划。美国 NextGen 和欧洲 SESAR 计划在基础设施要求和空中交通管理系统方面是一致的：对基础设施的要求都是星基通信、导航、监视，并且打造灵活智能的空中交通管理系统；实现的系统性能都将大幅度提高系统的安全性能及空域利用率，而且更加灵活、高效和安全。

14.3　我国民用航空制造业发展重点

14.3.1　干线飞机

“十三五”期间着眼于先进民用飞机发展趋势，重点发展 C919 系列大型客机。积极建立和完善具有自主知识产权的大型民用飞机产品开发平台，巩固民用飞机产业化的能力基础和发展条件。大力推进 150 座级 C919 及其改进型的研制，实现航线安全高效运营。面向市场需求，开展背景型号预先研究和技术储备。实现持续改进并逐步提升国产零部件比例，适时启动改进型研制和型谱延拓，形成较为完善的产品谱系，进行系列化、产业化和规模化发展。

适时启动 250 座级双通道宽体客机的论证。争取“十三五”期间，完成项目立项论证、项目技术经济可行性论证和项目总体技术方案论证，力争 2018 年完成国家立项并转入工程预发展阶段。

构建并初步形成高效、健全的大型民用飞机产品开发技术体系。该技术体系紧紧围绕产品和服务，包含专业技术团队、有形技术支持子体系、无形技术支持子体系和外部技术支持子体系四大不可或缺的组成部分，以人为本。技术能力是指技术体系的能力，包含其各个组成部分的能力，特别是专业技术团队开发产品和服务的能力以及对其他三大技术支持子体系的管控能力。

14.3.2 支线飞机

提高改进新舟 60/600 系列飞机，培育和发展相应的全球售后服务体系，逐渐形成有一定影响力的品牌。

研制 ARJ21 和新舟 700 支线机，以取得国际适航证为目标，在技术上能达到国际上现有支线机的先进水平，并在取得 25 部飞机国际适航证方面有所突破。

启动具有世界一流水平、能参与未来支线机国际竞争的新型产品预先研究。研制 90 ～ 120 座级的具有世界一流水平的涡扇支线机项目，与即将进入市场的 C 系列飞机形成竞争机型；研制具有世界一流水平的新一代涡桨支线机，与即将进入市场的 Q400 NextGen 形成竞争机型。

14.3.3 直升机

1）现有产品改进改型

对现有产品 AC310、AC311、AC312 和 AC313 进行改型升级，重点在提高可靠性、维修性方面下工夫，努力打造精品工程。同时构建快速高效的维护保障体系。加速 AC352 取证工作，加强国产化研究力度，提升国产化率。

2）重点发展机型

一是高原直升机。首先，充分利用直 -8/AC313 系列的已有基础，力争“十二五”期间将改进改型或新研一型 13 吨级高原直升机推向市场。其次，在 2020 年前后立项研制 10 吨级高原直升机，2030 年前完成研制，投放市场。

二是重型直升机。力争“十二五”期间立项研制 30 ～ 40 吨级重型直升机，“十三五”期间完成研制。研制中应强调高原使用需求，重点突破大开口复合材料大型机体结构设计与制造、高吸能起落架设计、大尺寸高载荷长寿命旋翼系统设计制造、大载荷长寿命传动设计制造，以及重型直升机噪声和振动控制技术等关键技术。

三是 3 吨级双发民用直升机。力争“十二五”期间立项，“十三五”期间完成研制。研制中兼顾高原和平原使用需求，着力提高性价比。

四是大力发展直升机专用配套设备和全方位市场服务。

3）高性能无人直升机

“十二五”期间立项研制超轻型和 1 吨级无人直升机，力争“十三五”期间完成研制，投放市场。2020 年前后立项研制 5 吨级无人直升机，力争 2030 年前完成研制。

4）新构型高速旋翼机

新构型高速旋翼机是直升机未来发展的一个重要方向，尽快开展新构型高速旋翼机的技术研究和产品开发。

我国新构型高速旋翼机研究以复合式构型（X2技术）为主要发展方向，同时发展倾转旋翼机。“十二五”期间开始开展关键技术攻关，力争“十三五”期间立项研制，并完成技术验证机演示验证，2030年完成型号研制，推向市场。

14.3.4　通用飞机

“十二五”后期至“十三五”期间，一要对以Y-12为代表的现有有潜力的国产通用飞机精品化、系列化，创建品牌，形成较好的产品产业化服务体系，保持有竞争力的人才队伍；二要中外合作开发中高档公务机，占领国内外市场；三要在合作引进、转包生产的同时，引导和支持在中国合作开发新一代通用飞机；四要持续在新技术、新材料、低成本航电及新能源动力等方面力争创新突破。

14.3.5　航空发动机

2030年前我国民用航空发动机产业的发展重点包括以下几方面：第一，在产品发展上，以150座干客动力CJ1000A、公务机用1 000kgf（千克力）涡扇、1 000千瓦涡轴、TP5000涡桨、180千瓦柴油活塞等航空发动机型号为重点，开展涡扇、涡轴、涡桨、活塞及APU等产品研制，适航取证，批量使用，进入国内外市场。

第二，在技术能力上，市场牵引与技术推动相结合，大力研究和突破民用航空发动机关键技术，加强民机特殊制造、试验条件建设，在进行重点型号开发的同时，完成CJ2000涡扇和5 000千瓦涡桨发动机验证机的研制，为未来民机动力的发展储备技术、积累经验，形成比较完备的民用航空发动机设计、制造、试验、适航体系和研发平台，具备自主研发涡扇、涡轴、涡桨、活塞等各类先进发动机的能力，提升民用航空发动机自主创新能力、核心竞争能力和专业化发展能力。

第三，在生产经营上，大力推进民用航空发动机产业化，积极完成定型产品的批产销售和服务保障；大力发展民机维修和转包生产业务；不断扩大民机市场，提高综合竞争能力、抗风险能力以及盈利能力；构建良好的产业结构和产业布局，引入灵活高效的组织管理模式；争取到2030年，实现民用航空发动机整机销售、航空转包、维修和各类服务总收入1 000亿元，进入世界民用航空发动机生产商第一梯队；使航空发动机产业成为我国国民经济的支柱产业；促进航空发动机制造业智能化、精密化、绿色化发展。

14.3.6　机载设备和空管系统

1）机载设备

贯彻满足适航要求的质量保障体系；建设系统集成承包商；实行专项工程，实现 MA60/600/700 /Y12 机载设备国产化；培育机载设备维修产业；加大座椅产业的培育，实现国内所有运行的干 / 支线飞机客舱座椅国产化；完善“综合化低成本航空电子系统”，满足小型通用飞机的需求；研制适合高级公务机的综合航空电子系统。

2）空管系统

“十三五”期间重点进行新一代空管基础架构体系建设。在新技术产品（系统）验证评估的基础上，对成熟的系统，根据管制业务发展的需求，逐步实施项目建设，分阶段、分区域进行新系统、新装备和新技术应用，形成新一代空管基础架构体系的雏形。在此基础上，到 2020 ～ 2030 年，实现在全国范围内建设新一代空中交通管理系统，形成新一代空管运行体系，使我国在空管新技术领域达到国际同期先进水平的目标。

14.4 促进产业发展的政策取向

14.4.1 存在的问题与制约因素

虽然我国民用航空制造业取得了长足进步，但总体而言，还属幼稚产业，主要表现在：一是产业发展法规政策环境的完善尚需时日；二是产业规模小，规模效应尚未充分体现，产业自主发展能力不强，市场机制有待完善；三是我国民用航空产品种类偏少，技术水平不高，市场竞争力不强；四是我国民用航空科技虽然与自身相比取得了长足进步，但是与航空发达国家相比，差距仍然明显；五是航空发动机、机载系统和设备、原材料和元器件等瓶颈问题突出；六是民机研发人员短缺，工程经验不足。

14.4.2 政策取向

1）加快航空工业的立法

我国从 1956 年仿制运 5 开始发展民用飞机，到 20 世纪末，先后自主和合作发展的大中型民用飞机有 Y7、Y10、MD-82、MD-90、MPC-75、AE100 等，但这些民机项目都因种种原因先后下马。进入 21 世纪后，我国先后决策启动了 ARJ21 新型支线飞机和大型飞机重大专项，加快了发展速度，取得了明显进步，在民机基础科研、型号研制生产、人员队伍建设方面取得了长足进步。五十多年来，我国航空工业在民机方面经历了艰苦的探索历程，也曾取得过成绩，有过短暂的辉煌，但我们为此付出了相当大的代价，交了昂贵的学费，至今民用飞机产业仍是幼稚工业。究其原因，主要在于很多决策都没有经过科学的论证，没有建立规范的决策程序。我国民机的发展缺乏制度和法律保障，发展思路容易发生改变，直接导致了很多项目的下马。为了保证民机制造业的持续、健康发展，建议加快民用航空工业的立法，为其发展建立法律和制度保障。

2）设立直升机重大专项和机载设备与系统专项计划

发展直升机制造业是国民经济建设和国防建设的需要，是国家综合实力及大国地位的重要体现，但其发展仅靠工业部门自身的力量难以顺利完成，目前欧洲、美国和俄罗斯等国家和地区政府都在全力支持各自直升机制造业的发展。建议国家像支持大飞机那样支持直升机，设立直升机重大专项工程，并将总体技术、旋翼技术、传动技术，以及重型直升机、新构型高速旋翼机列为发展重点，以政府有关部门为主导、多渠道筹措研发经费，统一组织、统一调配资源，确保该项目研发成功，带动直升机产业能力的整体提升。

机载设备和系统已经是制约我国民用航空工业发展的关键因素之一。目前我国Y-12、ARJ21、C919等民机选装的机载设备与系统几乎全部是国外产品，我国机载产品虽可基本满足军机的配套，但只有个别零星机载设备能符合民机适航要求，而且不成系统，难以被民机选装。我国目前虽可开展民用飞机整机的研发，机载设备与系统却几乎是全面受制于人，这也使民机制造业的带动作用大打折扣。所以建议设立民机机载设备与系统专项计划，下决心改变落后现状，培育系统集成商。

3）尽快启动实施国家发动机重大专项

在中央领导的高度重视和大力支持下，为突破空、海、陆用发动机这个关键和瓶颈，全国上下一致呼吁把“航空发动机和燃气轮机”列为国家重大科技工程专项。两年来，从立项论证到方案论证，院士、专家和有关部门领导，做了大量深入细致的调查研究，专项的定位、目标、任务、途径和管理模式已基本取得共识。希望有关方面能够加快报批、审定工作，力争在本届政府任期内，正式批准立项，尽快启动实施。

4）重视和加强航空基础技术和关键技术研究

我国对民机技术的基础研究长期重视不够，对一些关键技术尚未完全掌握，使得民机型号的研制缺乏有力的基础研究保障。随着民机型号研制的深入，技术先期投入与储备不足的缺点暴露得越来越明显，客观上影响了型号的顺利发展。民机基础技术研究必须先于型号研制，并达到一定的技术成熟度，才能为型号研制和工业发展提供技术支撑。建议国家在规划层面加强航空基础技术研究，为航空制造业的发展打好坚实的技术基础。

5）加强适航技术能力和适航体系建设

通过适航审查是民机进入市场的前提。我国的适航规章基本是参照美国的适航规章体系建立的，我国目前还没有一款飞机走完第25部的全过程，对适航规章的学习、理解存在一个认识的过程，需要逐步探索，积累实践经验。建议加强我国适航审定体系建设，加强适航审定技术研究和审定能力建设，全面提升适航能力。

第 15 章

卫星及应用产业

王礼恒　王崑声　周晓纪　王海南　王亚琼

【内容提要】2012 年《规划》将“卫星及应用产业”列入战略性新兴产业的重点发展方向[1]。依托中国工程院“战略性新兴产业培育与发展”咨询项目航天领域课题组的研究，本章将主要以空间基础设施建设为重点，围绕卫星通信广播、卫星导航定位和卫星遥感等应用，对我国卫星及应用产业的发展进行阐述。

我国通信广播、导航定位、遥感等各类卫星已广泛应用于经济社会各领域，卫星及应用进入了发展的关键期。以后我国将紧密围绕经济社会发展的重大需求，以实现产业化为目标，统筹建设我国自主、先进、长期持续稳定的空间基础设施，不断提升全球综合观测、信息传输、导航定位等服务能力，大力推进卫星应用产业发展。其包括：提升卫星通信广播综合业务，发展综合性卫星应急通信基础网络，推进卫星通信广播产业集约化发展；建设自主可控的“北斗”卫星全球导航系统，提高卫星导航应用的基础保障能力，促进卫星导航产业规模化快速发展；统筹发展陆地、海洋、大气观测以及其他专题遥感卫星，建立业务化、一体化的自主遥感卫星应用和服务体系，提供连续、稳定的空间信息服务和保障；积极培育卫星应用企业集群、产业链和卫星应用市场，促进卫星及应用产业快速健康发展。

15.1 产业现状与发展趋势

15.1.1 基本概念与范畴

基于《规划》的相关阐述，卫星及应用产业的范畴为：以建立我国自主、安全可靠、长期连续稳定运行的空间基础设施及其信息应用服务体系为核心，以卫星通信广播、卫星导航定位、卫星遥感及综合应用的产业化发展和市场化推进为重点，推进临近空间资源开发，包括空间飞行器制造、发射及在轨运行服务、地面设备制造、运营服务等完整产业链的高技术产业领域。此外，航天技术在信息、新材料、新能源、节能环保和生物等领域的牵引和转化，也将促进相关领域战略性新兴产业发展，成为战略性新兴产业的组成部分。

应用卫星发展到一定阶段，将向业务化、体系化发展，逐步形成天地一体化的空间基础设施，通过各系统之间的相互支撑、综合应用而发挥最大效益。由此，从总体上看，卫星及应用产业由产业链上游的空间基础设施和下游的卫星应用产业两大部分组成。

空间基础设施是指应用空间技术建立的、由功能配套的各类卫星等应用型空间飞行器及其地面系统构成的天地一体化的设施体系与支撑环境，以有效利用外层空间（含临近空间）资源和环境，扩大人类活动空间，为国家安全、经济社会发展、民生改善和科技进步等多方面提供长期、连续、稳定、系统的公共服务，是国家战略性基础设施。空间基础设施的组成包括通信广播、导航定位、遥感等应用卫星，可业务化应用的临近空间飞行器，地面支持系统、地面数据与服务系统以及支撑环境等，为广泛的业务应用提供基础产品及服务，包括全球综合观测、信息传输、导航定位等服务[2]。

卫星应用产业则是基于空间基础设施，将应用卫星等空间资源与环境应用于国民经济、社会发展和科学研究等领域所形成的各类技术、产品与服务及所形成的产业的统称，包括卫星应用地面设备制造和运营服务。

空间基础设施是信息化时代国家基础设施在空间上的必要延伸，具有高度的战略性、基础性和广泛的带动性等特点。以空间系统为核心的空间基础设施，具有其他信息系统无可比拟的空间位置高，覆盖面积大，不受时间、地理环境和国界限制等优点，使得现代社会信息获取、信息传输、导航定位授时方式能够突破地域、环境等限制，在国家信息化建设和国家信息安全保障中起到不可替代的作用，并以更方便、更快捷、更灵活的优势，广泛融入到国家发展建设和人们生产生活的各领域、各环节。

由空间基础设施提供的卫星应用服务成为卫星及应用产业的主要组成部分，卫星通信不仅可以完善通信保障体系、提供普遍信息服务，还可以大大提升应对突发事件的能力。卫星导航是时空服务体系的核心要素和共用基础，卫星遥感从空间获取的信息是众多产业安全保障和价值提升的重要工具，空间信息获取、传输、处理与应用能力日益成为推动社会经济发展的引擎[2]。随着卫星及应用技术的发展，卫星应用产业收入持续增长，据美国卫星产业协会（Satellite Industry Association，SIA）统计，2003～2011年卫星应用产业产值年均增速达12.8%，卫星应用产业在卫星产业中所占份额从2003年的83%增长至2011年的91%[3]。由此可见，卫星产业中，卫星制造及发射服务收入与卫星应用收入的比例约为1∶9，商业航天产品与服务日益成为航天经济的主体，凸显了空间基础设施的基础性和广泛带动性特点。建立我国自主、先进、安全可靠、长期连续稳定运行的空间基础设施及其信息应用服务体系，是大力推进我国卫星应用产业发展、助推战略性新兴产业发展的重要任务。

15.1.2 我国空间基础设施发展现状

随着我国空间技术水平不断提升，以通信、导航、遥感为主的应用卫星广泛应用于经济社会诸多领域，逐步向国家空间基础设施发展。

1）我国通信卫星以固定通信与广播卫星为主，初步形成了民商结合的卫星通信系统

我国国内用户公共通信、专用通信和广播传输服务的卫星资源主要由中国卫星通信集团公司运营的中星系列卫星、亚太系列卫星，以及亚洲卫星运营的亚洲系列卫星组成，其中多为商用卫星。服务区域覆盖我国境内和周边国家、亚太地区、大洋洲和非洲地区用户，固定卫星频率主要覆盖C、Ku频段。目前我国尚无移动通信卫星和宽带多媒体卫星在轨运行。

2）我国已建成“北斗”卫星导航区域系统，具备提供覆盖亚太地区的导航定位、授时和短报文通信服务能力

作为国家重大专项，按照从试验系统到区域系统再到全球系统的“三步走”发展思路，我国正在构建“北斗”卫星导航空间基础设施。2007年开始部署，2011年年底提供试运行服务，目前已有15颗卫星在轨运行，2012年年底将形成覆盖中国及部分亚太地区的服务能力，2020年前将建成“北斗”全球系统[4]。

3）我国初步建成多个遥感卫星系列组成的天基对地观测体系，地面系统基本满足在轨卫星的数据接收、处理和分发服务需求

我国形成了陆地资源卫星、气象卫星、海洋卫星三大民用遥感卫星系列以及环境减灾小卫星星座。陆地“资源”系列遥感数据已广泛应用于国土资源调查，城市发展规划，农业、林业、水、环境监测与评价，灾害监测评估和测绘等领域。极轨气象卫星“风云三号”01星、02星，以及静止轨道“风云二号”C星、D星和E星组网形成了气象卫星业务化运行体系。“海洋”水色卫星和“海洋”动力环境卫星极大地扩大了我国海域遥感动态观测范围。2010年我国正式启动实施高分辨率对地观测系统重大科技专项，投入运行之后将有效缓解我国高分辨率自主遥感数据的缺乏[4]。

按照天地一体化的发展思路，我国开展了卫星地面接收站、地面数据处理系统

等地面设施建设。已建和在建11个国内地面接收站和3个境外接收站，数据接收范围能够覆盖我国全部疆土及70%的亚洲国家。气象、海洋和陆地遥感卫星数据中心已建立运行，基本满足国内当前在轨运行卫星的数据接收与分发服务需求，定标场和真实性检验场的数量较少，但基本满足在轨的陆地、海洋、气象卫星的辐射定标需求。

15.1.3 我国卫星应用发展现状

经过近20年的发展，我国卫星应用产业已初具规模，从2008年起开始进入快速发展期。其中，卫星导航产业高速发展，是国内卫星应用产业的主要推动力。

1）我国卫星通信广播发展迅速，应用日益广泛，但产业规模仍较小

目前，我国市场上卫星通信广播的主要业务类型是固定通信和广播业务，移动通信业务份额很小。电视广播、公众网卫星链路、行业专网、应急通信、媒体传送、证券信息和视频会议、远程教育等成为我国卫星通信广播的主要应用领域。

固定通信卫星业务主要包括卫星转发器出租、专用和公用VSAT（very small aperture terminal，即甚小口径终端）卫星通信网以及卫星专线应用等，服务提供者包括中国卫通、中国电信和36家VSAT运营商，各类固定、车载、便携卫星通信地面站点超过10万个。其中基础电信运营商主要提供骨干节点之间的通信备份和公众应急通信服务。银行、证券、公安、交通、铁路、水利、气象、海关、地震、林业、国土资源等部门均建有卫星专用通信网。

广播卫星业务主要包括卫星音频广播、卫星电视转发、中继服务及卫星直播电视服务。我国卫星广播电视业务的增长驱动来自中星九号的公共服务定位。2011年中共中央宣传部和国家广播电影电视总局（简称广电总局）下达《关于在有线网络未通达农村地区开展直播卫星公共服务的通知》，正式将“中星九号”直播卫星的运营方式定位于“公共服务”，实施面向有线未通达地区的两亿多户农牧民家庭的“文化惠民工程”。

移动卫星业务市场提供者有中国电信和交通部信息中心，约有七万多个用户，以语音业务为主，目前均使用国外卫星资源和系统。

总体上看，我国卫星通信产业以固定通信和广播为主，受应用范围的限制，2011年卫星通信产业规模约为100亿元，在我国通信产业以及全球卫星通信产业中所占比例较低[2]。

2）卫星导航定位进入快速发展时期，“北斗”导航产业正在起步

我国卫星导航产业正进入快速发展的新时期，近年来我国卫星导航应用市场规模以近每两年翻一番的速度快速增长，2004～2011年年均增长39%；2011年总产值达到682亿元人民币，比2010年增长35%，定位终端社会持有量接近1亿台[5]；涉足卫星导航应用与服务产业的厂商与机构数量已超过6 800家，从业人数超过20万人[6]。

目前，我国卫星导航产业以基于GPS（global positioning system，即全球定位系统）的卫星导航应用为主，随着道路交通建设发展、私家车的普及、智能手机和移动互联网的发展，基于GPS的车载导航、手机导航等大众应用增长迅速。虽然核心芯片和板卡仍然依赖进口，但GPS终端产品的制造和应用已接近国际先进水平。

“北斗”导航产业发展取得初步进展，在我国卫星导航产业中所占份额仍较低。“北斗”系统在交通运输、海洋渔业、水文监测、通信授时、电力调度和减灾救灾等领域得到应用，已初步形成较完整的产业链条，上游的天线、芯片、板卡、GIS（geographic information systems，即地理信息系统）、地图、模拟源等配套齐全，中游的手持型、车载型、船载型、指挥型以及结合各行业具体应用的综合型终端品类初具规模，下游的系统集成和运营服务业已在数据采集、监测、监控、指挥调度和军事等各领域进行了探索应用。

3）遥感卫星应用体系初步形成，应用规模不断扩大

卫星遥感应用取得了长足进步，我国先后建立了170多个国家级和省市级遥感应用机构，业务化运行能力显著增强。多层次遥感数据获取、数据分析与处理、遥感数据综合应用能力基本形成，遥感应用技术体系正在初步形成。据赛迪顾问股份有限公司研究，2010年卫星遥感产业规模为23.5亿元，比2009年增长约40%[7]。

当前，社会公益需求在我国卫星遥感应用中占据主导地位，自主数据源用户覆盖气象、海洋、测绘、防灾减灾等20多个领域，国产数据占有率不断提高。“风云”气象卫星应用服务系统已纳入覆盖全国的基层气象观测与服务站网，实现对台风、雨涝、森林与草原火灾、干旱、沙尘暴等灾害的有效监测，气象预报和气候变化监测能力明显提升。“海洋”卫星系列实现对中国海域和全球重点海域的监测和应用，对海冰、海温、风场等的预报精度和灾害性海况的监测时效显著提高。“资源”卫星系列在土地、地质矿产、农业、林业、水利等资源及地质灾害调查、监测与管理，以及测绘、城市规划中发挥了重要作用。“环境与灾害监测预报小卫星星座”为地表水质与大气环境监测、重大环境污染事件处置以及重大自然灾害监测、评估与救援提供了重要的技术支撑[4]。

15.1.4 发展趋势

未来空间基础设施及其信息应用服务体系的总体发展趋势是多系统融合、多业务综合集成，逐步形成不同功能类型（遥感、通信、导航）、不同谱（频）段、不同体制和使用特性相融合，天地一体化的卫星与地面应用系统，不断带动卫星应用产业发展并形成新的经济增长点。

1）卫星通信广播各类业务系统趋于融合并向宽带多媒体方向发展

从国际发展趋势看，高清电视直播、数字音视频广播、卫星因特网等多种业务需求的迅猛增长，将继续带动通信广播卫星快速发展[8]。卫星固定业务从面向节点的备份补充应用为主向个人与节点应用并重、固定业务与广播业务融合发展转变，

面向个人的宽带接入服务成为新的行业增长点。高、中、低轨移动业务通信卫星并行发展，提供的业务从低速数据、语音为主，向高速数据、语音、视频等多业务综合服务转变。广播业务卫星成为全球卫星通信产业发展的主推力。固定业务、广播业务、移动业务向宽带多媒体方向发展，各种卫星通信广播系统的统一性将不断增加。

2）卫星导航向泛在、融合、智能导航与位置服务体系转型发展

全球导航卫星系统（global navigation satellite system，GNSS）进入以美国GPS、俄罗斯GLONASS、欧洲GALILEO系统和中国的“北斗”四大系统为主，涵盖其他卫星导航系统的多系统并存的时代，呈现出多系统兼容互操作，全球、区域、本地多层次增强，定位、导航、测向、授时多模化应用，以及与各种非卫星导航手段多手段集成四大特点。卫星导航产业在今后10～20年则将面临前所未有的几大转变：从单一的GPS时代转变为实质性的多星座兼容并存的全球导航定位系统新时代，从以卫星导航为应用主体转变为导航定位授时与移动通信、因特网等多信息载体融合发展的新时期，从以应用产品为主逐步转变为以运营服务为主的新局面，步入以卫星导航为基石的多手段融合、天地一体化、服务智能化的泛在普适服务新阶段[5]。

3）卫星遥感趋向全球观测、系统集成，遥感信息增值应用日益深入

遥感卫星系统已经从单纯的资源观测、环境观测发展到对地球系统的整体观测，以全球性的整体观、系统观和多时空尺度来研究地球整体变化，建设大、小卫星平台相辅相成，天地结合的全球性、立体、多维空间观测体系，并以卫星星座形式实现多种成像系统的综合集成和综合应用，进而将推动数据服务向多源集成应用、统一管理、共享与综合服务发展。高度重视遥感信息资源的集成应用，强调多源遥感与业务数据源的集成应用，强化应用系统的持续性和稳定性。卫星遥感数据应用向更深入的信息挖掘、增值应用方向发展[2]。卫星技术发展使得卫星数据成本下降，城市、基础设施的精细化管理等应用推动高分辨率数据市场持续发展，卫星遥感的商业化应用市场将不断拓展。卫星遥感与GIS、导航等多领域高度交叉融合将形成新的经济增长点。

15.2 重点技术现状与发展方向

15.2.1 卫星通信

我国已突破了大容量地球静止轨道卫星公用平台、天基数据中继与测控等关键技术，卫星技术性能明显提高，语音、数据和广播电视通信水平进一步提升。“中星十号”卫星的成功发射和稳定运行，大幅提高了中国通信广播卫星的功率和容量。“天链一号”数据中继卫星的成功发射，使中国初步具备天基数据传输能力和对航天器的天基测控服务能力[4]。目前正在研制第一代区域卫星移动通信系统，宽带多媒

体卫星关键技术已开展预先研究。

未来，通信卫星将向大天线、多波束、宽带传输、高功率微波、星上处理交换等方向发展，并大力提升卫星平台的承载能力，开发新一代大型通信卫星平台。卫星通信广播频段正在向更高频段扩展，包括现在的 Ka 频段、未来的 V 频段和 Q 频段以及激光频段等，新的技术体制不断推出。地面应用系统向集成化、小型化、综合化、智能化和经济化发展[9]。

15.2.2　卫星导航

我国已基本建成由 5 颗地球静止轨道卫星、5 颗倾斜地球同步轨道卫星和 4 颗中圆地球轨道卫星组成的北斗区域导航系统，采取有源与无源相结合体制，2012 年年底将形成覆盖中国及部分亚太地区（东经 55°～180°、南北纬 55°间的大部分区域）的服务能力，定位精度平面 20 米、高程 20 米，测速精度每秒 0.4 米，授时精度 50 纳秒，重点区域内定位精度达 10 米，测速精度每秒 0.2 米[10]，与 GPS 系统的民用精度基本相当，满足用户导航定位和授时要求。

下一阶段，将在稳步提升北斗区域服务性能的基础上，优化全球服务总体设计，开展卫星导航技术和卫星遥感技术的融合，加大星间链路、自主导航、精度定位、室内外无缝导航、时频体系、运行管理、干扰检测与减轻、芯片模块等关键技术的投入，2020 年建成由 3 颗地球静止轨道卫星、3 颗倾斜同步轨道卫星和 24 颗中低轨道卫星组成的覆盖全球的“北斗”卫星导航系统，开放服务定位精度 10 米，测速精度每秒 0.2 米，授时精度 20 纳秒[11]。

导航应用方面，导航产品作为传感器使用的模块化、芯片化、多系统兼容趋势日渐明显，融合 3G/B3G 通信、多媒体处理、地面和地下三维实景与 GIS 地图的无缝集成、多模卫星导航、室内定位技术的多功能芯片组和导航终端成为热点，个人移动 LBS（location based service，即基于位置的服务）和“车联网”将会在我国快速发展[9]，多种导航手段融合的精密定位技术将成为发展趋势。

15.2.3　卫星遥感

我国已基本建成“风云”、“海洋”、“资源”、“遥感”、“天绘”等卫星系列和“环境与灾害监测预报小卫星星座”。“风云”气象卫星系列具备全球、全天候、三维、多光谱的定量观测能力，“风云二号”静止轨道气象卫星实现双星观测、在轨备份，“风云三号”极轨气象卫星实现上午星和下午星的双星组网观测。“海洋水色”卫星成像幅宽增加一倍，重访周期大幅缩短，2011 年 8 月发射的我国首颗“海洋”动力环境卫星“海洋二号”具备高精度测轨、定轨能力与全天候、全天时、全球探测能力。“资源”卫星的空间分辨率和图像质量得到较大幅度提升。“环境与灾害监测预报小卫星星座”具备中分辨率、宽覆盖、高重访的灾害监测能力[4]。

卫星遥感技术总的发展趋势是向遥感信息定量化、信息处理智能化、数据获取动态化、遥感应用网络化、遥感工具实用化的方向发展。遥感卫星观测精度向高空间分辨率、高时间分辨率、高光谱分辨率方向发展；标准化和规模化信息提取技术成为遥感应用的关键，具有定量化参数反演能力的遥感系统成为主要发展方向，高光谱、雷达等新一代手段成为主要方向[9]。

15.3 战略布局与发展重点

经过近年来的快速发展，我国空间技术取得巨大进步，卫星应用深度与广度快速拓展，我国卫星与卫星应用进入发展的关键期，呈现三大转型特征：航天技术创新从追赶先进技术为主向强化自主创新形成先进技术体系转变，应用卫星由试验应用为主转向业务运行为主，卫星应用从主要依靠国外数据源向自主数据替代、全球数据服务转变。相关科技重大专项与空间基础设施工程将在我国应用卫星与卫星应用的转型过程中发挥重要的引导作用。

15.3.1 发展要求

未来20年是我国转变经济发展方式，以信息化带动工业化，建设创新型国家的战略机遇期。空间信息是国家信息体系不可或缺的重要环节，迫切需要以国民经济、社会发展和公共安全重大需求为牵引，以业务化和产业化发展为目标，建设长期持续稳定、自主可控的空间基础设施，满足国家战略和可持续发展需求；建设体系化、集成化、协调共享的国家空间基础设施，满足经济社会发展的综合性应用需求；建设具有全球覆盖和服务能力的空间基础设施，满足全球化发展战略和应对气候变化、生态环境等全球性问题的需要。通过技术创新、融合协同，促进航天技术水平和应用服务能力的跨越式发展，积极培育卫星应用企业集群和产业链，不断提高卫星应用的产业化发展能力，形成具有国内外市场竞争力的新兴产业，满足我国各领域公益性和商业性应用需求。

15.3.2 战略布局

基于我国空间基础设施的现有能力以及我国未来10～15年卫星应用发展需求，各领域发展布局如下[1, 2, 12]：

（1）提升卫星固定通信、卫星广播业务，发展卫星宽带多媒体接入、新一代卫星移动通信、卫星数据中继等新应用，建设综合性卫星应急通信基础网络，保证信息基础设施向农村、偏远地区和全球的延伸覆盖，提升信息基础设施的应急通信保障和通信安全能力，积极发展卫星通信广播综合业务，推进卫星通信广播产业集约化发展。

（2）尽快发展形成自主可控的“北斗”卫星全球导航系统，提高卫星导航应用的基础保障能力，以“北斗”为核心推动力，推进中国GNSS产业整体发展，发展“北斗”兼容型导航终端以及数字化综合应用终端等产品，形成庞大的大众化、专业化市场，促进卫星导航产业规模化快速发展。以卫星导航产业体系为基础，构建国家位置服务体系，提供泛在智能、实时动态、精准确保和融合共享的服务。

（3）统筹发展陆地、海洋、大气以及其他专题卫星。逐步形成持续稳定的业务卫星系列，通过卫星星座形成我国稳定的中高分辨率、光学、微波、高光谱和雷达等卫星数据产品系列；针对全球变化、地球内部和空间环境变化探测等特殊需求，发展长期稳定的专题观测卫星。统筹规划发展地面数据及服务系统，促进各类空间信息的融合共享、相互补充和综合应用，建立业务化、一体化的自主遥感卫星应用和服务体系，提供完善、连续、长期稳定的空间信息服务和保障。

15.3.3 发展重点

我国未来空间基础设施发展可以分为三个阶段，各阶段的发展重点如下：

第一阶段为优化布局、框架构建阶段，进行空间基础设施长远发展规划，基本建成国家空间基础设施的骨干架构。重点突破卫星长寿命、高可靠技术和提升有效载荷性能，建立业务卫星发展模式，统筹建设共享的地面配套设施。卫星通信广播整体实现国土及周边地区覆盖，依托现有卫星通信广播系统，重点发展卫星通信灾害预警及灾害救援应急通信基础网络建设，基本满足地面网络覆盖率低、应急突发事件较多的重点地区、行业、人群的应急通信需求；突破制约卫星导航产业发展的核心关键技术，初步形成我国自主可控的卫星导航服务能力；建设形成卫星遥感空间基础设施主体框架。推进重点行业和领域的卫星系统应用示范，对地观测基本满足中低分辨率需求，通信和导航满足国家公益性需求，部分满足商业市场需求。保持业务系统连续稳定运行，推动资源共享，奠定业务化应用和产业化发展基础。

第二阶段为创新发展、稳定运行阶段，基本建成我国自主、完整的空间基础设施。建成“北斗”全球导航定位系统，形成面向全球卫星导航服务的应用支撑能力，实现从区域服务向全球服务的平稳过渡，在涉及国家安全的重要领域全面实现自主装备应用；发展宽带多媒体卫星系统、新一代移动通信与数据分发系统等，卫星通信广播覆盖亚太地区，建立比较完善的区域化、商业化的卫星通信广播服务体系。发展涵盖全色、多光谱、高光谱、微波和激光等数据源的较为完整的卫星遥感基础设施，重点完成一站多星、数据共享融合等技术及设备升级改造等任务，提供标准产品以及定标服务；开展新一代卫星系统预研验证，建立完整的空间基础设施管理体系，实现应用系统升级换代，形成稳定运行与服务能力，大幅提升卫星应用产业规模。

第三阶段为体系完善、服务提升阶段。不断推进系统的升级换代，发展完善具备全球覆盖和全球服务能力的空间基础设施，形成高可靠、高费效比的业务服务能力，满足多样化需求，不断提升产业化发展能力。

15.4 促进产业发展的政策取向

近年来，我国空间基础设施建设步伐不断加快，但目前仍处于初步业务化运行

阶段，空间基础设施整体能力相对不足，尚未形成长期连续稳定运行能力，一些急需领域尚处空白，自主保障程度较低。同时，卫星应用产业尚处于初级阶段，应用系统建设滞后，卫星应用技术和产品与国外先进水平存在一定差距，并在多个领域面对国外先行者的激烈竞争，尚未形成产业化、规模化发展格局。为促进航天战略性新兴产业的培育和发展，相关政策措施如下：

（1）统筹发展空间基础设施。加强空间基础设施规划与建设的统筹，建立和完善天、地、应用协调发展机制，统筹军民资源，统筹协调部门、地区、行业关系，推动开放共享，优化资源配置，保障空间基础设施的长期稳定业务化运行。

（2）加强政策法规标准建设。制定《中华人民共和国航天法》，逐步制定和完善卫星及应用产业发展的法律法规和标准规范，制定卫星及应用国家标准，以及卫星数据共享、数据准入等政策法规，制定开展卫星直播业务的产业扶持政策[1]，通过法律法规规范空间基础设施的建设和应用服务，促进卫星及应用产业高效发展。

（3）推动产业化、商业化发展。鼓励民营资本进入卫星及应用领域，逐步建立多元化、多渠道的航天投资体系，积极探索商业模式，积极培育卫星应用企业集群、产业链和卫星应用市场[4]，促进卫星及应用产业快速健康发展。

参考文献

[1] 国务院．“十二五”国家战略性新兴产业发展规划．http://www.gov.cn/zwgk/2012-07/20/content_2187770.htm，2012-07-20.

[2] 空间基础设施发展战略研究课题组．空间基础设施发展战略研究（内部报告）．北京：中国航天工程科技发展战略研究院，2012.

[3] Futron Corporation. State of the satellite industry report（2012）. http://www.sia.org/，2012-09-24.

[4] 国务院新闻办公室．2011 年中国的航天 .http://www.gov.cn/gzdt/2011-12/29/content_2033030.htm，2011-12-29.

[5] 曹冲．我国卫星导航产业发展现状及趋势．见：徐德明，王春峰，柏玉霜，等．中国地理信息产业发展报告（2011）．北京：社会科学文献出版社，2011：48 ～ 57.

[6] 徐红．卫星导航产业投资规模达 500 亿元 .http://www.qhch.com/webui/getContent.aspx?bh=783，2012-09-24.

[7] 吕萍．集群发展推动广东省卫星应用产业继续繁荣 .http://www.news.ccidnet.com/art/1032/10220906/2718133-1.html，2011-09-06.

[8] 美国航天基金会．2012 年航天报告．中国航天系统科学与工程研究院译．2012：45 ～ 55.

[9] 中国科学院．2011 高技术发展报告．北京：科学出版社，2011.

[10] 刘金阳．北斗导航系统空间信号接口控制文件测试版公布 .http://it.sohu.com/20111227/n330396831.shtml，2011-12-27.

[11] 中国第二代卫星导航系统专项管理办公室 . 北斗卫星导航系统发展计划的实施 .http://beidou.gov.cn/2011/05/19/20110519b4479710957a44aab29fd183f26ef19b.html，2011-05-19.

[12] 国防科学技术工业委员会，国家发展和改革委员会 . 关于促进卫星应用产业发展的若干意见 . http://www.sdpc.gov.cn/zcfb/zcfbtz/2007tongzhi/t20071123_174233.htm，2007-11-23.

缩略词表

SIA：Sellite Industry Association，即美国卫星产业协会

C 频段：频率范围为 3.7 ～ 4.2GHz 的频段

Ku 频段：频率范围为 11.7 ～ 12.2GHz 的频段

VSAT：very small aperture terminal，即甚小口径终端

GPS：global positioning system，即全球定位系统

GIS：geographic information systems，即地理信息系统

GNSS：global navigation satellite system，即全球导航卫星系统

GLONASS：俄罗斯全球导航卫星系统

GALILEO：欧洲伽利略导航卫星系统

Ka 频段：频率范围为 22.5 ～ 23.0GHz 的频段

V 频段：频率范围为 84.0 ～ 86.0GHz 的频段

Q 频段：频率范围为 40.5 ～ 42.5GHz 的频段

3G/B3G 通信：3rd generation/beyond 3rd generation，即第三代和后三代通信

LBS：location based service，即基于位置的服务

第 16 章

海洋装备产业

唐启升　张信学　赵泽华　朱心科　赵宪勇

【内容提要】 2012 年《规划》将“海洋工程装备产业”列入“高端装备制造产业”的重点发展方向之一。依托中国工程院“战略性新兴产业培育与发展”咨询项目海洋装备领域课题组的研究，本章将主要围绕海洋油气装备，水下运载、作业及通用技术装备，海洋探测 / 监测装备，海洋采矿装备以及南极磷虾产业装备，对我国海洋高端装备产业的发展进行阐述。

海洋高端装备是海洋开发过程中所使用的各种装备的统称。海洋高端装备具有知识技术密集、物资资源消耗少、成长潜力大、综合效益好等特点，是发展海洋经济的先导性产业，是战略性新兴产业的重要组成部分。目前，我国在以海洋油气装备为代表的海洋高端装备领域取得了较大的进步和突破，已形成一定的产业规模，但产业链还不完善，在研发设计、关键配套、产品体系等领域方面与国际先进水平相比仍存在较大差距。21 世纪是海洋的世纪，海洋已经成为当今沿海格局竞争的焦点，海洋经济也已上升到国家战略高度，海洋高端装备产业面临广阔的发展空间。目前，国家发展改革委等有关部门正积极部署，并通过一系列配套政策和措施支持和培育相关领域的发展。

16.1 海洋高端装备产业发展现状和趋势

16.1.1 海洋高端装备产业的基本概念与范畴

本书中海洋高端装备是指海洋开发过程中所使用的各种装备，现阶段主要是指海洋工程装备。海洋工程装备主要是指海洋资源（包括海洋油气资源、生物资源和深海资源）勘探、开采、加工、储运、管理、后勤服务等方面的大型工程装备和辅助装备，是人类开发、利用和保护海洋活动中使用的各类装备的总称。目前，海洋油气装备产业是海洋高端装备产业中市场规模较大、产业发展较为成熟的产业[1]。

海洋高端装备产业是战略性新兴产业的重要组成部分，也是高端装备制造产业的重要方向，具有知识技术密集、物资资源消耗少、成长潜力大、综合效益好等特点，是发展海洋经济的先导性产业。

16.1.2 海洋高端装备产业发展现状

世界海洋（油气）工程装备产业形成了“欧美设计及关键配套 + 亚洲总装制造”的整体产业格局。欧美公司垄断着海洋工程总包、装备研发设计、平台上部模块和少量高端装备总装建造、关键通用和专用配套设备集成供货等领域，并垄断了海洋工程装备运输与安装、水下生产系统安装、深水铺管作业市场，处于整个海洋工程产业价值链的高端。亚洲是目前世界海洋工程装备总装建造基地，韩国、新加坡、中国和阿联酋是主要建造国。近年来，巴西等国也依托本国海洋油气开发需要，积极进入海洋工程装备建造领域。

1.我国海洋工程装备产业现状

目前，我国已基本具备浅水油气装备的自主设计与建造能力，具备较强国际竞争力的产品有自升式钻井平台、半潜式钻井平台、FPSO（floating production storage & offloading，即浮式生产储存卸货装置）、中小型平台供应船和中小型三用工作船等。近两年，我国在半潜式钻井平台、钻井船等深水海洋工程装备领域也取得了突破，初步具备了设计与建造能力[2]。

我国已初步形成环渤海、长三角、珠三角三大海洋工程装备聚集产业区，涌现出中国船舶重工集团公司、中国船舶工业集团公司、中远船务工程有限公司和中集来福士等若干具有竞争力的企业（集团）。目前，中央企业在我国海洋工程装备产业居于主导地位，外资和民营造船、石油装备和机械制造企业也积极进入。

2.与国际先进水平的主要差距

与欧美技术强国，以及韩国、新加坡等建造强国相比，我国海洋工程装备产业技术实力仍然薄弱，主要体现在以下几个方面：

（1）产品结构未成体系。现阶段在海洋工程装备产品结构方面，国内各企业产品竞争领域重叠较为严重，早期以中低端装备为主，主要集中在浅水和低端深水装备领域，近几年开始涉足高端装备建造，钻井装备实力相对较强，生产装备实力较弱，LNG-FSRU（液化天然气浮式储油再液化装置）、LNG-FPSO（液化天然气浮式生产储卸装置）等高端生产装备设计建造基本空白。

（2）设计研发能力薄弱。目前，我国海洋工程装备的研发设计基本局限于浅海，深水海洋工程装备的设计能力薄弱，设计技术严重依赖国外，拥有自主知识产权的海洋工程装备较少，核心技术研发能力较弱。

（3）关键配套能力欠缺。我国海洋工程装备的配套能力不足，高端配套产品完全由国外巨头公司控制，关键核心配套系统与设备严重依赖国外。

（4）渔业装备落后，亟须更新升级。当前，我国海洋渔业装备十分落后，亟须推进装备的自主研发与升级更新能力，提升近海渔业的环境友好性和远洋渔业的核心竞争力。

16.1.3 海洋高端装备发展基本趋势

1）海洋油气装备

“十一五”期间，世界海洋油气装备产业年均市场规模仅为同期世界造船产业年均市场规模的1/3，开始成为主要造船国竞相发展的高端产业。进入“十二五”后，海洋工程装备市场快速兴起，2011年全球包括钻井装备、生产装备、海洋工程船舶和少量配套设备在内的海洋工程装备订单金额高达690亿美元[3]，超过同期船舶市场规模，成为世界船舶工业新接订单的主要来源。

2）水下运载、作业及通用技术装备

目前，世界各国均投入了大量的人力和物力开展大型海洋装备的研制，以构成覆盖不同水深、从水面支持母船到水下运载作业装备的完整的装备体系。国际上水下运载装备、作业装备、配套设备及其通用技术已形成产业，有诸多提供各类技术、装备和服务的专业生产厂商，已形成了完整的产业链。

当前，水下运载器已成为最重要的探查和作业平台，其正朝着实用化、综合技术体系化方向发展，且功能日益完善。发展多功能、实用化遥控潜水器、自治水下机器人、载人潜水器和配套作业工具，实现装备之间的相互支持、联合作业、安全救助，能够顺利完成水下调查、搜索、采样、维修、施工、救捞等任务，已成为国际水下运载器的发展趋势。

在深海通用技术方面，海洋发达国家都战略性地规划、建立了一批相关企业，专门开展深海通用技术的研发和产品支持，如美国Emerson公司的浮力材料、美国圣地亚哥地区的通用技术产业群等。国际深海通用技术已形成产业，有诸多提供各类技术和基础件的专业厂商为水下装备的开发提供专业、可靠、实用的技术和基础件，保证了水下装备的整体可靠性和实用性。现在，国际上的深海通用技术正朝着更高性能、更加完整、更高水平的方向发展。

3）海洋探测/监测装备

国外海洋监测网络在覆盖范围、监测要素和实时性等方面具有比较突出的优点，而且监测设备技术先进、实时性强、自动化程度高。其主要特点和发展趋势有以下几个方面：

（1）已建成技术集成度高、监测能力较强的业务系统网络。对本国海岸沿线专属经济区实现了实时监测，对国际重要海上通道和重点区域有一定的监测能力。

（2）重点海域隐蔽、智能化、移动观测技术［如自动海底车（autonomous underwater vehicle，AUV）］成熟，波导、内波、水声等水下海洋监测能力满足军事需求。

（3）注重积累重要海域长周期断面、剖面观测数据，大量使用潜标、浮标。

（4）海洋监测仪器装备研发能力强，产品更新快，基本实现了海洋环境的立体实时监测。

4）海洋采矿装备

当前，国际上展开了对多金属结核开采技术的研究。比较成功的是水力（水气）管道提升式系统，由海底采矿机、长输送管道和水面支撑系统构成。美国已完成了5 500米级多金属结核采矿的技术原型及中试研究，一旦时机成熟，便能组织工业性试验并投入商业开采。

5）南极磷虾产业装备

国际上南极磷虾的捕捞技术越来越专业化和“绿色化”，如拖网设计在提高捕捞效率的同时还特意考虑到减少对海洋哺乳类及鸟类的误捕。近年，挪威成功研发了水下泵吸连续捕捞技术，网具捕获的磷虾在水下即由吸泵源源不断地传送至船上，生产效率和磷虾产品质量均大大提高。另外，日本的南极磷虾去壳设备以及挪威的南极磷虾油提取设备也大幅度提高了产品的附加值和磷虾渔业的效益。

16.2 海洋高端工程装备产业技术现状与发展方向

16.2.1 常规油气装备功能呈现“四化”趋势

当前，海洋工程装备技术发展趋势从功能上主要体现在以下几个方面：一是深水化。随着海洋油气开采领域的扩展和水深的不断加大，海洋油气工业面临新的工程、技术、装备挑战，向深海领域发展是大势所趋，部分深水、超深水装备适应水深将达到3 000～4 000米[4]，不断创造新的纪录。二是大型化。海上装备甲板可变载荷、平台主尺度、载重量、物资储存能力等各项指标都向大型化方向发展，以增大作业的安全可靠性、全天候的工作能力（抗风暴能力）和长自持能力。三是环保化。在海洋工程装备制造中大量使用环保新材料、新技术，海洋工程装备的环保性能将受到更加严格的监管。四是自动化。随着科技的发展，海洋工程装备所使用的各种设备趋于集成化和智能化。此外，新型深水装备及前沿技术不断发展，探索性的交叉型平台新概念不断涌现。

16.2.2 水下运载、作业及通用技术装备还处于起步阶段

我国已具有一定的水下运载技术研发能力，通过国家“九五”、“十五”、“十一五”期间的持续支持，先后自主研制或与国外合作研制了工作深度从几十米到6 000米的多种水下装备。在这些水下运载器的研制过程中，通过引进消化吸收国外先进技术，提升了与之相关的制造和加工能力。

我国各类深海取样设备大部分还处于研制和海试阶段，只有少数投入了实际应用。例如，深海电视抓斗和深海浅层岩芯取样钻机完成了多个航次的调查任务，已作为“大洋一号”科考船上的常规装备投入应用。然而，由于我国缺乏深海作业机器人，载人潜水器还处于试验阶段，限制了依靠深潜器使用的取样设备的发展和应用。

深海通用技术落后是我国深海高技术落后的主要根源之一，主要原因有：一是品种繁杂，难以产业化；二是长期缺乏国家的支持与投入；三是没有系统的研发机制与计划；四是缺乏基本的海试条件支撑。

尽管经过十多年的努力，我国的水下运载及作业技术有了突破性的进展，但是我国的深海技术和装备还处于起步阶段，与先进国家相比，在面向深海的装备技术方面还存在一定差距。尤其是大量关键核心装备与技术依然依赖进口，而引进又存在着技术封锁和贸易壁垒。

16.2.3 海洋探测 / 监测与发达国家差距明显

在海洋探测 / 监测方面，我国与发达国家的差距还很明显，尤其是在稳定性、可靠性、系列产品等方面差距较大。按国家统计局和有关行业部门的统计，国外公司的仪器仪表中档产品以及许多关键零部件占据了国内60%以上的市场份额[5]，我国大型和高精度的仪器仪表及海洋仪器几乎全部依赖进口，自主技术装备目前只能满足海洋监测需要的10%左右[6]。我国国家防灾减灾、海洋环境监测、军事海洋环境保障等系统的建设发展迅速，从“十一五”的情况来看，每年以超过20%的速度增长。目前，我国海洋环境全面实时监测体系尚在规划建设中，监测数据和信息远不能满足国家大发展的需要。自主海洋监测仪器装备性能低、品种少、与世界先进水平差距大，具体表现在以下五个方面：

（1）监测海域有限，监测区域不能覆盖第一和第二岛链海域，基本上没有深远海水下环境监测能力，缺乏长期剖面立体观测数据。

（2）缺乏应对海上突发事件的海洋环境应急机动保障能力，海洋环境预报保障能力薄弱，没有对重点海域进行隐蔽观测的智能化水下移动观测平台。

（3）海洋环境数据通信能力弱，主要依赖国外卫星，水下组网观测和数据实时通信技术尚待突破。

（4）国内监测仪器装备性能低、品种少，与世界先进水平差距大，主要海洋监测仪器装备依靠进口。

（5）没有专门从事海洋监测仪器装备生产的公司和企业，仪器制造生产尚不规范。

16.2.4 深海采矿装备的研制亟待加强

我国深海固体矿产资源开采技术的研究与发展，不论是与目前先进工业国家的水平还是与未来商业开采的要求都存在很大的差距。国外 20 世纪 70 年代末便完成了 5 000 米水深的深海采矿试验，我国 2001 年才进行 135 米深的湖试[7]，而且实际上湖试的采集和行走技术验证并不充分。在钴结壳开采技术研究方面，我国对提出的一些采集和行走技术方案仅进行了一些原理验证性试验而尚未进行实物试验，对海底多金属硫化物资源开采技术的研究基本上还是空白，对钴结壳和海底硫化物矿开采方式的研究亦尚未进行。就钴结壳开采的特殊性而言，其采集装置和行走装置对复杂地形的适应性等问题还需要深入的研究。这些都表明，我国对深海固体矿产资源的开采关键技术的研究还不深入、不充分，亟待加强。

我国在“八五”期间正式展开对深海固体矿产资源开采技术的研究，研究对象为深海多金属结核的开采。这期间，我国对水力式和复合式两种集矿方式以及水气提升与气力提升两种扬矿方式进行了试验研究，并在集矿与扬矿机理、工艺和参数方面取得了一系列研究成果，积累了一些经验。“九五”期间，我国在此基础上进行了进一步改进与完善，完成了部分子系统的设计与研制，并成功研制了履带式行走、水力复合式集矿的海底集矿机。“十五”期间，我国深海采矿技术研究以 1 000 米海试为目标，完成了“1 000 米海试总体设计”和集矿、扬矿、水声、测检等水下部分的详细设计，研制了两级高比转速深潜模型泵，采用虚拟样机技术对 1 000 米海试系统动力学特性进行了较为系统的分析[8]。

16.2.5 极区海洋油气开采有望逐步提上日程

北极有丰富的石油和天然气资源，随着气候条件的变化和开采技术的发展，北极海上开采活动将不断增加，适应恶劣和极区环境的浮式油气开发装备将得到进一步发展。

与传统设施不同，北极地区海面设施的基础将采用特殊的解决方案，恶劣的北极环境要求对油田开采钻探船及生产设施进行特殊设计，因此将增加油田开采的成本。在寒冷气候条件下需要使用符合强度等级的材料，相关的钻井装备和生产装备将需要采用新型高强度钢以提高抗脆性和抗损伤能力。未来人们将针对寒冷气候研发疏水性油漆和绝缘涂料，这类新材料具有防腐蚀、防结冰或除冰特性，同时能承受剧烈的温度变化。为保证北极环境下勘探和开采中装备的安全性和实用性，需要制定可靠的规范和质量标准。三星重工于 2007 年 11 月向瑞典交付了一艘能工作于极地海域、钻井深度达 11 000 米的钻井船，可适应未来北冰洋航区的发展需求[9]。随着全球越来越关注北极地区的石油和天然气开采活动，研究、开发和建造适合北极作业的装备将成为必然趋势。

16.2.6　南极磷虾产业技术与装备日趋成熟

南极磷虾渔业装备的发展趋势主要体现在大型化、专业化、高效化与集成化等方面。近万吨级的专业磷虾捕捞加工船已屡见不鲜，磷虾船队逐步成为集捕捞与加工于一体的海上流动“工厂”。例如，挪威的南极磷虾专业渔船采用了创新性的水下泵吸连续捕捞技术，生产效率较传统拖网作业几乎翻番；在加工方面则集成了鱼粉加工、水解蛋白及虾油提取等多条生产线，已将南极磷虾渔业打造成由高效捕捞技术支撑、集捕捞与精深加工于一体的新型磷虾渔业。

磷虾油精炼及软胶囊制备技术与设备日臻成熟，以磷虾为原材料的国际型高技术企业正在不断地发展与壮大。

16.3　海洋高端工程装备产业战略布局与发展重点

未来十年，是我国海洋工程装备产业快速发展的关键时期，我们应抓住全球海洋资源勘探开发日益增长的装备需求契机，加强技术创新能力建设，加大科研开发投入力度，大幅度提升管理水平，以实现我国海洋工程装备产业跨越发展。

16.3.1　产业战略布局

鉴于海洋工程装备制造业所具有的特点以及产业现状，其发展思路应同时兼顾国家需求和产业需求、产业和技术等层面。总体发展思路为：针对我国深远海、大洋及海底资源勘探和开发，深远海科学研究，深海工程作业，海洋环境保护，海洋服务等国家战略需求和市场需求，以技术成熟度高、市场需求量大的装备为重点，发展深海运载和探测技术、深水作业和保障关键技术、海洋环境观测 / 监测技术等，大力培育和发展海洋高端工程装备制造业，扩大产业规模，提高产业集中度，培育一批知名企业。

16.3.2　产业发展重点

1）主力海洋工程装备

主力海洋工程装备是指量大面广、占市场总量 80% 以上的海洋工程装备，主要包括物探船、工程勘察船、自升式钻井平台、自升式修井作业平台、半潜式钻井平台、半潜式生产平台、半潜式支持平台、钻井船、FPSO、半潜运输船、起重铺管船、风车安装船、多用途工作船、平台供应船等。应重点突破自主开发设计的关键核心技术，具备概念设计、基本设计和详细设计能力。

2）新型海洋工程装备

新型海洋工程装备是指近年来国际上新发展起来的、我国目前尚处于空白状态的、有广阔市场前景的海洋工程装备，主要包括LNG-FPSO、深吃水立柱式平台（SPAR）、张力腿平台（tension leg platform，TLP）、浮式钻井生产储卸装置（floating，drilling，production，storage and off loading vessel，FDPSO）、自升式生产储卸油平台、深海水下应急作业装备及系统，以及其他新型装备。应重点突破总装建造技术，逐步提升集成设计能力，填补国内空白。

3）关键配套设备和系统

关键配套设备和系统是指海洋工程平台和作业船的配套系统和设备，以及水下采油、施工、检测、维修等设备，主要包括自升式平台升降系统、深海锚泊系统、动力定位系统、FPSO单点系泊系统、大型海洋平台电站、燃气动力模块、自动化控制系统、大型海洋平台吊机、水下生产设备和系统、水下设备安装及维护系统、物探设备、测井/录井/固井系统及设备、铺管/铺缆设备、钻修井设备及系统、安全防护及监测检测系统，以及其他重大配套设备。应重点突破系统集成设计技术、系统成套试验和检测技术、关键设备和系统的设计制造技术等。

4）4 500米级深海载人潜水器

在7 000米载人潜水器研制基础上，重点突破总体设计、超大潜深耐压结构设计与安全性评估、生命支持系统技术，综合保障技术，系统集成、制造、运行、风险评估与控制技术，4 500米级浮力材料、大直径耐高压钛合金球壳设计及制造工艺技术，长效高密度电池技术，实现水密接插件、水下电机、水下推进系统、液压系统、长距离高速声学通信等关键技术或部件的国产化，开发4 500米级深海载人潜水器，实现国产化、低运行成本和高可靠性。

5）系列小型化、低成本、远程水下运载器

针对国际海底资源的探查和开发以及深海探测需求，开发系列小型化、低成本、远程水下机器人及新型远程水下滑翔器，为深海地形地貌和资源勘查、海洋环境探测提供技术手段，与载人潜水器、遥控潜水器联合构成用于深海资源勘查、开采的通用深海作业体系。

6）监测、勘探技术与装备

重点发展海底资源勘探、采样和评价技术与装备，水下组网技术，水下移动观测平台技术，海底极端环境监测、探查技术与装备，深海观察及运载技术与装备，海洋勘探、开采的防污与封闭等装备。

7）南极磷虾产业技术与装备

南极磷虾渔业技术与装备包括专业磷虾捕捞加工船、专用高效与环境友好型捕

捞渔具等；磷虾加工技术与装备包括磷虾去壳、采肉技术设备，磷虾粉加工及虾粉颗粒制备技术与装备，磷虾油的提取、精炼及虾油胶囊制备技术与装备等。

16.4 促进海洋高端装备产业发展的政策取向

16.4.1 海洋高端装备产业存在的问题与制约因素

1）自主创新能力不足

我国海洋工程装备基本处于跟踪研仿状态，技术原始创新能力不足，具备自主知识产权的产品较少。现有海洋工程装备产品主要是进行后期生产设计，概念设计和核心技术基本来自国外，LNG-FPSO、FDPSO、LNG-FSRU的研发技术储备不足。这严重制约了我国海洋工程装备的研制水平，削弱了国际竞争力，对持续发展造成巨大威胁。

2）科研成果转化不畅

海洋高技术研发成果转化缺乏有效机制和平台，缺乏国家级公共试验平台和基地，且应用机制不健全；工程化和实用化进程缓慢，不能满足海洋装备研发的需求，且海洋科学技术研究与产品开发和产业化没有形成良好的互动机制，这些都严重影响了我国海洋技术的产业化进程。

3）产业体系尚不完备

目前，我国海洋工程装备产业主要是总装建造，上下游产业链不够完整，主要表现为海洋工程装备的自主研发设计和自主配套能力严重不足，海洋工程装备的总承包能力和国际油田服务能力不足。

4）高级专业人才缺乏

海洋科学技术涉及的学科范围广泛，需要一批懂科学、懂设计，熟悉制造工艺和试验程序，能利用、集成各种新原理、新概念、新技术、新材料和新工艺等最新科技成果的专业人才，但目前我国海洋工程装备的高级专业人才和复合型人才严重短缺，不能适应海洋装备与科技发展的需要。

16.4.2 政策取向

1）鼓励研究开发和创新

鼓励企业加大对海洋工程装备的研发投入和对创新成果产业化的投入，鼓励国内企业开展海外并购，与有实力的国际设计公司合资合作。推动国际海洋工程装备技术转移，鼓励境外企业和研究开发、设计机构在我国设立合资、合作研发机构；推动建立由项目业主、装备制造企业和保险公司共担风险、共享利益的重大技术装备保险机制。

2）推动建立产业联盟

组织和引导行业骨干研发机构、制造企业，联合检验机构、用户单位等，建立海洋工程装备产业联盟，形成利益共同体，在科研开发、市场开拓、业务分包等方面开展深入合作。引导“产、学、研、用”相结合，鼓励围绕产业技术创新链开展创新，推动实现重大技术突破和科技成果产业化。鼓励总装建造企业建立业务分包体系，培育合格的分包商和设备供应商，推动“专、精、特、新”型中小企业的发展。

3）不断完善产业结构

加强产业统筹规划和政策导向，在产能建设、行业协作、产业布局、创新发展等重要领域和关键环节，发挥政府的宏观引导和协调作用，统筹现有设施和新建能力，坚持设计、制造、总装和配套同步发展。大力开展自升式平台升降系统、锁紧装置、自升式钻井平台伸缩式悬臂梁、深海锚泊系统、动力定位系统、FPSO 单点系泊系统、大型海洋平台电站、燃气动力模块、自动化控制系统、大型海洋平台吊机、水下生产设备和系统、水下设备安装及维护系统、大速比双机并车齿轮箱、液压系统和水下采油树等海洋工程关键配套设备的研发。

4）打造一流人才队伍

鼓励优势企业走出去，积极参与境外相关产业的合资合作，充分利用各种有利的国际资源，提高企业的国际竞争力。改革和完善企业分配和激励机制，积极营造人才发展的良好环境，创造条件吸引海外有专长的工程技术专家、学者来国内工作。依托创新平台的建设和重大科研项目的实施，积极培养具有跨专业学科研发能力的领军人才。

参考文献

[1] 国家发展和改革委员会，科学技术部，工业和信息化部，等 . 海洋工程装备产业创新发展战略，2011.

[2] 工业和信息化部 . 海洋工程装备制造业中长期发展规划，2012.

[3] 赵泽华，王颖，吴凯，等 . 世界海洋工程装备产业研究报告（2011—2012）. 中国船舶重工集团公司经济研究中心，2012.

[4] 李国荣 . 我国深水石油钻采装备现状及发展建议 . 石油机械，2009，(8)：87 ～ 91.

[5] 高建 . 2011—2015 年中国仪器仪表行业投资分析及前景预测报告 . 中报信德产业研究中心：3 ～ 5.

[6] 连琏 . 海洋工程：聚焦深海的战略选择 . 经济日报，2010-08-20.

[7] 李昭 . 首次中国大洋工作会议召开 宣贯“十二五”规划 . 中国网，2012-02-10.

[8] 王运敏 . 现代采矿手册（下）. 北京：冶金工业出版社，2012.

[9] 上海科学技术情报研究所 . 世界海洋工程装备发展趋势 . 上海情报服务平台，2010-09-26.

缩略词表

FPSO：floating production storage & offloading，即浮式生产储存卸货装置

LNG：liquefied natural gas，即液化天然气

LNG-FSRU：LNG-floating storage and regasification unit，即液化天然气浮式储油再液化装置

LNG-FPSO：LNG-floating production storage and offloading，即液化天然气浮式生产储卸装置

AUV：autonomous underwater vehicle，即自动海底车

SPAR：spar（圆材，桅）的引申意，即深吃水立柱式平台

TLP：tension leg plat form，即张力腿平台

FDPSO：floating，drilling，production，storage and offloading vessel，即浮式钻井生产储卸装置

第 17 章

智能制造装备产业

卢秉恒　谭建荣　林忠钦　张　俊　王　皓　顾剑锋

【内容提要】 高端装备制造业是国家“十二五”规划提出的七大战略性新兴产业之一，智能制造装备是高端装备的核心，也是制造装备的前沿。本章以狭义概念上的智能制造装备（智能机床和智能基础制造装备）为研究对象，阐述了其对未来其他重大领域发展的战略意义，分析了智能制造装备产业重点技术的现状和发展方向，并针对此提出了未来智能制造装备产业应按四个阶段有层次地推进和健康发展的建议。本章还分别以沈阳机床（集团）有限责任公司（以下简称沈阳机床）为企业案例和以大型数控圆锥齿轮磨齿机为产品案例描述了制造装备向智能化发展的进程。最后，结合智能制造装备产业的发展特点，分别从国家科研计划的布置、关键技术的研究、产学研合作机制，以及企业发展智能制造装备的政策环境等方面提出了政策建议。

2012 年《规划》将“智能制造装备产业”列入“高端装备制造产业”的重点发方向之一。依托中国工程院“战略性新兴产业培育与发展”咨询项目智能制造装备领域课题组的研究，本章将主要围绕产业、技术、战略布局、重点案例四个方面，以沈阳机床和大型数控圆锥齿轮磨齿机为例，对我国智能制造装备产业的发展进行阐述。

17.1 智能制造装备产业发展现状和趋势

17.1.1 智能制造装备产业的基本概念与范畴

智能制造装备是具有感知、分析、推理、决策、控制功能的制造装备。它将传感器及智能诊断和决策软件集成到装备中，使制造工艺能适应制造环境和制造过程的变化并达到优化。智能制造装备是先进制造技术、信息技术和智能技术的集成和深度融合，是实现高效、高品质、节能环保和安全可靠生产的下一代制造装备。

装备制造业是为国民经济发展和国防建设提供技术装备的基础产业，是各行业产业升级、技术进步的重要保障，是国家综合实力和技术水平的集中体现[1]。发展高端装备制造业对带动我国产业结构优化升级、提升制造业核心竞争力具有重要的战略意义。智能制造装备是加快发展高端装备制造业的有利工具，其作用不仅体现在对于航空航天、高铁、海洋工程等高端装备的支撑，也体现在对其他制造装备通过配备测量控制系统、机器人等技术实现产业的提升，如图17.1所示。因此智能制造装备是传统产业升级改造，实现生产过程智能化、自动化、精密化、绿色化的基本工具，是培育和发展战略性新兴产业的支撑，是实现生产过程和产品使用过程节能减排的重要手段。目前，智能制造装备产业水平已经成为当今社会衡量一个国家工业化水平的重要标志。

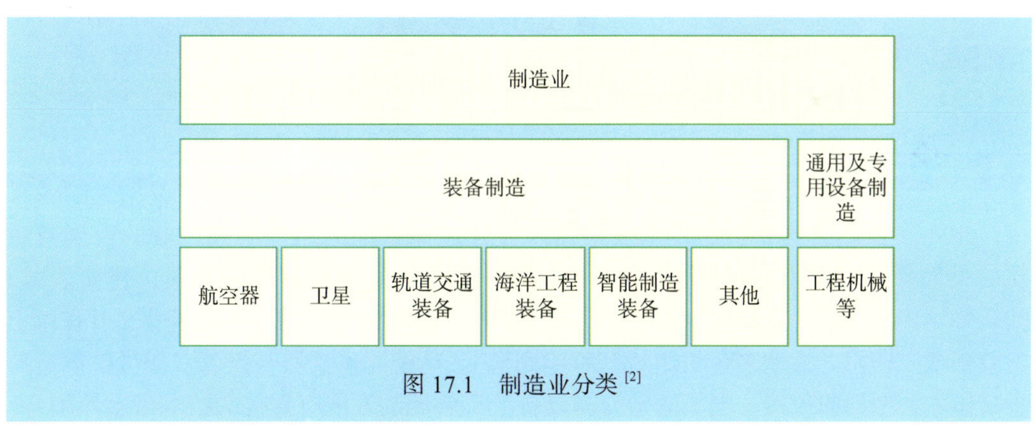

图17.1 制造业分类[2]

智能制造装备范畴有广义和狭义之分。广义的智能制造装备包括高档数控机床及基础制造装备，钢铁、冶金、化工等行业的制造装备，自动化成套生产线，智能控制系统，精密和智能仪器仪表与试验设备等[3]。狭义上的智能制造装备仅指智能机床和智能基础制造装备两大类。本书仅以狭义上的智能制造装备为研究和调研对象。因此，本章适用于智能机床和智能基础制造装备产业。

17.1.2 发展智能制造装备产业的意义

高端装备制造业是国家"十二五"规划提出的七大战略性新兴产业之一，智能制造装备是高端装备的核心，也是制造装备的前沿。

智能制造装备不仅是数控制造装备的延续发展，更是阶段性突破、性能的飞跃。智能制造装备可以实现飞机、航天、核电、高超飞机、激光核聚变等超常制造任务。例如，10～45纳米光刻机（图17.2）的3～5纳米移动定位精度，激光核聚变1/50波长精度光学镜，核电和飞机领域难加工、难变形材料的制造，发动机叶片（图17.3）的飞秒激光加工等。又如，实时检测与智能控制将大大消除数控机床的静态误差及热变形、动态切削力干扰，使数控机床的加工精度提升一个数量级，切削速度高于目前的10倍，使电子制造装备的定位精度达到3～5纳米；3D打印与增材制造装备（图17.4）可以集多种工序为一体，在设计数据驱动下，直接制造各种材料的零部件，大大缩短了产品开发周期，甚至可以直接打印出一台汽车样车，装上发动机和轮子后就能行驶，因而在美国被一些人认为是第三次工业革命。智能制造装备是当前制造装备发展的方向，是我国制造装备产品走向高端和提升技术附加值的重大机遇，是解决我国战略必争的尖端技术瓶颈的关键，也是我国制造业进行战略调整的方向性技术[2]。

图17.2　EUV光刻机

图17.3　发动机叶片

图17.4　3D打印机

此外，智能制造装备的技术创新与产业发展对其他战略性新兴产业的发展有重要的推动作用，如对高端医疗装备（包括智能康复医疗装备与机器人、智能假肢、脑认知功能障碍诊疗及康复训练设备）、数字化智能化印刷设备（如时速1.5万张以上的单张纸胶印机、大型多色机组式凹版印刷机）、精密测试仪器与设备（如微纳制造科研仪器、大型科研仪器、电子制造检测设备）等领域的发展有直接的技术借鉴作用。

2011年6月24日，美国奥巴马总统根据总统科技顾问委员会和总统创新与技术顾问委员会提交的“确保美国在高端制造业的领导地位”报告，宣布启动“高端制造计划”（advanced manufacturing initiative，AMI）[4]，作为落实AMI计划的配套措施，同时推出了“高端制造合作伙伴计划”（advanced manufacturing partnership，AMP）。AMI其实是一项官产学研联合振兴高端制造业的计划，支持制造业降低成本、提高质量和加快产品开发速度，并强调要确保美国“在这里发明、在这里制造”，保持美国世界创新“发动机”的地位，并提出用一半的时间、一半的费用完成产品的开发。第一期投资为5亿美元，第一个开始的3 000万美元的课题是3D打印与快速成形技术。在全球金融危机之后，欧洲、日本同样对制造业及制造技术给予了特别的关注。制造装备是国民经济及国家科技发展的基础性、战略性产业，是世界各国一直高度重视和关注的产业。无论是大飞机、核电、载人航天、海洋工程、高铁等领域，还是国家重大专项均高度依赖制造装备的技术发展。没有制造装备作为支撑，飞机、航天、核电、激光核聚变、新能源汽车等战略性新兴产业都难以完成产业化进程，只能停留在战略性新兴技术或者战略性新兴产品阶段。装备制造将制造技术的研究成果集成、物化和固化，是可以形成产业的战略性技术。

17.1.3 智能制造装备产业的发展现状

制造装备的发展经历了三个阶段，如图 17.5 所示。第一阶段：电气化。19 世纪 30 年代，由于电动机的发明，加工装备实现了驱动的电气化。第二阶段：数控化。20 世纪中叶，由于计算机的诞生，实现了计算机和加工装备的良好结合。例如，现在广泛应用的数控机床和装备，通过数控程序可以实现机床的自动化操作和加工，但编程人员难以应付切削数据库、机床刀具特性及千变万化的工件材料和结构带来的加工精度不足问题，这导致目前很多数控机床的能力发挥仅在 10% 左右。第三阶段：智能化。针对目前数控机床存在的大量技术问题，最近几年陆续出现了智能化机床，它在数控机床的基础上集成了若干智能控制软件和模块，从而实现了工艺的自动优化，而装备本身的价值由于配备了相应软件和模块也提升了 30% ～ 300%。

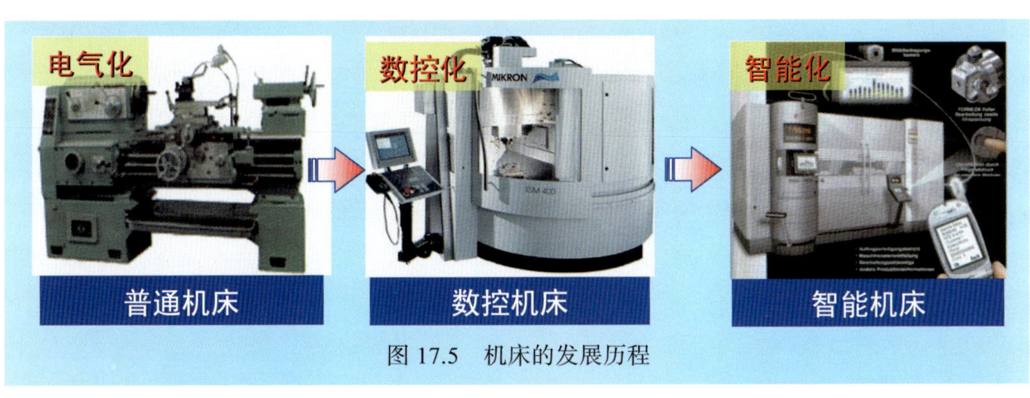

图 17.5 机床的发展历程

银河证券的研究报告预计智能制造装备产业在未来 5 ～ 10 年将获得高速增长 [5]，未来 5 年的增长率有望达到年均 25% 以上，会成为我国高端装备制造业的重点方向。同时，智能制造装备产业会成为一个国家的战略性需求，是支持信息网络、大飞机、新能源汽车、生物医疗、航空航天、核电等战略性新兴产业的基础装备。我国数控制造装备产值达 1 600 多亿元，高端进口达 10 000 多亿元 [6]。智能制造装备硬件成本增加很少，但能够大大提升成品增加值和竞争力，是下一代的高端机床。

智能制造装备产业的发展目前仍处于启动阶段。在 2012 年芝加哥机床博览会上，日本马扎克公司、韩国三星公司展出了具有初步智能的机床，并分别标称为“Intelligent”和“Smart”。欧洲、美国新研发的压力机、热处理装备也都具备了部分智能功能。国外针对发动机、汽轮机等叶片的加工开发了相应专用软件，其售价为35万美元。但智能机床仍然处于初级发展阶段，表现为：①概念较新，尚未被市场充分认识。智能制造装备是在装备数控化后的基础上提出的一种更先进、更能提高生产效率和制造精度的装备类型，尚属比较新的概念，是高端装备制造业中唯一尚未被市场充分认识的金矿。据银河证券研究报告显示，目前市场对高端装备制造业中的航空、航天、轨道交通装备、海洋工程装备四大产业的发展前景十分看好，但对智能制造装备产业的发展并未认识全面。②企业技术创新意识弱，还缺乏主动性。由于技术创新需要大量财力和人力，大多企业不愿冒一定的风险投入这一前沿领域。国内制造装备企业的规模普遍不大，产品的附加值不高，一直以低价位竞争为主导，利润低，缺乏投资研发的能力[7]。国内数控装备企业仍处于跟踪国外技术和掌握核心技术的阶段，对智能制造装备中的若干关键核心技术知之甚少，还谈不到由数控制造装备向智能制造装备提升的自觉考虑和规划。③目前的智能制造装备产业还处于“低级”智能及技术单一阶段。真正的智能可以根据加工状态的监测信息，判断加工状态是否最优，加以调整与试探，在线实时寻优。因此，我国有发展空间和机遇。④我国航空航天、军工企业受到进口制约，对国产高效优质的智能装备需求旺盛，这是我国智能装备产业的发展动力。目前我国的一些大型机床企业开始关注其发展，如济南二机床集团从智能压力机（图17.6）的研发起步。

图17.6　济南二机床集团研发的智能多工位压力机

17.2　智能制造装备产业重点技术现状与发展方向

17.2.1　技术现状

智能制造装备的技术特征主要表现为：①具有对装备运行状态和环境的实时感知、处理和分析能力，实现了对装备运行、环境以及制造质量进行在线和实时检测。②根据装备运行状态的变化进行自主规划、控制和决策。装备本身具备工艺设计和规划的“智能化”、“知识化”功能，其采用软件和网络工具实现制造工艺的智能设计和实时规划。③对故障的自诊断自修复能力。④对自身性能劣化的主动分析和维护能力。⑤参与网络集成和网络协同的能力。因此，要真正实现智能制造装备的技术特征，必须有如下一些关键核心技术[8]，即装备运行状态和环境的传感与识别技术，智能工艺规划研究、性能预测和智能维护技术，嵌入式智能工艺优化软件与智能数控系统，装备加工特性建模与智能控制集成，网络环境下的智能装备及智能生产线，MEMS 传感器与面向制造装备的传感器开发。

目前，我国的智能制造装备还处于由自动化开始向智能化发展的初级阶段，各类装备的智能化发展程度不同，其相关技术主要体现在以下几个方面：

（1）传感技术与产品基础差，亟待研究与发展。一是缺乏智能制造装备信息采集需要的专用传感器；二是缺乏传感器设计制造技术；三是尚未形成相关传感器产业。此外，由于制造装备的空间有限（图 17.7），MEMS 传感器体积小、成本低、测试灵敏，是实现智能制造的有效形式，需要加速发展。

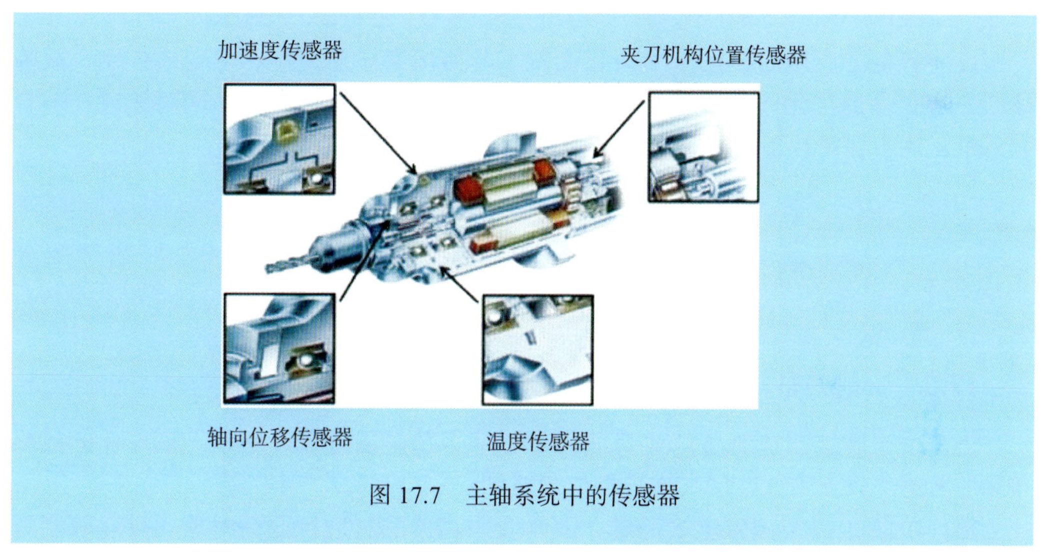

图 17.7 主轴系统中的传感器

（2）加工工艺优化研究不够深入，未能形成针对各类材料、各类刀具、各种机床的可执行应用的智能软件模块。尤其是热加工装备技术及工艺应用水平与国外先进国家相比，存在较大差距，在设备类型、设备构造、控制精度、能耗指标、自动化程度、智能化水平、工艺应用等方面都存在许多薄弱环节。对不同材料在凝固、变形、加热和冷却过程中微观组织的演变、性能改变方面的基础研究的缺乏，使得热加工装备的工艺能力设计没有依据。

（3）缺乏控制系统、机床结构设计，功能无法满足高端产品制造要求。数控系统缺乏对传感器信息检测采集及处理的功能支持和数据标准，缺少适应智能控制的数控系统。装备的设计缺乏对传感器安装布局的考虑，没有预留空间，装备结构设计难以保证设备的温度均匀性、流场均匀性等，因此不适应智能控制要求。

17.2.2 技术发展方向

1）网络化

采用无线传感网络是采集机床加工过程及工作状态的有效途径，包括生产系统的优化（相互配合的配对零件性能优化的网络化控制）、生产效率的最大化、物料供应的准时生产、故障远程监控等。

2）控制软件模块化

智能制造装备的一个发展途径是在现有的装备基础上，集成传感器与智能控制软件，即用传感器和控制软件改造现有制造装备为智能制造装备。对工艺的优化需要针对用户工艺特点与突出要求对其进行模块化，工艺优化模块化后，一方面使系统有了针对性，另一方面也提高了软件的商业价值。

3）智能层次逐渐推进

目前装备中应用的往往是单项智能技术，如切削振动控制、热变形控制、故障诊断、加工参数优化、工艺条件控制等。今后需要将多项智能技术同时集成在一台装备上，逐步提高装备的智能程度。

17.3 智能制造装备产业战略布局与发展重点

17.3.1 战略布局

正是由于智能制造装备产业目前仍处于培育与发展阶段，所以，该产业的战略布局应考虑“以点带面，层次推进”的策略。

第一阶段：以与国家重大需求、战略安全相关的制造行业为对象，重点研制若干类自动化基础好、智能化要求迫切的制造装备，如高速加工中心、超精密机床、叶轮叶片加工机床、飞机大型柔性结构件加工机床、航空航天领域难加工材料加工机床、五轴曲面铣床、锻压机、柔性增量成形装备、3D 打印与金属材料增材制造装备等，探索积累制造装备的实现路径。同时，大力开展工艺优化研究与传感器开发，发展可国产化的传感器网络系统，开发适合制造装备的智能数控系统，奠定智能制造装备的技术基础。

第二阶段：发展传感器产业，完成智能控制软件的开发，形成智能制造装备的产业化链条，全面开展制造装备的技术研究。

第三阶段：成立若干智能制造装备研发中心，支持智能控制软件企业的形成与壮大；在推进大型制造装备企业发展智能型装备的同时，支持若干科技型企业开展数控机床的智能化改造，以满足更多的用户。

第四阶段：重点支持若干智能制造装备企业在不断提高产品竞争力的同时，形成自主品牌，开拓和占领国际市场。

17.3.2　行业发展重点

遵循以下原则选择重点行业：

（1）发展与国家重大需求、战略安全相关的制造行业。例如，航空航天、国防工业急需领域，以及难加工材料与新材料应用领域。这些领域有国家支持，技术要求高，技术难度大，主要通过国家对研发大型骨干装备制造企业、优势的高校和科研院所、国家级研究基地进行有计划的、持续的支持，攻坚克难，解决核心技术，扩大应用和进行市场推广。

（2）发展廉价而功能丰富的3D打印机，使之进入设计公司及家庭。为从中国制造走向中国设计和中国创造提供开发支撑，为创新人才的培养提供普及化环境。支持发展金属材料直接成形技术与装备，瞄准航空航天等国家战略需求产品的快速开发。

（3）发展传感器制造企业，支持学科交叉研究，开发实用的机床参数测量传感器，着重发展MEMS与无线传感器，培育发展若干科技型企业、海归创新创业团队，发展制造装备传感器及传感器网络技术，建立支持科技型中小企业的风险投资机构，支持这些支撑企业的发展壮大。

（4）发展科技型软件企业，为制造装备企业提供智能工艺优化与智能控制软件的技术支撑。其中实力强的企业可利用原来制造装备的企业体系，发展为系统集成企业。

（5）发展制造装备企业。普及智能制造装备的研究成果，支持传统产业的结构调整与技术升级。

17.4　智能制造装备产业发展重点案例

17.4.1　企业案例

在2011中国自主创新年会上，沈阳机床被评为“2011中国十大创新型企业”，被大会评价为“中国智造”样板企业。

沈阳机床是国内机床行业龙头企业，拥有两个国家级创新平台——“国家级企业技术中心”和“高档数控机床国家重点实验室”，其产品涵盖了金切机床领域八大系列、300多个品种、1 000多个规格，产品水平在国内处于领先地位。近些年，沈阳机床一直在淘汰在总产量中占份额最大的普通机床，从整体上提升产品的数控化水平和稳定性等指标，使其真正在技术和产品档次上达到国际顶尖水平（图17.8）。

图 17.8　HTM125600 重型车铣中心

近年来，沈阳机床一直在国内外寻找协同创新的合作伙伴，建设协同创新体系，实现行业资源的高效整合。沈阳机床联合国内科研院所、大专院校和同行业企业，通过组建数控机床产业技术创新联盟的方式，对一些基础共性技术开展联合研究，不断提升自身的技术水平。

2003 年，沈阳机床组建了核心技术研发团队，在机床行业利润微薄的情况下，每年投入 2 亿元巨资，最终攻克了长期困扰中国机床业的数控系统研究，完成了自主技术的全面突破。通过与国外高档数控系统企业联合研发的方式，推出了自主品牌的“飞阳”数控系统（图 17.9）。后续的研发改进工作仍在积极进行，瞄准的是破解高档数控系统的核心技术。

目前，沈阳机床形成了世界机床业独具特色的三个体系：①在集团层面成立设计研究院，围绕设计研究院，成立了三个分中心，分别是德国分中心、北京分中心和上海分中心；②牵头组建了国家唯一的机床重点实验室，联合国内 20 多家行业龙头企业、6 家国内顶尖院校，组建了“数控机床产业技术创新联盟”；③与同济、清华、德国波鸿鲁尔等多所国内外大学，以及中国科学院沈阳计算技术研究所等科研机构建立起长期合作关系，形成了世界性人才网络。

图 17.9　“飞阳”数控系统

核心技术的突破，带动沈阳机床开发出了数百种新产品。国际金融危机曾使世界机床产业表现低迷，但沈阳机床逆势而上，成为世界机床业公认的表现最出色、成长最快的企业。2010 年，在南京召开的第六届中国数控机床展览会上，沈阳机床积蓄了十多年的技术优势喷薄而出，一举推出了世界第一款自动镗床、中国机床第一个“大脑”——“飞阳”数控系统等 25 类产品，轰动了国内、国际机床业。2011 年，在北京召开的第十二届中国国际机床展上，沈阳机床再次推出 25 件世界级产品。2012 年 2 月，美国加德纳公布世界机床行业排名，沈阳机床以 2011 年实现机床销售收入 27.83 亿美元（折合人民币 180 亿元）的优势，位列第一名。日本山崎马扎克、德国通快分列第二位和第三位（表 17.1）。这标志着沈阳机床初步具备了高档数控机床设计与制造能力。在 2012 年 4 月举行的第七届南京机床展会上（CCMT 2012），沈阳机床做了主题为“机床智能化应用技术研究”的技术交流会，研究与应用主要集中在机电耦合分析与优化、智能化机床误差补偿技术、自动编程与智能切削、在线测量与自动化生产、智能化机床状态监测、远程服务方面。

表 17.1　2011 年世界金属加工机床生产企业排行榜 [9]

排名	公司名称	国家	财年截止时间	机床产值 / 亿美元
1	沈阳机床	中国	2011 年 12 月	27.827
2	山崎马扎克	日本	2009 年 3 月	25.250
3	通快	德国	2011 年 6 月	23.921
4	大连机床	中国	2010 年 12 月	23.806
5	天田	日本	2012 年 3 月	23.356
6	小松	日本	2011 年 3 月	22.619
7	Gildemeister	德国	2011 年 12 月	22.131
8	捷太格特	日本	2011 年 3 月	20.122
9	森精机	日本	2012 年 3 月	19.685
10	大隈	日本	2012 年 3 月	17.852

虽然沈阳机床目前在数控机床产销量上已达到世界第一，但其在智能机床的研发上仍然处于起步阶段，对于通过科研技术攻关开发出提高机床性能的智能软件和智能数控模块还需进一步努力。

17.4.2　产品案例

由陕西秦川机械发展股份有限公司和西安交通大学在 04 数控机床重大专项的资助下共同研发的大型数控圆锥齿轮磨齿机（图 17.10），采用了我国世界首创的“数字铲形轮展成加工理论”，这对现有的国际传统锥齿轮加工工艺和锥齿轮加工装备设计原理来说是一次革命性的“颠覆”，其使用的内装误差综合补偿软件使精度提升到了 3 级，达到了国际领先水平（图 17.11）。它的磨削直径可达 2.5 米，可以磨削包括格里森圆弧齿、Klingelnberg 延伸外摆线齿轮在内的多种齿轮制式，突破了传统锥齿轮加工技术加工大型锥齿轮的局限性，解决了大型和精密锥齿轮加工的世界性难题。在2010年第12届上海国际工业博览会上，该大型数控圆锥齿轮磨齿机获得了金奖。在2012年芝加哥的机床展上，世界齿轮机床巨头——格里森公司展出了结构类似的机床。

图 17.10 大型数控圆锥齿轮磨齿机

图 17.11 加工的大型齿轮

17.5 促进智能制造装备产业发展的政策取向

17.5.1 顶层设计、系统规划

第一，在智能装备中突出制造装备。智能制造装备产业分为智能机床与智能基础制造装备两类，建议科学部署智能制造装备产业的发展规划，着力突破部件关键共性技术和装备集成技术。

第二，关注核心关键技术研发。尽快规划传感器等支撑产品配套，深入研究智能制造工艺，开发相应推理决策模型及其软件研发。

第三，注重阶段性发展及适用技术。全面分析与探讨工业领域的可能应用，瞄准需求，不求高、新、全，鼓励结合产品的阶段性目标发展最适用的技术，尽早奠定产业基础。

第四，在国家各类科技计划中，建议重点对智能制造装备划块支持。例如，在仪器专项中支持面向制造装备的传感器开发；在自然科学基金和“973”计划中开展工艺智能优化理论和技术研究；在“863”计划中开展各类智能制造装备原型样机的研发；在04专项中集成应用上述各类计划的研究成果。

17.5.2 加强关键技术瓶颈的突破

在关键零部件领域需要围绕各产业发展的需要，针对与主机配套的轴承、齿轮、传感器、液压件等关键零部件性能和可靠性差等问题，加强基础工艺研究，形成自主研发设计能力，摆脱对国外技术的依赖。重点突破新型传感器，重载齿轮传动装置，高速、精密、重载轴承，高可靠性液压、液力、气动和密封元件及系统所涉及的关键核心技术。使产品的设计和制造技术达到国际先进水平，改变我国高端零部件长期以来依赖进口的局面，满足各领域装备及战略性新兴产业发展的需要。

在智能仪表和控制系统领域，重点突破智能精密仪表、控制系统等关键核心技术，自主创新可编程控制器、智能模块、先进执行器等核心设备，实现自主研发设计和生产，逐步摆脱对国外技术的依赖，初步形成我国自主开发的控制系统装备体系[10]。

在数控机床与基础制造装备方面，依托国家数控机床重大专项，对机床和装备中的共性技术（如多轴联动技术、误差补偿技术、动态特性分析、数字化设计技术等）进行深入研究，为装备整机集成的性能提高提供理论依据，从而为战略新兴产业的发展提供各种高性能的机床和铸、锻、焊及热处理等基础制造装备。

17.5.3　与04数控专项的衔接

掌握数控装备核心技术与推向智能制造相互促进。04专项实施计划制订于“十五”末，是根据当时我国的技术水平和需求制订的，现在基本任务已经部署完毕，尚待补缺、提升及检查验收。因此，可根据进展情况适时调整当初的任务与经费计划。目前，04专项处于核心技术的艰苦追赶阶段，智能元素的加入可以使我们在追赶中有所创新，不再亦步亦趋，我们需要适时跨入智能装备阶段。

在数控系统产品中，适时嵌入智能模块，形成数控模块与智能模块的相得益彰，提升数控系统的竞争力。同时，智能加工工艺对数控系统提出了新要求，可以促进数控系统向智能化发展。

在制造业飞速发展的全球化时代，金融危机迫使发达国家为重振实体经济而实施了新一轮的重振制造业计划。我国04专项的四大重点资助领域——航空航天、汽车、发电设备、船舶对智能制造装备的需求很大，面对国外先进技术对我国的封锁，我们迫切需要开展智能制造技术的研究，加快推进此领域的制造装备向智能化发展。

17.5.4　实行高校-企业协同创新工程

以“国家需求，国际一流”为要求，通过整合科技资源、创新协同机制、培养领军人才，实现智能制造装备的跨越发展和形成持久创新能力。

1）整合科技资源

集中国内在制造装备方面具有优势的高校及其国家重点实验室、国家工程研究中心和04专项技术平台，依据其研究特色与专长，形成高端制造的研究技术平台。以国家骨干制造装备企业为主体形成产业发展体系，以若干应用企业为主体形成高端装备用户企业，选定国际高端装备制造研究领域的知名大学并与之开展合作。建立以用户需求为导向的科研、制造和应用相结合的科技资源与生产应用体系，形成协同创新中心。

2）创新协同机制

以企业需求为牵引，建立开放式的人员交流机制、利益分配机制和实效评价机制。建立鼓励高校科研人员将创新精神和务实态度结合的制度，为企业发展提供有效与持久的技术支持。同时，通过企业与高校的协同，缩短基础研究向产品转化的时间，使设想、设计、制造、需求实现短流程作业，减少跨行业、跨地区、跨组织的信息沟通障碍，最大限度地发挥科研人员的主动性，使其自主研发出高端产品。

3）培养领军人才

优秀装备制造人才是装备制造业发展所面临的最大挑战，也是中国从制造业大国向强国发展艰难的症结所在。加强大学与骨干企业的合作，基于高端装备制造业的发展要求，培养具有扎实理论基础、广阔国际视野和熟练工程能力的高端人才。结合教育部卓越工程师培养计划、工程硕士与工程博士培养计划，实现产学研的深度合作，培养装备制造业的领军人才。

17.5.5 创造良好的产业发展环境

工信部副部长苏波在第四届中国制造业论坛上表示，促进包括智能制造装备产业在内的高端装备制造产业的发展要着力解决以下三大问题：首先是强化和提升工业基础能力；其次是加强原始创新、集成创新和引进消化吸收再创新等三个创新的有机结合；最后是高度重视市场培育。

因此，要建立并完善依托工程发展智能制造装备产业的机制，优先鼓励由用户企业和制造企业组成的产业联盟参与工程招投标，共同开发重大智能制造成套装备，鼓励金融机构开展多种形式的首台（套）保险业务。同时，积极落实首台（套）政策，为智能制造装备产业的应用推广提供有利条件。

参考文献

[1] 秦伟，郭树涵．中国高端装备产业发展机遇与挑战——记首届中国高端装备产业发展高峰论坛．装备制造，2011，(Z1)：73 ~ 74.

[2] 张晓强．培育发展我国战略性新兴产业．http://www.gov.cn/zxft/ft231/，2012-07-23.

[3] 欧阳劲松．智能制造装备产业发展现状、趋势及投资机会分析．创业板专家咨询委研究报告，2012.

[4] Office of the Press Secretary，the White House. President obama launches advanced manufacturing partnership，2011.

[5] 鞠厚林．“智能装备”、“节能设备”双轮驱动实现快速增长．中国银行证券股份有限公司，2011：2 ~ 3.

[6] 2011 装备制造业信息化高峰论坛 . 中国装备制造业产值超美国行业进入“井喷期”. 自动化博览，2011，(7)：2.

[7] 路甬祥 . 走向绿色和智能制造——路甬祥在装备制造业振兴专家论坛上的主旨报告（节选）. 制造技术与机床，2011，(2)：8 ~ 12.

[8] 中国机械工程学会 . 中国机械工程技术路线图 . 北京：中国科学技术出版社，2011：99 ~ 101.

[9] 美国 Gardner 出版公司 . 金属加工内部报告——世界金属加工机床排行榜 . http://www.29flj.com/news/18251170.html，2012-08-01.

[10] 王凤丽 . 智能制造装备：国家“十二五”明确扶持重点 . http://www.mei.net.cn/news/2011/08/382800.html，2011-08-01.

新能源产业篇

第 18 章

风电产业

陶友传　董晔弘　金东寒　彭苏萍　黄其励

【内容提要】 近年来，风电产业在国际和国内的发展都非常迅速，其社会效益突出，具有广阔的前景。目前，中国已是世界风电装机量最大的国家，在世界范围内具备相当强的竞争实力。国家部委对风电技术的提升十分重视，已成立了多家专业的研究中心与重点实验室。风电产业未来的发展格局将会是大型陆上风电场与分散式接入、非并网式微电网和海上风电并重。目前，国内的风电产业面临着并网困难、安全性和可靠性存在缺陷等问题，还需要在政策支持下加强研发，提高行业的技术水平，从而增强风电行业在能源领域的竞争力，以实现风电发电量占比提升的目标。

当今世界，能源与环境问题并列，成为人类社会共同面临的重大挑战，影响着人类社会发展的进程与未来[1]。缓解能源危机、开发可再生能源、实现能源的可持续发展成为世界各国能源发展战略的重大举措。风电作为可再生能源中现阶段能大规模商业化应用的重要类别，在世界各国发展迅速。最近十几年，我国风电产业发展迅速，目前我国已是世界风电装机量最大的国家；但同时，我国风电产业也面临着一些问题，还需要政策和社会资本的支持，促进风电产业的可持续发展。

18.1 风电产业发展现状和趋势

18.1.1 风电产业的基本概念与范畴

风力发电是指将风能转变为电能，使之能够为人类利用的过程。风电产业涵盖了与风力发电有关的工业生产及科学研究的内容，包括风力发电设备的零部件、整机、相关的电气设施的设计和制造，设备的运输和安装，以及风电并网技术及设备等，但不包括并网之后的输电与配电过程。随着非并网风电需求的不断提高，在非并网条件下，风电产业还涵盖了分散式的入户接入、局域微电网的建设等。此外，围绕风电领域展开的科学研究也属于风电产业的范畴。

18.1.2 全球风电产业发展现状及趋势

1）发展迅速

现代风力发电技术的研究是从20世纪70年代开始的，并在90年代之后得到快速发展。如图18.1所示，截至2011年，全球总装机容量达到238 351兆瓦，其中，2004～2009年全球风能装机容量的增长率保持了连续5年的快速增长，2010年由于受国际金融危机的影响，风电装机增长率回落到23.6%，2011年风电装机增长率为21%[2]。

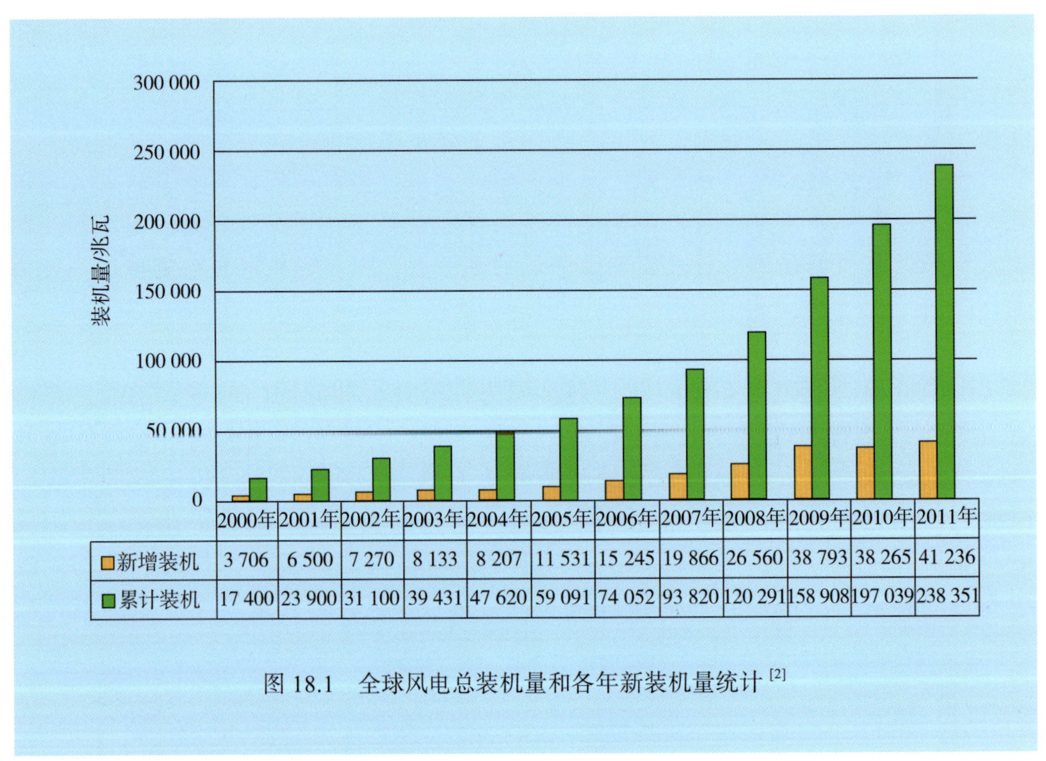

	2000年	2001年	2002年	2003年	2004年	2005年	2006年	2007年	2008年	2009年	2010年	2011年
新增装机	3 706	6 500	7 270	8 133	8 207	11 531	15 245	19 866	26 560	38 793	38 265	41 236
累计装机	17 400	23 900	31 100	39 431	47 620	59 091	74 052	93 820	120 291	158 908	197 039	238 351

图18.1 全球风电总装机量和各年新装机量统计[2]

欧洲与北美国家对风能未来的目标提出了很高的要求。丹麦《能源法》提出，丹麦2030年风电装机量要达到5 500兆瓦，发电量占全国总发电量的50%；英国2020年陆上风电装机容量要达到13～14吉瓦，海上风电达到50吉瓦；法国风能发展短期目标是2012年装机容量达到11 500兆瓦，中期目标是到2020年装机容量达到25 000兆瓦[2]；根据加拿大风能协会（Canadian Wind Energy Association，CanWEA）所发布的报告，到2025年，风电在加拿大的总体能源结构中将占到20%以上的比重[2]。

2）区域分布

欧洲是风电产业发展最成熟、最完善的地区，截至2011年，欧洲地区累计装机量为96 616兆瓦，占全球总装机量的40.5%，是累计装机容量最大的地区[2]，但当年欧洲新增装机容量仅有亚洲地区的一半。这反映出产业发展的重心有从欧洲向以中国为主的亚洲地区转移的趋势，拉丁美洲、非洲、大洋洲及亚洲部分地区作为新兴市场，还存在很大的发展空间。

3）成本降低

风力发电成本的降低与风能产业规模的扩大以及制造业重心向中国转移有关。1981～2002年，风电成本由15.8欧分/千瓦时下降到4.04欧分/千瓦时，2010年又降低至3欧分/千瓦时左右，到2020年左右，风电成本将降低到2.34欧分/千瓦时左右[3]。

18.1.3　中国风电产业发展现状及趋势

如图18.2所示，截至2011年，中国风电的新增装机容量为18 491兆瓦，占世界新增装机容量的44.84%，总装机容量达到63 225兆瓦，占世界的26.5%，位居世界第一[4]。

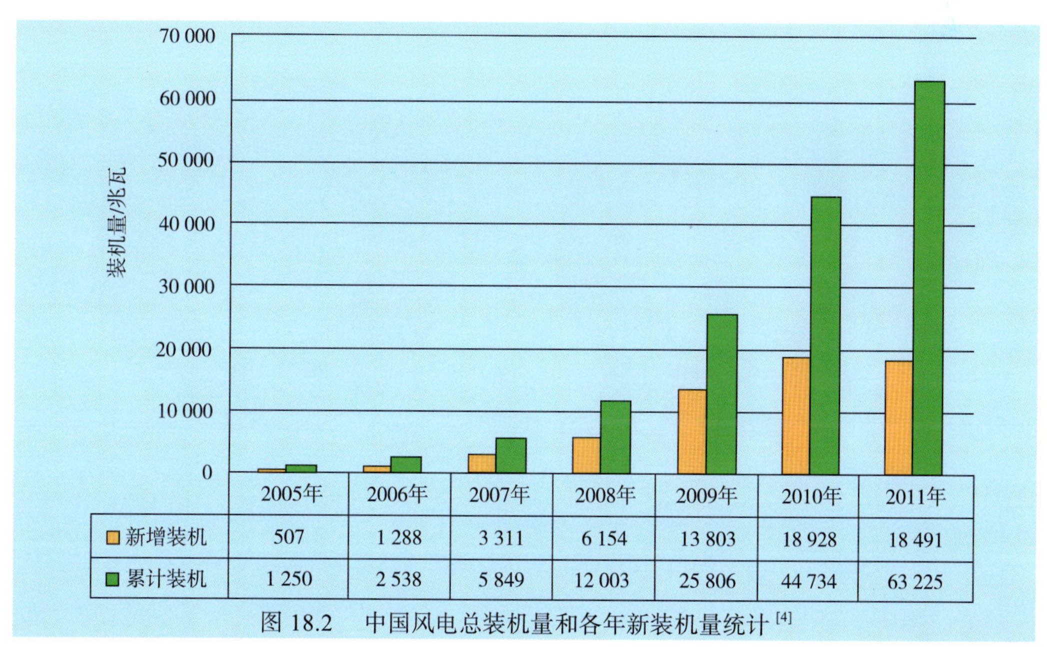

	2005年	2006年	2007年	2008年	2009年	2010年	2011年
新增装机	507	1 288	3 311	6 154	13 803	18 928	18 491
累计装机	1 250	2 538	5 849	12 003	25 806	44 734	63 225

图18.2　中国风电总装机量和各年新装机量统计[4]

截至 2011 年，按装机量排名，国内的风电整机厂商华锐风电、金风科技、国电联合动力和明阳风电均位居全球十大风电整机厂商之列，各整机企业在中国市场上的总装机量份额如图 18.3 所示。

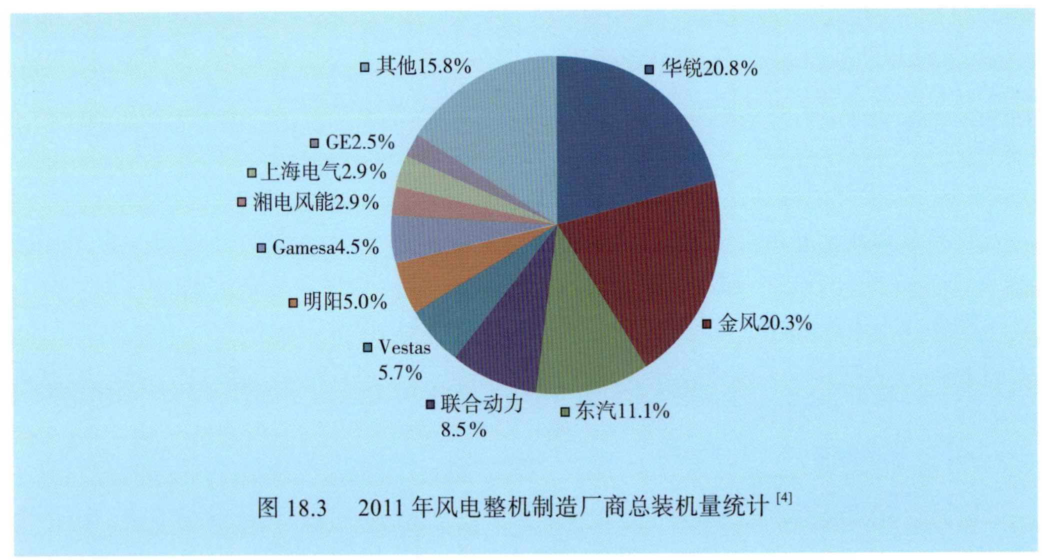

图 18.3　2011 年风电整机制造厂商总装机量统计 [4]

截至 2011 年，五大电力集团的风电装机容量占据了国内市场份额的 58%，比 2010 年提高了两个百分点。其中，国电集团在 2011 年新增装机容量 3 860.5 兆瓦，累计达到 12 861.3 兆瓦，均位居国内第一位；华能集团累计装机容量为 8 578.0 兆瓦，排在第二位；大唐集团位列第三 [4]；具体情况如图 18.4 所示，其中百分比为所占市场份额。

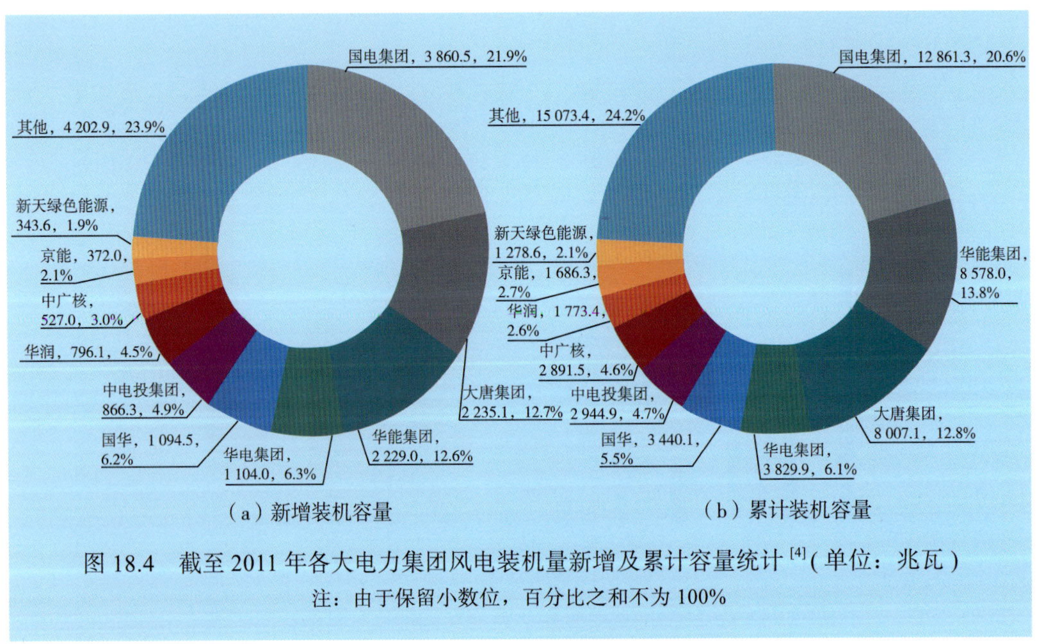

图 18.4　截至 2011 年各大电力集团风电装机量新增及累计容量统计 [4]（单位：兆瓦）

注：由于保留小数位，百分比之和不为 100%

2011 年，中国风力发电量为 732 亿千瓦时，占全球总发电量比例为 1.55%，如图 18.5 所示。与欧洲及北美国家相比，风电发电量占比还很低，发展空间仍很大。

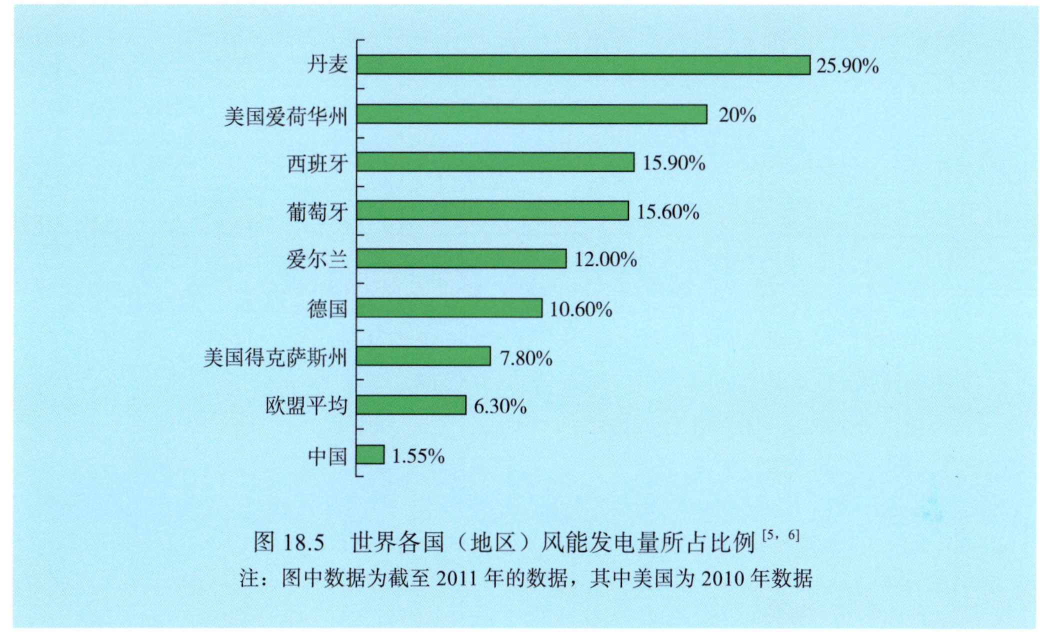

图 18.5　世界各国（地区）风能发电量所占比例 [5, 6]

注：图中数据为截至 2011 年的数据，其中美国为 2010 年数据

根据我国风电发展“十二五”规划，到 2015 年年底，我国风电并网装机容量将达到 1 亿千瓦，发电量则达到 1 900 亿千瓦时，风电在电力消费中的比例超过 3%；到 2015 年年底，风电整机年生产能力要达到 3 000 万千瓦；加快推进海上风电的发展，到 2015 年，实现全国海上风电投产 500 万千瓦，在建 500 万千瓦 [7]。国家鼓励分散式风电开发，突破风力机翼型设计关键技术；攻克风电机组整机和关键零部件设计制造前沿技术；建立国家级公共测试系统；掌握大型风电场设计、建设及运营关键技术，提高风电消纳水平，推动风电应用示范，全面提升我国风电行业的整体水平。

2011 年 10 月，国家发展改革委能源研究所、国际能源署与国内有关机构的研究报告《中国风电发展路线图 2050》提出，到 2020 年、2030 年和 2050 年，中国风电装机容量将分别达到 2 亿千瓦、4 亿千瓦和 10 亿千瓦，成为中国的五大电源之一。未来风电布局的阶段重点是：在 2020 年以前，以陆上风电为主，开展海上风电示范；2021 ～ 2030 年，陆上、近海风电并重发展，并开展远海风电示范；2031 ～ 2050 年，实现在东、中、西部陆上风电和近远海风电的全面发展 [8]。

18.2　风电产业市场规模与战略布局

目前，中国并网型风电产业采用的技术为水平轴、上风向、变桨变速。按照叶片数量分类，可分为 2 叶片风电技术和 3 叶片风电技术，其中 3 叶片风电技术为市场主流，占据了 95% 以上的市场份额；按照传动链技术分类，可分为直驱、半直驱和多级齿轮传动风电技术，其中，半直驱风电技术产业化程度较低，直驱和多级齿轮传动风电技术共占据 98% 以上的市场份额，但直驱和多级齿轮传动风电技术在市场中的份额相当，没有分出高下。

在可再生能源中，风电技术相对比较成熟，成本较低，发展也最为迅速。全球风电产业 2010 年总产值接近 400 亿欧元，2011 年达到 522 亿欧元，预计 2017 年将达到 1 000 亿欧元[2]。2011 年中国风电占年发电量的 1.18%[9]，在新能源中仅次于核电，但和欧洲相比，中国风电发电量所占比例仍然较低，发展空间非常大。

风力发电机组的关重零部件主要包括叶片、齿轮箱、变流器、发电机和轴承。国内的零部件生产企业主要集中在江苏、天津和北京等地。整机制造基地则主要分布在风能资源较为丰富的地区，以方便运输与吊装。整机制造厂家主要集中在内蒙古、江苏和山东等地，如图 18.6 和图 18.7 所示。

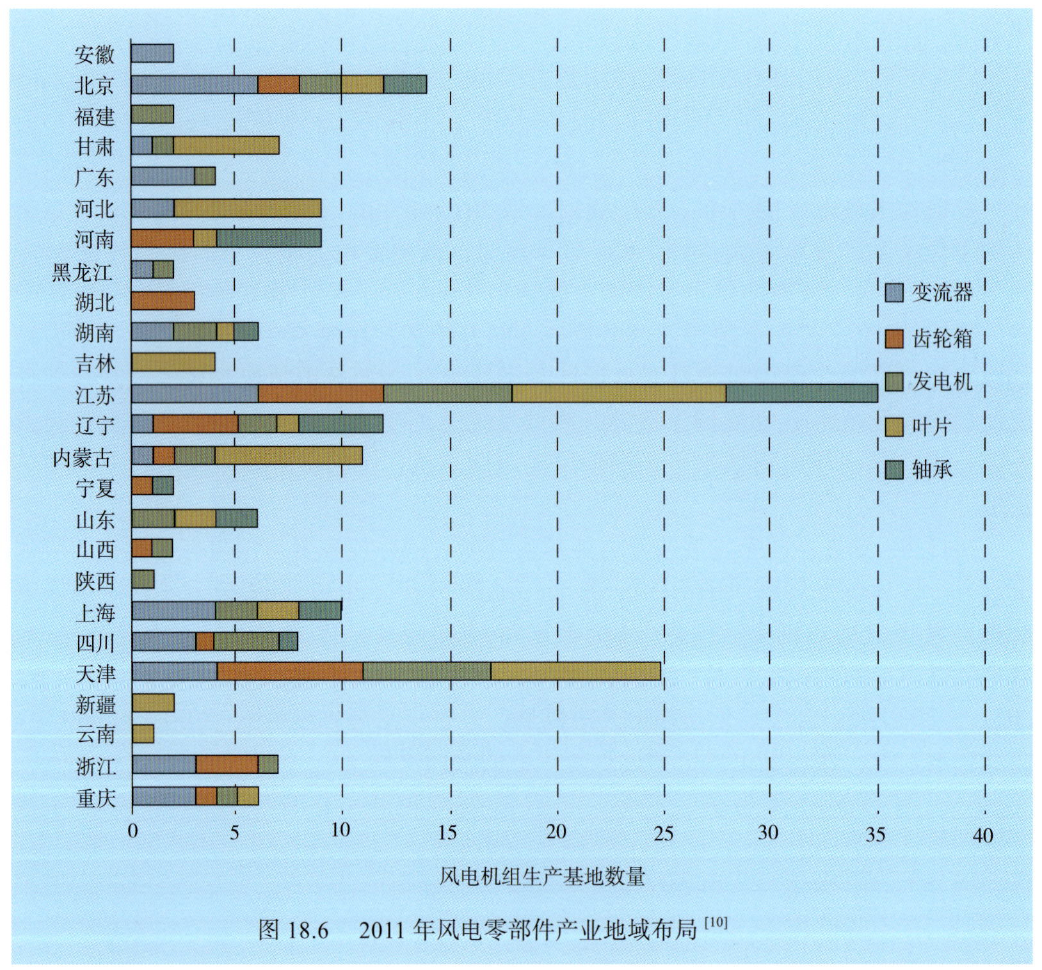

图 18.6　2011 年风电零部件产业地域布局[10]

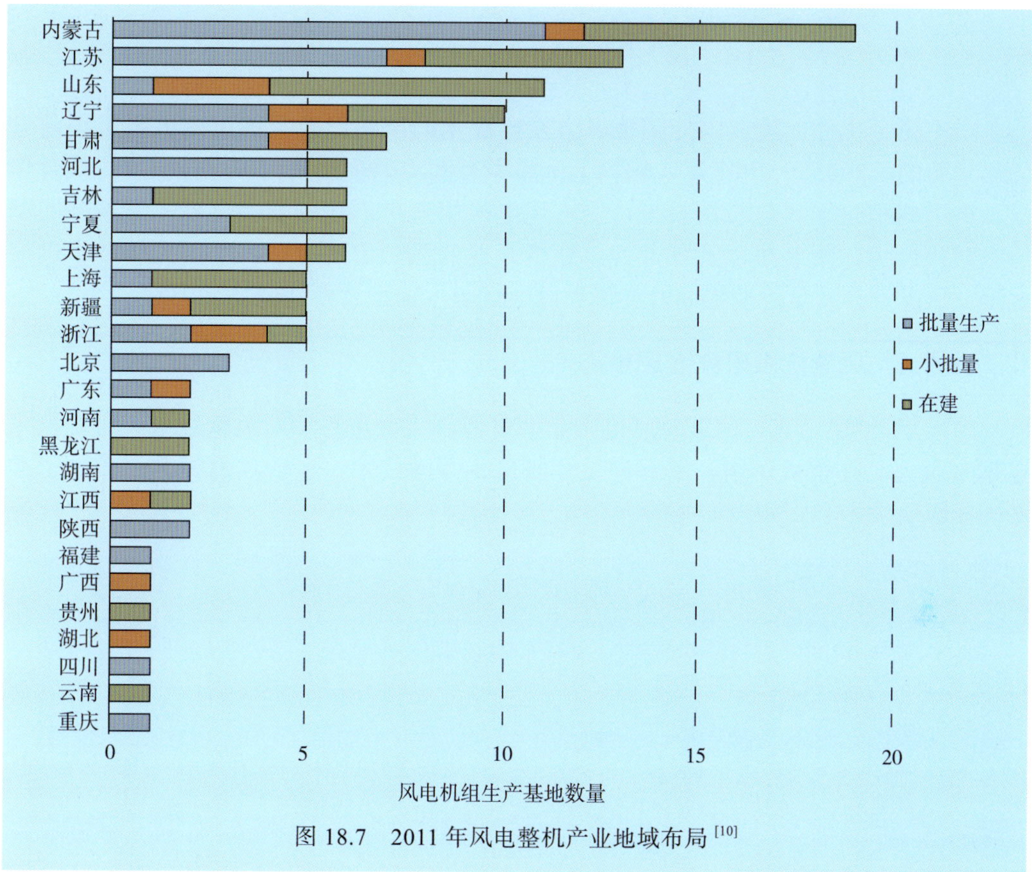

图 18.7 2011 年风电整机产业地域布局 [10]

中国国内的风能资源主要分布在西北、华北和东北、山东及江苏的沿海地区，当前累计装机量也主要集中在这些地区，其中内蒙古自治区是国内风电装机数量最大的省区（图 18.8）。我国在“十二五”规划中，对风能资源分布集中的地区也规划了若干大型风电基地，分布于新疆、甘肃、内蒙古、吉林、河北、江苏、山东、黑龙江 [7]。

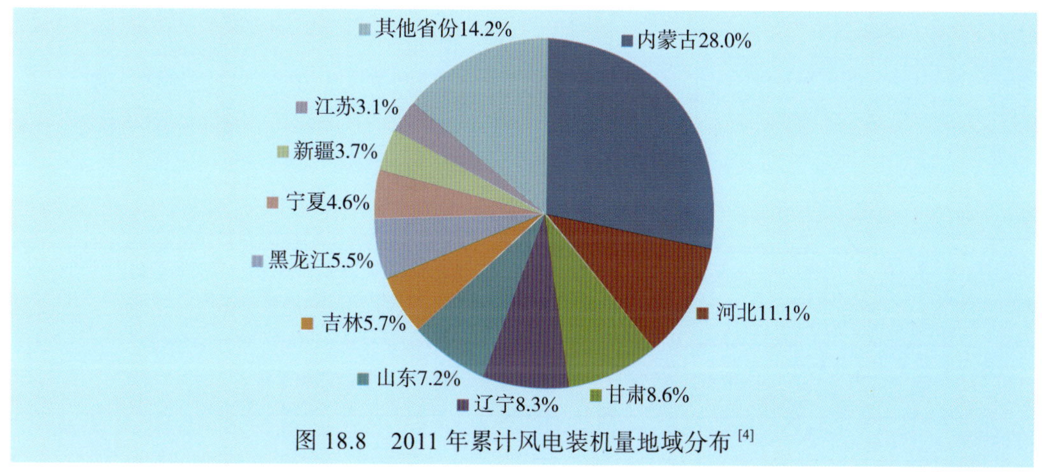

图 18.8 2011 年累计风电装机量地域分布 [4]

18.3 风电技术现状与发展方向

据不完全统计，随着国外陆地风力发电技术的成熟以及我国风电机组市场前景的逐步明朗，2005～2007年，国内七十多家有实力的企业采用许可证的方式或合作设计的方式引进了风电机组技术，进入风电机组整机制造领域。之后，随着并网型风电机组的大规模装机以及零部件、整机企业的激烈市场竞争，中国风电技术迅速发展，风电产品质量迅速提高，在世界风电行业占据了重要地位。

18.3.1 风电技术研究发展中心

进入21世纪之后，国家对风电产业的发展越来越重视，对风电技术的研发投入也越来越大，在整机研制、零部件设计制造、并网技术、运营技术等方面成立了多个国家级研发中心，如表18.1所示。

表18.1 国家级风电技术研发中心（重点实验室）

名称	部委	成立或批准时间	依托单位
国家风力发电工程技术研究中心	科技部	2004年10月	新疆金风科技股份有限公司（简称金风科技）
风电设备及控制国家重点实验室	科技部	2010年1月	国电联合动力技术有限公司（简称国电联合动力）
国家海上风力发电工程技术研究中心	科技部	2010年1月	中船重工（重庆）海装风电设备有限公司（简称重庆海装风电）
风力发电系统国家重点实验室	科技部	2010年6月	浙江运达风能设备有限公司（简称运达风电）
海上风力发电技术与检测国家重点实验室	科技部	2010年10月	湘电集团
新能源电力系统国家重点实验室	科技部	2011年3月	华北电力大学
国家能源风电叶片研发（实验）中心	国家能源局	2009年2月	中国科学院工程热物理研究所
国家能源海上风电技术装备研发中心	国家能源局	2010年1月	华锐风电科技股份有限公司（简称华锐风电）
国家能源大型风电并网系统研发中心	国家能源局	2010年1月	中国电力科学研究院
国家能源风电运营技术研发中心	国家能源局	2010年7月	龙源电力集团股份有限公司
国家能源风力发电机研发（实验）中心	国家能源局	2010年7月	湘潭牵引电气设备研究所
国家风电技术与监测研究中心	国家能源局	2010年12月	国家电网公司

（1）国家风力发电工程技术研究中心：主要职责包括对中国风电领域的关键技术开展技术攻关、对自主知识产权风力发电技术进行研究、对风力发电技术研发成果进行产业化、对风电行业技术人员和管理人员进行培训、开展国际合作与交流、促进国内风电产业的迅速发展。

（2）风电设备及控制国家重点实验室：研究方向包括风电机组整机设计及仿真系统技术研究、传动链抗疲劳设计及先进制造技术研究、风轮叶片翼型及气动结构设计技术研究、风电机组控制系统及并网技术研究等。

（3）国家海上风力发电工程技术研究中心：主要任务包括海上风电装备系统设计、集成制造、海洋环境等重大关键和共性技术研究，为海上风电装备设计制造和工程建设提供成套技术解决方案，并对研究成果进行系统化、配套化和工程化开发，聚集和培养海上风电装备研究、设计和制造的高层次工程技术人才和管理人才，实现技术、人才和经济的良性循环。

（4）风力发电系统国家重点实验室：研究方向包括风力发电机组总体设计技术、风力发电系统控制技术、风力发电机组检测和试验技术以及海上风电关键技术等。

（5）海上风力发电技术与检测国家重点实验室：主要研究方向为适合于海上及近海风场的大型风力发电机组关键技术研究，大型直驱永磁风力发电机关键技术研究，大型双馈风力发电机关键技术研究，机组控制、变流、并网关键技术研究等。

（6）新能源电力系统国家重点实验室：面向我国规模化新能源开发利用重大需求，聚焦新能源电力系统重大科技问题，以多学科交叉为基础开展创新性研究。主攻方向为新能源电力系统安全、经济运行的基础和应用基础理论，深入研究规模化风能、太阳能等新能源电力接入后对电力系统的影响与交互作用机理，建立大时间尺度紧密耦合且具有强随机性的复杂电力系统分析、控制理论与方法的科学研究体系，为我国能源可持续发展以及新能源战略性新兴产业发展提供科技支撑。

（7）国家能源风电叶片研发（实验）中心：建设兆瓦级以上大型及超大型以风电叶片设计、制造及工艺技术为主的核心技术研发创新平台，为风电叶片产业的发展提供核心技术和装备。

（8）国家能源海上风电技术装备研发中心：重点建设海上风电技术装备研发中心、大型海上及潮间带风电技术装备实验中心、三兆瓦机组试验台、超大型风电机组试验台、移动式风电机组测试分析系统和潮间带风电机组运输装备试验场六个研发平台。

（9）国家能源大型风电并网系统研发中心：主要开展风电并网规划仿真技术、风电功率预测及数值天气预报技术、风电优化调度和运行控制技术等风电并网关键技术研究和风电机组试验检测工作，建立完善的风电试验检测能力，并建成国家风电试验基地。

（10）国家能源风电运营技术研发中心：围绕风电的全产业链，结合国家能源发展战略，重点研究适合我国环境特点和地形条件的风电场开发及运营、海上风电场运维等关键技术，全面提升我国风电场的设计、施工及运行管理水平。

（11）国家能源风力发电机研发（实验）中心：加强我国能源领域风电行业风力发电机等电气设备的关键技术研究，产品研发，风力发电机型式试验能力和风电标准、检测、认证体系的公共服务平台建设，使我国风电行业风力发电机等关键电器设备的试验检测能力达到国内先进水平。

（12）国家风电技术与监测研究中心：中心的建设任务主要包括风能技术研究的能力建设、移动式检测能力建设和风电试验基地建设三方面，为研究风电并网相关问题和开展风电检测工作提供技术手段，并为风电并网标准与规程的制定与修订提供科学依据，从而提高电网接纳风电能力，并保证电网安全稳定运行。

18.3.2 中国风电技术对世界的贡献

（1）在风电产业中增加了“中国制造”的元素，为风电产业提供了大量高品质、低价格的风电设备，带来了全行业的设备价格下降，直接降低了风力发电的度电成本，为风电产业带来了显性价格优势，使全球范围内的风电产业开始逐步具备与常规能源相竞争的实力。

（2）促进了大功率风电机组的加速发展。如图 18.9 所示，2007 年以前，大型风力发电设备的研制工作主要由国外企业完成。2006 年以后，一批有实力的中国企业加入大功率风电机组的研发，极大地促进了大功率风电机组的发展速度。

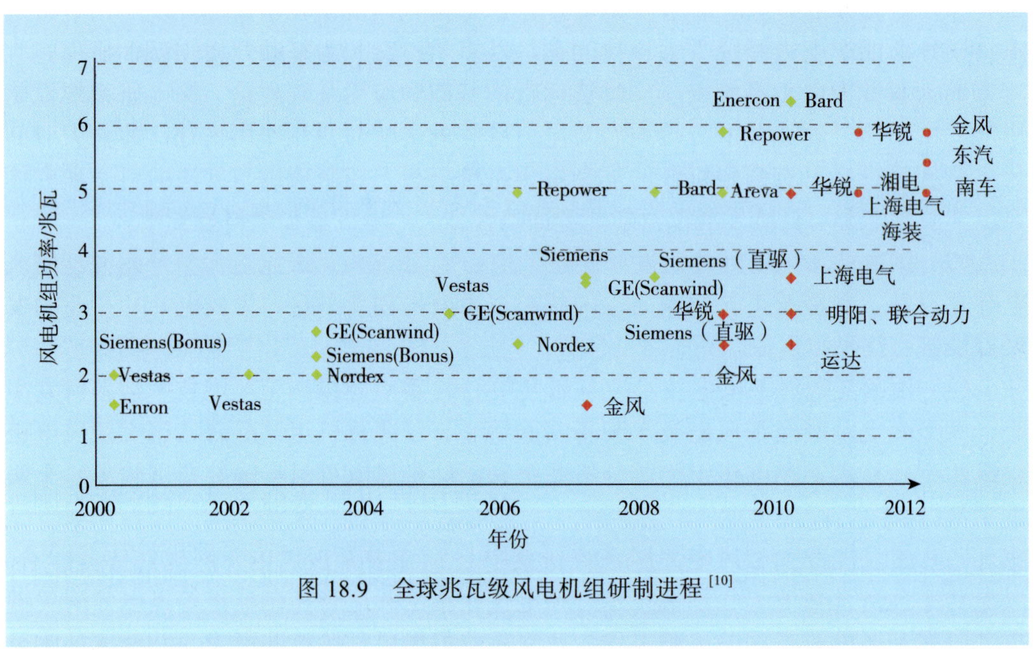

图 18.9 全球兆瓦级风电机组研制进程[10]

（3）首次将永磁直驱技术大规模商业化。永磁直驱式风电机组机舱布局紧凑，传动链结构简单，但永磁直驱技术发电机的成本比较高，在国外一直未能大规模商业化应用，即使电励磁直驱式风电技术也只有德国 Enercon（Enercon GmbH，总部位于德国的风能企业）开展了大规模商业化应用。金风科技和湘电风能等企业成功

地将直驱技术运用到了大功率机组上，并实现了大规模的商业化，对提升全球风电行业的技术水平作出了突出贡献。

（4）拓展了风电技术的适用环境。现代风电技术诞生于欧洲，但欧洲气候条件好，气候温润，没有沙尘和低温环境，空气密度比较恒定、变化不大；而中国多山，有沙漠，纬度分布广，平均海拔高。中国的风电机组可能需要在有风沙、−30℃以下低温、低空气密度、台风等更恶劣环境中运行。中国风电设备制造企业根据中国的气候条件，开发出了低温型、高原型、台风型及防沙尘型等风电机组，并开始考虑空气密度的影响，对风电机组的速度转矩控制参数进行了优化。中国企业拓展了风电技术的适用环境，为风电技术在世界范围的更大规模应用打下了良好的基础。

（5）使风轮直径更大。面积就是发电量。随着设计、制造和控制技术的进步，在叶片不变的情况下风电机组的载荷（极限、疲劳）可能降低，之前，更多的是提高风电机组的额定功率，而中国企业采用了更大的风轮直径。譬如，2兆瓦风电机组为适用于IEC-Ⅲ，风轮直径从最初引进时的93米，逐步加大到100米、102米、105米、108米，甚至可能加长到120米。通过采用更大的风轮直径，可以降低风电成本，提高风电技术的竞争优势，这得到了世界范围的认可。

（6）更新了电网适应性技术，如低电压穿越（low voltage ride through，LVRT）。欧洲标准中规定了风电机组需要具备低电压穿越能力，但2011年以前中国国内缺乏相应的标准，早期的风电设备大多数并不具备低电压穿越功能。2011年下半年，国家能源局制定了风电并网的新标准，要求所有并网风机都必须具备低电压穿越能力，并对所有已装机设备进行了改造，提高了电网适应能力。在此之后，中国开始研究将零电压穿越、高电压穿越等技术要求加入风电标准。中国风电设备的电网适应标准已经达到并超过了欧洲，并开始引领行业的方向。

18.3.3　中国风电技术发展方向

（1）进一步降低发电成本。优化总体设计技术，提高零部件质量，以提高风电机组可利用率和通过减少备品备件降低运行成本。提高风资源评估技术，优化微观选址，优化控制参数，提高已建和在建风电场发电量。通过进一步的技术进步，争取采用更有性价比的风轮直径。

（2）提高与电网的友好性，如可预测、可调节、可控制等。

（3）降低维护/维修的成本。通过采用CMS（condition monitor system，即状态监测管理系统）等技术，实现维修的可计划性，提高可利用率，减少备品备件。充分认识中国人力资源成本不断上升的现实，增强机组的可维护性设计，优化维护流程，从而减少维护机组的人员需求。加强消防等安全性技术，降低安全事故发生率，减少机组因安全事故导致的经济和社会成本。

（4）增大单机容量。2004年9月，德国Repower公司生产的5兆瓦风电机组在德国装机，成为当时容量最大的风力发电机组。到目前为止，美国已经成功研制出7兆瓦风电机组，正在研制10兆瓦机组；英国10兆瓦机组也正在进行设计；挪威正在研制 14 兆瓦的风电机组；欧盟正在考虑研制 20 兆瓦的风电机组[11]。中国 1.5 ～ 3 兆瓦的风电机组已成为市场主流，大功率海上风机有华锐风电 6 兆瓦、湘电 5 兆瓦、重庆海装风电 5 兆瓦等，7 兆瓦与 10 兆瓦风电机组也进入了前期研制阶段，如图 18.10 所示。

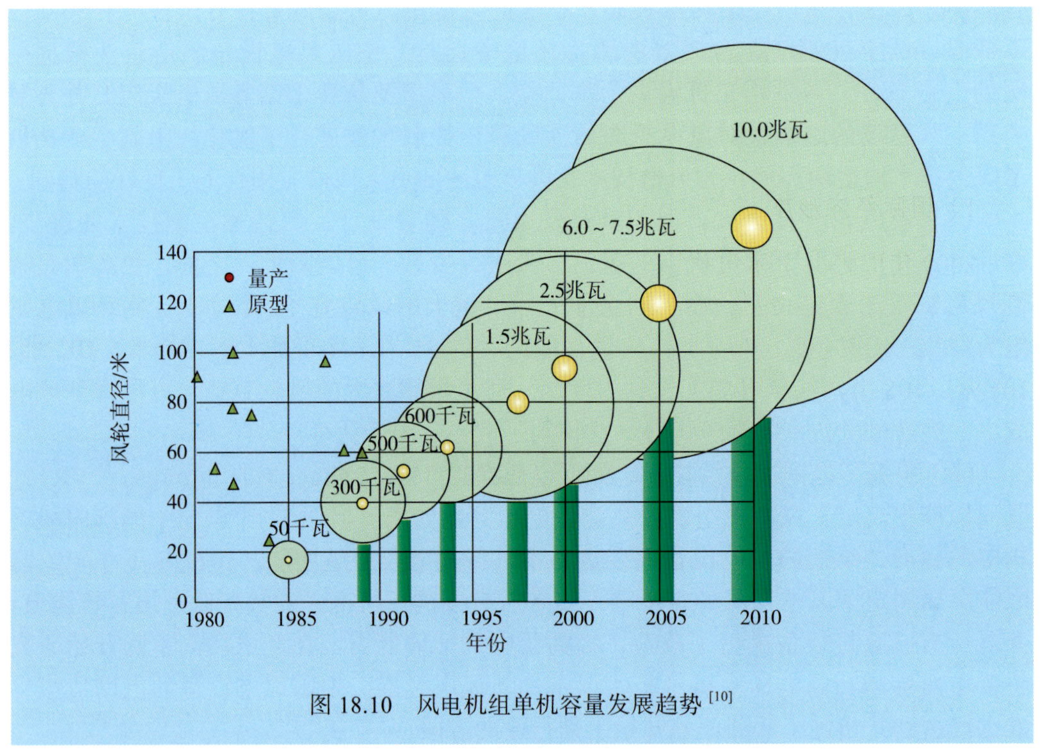

图 18.10　风电机组单机容量发展趋势[10]

（5）不断开拓新型应用方向。风能利用的新型方向包括海上风电、分散式接入、微电网和利用风能的大规模海水淡化等。经过十多年的高速发展，欧洲和中国国内适合开发大型风电场的优质陆上风资源已经被大量开发，但海上风资源远比陆地丰富，并且沿海地区多为用电负荷集中的地区，具有很高的开发价值。海上风电设备最早在欧洲开发，2009 年，英国成为海上风电的领头国家，其次是丹麦、德国和瑞典。中国第一台海上风电机组于 2009 年在上海东海大桥海上风场完成整体吊装，到 2011 年中期，中国共建成海上风电场 138 兆瓦[4]。

分散式接入适用于风资源较好，但由于居住、地理环境等原因不适宜开发大型风场的地区，多见于中国黄河以南、西部山区等地。

微电网应用是指在海岛、戈壁、山区等远离主干电网的地区，本地微型电网纳入风电设备，其中，微型电网容量通常为几十千瓦到几千千瓦。

（6）对“颠覆性”（disruptive）技术的充分研究和预见，主要包括以下几个方面：①叶片新技术，如采用泛函的翼型优化技术，随着技术门槛降低而可能大规模商用化的碳纤维叶片。②适用于风力发电的新型发电机技术。③新型功率电子器件的大规模商用化。④风功率预测与能量管理技术进步。

18.4 中国风电产业现状与前景的思考

18.4.1 中国风电产业当前的困境

进入2011年之后，风电发展速度大幅放缓，大部分零部件和整机企业都受到了不同程度的影响。风电场运营方面，五大电力集团的风电业务都出现了亏损。风电机组的产能出现了明显过剩，产能过剩率在50%以上。风电产业发展出现困难存在多方面的原因。

1）国际经济形势

2009年以来，国际金融危机波及欧洲和北美，直接导致我国国内出口需求下降，国内内需不足。在这样的大环境下，制造业整体出现下滑，风电产业也不可避免地受到了影响，进入了调整期。

2）低水平重复建设

自2006年以来，国家在税收、电价、财政补贴等方面对新能源产业实行政策扶持。当时风电机组的价格处于高位，整机的毛利率可达到20%～30%。在政策刺激和利润的驱使下，大量的企业和资金进入到风电行业。在缺乏完善的行业标准和核心技术的基础上，我国企业主要依靠价格取得优势，在价格上产生了激烈竞争。短短4年间，风电机组单位千瓦价格降低了一半，产能也从供不应求变成了严重的供大于求。

3）缺乏核心技术

一方面，风电机组零部件和整机的制造和装配生产仍属于传统的机械加工范畴，对设备和技术的要求都不高，很多企业通过技术引进或合作开发的形式向国外厂商购得图纸之后便可自行加工生产。另一方面，风电设备的运行环境、可靠性要求、受力状况都与传统机械有很大区别。风能行业看似入行门槛不高，但在设备安全性和电能质量方面有很高要求。大多数风电机组的制造商由于缺乏核心技术，只能在低水平上盲目模仿，无法解决风机在运行和并网中存在的问题。

4）与电网友好性差，输电困难

风能资源丰富的地方往往是自然环境比较恶劣的地方，如中国内蒙古戈壁和新疆的山口，这也意味着风能资源比较集中的地方通常会远离大城市，远离负荷中心，长距离输电造成供电成本上升，增加了度电成本。输电难是大多数时候弃风限电的主要原因。解决输电难的问题需要依赖技术进步控制发电成本，以及特高压输电网的建设。

5）海上风电发展遇到障碍

发展海上风电是解决输电难的一条途径。2010年，中国开展了首轮海上风电特许权招标，但是中标已逾一年半，海上风电项目却因种种原因迟迟无法开工，困难重重，主要涉及海洋生物保护、滩涂围垦国家规划、海洋航道等，这些使选址变更，成本发生变化。

6）电价因素

风电行业依靠设备国产化、技术提升和产业规模化带来的成本下降，使风电机组的设备成本已从13 000元每千瓦降至约7 500元每千瓦（含运输与安装总价格）。根据风况的不同，风电并网价格已降至0.51～0.58元每千瓦时，个别风况较差的山区风场并网价格在0.6元每千瓦时以上[12]（不包括远程输电的成本）。在可再生能源中，风电的并网价格与火电差距最小，但仍然高于火电电价。2012年4月以来，国内煤价大幅下跌，极大地缓解了火电站的成本压力，给风电发电企业又造成了新的困难。

18.4.2 未来两三年风电产业前景的思考

（1）尽管2012年以来煤炭价格下跌，但风电的竞争力仍会进一步提高，与火电的差距将会显著缩小，理由如下：

第一，确定标杆电价以来，风电建设成本大幅下降。

第二，随着总体设计技术的优化、零部件质量的提高以及CMS等技术的应用，风电机组可利用率将进一步提高，备品备件将进一步减少，风电场运行成本也将进一步降低。

第三，国内风电场的折损率逐步降低。折损率是指风电机组的年实际满发小时数与根据风资源数据换算的理论满发小时数之间的差额百分比。目前国外风电场的折损率约为10%，条件较差的风场为15%～20%，而国内风场的折损率平均为30%。随着技术的进步，国内风电场的折损率将会逐步下降。

第四，更大风轮直径的叶片将进一步推广应用。

第五，智能电网的建设将减少弃风。

（2）由于靠近负荷中心，海上风电和分散式接入的比重在未来几年之内会有所增高。

（3）风电建设成本进一步大幅降低的余地已经不大，否则将会以牺牲质量和安全为代价。企业正逐步从单纯的价格竞争转向以技术和品质为主的综合竞争。

（4）中国风电产业在世界上的竞争力将进一步增强，从而拓展中国风电产业市场。

18.5 风电产业发展重点案例

在风电行业的整机制造企业中，有通过市场运作快速提高份额的新兴企业、多年从事风电行业的老牌企业、从产业链的上游或下游延伸至整机制造的企业，以及借助其他相关行业的技术积淀进入风电行业的企业等多种类型，产业链的其他位置也类似。在行业低迷期，这些企业都受到了不同程度的影响，但是从长远来看，自身拥有核心技术、研发实力较强的企业在未来将会有更大的发展空间。

1）快速发展的新兴企业

这类企业通过向国外购买图纸或合作开发，快速占领市场，获得市场份额优势之后再利用资金和社会资源的优势，通过加强研发强化自身的技术实力，是当前风电企业最主要的一类发展模式，如华锐风电等。

华锐风电成立于2006年，是风电行业发展最为迅速的企业。其仅用3年时间，便在2009年跃居国内装机量第一名，全球第二名。华锐风电从2007年2月开始组建研发团队并设计3兆瓦海上风电机组，华锐风电在短短3年内完成了3兆瓦机组的研制、批量生产以及项目工程化、商业化。2010年1月6日，华锐风电负责建设的“国家能源海上风电技术装备研发中心”正式获得国家能源局的授牌。2011年，华锐风电6兆瓦海上风电机组下线。

这类企业由于发展步伐快，技术根基较为薄弱，在2011年行业下滑时，受到的影响也最为严重。这类企业中仅有华锐风电等少数企业比较重视研发，并且能够借助市场规模优势积累一定的技术实力。但华锐风电也在2011年以后暴露出了一些由于技术积累不足而带来的问题，发生了多起安全事故，上市后财务状况出现了很大的波动。

2）老牌风电企业

老牌风电企业是指长期从事风电行业的公司，通常在2000年以前便在从事风能开发的研究工作，典型代表有金风科技和运达风电等。

金风科技是老牌风电企业，在风电行业已经有超过20年的从业经验。其主要股东之一是1988年以新疆水利水电所为基础成立的新疆风能公司，在1989年10月实现了达坂城风电场的并网发电。1998年成立了新疆新风科工贸有限公司，1999年完成600千瓦机组研制，2001年增资改制，变更为金风科技股份有限公司。

运达风电前身是浙江省机电研究院风电研究所，从事风力发电机组技术研究、产品研发有近40年的历史。2001年成立运达风电股份有限公司，并由科技部授牌成立了“风力发电系统国家重点实验室”。

这类公司技术积淀比较深厚，一旦抓住行业快速发展期的机遇，就会表现出很强的后劲。2011年之后，虽然也受到行业形势的影响，但金风科技和运达风电的国内外市场仍保持着平稳发展。

3）产业链延伸企业

这类企业是指从产业链上游的零部件厂商或下游的发电厂商延伸到整机制造领域的企业，典型的企业是国电联合动力和华仪风能。

国电联合动力隶属于中国国电集团，成立于2007年。由于有发电企业的背景，国电联合动力对并网技术的理解远比行业内其他的单纯设备制造商要深刻得多，并且也有雄厚的资金支持，因而发展非常迅速。在2011年行业低迷时期，国电联合动力逆势而上，装机量在国内排名第3位。

华仪风能隶属于华仪电气股份有限公司，于2002年进入风电产业。华仪电气主要从事输配电设备的制造，属于风电产业链上游企业。公司在技术和销售网络方面发挥着华仪集团已有的高压电器设备业务资源优势。近年来，华仪风能生产的风力发电机组设备在国内运行良好，并出口于智利、白俄罗斯、哈萨克斯坦等地，受到了用户的肯定和好评。

这类企业在行业中具有特殊的地位。产业链上游企业在自身原有的专业方向上技术积累比较充分，产品质量比较有保障。而产业链下游的企业在市场、技术方面都具有自身优势，在行业整体状况不佳的时候更能体现其实力。

4）由相关行业进入风电行业的企业

借助相关行业的技术积累进入风电行业是另一类发展模式，典型代表有重庆海装风电和南车风电等。

这类企业往往在特定的方面有自己独特的优势，如重庆海装风电是中船重工旗下的风电设备整机制造企业。中船重工是十大军工集团之一，也是国内船舶行业的龙头企业。风电行业与船舶行业有着天然的相容性，现代风电产业在欧洲发展初期就是由船舶企业推动的。中船重工进入风电行业有自身的技术优势。重庆海装风电的发展也具有军工企业的特点，严格地遵循欧洲风电产业发展的模式，每种机型都严格按照样机试制—小批量生产—大批量生产的步骤推进，确保设计可靠。此外，中船重工的优势在于海洋工程，其拥有专业的海洋防腐国家重点实验室、水动力国防动力实验室等，在从事海上风电的研发上有足够的技术实力。因此，科技部依托重庆海装风电成立了“国家海上风力发电工程技术研究中心”，5兆瓦的海上风电机组已经下线，将于2012年装机。

南车风电隶属于中国南车股份有限公司（简称南车）。南车专业从事轨道列车的研制，对动力牵引有深入的了解。此外，南车凭借高原轨道列车的研制和运行经验，在开发高海拔风电机组上有独特优势，其开发的1.5兆瓦高海拔风电机组获得了市场的广泛认可。

这类企业在专业技术上有深厚的实力，但是往往在市场开拓方面做得不充分，市场份额较低。随着风电行业对设备可靠性和技术的要求越来越高，这类企业终将发挥自身优势获得一定的市场地位。

18.6 促进产业发展的建议

风能产业在可再生能源产业中最具有竞争力，有广阔的发展前景。为了给风能产业的发展营造健康有序的竞争环境，提高国内风能发电量占比，促进国内风电技

术，使中国的风电产业在国际上具有竞争优势，我们提出以下建议：

（1）建立完善的行业标准和行业准入制度。

（2）加强智能电网和特高压输电网建设，实行并网保障政策。

（3）支持风电相关核心技术的研发。

（4）支持风电新兴应用方向的示范工程，如海上风电、分散式接入。

（5）支持风电企业开拓国际市场。

参考文献

[1] 路甬祥．在国际科学院委员会和中国科学院能源研究报告座谈会上的讲话．科学新闻，2007，（21）：7.

[2] Global Wind Energy Council. Global wind 2011 report，2012.

[3] 中国可再生能源协会风能专业委员会．2011 年中国风电装机容量统计，2012.

[4] 中国可再生能源协会风能专业委员会．2011 年风电限电情况初步统计，2012.

[5] 国家发展和改革委员会能源研究所．中国风电发展路线图 2050，2011.

[6] 电力工业联合会．全国电力工业统计快报（2011 年），2012.

[7] 国家能源局能源节约和科技装备司．2009—2010 年全球风电产业发展报告，2011.

[8] American Wind Energy Association. Annual market report，2011.

[9] 国家发展和改革委员会能源研究所可再生能源发展中心．中国风能发展路线图，2007.

[10] 国家能源局．风电发展“十二五”规划，2012.

[11] 贺德馨．中国风能发展现状与展望，2012.

[12] 国家发展和改革委员会．国家发展改革委关于完善风力发电上网电价政策的通知，发改价格〔2009〕1906 号，2009.

缩略词表

CanWEA：Canadian Wind Energy Association，即加拿大风能协会

LVRT：low voltage ride through，即低电压穿越

CMS：condition monitor system，即状态监测系统

第 19 章

太阳能光伏产业

金东寒　彭苏萍　黄其励　戴松元　孔凡太

【内容提要】 太阳能光伏产业在过去的10年间发展非常迅速，是发展最快的战略性新兴产业之一，大规模开发利用太阳能光伏被认为是解决未来能源问题的根本出路。我国可利用太阳能资源地域广阔，具有发展光伏发电的有利条件，大力促进光伏产业发展是国家可持续发展的战略需求。我国太阳电池产量自2007年起连续5年居世界首位，在世界范围内具有较强的竞争力；但我国光伏产业链发展不协调，核心关键技术薄弱，部分高端技术和装备依赖进口，主要光伏应用市场在国外。同时由于欧美等发达国家贸易保护主义抬头，针对我国光伏产品挑起贸易纠纷，我国光伏产业的发展面临严峻、复杂的市场环境。我国光伏产业还需要在政策的支持和引导下，加快启动国内市场，促进产业结构调整。

在人们对能源的需求日益增长、化石能源日益枯竭的背景下，太阳能作为一种清洁的、可再生的能源已成为人们积极开发和利用的新能源之一。太阳能光伏产业已得到世界多个国家政府的普遍重视和支持，成为目前发展最快的新兴产业之一。我国太阳能光伏产业也历经了爆发式增长，但还存在着一些问题，需要在政策的支持和引导下，加快启动国内市场，促进产业结构调整。

19.1　太阳能光伏产业发展现状和趋势

19.1.1　太阳能光伏产业的基本概念与范畴

太阳能是一种最为丰富的可再生能源，具有泛在性、普遍性、清洁性、持久性等特点。我国76%的国土面积光照充沛，太阳能资源分布较为均匀，具有发展太阳能光伏的有利条件。光伏发电是指利用半导体材料的光生伏特效应，将太阳能转化为电能。光伏发电的核心是太阳电池板。目前，用来发电的半导体材料主要有单晶硅、多晶硅、非晶硅、碲化镉（cadmium telluride，CdTe）、砷化镓、铜铟镓硒（copper indium gallium selenide，CIGS）等一元、二元或多元无机半导体材料。近年来，一些新型或新概念太阳电池的研发十分迅速，如染料敏化太阳电池、有机太阳电池、量子点太阳电池、中间带太阳电池等。由于各国都在积极推动可再生能源特别是光伏的应用，光伏产业的发展十分迅速。广义的光伏产业包括所有从太阳电池原材料制备到最终光伏系统所涉及的装备制造、原材料、电池片及电池组件、逆变系统、并网及离网系统、测试安装及所有配套系统的完整产业链。由于目前市场上硅基太阳电池占主导地位，狭义的光伏产业是指从硅材料的应用开发到电池组件、光伏系统及相关生产设备制造的完整产业链条，包括高纯多晶硅、单晶硅、太阳电池、电池组件的生产以及相关生产设备的制造等[1]。

19.1.2　太阳能光伏产业发展现状

1.国际发展现状

在严峻的能源形势和人类生态环境形势（全球气候变暖）压力下，世界太阳能光伏产业和市场自20世纪90年代后半期进入快速发展时期[2]。截至2011年，太阳能光伏已在全世界上百个国家投入使用。虽然其发电容量仍只占人类用电总量的很小一部分，但从2004年开始，上网光伏以年均60%的速度增长；到2009年，累计发电容量已经达到22吉瓦，是当前发展速度最快的能源。据估计，目前没有并入电网的光伏系统，其容量也有3～4吉瓦[3]。

图19.1为2004～2011年世界主要太阳电池生产国家和地区的太阳电池年产量情况。2007～2011年，中国大陆太阳电池产量连续5年位居世界首位，2010年年产量达到10.8吉瓦，占世界年产量的45.0%的份额；2011年全球太阳电池产量达到37.7吉瓦，其中中国大陆地区太阳电池的产量达到21.2吉瓦。

在全球光伏发电市场的带动下，以晶硅太阳电池为主流的光伏产业规模不断扩大，产业集中度不断提高，技术创新和产业竞争日趋激烈。2010年世界光伏市场17.5GWp①，同比增长143%，累计装机容量40GWp；2011年全球太阳能发电市场

① GW是生产厂家电池片的合计发电能力，p是指单位面积下太阳光直射的量。

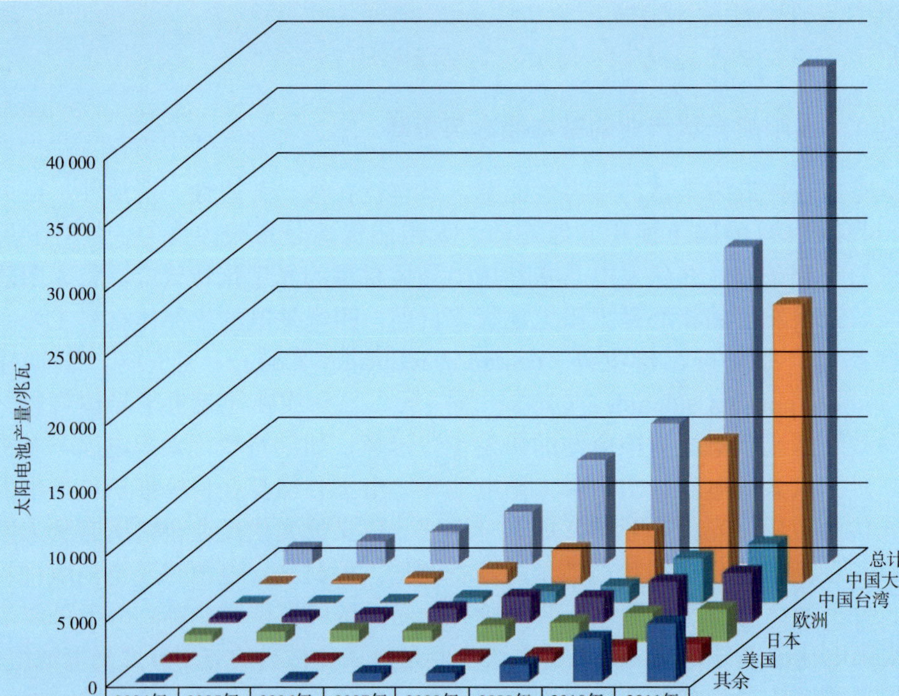

	2004年	2005年	2006年	2007年	2008年	2009年	2010年	2011年
其余	79	52	183	663	668	1 316	3 280	4 399
美国	140	154	202	266	432	595	1 200	1 333
日本	602	833	928	920	1 300	1 508	2 200	2 500
欧洲	314	470	657	1 062	2 000	1 930	3 120	3 786
中国台湾	10	50	130	450	900	1 300	3 400	4 500
中国大陆	50	200	400	1 088	2 600	4 011	10 800	21 157
总计	1 195	1 759	2 500	4 000	7 900	10 660	24 000	37 675

图 19.1 全球太阳电池年产量

资料来源：国际能源署历年年报

取得了历史性突破，新增太阳能光伏发电装机容量约 27.65 吉瓦，同比增长 70%，累计装机容量达 67.35 吉瓦，如图 19.2 所示。

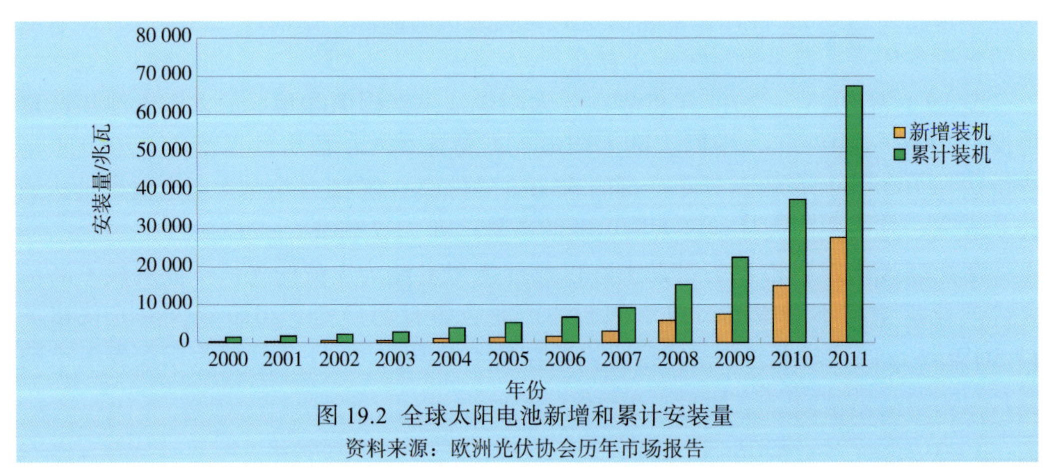

图 19.2 全球太阳电池新增和累计安装量

资料来源：欧洲光伏协会历年市场报告

截至2011年，世界光伏累计装机容量近10年平均年增长超过45%（图19.2），成为发展速度最快的产业之一。太阳电池生产主要集中在中国、日本、德国和美国等国家，德国、西班牙和意大利等国仍为主要应用市场。其中，晶体硅太阳电池的市场份额超过了85%，商业化最高效率已经达到22%，其技术正向着高效率和薄片化发展，未来10～20年内仍将是市场主流；薄膜太阳电池的市场份额约为15%，铜铟镓硒薄膜电池商业化最高效率达到13.6%，技术向着高效率、稳定和长寿命的方向发展[4]。得益于产业发展和技术进步，光伏发电成本将持续下降，2015年光伏电价有望降至0.15美元每千瓦时[4]。

近几年，世界各国终端光伏市场发展较快，特别是中国。在2010年世界新增光伏容量中，中国为500兆瓦，仅占世界的2.8%。而在2011年世界新并网光伏容量中，中国新增光伏容量为2吉瓦[5]，排名世界第三位，仅次于意大利和德国，如图19.3所示。

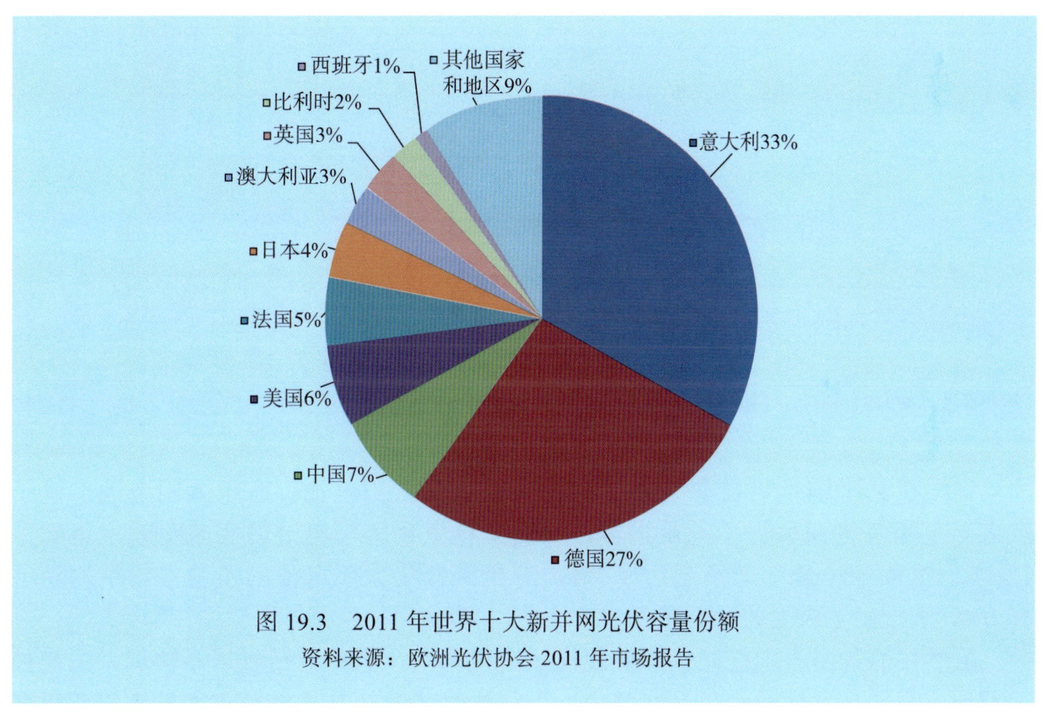

图19.3　2011年世界十大新并网光伏容量份额

资料来源：欧洲光伏协会2011年市场报告

2.国内发展现状

“十一五”末期，我国晶硅电池占太阳电池总产量的95%以上。太阳电池产品质量逐年提升，尤其是在转换效率方面，骨干企业产品性能增长较快，单晶硅太阳电池转换效率达到17%～19%，多晶硅太阳电池转换效率为15%～17%，薄膜等新型电池转换效率为8%～10%[6]。经过国际标准测试机构确认的电池效率在最近几年不断取得突破，其中薄膜转移硅电池（thin film transfer Si）效率达到了19.1%，砷化镓薄膜电池效率达到了28.1%，非晶硅/纳晶硅/纳晶硅叠层薄膜（a-Si/nc-Si/nc-Si）

电池效率达到了 12.4%，大面积碲化镉电池效率达到了 12.8%[7]。

自 2006 年 1 月《中华人民共和国可再生能源法》实施以来，我国又相继出台了《太阳能光电建筑应用财政补助资金管理暂行方法》和《关于实施金太阳示范工程的通知》等政策，并先后启动了两批总计 290 兆瓦的光伏电站特许权招标项目。截至 2010 年，我国累计光伏装机量达到 800 兆瓦，2010 年新增装机容量达到 500 兆瓦，相比 2009 年的 160 兆瓦同比增长了 213%；2011 年我国光伏电站的新增安装量达到了 2 吉瓦，同比增长更是达到了 300%，具体情况如图 19.4 所示。

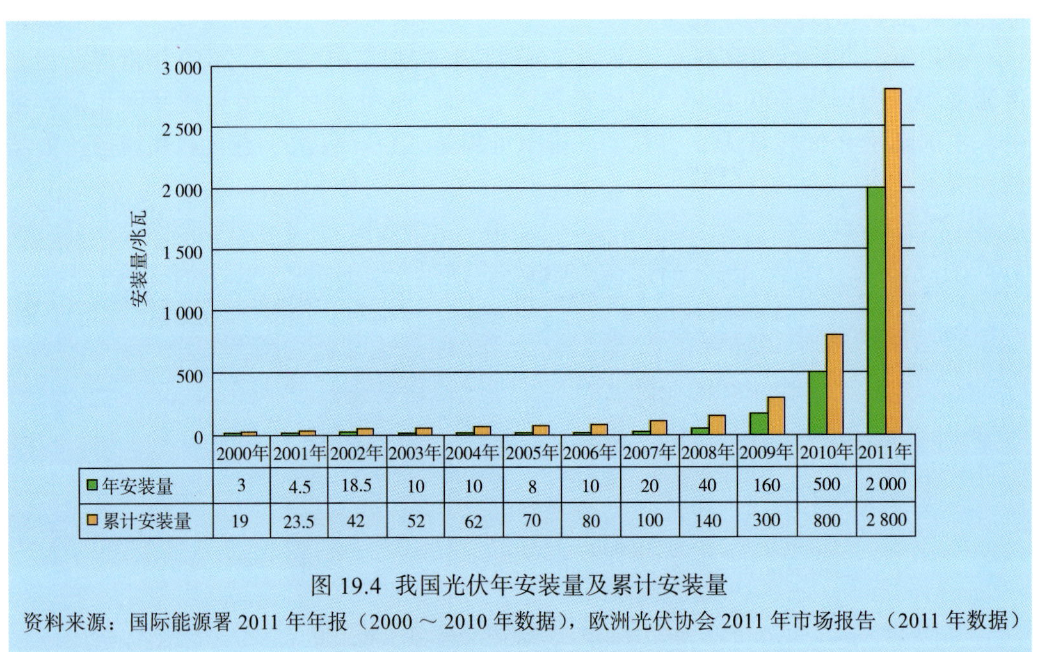

	2000年	2001年	2002年	2003年	2004年	2005年	2006年	2007年	2008年	2009年	2010年	2011年
年安装量	3	4.5	18.5	10	10	8	10	20	40	160	500	2 000
累计安装量	19	23.5	42	52	62	70	80	100	140	300	800	2 800

图 19.4 我国光伏年安装量及累计安装量

资料来源：国际能源署 2011 年年报（2000 ～ 2010 年数据），欧洲光伏协会 2011 年市场报告（2011 年数据）

我国在基于纳米材料和纳米结构的染料敏化太阳电池、有机太阳电池、量子点太阳电池等方面取得了长足进步，目前染料敏化太阳电池的实验室效率达到了 12.3%，大面积电池的效率超过了 7%，有机聚合物太阳电池的实验室效率达到了 10.0%，表现出了极大的发展潜力。

虽然目前我国太阳能光伏产业规模居全球第一，但产业链发展不协调，关键技术薄弱，高端技术依赖进口。在整个太阳能光伏产业链技术壁垒最大的太阳能级多晶硅生产中，国外厂商主要采用闭式改良西门子方法，而我国多晶硅生产企业使用的多为直接或者间接引进的俄罗斯的多晶硅提纯技术，其成本高、消耗能量大，重复引进严重，在整个国际竞争中处于劣势。

2011 年 11 月 8 日，美国商务部正式对中国输美太阳电池（板）“双反”调查立案，这是美方首次针对中国清洁能源产品发起的“双反”调查[8]。2011 年 12 月 2 日，美国国际贸易委员会初裁中国输美太阳电池对美国相关产业造成了实质性损害，美国商务部展开了反倾销和反补贴“双反”调查[9]。中国光伏产业的发展面临着严峻的国际环境。

我国经过“十一五”期间的大力发展，多晶硅产业已取得了长足进步。但国际多晶硅巨头的低价倾销政策使我国的多晶硅企业面临着巨大的压力，我国多晶硅进口量占据了国内需求的半壁江山。据国际能源机构（International Energy Agency，IEA）2011年年报（表19.1）统计，中国2009年以前高纯度多晶硅多从其他国家进口，从2009年起，在此领域取得了很大进展。2010年我国太阳能级多晶硅产量达到了4.5万吨，能满足国内超过50%的需求。2011年我国多晶硅产量达到了82 768吨，占全球多晶硅23万吨产量的36%，成为世界多晶硅生产第一大国[10]。但同时我国进口多晶硅也在增加，海关总署的统计数据显示，2011年1～12月，我国共进口多晶硅64 614吨，同比上升46.8%。其中，从美国进口17 476吨，折合组件产量约2.9吉瓦，高于从德国市场进口量的43%[11]。

表19.1　中国太阳能级多晶硅的供给和需求

年份	2006	2007	2008	2009	2010	2011
产量/吨	300	1 100	47 290	20 357	45 000	82 768
需求量/吨	4 000	10 000	250 000	40 000	89 000	147 382
短缺量/吨	3 700	8 900	202 710	19 643	44 000	64 614
进口比重/%	92.5	89.0	81.1	49.1	49.4	43.8

资料来源：IEA 2011年年报（2006～2010年数据），中国行业研究网（2011年数据）

19.1.3　太阳能光伏产业发展趋势

1. 全球发展趋势

目前，光伏发电发展的最大制约因素是成本高，太阳电池占光伏发电系统价格的60%以上，因此开发廉价、高效、高可靠、高稳定、长寿命太阳电池就成为各国攻关的焦点[2]。目前，太阳电池的研究和开发主要围绕已经商业化的晶体硅太阳电池、非晶硅太阳电池、碲化镉太阳电池、铜铟镓硒太阳电池以及聚光太阳电池进行。对于下一代太阳电池的研发，各国都已投入了很大的资金和研究力量，如晶体硅薄膜太阳电池、染料敏化电池、有机薄膜电池、纳米电池和分光吸收电池等[12]。

从全球范围内来看，目前光伏产业的发展表现出以下五大趋势。

1）光伏产业增速迅猛，市场份额分布趋于分散，而不是趋于垄断

第一，世界十大光伏企业所占市场份额变化非常巨大，2005年世界十大光伏企业所占市场份额为72.8%，而到2010年只占到了39.8%[13]。

第二，世界十大光伏企业各自所占市场份额的差别也在缩小。2005年第一大光伏企业日本的夏普公司占了全世界产量的24%，而第10名Solar Word只占2%，

两者相差11倍。而到2010年，世界最大的光伏企业First Solar所占的市场份额为5.8%，第10名中国台湾的Gintech所占市场份额为2.4%，相差不到1.4倍[13]。

2）光伏产业的波动影响企业的经营模式，特别是对中国的光伏企业

伴随光伏产业发展的起伏，光伏企业发展至今经历了几个鲜明的阶段。

第一阶段，可以说是“拥硅为王”的模式。2008年前，中国光伏产业经历了第一个高速发展期。这一时期企业的主要经营模式是：利用硅材料短缺形成的长单价格和现货价格的差距赚取巨额利润。金融危机导致硅材料价格降低，也结束了这段硅料期货炒作的历史。

第二阶段，“规模为王”的模式。2010年，光伏全产业链各环节产品频频缺货，很多企业从股市、银行等渠道获得大量资金纷纷用于扩大光伏生产线的规模，投资异常活跃。但是在这一阶段，已经没有了“硅材料价格双轨制”所形成的巨额利润空间。

近几年，专业化路线与垂直产业链的企业路线模式备受热议，全产业链的经营模式在目前这个发展阶段，抗风险能力更强，盈利能力平稳；专业化路线在爆发期利润丰厚，但波动性较大。光伏产业是一种政策控制下的市场经济，因此会受到政策导向与市场经济规律的双重影响。

3）光伏产品制造向亚洲特别是中国大陆和中国台湾转移

从图19.1中我们可以看到，2011年中国大陆太阳电池产量占到整个光伏市场56.2%的份额，达到21 157兆瓦，中国台湾光伏产量占11.9%，达到4 500兆瓦，两岸合计占68.1%，总计25 657兆瓦，而2010年两岸合计仅为59.2%。整个光伏产业的制造中心明显地在向亚洲地区转移，尤其是向中国大陆和中国台湾地区转移。

4）薄膜太阳电池市场份额波动较大

2004年以前，薄膜电池的产量持续下降，主要是由于晶体硅太阳电池产业的成熟，以及晶体硅太阳电池成本的下降。2004～2009年，薄膜太阳电池的份额不断增长，主要原因在于晶硅电池产业的快速扩张，导致硅材料短缺，晶体硅太阳电池价格不断上升，从而使得薄膜电池的价格显示出了明显的竞争优势。特别是在2008～2009年，薄膜太阳电池快速增长，主要是由于美国First Solar公司的低成本碲化镉电池的成功大规模量产。但在2010年，晶硅电池的占比又大幅反弹，主要是由于在经济危机后，硅材料短缺的问题已经解决，硅材料的价格大幅下降，再加上其他提高晶体硅太阳电池效率的技术有所进步，晶体硅太阳电池的价格大幅下降，从而使得晶体硅太阳电池的市场份额又大幅提升。

未来薄膜电池是否还能快速重新提升市场份额，关键要看技术成熟度是否会提升、设备价格是否会下降、电池效率是否会进一步提高。

5）国际贸易保护主义抬头

近几年，由于全球经济发展的动荡，特别是美国金融危机和欧债危机的出现，

一些发达国家的可再生能源政策出现调整，对光伏产业的相关补贴也纷纷下调。同时，欧美等发达国家贸易保护主义抬头，针对我国光伏产品挑起贸易纠纷。2012 年 5 月 18 日，美国商务部对原产于中国的光伏产品作出了“反倾销”初裁决定 [14]，10 月 10 日，美国商务部终裁对中国输美太阳电池征收 14.78% ～ 15.97% 的反补贴税和 18.32% ～ 249.96% 的反倾销税，具体产品为中国产晶体硅光伏电池、模块、层压板、面板及建筑一体化材料等 [15]。2012 年 9 月 6 日，欧盟委员会正式发布公告，对中国光伏电池发起反倾销调查。2011 年中国光伏产品出口到欧盟的总金额约为 204 亿美元，欧盟此举意味着中国历史上涉案金额最大的贸易争端就此拉开帷幕 [16]。

2. 国内发展趋势

总体来看，我国太阳能光伏发电产业已经具有了生产规模上的领先优势和技术水平上的同步优势，形成了比较完善的太阳能光伏产业链。光伏产业核心竞争力稳步提高，国内终端光伏市场逐步启动，产学研结合成为潮流，薄膜光伏面临国际多晶硅价格暴跌带来的巨大压力，欧美对我国光伏产品的双反调查使我国光伏业的发展面临严峻的国际环境，产业结构亟须升级。

1）光伏产业核心竞争力逐步提高

我国的太阳能产业已经成为全球瞩目的焦点。目前，全球太阳能产业的终端市场仍然集中在欧洲，但随着金融危机后各国太阳能政策的转变，我国以及中东、印度、南美等新兴市场有望取代西班牙、德国成为全球太阳能产业的主要增长点。我国光伏产业的快速发展，不仅仅是简单的产能提升，更重要的是要掌握核心技术进而提高国际竞争力。

2）光伏终端市场逐步启动

在过去的一年里，国际光伏市场的种种不利消息陆续传来，这导致国内产业备受打击。许多国内光伏企业正在设法改变过度依赖国外市场的格局，期待转向国内市场发展。2011 年，我国光伏装机容量达到 2 吉瓦，累计装机达到 2.8 吉瓦，2012 年金太阳示范工程总规模为 1 709 兆瓦，是 2011 年总规模的近 3 倍 [17]。《太阳能发电“十二五”规划》将累计装机调整到 21 吉瓦，提出未来将重点推广分布式发电系统，到 2015 年分布式发电装机目标为 10 吉瓦 [18]。

3）光伏产业“产学研结合”成为潮流

2008 年 10 月 6 日，我国首个太阳能光伏学院——南昌大学太阳能光伏学院挂牌成立 [19]。2009 年 4 月 20 日，由无锡科技职业学院与无锡尚德太阳能电力控股有限公司共同建立的尚德光伏学院在无锡科技职业学院正式成立 [20]。2009 年 5 月 22 日，阿特斯阳光电力与常熟理工学院签订框架协议，合作创办了阿特斯太阳能光伏科技学院 [21]。2009 年 9 月 8 日，中国科学院电工研究所与保定国家高新区管委会签约合建中国科学院光伏系统检测实验室，其是当时国内唯一的光伏系统检测平台 [22]。

2011 年 9 月国家能源局发布了《关于设立第三批国家能源研发中心（重点实验室）的通知》，批复设立“国家能源光伏技术重点实验室”等 13 个国家能源重点实验室[23]。其中，英利集团是同时拥有两个国家级光伏技术研发平台的企业。在金融危机影响下，我国光伏产业受到了很大的冲击，一个最主要的原因就是，没有核心技术在手，无法掌控市场主动权。只有在研发领域占领先机，才能在竞争激烈的国际市场上拥有话语权。只有更多的大学和光伏企业进行全方位的合作，光伏产业的产学研结合成为潮流，才能使我国光伏产业逐渐由“制造大国”转变为“制造强国”。

4）薄膜电池面临多晶硅价格暴跌带来的巨大压力

由于在过去的几年中，国际多晶硅价格猛涨，一度从 2005 年的 35 美元 / 公斤攀升至 2008 年的 480 美元 / 公斤，因此价格低廉的薄膜电池得到了迅速发展。面对欧洲光伏补贴下降的压力，成本成为薄膜与晶硅竞争的关键。硅材料成本的持续走低让晶硅电池成本剧降，为国际薄膜光伏带来了巨大压力[24]。

5）太阳能光伏产业面临严峻环境，产业结构亟须调整

我国太阳能光伏产业的发展面临着严峻、复杂的市场环境，正进入转型期。这种冲击来自于内外两个方面。从外部来看，一是欧洲债务危机引发太阳能光伏等新能源的补贴力度大幅下降，光伏组件市场需求减少，价格猛跌；二是美国商务部对我国光伏产品的“双反”终裁及由此引发的欧洲、印度等国家和地区对我国光伏产品的“双反”调查，对我国光伏产业的发展产生了重大的影响。从内部来看，我国的光伏企业开始进入晶硅原料、电池片、太阳能光伏组件、电站建设和运维管理等多个环节的垂直整合时期。

19.2 太阳能光伏产业重点技术发展方向

国家在《太阳能发电科技“十二五”专项规划》中，从太阳电池材料、器件、系统和装备四个方面对太阳能光伏产业重点技术和方向进行了详细论述[4]。

19.2.1 材料方向

在狭义的光伏产业链上，硅材料主要涉及太阳电池用的太阳能级多晶硅提纯和下游的硅片、单晶和多晶铸锭。发展高效、节能、低成本太阳能级多晶硅的清洁生产技术和太阳电池关键配套材料制备技术，将有利于降低太阳电池生产成本和实现硅材料生产的环境友好。相关内容包括改良西门子法，硅烷法，物理、化学冶金法等太阳能级多晶硅材料生产技术，改良太阳电池用银浆、银铝浆、TPT（tedlar+PET+tedlar，即聚氟乙烯复合膜）背板材料、EVA（ethylene-vinyl acetate copolymer，即乙烯-醋酸乙烯共聚物）封装材料，薄膜电池用 TCO（transparent conducting oxide，即透明导电氧化物）玻璃基板等关键配套材料的

制备技术等。

19.2.2 器件方向

目前，太阳能光伏大规模应用的最大限制在于其成本比火力发电成本高。太阳电池效率的提高和生产成本的降低将直接降低其发电成本。晶硅电池正朝着高效率、薄片化和低成本三个方向发展；低能耗、低成本的薄膜电池技术正朝着高效率、稳定和长寿命的方向努力。相关内容包括：效率在20%以上的低成本超薄晶体硅电池产业化制造技术，效率在10%以上的薄膜电池产业化制造技术，高倍率聚光电池及发电关键技术，柔性衬底硅基薄膜太阳电池中试制造技术，非真空电沉积柔性铜铟镓硒薄膜太阳电池中试制造技术，量子点电池、热光伏电池、硅球电池、多晶硅薄膜电池、有机电池等新型太阳电池的前沿制备技术等。

19.2.3 系统方向

突破光伏规模化利用的成套关键技术与装备，建成多种形式的光伏发电示范工程，能够有效推动光伏发电技术在我国大规模应用；开展太阳能热利用关键装备和系统集成科技攻关，依托规模化示范工程建设，能够推动太阳能热利用技术与产业的发展。相关内容包括：100兆瓦级大型并网光伏电站系统及设备技术，100兆瓦级城镇多点接入生态居住小区光伏系统技术，10兆瓦级光伏微网系统及设备技术，区域性高密度光伏建筑并网系统及设备技术，硅基高可靠光伏建筑一体化关键技术，大型多能互补光伏并网系统技术，光伏直流并网发电技术等。

19.2.4 装备方向

太阳能光伏生产设备是整个产业链的基础，目前亟须突破产业链部分环节核心设备的瓶颈，提升其关键生产设备的性能和成套生产线的自动化程度。相关内容包括：晶体硅太阳电池整线成套装备集成技术，效率在10%以上的年产能40兆瓦硅基薄膜太阳电池制造技术，效率在10%以上的年产能30兆瓦碲化镉薄膜太阳电池制造技术，效率在8%以上的年产能5兆瓦染料敏化太阳电池制造技术，薄膜硅/晶体硅异质结电池中试制造技术，硅基高可靠BIPV（building integrated photovoltaic，即光伏建筑一体化）系列组件制造装备技术等。

19.3 太阳能光伏产业战略布局与发展重点

19.3.1 太阳能光伏产业战略布局

《太阳能发电科技“十二五”专项规划》对太阳能发电科技进行了从基础到产

业化的全链条规划。其中，太阳能级硅材料方面，要重点研究高效节能多晶硅材料的产业化技术。太阳电池方面，要重点研究高效、低成本、超薄晶硅太阳电池和高效薄膜太阳电池的产业化技术，着力发展新型太阳电池关键技术。光伏系统及平衡部件方面，重点研究100兆瓦级并网光伏电站、高密度区域建筑光伏系统、光伏微电网系统技术和大型多能互补光伏并网系统技术与关键设备的产业化技术[4]。

19.3.2 太阳能光伏产业发展重点

光伏产业发展重点将围绕以下六个方面[4]：

（1）掌握太阳能材料、器件、系统核心技术和工业生产线的关键工艺及装备。

（2）突破太阳能发电系统规模化利用的关键技术及装备。

（3）建设国家重点实验室、工程中心和产业化基地。

（4）完善太阳能产品及系统的检测技术和认证标准。

（5）集成示范太阳能开发利用的新技术、新设备。

（6）加强新型太阳电池研发支持力度。

应开发具有自主知识产权的太阳电池材料、器件、组件、系统的核心技术和关键设备，依靠科技进步提高国内光伏企业的核心竞争力，而不是牺牲利润来进行恶性竞争。目前，染料敏化太阳电池等新型电池发展与国际同步，应加强新型太阳电池研发的支持力度，促使这些新型太阳电池从实验室走向产业化。

19.4 太阳能光伏产业发展重点案例

以无锡尚德为代表的扩充产能、占领市场模式是国内光伏产业发展的一种常见模式。无锡尚德2001年成立，到2002年9月年产能达到10兆瓦，到2010年年底年产能达到1.8吉瓦，成为全球光伏电池组件制造产量最大的企业。2006～2007年，全球多晶硅价格持续高涨，尚德电力开始开发非晶硅薄膜电池。2008年，金融危机带来晶硅原料和晶硅电池价格的急剧下跌，处于发展初期的非晶硅薄膜电池受到了强大的竞争压力。

无锡尚德这类企业在扩充产能占领市场的同时，一直在努力突破掌握多晶硅先进生产技术的美国、日本、德国企业的技术封锁，改变我国多晶硅生产技术水平低、生产规模小、产品单耗高、成本高的状况，并取得了一定的成绩。但是，过度依赖国外市场使企业的发展产生不稳定因素。中国企业在为世界光伏发展作出巨大贡献的同时，也遭受了诸多贸易限制和市场推广阻碍。

19.5　促进太阳能光伏产业发展的政策取向

19.5.1　太阳能光伏产业存在的问题与制约因素

1）产业技术研发和创新能力薄弱

2007 年以前多晶硅原材料的生产技术被美国、日本、德国等国垄断。与国外的多晶硅生产商相比，国内厂商由于技术落后，多晶硅生产质量相对较差，且生产成本普遍高于国外企业。我国的太阳电池关键生产设备和高纯度硅材料基本上依赖进口；薄膜电池生产工艺及装备水平也明显落后于国际先进水平。在我国引进光伏生产设备和技术的同时，德国、日本、美国等主要发达国家在光伏关键核心技术和工艺技术上对我国实施技术封锁，这导致了我国一些企业在没有完整的光伏工艺技术条件下，由于高额利润驱动而疯狂进入光伏行业，快速上马光伏项目之后，出现了高耗能、高排放现象。

2）光伏市场在外，产业“产能相对过剩”，国内光伏市场亟须启动

我国是光伏产品生产大国，电池组件产量自 2007 年起连续 5 年居世界首位，但是 90% 的光伏产品都是靠出口销售。光伏产业市场在外的发展模式成为制约我国光伏产业的软肋。近两年，由于美国商务部对我国光伏产品的反倾销初裁和欧盟对我国光伏产品的“双反”调查，我国光伏产业的发展遭受重创。同时，自 2011 年以来，光伏产业的主要市场——以德国为代表的欧洲市场——受欧债危机等因素的影响，纷纷削减光伏上网补贴，导致光伏市场需求增速减缓；而此时国内光伏市场尚未大规模启动，这导致我国光伏产业出现了相对“产能过剩”的现象。

3）国内市场支持政策体系有待完善

从全球太阳能光伏产业的形成与发展状况来看，太阳能光伏发电与常规能源发电要在价格上具备市场竞争力尚需一段时间，太阳能光伏市场的成长动力主要来源于各国政府对光伏产业的政策扶持和价格补贴。

在产业政策和法律法规的制定方面，德国、日本、美国、西班牙等国走在世界的前列。受益于可再生能源政策的扶持和鼓励，欧盟和日本成为世界太阳能光伏产业发展的领跑者和主力军。而我国在关于扶持和鼓励太阳能光伏产业发展的产业政策制定和颁布方面相对滞后，在关于光伏发电入网及管理、用户直接补贴等政策支持方面，还有待完善。

4）低水平重复建设，部分光伏企业盲目过度扩张产能

2002 ～ 2008 年，由于光伏行业的暴利，我国大量的社会资本疯狂进入这一行业，许多企业一窝蜂地上马光伏项目并不断扩张产能；加上近两年，各省市大力发展新能源等战略性新兴产业，再次刺激了光伏企业的产能扩张，导致国内出现了大量的重复性建设。目前，31 个省（自治区、直辖市，香港、澳门、台湾除外）几乎

都把光伏产业列为优先扶持发展的新兴产业[25]。而大量的重复性建设也导致了光伏行业的恶性竞争。从 2011 年年初至今，因产能过剩造成的危机让超过 80% 的企业都在亏损中挣扎。美国与欧盟对我国国内光伏产品的“双反”调查，更让我国脆弱的光伏产业链陷入困境。

19.5.2 政策取向

1）培育多样化市场，促进光伏发电商业模式创新

在全球光伏市场严重供需不平衡，以及欧美等发达国家贸易保护主义抬头，我国可能失去美国和欧洲市场的情况下，为改变我国光伏产业市场在外的不利局面，应尽快培育起国内巨大的光伏市场。

从产业生命周期来看，我国太阳能光伏产业依然处于成长初期。“政策市”阶段还将持续一段时间，并对产业的发展起到重要的作用。因此，一方面政府应加快电力体制改革，开放用户端电力市场，培育分布式光伏发电市场，为光伏产业发展提供体制保障。坚持大型光伏并网发电与小型光伏离网应用相结合；支持用户自主建设光伏系统，实现自发自用；鼓励用电成本高、电力紧缺的地区大力开展分布式光伏发电系统建设，实现“就地发电、就近使用”，剩余电量平价并网，促进光伏发电商业模式创新。以金太阳示范工程带动太阳能开发利用技术进步；以技术进步推动和保障金太阳示范工程顺利实施；依托金太阳示范工程建立和完善服务支撑体系[4]。另一方面，应完善补贴、信贷优惠和上网电量的采购等方面的光伏支持政策，为太阳能光伏发电提供明确稳定的市场，减少其进入市场初期所面临的不确定性，扩大国内市场需求，推动太阳能光伏产业的健康快速发展。

2）加强行业管理，提升市场准入标准，规范光伏产业发展

目前，在“全国皆光伏”的局面下，应充分发挥政府的行业管理职能，根据行业发展需求，加快制定并实施国内光伏产品和系统标准，建设光伏检测公共服务平台，建立产品的认证、监测制度，构建完善的光伏产品和系统标准体系；推动光伏行业节能减排，建立健全行业准入标准，规范行业发展；建立光伏产业的检测预警体系，定期发布检测报告，协调和统筹各地光伏产业发展规划，引导地方政府避免低水平重复建设，促进产业健康、协调和可持续发展；建立健全光伏产业组织，加强行业的沟通、协作和监督管理，引导行业更好地应对和参与国际竞争。针对产能过剩、恶性竞争的光伏行业现状，相关政策方已经开始着手于提高产业门槛，以推动产业有序发展，避免市场再次爆发之后产业重蹈盲目无序扩张的覆辙。

3）加强储能技术研发，完善光伏并网技术，促进光伏产业可持续发展

目前，太阳能光伏产业的发展遇到了并网发电的瓶颈问题。为了解决光伏发电并网难的问题，有关政府主管部门应组织和引导行业加大对储能技术的研发支持力度，特别是加强对液流电池的研发支持，并积极推动其应用示范项目的开展和产业

化发展；同时，应加强光伏并网技术的研发，建立微电网工程示范，组织和协调电网公司、光伏电站安装商与运营商、光伏并网与储能设备制造商等制定光伏并网环节的各项技术标准，建立并完善光伏发电并网的行业和国家标准体系。以此来更好地解决太阳能光伏大规模并网发电的瓶颈问题，进而促进太阳能光伏产业的健康、稳定和可持续发展。

4）加大对光伏产业中新型技术的研发、示范和产业化支持力度，努力实现光伏产业未来高端发展

目前，市场上的太阳能光伏电池还是以硅基太阳电池为主，对硅材料的掌控程度决定了企业在光伏产业中的市场地位和所拥有的市场份额。以染料敏化为代表的新型太阳电池技术的发展有可能会带来太阳能光伏产业的新变革。构建产、学、研相结合的发展模式，加快染料敏化等新型薄膜太阳电池科研成果的转化和产业化进程，加大对染料敏化太阳电池的研发、应用、示范、产业化的政策支持力度，争取在染料敏化太阳能光伏技术领域、生产工艺和装备制造等方面，获得自主知识产权，为太阳能光伏产业的大规模发展奠定技术和产业基础，进而提升我国太阳能光伏产业在全球范围内的产业竞争力。

参考文献

[1] 贾英霞．单晶硅与太阳能光伏产业．化学工程与装备，2010，(8)：147 ~ 148.

[2] 王斯成．国内外光伏发电现状及趋势．中国电力发展与改革研究，2009，(12)：22 ~ 25.

[3] Renewable Energy Policy Network for the 21th Century（REN21）. Renewables 2010 global status report. http://www.ren21.net/REN21Activities/Publications/GlobalStatusReport/GSR2010/tabid/5824/Default.aspx，2010-07-15.

[4] 科学技术部．关于印发太阳能发电科技发展“十二五”专项规划的通知．http://www.gov.cn/zwgk/2012-04/24/content_2121638.htm，2012-04-24.

[5] European Photovoltaic Industry Association. EPIA market report 2011. http://www.solardigest.co.uk/document-downloads/file/57-epia-market-report-2011，2012-10-14.

[6] 工业和信息化部．太阳能光伏产业“十二五”发展规划（征求意见稿）．太阳能，2011，(18)：6 ~ 11.

[7] Green M A，Emery K，Hishikawa Y，et al. Solar cell efficiency tables（version 39）. Progress in Photovoltaics：Research and Applications，2012，20：12 ~ 20.

[8] 李乾韬．中美光伏贸易大战打响，美国或更受伤．http://www.cesd-sass.org/water/Show-Article.asp?ArticleID=4712，2011-12-12.

[9] 德永健．输美太阳电池被初裁对美产业造成“实质性损害”．http://www.chinanews.com/cj/2011/12-03/3505518.shtml，2011-12-03.

[10] 严大洲．多晶硅：从受制于人到自主创新．http://xny.cena.com.cn/a/2012-08-30/1346-296222-71436.shtml，2012-08-30.

[11] 李继锋 . 多晶硅危局 . http://jingji.cntv.cn/20120402/120542.shtml，2012-04-02.

[12] 中国资源综合利用协会可再生能源专业委员会 . 中国光伏产业发展报告（2008）. http://wenku.baidu.com/view/1e22092a4b73f242336c5f64.html，2009-05-10.

[13] 中国玻璃产业网 . 国际光伏产业变动的四大发展趋势 . http://www.glass.com.cn/glass news/newinfo_67185.html，2011-07-29.

[14] 彭俊勇 . 光伏行业“双反危机”恐蔓延到欧洲，行业洗牌不可避免 . http://www.sp.com.cn/rdzl/dljj/201205/t20120528_188737.htm，2012-05-28.

[15] 李海霞 . 商务部：中国强烈不满美对华太阳电池双反终裁 . http://guangfu.bjx.com.cn/news/20121011/393753.shtml，2012-10-11.

[16] 黄宏平 . 欧盟反倾销不可化解　国内市场或成“暖阳”.http://paper.chinahightech.com.cn/html/2012-09/10/content_31761.htm，2012-09-10.

[17] 胡铁笛 . 光伏发电今年或全面铺开 .http://hzdaily.hangzhou.com.cn/dskb/html/2012-05/18/content_1273649.htm，2012-05-18.

[18] 郭立方 . 国内光伏市场实质性规模启动在即 . http://finance.people.com.cn/n/2012/0926/c1004-19111205.html，2012-09-26.

[19] 沈德森 . 我国首个太阳能光伏学院在南昌大学挂牌成立 . http://news.jxcn.cn/525/ 2008-10-6/30103@437357.htm，2008-10-06.

[20] 丛林 . 尚德光伏学院 4 月 20 日正式揭牌成立 . http://www.ednchina.com/ART_ 65989_28_0_OT_aaa1246c.htm，2009-04-21.

[21] 美通社亚洲 . 阿特斯阳光电力携手地方院校 创建太阳能光伏科技学院 . http://www.prnasia.com/pr/09/05/09339421-2.html，2009-05-26.

[22] 吕子豪 . 中科院助力保定新能源　共建光伏系统检测实验室 . http://www.chinanews.com/cj/news/2009/09-08/1856394.shtml，2009-09-08.

[23] 北极星太阳能光伏网 . 国家光伏科研平台再次落户英利集团 . http://guangfu.bjx.com.cn/news/20111223/332047.shtml，2011-12-23.

[24] 经济日报 . 薄膜光伏产品前景堪忧 . http://solar.ofweek.com/2012-05/ART-260006-8420-28612-081.html，2012-05-14.

[25] 国研网 . 战略性新兴产业数据库 . http://www.drcnet.com.cn/www/emerging/Channel.aspx?uid=2711&version=emerging&chnid=4803，2012-10-14.

缩略词表

CdTe：cadmium telluride，即碲化镉

CIGS：copper indium gallium selenide，即铜铟镓硒

TPT：tedlar+PET+tedlar，即聚氟乙烯复合膜

EVA：ethylene-vinyl acetate copolymer，即乙烯－醋酸乙烯共聚物

TCO：transparent conducting oxide，即透明导电氧化物

BIPV：building intergrated photovoltaic，即光伏建筑一体化

第 20 章

页岩油气产业

马永生　彭苏萍　黄其励　赵培荣　牟泽辉

【内容提要】 页岩油气（shale gas）是指赋存于富含有机质的泥页岩及其夹层中，以吸附或游离状态为主要存在方式的一种非常规石油、天然气资源。以页岩油气为代表的非常规油气资源的成功勘探开发，是全球油气工业又一次理论技术的创新与跨越。在美国已经形成了以水平井分段压裂技术为代表的页岩油气开发技术系列，页岩油气实现了快速发展。我国页岩油气产业目前尚处于起步阶段，页岩气的勘探在四川盆地及其周缘、鄂尔多斯盆地已取得良好发展。陆相页岩油在我国东部地区的勘探也取得了一定进展，但也面临着一系列严峻挑战。近期推动页岩油气产业发展的重点工作是：①在页岩油气突破区开展页岩油气示范区建设；②尽快形成三个体系，即符合我国地质特点的油气地质理论体系、适应于我国页岩油气特点的勘探开发技术体系，以及页岩油气标准体系。

以页岩油气为代表的非常规油气资源的成功勘探开发，是全球油气工业又一次理论技术的创新与跨越。它的意义在于突破了早期油气工业的常规储层下限和传统的圈闭成藏观念；增加了油气资源的勘探开发类型与资源量；实现了当前油气开采瓶颈技术的升级换代[1～3]。美国通过以水平井分段压裂技术为代表的新技术规模化应用，实现了页岩油气的快速工业化开发，进一步推动了其油气工业的发展，减少了对外的油气依赖，使全球能源格局发生了变化。可以预见，以页岩油气为代表的非常规油气资源在全球能源结构中的地位将越来越重要，它是未来油气勘探的战略性领域。页岩油气的开发对推动我国油气工业的科技进步、带动其他非常规油气资源的发展、改善能源结构和保障能源安全具有重要的意义。

20.1 页岩油气的基本概念

页岩油气是指赋存于富含有机质的泥页岩及其夹层中，以吸附或游离状态为主要存在方式的一种非常规石油、天然气资源。

与常规油气藏相比，页岩油气藏具有以下特点：①成藏期早，油气边生成边赋存聚集，是一种连续聚集的隐蔽油气藏；②自生自储，泥页岩既是烃源岩层，又是储集层；③油气运移距离较短，具有“原地”成藏特征；④页岩油气赋存方式及赋存空间多样，主要以吸附方式赋存于有机质、黏土颗粒表面，以游离方式赋存在天然裂缝和孔隙中，少量以溶解方式赋存在干酪根和沥青质中；⑤储层孔渗性差，孔隙度低（通常小于5%），孔隙半径小（以微孔隙为主），渗透率极低[4]；⑥在开发过程中，页岩油气井表现出初期产量衰减快、后期产量稳定、生产年限较长的特点；⑦没有统一的气水边界和压力系统；⑧规模化的“井工厂”方式和水平井、分段压裂技术等是实现页岩油气商业开发的必要手段。

20.2 页岩油气产业发展现状

20.2.1 世界页岩油气发展现状

页岩气的勘探开发最早始于美国。1821年，第一口页岩气井在阿巴拉契亚盆地纽约Chautauga县泥盆系Perrysbury组Dunkirk页岩中完井，在井深8.23米的泥页岩裂缝中产出天然气。1914年，阿巴拉契亚盆地泥盆系Ohio页岩获得了日产2.83万立方米的高产气流。在该盆地，美国发现了世界上第一个页岩气田——Big Sandy。1926年，Big Sandy气田含气范围由阿巴拉契亚盆地的东部扩展到西部，成为当时世界上已知的最大天然气田。

1973年阿以战争期间的石油禁运和1976～1977年的第一次石油危机，促使美国能源部（Department of Energy，DOE）加快了天然气勘探开发的步伐。1973年，美国能源部联合高校等单位，实施了东部页岩气工程（Eastern Gas Shales Project，EGSP），综合研究阿巴拉契亚盆地、密执安盆地、伊利诺斯盆地的页岩气地质特征，重点研究和开发页岩气的增产措施技术。

1980年，美国联邦政府实施了燃料税贷款计划，对包括页岩气在内的非常规能源的研究和勘探开发投入大幅增加。这一期间研究取得的最重要成果是页岩气的吸附赋存机理。美国通过采用水力压裂技术，使页岩气的储量、产量得到了大幅度的提高[5]。美国先后在阿巴拉契亚盆地 Ohio 页岩、伊利诺斯盆地 New Albany 页岩、密执安盆地 Antrim 页岩、福特沃斯盆地 Barnrtt 页岩和圣胡安盆地 Lewis 页岩实现了页岩气商业开发，其页岩气年产量在 1979 ～ 1999 年的 20 年间净增了 7 倍，1999 年页岩气产量达到 112 亿立方米[6]。

2000 年以后，随着水平井钻井技术及多级分段压裂、同步压裂、重复压裂等技术的快速发展及大规模应用，美国页岩气产业得到了快速发展。特别是福特沃斯盆地 Barnett 页岩气的成功开发，使页岩气年产量由 1999 年的 22 亿立方米快速增加到了 2009 年的 560 亿立方米，20 年间增长了 24 倍。2009 年，美国进行页岩气勘探开发的盆地超过 30 个，围绕“U”形断裂带，由东向西迅速展开，包括 Marcellus 页岩、Fayetteville 页岩、Haynesvill 页岩、Woodford 页岩、Monterey 页岩、Mancos 页岩、Baxter 页岩、Niobrara 白垩系页岩等，产量突破了 900 亿立方米[6]。2010 年，页岩气产量达到 1 378 亿立方米，占美国当年天然气产量的 23%[7]。

加拿大是继美国之后全球第二个对页岩气进行勘探开发的国家，其勘探开发主要集中在不列颠哥伦比亚省东北部中泥盆统 Horn River 盆地与三叠纪 Montney 页岩。目前，Montney 页岩处于商业开发阶段，Horn River 盆地尚处于先导生产试验阶段，其他地区还在早期评价阶段。加拿大页岩气地质资源量为 42.2 万亿立方米，技术可采储量为 11 万亿立方米[8]。2007 年，加拿大第一个页岩气藏投入商业化开发，2010 年页岩气产量达到 100 亿立方米[8]。

北美页岩气勘探开发的巨大成功，引起了世界各国政府和能源公司的高度重视，在世界范围内掀起了页岩气研究、勘探的高潮。2007 年 1 月，在波兰 Baltic 盆地开始进行志留系黑色页岩勘探。与此同时，德国波茨坦地球科学研究中心成立了欧洲第一个专门研究页岩气的机构，其宗旨是在时间和空间领域对欧洲页岩气盆地进行优选。近期，瑞典、印度、阿根廷也有进行页岩气勘探的相关报道。

借助页岩气成功开发经验以及水平井分段压裂技术，美国页岩油产量迅速增加。2007 年，水平井和水力压裂技术在北达科他州和蒙大拿州的威利斯顿盆地中巴肯页岩油藏的开发中得到成功应用。2007 年该地区页岩油产量为 110 万吨，2008 年产量激增至 990 万吨，2009 年页岩油水平井初期产量达到 26.4 ～ 398.9 吨 / 日，年产量达 1 230 万吨，成为美国第五大石油产区。

巴肯页岩油藏开发的巨大成功引发了美国其他地区类似页岩油藏的开发热潮，同时，使美国本土一批老油区重获新生。美国各油气公司纷纷投入巨资，在北达科他、科罗拉多、得克萨斯和加利福尼亚等州寻找类似的石油资源。

目前，伊格弗特（Eagle Ford）页岩油藏的开发进入了快速发展时期，有望形成美国第六大石油产区，最终石油产量可达到 40 亿桶。得克萨斯州中北部的 Fort Worth 盆地 Barnett 页岩以页岩气高产闻名，近年来，页岩油的勘探开发也呈现良好发展趋势，截至 2009 年年底，Barnett 累计页岩油产量达 770 万吨。

分布于美国怀俄明、科罗拉多、内布拉斯加和堪萨斯各州的奈厄布拉勒

（Niobrara）组、新墨西哥州的伦纳德（Leonard）组以及加利福尼亚州的蒙特里（Monterey）组等页岩地层也被认为是具有很大潜力的页岩油资源。有预测认为，到2015年，这些油田的产量可达200万桶/日，将大于整个墨西哥湾的产量。

20.2.2 我国页岩油气产业发展现状

20世纪60年代以来，我国在松辽、渤海湾、四川、鄂尔多斯等含油气盆地进行常规油气勘探开发时，也发现了页岩油气。1966年，四川盆地威5井，在2 795～2 798米井深的寒武系筇竹寺组页岩中获日产量2.46万立方米。2000年以来，我国密切关注北美页岩气的发展动态，并于2007年启动页岩油气勘探。总体来讲，我国页岩油气产业目前尚处于起步阶段，展现出了好的前景。

1.页岩油气资源调查

我国页岩气资源战略调查工作现在处于起步阶段，初步摸清了我国部分有利区富有机质页岩的分布，确定了主力层系；初步掌握了页岩气的基本参数，建立了页岩气有利目标区的优选标准，优选出了一批页岩气富集有利区。国土资源部依据新一轮页岩气资源调查项目阶段成果，于2012年3月1日向社会公布了我国页岩气地质资源量达134.42万亿立方米，可采资源量达25.08万亿立方米。页岩油资源尚处于研究评价阶段。

2.页岩油气勘探开发现状

我国页岩气勘探开发工作目前主要集中在四川盆地及周缘、鄂尔多斯盆地，页岩油勘探主要集中在东部中新生代断陷盆地。

1）页岩气勘探取得了良好的进展

近期勘探证实，四川盆地及周缘具有丰富的页岩气资源，具有中生界陆相、古生代海相两大领域[9]。在中生界陆相领域，中国石化在川东南涪陵地区兴隆101井针对下侏罗统自流井组大安寨段获日产天然气11万立方米、油54立方米，福石1井获日产气12.66万立方米，油68立方米，第一口水平井涪页HF-1井10段压裂获日产气1.78万立方米，中国石化已在涪陵地区正式启动页岩油气产能建设项目。同时，在川东北元坝地区，元坝21等6口井在大安寨段获工业气流，其中元坝21井日产天然气50.7万立方米。在鄂西渝东建南地区，建页HF-1井在下侏罗统自流井组东岳庙段获得工业气流。在古生代海相领域，中国石油在川南长宁地区，宁201H1井水平井针对下志留统龙马溪组分段压裂后初始日产量达15万立方米，威远－长宁国家级页岩气示范区建设项目获国家发展改革委和国家能源局批准。中国石化在川东南彭水地区，彭页HF-1井针对志留系龙马溪组页岩分12段压裂获日产气2.5万立方米，彭水－黄平页岩气示范区获得国家批准。

在鄂尔多斯盆地，延长石油在陕西延安张家滩地区7口井获得页岩气流。中国石化在黔东地区黄页1井、湘中地区湘页1井获低产页岩气流。

2）陆相页岩油勘探展现出良好苗头

中国石化在泌阳凹陷陆相页岩油勘探取得了重要突破，我国第一口陆相页岩油水平井泌页HF-1井完成15级水平井分段压裂，初期最高日产油20.4吨，累计产油超过千吨。

20.3 页岩油气重点技术现状与发展方向

20.3.1 页岩油气地质综合评价技术

目前，针对北美海相页岩的地质特点已经形成了成熟的页岩油气地质综合评价技术，即采用常规地质调查、地球物理勘探、参数井钻探和实验室分析测试等手段，开展页岩油气关键特征参数研究，对页岩油气富集区、核心区、甜点区进行评价与优选。重点包括页岩油气储层评价技术、页岩油气核心区评价技术、页岩油气测井评价技术、页岩油气地球物理“甜点区”识别技术、页岩油气资源评价技术。

20.3.2 页岩油气试验分析技术

在北美地区，除常规油气技术中烃源岩相关的地球化学分析技术外，针对页岩油气形成了特有的相关测试技术，包括：页岩含气量测试技术——对岩心岩样进行游离气、吸附气含量测试；页岩微观孔隙、渗透率评价技术——对页岩进行氩离子抛光后，观察纳米级孔隙结构，确定孔隙度，如采用脉冲降压、GRI（Gas Research Institute，即美国天然气研究院）法测试页岩渗透率。

20.3.3 水平井钻井技术

水平井的大量应用推动了美国页岩气的快速发展，目前几乎所有页岩油气均采用水平井开发。该技术系列包括页岩井壁稳定控制技术、页岩油气水平井井眼轨迹优化与控制技术、页岩油气水平井钻井液关键助剂与体系研发技术、页岩油气水平井长水平段快速钻井技术、页岩油气水平井固井综合配套技术。

20.3.4 页岩储层压裂改造技术

页岩储层压裂改造技术大幅提高了页岩油气产量，对页岩油气的商业化开发起到了决定性作用。目前，北美的页岩储层压裂技术已经十分成熟，并在不断尝试成本更低、更加环保的压裂技术。储层压裂技术包括：页岩压裂改造储层评价与压裂改造设计与实施技术——通过页岩储层可压性评价，形成符合不同页岩的不同的压裂工艺措施和压裂液体系；页岩储层压裂配套工具研发与应用技术——目前已经形成裸眼封隔器＋滑套分段压裂、泵送可钻式桥塞分段压裂、水力喷射压裂、无水压裂等配套工具与应用技术；压裂裂缝监测技术——通过微地震、测井等技术监测储层压裂改造效果。

20.3.5 页岩油气开发技术

在北美，页岩油气已经形成了成熟配套的开发技术系列，主要采用低成本、井工厂模式进行开发，主要包括页岩油气试采评价、页岩油气井工厂开发模式、页岩油气开发经济评价、环境保护与水资源综合利用等配套技术。

20.3.6 我国页岩油气产业重点技术面临的差距

我国页岩油气产业起步较晚，在页岩油气地质综合评价技术方面，已经初步完成了页岩油气资源潜力的普查与有利区优选工作，基本形成了页岩油气富集区评价技术。但针对页岩油气的试验分析技术、水平井钻井技术、页岩储层压裂技术，目前尚处于攻关、试验阶段；页岩油气开发的关键技术目前更是处于空白阶段。

20.4 页岩油气产业布局与发展重点

20.4.1 产业布局

我国高度重视页岩油气资源的开发与利用，已将页岩油气资源的开发作为我国能源战略中的重要举措之一。温家宝总理、李克强副总理等国家领导人多次对页岩气的发展作出了批示。温总理在冰岛考察时特别提出："当今世界，能源正孕育一场变革，要特别关注两个领域：一个是页岩气，另一个是地热。"

2012 年 3 月 16 日，国家能源局颁布《页岩气发展规划（2011—2015 年）》，提出：一是基本完成全国页岩气资源潜力调查与评价，初步掌握全国页岩气资源量及其分布，优选 30 ～ 50 个页岩气远景区和 50 ～ 80 个有利目标区；二是探明页岩气地质储量为 6 000 亿立方米，可采储量为 2 000 亿立方米，2015 年页岩气产量达到 65 亿立方米；三是形成适合我国地质条件的页岩气地质调查与资源评价技术方法，页岩气勘探开发关键技术及配套装备；四是形成我国页岩气调查与评价、资源储量、试验分析与测试、勘探开发、环境保护等多个领域的技术标准和规范。

目前，关于页岩油国家尚未形成规划，预计 2015 年将通过技术攻关，可实现页岩油规模性商业开发的突破。

20.4.2 面临的主要挑战

一是我国页岩油气藏与北美相比，具有海相、陆相、过渡相多种类型[10]，其形

成、富集、演化程度及保存条件与北美相比具有一定的差异性。起步相对较晚，前期基础研究工作与国外相比存在不小的差距，导致我国对自身的页岩油气资源认识程度低，制约了我国页岩油气的快速发展。

二是页岩油气有效开发取决于关键性技术的突破与应用。北美页岩油气的快速发展得益于水平井钻井技术和分段压裂技术等关键性技术的广泛运用。目前，我国页岩油气开发的关键技术——水平井分段压裂主要引自国外的技术、工具、材料及配套设备。尽管近年来我国在某些技术、工具、材料、配套准备方面已取得突破，但还处于现场试验、试用阶段，尚未形成有效、成熟的关键技术，这些都制约了我国页岩油气的快速发展。

三是页岩油气的勘探开发是一个系统工程，低成本是非常规油气商业化规模开发的关键。我国页岩油气等非常规资源富集区多位于我国中、西部地区，而这些地区存在地形条件复杂、水源缺乏、管网资源较少等不利因素，如何降低成本，实现规模性商业化开发是当前面临的一个挑战。

20.4.3　产业发展重点

1）开展我国页岩油气示范区建设，以此推动我国页岩油气产业发展

在前期页岩油气突破地区，开展全国页岩油气调查评价、勘探开发和综合利用一体化示范区建设，推动页岩油气产业的快速形成和发展。通过“示范区”建设，推动科技攻关，形成页岩油气适应性关键技术系列，形成我国页岩油气产业的标准和规范，形成页岩油气低成本、市场化运作的综合利用模式，形成页岩油气环境保护模式，实现《页岩气发展规划（2011—2015年）》制定的产量目标。

2）建立“三个体系”

一是针对我国页岩油气的成藏特点，加强页岩油气的形成和富集规律的基础研究，建立我国页岩油气地质理论体系。重点开展四个方面的基础研究攻关：①我国多类型页岩有机质富集规律研究；②我国多类型富有机质页岩储集特征与含油气性研究；③我国多类型页岩油气富集高产主控因素研究；④我国多类型泥页岩岩石物理特征与网状裂缝形成机理研究。

二是加大科技攻关力度，突破技术瓶颈，形成适合我国页岩油气特点的勘探开发技术体系。重点开展七个方面的配套技术攻关：①页岩油气资源评价技术；②页岩油气有利区带、有利目标优选评价技术；③页岩“甜点区”地球物理预测技术；④页岩油气水平井钻完井技术；⑤页岩储层改造及提高单井产能技术；⑥页岩油气高效开发与利用技术；⑦页岩油气经济评价技术。

三是编制适合我国国情的页岩油气勘查规范、页岩油气资源储量计算法规范、采样及实验室测试技术规范等，建立页岩油气标准体系。

20.5 促进页岩油气产业发展的建议

（1）建议尽快落实页岩气产业化优惠政策的实施细则，适时推进页岩油开发利用优惠政策的制定。目前，国家已经出台页岩气“十二五”规划，规划中明确提出：参照煤层气财政补贴政策，研究制定页岩气具体补贴政策；页岩气出厂价格实行市场定价；优先实行用地审批等优惠政策。相关部门需要尽快落实相关政策的实施细则，同时鉴于目前尚未制定与页岩油相关的鼓励政策，建议国家参照页岩气优惠政策，适时制定页岩油相关鼓励政策。

（2）鼓励企业开展页岩油气勘探开发设备的研发、制造，并给予相应的财税支持。“装备尽快国产化”，装备国产化是页岩油气勘探开发降低成本的关键，应鼓励企业加大对页岩油气技术的研发力度，对页岩油气配套工程设备研发制造企业给予一定的政策扶持。同时，对进口页岩油气关键技术设备给予国家优惠或免税政策。

（3）应按照科学有序、安全环保的原则进行页岩油气的开发和利用。我国目前已发现的页岩油气资源主要集中于常规油气富集区内，国家应鼓励常规油气与页岩油气的开发利用相互兼顾、科学有序，实现效益互补，并逐步推动页岩油气资源的有效开发与利用。此外，页岩油气的开发利用需要大量水资源、土地资源，针对我国当前这些资源紧缺的现状，国家应制定相关政策或者给予资金支持，鼓励企业重复利用压裂液，尽量减少土地使用面积等，并鼓励企业加大安全环保投入，实现页岩油气产业的科学、有序、可持续发展。

参考文献

[1] 孙赞东，贾承造，李相方，等 . 非常规油气勘探与开发 . 北京：石油工业出版社，2011.

[2] 邹才能 . 非常规油气地质 . 北京：地质出版社，2011.

[3] 胡文瑞，翟光明，雷群，等 . 非常规油气勘探开发新领域与新技术 . 北京：石油工业出版社，2010.

[4] 蒋裕强，董大忠，漆麟，等 . 页岩气储层的基本特征及其评价 . 天然气工业，2009，29（10）：7 ～ 12.

[5] Curtis J B. Fractured shale-gas systems. American Association of Petroleum Geologists（AAPG）Bulletin，2002，86（11）：1921 ～ 1938.

[6] U.S. Department of Energy，Office of Fossil Energy，National Energy Technology Laboratory. Morden shale gas development in the United States. Washington，2009.

[7] U.S. Department of Energy.Review of emerging resources：U.S. shale gas and shale oil plays. Washington，2011.

[8] Kuuskraa V，Stevens S，van Leeuwen T，et al. World shale gas resources：an initial assessment of 14 regions outside the United States. Research Report of U. S. Energy Information Administration，2011.

[9] 包书景 . 非常规油气资源展示良好开发前景. 中国石化，2008，（10）：29 ～ 30.

[10] 翟光明，何文渊，王世洪. 中国页岩气实现产业化发展需要重视的几个问题 . 天然气工业，2012，32（2）：1 ～ 4.

缩略词表

shale gas：页岩油气

DOE：Department of Energy，即美国能源部

EGSP：Eastern Gas Shales Project，即东部页岩气工程

GRI：Gas Research Institute，即美国天然气研究院

第 21 章

智能电网产业

韩英铎　彭苏萍　黄其励　王成山　谢小荣

【内容提要】 智能电网（smart grid）是以电网和电能为对象，融合信息、通信、传感、计算机网络等多技术领域的新兴产业，也是我国国家战略重点之一。为推进智能电网产业的培育与发展，本章在总结其发展现状和趋势的基础上，首先重点分析了智能电网产业重点技术的现状与发展方向，即新一代电力系统调度自动化和保护技术、综合能源系统技术、高效优质配用电技术、新型电力电子技术、大容量高效电能储存技术；其次阐述了智能电网产业的市场规模与重点布局，继而以国家电网公司和南方电网公司为重点案例分析了我国智能电网产业的进展情况；最后，就促进智能电网产业发展提出了一些政策建议。

21.1　智能电网产业发展现状和趋势

21.1.1　智能电网产业的基本概念与范畴

智能电网是在传统电网基础上，将电力技术与信息、通信、传感、计算机网络技术等高度融合，集数字化、自动化、智能化、信息化于一体，实现电网与用户间互动的新一代电网，代表了 21 世纪电气技术和产业的未来发展方向 [1, 2]。它将成为

可充分利用、广泛分布的可再生能源的基础设施，是实现节能减排和减缓气候变暖的一种有希望的途径。智能电网将能满足信息时代高电能质量、高供电安全和高可靠性的要求；它能实现与用户的密切互动，提高电力部门与用户双方的电能和资产利用率。

智能电网的基本特征主要体现在安全、可靠、优质、高效、兼容、互动等方面。它不是一项具体的技术，而是将通信、计算机、高级传感与测控、新型电力电子等技术在输配电系统中的集成应用与融合，代表着现代电网建设的理念、目标。智能电网的实施是一项系统工程，涉及输电、配电、用电的各个环节，涵盖能源、环境、社会和经济等多个方面，其发展需要多学科、多领域的共同支持。随着人们对智能电网认识与理解的不断深入，智能电网的相关技术也将不断发展变化，全面实现智能电网的建设目标是一个逐渐积累、不断创新的过程。

21.1.2　智能电网产业发展现状

智能电网引起了世界各国的高度关注，各国纷纷结合自身国情提出了相关的技术标准和战略规划，并搭建相关研究平台，力争掌握主动权。针对智能电网技术，美国和欧洲已经形成了强大的研究群体，研究内容覆盖发电、输电、配电和用电等环节；许多电力企业也在如火如荼地开展智能电网建设实践，技术与具体业务的有效结合，使智能电网建设在企业生产经营过程中切实发挥作用，最终达到提高运营绩效的目的。由于世界各国的能源分布和具体国情有别，经济发展水平等具体情况不同，其智能电网的建设动因和关注点也存在一定的差异。

1）国外智能电网发展现状

解决能源安全与环保问题，应对气候变化，抢占产业制高点，创造新的经济增长点与增加就业岗位，是国外主要发达国家发展智能电网的共性经济动因。但由于国情不同，各国发展智能电网的基础和侧重点也有所不同。美国和欧洲的电网设施普遍陈旧，需要通过电网升级改造提高系统可靠性和资产利用率水平。因此，近期和中期美国主要侧重于加大对现有网络基础设施的投入，积极发展清洁能源发电，推广可插电式混合动力汽车，实现分布式电源和储能的并网运行，同时大力推广应用智能电表，更好地支持需求侧响应，提高电力系统资产利用效率与能源使用效率；欧洲则主要侧重于解决电网对风电（尤其是大规模海上风电）的消纳、分布式电源并网、需求侧管理等问题。对日本而言，其电力系统的自动化水平较高，可靠性和运行效率已经达到了较高水平，近期和中期其智能电网的发展主要侧重于解决分布式光伏发电的大规模并网问题，以及电动汽车和电网的互动问题。

（1）美国。美国国会先后颁布了《能源独立与安全法案》和《复苏与再投资法案》，用法律形式确立了智能电网的国策地位。在法案颁布后 2 ～ 3 年其向电力传输部门投资 110 亿美元，其中能源部所属电力传输与能源可靠性办公室获得了 45 亿美元，用于智能电网项目资助、标准制定、人员培养、能源资源评估、需求预测与电网分析等，并将智能电网项目配套资金的资助力度由 2007 年的 20% 提高到了 50%；在示范工程方面，共有 32 项示范工程入选，如美国邦纳维尔电力管理局（Bonneville Power Administration，BPA）电力公司和美国西部电力管理局（Western Area Power Administration，WAPA）电力公司各获得 32.5 亿美元的国库借款权。

（2）欧洲。2006 ～ 2008 年，欧盟依次发布了《欧洲未来电网的愿景与战略》、《战略性研究计划》、《战略部署文件》三份战略性文件，构成了欧盟的智能电网发展战略框架。就其主要成员国来看，英国 2009 年依次发布了《英国可再生能源发展战略》和《英国低碳转型计划》两份战略性文件，宣布了其新的智能电网建设计划——将在 5 年内投资 5 亿英镑建设 4 个“智能城市”；德国 2009 年发布了名为《新思路、新能源——2020 年能源政策路线图》的战略性文件，并在 2008 年联合启动了“E-Energy”示范工程计划，目前已确定 6 个灯塔示范项目，分别由 6 个技术联盟负责实施，政府投入 6 000 万欧元，另外 8 000 万欧元由技术联盟自筹。

（3）日本和韩国。日本于 2009 年 4 月公布了《日本发展战略与经济增长计划》，其中包括太阳能发电并网、未来日本智能电网实证试验、电动汽车快速充电装置等与智能电网密切相关的内容。日本电气事业联合会在 2009 年 7 月表示，将全面开发“日本版智能电网”。韩国在 2008 年发布了“绿色能源工业策略”，推出了“韩国版智能电网”设想。

2）我国智能电网发展现状

目前，在与智能电网密切相关的可再生能源发电发展方面，我国启动了多项“973”和“863”计划项目予以支持。“十一五”期间，国家在三大先进能源技术领域设立的重大项目和重点项目包括以煤气化为基础的多联产示范工程、兆瓦级并网光伏电站系统、太阳能热发电技术及系统示范、分布式发电供能系统相关基础研究等项目。科技部、中国科学院、中国工程院等都专门组织了针对智能电网发展策略的研究工作。国家电网公司、南方电网公司以及各省电力公司等也都将智能电网规划建设纳入议事日程，作为头等大事来抓，制定了智能电网发展路线图；并在输电系统一次电网和二次信息系统建设以及智能化方面取得了很大的进展。

21.1.3 智能电网产业发展基本趋势

智能电网产业发展的总体目标是突破大规模间歇式新能源电源并网与储能、智能配用电、大电网智能调度与控制、智能装备等智能电网核心关键技术，形成具有自主知识产权的智能电网技术体系和标准体系，建立较为完善的智能电网产业链，基本建成以信息化、自动化、互动化为特征的智能电网，推动我国电网从传统电网向高效、经济、清洁、互动的现代电网升级和跨越。在示范工程和产业培育方面，建成 20 ～ 30 项智能电网技术专项示范工程和 3 ～ 5 项智能电网综合示范工程，建设 5 ～ 10 个智能电网示范城市、50 个智能电网示范园区，并通过投资和技术辐射带动能源、交通、制造、材料、信息、传感、控制等产业的技术创新和发展，培育战略性新兴产业，带动相关产业发展，打造一批具有国际竞争力的科技型企业，建设一批拥有自主知识产权和知名品牌、核心竞争力强、主业突出、行业领先的大企业（集团）。

2010年，我国启动了先进能源技术领域“智能电网关键技术研发（一期）”“863”重大项目，目前已经完成了对智能电网关键技术研究计划的制订，全面启动了关键技术及装备的研发和工程化试点工作。到2015年，我国将在智能电网关键技术和装备上实现重大突破和工业应用，形成具有自主知识产权的智能电网技术体系和标准体系；突破可再生能源发电大规模接入的关键技术，实现可再生能源规模化并网发电的友好接入及互动运行；积极发展储能技术，提高电网对间歇性电源的接纳能力，解决大规模间歇性电源接入电网的技术和经济可行性问题；完成智能输变电示范工程在部分重点城市的推广应用，对其用户的供电可靠度达到每年每户停电小于2小时；基本建成智能调度技术支持系统和安全、规范、全覆盖的信息支撑网络；选择适当的地域建设3～5项智能电网集成综合示范工程；形成较为完善的智能电网产业链，打造一批具有国际竞争力的高新技术企业。到2020年，关键的智能电网技术和装备达到国际领先水平，重点解决电网合理布局、高效输配、优化调度、增强保障度、有效降低经济成本等问题；建成符合我国国情的智能电网，使电网的资源配置能力、安全水平、运行效率大幅提升，使电网对于各类大型能源基地，特别是集中或分散式清洁能源接入和送出的适应性，以及电网满足用户多样化、个性化、互动化供电服务需求的能力显著提高；全面满足消纳大规模风电、光电的技术需求，为培养新的绿色支柱能源提供畅通的电力传输通道，城市用户的供电可靠度达到每年每户停电小于1小时。

21.2 智能电网产业重点技术现状与发展方向

智能电网是实施新的能源战略和优化能源资源配置的重要平台，它涵盖了发电、输电、变电、配电、用电等各环节，并广泛利用先进的信息和材料等技术，实现清洁能源的大规模接入与利用，提高能源利用效率，确保安全、可靠、优质的电力供应。智能电网技术是电网领域的一次重大技术革命，也是本轮能源技术变革的重要内容。发展智能电网技术是实现我国电网跨越式发展的重要途径，对新能源发电、储能、信息与通信、电力电子装备等战略性新兴产业具有重大的支撑作用。智能电网具有很强的辐射能力和拉动作用，可带动相关产业发展与升级。因此，智能电网涉及的产业门类和关键技术非常广泛，但核心的并可在未来5～10年内取得突破性发展的关键技术主要有5项，其间的关系如图21.1所示，应对这些技术产业进行重点布局。

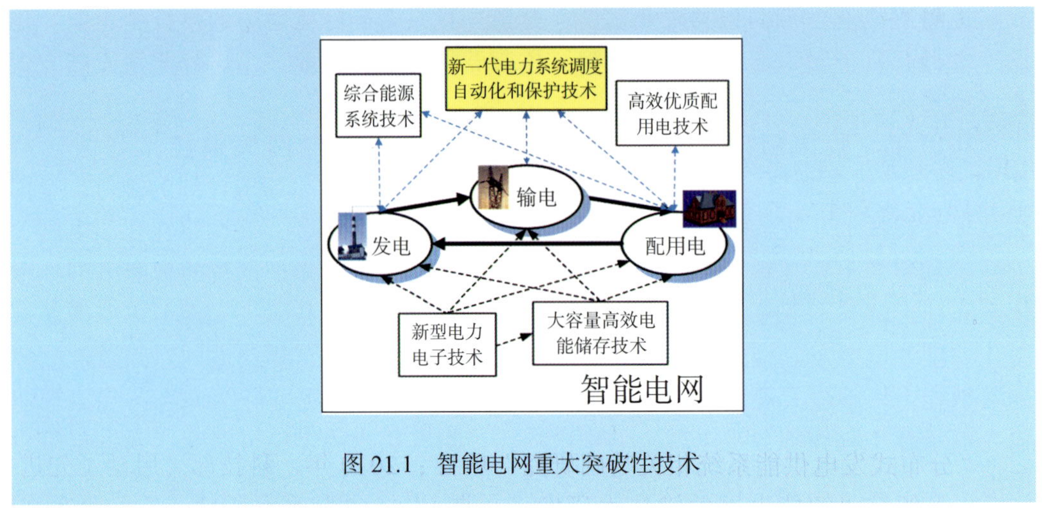

图 21.1 智能电网重大突破性技术

21.2.1 基于广域动态安全监测和物联网的新一代电力系统调度自动化和保护技术

电网调度作为电力系统最主要、最核心的决策功能部分，是维持电能生产、保障电网正常运行和发展的重要手段；电网保护是保证电网设备安全和整体稳定运行的关键功能；调度和保护智能化是实现智能电网的核心问题之一。

相关的核心技术包括：①基于全局动态监测的电力系统智能调度技术；②基于全局动态反馈与协调的广域稳定控制技术；③动态监测—在线辨识—广域控制一体化技术；④系统级广域保护技术；⑤广域动态监测与物联网技术相结合，促动电网能量流和信息流的融合，推进智能电网的发展。目前我国在上述各个方面均有较好的创新基础，例如：①广域测量系统 / 相量测量单元（wide-area measurement system/ phasor measurement unit，WAMS/PMU）技术发展迅速，基本覆盖调度系统涉及的主要厂站，为新一代电力调度自动化和保护系统奠定了坚实的信息基础。②能量管理系统（energy management system，EMS）在国家电网、南方电网以及各区域、省、市级电网中均得到了广泛应用；在理论方法上形成了时间—空间—目标三维协调的能量管控理念；在装备方面正自主构建以 D5000 为代表的国产系统。③广域控制方面，从理论与仿真角度，在输入信号与控制器布点选择、广域控制器设计、时滞对控制稳定性的影响等方面进行了大量的工作，并在南方电网实施完成了基于广域信息的多直流功率调制控制系统，为广域阻尼控制奠定了坚实的基础。④广域保护目前已有示范性系统。⑤智能电网中物联网技术方面，近几年，我国针对电力系统领域物联网的共性问题进行了深入研究，并迈出了尝试性工程实践的步伐。

新一代电力系统调度自动化和保护技术的发展路线是：在近期研发各项关键技术与装备，中期完善系统级产品及局部试运行，远期推广应用并逐渐融合成主导电力系统调度和保护的集成系统。目标是：形成新一代电网调度、控制和保护系统及其产品系列，从而提升电网的自动化水平、输电容量和设备利用率。

21.2.2　综合能源系统技术及应用

目前，对于可再生能源的开发与利用在技术上主要包括集中式开发与分布式利用两种方式。相对于可再生能源的大规模集中消纳，分布式能源发电技术能够充分、合理、有效地应用各种可再生能源，可以提高供电可靠性，同时具有较高的灵活性、适应性与能源利用效率，是智能电网技术发展的重要推动力。

在综合能源系统领域的研究、推广与应用方面，应重点开展以下几个方面的工作：①综合能源系统中的能量转换与高效利用技术；②分布式能源发电并网关键技术；③综合能源系统规划、设计、控制与保护技术；④综合能源系统的运行优化与能量管理技术。

在综合能源系统研究方面，2009年国家重点基础研究发展计划（“973”计划）支持“分布式发电供能系统相关基础研究”项目；2010年，科技部又启动了先进能源技术领域“智能电网关键技术研发（一期）”“863”重大项目，开展分布式能源发电与微网技术的研发。在分布式太阳能利用方面，金太阳工程支持规模不少于300千瓦的城市建筑物屋顶光伏并网发电系统的建设，实现光伏—建筑一体化，并对与电网相连的发电系统按其成本的50%进行补贴；同时，在农村地区建设离网发电系统，并按照其成本的70%进行补贴。在分布式风能利用方面，2011年，国家能源局印发了《分散式接入风电项目开发指导意见》，指出要在用电负荷中心附近建设分布式风力发电项目。在利用天然气发电的分布式能源开发利用方面，主要是以天然气为燃料，通过冷热电三联供等方式实现能源的梯级利用，使综合能源利用效率在70%以上，并在负荷中心就近实现能源供应的现代能源供应方式。在综合性示范工程建设方面，2011年9月，中新天津生态城智能电网综合示范项目投入试运行；2012年3月，中国国电集团公司旗下的龙源电力集团股份有限公司在新疆吐鲁番新能源城市的微电网示范工程项目获得国家发展改革委、国家能源局、国家电力监管委员会的联合批复，该项目是目前国内装机容量最大、涉及用户范围最广的微网项目。

综合能源系统技术及应用的发展路线是：近期发展出相关的分布式电源及微网并网技术、保护与控制技术、综合能源系统协调规划方法，解决高渗透率间歇性电源接入电网的技术和经济可行性问题；远期在综合能源系统中的能量转换与高效利用技术方面实现重大突破和工业应用，形成具有自主知识产权的分布式能源发电与微网技术体系和标准体系，提高分布式发电及微网并网技术和应用水平。目标是：保证分布式电源及微网高渗透率下智能配电系统的可靠运行，实现各种分布式电源及微网的安全、可靠、方便地接入，为各种可再生能源发电、洁净能源发电的并网运行提供便捷的平台；使分布式发电与大容量集中发电相结合，互为补充，一方面减少大规模互连电网存在的安全隐患，提高供电可靠性，另一方面提高分布式发电系统供能质量，在用电高峰时减轻电网负担，缓解用电矛盾。

21.2.3 高效优质配用电技术

配电网直接面向用户，是保证供电质量与客户服务质量，提高电力系统经济效率的关键环节。但是，长期以来，我国电力系统存在“重发、轻供、不管用”现象。配电网投资欠账多，配电网网架薄弱，自动化与智能化水平低，是目前制约供电质量、运行效率、客户服务水平提高的瓶颈。国际上发电、输电、配电投资比例一般在 1∶0.45∶0.7 左右，而我国在 2000 年以前的投资比例是 1∶0.21∶0.12，我国配电网性能与世界先进水平还有很大差距，如图 21.2 所示。

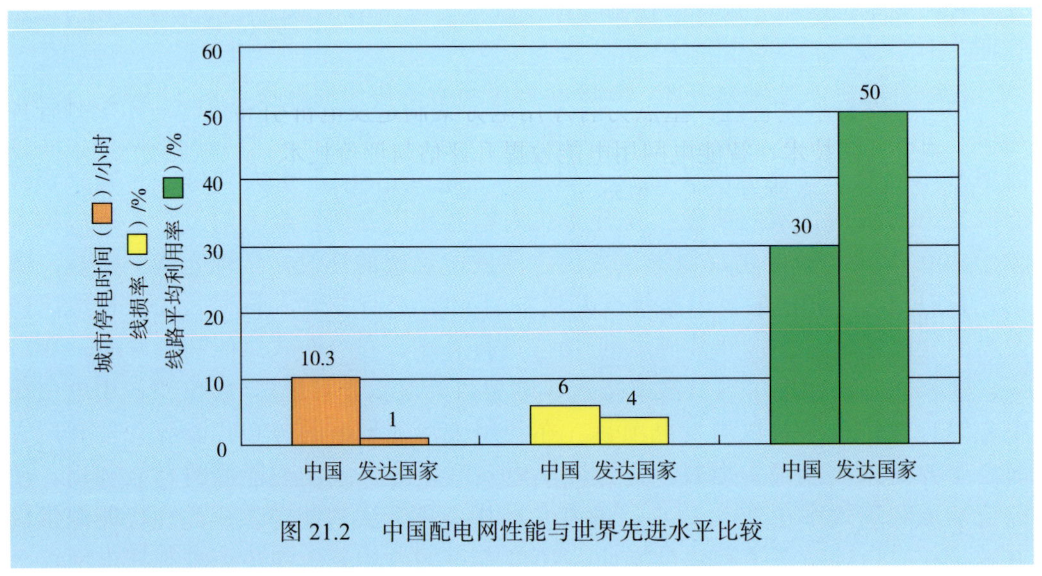

图 21.2 中国配电网性能与世界先进水平比较

高效优质配用电核心技术包括以下几个方面：

（1）高级配电自动化技术。覆盖有源配电网监视、保护、控制等方面，重点为分布式智能控制、配电网广域测控、智能配电终端、故障自愈和有源配电网保护与监视技术等。

（2）智能配电网信息集成技术。重点为智能配电网信息系统与架构、信息模型、海量数据存储处理、数据融合与数据挖掘、分布式系统集成技术、信息安防与运维技术。

（3）配电网智能分析与智能调度技术。重点为智能配电网分析技术、快速仿真与模拟技术、智能调度运行和可视化调度技术。

（4）高级资产管理技术。重点为面向供电可靠性和电能质量提高的配电网络规划方法、考虑全电压等级序列协调的电网规划模型和方法、智能配电网规划理论与方法、设备状态检修监测与状态检修技术、设备的全寿命周期成本管理技术。

（5）柔性配电/定制电力技术。作为柔性交流输电技术（flexible alternating current transmission system，FACTS）在配电系统应用的延伸，柔性配电技术（distribution flexible alternating current transmission system，DFACTS）应用现代电

力电子和控制技术实现电能质量的控制与改善，为用户提供供电质量符合其特定需求的电能，又称为定制电力技术（custom power）。重点为电能质量监测评估与定制电力技术、DFACTS 设备及其关键技术、DFACTS 设备应用与运行技术。

（6）故障电流限制（fault current limiter，FCL）技术。重点研发智能化固态和超导 FCL 技术，并深入探讨 FCL 参数对电网短路暂态行为的影响与作用。

（7）智能读表与用户互动技术。智能电表是实现配电与用电智能双向互动的基础和关键。重点研发智能表计及其相关技术、用户门户接入和户内网络支撑技术以及电网与用户双向互动支撑技术。

（8）智能量测体系及技术。重点为智能量测体系信息传输技术、海量数据处理及信息挖掘共享技术、量测数据管理系统。

（9）智能需求侧管理。重点为有序用电方案制定及电价引导机制、需求侧管理与用户响应支撑技术、智能电网用电能效提升评估与评价技术。

（10）电动车充放电技术。电动汽车能源供给是其中的一项关键因素。重点为电动汽车充放电关键设备、电动汽车充放电管理系统、电动汽车充放电与电网控制和调度交互技术。

国家电网公司在 2009 年 8 月发布了《智能电网第一阶段重点项目实施方案》。其中，在配用电环节中分别设置了“配电自动化试点工程”、“用电信息采集系统试点工程”、“电动汽车充放电站试点工程”、“智能用电小区 / 楼宇”等项目。此外，还包括“上海世博园智能电网综合示范工程”和“中新天津生态城智能电网综合示范工程”两个综合示范项目。2011 年，国家“863”计划在先进能源技术领域的智能电网重大专项中投入数亿元，设立两个方向共 7 项课题，来开展智能配用电关键技术的研发。这些课题主要面向分布式电源、储能、电动汽车等新元素接入后有源配电系统与电源 / 负荷进行充分交互的相关技术，提升配电网运行的可靠性、经济性、资产利用率和可再生能源接纳水平。

产业化发展路线为：近期（2015 年之前）在试点城市完成智能配用电技术中的高级配电自动化、智能调度、资产管理、智能量测 / 需求侧管理等软件系统建设，形成智能电表、DFACTS 和故障限流器的控制策略、实现方案与成熟产品；远期（2020 年）在发达城市的主城区初步实现含高级配电自动化、智能调度、资产管理、定制电力、故障限流、智能量测 / 需求侧管理等技术的智能配用电服务网络。目标是：形成规模化的智能电表、DFACTS 和故障限流器及其产品系列；形成规模化的高级配电自动化、智能调度、资产管理、智能量测 / 需求侧管理软件系统及其产品系列；在智能配用电网络中充分发挥可再生能源、可调控负荷的作用，实现配用电一体化规划、调度、运维管理的相关技术。

21.2.4 新型电力电子技术及应用

电力电子技术在电力系统中的应用已经得到广泛认可，在智能电网中电力电子技术也将发挥关键作用。智能电网的一个重要目标就是使电力系统具备灵活和智能可控性，而先进的功率变换技术是实现智能电网中功率控制和管理的底层基础。

核心技术包括：新型电力电子器件；高效率高功率密度电压源换流器；直流断路器技术；直流变压器技术；柔性交流输电技术；柔性直流输电技术；大规模多端直流网络；直流电网规划运行控制理论与技术。

目前，我国在以上各关键技术方面均有一定基础，但未来的发展潜力仍然很大。从未来的产业化发展来看，应重点关注柔性直流输电系统、直流断路器和直流变压器等技术及其应用产业。预计 2015 年以后，世界电网建设中将有超过 20% 的资金投资于直流电网。因此，掌握直流电网关键设备的核心技术，并应用直流电网实现高效供电和支持新能源的接入，具有广阔的前景。

21.2.5 大容量高效电能储存技术及应用

高效储能技术在输电、配电、用电等领域均可发挥重要作用。在输电环节，高效储能技术可以为电网安全稳定运行提供调频、调压以及功率控制等功能；在配电环节，高效储能技术可以提供电能质量控制、动态无功支撑、黑启动、热备用等功能；在用电领域，高效储能技术可以提供错峰用电、应急电源等功能。高效储能技术有望改变电能无法大量存储的现状，是智能电网调控发、输、配、用等环节的关键技术，是落实节能减排重大国策的重要途径之一。高效规模储能技术也可用于政府重要部门、军事基地等应急供电，增强要害部门抵抗事故、灾害和战争打击的能力。因此，开发高效的规模储能技术意义非常重大，而且非常迫切。

核心技术包括：

（1）大容量、低成本和高安全性的储能电池技术。重点为规模储能的化学电源关键材料开发和产业化、规模储能的化学电源的工程化、规模储能的化学电源的模块化、规模储能的化学电源储用耦合调控技术。

（2）兆瓦级高效储能系统的集成和并网控制技术。重点为兆瓦级高效储能系统海量电池先进管理、兆瓦级高效储能系统功率变换、兆瓦级高效储能系统高级应用技术等。

电能的存储与电池技术的发展密不可分。目前，全世界范围内的大容量锂离子电池储能系统正处于研究与初步应用阶段。2008 年，美国 A123 Systems 公司开发出 H-APU 柜式磷酸铁锂电池储能系统，并在智利的 Los Andes 变电站提供了 12 兆瓦的电池储能系统，投入商业运行，主要用于调频和系统备用。在国内，深圳比亚迪公司 2009 年开发出了基于磷酸铁锂电池储能技术的 200 千瓦 ×4 小时柜式储能电站和 1 兆瓦 ×4 小时储能示范站；2011 年南方电网公司投资建设的 5 兆瓦 ×4 小时深圳宝清电池储能站正式投运。国家电网在张北建设的 32 兆瓦的电池储能站，投运后将是国内最大的电池储能站。我国在电池管理系统（battery management system，BMS）方面取得了很大的突破，与国外水平也较为接近，很多方面都已进入实际应用阶段；但仍有一些部分不够完善，有待进一步改进和提高。功率转换系统是直流电池和交流电网连接的中间环节，是储能系统能量控制的核心。而大容量电池储能系统并网运行在国内外都处于探索研究阶段，如何充分利用电池储能系统快速灵活的控制功能，为电网高效、可靠运行提供帮助，是电池储能系统高级应用控制研究的核心问题。清华大学研究开发的电池储能系统高级应用控制软件包考虑了储能电站削峰填谷、孤岛检测、动态调频、动态调压、新能源接入、电能质量治理等多种功能模式，已成功应用于南方电网深圳宝清电池储能站。

产业化发展路线为：近期进行关键技术研发，掌握工程化技术，初步具备演示示范能力；中期进一步完善系统级产品，形成规模装备产业能力和评价能力；远期具备规模储能电源系统的运行和保障能力，推广应用并逐渐主导规模储能系统。目标是：形成规模储能电源及其产品系列；在智能电网及可再生能源利用中植入规模储能电源并获得耦合调控能力，形成主动致稳技术。

21.3 智能电网产业市场规模与重点布局

智能电网的产业范围非常广，不仅包括电力系统自身的发电、输电、变电、配电、用电五个环节及调度共六大领域；而且，在智能电网的建设和运行过程中，信息化的支撑也是必不可少的。从业界的认知来看，智能电网将具有信息化、自动化、互动化三大特征，而物联网则是实现这三大特征的重要推手，物联网技术的应用，对提升智能电网在发电、输电、变电、配电和用电五大环节的信息收集、信息智能处理、信息双向交流都有着重要的作用。物联网的应用，能够更好地提升现有输电能力和各级电力设备的利用率，提升电网的安全性和可靠性，提升用户的用电质量和用电效率，并为用户提供更加智能化、个性化的服务，而这些都将对智能电网的建设带来正面的影响[3]。

2012 年 3 月，科技部发布的《智能电网重大科技产业化工程“十二五”专项规划》表示，为支持智能电网发展，需要对以下产业进行布局：①清洁能源发电，智能电网建设将大幅度提高电网接纳间歇性清洁能源发电能力，这是清洁能源发电进一步快速发展的前提；②清洁能源发电设备制造，如风力发电、太阳能发电等；③新材料产业，如光电转换材料、储能材料、绝缘材料、超导材料、纳米材料等；④电网设备制造产业，如新型电力电子器件、变压器等；⑤信息通信、仪器仪表、传感、软件等；⑥新能源汽车产业。此外，智能电网还涉及家电等消费类电子产业。

从上面的分析可见，智能电网产业的范围非常广，不仅其自身涵盖领域多，而且还可带动一系列相关产业的升级发展。

由于涉及面广，时间跨度较大，目前对于智能电网的整体投资规划尚难以准确估计，但可以从以下不同侧面分析这一新兴产业未来发展的巨大规模和广阔前景。

（1）电网公司规划。国家电网公司制定了《智能电网发展规划纲要》，规划到 2020 年智能电网总投资规模接近 4 万亿元。南方电网公司也制订了相应的投资计划。

（2）省 / 市的投资规划。如上海市经济和信息化委员会指出，上海智能电网产业规模将超过500亿元；根据《江苏智能电网产业推进方案》，2015年江苏省智能电网产业总产值将突破3 000亿元。

（3）第三方机构。如赛迪顾问股份有限公司在其《智能电网发展现状分析及投资机会建议》中预计，至2015年智能电网建设带动的产业规模将接近2万亿元。

综上所述，智能电网新兴产业的规模估计应在万亿元级别，且会带动一系列相关产业的升级发展。

21.4 智能电网产业发展重点案例

智能电网产业领域的企业，主要包括两大电网公司（含其附属科研单位）以及一些与电力相关的上、下游企业，另外还有高等院校的科研院所。下面以国家电网公司和南方电网公司这两家主导我国电网的大型企业为案例，分析其智能电网的产业布局。

1）国家电网公司

国家电网公司提出了坚强智能电网的概念，制定了《智能电网发展规划纲要》，已规划到2020年智能电网总投资规模接近4万亿元。国家电网公司的规划目标是构建以特高压电网为骨干网架、以各级电网协调发展的坚强网架为基础，以通信信息平台为支撑，具有信息化、自动化、互动化特征，包含电力系统的发电、输电、变电、配电、用电和调度各个环节，覆盖所有电压等级，实现“电力流、信息流、业务流”高度一体化融合的现代电网。按照“统一规划、分步实施、试点先行、整体推进”的原则分三个阶段实施建设。第一阶段（2009～2011年）为研究试点阶段，完成坚强智能电网的整体规划，形成顶层设计；加强各级电网建设，开展关键性、基础性、共用性技术研究，进行技术和应用试点。第二阶段（2012～2015年）为全面建设阶段，形成坚强智能电网建设标准，规范建设要求；跟踪发展技术进步并进行建设评估，滚动修订发展规划，坚强智能电网建设全面铺开；到2015年，基本建成坚强智能电网，关键技术和装备达到国际领先水平。第三阶段（2016～2020年）为完善提升阶段，在全面建设的基础上，评估建设绩效，结合应用需求和技术发展，进一步完善和提升我国坚强智能电网的综合水平，引领国际智能电网的技术发展。2009年，国家电网公司启动了9项试点工程，并启动了标准化工作及研究检测中心建设两项基础建设，在发电、输电、变电、配电、用电、调度6个环节及通信信息平台方面部署了重点专项研究117项。

2）南方电网公司

南方电网公司从自身电网实际出发，对其拟建设的智能电网给出了自己的理解和定义：智能电网是一个具有先进技术水平的安全、可靠、高效、灵活的现代化大电网，是各电压等级电网的协调发展，是现代先进技术与电网的有机结合。建设智能电网的目标是实现电网的安全、可靠、高效运行和对“低碳社会”发展需要的灵活适应。

南方电网公司近年来陆续开展了光伏发电、微型热电冷联产（combined cooling heating and power，CCHP）系统接入、微网技术研究等项目，并结合智能电网的发展需求，制定了《南方电网公司“十二五”科技发展规划》，明确了“十二五”及中长期发展战略目标。南方电网公司“十二五”重点科研领域发展目标包括大型互联电网安全经济运行领域、输变电关键技术领域、配电与供用电技术领域、智能化信息支撑平台领域。

21.5 促进智能电网产业发展的建议

“加强智能电网建设”被写入2010年和2011年政府工作报告，并纳入国家国民经济和社会发展“十二五”规划纲要，表明智能电网已成为国家战略。这是促进智能电网产业发展的重大举措，需要进一步从产业战略、科技创新、经济管理、财政税收等角度形成促进我国智能电网发展的政策体系。

（1）产业战略方面，建议政府加强组织领导，发挥产、学、研各方优势和电网企业主体作用，建立多部门的协调机制，加强各部门之间、电网与发电企业之间、电网与电力用户之间、国际与国内之间的联动和协调，设立总体专家组，加强科技行动的顶层设计，促进智能电网建设与新能源开发利用的协调发展。

（2）科技创新方面，智能电网产业的发展既需要关键技术的攻关和突破，又需要示范工程的落实和建设，是一项复杂的系统工程。国家应鼓励并加强技术合作和集成创新，努力营造有利于自主创新的智能电网技术研究开发环境。建立能融合两大电网公司、设备制造企业、高等院校、科研机构的智能电网产业技术创新战略联盟，实现智能电网从基础理论到应用技术、从实验室展示到示范工程的无缝连接，推动智能电网产业链的良性发展。

（3）经济管理方面，建立科学、完善的智能电网投资收益评估体系和电价形成机制。智能电网的建设和运行，涉及巨量投资、资源配置、能源利用和环境影响等各个方面，科学、完善的投资收益评估体系是智能电网产业发展步入正确轨道的重要保障；电价形成机制是引导智能电网发展并最终实现资源、能源、环境协调发展的“指挥棒”。需明确我国电价改革的总体思路，建立规范、清晰的顶端电价定价机制，循序渐进地推进峰谷分时电价，进而逐步实现实时电价；并完善电价审批制度，建立规范、高效、透明的电价监管制度。

（4）财政税收方面，中央与地方在合理有序的事权和财税划分关系下，一方面应加大智能电网建设的有效投资并改进投资方式，另一方面应完善税收支持政策。

参考文献

[1] 王成山．智能电网工程科技中长期发展战略规划．中国工程院、国家自然科学基金委员会工程科技发展战略研究联合资助基金项目（编号：U0970147）报告，2010.

[2] 余贻鑫，栾文鹏．智能电网．电网与清洁能源，2009，25（1）：7～11.

[3] 李祥珍．借助物联网构建坚强智能电网．世界电信，2010，（6）：39～41.

缩略词表

BPA：Bonneville Power Administration，即美国邦纳维尔电力管理局

WAPA：Western Area Power Administration，即美国西部电力管理局

WAMS：wide-area measurement system，即广域测量系统

PMU：phasor measurement unit，即相量测量单元

EMS：energy management system，即能量管理系统

FACTS：flexible alternating current transmission system，即柔性交流输电系统

DFACTS：distribution flexible alternating current transmission system，即配电柔性交流输电系统

FCL：fault current limiter，即故障电流限制

BMS：battery management system，即电池管理系统

CCHP：combined cooling heating and power，即微型热电冷联产

新材料产业篇

第 22 章

功能材料产业

师昌绪　干　勇　屠海令　吴以成　陈立泉　徐南平　李龙土
张兴栋　王崇愚　毛昌辉　卢世刚　周　济　黄小卫　等

【内容提要】 先进功能材料（简称功能材料）广泛用于重大工程、重大装备和设施及前沿高端产品，是国家高技术实力的重要体现。本章阐述了信息功能材料、新能源材料、特种功能材料、稀土及功能陶瓷材料、生物医用材料、材料基因组工程等重点技术的现状和发展方向，梳理了功能材料产业在企业创新能力、产业化应用、装备研发与生产、平台支撑等方面存在的突出问题，提出了功能材料产业的战略布局和发展重点，以及优化体制机制、加大财税政策支持力度、加强创新团队建设等六个方面的政策建议。

功能材料是指以声、光、电、磁、热和化学效应为主要性能特征和应用要求的一类材料。本章所述的功能材料系具有先进功能的新材料，即新出现的具有优异性能和特殊功能的材料以及经成分、工艺改进后性能明显提高或具有新功能的传统材料。这类功能材料是重大工程、重大装备和设施以及前沿高端产品的基础，是国家高技术实力的重要体现。

进入 21 世纪以来，我国在新材料科学研究方面取得了较大的进展，新材料产业发展迅速，2010 年产业规模超过了 6 500 亿元[1]。但国内新材料产业原始创新能力较弱，部分关键新材料的核心技术受制于人；这种状况与我国材料生产、消费大国的地位极不相称，也严重制约了其他高新技术产业的发展[1]。当前，我国新材料产业面临着前所未有的发展机遇和挑战，培育和发展先进功能材料产业对促进我国材料产业升级换代、加快经济发展方式转变、提升国防军工实力、实现节能环保目标，具有重要的战略意义。

22.1 功能材料产业重点技术现状与发展方向

22.1.1 信息功能材料

信息功能材料涉及信息提取、转换、存储、处理和利用，本章所述的信息功能材料主要包括微电子材料、光电子材料、电子元器件关键材料、信息防护材料等。近年来，具有特殊物理性能的碳基材料（如碳纳米管、石墨烯等）、超材料、拓扑绝缘体材料等，已成为新一代信息功能材料的研发热点，逐步得到了产业界的重视。

硅单晶片是集成电路产业主要的原材料，2011 年全世界半导体用硅片产量已达 90 亿平方英寸（1 平方英寸 =6.451 6 平方厘米），直径 300 毫米的大尺寸晶片是目前集成电路硅材料的主流产品[2]。我国的半导体硅材料在国际上有重要地位，直径 300 毫米硅单晶和直径 200 毫米硅片的制备技术已臻于成熟并可以批量生产，产品销往国际市场。国内在硅单晶抛光片和外延片研发方面分别达到直径 300 毫米和 200 毫米的水平，但大尺寸硅片产品尚以进口为主[3]。我国在靶材、新型铪基氧化物高 k 栅介质、阻变和相变存储器材料研发方面取得了较大进展，但高端集成电路配套材料仍要依赖进口[4]。

我国半导体照明产业前端以进口为主，后端以国产为主并有一定量的出口，产业发展和市场需求增长迅速，2011 年产业规模达 1 500 亿元[5]。我国在 LED 各环节和照明应用等方面拥有多项自主知识产权的单元技术，初步形成了完整的产业链[6]。我国光电功能晶体研发处于国际先进水平，特别是无机非线性光学晶体及介电体超晶格研发处于国际领先地位，非线性光学晶体占国际市场的 80% 左右。我国的 SiC 晶体生长和应用取得了进展，但大尺寸低缺陷密度 SiC 单晶与国外先进水平（如美国 Cree 公司）相比还有较大差距[7, 8]。以蓝宝石为代表的衬底晶体产业发展迅猛，呈现投资过热现象。国内生产的红外探测器和国外商用水平相比还有较大差距。我国硅纳米微结构材料制备取得了显著进展，其实用化尚待突破。

我国是世界光纤材料生产和消费大国，2011 年，光纤产量占世界总产量的 50%，光纤生产用预制棒进口量已从 80% 降至 50%，但高端特种光纤技术水平与国外相比尚有差距。高性能软磁材料利用自主装备和技术实现了短流程、近终型制备，缩小了与国外的差距。在真空电子材料方面取得了长足进步，一些基础材料可满足使用要求，但材料体系与国外相比尚有明显差距。电磁兼容屏蔽材料可基本满足电子设备中等屏蔽效能要求，但基础材料性能和工程化水平有待提高。隐身吸波材料已达到工程化应用水平，轻质高效电子器件抗辐射加固材料研发取得较大进展，工程化和产业化处于初始阶段。

信息功能材料产业的发展目标是：由点到面，逐步从信息功能材料大国向强国发展。微电子关键材料要在满足我国需求的基础上不断扩大国际市场的占有份额；光电子材料要形成有国际先进水平的产业体系，基本满足我国信息产业和国家安全需要，并进一步扩大国内外市场；电子器件配套材料和信息防护材料应重视产品的品种规格体系建设和扩大应用；大力开展新型信息功能材料工程化技术研究，尽快形成规模产业。

22.1.2 新能源材料

新能源材料是我国战略性新兴产业发展的基础和保障。鉴于新能源今后发展将突出清洁能源和可再生能源，本章所述的新能源材料主要包括太阳能材料、二次电池材料、燃料电池材料和核能材料等。

我国光伏产业链已基本形成，多晶硅产业具有较大规模，但要继续提高产品质量，降低生产能耗；目前EVA、浆料等原材料仍需进口。太阳能热发电是另一种太阳能利用方式，国内正在建设兆瓦级太阳能热发电示范工程，研究和开发高效吸热材料特别是工作温度达600℃的吸热材料意义重大。太阳能制氢和合成液体燃料是太阳能利用的新方向，目前尚处于基础研究阶段，需引起足够重视。

锂离子电池的主要生产厂商集中在中国、日本、韩国三个国家[9]。近几年来，韩国通过引进、消化再创新，产业发展迅速，市场竞争力明显提升。我国小型锂离子电池已形成了300亿元的产业规模，在建动力电池产能超过45亿瓦时，未来产业规模将进一步扩大。我国锂离子电池材料基本能够满足小功率电池的需求，但动力电池用高性能材料，特别是锂盐和高质量隔膜主要依靠进口，国产材料和电池的寿命及安全性亟待提高。近年来，锂离子电池在新型混合动力汽车的应用方面有了新的进展，值得关注[10]。镍氢电池已在混合动力汽车上得到大规模应用，但我国尚未形成相应的具有竞争力的产业。$LaNi_5$系储氢材料已实现产业化，高储氢量的新型储氢材料是未来的发展方向[11]。

目前，世界上核用锆合金生产能力约为10 000吨，主要由国外几家大公司生产。我国的核用锆合金产业始于20世纪五六十年代，70年代开展了Zr-4合金的研究并在秦山核电站中得到了应用。自2000年以来，我国加强了核级海绵锆和锆合金管材产业化的建设，今后应在引进、消化、吸收再创新的基础上，形成满足第三代核电站堆用锆合金管材需求的规模化生产能力[12]。此外，核材料的清洁无污染生产工艺流程和乏燃料的分离提纯技术，以及根据可控核聚变技术需求开发新型材料体系也将是核材料今后的重点发展方向。

近年来，页岩气和页岩油等新能源产业快速发展，相关材料的需求越来越大。我国页岩油、气开采中所用的压裂液减阻剂和瓜胶等材料主要依靠进口，且国际市场瓜胶的资源有限，价格大幅增长。因此，必须及早开发高性能合成材料，以确保我国页岩油、气等新能源的稳定发展。

大力发展新能源材料是应对全球气候变化、保障能源供给以及核能安全的重要举措，对智能电网、生态环境等重点工程和发展电子信息、新能源汽车、节能环保等产业都具有重要意义[13, 14]。

22.1.3 特种功能材料

以智能与传感材料、有机功能材料、超导材料、生态环境材料、膜材料为重点的特种功能材料，关系到节能环保、民生和生产安全等领域，在促进国民经济发展、科技进步与增强国际竞争力等方面发挥着重要作用。

我国光纤传感材料的研究基本处于国际先进水平，火灾报警系统和结构健康监测系统等用光纤传感材料的产业化水平居世界前列。但在其他大部分光纤传感材料方面，产业化水平与国际有一定差距，主要表现在生产过程中的工艺不稳定，产品的性能不高等方面。国内的一些高校和研究机构已经展开了基于 SiC、金刚石、蓝宝石等新型材料的高温微机电系统（micro-electro-mechanical systems，MEMS）传感器研究，但在灵敏度、可靠性等方面与国外相比还存在较大差距，许多 MEMS 传感器尚未具备批量生产能力。以 TbDyFe 为代表的稀土磁致伸缩材料和以 NiTi 为代表的记忆合金已成为精密致动器、智能传感器、换能器等器件的核心材料，我国是世界上生产和使用磁致伸缩和形状记忆材料的大国，但高端产品基本依赖进口。

生物基材料是以可再生生物质为原料的可生物降解的材料，包括聚酯类（如聚乳酸 PLA 和 PBS 及 PHA）、聚合氨基酸、多糖类等，同时也包括木塑复合材料、纤维素和淀粉基生物可降解材料等[15, 16]。生物基材料具有低碳可再生的优点，以农业和工业废弃物为原料生产的生物基材料也是提高资源利用率、改善环境和民生的重要发展方向。国内生物基材料相关企业已达 300 多家，其中生物降解塑料生产企业超过 100 家。预计 2015 年全球生物基材料可达 500 万吨，对于解决过度使用不降解塑料带来的“白色污染”具有重要意义[17]。抗静电和防腐蚀导电高分子材料是功能高分子材料的重点发展方向之一，以聚苯胺和聚噻吩为代表的导电高分子材料已经在国内实现了产业化。

目前国际上超导技术的应用主要分为以超导磁体线圈为代表的强电应用和以约瑟夫森效应为代表的弱电应用[18]。我国的超导材料研究从 20 世纪 80 年代末的氧化物高温超导体到近几年的铁基超导体研究，一直处于世界先进水平。2012 年 10 月，我国拥有完全自主知识产权的高温超导滤波系统成功实现小规模生产并已交付使用。但总体上看，超导材料的工程化能力和产业化水平与国外相比尚有较大差距[19]。随着技术和工程化水平的提高，超导材料将在电力、医疗、交通、通信和国防等领域逐步得到应用。

生态环境材料方面，欧洲墙体保温材料处于国际领先水平，我国建筑能耗约占全社会能耗的 28%，墙体保温材料需求量达 7 000 万立方米。节能镀膜玻璃分为低辐射（Low-E）镀膜玻璃和阳光控制镀膜玻璃两大类，欧美等发达国家已经通过立法要求鼓励或必须使用节能玻璃。目前，欧洲 80% 的中空玻璃使用 Low-E 玻璃，美国 Low-E 中空玻璃普及率达 82%。浮法在线镀膜是建筑节能低辐射和阳光控制镀膜玻璃技术的发展趋势，一些国外大公司相继在中国申请了几十项相关专利，其技术保护和产品价格垄断，限制了我国建筑节能玻璃的产业化和应用推广[20～22]。近年来，我国汽车尾气净化催化剂产业得到了快速发展，国产自主品牌汽车普遍采用国产催化转化器，可以满足欧Ⅳ汽车尾气排放标准。但迫切需要对汽车净化催化剂核心制备技术进行深入开发，提高催化剂活性和稳定性，延长催化剂的使用寿命和降低贵金属用量，从而提高产品的市场竞争力。汽车轮胎的滚动阻力占汽车油耗的14%以上，开发节能环保轮胎已成为国际社会的广泛共识，欧盟即将出台的汽车轮胎标签法将迫使非节能轮胎快速退出市场。因此，开发具有低滚动阻力、优异抗湿滑和磨耗性能的汽车轮胎胎面用橡胶材料已成为我国相关产业的当务之急。

新型高效分离膜技术具有节约能源和环境友好的特征，是解决能源、水资源、环境等领域重大问题的共性技术之一，膜材料作为膜分离技术的关键受到了各国政府的高度重视[23]。2011年，全球膜市场销售额约110亿美元。根据膜工业协会统计，我国膜市场2010年达到了约300亿元人民币[24]。目前全国从事分离膜研究的科研院所、大学近100家，膜制品生产企业有300余家，工程公司超过1 000家，初步建立了较完整的膜产业链，正在逐步形成水处理膜材料和特种分离膜材料并重的发展趋势。其存在的突出问题是：公司规模普遍较小且比较分散，缺乏龙头企业，没有形成有效的产业集群；企业自主创新能力不强，主要膜材料长期依赖进口，国产膜产品的市场占有率仅为10%左右；成套装备国产化率低，工程技术能力弱。

22.1.4 稀土及功能陶瓷材料

稀土及功能陶瓷材料是支撑现代国民经济和社会发展的重要基础，也是一大类具有我国资源优势、市场优势和产业规模优势的材料。

在稀土功能材料方面，稀土永磁材料是新能源汽车、风力发电和高效节能电机的关键材料；稀土发光材料是优质绿色照明技术和显示技术的核心材料；稀土催化材料广泛应用于石化、环境、能源、化工等领域；稀土储氢材料主要用于镍氢电池的负极粉、燃料电池储氢罐中的储氢粉及储氢功能器件[25]。2011年，我国烧结NdFeB磁体产量约7.8万吨，占全球总产量的80%；稀土发光材料产量达到9 398吨，也占全球总产量的80%左右。

在功能陶瓷材料方面，随着电子信息产品进一步向微型化、薄层化、集成化、多功能化、高可靠和宽带化的方向发展，功能陶瓷元器件的多层化、多层元件片式化、片式元件集成化和多功能化已成为发展的主流；而功能陶瓷材料的细晶化、电磁特性的高频化、多层陶瓷共烧低温化将成为发展新一代片式电子元器件的关键技术[26]。当前，以多层陶瓷技术为基础的片式元件是电子元器件发展的主流，其中我国片式元件总产量近20 000亿只，占世界总产量的45%，但产值低于日本和美国，居全球第三位[27]。此外，固体氧化物燃料电池、太阳能和半导体照明技术以及物联网用传感器的发展，对材料研发提出了新的要求，将进一步促进未来新型功能陶瓷材料的产业化[28]。

我国稀土功能材料和功能陶瓷材料及其相关产品的产量均居世界首位，同时也是这些材料及产品的最大应用市场。然而，稀土功能材料领域的核心知识产权被日本、美国等发达国家垄断，我国基本处于跟踪研发的状态，产品主要以中低档为主。汽车、电子、信息、新能源等战略性新兴领域所需的高端稀土功能材料仍然依赖进口[29～33]。超薄型（层厚 1 ～ 2 微米）、大容量（10 微法以上）片式多层陶瓷电容器（multi-layer ceramic capacitors，MLCC）瓷料，高性能低温共烧陶瓷（low temperature co-fired ceramic，LTCC）模块用介质材料以及精密流延装备等全部依赖进口，我国在产品结构、高端材料、关键装备、检测技术等方面与国际先进水平尚有较大差距。

22.1.5 生物医用材料

生物医用材料是用于诊断、治疗、修复或替换人体组织或器官，或增进其生物功能的一类高技术新材料，是保障人类健康的必需品[34]。

生物医用材料产业是低原材料消耗、低能耗、低环境污染和高附加值的高技术产业[35]。2010 年全世界市场规模已达 1 500 余亿美元。生物医用材料正在成长为世界经济的一个支柱性产业，可带动相关产业的发展，对人口健康具有重大的意义。

我国生物医用材料市场需求增长迅速，2010 年国内市场规模已达 100 亿美元，预计 2015 年可达 360 亿美元[36]。近年来，我国生物医用材料产业也有一定的进展，4 个生物医用材料产业集聚区基本形成，部分产品如冠脉支架、骨科材料的国产化率已超过 50%。但是，2010 年国内的生物医用材料产业规模占世界市场的份额不到 7%，高技术产品 70% 左右依靠进口，国内技术装备落后、产品缺乏国际竞争力，远不能满足 13 亿多人口对生物医用材料的基本需求[37]。可再生、有生物活性，并可替代人体组织和器官的新一代生物医用材料已成为发展方向之一[38～41]，且处于起步阶段，为我国生物医用材料产业的进一步发展提供了难得的机遇[42]。

22.1.6 材料基因组工程

2011 年，美国宣布了一项超过 5 亿美元的“先进制造业伙伴关系”计划，以期通过政府、高校及企业的合作来振兴美国制造业，“材料基因组计划”（materials genome initiative，MGI）是其中的重要部分。“材料基因组计划”的目标是依据第一性原理和计算热力学，通过高通量的计算模拟、检验测试、组合材料制备、应用验证，建立材料化学组分和各种物性的数据库；把发现、开发、生产和应用先进材料的速度提高到目前的两倍。

“材料基因组计划”是当前材料领域发展的新动向，其覆盖范围更加广泛，包括了几乎所有可能的化合物及其物性，更接近实际应用，对发展国民经济、提升国家科技竞争力和维护国家安全有着重要意义。

美国“材料基因组计划”一经提出，立刻引起了世界的巨大关注，中国工程院和中国科学院先后召开了多位院士专家参加的座谈会，并于 2011 年 12 月召开了香山会议。与会院士和专家一致认为，“材料基因组计划”是一个关系到材料行业以及整个制造业发展的重大项目，应尽快建立自己的“材料基因组计划”。

目前，我国在锂离子电池正极、铁基超导、拓扑绝缘体材料研究中将计算材料学与实验相结合，取得了国际瞩目的成绩；在低弹性模量钛合金研究、高温合金、5f电子体系的核能材料等领域的计算模拟也有了较好的进展。

但是，应该看到，长期以来我国的材料研究多以跟踪为主，尽管有不少技术和工艺上的创新，但是工程系统性不强，特别是融合计算和测试表征，加速开发材料的产业化模式尚未形成。当前，应抓住这次机遇，实施“材料基因组计划”，更好地整合和完善材料研究和产业化体系，增强我国新材料产业的自主创新和国际竞争能力。

22.2　功能材料产业存在的主要问题

近年来，我国功能材料产业取得了长足的进步，但总体来看，与世界先进水平相比仍有较大差距，在发展过程中还存在以下四个方面的问题。

1）企业数量多、规模小，自主技术创新能力不强

我国功能材料企业普遍规模小而分散，在新产品研发方面力量薄弱，缺乏核心知识产权。例如，我国是稀土资源大国，但由于创新能力不足，稀土材料产品仍以原 材料和一些初级产品为主，高端产品及核心技术大多为发达国家掌握。这也是我国众多功能材料资源优势和市场优势不能转化为产业优势的主要原因。

2）研发与应用推广脱节，低水平恶性竞争现象严重

我国功能材料研发资源主要分布在大学、科研院所和少数企业，其侧重点各不相同，相互衔接关系的制度性缺失以及长期存在的部门条块分割等问题，导致产学研用结合不紧密，功能材料研发、产业化和商业化严重脱节。大量科研成果不能转化为现实生产力的问题虽引起人们的广泛关注，但一直未能得到根本解决，一些高端材料虽已研发成功，但未能产业化，导致相关产品仍需进口。在低端产品方面，众多国内企业往往进行低水平重复建设，产品竞相压价，这成为国内功能材料产业的普遍性问题。

3）先进装备的研发和生产能力较弱

先进装备是功能材料制备技术及产品性能得以实现的根本保障。目前，我国生产装备的企业较少，先进功能材料装备的研制和生产水平落后，致使我国在高端功能材料的产业化方面长期受制于人；全面引进装备导致产品成本难以降低，缺乏市场竞争力。同时，关键设备受进口限制，高端功能材料产品性能及稳定性很难得到保证。

4）从研发到应用缺乏系统性，相应的检测、标准、数据库及应用验证体系支撑不足

数据库、检测、标准及应用验证体系是衡量一个国家功能材料产业和研发水平的重要标志，也是功能材料从创新研发到产业化和商业化的根本保证，而我国在该方面与先进国家存在较大的差距。例如，我国是世界锂离子电池生产大国，但所涉及的数千种材料一直处于分散状态，未形成相关数据库和检测标准体系，这严重制约了高端锂离子电池产业的发展。我国的功能材料研究和产业化体系迫切需要整合和完善，应建立从功能材料研发到应用推广的完整体系，将我国功能材料产业发展提升到更高的水平。

22.3　功能材料产业战略布局和发展重点

针对信息功能材料、新能源材料、特种功能材料、稀土及功能陶瓷材料、生物医用材料和材料基因组工程等领域的技术发展态势，结合传统产业结构调整和战略性新兴产业发展的需求，本节重点从产业化示范项目、功能材料测试平台、功能材料数据库建设和材料基因组的应用等方面进行战略布局，加强功能材料产业体系建设。

22.3.1　产业化示范项目

产业化示范项目以现有核心骨干企业为主体，产学研用相结合，形成系统化、集成化的自主创新能力和工程化能力，推动重点材料企业产业化技术水平的提升和产品结构优化，培养具有国际竞争力的功能材料产业化示范基地。

1）信息功能材料方面

（1）推动65纳米以下线宽IC用300毫米硅材料产业集群建设；突破450毫米硅材料工程化关键技术；提升集成电路配套材料的工程技术水平；推动SOI、应变硅、高k栅介质、新一代存储器材料的产业化。

（2）重点突破低成本、高质量半导体照明大尺寸衬底及外延材料产业化技术、配套材料（如MO源、荧光粉、硅胶等）国产化制备技术；突破新一代大尺寸显示器和照明用有机发光材料设计及产业化技术。

（3）重点推进紫外、深紫外、红外非线性光学晶体，高热导率和扩展波段激光晶体，压电和闪烁晶体以及光电功能器件产业化示范，逐步形成具有我国自主知识产权的装备产业体系。

（4）推进高性能光纤预制棒的国产化进程；突破特种光纤的工程化制备技术；推进电磁屏蔽材料和雷达波兼容红外隐身材料的应用，形成完整的产品系列；突破电子元器件抗辐射加固材料产业化关键技术；突破超薄真空快淬软磁带材制备关键

技术，实现产业化。

2）新能源材料方面

（1）以电动汽车产业和大规模储能需求为主要目标，实施锂离子电池材料产业化示范工程。重点突破锂离子电池用正极材料、负极材料、电解质、隔膜等关键材料的产业化工艺与装备技术，使得未来 3 ～ 5 年内动力电池组的寿命达到 1 500 次，储能电池组寿命达到 3 500 次，成本降低 50%；突破高比容正极材料和负极材料的关键技术，开发高安全性电解液和隔膜材料，形成高比能锂离子动力电池的材料体系，支撑电动汽车产业和大规模储能的持续发展。

（2）以硅基太阳电池和太阳能热利用关键材料为重点，完善多晶硅产业化技术和装备，发展多晶硅制备新技术，提高多晶硅品质，降低能耗，回收有害物质；开发各种高效率、长寿命薄膜电池制备技术和装备；发展高效率长寿命真空集热管及材料产业化关键技术和装备。研发先进太阳能利用新材料和新技术，为我国实现由太阳能生产大国向太阳能强国的转变提供产业化技术支撑。

（3）以我国核电建设和核能技术发展的材料需求为目标，实施核级海绵锆及锆合金产业化示范工程，发展先进核能材料。重点突破核级海绵锆清洁生产技术，研制先进锆合金及硼化锆、氧化铈锆等锆化合物材料；开发高质量大型锆合金铸锭制备和管材加工、组织、织构及性能控制技术，形成满足第三代核电技术要求的锆合金系列产品。开展核级锆合金材料无损检测技术的研究与堆内示范运行；开发乏燃料的分离与提纯技术，研发乏燃料的核电技术；围绕可控核聚变技术需求，发展新型材料体系（如面向等离子体材料）。

3）特种功能材料方面

（1）以 Low-E 镀膜玻璃为重点，大批量稳定生产为目标，研发新型复合型低辐射镀膜玻璃产品，突破浮法在线低辐射玻璃镀膜工艺和真空磁控溅射低辐射玻璃镀膜关键工艺技术，发展以功能薄膜为基础的智能隔热玻璃。

（2）重点突破高性能反渗透膜、水质净化用纳滤膜和废水处理用膜生物反应器专用膜材料的规模化制备技术，以解决我国水资源短缺和饮用水安全问题。针对过程工业中高温环境、溶剂和反应体系等苛刻环境下的分离问题，突破小孔径无机膜、气体分离膜、渗透汽化膜、金属及合金膜等材料的规模化制备技术；开发新型膜分离集成工艺及重大成套装备，引领我国膜产业的高端化发展，形成具备国际竞争力的膜材料产业体系。

（3）建立新型节能和生物基材料产业化基地。创新建筑节能高分子保温材料制备技术；突破不燃型高分子发泡材料的技术，解决批量制备该类材料的工程技术难题。实现低成本不燃型高分子保温材料产业化；开发新型高效催化剂及生物质高效转化技术；突破生物基材料的原料单体和聚合物的规模化制备技术和成型加工技术，实现规模化应用。开发可用于农田地膜和包装用膜的新型生物基聚合物材料和加工工艺；突破经济可行的可生物降解二氧化碳基塑料规模化制备和改性关键技术。

4）稀土及功能陶瓷材料方面

（1）突破新能源汽车和风力发电用稀土永磁材料的先进制备技术、新型显示和大功率节能照明用稀土发光材料及其制备技术、石油催化裂化和汽车尾气净化用稀土催化材料及其制备技术；形成具有自主知识产权的新型稀土永磁、发光和催化材料及其成套先进制备技术，推进产业化。

（2）突破纳米级高纯、高分散、高稳定功能陶瓷粉体制备与规模化生产技术、超薄型陶瓷薄层流延成型技术、亚微米－纳米晶陶瓷烧结技术、贱金属内电极大电容MLCC规模化生产技术、材料电磁特性的高频化及低损耗化技术，以及超小型化片式陶瓷电子元件规模化生产工艺装备。

（3）突破新一代低温共烧陶瓷材料技术、高稳定低黏度流延浆与精密流延技术、复杂集成材料系统图形化技术、异质材料低温共烧技术、高集成度无源集成模块的模拟仿真与设计方法，以及无源集成模块与新型微波元件的测试技术。

5）生物医用材料方面

（1）突破植/介入器械相关材料和器械的表面改性工程化技术、构型优化设计技术，以及植/介入器械的精密加工技术，探索发展新型植/介入材料。

（2）突破合成医用高分子原材料的设计、合成、制备、改性及加工的工程化技术，耗材的模具设计和工装组合技术；研发不含有害增塑剂、抗辐射老化、生物相容性良好的新品种；突破术中医用天然高分子的提取、合成、纯化及免疫原性消除的工程化技术。

（3）突破赋予材料诱导组织再生性能的设计及工程化制备技术，支架材料的优化设计、制备及降解控制技术，模拟体内环境的体外干细胞、成体细胞培养技术，生长因子的提取、合成及纯化技术，含细胞的器械快速仿生成型技术，以及来源于动物组织的免疫原性及遗传性消除技术。

22.3.2 功能材料测试平台

建立或完善若干独立的检测和评价机构，对材料相关性能进行全面客观的考核评价，促进功能材料产业健康发展。例如，光电功能晶体检测表征平台，锂离子电池材料性能测试平台，清洁能源材料测试平台，特种分离膜材料性能测试平台，稀土功能材料性能检测评价与服务平台，全频段功能陶瓷电磁谱学测试平台，生物医用材料、植/介入医疗器械性能评价与测试平台，生物基材料性能评价与测试平台，极端服役条件材料性能检测平台。

22.3.3 功能材料数据库

通过数据信息的获取方法、获取技术、数据处理、计算材料科学、全过程全寿命模拟仿真技术等研究和实验验证，保证数据的可靠性、有效性和可用性；建立数据测试矩阵，形成各尺度、各层次的测试规范和标准；结合云计算环境的现代化材料数据库技术，实现材料数据的云资源管理。建设内容包括光电功能材料数据库、锂离子电池材料数据库、稀土及功能陶瓷材料数据库、生物医用材料及植入器械数据库。

22.3.4　材料基因组工程发展重点

我国“材料基因组工程”的实施可以从平台的建设以及若干重点方向的突破出发，发展计算方法和开发软件，建立快速测试平台与应用验证体系，建立符合我国功能材料发展需求的数据库，加速我国先进功能材料的研发、应用与产业化。

1）平台建设

依托大科学装置，建立“材料基因组工程中心”。集中国内材料计算与模拟领域优势力量，通力合作，跟踪并引领国际材料领域新一轮的发展。

（1）开发高通量的第一性原理计算程序包。目前该程序包已大量用于材料物性研究，但我国尚缺少具有自主知识产权的通用程序包。今后应整合国内已有的软件程序，面向国内超级计算机软硬件环境，开发具有自主知识产权的程序包，有目标、有针对性地培养一批专业的开发团队和用户群，迅速壮大队伍，解决实际问题。

（2）建立“材料基因组工程”数据库、搜索引擎和分析软件。理论计算与实验合作，瞄准实际需求，获取大量化学组分、晶体结构和物性的组合信息。在信息的采集、存储与分析，建立数据库、搜索引擎和分析软件，进行数据挖掘的基础上，还可以培养一批掌握材料设计、理论模拟与计算机信息处理的交叉型、复合型人才，为我国材料基因组工程的顺利实施奠定基础。

（3）建立材料设计、合成、快速表征、测试、改进等物性平台。对经过理论计算海量筛选后的新材料相关数据进行快速合成、检验和精选，并把实验信息存储到数据库，经过数据挖掘等统计学、信息学方法处理后反馈给理论计算，继续搜索更优的新材料，从而形成高效、快速、全新的先进材料开发立体模式，缩短研发周期，加快新型材料应用。

（4）与企业合作互动。根据新型先进材料探索、开发、优化、产品设计、整合、生产销售、回收利用等各阶段的需求，将基础理论计算，信息采集、处理、挖掘等无缝连接到企业的产品设计测试和工程制造流程中去，加快新材料的上市速度。

2）重点突破方向

从国家急需以及发展前沿的关键材料中选择若干项作为示范，如以二次电池为重点的能源材料、纳米电子学材料、生物医用材料、功能复合材料、纳米碳材料等。这些功能材料在国际上倍受关注，国内也有一定的基础和实力，适于与平台建设相结合进行演示示范，并予以重点突破，从而为更大范围的推广应用积累经验。

22.4 功能材料产业政策建议

1）发挥政府引导作用，优化体制和机制

建议政府相关部门通过顶层设计和引导，鼓励领域交叉、上下游行业联合，构建以新材料企业为主体、市场为导向、产学研用相结合的技术创新体系；在新材料产品研发中建立成果转化的长效支持机制，促进先进功能材料科研成果向高技术产业转化。

2）积极支持新材料企业的研发与推广应用

利用国家研发经费、技改投资等引导新材料产业向高端发展；新材料企业的研发投入（包括硬件）应享受全额免税；鼓励使用国产新材料，给予首次试用国产新材料的企业以税收优惠或资金补贴；实施无息或贴息贷款扶持新材料创业。

3）加强创新团队建设，强化知识产权保护

加强针对新材料产业复合型人才的培养和引进；着力培育研发、产业化和现代企业经营管理的协同创新人才团队；重视研究国际新材料产业的发展规律和知识产权体系，最大限度地维护科技人员的知识产权权益。

4）加强新材料产业标准体系建设

建议国家设立新材料标准专项资金，结合新材料产业示范项目、测试评价体系和新材料数据库建设，形成全面、完善的新材料和相关技术的标准体系，推动新材料产业的规范化和标准化，提高我国新材料产业的国际竞争力。

5）开展国际合作，参与国际竞争

加强新材料产业中引进技术的消化吸收与再创新，鼓励先进技术出口，广泛利用全球科技资源，参与国际竞争；鼓励国内企业与国外同行、大学、科研单位进行合作与交流；积极应对我国新材料产业发展过程中可能面临的技术壁垒和贸易争端，努力提升我国新材料产业的国际竞争力。

6） 营造良好商业环境，鼓励股权投资

建立和完善规范化的风险投资机制，形成良好的商业环境。完善企业技术、知识、管理等要素参与分配的制度，探索年薪制、技术入股以及股份期权等分配形式。鼓励股权投资，保障投资者的正当权益，形成完善的股权投资机制。

7）重视材料系统工程研发，加强设计、应用、研制的早期结合

加强材料设计、应用、研发、生产以及市场化运营的规划与协调；充分利用资源，提高研制效率，加快功能材料的产业化进程。

8）设立新材料专家系统，发挥思想库作用

发挥工业协会、科研单位、大学和企业中专家和企业家的作用，建立新材料专家系统，加强新材料研发、生产和应用的直接沟通和交流。专家系统定期对国内外新材料研发和应用需求进行调研和评估，就新材料工程技术和产业现状、发展趋势以及需要关注的重点问题提供咨询。

参考文献

[1] 工业和信息化部．新材料产业“十二五”发展规划，2012.

[2] 欧洲半导体工业协会，日本电子与信息技术工业协会，韩国半导体工业协会，等．International technology roadmap for semiconductor（ITRS）．http://www.itrs.net/home.html，2012-01-20.

[3] 中国工程院．我国有色稀有金属材料的现状及发展战略，2010.

[4] 中国半导体行业协会．2011年中国集成电路产业运行情况．http://www.csia.net.cn/Article/ShowInfo.asp?InfoID=25443，2011-03-31.

[5] 吴玲．半导体照明产业发展年鉴（2010—2011）．北京：机械工业出版社，2011：159～181，253～320.

[6] 刘虹，陈良惠．我国半导体照明发展战略研究．中国工程科学，2011，13（6）：39～43.

[7] 郝洛西，杨秀．基于LED光源特性的半导体照明应用创新与发展，2012，23（1）：1～6.

[8] 美国Cree公司．CREE 2012 annual report（2012年年报），2012.

[9] 师昌绪，杨裕生，陈立泉．我国锂离子电池产业面临的机遇与挑战．新材料产业，2010，（10）：1～3.

[10] 陈立泉．锂离子储能电池的现在与未来．功能材料信息，2011，8（4）：8～9.

[11] 杨裕生．以电池为依据规划电动汽车发展．能源与节能，2012，（3）：1～2.

[12] 卢世刚，蒋利军．新型能源材料．见：熊柏青，高兆祖．有色金属进展——有色金属新材料（第七卷）．长沙：中南大学出版社，2007：299～380.

[13] 中国可再生能源发展战略研究项目组．中国可再生能源发展战略研究丛书——太阳能卷．北京：中国电力出版社，2008.

[14] 周少雄．能源材料．见：国家发展和改革委员会高技术产业司，中国材料研究学会．中国新材料产业发展报告（2008）．北京：化学工业出版社，2009.

[15] 王献红，王佛松．二氧化碳的固定和利用．北京：化学工业出版社，2011.

[16] 杨斌．绿色塑料聚乳酸．北京：化学工业出版社，2007.

[17] Rieger B，Künel A，Coates G W，et al. Synthetic Biodegradable Blymers. Berlin：Springer-Verlag，2012.

[18] United States Department of Energy. Basic research needs for superconductivity. http://science.energy.gov/～/media/bes/pdf/reports/files/sc_rpt.pdf，2006-05-10.

[19] 时东陆，周午纵，梁维耀 . 高温超导应用研究 . 上海：上海科学技术出版社，2008.

[20] 余刚，刘益环，王永宾 . Low-E 玻璃镀膜技术发展现状及市场分析 . 见：中国硅酸盐学会《论文集》编委会 . 2010 全国玻璃技术交流研讨会论文集，2010：47 ～ 51.

[21] Nie Z R，Gao F，Gong X Z，et al. Recent progress and application of materials life cycle assessment in China. Progress in Natural Science：Materials International，2011，21（1）：1 ～ 11.

[22] 徐峰 . 建筑保温隔热材料与应用 . 北京：中国建筑工业出版社，2007.

[23] 徐南平 . 面向应用过程的陶瓷膜材料设计、制备与应用 . 北京：科学出版社，2005.

[24] Baker R. Membrane Technology and Applications（3rd ed.）. New York：John Wiley & Sons Inc.，2012.

[25] Humphries M. Rare earth elements：the global supply chain，congressional research service，2010.

[26] Rödel J，Koung A B N，Weissenberger-Eibla M.Development of a roadmap for advanced ceramics：2010—2025.Journal of the European Ceramic Society，2009，29：1549 ～ 1560.

[27] 中国电子元件行业协会 . 中国电子元件“十二五”规划，2011.

[28] 李龙土 . 功能陶瓷材料及其应用研究进展 . 硅酸盐通报，2010，（5）：107 ～ 110.

[29] 李绍飞，谢思明，侯娜 . 解开中国稀土应用研发僵局 .《瞭望》新闻周刊，2011，（30）：25.

[30] 胡伯平 . 低碳生活中的磁性材料 . 新材料产业，2010，（3）：44 ～ 48.

[31] 黄小卫，庄卫东，李红卫，等 . 稀土功能材料研究开发现状和发展趋势 . 稀有金属，2004，28（4）：711 ～ 715.

[32] 周济 . 我国电子元件及材料研究发展的挑战与机遇 . 电子元件与材料，2007，26（1）：1 ～ 3.

[33] 国家自然科学基金委员会工程与材料学部 . 学科发展战略研究报告（2011—2020）：机械工程学科发展战略报告 . 北京：科学出版社，2010.

[34] 周廉 . 中国生物医用材料科学与产业现状及发展战略研究 . 北京：化学工业出版社，2012.

[35] Ratner B D，Hoffman A S，Schoen F J，et al.Biomaterials Science：An Introduction to Materials in Medicine.San Diego：Academic Press，1996.

[36] Zhang X D，Cui F Z. Biomaterials research in China. Interface Focus，2012，2：255 ～ 258.

[37] 张兴栋，王宝亭 . 我国生物材料科学与产业的崛起 . 新材料产业，2009，（10）：92 ～ 95.

[38] Ortho World Inc. The orthopadic industry annual report：2011，2012.

[39] Vacani J P，Vacanti C A. Principles of Tissue Engineering. Austin：R. G. Landes Company，1997：1 ～ 5.

[40] Mironov V，Trusk T，Kasyanov V，et al. Biofabrication：a 21st century manufacturing paradigm. Biofabrication，2009，1（2）：1 ～ 6.

[41] The Lewin Group，Inc. State impacts of the medical technology industry. Advanced Medical Technology Association，Washington D.C.，2007.

[42] 中华人民共和国卫生部 .2011 中国卫生统计年鉴 . 北京：中国协和医科大学出版社，2011.

新能源汽车
产业篇

第 23 章

新能源汽车产业

钟志华　欧阳明高　万鑫铭　抄佩佩　童一帆

【内容提要】 作为七大战略性新兴产业之一，新能源汽车产业受到我国政府的高度重视和大力支持。近年来，通过大规模的研究开发与示范运行，新能源汽车已基本具备产业化发展基础，关键技术取得了重大进步。本章内容基于《节能与新能源汽车产业发展规划（2012—2020 年）》确定的产业方向和发展重点，系统阐述了我国新能源汽车产业的重点技术现状及发展方向；以实现我国汽车工业“产业升级”和“技术转型”的战略需求为目标，结合目前新能源汽车“矩阵式战略规划布局”，提出了未来的产业战略发展重点；并结合“示范运营工程”典型案例分析，从“产业链、价值链和技术链”的角度系统剖析了目前制约产业发展的主要问题，适应性地提出了促进未来新能源汽车产业发展的政策取向。

为应对节能减排的重大挑战，加快培育战略性新兴产业，实现自主创新与科技跨越，发展新能源汽车产业已成为国家重大需求与战略决策。我国政府从“十五”开始实施大规模有组织的电动汽车研究开发，特别是在近 3 年开展了强调示范考核和产业化研发的“十城千辆”示范工程，推动我国新能源汽车技术研发能力快速实现了从无到有、从弱到强的转变，使自主创新取得了重要进展，自主开发的系列产品进入规模化示范运行阶段，电动汽车科技产业化进程开始启动。但目前我国新能源汽车尚处于产业化初期，在核心技术、配套设施、技术标准等方面仍存在诸多问题。

未来将新能源汽车作为一项重大系统工程，坚持原始创新和集成创新相结合，瞄准汽车技术竞争制高点，是加速实现我国汽车能源动力系统转型，推动我国汽车工业跨越式发展的难得机遇。

23.1 新能源汽车产业发展现状和趋势

23.1.1 新能源汽车产业的基本概念与范畴

战略性新兴产业是以重大技术突破和重大发展需求为基础，对经济社会全局和长远发展具有重大引领带动作用，知识技术密集、物质资源消耗少、成长潜力大、综合效益好的产业[1]。根据国家“十二五”《规划纲要》和《决定》的部署和要求，新能源汽车产业被确立为我国七大战略性新兴产业之一。

新能源汽车是指采用新型动力系统，完全或主要依靠新型能源驱动的汽车，《节能与新能源汽车产业发展规划（2012—2020年）》中所指的新能源汽车主要包括纯电动汽车（electric vehicle，EV）、插电式混合动力汽车（plug-in hybrid electric vehicle，PHEV）及燃料电池汽车（fuel cell vehicle，FCV）[2]。新能源汽车产业的发展将以纯电驱动为新能源汽车发展和汽车工业转型的主要战略取向，当前应重点推进纯电动汽车和插电式混合动力汽车产业化，推进新能源汽车及零部件研究试验基地建设，研究开发新能源汽车专用平台，构建产业技术创新联盟，推进相关基础设施建设。重点突破高性能动力电池、电机、电控等关键零部件和材料的核心技术，大幅度提高动力电池和电机的安全性与可靠性，降低成本；加强电制动等电动功能部件的研发，提高车身结构和材料轻量化技术水平；推进燃料电池汽车的研究开发和示范应用；初步形成较为完善的产业化体系。建立完整的新能源汽车政策框架体系，强化财税、技术、管理、金融政策的引导和支持力度，促进新能源汽车产业快速发展[1]。

23.1.2 新能源汽车产业发展现状

为了应对节能减排重大挑战，培育战略性新兴产业，实现自主创新与科技跨越，发展新能源汽车产业已成为国家重大需求与战略重点。因此，我国政府十分重视汽车工业的可持续发展，长期以来对新能源汽车的技术研发给予了高度重视和大力支持，从“十五”就开始对新能源汽车技术进行大规模、有组织的研究开发。经过长期不懈的努力，我国的技术研发能力从无到有、从弱到强，自主创新取得了重要进展，新能源汽车科技发展逐渐从研发促进产业化转向产业化带动研发（产业化研发）的新阶段。

经过“863”连续两个五年计划的支持，我国几百家汽车企业、电机/电池等零部件企业、大学及科研院所等共同构建了“三纵三横”矩阵式产业化技术研发布局，通过有组织、大规模、高强度的持续研发，基本建立了具有自主知识产权的电动汽车动力系统技术研发平台，初步构成了关键零部件的配套研发体系[3]，并具有了产业化生产能力，开发了系列新能源车型，200余款各类新能源汽车进入汽车产品公告，并投入批量生产和商业示范运行，启动的“十城千辆”25个示范城市已有超过10 000辆新能源汽车投入示范运行。此外，已制定电动汽车相关标准42项，申请电动汽车相关技术专利1 800余项[4]。

综上，我国节能与新能源电动汽车在关键零部件、整车集成技术以及技术标准、测试技术、示范运行等方面均取得了重大进展。

23.1.3　新能源汽车产业发展基本趋势

从节能减排趋势看，发展新能源汽车是汽车技术进步与产业升级的必然选择；从国家战略性新兴产业看，发展新能源汽车是我国汽车工业技术转型和培育战略性新兴产业的历史机遇；从国际新一轮低碳科技竞争角度看，“十二五”电动汽车自主创新是中国汽车工业打好技术“翻身仗”，实现科技跨越的重大决战。

新能源汽车产业被认为将在未来五年内进入快速发展期。因此，我国新能源汽车研发的重大进展、世界各国的国家级新能源汽车发展规划跟踪与新能源汽车产业发展最新动向都受到了我国政府的高度重视，见表23.1。

表23.1　主要国家与新能源汽车相关的最新进展与政策

国家和地区	日本	欧盟	美国
能源战略	确保能源安全，提升产业竞争力，高度重视技术创新	温室气体减排，满足日益严格的二氧化碳排放限值	电动汽车是降低石油依赖、确保能源安全的重要措施
发展目标	2020年市场占有率50%（混合动力车30%，插电式混合动力汽车20%，燃料电池汽车1%），保有量1 350万辆	2012年10万辆，2016年100万辆，2020年500万辆	2015年普及100万辆插电式混合动力汽车
财政政策	245亿日元开发下一代汽车电池，210亿日元用于电池创新基础科学研究	用18亿欧元支持电动汽车研发；用70亿欧元贷款支持制造商生产清洁能源汽车	用48亿美元支持插电式混合动力汽车，其中20亿美元用于研发与生产锂离子动力电池

资料来源：中国汽车工程研究院凯瑞咨询根据各国政府公布信息整理

“十一五”末期以来，面对金融危机、油价高涨和日益严峻的节能减排压力，美国、日本、欧盟相继发布、实施了新的新能源汽车发展战略。美国通用、日本丰田和德国奔驰等汽车公司纷纷发布企业新能源汽车发展规划。

我国的发展目标（图23.1）是：到2015年，新能源汽车动力电池、电机和电控技术取得重大进展，动力电池模块比能量达到150瓦时/千克以上，电驱动系统功率密度达到2.5千瓦/千克以上；纯电动汽车和插电式混合动力汽车累计产销量力争达到50万辆；初步形成与市场规模相适应的充电设施体系和新能源汽车商业运行模式。到2020年，形成新能源汽车动力电池、电机和电控技术创新发展能力，动力电池模块比能量达到300瓦时/千克以上；纯电动汽车和插电式混合动力汽车累计产销量超过 500 万辆；充电设施网络满足城际间和区域内的纯电动汽车运行需要，实现规模化商业运营；整体水平达到国际先进水平[5]。

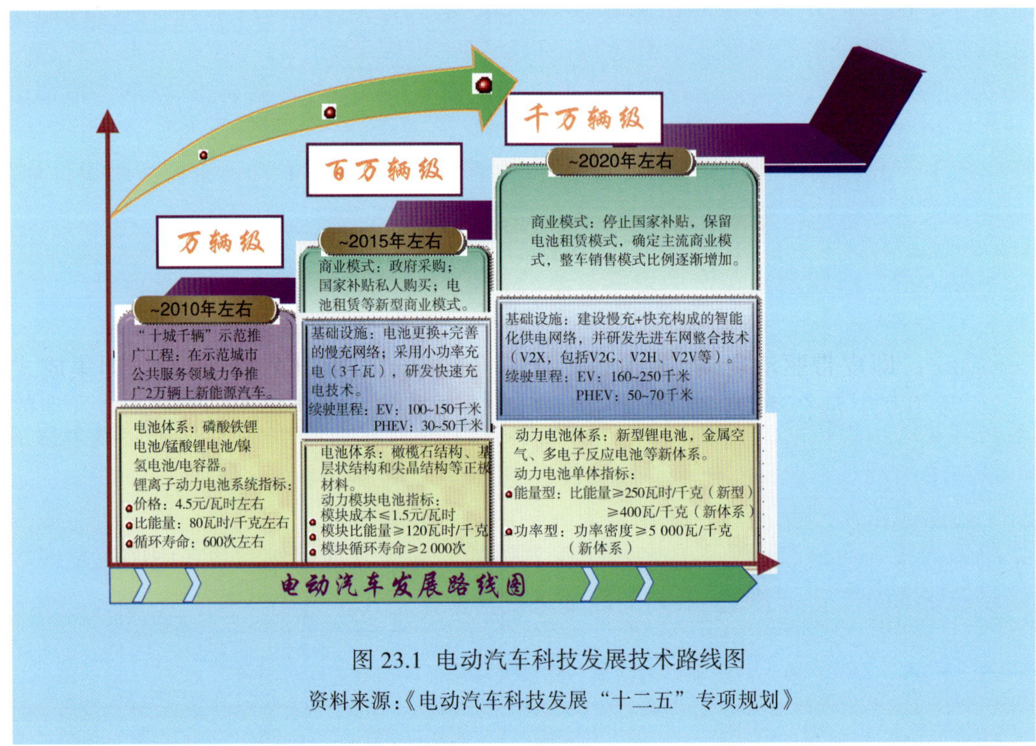

图 23.1 电动汽车科技发展技术路线图

资料来源：《电动汽车科技发展"十二五"专项规划》

23.2 新能源汽车产业重点技术现状与发展方向

23.2.1 新能源汽车整车重点技术现状与发展方向

1）纯电动汽车

我国纯电动汽车逐渐由单纯重视性能，一味追求动力性、续驶里程，转为以提高整车性价比为中心，综合考虑动力性、续驶里程和成本的设计理念。在客车方面，率先采用了大容量、高比能量的锂离子动力电池，12 米纯电动客车百公里电耗降到 83.8 千瓦时，其动力性、经济性等指标处于国际先进水平。在轿车方面，A 级纯电动轿车百公里电耗降为 16.5 千瓦时[4]，最高车速达 100 ～ 120 公里 / 小时，续驶里程达 100 ～ 160 公里，能在 15 ～ 20 分钟充入 80% 的电量，整车性价比进一步提高。

纯电动汽车在技术上总体呈现出车身轻量化、平台专用化、总成模块化发展趋势，结构设计轻量化和轻量化材料应用逐渐成为纯电动汽车发展的方向。纯电动汽车动力系统呈现平台化趋势，特别是轮毂 / 轮边驱动电机技术的应用，不但使动力传递链最短、传动效率提高，而且动力系统易于平台化，可以创造出更大的内部空间。在关键技术上，掌握了纯电动汽车动力系统技术平台集成优化匹配核心技术、整车网络与控制技术、电池成组技术、高压系统安全性技术、电磁兼容技术、线控技术，提高了动力性、能量效率、可靠性、安全性，进一步降低了成本，完善了生产工艺，扩大了产业规模，是未来的主要发展方向。

2）混合动力汽车

我国的混合动力汽车（hybrid electric vehicle，HEV）技术不断得到优化提升，已率先实现了产业化。我国企业自主研发了怠速起停、加速助力、制动能量回收等混合动力汽车关键技术，建立了新型动力系统、辅助系统、整车控制器、仪表系统等关键总成生产制造体系和质量控制体系，研制出了BSG（belt-driven starter generator，即皮带驱动启动 / 发电机）、ISG（integrated starter generator，即集成式启动 / 发电机）混合动力汽车，并实现了小批量销售。排放达到国Ⅳ标准，节油率依据系统方案的不同在 10% ～ 40%。

针对常规混合动力汽车大规模产业化需求，突破混合动力汽车关键技术，开展发动机与变速箱、电机的集成设计，发动机结构优化，发动机控制策略优化与标定，发动机样品试制，性能试验、可靠性和耐久性试验等方面的研究，深化发动机控制技术研究，解决动力源工作状态切换和动态协调控制，以及能量优化管理的核心问题，掌握整车故障诊断技术等是未来的技术重点。

深度混合动力方面，应突破混合动力系统构型技术和能量管理协调控制技术，开发深度混合动力新构型。以先进的内燃机及电控技术为基础，突破深度混合动力总成关键技术。开展批量化生产装备与工艺、质量管理体系建设研究，开发出高性价比的、可大规模批量生产的深度混合动力轿车和商用车系列产品。

3）燃料电池汽车

我国企业的燃料电池汽车技术进步显著，开始商业化示范考核。我国燃料电池的研发采用与国际同领域代表性企业不同的技术路线，以多能源、一体化、模块集成等为主要技术特征，燃料电池轿车和燃料电池客车的燃料经济性均处于国际先进水平。在燃料电池轿车方面，燃料电池轿车动力平台将整车控制器、电机控制器、燃料电池 DC/DC、电池管理系统等集成到系统控制单元内，进一步提高了燃料电池轿车的技术水平和集成化程度。在燃料电池客车方面，研制出了独具特色的功率混合型和能量混合型燃料电池动力系统。

开发面向示范考核的燃料电池汽车是未来的主要方向。突破燃料电池汽车关键技术，并进行产品开发研究，优化整车与动力系统的集成匹配，完善整车故障检测、诊断和容错控制技术，重点验证整车、动力系统与关键部件的可靠性、耐久性、安全性和环境适应性，开展车辆批量生产制造工艺与质量保证技术、整车成本模型以及整车测试技术标准与评估体系的研究，并进行燃料电池汽车的小规模示范运行。

23.2.2 新能源汽车关键零部件重点技术现状与发展方向

1）动力电池

我国动力电池技术的迅猛发展得到了国际社会的高度关注和认可。我国自主研发出了混合电动汽车用高功率型动力电池和纯电动汽车用高能量型动力电池，形成了镍氢和锂离子 6 ～ 100 安时多个系列车用动力电池，功率密度和能量密度等关键指标明显提升。镍氢动力电池已经批量应用于大规模示范运行的混合动力轿车和混合动力客车，锂离子动力电池技术在北京奥运会和上海世博会电动汽车大规模应用中得到了验证。

在自主开发用于各类型电动汽车的高性能镍氢和锂离子等动力电池方面，我国应着重突破高性能、长寿命、低成本的动力电池新型正、负极材料制备技术，高功率和高能量动力电池设计与新工艺技术，新型高容量储氢材料制备技术，新型聚合物锂离子电池隔膜材料制备技术，电池组运行状态参数估计、电池故障早期诊断专家系统技术，电池系统自动均衡充电技术与车载充电技术，以及动力电池性能评价新技术。以动力电池模块为核心，实现我国以能量型锂离子动力电池为重点的车用动力电池大规模产业化突破。

2）燃料电池

我国已成为世界上少数几个具有车用百千瓦级燃料电池发动机研发、制造和测试技术的国家之一，在燃料电池可靠性、寿命等方面取得了较大进展，经受住了北京奥运会等一系列国际示范应用的考验。低压燃料电池单堆动态循环工况累计运行超过 1 500 小时，预测寿命超过 2 000 小时；燃料电池发动机系统最高效率超过 61%，模块最大功率密度超过 700 瓦 / 千克，最大体积比功率达 1 000 瓦 / 升 [4]。

下一阶段的研发应加强燃料电池基础材料和系统集成科技的创新，研发高稳定性、高耐久性、低成本的关键材料和部件；保证电堆在高电流密度下的均一性，提高功率密度，进一步增强系统的环境适应能力，为下一代燃料电池汽车的研发奠定核心技术基础。

3）车用电机

我国车用电机性能指标取得了明显进步，重量比功率超过了 1 300 瓦 / 千克，最高效率超过了 93%[4]。我国采用现代车用电机系统设计理念，初步解决了多目标、高性能车用电机的极限设计和包括控制策略在内的系统集成仿真等技术难题；通过采用系统集成设计技术，实现了电机 / 发动机 / 变速器的机械、电磁和热管理的一体化设计与应用；车用电机制造工艺研究取得了重要创新，拼块式铁心、高密度绕线技术和整体充磁工艺等技术已得到了成功应用；关键材料与零部件研发取得了初步成果：开展了电机磁性材料稳定性的研究，研发了转速位置传感器、高性能低成本绝缘材料和专用电工钢；同时，在新型电机技术方面也进行了探索性研究。

依托中国强大的电机制造工业，以机电一体化总成为核心，重点发展高效电机、电力电子集成和机电集成技术，以高密度、高效率、高性价比作为自主创新的关键，突破高可靠、高速永磁电机驱动及其总成系统的研发和产业化核心技术。

4）电控系统

在电池管理系统技术方面我国取得了很大的突破，已与国外水平较为接近。经过近五年来的重点开发和研究，一些电池管理系统研究项目已经应用到了电动车辆的实际运营中。此外，电动车辆的快速发展和实际运营测试也极大地促进了我国电池管理系统的技术研发水平的提高，我国在电子控制系统管理和控制策略领域，已开始进行科技创新和专利布局，但车用电控系统方面，仍需突破国外的专利封锁，实现技术突破发展。

应根据纯电动汽车和混合动力电动汽车动力总成各部件的动态模型，建立动力总成能量管理系统，研制纯电动电池汽车和混合动力电动汽车用动力总成的控制器；开发新一代 ECU（electric contorl unit，即电子控制单元）软硬件平台。针对混合动力汽车大规模产业化技术需求，重点开发混合动力专用发动机先进控制算法（满足国Ⅳ以上排放法规）、混合动力系统先进实时控制网络协议、多部件间的转矩耦合和动态协调控制算法，研制高性能的混合动力系统（整车）控制器。针对纯电动汽车示范要求，重点开发高效、智能和低噪声的电动化总成控制系统（电动空调、电动转向、制动能量回馈控制系统），先进的纯电驱动汽车分布式、高容错和强实时控制系统，电动车的车载信息、智能充电及其远程监控技术。

23.3 新能源汽车产业战略布局与发展重点

23.3.1 新能源汽车产业战略布局

在核心技术研发布局方面，“十二五”期间，我国围绕《电动汽车科技发展“十二五”专项规划》，继续坚持“三纵三横”的基本研发布局（图 23.2）：根据“纯电驱动”技术转型战略，进一步突出“三横”共性关键技术；根据产业技术创新环境建设的需要，加大“三大平台”公共技术研究和应用示范力度。

在“三纵”方面，围绕纯电动汽车、增程式电动汽车、插电式混合动力汽车、燃料电池汽车、常规混合动力汽车展开布局；在“三横”方面，围绕动力电池、超级电容、燃料电池、电机驱动及机电耦合系统、整车电控、电动转向、电动空调、电制动、车网融合等电动汽车电子控制系统技术展开布局；在“三大平台”方面，围绕标准检测、能源供给、集成示范等展开布局，建设形成完整的汽车产业体系。

在产业布局规划方面：一是统筹发展新能源汽车整车生产能力。现有汽车企业实施改扩建时要根据产业发展的实际需要和产业政策要求，统筹考虑建设新能源汽车产能，注意防止低水平盲目投资和重复建设。二是重点建设动力电池产业聚集区域，积极推进动力电池规模化生产。加快培育和发展一批具有持续创新能力的动力电池生产企业，力争形成两三家产销规模超过百亿瓦时、具有关键材料研发生产能力的龙头企业，并在正负极、隔膜、电解质等关键材料领域分别形成两三家骨干生

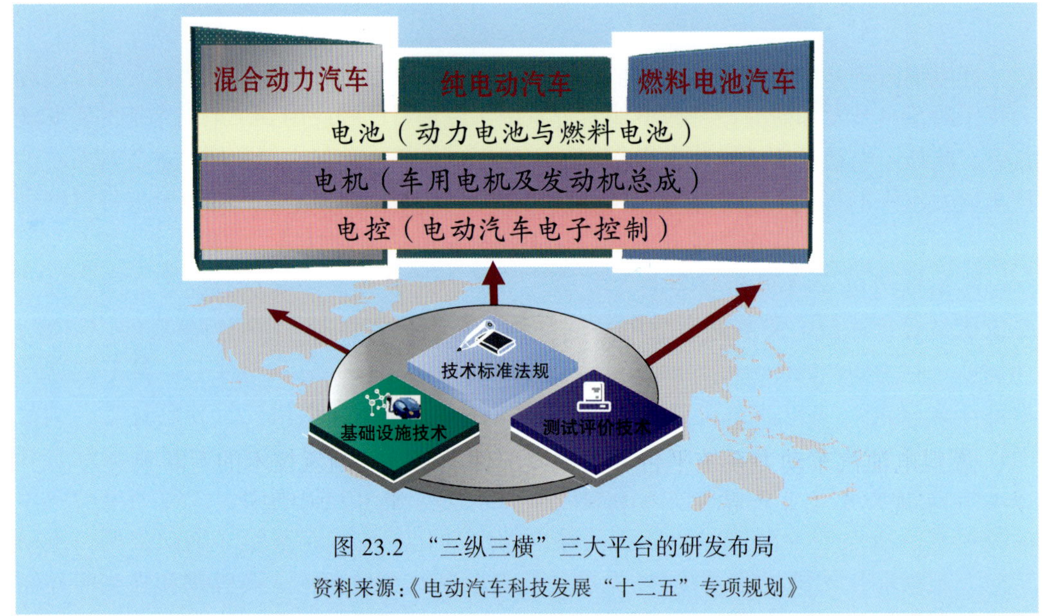

图 23.2 “三纵三横”三大平台的研发布局

资料来源：《电动汽车科技发展“十二五”专项规划》

产企业。三是增强关键零部件研发生产能力。鼓励有关市场主体积极参与、加大投入力度，发展一批符合产业链聚集要求、具有较强技术创新能力的关键零部件企业；在驱动电机、高效变速器等领域分别培育两三家骨干企业；支持发展整车企业参股、具有较强国际竞争力的专业化汽车电子企业。

23.3.2 新能源汽车产业发展重点

1）发展混合动力汽车，主导汽车节能环保技术产业化

混合动力汽车技术被普遍认为是汽车节能环保的主要解决方案，世界上也只有少数几家大汽车公司掌握了核心技术并实现了产业化。从“十五”开始，“863”计划电动汽车重大科技专项开始支持几家主要汽车企业和混合动力客车企业，攻克了电机电池多能源动力总成控制、混合动力发动机匹配、制动能量回收等关键技术，匹配、优化混合动力系统技术平台，开发出轻度、中度、深度以及插电式混合动力乘用车和客车。由“十五”期间几十辆规模试运行，增加到2009年年底混合动力客车2 000辆以上、混合动力轿车百辆以上的“十城千辆”工程示范运行规模，对混合动力汽车产业化实现了有效的科技支撑。随着“十城千辆”节能与新能源汽车示范推广工程的开展，混合动力汽车具备了良好的应用环境，我国将有更多的汽车企业将其作为自主创新和节能环保技术产业化的主攻方向。通过节能环保混合动力汽车的示范应用，树立自主创新的自信心，提升骨干企业的创新能力和创新环境的建设，推动汽车工业产业结构升级。

2）发展纯电动汽车，形成具有中国特色的新能源汽车产业链

目前，顺应世界汽车技术转型趋势，纯电动汽车利用巨大的市场容量需求和细

分市场，优化使用效率，正在逐渐成为公共交通和个人交通的组成部分。我国自主研发的电动汽车整车产品，各具独特技术特征，拥有全部知识产权，全产业链范围内掌握了电动汽车关键技术，涉及整车平台及关键零部件、充电基础设施和加氢基础设施等。无论是产品、标准、市场、产业链建设，还是基础设施建设、示范推广政策等发展环境，中国均已走在了世界前列，已具备了培育和发展新能源汽车战略性新兴产业的基本条件，实现了跨越式发展的第一步。

3）发展燃料电池汽车，抢占汽车动力系统技术发展制高点

为了在日益激烈的国际竞争中占据主动地位，抢占汽车动力系统技术制高点，应扶持包括燃料电池发动机在内的关键零部件技术发展，同时大力支持动力平台技术和整车集成技术的开发和创新，强调整车和动力平台的引领与带动示范作用。

燃料电池汽车动力系统平台、关键零部件及储氢、制氢技术的不断突破与进步，为中国实现汽车工业跨越式发展提供了技术支撑，将引领中国汽车技术走向未来汽车技术制高点。

4）带动产业链集成，全面掌握关键零部件及基础设施关键技术

电动汽车与传统汽车的最大区别在于，其动力系统平台以及涉及的关键零部件来自于传统汽车行业之外，技术的难点在于开发汽车级高集成性、可靠性、性价比和质量稳定性的电驱动零部件体系。从“十五”开始，在国家“863”计划电动汽车重大科技专项强有力的引领和“三纵三横”研发布局的组织下，我国在车用镍氢和锂离子电池、车用燃料电池、车用电机等对电动汽车性能有决定性影响的零部件领域取得了重要进展。从基础研究到关键技术研发，再到产业化准备，均已全面展开，并形成了国际上规模最大的电动汽车零部件产业。我国在基础技术方面已接近国际先进水平，部分指标具有了一定优势。

我国在动力蓄电池的性能、工艺、安全性和电池管理技术方面取得了显著进步，目前正在形成大规模配套产能。开发出了6.5安时、8安时、27安时、40安时、80安时、100安时等系列车用动力电池品种，电池各项性能明显呈现逐年上升的趋势。在4～5年的时间内，缩短了落后国际先进水平十余年的差距，一些电池的主要性能达到了同类型电池的国际先进水平。在燃料电池方面，我国已成为世界上少数几个掌握车用百千瓦级燃料电池发动机研发、制造以及测试技术的国家之一。在车用电机方面，我国车用电机产品技术在功率密度、控制精度、系统集成、冷却系统方面取得了长足的进步，某些性能达到了世界先进水平。

5）建立国家创新体系，营造电动汽车发展的良好环境

组织建立一批公共检测试验平台，为专项不断优化整车和关键零部件组合、竞争择优提供依据，为国内一些科研生产单位提供检测试验手段，起到国家技术平台的作用。

形成一批研发与产业化基地，以整车企业为龙头，以关键零部件企业为支撑，结成产学研战略联盟和整车—零部件技术链产业联盟，建立我国自主的电动汽车产

业链，初步形成研发、生产、配套体系，提升我国电动汽车的整体核心竞争力。

带动形成技术标准体系，伴随着我国新能源汽车战略性新兴产业的兴起，我国正在建立起世界上覆盖范围最广、数量最多的一个电动汽车标准体系。

科技与财政联动，科研与示范结合，针对电动汽车的发展处于从科研转入产业化关键时期的特点，组织实施节能与新能源汽车示范推广试点工程。通过加大国家政策扶持力度，开展电动汽车大规模示范，培育市场，提高产品认知度，进行产品上市前的可靠性、安全性考核，有计划、分阶段推动科技成果向产品转换。

23.4 新能源汽车产业发展重点案例——示范运营工程

2009 年 1 月，财政部、科技部、工信部、国家发展改革委（简称四部委）在北京等 13 个城市公共服务领域启动了节能与新能源汽车示范推广工作；2010 年 8 月以后逐步扩大到 25 个城市；同时，在深圳等 6 个城市启动了私人领域新能源乘用车示范推广工作。除常规工作外，“十城千辆”示范工程还结合北京奥运会、上海世博会、大运会、达沃斯论坛等重大活动契机，推广使用新能源汽车，产生了良好效果。这也是迄今为止世界上规模最大的国家财政补贴示范推广工程，在世界范围内产生了广泛而深刻的影响，提升了我国在新能源汽车行业的国际地位。

近三年，在中央财政和地方配套资金的支持下，我国形成了一定的节能与新能源汽车示范规模，有力撬动了节能与新能源汽车市场。据初步统计，截至 2011 年年底，在 25 个城市公共服务领域总计推广节能与新能源汽车 16 834 辆，其中 2009 年推广 2 566 辆，2010 年 4 402 辆，2011 年 9 866 辆；分车型看，混合动力公交车 9 148 辆，纯电动公交车 1 537 辆，纯电动特种车（用于邮政、物流、环卫等）2 657 辆，其他车型 3 492 辆（图 23.3）。在 6 个城市私人领域新能源乘用车推广工作中，深圳和合肥共推广了 2 325 辆新能源乘用车。

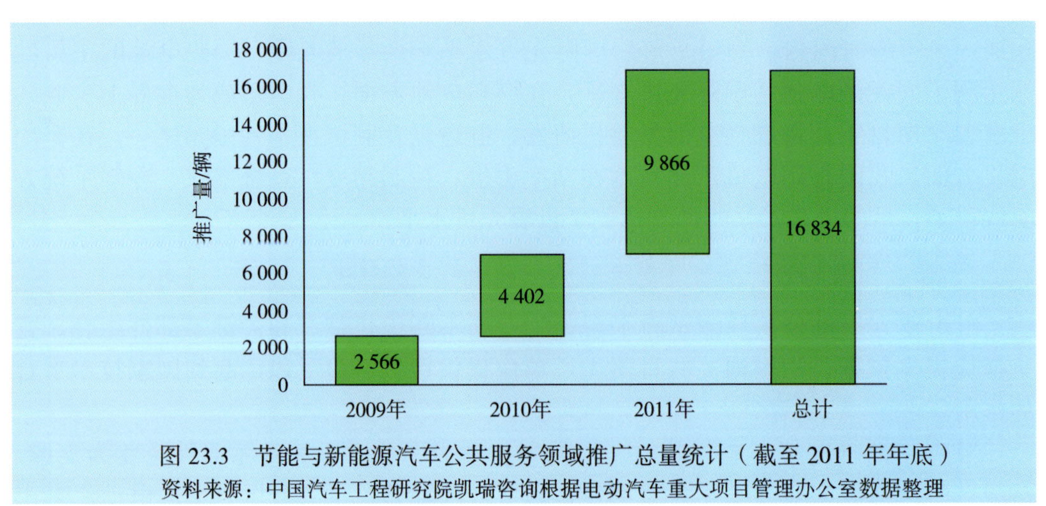

图 23.3　节能与新能源汽车公共服务领域推广总量统计（截至 2011 年年底）
资料来源：中国汽车工程研究院凯瑞咨询根据电动汽车重大项目管理办公室数据整理

示范推广对节能与新能源汽车产业化进展的带动效果显著。第一，带动了我国新能源汽车科技资源迅速向示范城市聚集；第二，带动了社会资本对新能源汽车整车、关键零部件及充电基础设施全产业链投入百亿元以上；第三，带动了传统汽车产业的自主创新能力和配套体系建设；第四，带动了上游行业生产工艺水平的普遍提高；第五，带动了一大批城市积极申请加入国家新能源汽车示范推广试点行列；第六，带动了市场关注度和社会接受度的不断加强，使社会公众对新能源车节能环保、整车使用费用低等特点的了解和认识不断加深，由质疑观望到亲身体验，再到逐步接受认可。

随着新能源汽车技术的逐渐成熟，企业加快产品更新步伐，市场上可供选择的车型明显增加，更加接近实用需要。截至2012年8月，共有36批87家企业的499款车型经过严格测试筛选进入《节能与新能源汽车示范推广应用工程推荐车型目录》，涵盖客车、轿车、物流车、环卫车、特种车等，包括混合汽车180款、纯电动汽车310款、燃料电池汽车9款，给予了各示范城市示范应用新能源汽车，以及私人购买新能源汽车更多的选择。

新能源汽车尚处于产业化初期，需要加大政策支持力度，积极开展推广试点示范，加快培育市场，推动技术进步和产业发展。节能汽车已具备产业化基础，需要综合采用标准约束、财税支持等措施加以推广普及。

23.5 新能源汽车产业发展问题及政策取向

23.5.1 产业发展存在的问题与制约因素

1）新能源汽车核心技术水平仍待提升

目前，我国新能源汽车整车及关键零部件与世界先进水平仍存在一定差距，在新能源汽车的开发技术中，仍有很多基础技术来源于传统汽车开发技术。我国传统汽车整车开发集成技术、底盘性能优化技术、匹配标定技术等传统汽车开发技术与国外的差距影响了我国新能源汽车的研发。

此外，由于我国骨干企业的新能源汽车还处于产品研发和产业化的初期，技术基础薄弱，产品可靠性不高，规模较小，整车与动力电池、电机等零部件企业之间尚未建立长期稳定的紧密合作关系，特别是整车企业尚不能充分带动电池、电机等零部件技术的进步和产业发展，新型的产业链还处在建立过程中。新能源汽车核心零部件开发技术，如整车控制开发技术、电机驱动系统开发技术、电池系统开发技术、动力耦合技术等，仍有待取得实质性突破。

我国新能源汽车产品整体质量提升滞后，尤其是在乘用车领域，已纳入推荐目录的56款乘用车车型中真正具有一定量产规模的只有比亚迪F3DM、e6和江淮同悦等少数车型，且年销量刚达到近千辆，而其他车型大部分属于改装车型，不具备量产条件，这导致市场可选择的车型较少。

2）基础配套设施规划不够系统，可持续发展模式不清晰

在示范推广试点城市中，部分城市存在基础配套设施布局欠合理、闲置率高、基础配套设施建设审批周期长、各主管部门协调困难等问题，这影响了基础配套设施建设的布局系统性，未能形成基础配套设施与新能源汽车产品保有量之间的有效合力。

此外，基础配套设施前期投入大，投资回报周期长。目前，大多数运营维护服务提供商的可盈利模式仍在探索中。

3）部分试点城市示范推广工作进展缓慢

由于一些试点城市相应配套政策出台较为滞后，组织措施效率低，过分注重培育本地产业，实际示范推广数量与计划目标差距较大。截至2011年年底，在25个公共服务领域试点城市中，有7个城市推广规模还不到100辆；在6个私人购买新能源汽车试点城市中，有4个城市尚未出台具体实施细则。

4）技术标准体系仍待完善

通过对电动汽车自主创新技术标准法规体系的战略研究，我国已初步形成相关技术标准法规体系和开展电动汽车整车、关键零部件、重要元器件、关键材料以及充电装备、充电站安全管理系统测试评价的技术体系。但相对于美国、欧盟、日本等发达国家和地区的依托优势产品技术输出为载体，应用和普及技术标准法规体系，我国新能源汽车标准体系的推广应用明显滞后，未能结合市场形成有效的竞争合力。

23.5.2 促进产业发展的政策取向

1）加强行业准入管理

对准入企业进行严格考核，防止盲目投资，引导新能源汽车产业有序发展，避免低水平竞争。企业应积极开展动力电池、驱动电机、汽车电子等关键零部件的研发及产业化应用研究。另外，尚未取得国家新能源汽车准入条件的企业，应加大节能与新能源汽车研发投入，积极争取获批新能源汽车生产资格，将产品列入《全国机动车辆生产企业及产品公告》。

针对新能源汽车的特点，建立动力电池回收管理制度。随着电动汽车产业化和规模化发展，车用动力电池将在未来若干年逐渐进入批量报废阶段，动力电池是否能够有效回收利用将直接影响新能源汽车产业的可持续发展和国家节能减排战略的有效实施。当前，我国尚未建立废旧动力电池循环利用体系，故未来应当尽快制定新能源汽车动力电池回收利用管理办法，设定动力电池回收及再生企业准入条件，明确动力电池收集、存储、运输、再生处理等环节的管理要求，有效形成电池的梯次利用；研究制定促进电池再生企业提高技术水平和环保水平的优惠政策；完善行

业准入等相关管理办法，合理利用锂、稀土等战略性资源；同时，在废旧动力电池回收链条上，给企业带来新的发展和投资机遇。

2）稳步推进示范工程

贯彻落实《规划》和《节能与新能源汽车产业发展规划（2012—2020年）》的指导思想和基本原则。深化以示范推广工程带动产业发展的发展观念。

在产品已趋于成熟的混合动力公交车领域，可考虑采取集中招投标方式，促进节能减排效果显著、可靠性稳定、成本合理的混合动力公交车产品在全国范围内的推广，以扩大市场规模，降低产品成本，带动全国新能源汽车产品的良性发展。

在汽车租赁、城市物流、公务用车等领域，根据其行驶里程适中、行驶速度适中、怠速工况多、启停工况频繁的特点，可考虑将其作为下一阶段节能与新能源汽车公共服务领域推广的重点。

在私人用车领域，加强督促目前的6个私人购买新能源汽车试点城市明确推进办法，尽快落实各种费用减免和优惠政策，加快充电基础设施建设，优化新能源汽车使用环境，取消针对外地品牌的各种限制措施，并适时扩大私人领域新能源汽车示范推广范围。

同时，完善对试点城市及示范产品的定期考核评估机制，实施动态管理，适时引入积极性高、基础条件好的非试点城市，淘汰推广工作进展较慢、效果不明显的城市，实现资源的高效配置。

3）鼓励探索商业模式

在新能源汽车的消费、使用环节进行系统性的商业模式创新。例如，针对新能源汽车的动力电池使用特点，引入新的所有权主体，提供充电、维护等全方位服务，提升电池使用过程中的可靠性，科学地对电池进行管理，更有效地对动力电池进行梯次利用，降低新能源汽车的使用不便利性。

探索有利于消费者和企业的新型商业模式，让更多的消费者能够从观望状态进入使用状态，以长期、短期或分时租赁等模式，降低接触使用新能源汽车的门槛，培育消费者的使用习惯，提振消费者对新能源汽车产品的信心，最终引导消费者形成购买习惯，创造新的市场需求。应此种新生需求，完善新型商业模式，使新能源汽车产业面向市场机制运行。

4）出台节能限排法规

尽快制定和完善节能技术标准和法规，建立全国平均燃料消耗量评价体系（national average fuel consumption，NAFC）、企业平均燃料消耗量评价体系（corporate average fuel consumption，CAFC），引导汽车产品向小型、高效、绿色发展。完善我国汽车燃料消耗量标准体系，适时出台《汽车燃料消耗量管理办法》，将现有整车生产企业新增传统汽车产能与新能源汽车研发、生产和销售相结合，建立基于乘用车生产企业平均燃料消耗量和车型燃料消耗量目标值的财税奖罚机制，对提前达到下一阶段车型燃料消耗量目标值的节能与新能源汽车，给予财政补贴或车辆购置税减免优惠，促进节能与新能源汽车产品比例的提高。

探索构建低碳汽车税制，设立汽车二氧化碳排放税。从汽车产业中长期发展来看，我国更需要制定长期稳定的节能减排政策，开征新的汽车税种，如二氧化碳税、燃油税，以及出台鼓励购买使用新能源和小排量车的税收政策，以影响人们购车的选择和汽车的使用，使人们选择公共交通工具或更加节能环保的交通运输工具，从而减少使用和淘汰更新不满足排放标准的汽车，促进节能与新能源汽车的发展，最终达到降低污染物和二氧化碳排放的目的。

5）完善技术标准体系

加紧形成完善的电动汽车整车、关键零部件、充电等相关技术标准，结合我国巨大的新能源汽车潜在消费市场，努力建立事实标准，提升我国在新能源汽车产业中的国际竞争力。完善现有的试验方法、评价体系，对新能源汽车的能耗进行科学、合理的核算，并形成可与传统内燃机能耗相比较的换算标准。

参考文献

[1] 国务院 .“十二五”国家战略性新兴产业发展规划，2012.

[2] 国务院 . 节能与新能源汽车产业发展规划（2012—2020），2012.

[3] 甄子健 . 科技创新带动我国新能源汽车战略性新兴产业形成 . 中国新能源，2011，（8）：48 ~ 50.

[4] 科学技术部 . 这十年 现代交通领域科技发展报告 . 北京：科学技术文献出版社，2012.

[5] 科学技术部 . 电动汽车科技发展“十二五”专项规划，2012.

缩略词表

EV：electric vehicle，即纯电动汽车

PHEV：plug-in hybrid electric vehicle，即插电式混合动力汽车

FCV：fuel cell vehicle，即燃料电池汽车

HEV：hybrid electric vehicle，即混合动力汽车

BSG：belt-driven starter generator，即皮带驱动启动 / 发电机

ISG：integrated starter generator，即集成式启动 / 发电机

ECU：electronic control unit，即电子控制单元

NAFC：national average fuel consumption，即全国平均燃料消耗量评价体系

CAFC：corporate average fuel consumption，即企业平均燃料消耗量评价体系

区域篇

第 24 章

区域发展综合分析

薛　澜　王刚波　李应博　李　燕

【内容提要】 本章从地理区位、人力资本、区域创新能力、产业集群、市场需求、区域政策六个方面分析了影响战略性新兴产业空间布局的因素，归纳提出了要素综合型、市场拉动型和政策推动型三种产业布局模式。在广泛调研的基础上，本章从规模与作用、技术创新与产业发展、区域产业集群、新特征与新活力四个角度综合分析了当前我国各地区推动战略性新兴产业的工作进展，并从创新平台、需求侧激励政策、产业链整体发展、调控要素资源四个方面概括出区域层面发展战略性新兴产业的主要经验和举措，同时归纳出了当前较为突出的六个问题。

空间上的协调布局不仅是有效持续推进战略性新兴产业的重要保障，也关乎每个地区发展战略性新兴产业的积极性与主动创造性，更加关系到我国产业的总体协调发展。从全球产业链视角看，战略性新兴产业尚处在方兴未艾之时，产业发展的规律、路径还有待我们从理论和实践两个层面进行深入研究。因此，区域布局与协调发展具有重要意义。

24.1　战略性新兴产业的区位分析

24.1.1　战略性新兴产业布局的区位影响因素

产业空间布局的形成和演变受诸多因素影响，产业内生性的自发成长和政策性

的区域布局，均需要考虑影响战略性新兴产业区域布局的若干主要因素。

1）地理区位

从地理区位上讲，产业空间布局的理论发端是强调成本优势的杜能的农业区位论和韦伯的工业区位论。克里斯塔勒提出的中心论则强调在特定地理区位上建立产业中心，建立能维持供应周边地区资源消费的最低购买力和服务水平的需求门槛，从而实现中心区与服务区之间的最有效的全覆盖产业发展模式[1]。

从战略性新兴产业本身发展的现实状况来看，区域现有资源存量丰富的地区显然具有“先动”优势，可以从地区层面超前布局某些新兴产业发展的增长点。例如，“国家科学发展示范区”曹妃甸处于环渤海区域的中心地带，临近发达的京津地区，有利于发挥高素质人力资源的优势。同时，由于地理区位的关系，其铁路、公路交通网络发达，而且是天然深水良港。这些都提高了其区域市场和国际开放度，促进了产业资源在跨组织、跨部门间的流动，有效降低了产业发展中的交易成本，使战略性新兴产业获得了开放发展的有利地理区位环境。此外，曹妃甸太阳能、风能资源也较为丰富，这些对其发展新能源产业也助力不小。又如，山东省利用半岛地区丰富的海洋资源，确定“三新一海”（新材料、新医药、新信息产业、海洋科技）为战略性新兴产业等。但是，随着信息化、网络化以及交通发达程度的不断提高，地理区位对产业布局的作用正在不断减弱，尤其对战略性新兴产业来讲，颠覆性技术的影响更为深远。战略性新兴产业已经跳出了主要依托区位资源发展的传统框架，取而代之的是其他一些因素的影响。

2）人力资本

人力资本是战略性新兴产业发展的最关键要素。现代区位理论中的行为学派代表人物普莱德认为，运输成本已经退居次要地位，人力资本日渐成为产业布局的主要影响因素[2]。因此，人力资本的数量和质量已经成为地区发展战略性新兴产业的重要支撑要素。在发展战略性新兴产业方面，高水平的人力资本体现在两个方面：一是站在全球技术最前端、具有国际一流创新能力的领军型技术人才和团队；二是能够洞察全球产业发展前沿，高度融合产业、技术与市场的综合型战略性分析人才。这两个领域的人力资本成为一个地区有效推动新兴产业持续发展的重要影响因素。

当前，人力资本的质量、存量水平和增量能力不足以支撑战略性新兴产业的快速发展是我国各地区遇到的普遍问题。据估计，全国每年因就业和新兴产业发展的培训人数需求数量约 3 000 万人次[3]，但教育体制障碍、户籍限制等严重制约了战略性新兴产业的发展。针对这个问题，很多地方政府提出要持续引进若干批高端创新人才，特别是要引进一批高水平的具有国际化背景的专业技术人才；一些地方政府也提出要在引进的基础上，尽快培育一批本地化的高层次人才，建立健全适应战略性新兴产业发展需要的人才培养机制和人才资源配置体系，创造有利于人才成长和不断创新的政策环境。

3）区域创新能力

战略性新兴产业以重大技术突破为支撑、引领，因此，具有较强区域创新能力的地区在发展和培育战略性新兴产业方面，起步要比其他地区快。我国培育和发展战略性新兴产业所面临的紧迫问题是，不少领域尚未掌握核心技术。例如，我国在物联网发展中，RFID芯片、RFID系统安全等核心技术方面的研究还是空白；高端装备关键核心部件和控制技术严重依赖进口等。因此，某个地区如果拥有若干关键、颠覆性技术，以及具有研发创新能力，就会占据先机，优先创造产业新亮点。事实上，近年各地都出台了诸多措施来提升本地区的综合创新优势。例如，山东省政府组织省内药学研究力量和部分企业组建了“山东省重大新药创制中心”，这是集产学研于一体的产业创新平台，有助于推动山东省医药这一战略性新兴产业的发展；上海成立了我国首个专业的节能减排技术转移服务机构——上海节能减排技术转移服务中心，该中心为相关企业提供展示、交流、推介、融资、代理、培训、交易等服务；河南省组织并指导成立了风力发电产业技术创新战略联盟，该联盟以许继集团有限公司为龙头，以洛阳轴承集团、南阳防爆集团、郑州机械研究所等13家企业和科研单位为主要成员，以中国平安集团为战略投资者，联合清华大学、沈阳工业大学等建立了战略合作关系，共同突破风电产业发展的技术瓶颈，打造风电整机及零部件新兴产业集群。这些技术创新联盟的优势在于，创新主体间可通过降低创新成本、分摊创新风险、分享和转移新技术等方式，迅速捕捉新兴技术苗头和市场机会。

4）产业集群

战略性新兴产业从本质上讲，应该具有产业关联系数大、产业链长、能够引导和创造重大的经济社会需求的特点。因此，培育和发展战略性新兴产业应在开放式协同创新的基础上形成主导产业链和优势产业集群。战略性新兴产业集群可从“制造”和“需求”两个维度，分为技术创新主导型和商业模式创新主导型两个产业集群布局。例如，江苏南京、苏州、泰州、连云港、常州等地区已经初步构建起较为完善的医药研发和制造产业链，医药企业总数占全省的比重超过80%。此外，江苏已初步形成了以无锡为核心，以苏州、南京为支撑的物联网产业聚集区。广东省中山市先进装备制造业基地已经聚集了中船基地、广机海事重工、中铁大桥局、中泽重工、中机钢构、国电燃气、明阳风电、凤凰光学、国碁电子、香港立信、伟福科技、中炬森莱、蒂森克虏伯扶梯、中艺重工等一批世界500强企业。

5）市场需求

以廖什为代表的市场区位理论将市场需求作为空间变量，研究市场区位体系和工业企业最大利润区[4]。而以胡佛和艾萨德为代表的成本市场学派指出，最大利润原则是决定工业区位的基本条件，要注重研究成本与市场之间的相互依存关系[5]。

市场需求是战略性新兴产业的第一推动力，没有重大的潜在需求和现实需求，战略性新兴产业的发展就无从谈起。随着我国各地区城市化的推进，我国战略性新兴产业的潜在市场需求将是巨大的，不论是居民生活还是社会生产，都迫切需要诸如新能源汽车、生物制品、高端智能设备、高性能材料等新兴产业产品。然而，当前我国面临的突出问题是，现实需求不足，潜在需求由于缺少创新型的产品和商业服务也没有被激发出来。战略性新兴产业的市场似乎还处在“供给创造需求”而非“需求拉动供给”的阶段。因此，要培育和发展战略性新兴产业，政府和企业共同引导、创造和激发市场需求是重要途径。对于某个发展战略性新兴产业的地区来说，要采取培育本地市场和挖掘区外市场的双重发展策略；对于对运输半径所带来的成本上升比较敏感的原料采购或成品生产企业来说，其既要重视本地产业链上下游完整性的建设，更要关注和把握本地和国内外战略性新兴产业的宏观市场走向。

6）区域政策

战略性新兴产业和传统产业在生命周期上存在的显著差异之一是，前者的成长和衰退速度具有较大的不确定性，很多战略性新兴产业培育和发展的周期更短，投资风险更大。因此，地方培育和发展战略性新兴产业既需要准确的产业发展预见力，又需要政策的决断力和持续性。

当前，我国一些地方发展战略性新兴产业的政策仍存在“新瓶装旧酒”的问题。通过土地、税收、金融、财政优惠措施来争取产业投资项目，但是在产业投资后，忽视产业发展环境的培育，这很容易造成政策风险：一是盲目发展可能造成低水平重复投资；二是政策短视，只考虑尽快见经济效益而忽视了战略性新兴产业前期研发和培育的艰巨性和长期性；三是支持战略性新兴产业发展的法律政策不能有效激发企业从事新兴产业的产品研发和市场拓展，难以形成新兴产业的支撑点。经过对国内外案例的研究发现，政策的着力点应聚焦在以下几个方面：①改变消费环境，引导消费习惯。例如，国内新能源汽车现处于起步前期，由于消费惯性以及购置成本的原因，需要相关政策引导消费，减小新能源汽车与传统汽车购车成本之间的差距。②为小企业和微型企业打造创业沃土。③建立公共服务型产业开放实验室。发展战略性新兴产业要基于全球市场发展趋势，将我国已有的技术积累和研发优势转化为产业优势，其中重要的方向之一是地方政府出资搭建公共服务型产业开放实验室。实验室应重点帮助企业把握重大技术方向或者发现重大经济社会需求，提供产品孵化技术、资金和市场平台，为战略性新兴产业的后续发展注入先期活力。

24.1.2 战略性新兴产业布局的基本模式

在不同自然资源、人力资源、交通区位条件、技术发展水平、国家与地区体制和政策等众多因素的影响下，不同的地区和发展阶段表现出的模式不同。

从本质上说，战略性新兴产业是具有“重大技术突破”并具有重大经济社会需求的高新技术产业。从国外经验看，影响高新技术产业布局的主要因素包括强大的科技资源供给、以市场机制为基础的发达的风险投资体系、有利于创新的社会文化环境、与风险投资密切相关的中介服务体系，以及强有力的政府支持。其中，科技资源供给和市场机制是最为重要的前提条件[6]。因此，战略性新兴产业空间布局的关键在于科技资源和市场机制这两大基础要素的供给及有效配置。根据各地关于影响战略性新兴产业发展的两大基础要素的供给及其结合方式的不同，本章将战略性新兴产业的空间布局模式划分为要素综合型、市场拉动型和政策推动型三种基本类型。

1）要素综合型

一些地区在发展战略性新兴产业上同时且完整地具备了科技资源和市场两大基础要素。这些地区的市场化水平虽然跟欧美等发达国家相比仍有较大的差距，但对于国内平均水平而言是较高的。一般而言，在相对成熟的市场机制作用下，科技资源作为基础性因素之一，使高校或科研机构聚集的地区成为战略性新兴产业的区位指向地区。这些地区容易催生新技术或新发明，同时，科技人才供给相对充足，能保证战略性新兴产业发展所需的各类创新资源。由于这些地区影响战略性新兴产业发展的资源要素结构较为完整，战略性新兴产业布局基本上是以内生资源为主，如南京、苏州和无锡，这三个国家级创新城市 2011 年战略性新兴产业产值总量超过 1 万亿元大关，占江苏省的比重达到 68% 以上。尤其是南京，在六大战略性新兴产业上具有明显的技术和市场优势。

2）市场拉动型

一些地区市场机制相对较为成熟，经济市场化程度比较高，但缺乏高水平的科技资源，知识和技术等要素供给也不够充沛，高校或研究机构的数量十分有限。这些地区可通过科学的机制设计打造“环境盆地”，以吸引满足战略性新兴产业发展的相关要素流入当地，形成有利于战略性新兴产业资源配置的外部环境，以培育和推动当地战略性新兴产业的发展。应用该模式布局战略性新兴产业，其成功的关键取决于当地的市场发育水平以及“环境盆地”的可塑性。

例如，江苏昆山是全国高技术产业的聚集地区，在 2011 年福布斯中国商业城市排名中居第 32 位，在创新城市排名中居第 8 位，为全国百强县之首。其经济发达程度很高，经济体量很大，但高校或科研院所的数量有限，这一直是昆山未来发展的一个短板。近几年，其在发展新兴产业上重点转向城市综合创新环境的培育，以吸引区外智力资本注入昆山。

3）政策推动型

一些地区不仅在知识、技术等科技资源供给上十分匮乏，而且在市场机制建设上也相对滞后，科技资源的流动遇到障碍，阻碍了本地战略性新兴产业的发展。对于这种类型的区域，要依赖于政策的有效培育和推动。政府应进行适当扶持和引导，一方面要培育产业发展环境，吸引各类科技创新资源；另一方面要促进地区市场机制发展，建立企业适度竞争、金融资本有效支持战略性新兴产业的市场格局。例如，我国中西部的很多地区，尽管区域自然资源禀赋好，但是科技创新综合能力不高，市场发育也不健全，因此发展战略性新兴产业就需要长期的政策推动。

24.2 当前我国各地战略性新兴产业的整体进展

培育和发展战略性新兴产业是实现创新驱动发展，推进产业结构调整，加快经济发展方式转变的重要举措。为了解各地贯彻落实国务院《决定》的有关情况、取得的进展和当前面临的问题等，本书工作组于2012年第2季度参加了国家发展改革委、财政部联合国内有关研究机构在北京、广东、长三角（上海、浙江、江苏、安徽）、湖北7省市（简称7省）和8个省地级城市（广州、深圳、杭州、绍兴、武汉、合肥、南京、泰州，简称8市）开展的调研。从调研的总体情况看，各地根据当地实际，确定了与国家基本一致的重点发展领域。目前，战略性新兴产业及其新业态加速成长壮大，呈现出集聚蓬勃发展的新态势。

24.2.1 规模不断扩大，作用日益显现

部分地方的战略性新兴产业发展规模对调结构、转方式的引领带动作用日益显现，正在成为支撑经济增长和社会发展的重要力量。2011年，7省战略性新兴产业增加值占本地区生产总值的比重为6%～20%（根据各省自行确定的概念进行统计，省与省之间没有可比性，下同），战略性新兴产业产值增速在11%～62%，安徽、江苏的增幅均较当地工业产值多24个百分点以上；8市战略性新兴产业增加值占本市生产总值的比重在10%～23%，产值增速达到14%～76%，其中4个城市高于当地工业企业10个百分点。上海市战略性新兴产业新增固定资产投资增速高于当地工业近10个百分点。2012年第1季度，尽管主要经济指标增速放缓，但从调研情况的不同层面看，7省8市的战略性新兴产业产值和投资规模表现出强劲逆势增长、加速发展的态势，表明发展我国战略性新兴产业已成为社会共识。

战略性新兴产业的7个产业领域在7省8市的发展表现出差异性。2011年，北京、上海、江苏、广东和安徽的新一代信息技术，江苏、广东、浙江的生物医药，江苏的新能源，浙江、广东的新材料，上海、北京、广东和安徽的高端装备制造，江苏、浙江和广东的节能环保等产业的规模均超过了千亿元；江苏的新能源、新材料、物联网、生物医药，湖北的生物医药、新材料，安徽的新一代信息、生物医药、新能源、新材料、高端装备制造、节能环保，广东的高端装备制造、节能环保、新材料、生物医药和新能源汽车，上海的新能源等产业的产值增速超过了20%，明显高于当地其他产业。

24.2.2 技术创新与产业发展交互演进

相关领域的技术创新水平与产业发展规模呈现出相互影响、协调推进的良好格局，一些领域具备了占领世界经济科技竞争制高点的实力。调研表明，战略性新兴产业在市场需求和技术进步的双重驱动下，呈现出产业规模与技术创新快速演进的发展局面。在这些新兴产业领域中，以光伏产业发展为代表，形成了在政府推动下市场需求不断扩大、采用领先技术的新竞争者不断大规模进入行业参与竞争、采用

新技术的新产品成本不断下降、市场需求进一步快速增加的动态发展趋势。

专栏 24.1

光伏产业技术创新与产业规模演进发展

2006 年，我国多晶硅产量仅为 290 吨，2007 年突破千吨，2011 年年底达到 8.28 万吨，已占全球总产量的 35% 左右，形成了数百亿元的产值规模。在国外企业不转让技术和不与我国企业合作的前提下，国内多晶硅企业掌握了改良西门子法千吨级规模化生产关键技术，实现了高纯、物料循环利用、节能低耗生产，使我国成为继美国、德国后的全球多晶硅生产大国，光伏材料自给率由原来的几乎为零提高至 50% 左右。

多晶硅产业的迅速发展壮大直接支撑了我国太阳能电池产量连续五年位列世界第一。2006 ～ 2010 年我国太阳能电池产量以超过 100% 的年均增长率快速发展，2011 年产量近 13 吉瓦，同比增长 68.39%，出口额达到 226.7 亿美元。太阳能电池产量与出口量的增加，与太阳能电池产品性能逐年提升、产品价格逐年下降密不可分。2011 年，我国企业单晶硅太阳能电池转换效率为 17% ～ 19%，多晶硅太阳能电池转换效率为 15% ～ 17%，薄膜等新型电池转换效率为 6% ～ 8%。组件价格从 2000 年的 5 美元 / 瓦下降到 2011 年的 1 美元 / 瓦以下。

据欧洲光伏协会统计，2011 年全球光伏装机量为 30 吉瓦，中国光伏装机量为 2.2 吉瓦，新增量位居世界第三，占全球太阳能发电新增装机的 7%。我国太阳能光伏产业发展迅速，市场占有率稳居世界前列，已成为我国为数不多的、可以同步参与国际竞争并有望达到国际领先水平的行业。

类似地，在生物医药、新一代信息、高端装备制造、新能源、新能源汽车等领域，我国的一些企业紧跟全球科技创新和市场需求，加大产业创新力度，极大地促进了产品创新和规模扩张，孕育出了一批快速成长、竞争力强的创新型企业，推动了更多企业成为业界的领航者，促使这些领域的原创成果逐步增多。越来越多的企业和研发机构开始瞄准产业高端，开展前沿领域研发，构建先发优势，为战略性新兴产业超常规发展储备技术和人力资源。

专栏 24.2

调研中考察的高端原创与创新发展部分案例

生物产业领域，深圳华大基因研究院成为世界第一大基因组测序与分析中心，目前拥有的测序能力相当于一天获得 130 人的基因组数据，测序仪全年产出的数据量与全美四大测序中心产出数据量相当；上海联影医疗科技有限公司组建高层次开发团队研发高端医疗诊断仪器，是国内唯一一家产品线覆盖全线高端医疗影像设备的企业；北京泰德制药股份有限公司致力于开发新型药物制剂和基因工程产品，是国内第一家能够研发、生产并已有系列靶向药物上市的企业；江苏美时医疗技术有限公司开创性地采用高温超导射频线圈开发低成本、高性能核磁共振产品系列，较常规铜导线射频线圈图像信噪比指标提高了200%～500%。

新能源领域，广东东莞宏威数码科技有限公司瞄准世界硅薄膜太阳能电池的主流规格，自主研发出国内第一条全自动非晶硅薄膜太阳能电池整套生产线；北京金风科创风电设备有限公司在直驱永磁技术上的原创与突破，引领了新一代风力发电机组的技术潮流，促使行业其他企业改变了战略路径；杭州赛昂电力有限公司研发成功光伏转换效率为21%的成套产业化生产技术，获得了24项美国专利，性能指标跻身世界前三。

信息技术领域，广州广晟数码技术有限公司自主研发并具有自主知识产权的“数字音频编解码技术规范”已成为国家标准和国际蓝光光盘标准；安徽合肥科大讯飞信息科技股份有限公司在语音核心技术上取得了重大突破，并在产业推广方面走在世界前沿，占据了国内语音产业第一的市场份额。

24.2.3 区域特色产业集群涌现，力求形成区域发展新优势

各地在发展战略性新兴产业中着力突破一批高端技术，开发一批高端产品，培育一批区域特色产业集群，力求形成区域发展新优势。工作组在调研中注意到，各地选择培育和发展战略性新兴产业的着力点放在了支持企业聚焦高端产业的创新发展上。深圳以打造未来的接续产业为目标，在基因组测序分析及关联产业、干细胞、超材料、医疗器械和互联网等前沿领域抢先布局，谋划发展由源头创新支撑的高端产业；合肥大力培育电子、信息、装备等高端产业，产业结构和发展实力正在实现“脱胎换骨”式的跨越式发展；江苏泰州医药城坚持高起点规划、高水平建设、高定位发展，走出了一条吸引高端人才、引进先进研发成果、建设高水平技术平台、集聚企业发展高端产业的新路。

在地方规划或实施方案的引导下，一些地区已涌现出若干各具特色、拥有国际竞争力和较大发展潜力的产业集群，加速了产业链向上下游逐步延伸，带动了相关配套产业的发展。例如，江苏的光伏产业规模已占全国的55.2%、全球的21.8%，在销售收入排名方面，世界前20强中江苏占到了5家，海外上市企业有8家，形成了举足轻重的光伏产业发展集聚地；江苏的风电产业整机制造规模占全国总量的20%，齿轮箱制造规模占全国总量的65%，风机叶片产量占全国总量的58%，轮毂和支承部件产量占全国总量的50%，构建了国内最完整的风电产业链。广东的软件、新型显示、新材料和新一代通信4个新兴产业集群产值超过了千亿元。从区域层面看，珠三角地区形成了电子信息、新能源汽车和半导体照明等产业集群，长三角地区形

成了新能源、生物医药、高端装备制造、电子信息、节能环保、新材料等产业集群，中部地区形成了新一代信息显示技术、新生物技术医药创制与育种、新材料等产业集群，京津冀地区形成了新一代信息技术、新材料、航空航天等产业集群。

24.2.4　模式呈现新特征，发展更添新活力

战略性新兴产业的发展模式呈现多样化特征，国际化整合技术资源，青年人才抱团创业，民营企业大量参与，商业模式不断创新，为战略性新兴产业的发展增添了活力。东部沿海地区面临转型升级的压力，旨在通过发展战略性新兴产业来进行产业结构调整，加快推进新型工业化；中部地区旨在通过发展战略性新兴产业培育新的增长极，走跨越式发展之路；北京和上海拥有丰富的智力、资本资源优势，发展的压力更多来自于如何将创新要素优势转化为现代化城市的产业竞争优势。战略性新兴产业发展模式呈现出转型升级、跨越发展、构建竞争新优势等新的特征。

一是开放发展模式发生了显著变化。在全球经济一体化、信息网络全球化的背景下，我国多层次、多样化、大容量的国内市场需求以及全球金融危机的发生，为培育和发展战略性新兴产业带来了大规模吸引全球知识、技术、人才和资金的机遇，由此战略性新兴产业的发展在某些区域和局部领域展示了与过去依靠技术引进、合资生产或“三来一补”等截然不同的新路径。我们在调研中发现，在光伏、生物医药、医疗设备、信息通信、新材料等领域，各地均涌现出了一批企业，它们统筹利用国际国内技术资源，通过在境内外建立生产基地和研发中心、收购拥有先进技术的中小公司或知识产权、建立国际化研发团队等，迅速获得了新技术、新产品和新市场，快速形成了创新发展能力。各地普遍开始重视“引资”与“引智”并举，正在从以往的“以市场换技术”、单纯依赖外援、注重引进技术设备向吸引人才、技术、资本等要素加速转变；北京、上海、广州等中心城市集聚功能的发挥，不断提升了城市的承载力、带动力和竞争力，与周边城市的合作互动促使区域间资源配置和要素流动更加活跃。

二是人才抱团协同创新的趋势日益增强。调研发现，“引进资金不如引进技术，引进技术不如引进人才，引进单个人才不如引进整个团队”，其已逐渐成为共识，人才抱团发展正在成为战略性新兴产业发展的新动力。许多地区都积极创造条件吸引人才，人才引进战略已从以往的单个人才引进转变为鼓励人才团队抱团发展。深圳光启高等理工研究院是广东省首批引进的 12 个创新科研团队中最年轻的一个，也是唯一一支自荐成功的团队。团队中 5 位核心成员均来自欧美一流大学，年轻且具有明显的创新潜力，并在超材料领域取得过重要科研成果。该团队成立一年多来，已吸引全球 40 多个国家的 300 多位人员来中国做新兴技术开发。成立于 2009 年的浙江亚威朗光电（中国）有限公司，拥有 30 多人的核心技术团队和管理团队，技术团队成员中 70% 来自美国上市公司 AXT 原来的光电事业部和美国路美公司，并在美国建设了实体性研发平台。该公司利用团队核心成员在全球知名平台积累的丰富经验、掌握的最先进技术和管理理念等，在半导体照明领域快速地形成了氮化镓

（GaN）蓝、绿、紫色LED外延及芯片核心技术。类似地，上海联影医疗科技有限公司、北京泰德制药股份有限公司、江苏美时医疗技术有限公司、深圳先进研究院等都通过人才积聚快速形成了发展和竞争优势。

三是民间新型创业孵化服务模式和民营企业为战略性新兴产业发展提供了新的动力。在民间新型创业孵化服务模式方面，北京市结合中关村自主创新示范区的建设，实施“瞪羚计划”、“金种子工程”等支持企业创新创业，创新工场、车库咖啡、常青藤创业园、3W咖啡、创业邦、联想之星、亚杰商会摇篮计划、创投圈、36氪、天使汇、天使湾、创业影院、创业工场等民间新型孵化器不断涌现，搭建了创业资源对接平台，催生了创业服务业新业态，为发展战略性新兴产业提供了新的动力和支持。在民营企业发展方面，各地根据国家发布的《关于鼓励和引导民营企业发展战略性新兴产业的实施意见》，在资源配置、政策制定等方面，对民营企业普遍采取与国有企业无差别对待的方式，大力鼓励民营企业参与战略性新兴产业发展。浙江为发挥民间资金充裕、民营经济发达的优势，召开了首届浙商大会和全省民营企业大会，出台了扶持浙商创新创业的专项政策，大力鼓励民营企业发展战略性新兴产业，促使一大批民营企业活跃在战略性新兴产业领域，如西子联合控股有限公司——我国唯一入围C919大型客机项目的民营企业，浙江韵升集团——我国唯一具备研发、制造稀土永磁材料产业全部核心装备能力的企业。多年来，上海的国有经济比重较高，民营经济发展相对滞后，但在战略性新兴产业发展中，民营企业呈现出前所未有的积极布局态势。在生物医药、医疗器械、高端光学膜、绿色智能变电站、工业机器人等领域涌现出一批战略性新兴产业细分行业的龙头企业，民营企业产值现已占到上海战略性新兴产业产值的50%左右。广州、深圳、武汉、南京等也都有大量民企快速发展的案例。

四是商业模式创新得到了广泛的社会认可和政策强化。商业模式的创新决定着新技术和新服务的引入速度和市场化的推广速度。调研中我们注意到，我国在新能源汽车推广示范、三网融合、合同能源管理等领域不断涌现的商业模式创新日益得到了社会的认可和宏观政策调控的支持。特别是在电动汽车发展方面，许多地方都构架了“赋予电动汽车商品的特性，让它拥有与传统汽车比拼的市场竞争力”的商业模式，如合肥在私家车和公共领域的推广上分别采取了“定向购买”和“电池租赁”模式，深圳采取“车电分离、车辆融资租赁、电池充维结合”的模式，并得到了社会投资者的广泛认可。同时，由于新技术、新产品的应用不可避免地受到现有体制机制的制约，商业模式创新是绕开现行体制机制的障碍、加速商业化的必然选择。无锡尚德太阳能电力有限公司实施了全球化的采购、生产、研发等运营策略，运用国际化的供应链运作来应对“双反”调查和可能产生的高额关税，这说明全球市场开拓和商业模式创新是光伏产业快速发展的基础；武汉人福医药集团股份有限公司已在美国获得近20个美国FDA颁发的药证，这从另一个角度说明运用国外资源是加快新兴产业发展的重要途径。

24.3 各地积极探索支持战略性新兴产业发展的有益做法

国务院《决定》发布以来，7省8市按照中央部署，结合产业发展实情，先后出台了培育和发展战略性新兴产业的指导意见、实施方案或推进计划，主动对接有关部门制定的重点行业发展规划，编制了地方战略性新兴产业发展“十二五”规划及重点领域子规划，成立了由省市领导亲自挂帅的战略性新兴产业领导小组，设立了战略性新兴产业专项资金，出台了创投、融资担保、知识产权质押等一系列配套扶持政策，推动了三网融合、可再生能源价格形成机制、科技成果转化、股权激励、人才培养等方面的试点改革，组织实施了“节能惠民”、“百城万盏”、“十城千辆”、“金太阳”等重大应用示范工程，推进了战略性新兴产业的国际交流与合作，使战略性新兴产业的发展更具主动性和连续性。总体上，7省8市探索出的有益做法集中体现在以下四个方面。

24.3.1 通过建设创新平台与产业中介载体探索市场机制作用的有效发挥

充分发挥市场配置资源的基础性作用的关键是，发挥好市场主体的能动作用。在培育和发展战略性新兴产业中，各地加快政府职能转变，强化公共服务意识，综合运用财政、金融、税收等多种政策，大力扶持有利于政策落实与放大的创新平台和产业载体发展，优化市场主体的发展环境。

一是依托高技术产业基地、高新技术园区、科技园区、创业园区，集聚资源、要素和人才，从孵化器、加速器到产业基地，为战略性新兴产业发展提供全方位、全过程的支持和服务。广东以园区、基地和创新平台建设作为培育载体，在信息、生物、软件、新材料、航空航天、高技术服务业等方面累计建立了13家国家高技术产业基地。武汉生物产业基地依托湖北东湖国家自主创新示范区、武汉综合性国家高技术产业基地建设，目前已基本形成集生物创新园、生物医药园、生物农业园、医疗器械园、生物能源园、中新（武汉）生物科技园的“一城六园”发展格局。

二是设立财政发展专项资金，探索财政资金使用新方式，通过创业投资引导资金，引导社会资金投向战略性新兴产业初创期、早中期的创新型企业。2011年，国家发展改革委、财政部联合设立了国家战略性新兴产业发展专项资金，并发挥中央财政资金的杠杆作用，创新资金使用方式，引导各地社会资金设立102个新兴产业创业投资基金，极大地支撑了创业企业的发展。据了解，目前7省8市设立的财政专项资金都较好地发挥了引导作用，如2011年广东财政设立的首批政银合作贷款贴息资金11.9亿元，带动社会总投资640亿元，拉动银行贷款380亿元；浙江在战略性新兴产业专项资金使用上，突出重点、统筹使用，注意带动市、县政府财政和民间资本投入，同时由财政出资吸引民间资本设立了8只创业投资引导基金，总基金规模达26亿元。

三是实施具有引领作用的标志性工程。这是推进战略性新兴产业发展的重要抓手。在国家先后启动云计算、物联网、新型显示、稀土新材料、基因工程药物、智能制造、生物育种等战略性新兴产业创新发展工程的基础上，7 省 8 市结合当地发展实际，发挥企业主体作用，大力推进以提升企业创新能力、促进产业集群发展为目的的标志性工程建设。安徽在落实各地市首位产业定位的基础上，实施“千百十工程”，计划到 2015 年建设 1 000 个左右重点项目，培育和引进 100 个左右重点企业，培育 10 个左右特色产业基地。浙江按照规划组织实施“百项工程”建设，计划每年推进 100 项左右的重点项目建设，力求以点带面，取得示范实效。江苏围绕 100 个重点技术方向，着力攻克和掌握核心技术，组织实施 100 个以上重大自主创新和产业化项目，培育 100 个重大自主创新产品，形成 100 个国内外知名品牌，推动部分领域成为全球重要的战略性新兴产业研发制造基地。

四是鼓励龙头企业整合产业发展的创新要素。江苏在全力扶持和培育年销售规模超过 10 亿元、年增长率达 25% 以上、建有省级以上技术创新平台、综合竞争力处于国内同行前三位的重点企业的同时，支持中小企业向专、精、特方向发展，着力提高产品技术水平，为龙头骨干企业提供协作配套，形成集群优势。截至 2011 年，江苏省战略性新兴产业中在全国同行业中具有较强竞争力的企业超过 60 家，销售收入超过 10 亿元的企业有 50 多家，拥有国家级高新技术产品的企业有 60 多家。

五是积极构建产学研战略联盟，探索科技创新合作新模式，支持以企业为主体与高校、科研院所开展核心关键技术研发。北京市专门扶持了一批战略性新兴产业技术联盟，如首都新能源产业技术联盟、北京新能源汽车产业联盟、中关村下一代互联网产业联盟、中关村物联网产业联盟、中关村节能环保产业联盟等，逐步形成了以企业为主体的新型产学研用协同创新模式。深圳以华大基因研究院、华为技术有限公司、腾讯计算机系统有限公司、光启高等理工研究院、创新投资集团有限公司为主要发起单位，分别组建了相关领域的产学研资联盟，突破了一批重大共性技术，提升了产业的核心竞争力。

六是重视技术服务平台、交易平台和融资平台的建设，提升企业的科技创新能力和成果转化能力，加大中介对企业的服务支持力度。中关村示范区在搭建中关村创新平台和推进科技成果处置、完善股权激励、进行科研经费管理改革、建设全国场外交易市场等方面开展了先行先试。针对苏州优势支柱产业以及特色新兴产业，苏州市科技局与国家科学技术奖励工作办公室全面合作，共同建立了为全国优秀科技成果在苏孵化和产业化的科技创新服务平台，为中小企业提供科技成果信息及定制性、增值化的服务，加速科技成果转化。

24.3.2 通过需求侧激励政策探索新的产业发展方式

与传统促进产业创新的供给方政策措施不同的是，各地发展战略性新兴产业是从社会整体效益出发，重视应用需求侧激励政策来优化新技术和新产品的市场应用环境。各地结合国家组织实施的“节能惠民”、“百城万盏”、“十城千辆”、“金太阳”等重大应用示范工程，针对当地的具体特点，实施需求侧激励，为战略性新兴产业新技术新产品创造了初始需求并开拓了市场空间。广东坚持以应用促发展，重点围绕新能源汽车、半导体照明（LED）、新能源、电子信息等领域实施重大技术和产品示范应用优惠政策，引导消费模式转变，培育市场，拉动产业发展。广东启动了新能源汽车推广应用示范工程，在支持广州、深圳开展国家节能与新能源汽车推广应用试点的同时，将珠三角各市以及汕头、湛江等15市列为新能源汽车推广应用示范城市，推动电动汽车在公交、出租、公务、市政和家用领域的应用；启动了绿色照明示范城市专项行动，建设了10个LED照明综合应用示范区，扩大LED照明示范应用规模和范围；推进“三网融合”国家级深圳试点和省级云浮试点，推动部省共建数字家庭广州试点由万户级向十万户级跨越。上海在智能电网、TD-LTE、云计算、物联网和新能源汽车等领域积极探索适应市场的示范应用运营模式和工作机制。北京在全市300亿元政府采购总额中，统筹安排200亿元用于采购战略性新兴产业的技术和产品。

24.3.3 以重大项目和骨干企业为抓手推动产业链整体发展

各地围绕本地特色资源、要素禀赋和比较优势，选择最有条件、最有基础的领域，集中资源培育具有突出优势的主导和支柱产业。广东以组织实施战略性新兴产业100强项目为抓手，推动建设高世代液晶面板、OLED显示、薄膜太阳能光伏电池、通用飞机制造、轨道交通车辆修造等一批投资大、带动力强、关联度高的重大项目，推动产业从以生产制造环节为主不断向前端的研发设计和后端的市场营销环节延伸，促进产业链条整体发展。安徽合肥以京东方6代线、鑫昊等离子为龙头的平板显示两大技术项目，集聚了法国液化空气集团、日本住友化学株式会社、彩虹（合肥）液晶玻璃有限公司、中国乐凯胶片有限公司、日本丸红株式会社等一批上下游配套企业，构成了“上游设备及材料—中游面板与模板—下游液晶电视等终端产品”完整产业链，其带动力和影响力正在逐步显现。

24.3.4 通过调控稀缺资源的投向支撑战略性新兴产业的集聚发展

各地加大资源整合力度，促进土地、能源、人才、资金等各类要素向战略性新兴产业倾斜，向优势企业集中。安徽省规定，今后国家重大专项和省级各类科技专项资金要优先向战略性新兴产业倾斜，建设用地要优先保障战略性新兴产业项目，金融服务要优先满足战略性新兴产业需求。绍兴把抓好要素保障作为推进战略性新兴产业持续健康发展的基础工作，明确要求金融机构每年新增贷款不少于25%，用于支持战略性新兴产业，其新增工业用地指标主要用于战略性新兴产业功能区和重点项目建设，设立了绍兴银行战略性新兴产业支行，探索实施按照企业综合经济效益排序来确定有序用电的“有保有压”方案，切实加大落后产能整治淘汰力度，为战略性新兴产业腾出发展空间。杭州高新区为用于战略性新兴产业的财政扶持资金和引导资金设定了下限，要求每年对战略性新兴产业的投入不低于全部产业扶持资金的80%。

24.4 各地发展战略性新兴产业过程中的主要问题与制约因素

当前，战略性新兴产业的发展取得了良好的开局，对支撑当前经济发展的作用正逐步显现，对引领未来发展的作用也日渐突出。但由于受其内在矛盾和外在因素的制约，战略性新兴产业的巨大潜力以及对宏观经济的贡献尚未充分发挥出来。在各地日益高涨的发展激情和热情的背后也有一些深层次的问题，需要我们冷静思考。

24.4.1 多种市场准入限制制约了产业发展

一直以来，民间资本难以进入诸如电信、广播、电视等领域，庞大的产业市场由于人为造成的投资不足始终难以启动。在电动汽车领域，诺地方舟等一些民营企业表现出了很强的创新活力，但是由于受传统汽车目录管理体制的限制，一直没有汽车生产的资质，而主流厂家由于担心会对自身传统汽车市场产生冲击，对发展电动汽车并不积极，因此出现了“想干的不让干、让干的不想干”的尴尬局面。民营企业在市场准入、扶持资金获取等方面存在不公平竞争的现象。以高端装备制造业为例，很多国产首台（套）高端设备进入市场时，由于缺乏市场业绩以及用户与研制单位风险分担机制，国产首台（套）设备难以有效形成国内市场增长动力。不少企业反映，相比之下国家更愿意把扶持资金发放到国有企业和科研院所，对民营企业设置条件太多，虽然国家从政策上鼓励民营企业参与国家大型项目的招标竞争，但从操作层面上看，进入壁垒重重。也有企业反映，民营企业在市场准入方面还存在劣势，政府、央企、国企在采购中更倾向于国有企业。

24.4.2 基础设施领域的行业性垄断成为一些新兴产业发展难以逾越的障碍

以风电产业为例，我国部分地区发电项目的规划建设与接网工程规划建设不协调，发电工程与配套电网工程核准及建设周期不匹配，给可再生能源及时并网和消纳带来困难。其背后的主要原因在于国家电网针对并网认证的强制性规定。根据电网规定，只有通过认证的企业才能被允许并网，而且只要核心部件发生变化，即须重新认证；电网公司还要求风机制造企业将核心技术对其指定企业开放。由于这些原因，我国作为世界最大的风电装机国却无法成为最大的风电利用国。再以云计算为例，云计算服务的价格和服务的质量与网络带宽有直接关系。目前，由于互联网的带宽由几大网络运营商垄断，云计算服务企业能拿到的带宽价格过高，带宽资源有限，直接影响了云计算业务的开展。

24.4.3 一些落后的体制陈规成为阻碍新兴产业发展的严重羁绊

以生物医药产业为例，医保目录药物价格政策没有完全将创新药物的价格与普通药物区分，甚至与仿制药品一视同仁，这严重打击了医药企业创新的积极性；新药审批政策不完善，审批周期过长，使企业容易错失发展的良机；药品采购“唯低价取”的招标制度，缺乏对药品质量等其他因素的综合考量，在客观上造成“劣币驱逐良币”；干细胞产业标准缺失、政策滞后，将可能导致国内企业原有的临床先发优势丧失殆尽；国产医疗器械产品的政府采购受到区域性医保政策的影响；等等。以云计算为例，按照我国《互联网信息服务管理办法》的有关规定，企业必须取得ISP（Internet service provider，即网络服务提供商）牌照才能经营互联网接入业务。近两年迅速发展的云计算服务属于该业务范畴，然而，工信部于2009年即停办了ISP牌照的发放，这导致中金数据等企业的云计算业务无法申请该牌照，业务开展也受到了制约。以电子商务为例，现行工商登记制度对电子商务业的发展也造成了一定制约。根据现行规定，每一个货物囤积点需要办理一个工商执照。对于京东商城这样的电子商务企业来说，仅在北京就需要办理100多个工商执照，增加了企业的成本和负担。此外，我国目前尚没有推行电子票据的制度，对于每天有上万笔业务处理的电子商务企业来说，开具发票也是一笔巨大的开支。

24.4.4　税收优惠政策没有发挥出应有的作用

调研中企业普遍反映，在战略性新兴产业的政策中，宏观引导的居多，“看得见、实实在在”的缺少，针对战略性新兴产业的税收优惠政策迟迟未出，现有优惠政策难以发挥出应有的作用。不少政府部门反映，一些税收政策还不尽合理，操作难，针对性、有效性不够。也有政府部门反映，地方税务部门为完成税收任务不认真执行相关政策。企业普遍反映，政策的惠及面小，税收激励力度不够，“不解渴”。例如，加计扣除政策的限制条件过多，导致符合条件的企业很少，惠及面小，其应有作用没有充分发挥；针对战略性新兴产业人力资本、研发费用占比高的现实，现行增值税政策税负偏高。也有企业反映，税收优惠政策太复杂，执行部门自由裁量权过大，企业很难得到优惠。

24.4.5　产业集群效应尚未充分体现

调研结果反映，许多战略性新兴产业的发展缺乏起辐射带动作用的龙头企业，尚未形成有效的产业示范效应和集群效应；多数区域现有的产业集群也主要是大量中小企业在空间上的集中，尚未构成一个大中小企业共生互助、协调发展的现代产业集群，专业分工协作所带来的产业集群效应还未得到体现；部分领域的产业结构不合理，上游环节发展滞后，下游应用面临较大的升级压力；有些新兴产业规模小，产业链不完备，企业大多集中在中下游环节，产业配套能力不强，尚未形成集聚发展的良性态势；某些区域的战略性新兴产业从总体上看只有一些“点”，尚未形成以点带线、以线带面的联动效应；产业共性技术的服务能力欠缺，国家建设的创新平台与区域发展有脱节，没有起到有效支撑地方战略性新兴产业发展的作用。

24.4.6 传统产业发展模式加剧，低水平重复建设

有些地方不计条件，不计基础，只是以拉动投资、创造 GDP 为目的，盲目跟风、一哄而上地投资战略性新兴产业，导致泛化和同质化；有些地方仍以发展传统产业的老思路应对战略性新兴产业，打着战略性新兴产业的旗号做表面文章，圈地建园区，招商引资，过分追求某些技术的产业化规模；有些地方急于求成，大干快上，规划目标不客观，政府干预过多，违背了产业发展规律；有些地方在产业技术选择、产业组织方式、政府和市场关系的处理上存在问题，使战略性新兴产业的发展面临着极大的市场风险。

参考文献

[1] 冯•杜能 J H. 孤立国同农业和国民经济的关系 . 吴衡康译 . 北京：商务印书馆，2009.

[2]Collins A W. Behaviorism and belief. Annals of Pure and Applied Logic, 1999, 96（2）：75 ～ 88.

[3] 张孝德 . 应对危机需要双驱动产业发展战略 . http://business.sohu.com/20090506/n263799045.shtml，2009-05-06.

[4] Smelser N J，Baltes P B. International Encyclopedia of the Social Behavioral Sciences. Oxford：Pergamon，2001：16099 ～ 16104.

[5] Louveaux F，Thisse J F, Beguin H. Location theory and transportation costs.Regional Science and Urban Economics，1982，12（4）：529 ～ 545.

[6] 杨英 , 张浩良 . 广东战略性新兴产业空间布局研究——基于因子分析法和聚类分析法 . 中国发展，2012，12（2）：60 ～ 66.

第 25 章

北京市战略性新兴产业发展情况

黄鲁成　吴菲菲　苗　红　李　欣　王亢抗

【内容提要】 在复杂的国际环境及国家战略背景下，结合地区优势和经济发展需求，北京市致力于建设具有全球影响力的科技创新中心和打造国家战略性新兴产业策源地。北京市汇集了全国最多的高等院校、科研院所和高素质人才，形成了以中关村国家自主创新示范区为主导的高新技术产业集群，其最为充裕的智力资源和坚实的高技术产业基础使得其在培育和发展战略性新兴产业方面有着其他省市无可比拟的优势。北京市注重与国家总体规划和科技发展战略有机结合，强化以科技创新促进战略性新兴产业发展，积极贯彻落实《决定》、《规划》和《北京市国民经济和社会发展第十二个五年规划纲要》。北京市人民政府于 2011 年 7 月 24 日印发了《关于加快培育和发展战略性新兴产业的实施意见》，提出将北京建设成为国家战略性新兴产业策源地的目标。在此基础上，立足首都高技术产业基础和资源要素禀赋，明确了北京市战略性新兴产业的八大重点发展领域，即新一代信息技术、生物医药、节能环保、新材料、新能源汽车、新能源、航空航天和高端装备制造。目前，北京市通过采取一系列的特色举措已在产业规模、产业组织、创新能力、产业园区与基地建设等方面取得了显著成效，从而为构建以新一代信息技术为引擎，以生物医药、节能环保、新材料、新能源汽车为突破，以新能源、航空航天、高端装备制造为先导的战略性新兴产业格局打下了良好基础。北京市战略性新兴产业正在不断发挥其战略导向性、全局带动性和内源驱动性作用，加快促进北京市发展方式转变和产业结构优化升级，但在内外环境条件的压力下，其在研发效率、产业核心竞争力等方面仍有待提高。

25.1 北京市战略性新兴产业的特色举措

为发展北京市战略性新兴产业，北京市政府和有关部门先后采取多种措施，力促北京市战略性新兴产业健康可持续发展。

25.1.1 实施科技振兴产业工程，以内需拉动产业发展

2011 年，“高端数控装备产业技术跨越工程 (精机工程)”、“新一代移动通信技术及产品突破工程 (4G 工程)”、“北京生物医药产业跨越发展工程（G20 工程）”、“城市安全运行和应急管理物联网应用”、“太阳能示范应用工程”、“云计算服务创新发展试点示范城市建设工程”、“新能源汽车示范应用工程”、“智能电网综合示范工程”等 10 项示范工程启动实施。

为统筹科技创新与产业发展，促进“全链条贯通、全要素组合、全主体参与”，北京市实施了科技振兴产业工程。将“培育战略性新兴产业，打造新的经济增长点”作为其重要内容之一。

科技振兴产业工程——培育战略性新兴产业，打造新的经济增长点

以关键技术突破和标准创制为切入点，明确新一代信息技术、生物医药、新能源、节能环保、新能源汽车、新材料、高端装备制造和航空航天各产业发展的重要任务，积极培育战略性新兴产业。例如，新能源产业要围绕太阳能、风能高端产品和核心装备，培育龙头企业，把北京建设成为新能源研发中心、示范中心、高端制造中心；新能源汽车产业要进一步推动新能源汽车研发、示范应用和产业化等方面的工作，重点实施自主品牌电动汽车发展战略，实现北京市纯电动汽车的自主化研发、产业化生产和规模化应用。

25.1.2 精心制定规划，实现战略性新兴产业有序发展

围绕发展战略性新兴产业，北京市发布了各产业发展规划、指导意见、实施框架等（表 25.1），这些措施为北京市战略性新兴产业的有序发展奠定了基础。

表 25.1　北京市发展战略性新兴产业相关规划

产业领域	规划
战略性新兴产业	《关于加快培育和发展战略性新兴产业的实施意见》
新一代信息技术	《北京“祥云工程”行动计划》、《北京市通信业“十二五”发展规划》、《北京市“十二五”时期城市信息化及重大信息基础设施建设规划》、《北京市新一代移动通信技术及产品突破工程（4G工程）实施框架》、《北京市“十二五”时期电子信息产业发展规划》
新材料	《北京市“十二五”时期基础和新材料产业调整发展规划》
生物医药	《北京市“十二五”时期生物和医药产业发展规划》、《北京市贯彻落实国务院办公厅促进生物产业加快发展若干政策的实施意见》（京政办发〔2009〕108号）
新能源	《北京市“十二五”时期新能源和可再生能源发展规划》、《北京市加快太阳能开发利用促进产业发展指导意见》
航空航天	《北京市通用航空产业发展规划(2011年—2020年)》
高端装备制造	《北京市“十二五”时期装备产业发展规划》、《北京高端数控装备产业技术跨越发展工程（精机工程）实施框架》（2011）
新能源汽车	《北京市“十二五”时期汽车产业发展规划》
节能环保	《北京市节能机电设备（产品）推荐目录（第一批）》（京经信委发〔2011〕160号）

25.1.3　强化针对性，采取不同发展策略

《关于加快培育和发展战略性新兴产业的实施意见》针对北京市具体情况，为构建“以新一代信息技术为引擎，以生物医药、节能环保、新材料、新能源汽车为突破，以新能源、航空航天、高端装备制造为先导”的战略性新兴产业格局，提出了以下发展策略。

新一代信息技术产业采取“领先发展”策略。北京市在移动通信、数字电视、集成电路、计算机等领域已经具备了较好的产业基础，核心技术有进一步突破，自主创新成果、成效明显。2010年9月，北京市在全国率先发布《北京“祥云工程”行动计划（2010—2015年)》。

专栏 25.2

北京“祥云工程”行动计划

2010年9月，北京在全国率先发布《北京“祥云工程”行动计划（2010—2015年)》，提出全市云计算产业发展的总体目标是：形成技术、产品和服务一体化发展的产业格局，发展一批高效能、高安全、低成本的云服务，聚集一批世界领先、全国领军的云计算企业，形成一批创新性的新技术、新产品、新标准。到2015年云计算的三类典型服务形成500亿元产业规模，带动产业链形成2 000亿元产值，云应用水平居世界各主要城市前列，成为世界级的云计算产业基地。“祥云工程”在海内外影响甚远，已经成为中国云计算产业发展的代表。

生物医药产业采取“跨越发展”策略。北京市生物和医药产业继续保持良好发展态势，经济效益优势明显，是全国重要的生物和医药原始创新及研发中心之一，具有坚实的产业发展基础。目前正加快实施“北京生物医药产业跨越发展工程(G20工程)”。

专栏 25.3

北京生物医药产业跨越发展工程（G20 工程）

“G20 工程”一期工程于 2010 ～ 2012 年实施，目标是到 2012 年，北京生物医药产业销售收入（不含商业）突破 1 千亿元。二期工程在此基础上利用 5 年时间，将生物医药产业对北京 GDP 的贡献度提高至 5% 以上，使“G20”成为北京生物医药产业的标志，推动生物医药产业成为支撑首都经济社会发展的支柱产业。

“G20 工程”的重要工作为：①“聚焦支持一批规模企业，培育一批潜力企业，引进一批国内外重点企业”，打造一批北京有规模、全国有地位、世界有声音的代表企业。“G20 工程”先后认定“G20 企业”共 50 家，产业规模突破 700 亿元[1]。②立足北京在科技、人才、市场等方面的突出优势，建设一批“国际化、高水平、有规模”的公共服务平台，重点建设拥有核心技术、达到国际先进水平的“专、精、特”发展的生物医药“代工线”，为北京生物医药创新成果孵化和产品规模化生产等提供服务支撑。③对接国家重大专项，争取国家重大成果、项目、基地落地北京。目前，北京成功对接国家课题 275 项，获得资助 18.1 亿元，占专项总资金的 32.9%。

节能环保产业采取“规模发展”策略。北京节能环保产业行业离散度较大，大型节能环保企业集团较少，一些中小企业在较低水平上重复建设，亟须进一步扩大产业规模。

新材料产业采取“特色发展”策略。目前产业结构和布局尚需优化，应重点发展新型功能材料、先进结构材料、复合材料和纳米、超导、智能等共性基础材料。

新能源产业采取“高端发展”策略。新能源和可再生能源科技创新水平已成为国家和地区核心竞争力的重要体现，因此客观上需要把北京建设成为新能源研发中心、示范中心、高端制造中心。

航空航天产业采取“集群发展”策略。北京市航空航天企业空间布局较分散，产业聚集度较低，产业总体规模偏小，需要规划建设航空航天产业专业集聚区和面向应用需求的卫星遥感产业集群。

高端装备制造产业采取“提升发展”策略。以高端装备为核心的北京装备产业有良好的产业基础，在新能源装备、节能环保装备和高端制造装备领域发展前景广阔。目前要重点提升重大装备的成套化水平、自主化能力和系统集成能力。

新能源汽车产业采取“突破发展”策略。重点推进纯电动汽车整车及其关键零部件的研发和产业化，实现从汽车生产大国到汽车技术强国的突破。

25.1.4　建设中关村科学城，实现战略性新兴产业集群发展

2010 年 9 月，北京市启动了中关村科学城建设，以科学城促进产业集群发展。2011 年 10 月，北京市发布了《中关村科学城发展规划（2011—2015)》，确定中关村科学城将突出产业特色，以新一代信息技术、航空航天、生物、新材料、新能源、新能源汽车和节能环保等战略性新兴产业的高端环节以及科技金融服务业、高技术服务业等生产性服务业为产业发展重点，打造高端产业集群——“中关村生命科学与新材料高端要素聚集发展区”、“中关村航空航天技术国际港”、“中关村信息网络世纪大道”，最终成为国家战略性新兴产业策源地。

25.1.5　完善激励政策，强化战略性新兴产业发展源动力

战略性新兴产业发展动力来自于技术研发人员、企业及相关部门。根据不同激励主体及目标，北京市出台了一系列激励政策来提高战略性新兴产业的创新能力（表 25.2)。

表 25.2　北京市发展战略性新兴产业的有关激励政策

政策目标	政策文件
通过股权激励、个人所得税税收改革、改善科研环境，激励作出重要贡献的科技人员及经营管理人员	《中关村国家自主创新示范区市属单位股权激励改革试点工作实施意见》、《关于贯彻落实国家支持中关村科技园区建设国家自主创新示范区试点税收政策的通知》（京财税〔2010〕2948 号)、《中关村国家自主创新示范区科技重大专项项目（课题）经费间接费用列支管理办法（试行)》（中示区组发〔2010〕15 号)、《中关村国家自主创新示范区科技重大专项资金试点管理办法》（中示区组发〔2010〕16 号）等
通过税收改革及建立研发中心，激励企业研发工作	《关于贯彻落实国家支持中关村科技园区建设国家自主创新示范区试点税收政策的通知》（京财税〔2010〕2948 号)、《北京市企业技术中心认定评价管理办法》等
通过孵化机构促进科技型中小企业创新发展	《北京市关于进一步加强科技孵化体系建设的若干意见》（京科发〔2010〕721 号）等
多主体推进科技成果转化和产业化	《北京市人民政府关于进一步促进科技成果转化和产业化的指导意见》（京政发〔2011〕12 号)、《北京市高新技术成果转化项目认定办法》（京科发〔2012〕329 号)、《北京市战略性新兴产业科技成果转化基地认定管理办法》等
通过综合实力较强的研发实体，引领重点产业领域技术创新，促进重大科技成果在京转化和产业化	《北京市重点实验室认定与管理暂行办法》、《北京市工程技术研究中心认定与管理暂行办法》、《北京市工程研究中心管理办法》、《北京市工程实验室管理办法》等

通过股权激励，用利益机制调动科技人员的创新热情和创造活力。截至 2011 年年底，中关村自主创新示范区有 481 家单位通过科技成果入股、科技成果折股、股权奖励、股权出售、股票期权、分红激励、科技成果收益分成等形式，参加了中关村示范区股权激励和分红权激励试点。这些单位通过股权激励改革，稳定了企业技术人员队伍，激发了核心技术人员创新的积极性。

通过税收优惠政策，促进企业持续加大研发和人才培养投入。2011 年，北京市

共有512家企业享受示范区研发费用加计扣除试点政策，新增归集项目加计扣除额5.31亿元，享受所得税优惠共计8 024万元；共有56家企业享受示范区职工教育经费税前扣除试点政策，超过工资总额2.5%的税前扣除金额4 835万元；还将有910家企业的4 868个项目享受税收优惠政策[2]。

25.1.6 完善资金支撑体系，突破战略性新兴产业发展瓶颈

由于战略性新兴产业的风险性和不确定性，资金缺口往往是其发展瓶颈。为此，北京市从研发、新产品新技术应用推广、创业投资等多方面采取措施解决瓶颈问题。

北京市先后发布了《北京创造·战略性新兴产业创业投资引导基金管理暂行办法》（京发改〔2012〕694号）、《中关村战略性新兴产业中小企业创新资金管理办法》（中科园发〔2010〕31号）、《北京市人民政府关于推进首都科技金融创新发展的意见》、《中关村国家自主创新示范区现代服务业试点扶持资金管理办法》（京财经发〔2011〕2352号）。

中关村科技园发布了《中关村国家自主创新示范区产业技术联盟专项资金管理办法》（中科园发〔2012〕39号）、《关于中关村国家自主创新示范区促进融资租赁发展的意见》（中科园发〔2012〕33号）、《中关村国家自主创新示范区新技术新产品（服务）应用推广专项资金管理办法》、《中关村国家自主创新示范区“十百千工程”专项资金管理办法》（中示区组发〔2010〕7号）、《关于支持中关村国家自主创新示范区新技术新产品推广应用的金融支持若干措施》（中科园发〔2011〕37号）、《中关村国家自主创新示范区产业技术研究院支持资金管理办法》、《中关村国家自主创新示范区创业投资风险补贴资金管理办法》（中科园发〔2009〕26号）。

北京市已建立起重大科技成果转化和产业项目资金统筹机制，北京市发展改革委于2011年12月公布了首批160个战略性新兴产业重大项目，未来将把资金等资源聚焦于新一代信息技术等重点领域的发展。以企业为主体的113个项目已有81个获得了北京市统筹资金支持[3]。

25.1.7 建设中关村人才特区，奠定战略性新兴产业智力基础

战略性新兴产业以科学技术为基础，而科技人才是这个基础的关键。为此，北京与中央有关部门先后发布了《关于中关村国家自主创新示范区建设人才特区的若干意见》、《中关村高端领军人才聚集工程方案》、《加快建设中关村人才特区行动计划（2011—2015年）》（京人才发〔2011〕5号），中关村科技园发布了《中关村高端人才创业基地支持资金管理办法（试行）》（中科园发〔2012〕29号）、《中关村国家自主创新示范区高端领军人才专业技术资格评价试行办法》（京人社专技发〔2011〕113号）、《北京市建设海外高层次人才创新创业基地暂行办法》。北京市政府为入选“海聚工程”、中央“千人计划”的高层次人才颁发100万元人民币的一次性奖励。同时把中关村科学城和未来科技城作为人才特区两大“发展极”。北航先进工业技术

研究院、中关村航天科技创新园、航空科技园等一批重要研究机构、研发基地集聚中关村科学城。神华集团、商飞集团、国家电网公司等15家大型央企正集中建设以“未来科技城”命名的人才创新创业基地，有4家央企已开工建设，引进了50名入选“千人计划”的海外高层次人才[4]。

截至2011年年底，北京市入选“千人计划”467人，其中80%以上在中关村；北京市“海聚工程”入选227人，其中70%在中关村；设立了中关村驻德国人才联络处、中国香港人才联络处；认定中关村创业人才及创业团队33个[5]。2011年，中关村人才特区引进海内外人才4 962人，其中引进海外高层次人才436人[6]。据《2011年北京市引进海外高层次人才专项计划》统计，战略性新兴产业领域的人才需求更加旺盛，生物医药行业的海外高层次人才的需求数量为62人，电子信息行业为18人，光机电一体化领域为16人，新能源与环保行业为9人。

25.2　北京市战略性新兴产业发展成效显著

25.2.1　产业规模显著扩大，发展带动作用日益明显

新一代信息技术产业已经成为北京市发展战略性新兴产业的突破口，2011年实现收入规模约812.7亿元，同比增长24.2%，其中云计算、物联网、导航与位置服务收入增速超过30%。2011年，北京云计算产业营业收入约116.8亿元，同比增长43.8%；北京软件和信息服务业收入突破3 000亿元，产业规模超过印度软件名城班加罗尔、欧洲软件之都爱尔兰都柏林，从业人员总数超过了美国的硅谷地区[7]；基础软件行业实现营业收入139.4亿元，同比增长35.3%，其中，国产基础软件取得了快速发展，实现营业收入11.7亿元，占基础软件全部收入的8.4%。

2011年，北京生物医药产业规模突破700亿元[8]，同比增长25%；新材料企业数量已增加到了1 400多家，实现销售收入超过700亿元[9]。2010年节能环保产业销售收入超过1 800亿元，保持年均25%左右的高速增长[10]；另据2011年1月16日北京新闻报道，据不完全统计，目前全市节能环保的产值已经突破了1 300亿元；北京装备产业实现产值2 087亿元，发展态势良好[10]。

2011年，北京市可再生能源利用量达到280万吨标准煤，在能源消费总量中所占的比重约为4%，新能源和可再生能源产业规模也达到600亿元以上[11]。

2011年，中关村示范区生物医药、新材料、新能源、环境保护等新兴产业快速增长，总收入增幅均在25%以上，且增速较2010年同期均有不同程度的提高。电子信息仍然是其支柱产业，新能源、新材料、节能环保等产业表现抢眼，总收入增速均在45%以上，增速较上年同期均提高了10个百分点以上[12]。

在战略性新兴产业的带动下，2012年上半年，中关村示范区主要经济指标持续快速增长，实现总收入1.02万亿元，同比增长超过25%。其中技术收入1 246.8亿

元，同比增长 16.2%，占总收入的 12.2%；企业实缴税费 753.2 亿元，同比增长超过 50%；出口总额 101.5 亿美元，同比增长 7.8%。企业扭转年初利润下滑趋势且呈快速增长，上半年实现利润总额 664.6 亿元，同比增长 24.3%[13]。

25.2.2 产业组织健康发展，持续发展条件日渐形成

健康的产业组织是战略性新兴产业持续发展的重要条件，包括一批带动产业发展的龙头企业、获得集聚效应的产业集群、实现知识共享的产业联盟。

在培育和发展战略性新兴产业过程中，北京形成了一批核心竞争力较强的龙头骨干企业，包括：①联想集团等千亿元级企业集团；②中国普天、北大方正、同方股份等若干百亿元级骨干企业；③大唐电信、航天信息、百度、搜狐、新浪、京东方、双鹤药业、京东世纪、华胜天成、用友等众多十亿元级创新性企业。

龙头企业除规模大外，增长速度也十分突出。中关村示范区企业碧水源 2012 年第 1 季度收入和利润分别增长 332% 和 55%，各项指标比同行业平均水平高出 100% 左右；神雾热能公司 2012 年第 1 季度销售收入达 27 亿元，利润达 7 000 万元，同比增长超过 60%。在生物医药领域，北京科兴凭借其独特创新产品甲乙肝联合疫苗“倍尔来福”，销售收入同比增长 20%；中芯国际 2012 年第 1 季度销售收入达 1.08 亿美元，增长约 5%；2011 年，杰锐思公司销售收入达 8 000 万元，同比增长五成以上[14]。

围绕龙头企业，北京市在软件、集成电路、计算机和网络、通信、生物医药、能源环保等重点领域已形成了国内优势产业集群。例如，在南部房山区，形成了石化新材料产业聚集区；在北部地区，形成了特色新材料产业聚集区。另外还形成了以中关村生命科学园为产业创新中心、以北京经济技术开发区为国际制造中心、以大兴生物医药产业基地为新兴制造业集聚区的“三点支撑、协同发展”的空间布局。

随着产业技术发展模式和产业竞争格局的巨大变化，作为“20 世纪末最重要的组织创新形式”，产业技术联盟发挥的作用日益突出。目前，北京市已经有产业联盟、技术联盟、标准联盟、服务联盟等 100 多家。以中国生物技术创新服务联盟、中关村生物医药研发外包联盟、长风开放标准平台软件联盟、北京材料分析测试服务联盟、新能源产业技术联盟为代表，各联盟在提高产学研结合的组织化程度、整合产业技术创新资源、促进技术集成创新、实现创新成果的快速产业化、推动产业结构优化升级、提升产业核心竞争力等方面发挥了重要作用。

25.2.3 创新能力显著提升，产业技术基础不断增强

战略性新兴产业以新兴技术为基础，创新能力是产业发展的重要技术基础，科技投入、创新产出、成果转化是产业创新能力和技术基础的重要指标。

在科技投入方面，2011 年，北京 R&D 经费支出达 932.5 亿元，比 2010 年增长了 13.5%；相当于地区生产总值的 5.83%，比 2010 年提高了 0.01 个百分点[15]。2012 年 1 ～ 2 月，中关村示范区规模以上企业科技活动经费支出达到 93.3 亿元，同比增长 26.1%，增速创 12 个月新高，创新投入强度达到 3.9%，较 2011 年 1 ～ 11 月提高

了 0.5 个百分点[16]。

在创新产出——专利方面，2011 年，规模以上企业专利申请和授权量分别为 2 316 件和 1 719 件，同比分别增长 12.3% 和 125%[17]。北京地区战略性新兴产业相关领域的发明专利申请量全国领先，其中，生物产业和航空航天领域均为全国第一；新能源汽车电子控制和电池系统的基础研究领域，以及新一代信息技术产业领域为全国第二；新材料领域为全国第四；高端装备制造业领域为全国第六[18]。在众多技术领域填补了国内空白，对我国战略性新兴产业的发展起到了重要的推动作用。

在创新产出——产品和工艺技术水平方面：①京东方 8.5 代生产线顺利投产；②“核心电子器件、高端通用芯片及基础软件产品”（简称“核高基”）国家科技重大专项开发出基于龙芯处理器的龙腾服务器，产业化应用进程加快；③“极大规模集成电路制造装备与成套工艺”（简称“集成电路装备”）重大专项开发出 12 英寸 65-40 纳米介质刻蚀机，进入国际主流企业生产线；④全国首枚 4G 基带芯片进入市场，TD-SCDMA HSUPA 系列化商用无线系统设备实现规模生产；⑤飞机核心制造装备——自动化电磁铆接设备研发取得突破；⑥首台海上 6 兆瓦风电机组成功下线并完成安装；⑦研制出无线随钻系统、地下储气库工程和精细控压钻井设备，打破了钻井高端装备依赖国外进口的局面；⑧实现年产 3 000 套直驱永磁全功率变流器及变桨设备生产线投产运行。

在创新产出——技术交易方面，2012 年上半年，北京市共成交技术合同 27 557 项，同比增长 29%，成交额达 1 205.6 亿元，其中节能环保、航空航天等战略性新兴产业领域的输出技术合同成交额达 1 000.5 亿元，占全市的 83%。节能环保、航空航天、高端数控装备制造业和生物医药作为北京市发展战略性新兴产业的重要领域，已成为首都经济新的增长点。2012 年上半年，节能环保领域输出技术合同额 170.8 亿元，仅次于电子信息、现代交通领域，跃居第三位[19]。2011 年，北京吸纳技术合同主要集中在电子信息技术、先进制造、新能源与高效节能技术领域。电子信息领域技术合同 5 139 项，成交额 86.6 亿元，比 2010 年增长 40.2%[20]。北京技术输出、吸纳领域及增长速度表明，北京战略性新兴产业的发展具有很好的技术基础。

在创新产出——科技成果转化方面，科技成果落地转化显著，促进了战略性新兴产业的发展。2011 年，中央在京单位输出技术合同成交额达 433.6 亿元，其中，落地北京的技术合同成交额达 137.1 亿元，比 2010 年增长近 2 倍，主要集中在节能环保、电子信息、新材料等新兴产业领域，助力首都产业的结构调整[20]。

25.2.4　产业园区与基地不断改善，发展基础进一步夯实

依托科技企业孵化器及大学科技园，首批 6 家战略性新兴产业孵育基地和 6 家中关村创新型孵化器建成[21]。结合资源优势和产业基础建设了一大批以知识和技术密集型为特征的战略性新兴产业基地（表 25.3），成为科技成果研发和转化的富集区。其中，北京国家级生物产业基地的集群模式和产业集聚度在全国处于领先地位。“G20 工程创新成果转化基地”暨生物医药创新孵化基地核心——北京亦庄生物医药

园落成，并引进5个投资超过10亿元的项目落地[5]。

表25.3　北京战略性新兴产业科技园区与产业基地

产业领域	园区、基地
云计算	亦庄“中国云产业园”
电子信息	软件园、通州光机电一体化基地、数字电视产业园和移动通信产业园
生物医药	中关村生命科学园、大兴生物医药产业基地、生物医药创新孵化基地、生物疫苗产业化基地
新能源汽车	昌平新能源汽车设计制造产业基地、大兴新能源汽车科技产业园、房山高端现代制造业产业基地
新材料	中关村永丰新材料产业基地、房山石化新材料科技产业基地、昌平生物医用材料和高端金属材料聚集区、怀柔特种金属功能材料和纳米材料聚集区、顺义高端金属结构材料和新型建材聚集区、大兴新能源材料聚集区
新能源	新能源产业基地
航空航天	北京航空发动机产业基地、平谷通航产业基地
高端装备制造	房山高端制造业基地、平谷现代轨道交通创新基地、昌平工程机械产业基地、顺义数控机床产业基地

截至2012年5月，中关村科技城已有46家科学城签约授牌单位启动，建设了48个新型产业技术研究院和特色产业创新园，280多家企业及机构入驻科学城，搭建了130多个公共服务平台以及80多个联合实验室、联合研发机构和中试基地，吸引了一批国内外行业领军企业总部和研发中心入驻，推进了一批重大科技成果落地转化和产业化，推动各园逐步形成了各具特色的战略性新兴产业集群[22]。

25.2.5　政府统筹资金加大，引导作用逐渐显现

2011年，北京市政府统筹100亿元政府资金，支持300个重大科技成果转化和新兴产业项目，带动社会项目资金760亿元[23]。同年，设立“战略性新兴产业创业投资引导基金”，新材料、软件与信息服务业、电子信息、生物医药、新能源与环保、高技术服务业6只创业投资基金先后获得批复，基金总规模达到15亿元，市级资金放大400%[24]。北京市引导基金80%投向战略性新兴产业。

截至2011年年末，中关村创业投资引导资金参与设立的16家子基金的总规模约为64亿元，是创业投资引导资金承诺出资总额5.25亿元的12倍多，其中与美国国际数据集团(International Data Group, IDG)合作设立的和谐资本还获得社保基金12亿元。16家子基金共投资企业75家，投资总额18.73亿元[25]。

25.3　北京市战略性新兴产业面临的压力与挑战

北京在发展战略性新兴产业方面，虽然取得了显著成效，但也面临内外环境条

件的压力，发展战略性新兴产业的任务还十分艰巨。

25.3.1 研发效率有待进一步提高

北京市在产业技术创新方面还存在诸多不足，这在一定程度上制约着战略性新兴产业的发展。在 R&D 投入产出效率方面，以每百名 R&D 人员发明专利申请数为衡量指标，2009 年我国高技术产业每百名 R&D 人员发明专利申请数为 9.9 件，同期中关村科技园区每百名 R&D 人员发明专利申请数为 6.7 件；而这一数据在美国为 28.5 件、日本为 76.5 件、德国为 38.0 件、英国为 18.1 件。可以看出，北京地区的研发效率尤其是企业研发效率有待进一步提高。

25.3.2 参与国际竞争的意识有待提升

战略性新兴产业以高新技术为基础，决定了战略性新兴产业是知识产权与技术标准的密集区域。实施有效的知识产权与技术标准战略，是战略性新兴产业发展和保持国际竞争力的关键。

知识产权的核心内容是发明专利。从目前北京市申请国际专利情况看，实际效果不甚理想。2010 年，我国新一代信息技术产业国际专利申请量占国内专利申请量的比重为 18.2%，深圳地区的国际专利占全国的比重为 64.7%，上海为 14.6%，而北京仅为 12.4%。据 WIPO（World Intellectual Property Organization，即世界知识产权组织）统计，2010 年全球专利申请前 500 强中，中国有 12 家企业，其中北京只有 3 家。由此可见，北京技术创新主体主动参与国际竞争的意识有待提升。

25.3.3 产业核心竞争力有待提高

在一些重要的产业领域缺乏产业核心竞争力。例如，在电子信息领域，软件、芯片、标准等自主研发水平与发达国家相比还存在较大差距；在生物医药产业领域，以市场为导向、企业为主体的应用性研究不足，技术成果转化率有待提高，创新优势需进一步转化为产业优势，国家一类新药数量及新产品产值占工业总产值的比重仍需提高；在新材料产业领域，很多实验室成果无法在实际生产中运用，技术优势未能充分转化为产业优势，下游配套能力有待提高，产业链有待完善；在新能源产业领域，系统设计、关键零部件产业化水平有待提升，虽然新能源标准和规范体系进一步完善，具有全国领先的研发优势，但将其转化为雄厚的产业实力尚需时日；在航空航天产业领域，目前主体技术优势明显，但产学研用环节衔接不足，科技成果转化慢，技术辐射效应发挥有限，落户北京的重大项目单体规模偏小，标志性工程少，与其他民用产业融合发展成效不明显，带动效应不足；在高端装备制造业领域，需要企业提升关键、成套装备研发实力，加速技术成果在京产业化。在新能源汽车领域，尚未掌控电池及其管理系统、电机及其控制系统、整车控制系统等领域的核心技术，以整车企业为龙头的动力电池、电机、电动助力转向、电动助力制动、电动空调等关键零部件及电池隔膜等上下游产品产业链有待完善。

25.3.4 差异化对策有待细化

对应战略性新兴产业不同特性及北京市的战略性新兴产业规划，需要有重点、有区别地选择扶持领域和扶持对象，并制定更为具体化的部署和安排，引导人才、资金等创新要素资源向重点领域和关键环节倾斜。

战略性新兴产业的本质特性是：以新兴技术为基础；对国民经济全局产生深远影响；发展是动态过程；追求良好的发展效益，即技术性、全局性、动态性、效应性。北京市战略性新兴产业在以上四个方面表现出了不同特性。目前，虽然针对不同产业有不同的发展策略，但仍需结合北京的要素优势、产业发展定位以及产业发展规律进一步明确细化各产业重点发展方向和主要任务。2012 年 7 月，国务院向全国印发了《规划》，重点针对各产业"重点发展方向和主要任务"描绘了包括发展目标、重大行动、重大政策的产业发展路线图，对培育和发展战略性新兴产业进行了比较具体化的部署和安排。北京市在《关于加快培育和发展战略性新兴产业的实施意见》（京政发〔2011〕38 号）中，围绕"明确发展重点，加快形成支柱产业"提出了不同产业的发展战略，但具体发展对策仍需进一步明确。例如，北京市提出节能环保产业采取"规模发展"战略，但具体发展目标、重点发展领域布局、保障措施等尚需完善。又如，在新能源汽车领域，有混合动力电动汽车、纯电动汽车和燃料电池电动汽车三种类型的电动汽车，北京市提出"以发展纯电动汽车为主攻方向，以发展混合动力汽车为补充"，但产业发展路径以及配套措施和办法的实施细则均有待进一步研究。

25.3.5 人才供需结构有待优化

产业的结构调整和优化升级，引发了不同产业以及同一产业内不同层次、不同研究方向的人才需求量的巨大变化。2011 年 12 月，在《北京市"十二五"时期人才发展规划》中首次发布了北京市重点领域紧缺专门人才开发目录。此目录涉及 17 个重点领域，并分行业明确了 280 多个专业需求。其中，能源资源、信息技术、现代制造、交通运输等领域所需紧缺专业人才最为广泛。以生物医药产业为例，根据"G20 工程"的规划，应对一期工程"北京生物医药产业销售收入 2010 年实现 500 亿元、2011 年实现 700 亿元、2012 年突破 1 000 亿元"的目标，产业发展不仅需要领军人物，而且对高技能、专业化应用型人才的需求也极为旺盛。但目前，北京市生物制药企业普遍面临人才不足的困境。如何根据战略性新兴产业发展规划的任务和主攻方向，建立有效的人才培养、引进、流动、使用、激励机制，确保人才储备和合理的人才结构，仍是亟待解决的问题。

25.4 对策分析

北京市在资源环境约束强化和成本压力加大的形势下，正不断整合和发挥独有的首都资源优势来发展战略性新兴产业。一是借助国家对中关村的"深化改革先行区、开放创新引领区、高端要素聚合区、创新创业集聚地、战略产业策源地”的战略定位，不断提升中关村自主创新示范区能力建设；二是增强与在京科研单位合作，充分发挥中央在京科研单位的优势；三是对接国家科技重大专项，围绕“核高基”等专项配套支持，促进战略性新兴产业核心科技成果转化落地。

北京市依托中关村示范区，通过制定规划引导战略性新兴产业有序发展，一些具体举措已经取得了良好的效果并具有示范和借鉴意义。例如，建立龙头企业、特色园区、产业技术联盟有机结合的产业组织模式；通过人才特区建设吸引高端人才；建设涉及研发、新产品新技术应用推广、创业等的全方位资金支撑体系；等等。与此同时，为了实现将北京市建设成为国家战略性新兴产业策源地的目标，北京市仍需不断摸索科技振兴产业发展的路径。

基于前文分析，我们为北京发展战略性新兴产业提出如下几项建议。

25.4.1　准确定位研发，激发创新主体，提高产业创新能力

在研发投入强度上，坚持战略性新兴产业研发投入增长要高于研发总经费增长的原则。在研发投入结构上，面向战略性新兴产业各领域，实施三个“导向”：一是目标导向，通过制定战略性新兴产业各领域技术目录，实现研发投入精准化；二是重点导向，即研发经费要重点支持战略性新兴产业领域中前沿性、基础性和共性技术的研究；三是效果导向，即科技立项与验收要突出对产业化潜力与应用前景的评价，应用开发项目必须有明确的转化产业化目标和考核指标，应用开发项目鼓励企业牵头，鼓励研究机构与企业联合开发。

同时，要优先支持战略性新兴产业中的企业进行机制创新，重点支持该产业领域“创新型企业试点”，促进科技型中小企业成为自主创新生力军；努力将自主创新着力点定位于产品研发的前端和推广应用的后端；支持行业龙头企业建立高水平研究院，推进大中型骨干企业普遍建立工程技术研究中心，完善科技条件平台开放共享机制和产学研相结合的技术创新体系。

25.4.2　掌握知识产权和技术标准，抢占竞争制高点

要将培育和发展新兴产业的根本着力点，放在突破核心技术和掌握自主知识产权上。因此，要以资金、人员、政策等方式支持高技术中小企业原创发明申请国际知识产权保护；围绕战略性新兴产业整合社会资源，组织力量分析、研究知识产权陷阱和技术壁垒，制定知识产权战略；加快知识产权中介服务机构发展，建立知识产权信息服务平台。

2003年，科技部、国家质量监督检验检疫总局正式确定北京为“国家技术标准试点城市”。此后，北京市设立了“企业创新应用自主知识产权与技术标准试点专项资金”及“中关村技术标准资助资金”，发布了《关于征集中关村国家自主创新示范区标准创新试点单位的通知》（京质监标发〔2011〕217号）。应以此为契机，鼓励战略性新兴产业以核心技术为依托，与标准研究机构、高等院校、跨国公司等合作，

积极参与技术标准的研制，对企业参与国际标准、国家标准、行业标准、地方标准制定给予政策和资金支持；大力促进技术标准和技术创新互动发展，良性循环，真正做到“标准制胜”。

25.4.3 实施高端对接，创新产业发展举措，促进产业健康发展

实施高端对接，就是通过对接国家重大科技专项，与中央在京研发机构、高等院校、高新技术企业进行合作研发，建立科技研发平台和战略性新兴产业基地，突破制约战略性新兴产业的关键技术，培育有自主知识产权和引领产业发展的重大战略产品。特别重视“核高基”、“集成电路”、“宽带移动通信”、“高档数控机床”、“水体污染控制”、“重大新药创制”领域的合作与对接。

通过创新产业发展举措，努力提升战略性新兴产业整体竞争力。首先是促进产业链的形成和延伸。以核心企业或主导产品为基点，推动产业链条向两端延伸；瞄准技术集成的重大整机产品，推进产业链向价值链高端攀升。其次是协调相关产业，保持持续发展后劲。在传统产业的优化升级中激发培育新的产业，在战略性新兴产业的发展中促进传统产业技术进步；大力促进节能减排、低碳环保等技术在传统产业中的应用，实现提升传统产业竞争力与拓展战略性新兴产业成长空间的双重目标。既要保持现有产业的增长势头，又要突出战略性新兴产业的地位。

25.4.4 合理确定优先性，细化差异化对策

一是按照技术性、全局性、动态性、效应性综合评价优先性，确立资源支持和投入的先后顺序。

二是采取差异化对策，促进产业发展。新材料、节能环保产业是“全局性”明显的产业[18]，因此应鼓励各行各业都积极参与，加大资金扶持力度，支持产业共性技术创新，加快科技成果产业化。

新能源汽车、航空航天、新能源产业是“动态性”明显的产业[18]，处于产业成长期，此时要注意完善产业链，强化技术标准化，依靠标准创新驱动；加大政府采购力度，扩大其市场规模，促其快速成长。

信息网络、生物、高端装备制造产业是“效应性”明显的产业[18]，这三个战略性新兴产业基础较好，利润前景可观，建议政府创新体制机制，提升产业核心竞争力和自主创新能力，发挥骨干企业的带动效应，完善法律保障。

三是结合《规划》中的产业发展路线图，针对各产业领域特色分别提出关键技术研发任务、主要成果转化任务、重点企业培育任务、科技园区与基地建设任务、平台建设任务，以及相应的财税、投融资扶持、技术创新、知识产权保护、人才培养引进、市场环境培育等方面的保障措施细则等。

25.4.5 实施科技人才工程，把握关键资源

引进与培育创新人才并重，为战略性新兴产业发展提供有力支撑。一方面要制

定有足够吸引力的政策，采取团队引进、核心人才引进、项目引进等方式，吸引和集聚更多的高端人才进入战略性新兴产业领域，力争通过引进一个优秀人才，带回一批高科技专利，造就一批拥有自主知识产权的高端项目；另一方面要注重人才培养体系建设，通过制订战略性新兴产业人才培养计划，采取人才培养基地、校企合作、定向培养等方式，培养适应产业需求的高水平研发人才、高技能生产人才和高层次管理人才。

参考文献

[1] 闫傲霜．把握“稳中求进”的工作总基调　推动“科技北京”发展建设实现新突破．http://www.bda.gov.cn/cms/zxgz/62967.htm，2012-05-14.

[2] 中关村管理委员会．中关村“1+6”先行先试政策实施成效．http://www.zgc.gov.cn/jztd1/wqh-dsc/2012-02-17zgcsfqbjxdxzdechyzk/78485.htm，2012-02-17.

[3] 孟为．北京确定160个战略新兴产业重大项目．http://www.ce.cn/xwzx/gnsz/gdxw/201112/09/t20111209_22905159.shtml，2011-12-09.

[4] 任卫东，黄海．中关村新使命新创举——北京打造中国首个人才特区．http://www.cnstock.com/index/gdbb/201105/1322681.htm，2011-05-25.

[5] 科学技术部办公厅．“科技北京”行动计划取得显著成效．科技工作情况，2012，(61)：1～4.

[6] 赵仁伟．中关村：“人才特区”成就“创新热土”．http://news.xinhuanet.com/fortune/2012-03/29/c_111717219.htm，2012-03-29.

[7] 北京软件和信息服务业发展报告研究课题组．北京软件和信息服务业发展报告2012，2012.

[8] 中投顾问产业研究中心．2011年北京生物医药产业规模突破700亿．http://www.ocn.com.cn/free/ 201201/yiyao101550.shtml，2012-01-10.

[9] 许春永，卜雨洲，李大鹏．北京战略性新兴产业发展现状及趋势分析．新材料产业，2012，(6)：49～52.

[10] 闫傲霜．加快“科技北京”发展建设，为率先形成创新驱动发展格局奠定坚实基础——在2011年北京市科技工作会议上的报告．http://www.bjkw.gov.cn/n8785584/n8904761/n8904915/n8905035/8973127.html，2011-05-06.

[11] 黄海．北京新能源和可再生能源产业规模达600亿元以上．http://news.xinhuanet.com/fortune/2012-03/03/c_111598834.htm，2012-03-03.

[12] 中关村国家自主创新示范区．2011年中关村国家自主创新示范区经济发展综述．http://www.zgc.gov.cn/zxdt2010/82530.htm，2012-06-15.

[13] 中关村管理委员会．2012年1—6月中关村示范区规模以上高新技术企业主要经济指标．http://www.zgc.gov.cn/tjxx/kbsj/83404.htm，2012-07-31.

[14] 中关村管理委员会．示范区新兴产业运行良好　一季度保持快速增长．http://www.zgc.gov.cn/dt/gydt/gwh_2012/80751.htm，2012-04-25.

[15] 北京市统计局，国家统计局北京调查总队．北京市 2011 年国民经济和社会发展统计公报．http://www.bjstats.gov.cn/sjjd/jjxs/201203/t20120304_221901.htm，2012-03-04.

[16] 董长青．实时监测高压线路温度　北京自主技术全球独一份　“小圆球”撞开欧美大市场．http://www.zgc.gov.cn/dt/mtgc/81319.htm,2012-05-04.

[17] 苗慧．北京中关村季度收入首破 4 000 亿同比增长 23%. http://finance.eastmoney.com/news/1350,20120425202589361.html,2012-04-25.

[18] 北京工业大学课题组．战略性新兴产业定义、标准、范围以及相关评价指标体系研究．北京市科委科技计划项目（Z111108055511001）研究报告，2011.

[19] 北京市科学技术委员会．2012 年度北京技术市场发展形势通报会．http://www.most.gov.cn/dfkj/bj/zxdt/201207/t20120717_95648.htm,2012-07-18.

[20] 北京技术市场办公室．2011 年北京技术市场统计年报 .http://www.cbtm.gov.cn/scjc_show_ids401monitorTypes1.html,2012-07-19.

[21] 韩义雷．培育战略性新兴产业源头企业完善创新创业全链条服务：北京建设国际化新型孵化机构．http://www.stdaily.com/kjrb/content/2012-07/19/content_497244.htm,2012-07-19.

[22] 中关村管理委员会．中关村科学城加快特色产业园建设集中发布超百项合作项目．http://news.timedg.com/2012-05/30/content_10325087.htm，2012-05-30.

[23] 北京市发展和改革委员会．聚焦战略性新兴产业　转变政府投资模式 .http://www.bjpc.gov.cn/gzdt/201112/t1812389.htm，2011-12-09.

[24] 财政部．各地财政大力支持战略性新兴产业发展．http://www.mof.gov.cn/xinwenlianbo/quanguocaizhengxinxilianbo/201110/t20111031_603378.html，2011-10-31.

[25] 孙勇．中关村创投活跃助战略性新兴产业发展．http://www.chinahightech.com/html/684/2012/0416/095234.html，2012-04-16.

第 26 章

江苏省战略性新兴产业发展情况

王刚波

【内容提要】 江苏省发挥战略性新兴产业起步较早、基础较好、区域创新能力较强的优势，在新能源、新材料、生物技术和新医药等领域形成了较强的竞争能力，初步形成了重点城市各具特色的新兴产业群，对加快提升产业层次、构建现代产业体系发挥了重要作用。江苏省在建立协调机制、发挥规划引导、集聚创新要素、建设创新平台、拓宽融资渠道等方面进行了有益探索，形成了一些好经验、好做法。

江苏是经济大省，是改革开放先行省份，是长江三角洲经济圈的重要组成部分。当前，江苏经济正处于经济发展方式转型和产业结构升级的攻坚期。国务院《决定》出台以来，江苏省省委、省政府认真贯彻落实中央战略部署，高度重视培育和发展战略性新兴产业，将其作为稳增长、调结构、促转型的战略举措，出台了一系列规划、政策和意见，聚焦政策，集聚资源，集中力量，全力推进战略性新兴产业发展。尽管部分行业面临多种压力和困难，但总体上仍继续保持良好的发展态势，全省战略性新兴产业呈现良好发展态势。

26.1 江苏省培育和发展战略性新兴产业取得的成效

江苏省战略性新兴产业起步较早，早在2006年，就提出发展新能源、生物技术和新医药、新材料、节能环保四大新兴产业。2010 年 8 月，江苏省出台了《江苏省新兴产业倍增计划（2010—2012）》，确定新能源、新材料、生物技术和新医药、节能环保、软件和服务外包、物联网六大新兴产业。2011 年 12 月，出台了《江苏省“十二五”培育和发展战略性新兴产业规划》，确定新能源、新材料、生物技术和新医药、节能环保、物联网和云计算、新一代信息技术和软件、高端装备制造、新能源汽车、智能电网和海洋工程装备为江苏省十大战略性新兴产业。

1）规模大、增速快，成为区域经济发展的重要引擎

2011 年，江苏省六大新兴产业实现销售收入 2.61 万亿元，同比增长 26.4%，高于全省规模以上工业企业主营业务收入的增幅，占规模以上工业销售收入比重达到 24.4%，见表 26.1。各产业销售收入、增幅和占比情况见表 26.2。

表 26.1　江苏省六大新兴产业销售收入规模及增速

年份	销售收入/亿元	销售收入占全省规模以上工业的比重/%	销售收入同比增速/%	全省规模以上工业企业主营业务收入同比增速/%	全省规模以上工业增加值同比增速/%	全省 GDP 同比增速/%	全国规模以上工业增加值同比增速/%	全国 GDP 同比增速/%
2010	20 647	23	35.8	27.3	16	12.6	15.7	10.3
2011	26 090	24.4	26.4	24.1	13.8	11	13.9	9.2

表 26.2　2011 年江苏省六大新兴产业销售收入增长及占比情况

产业	销售收入/亿元	同比增长/%	占比/%
新能源	4 099	41.1	15.7
新材料	9 841	30.1	37.7
生物技术和新医药	4 008	25.4	15.4
节能环保	4 060	19.1	15.6
软件	2 324	1.1	8.9
服务外包	652	41.7	2.5
物联网	1 106	36.6	4.2
六大新兴产业	26 090	26.4	100.0

注：表中软件和服务外包产业分开列示

2012 年 1～6 月，江苏省十大战略性新兴产业实现产值 22 852.63 亿元，同比增长 24%，高出规模以上工业增幅 12 个百分点。其中，节能环保产业实现产值 2 990.81 亿元，同比增长 25.5%；新一代信息技术和软件产业共实现产值 2 599.68 亿元，同比增长 33.4%；物联网产业实现产值 756.6 亿元，同比增长 30.5%；生物技术和新医药产业实现产值 2 357.7 亿元，同比增长 23.81%；新材料产业实现产值 6 064.83 亿元，同比增长 27%；高端装备制造产业实现产值 4 900 亿元，同比

增长 25%；海洋工程装备产业实现产值 95.62 亿元，同比增长 24.4%；新能源产业实现产值 2 193.61 亿元，同比下降 6.64%；智能电网产业实现产值 863 亿元，同比增长 20%；新能源汽车产业实现产值 30.78 亿元。战略性新兴产业总体上呈现出市场前景广阔、带动系数大、综合效益好的特点。

2）产业创新能力稳步提升，关键核心技术取得突破

2011 年，江苏省全社会研发投入达到 1 070 亿元，增长 22.4%，占地区生产总值的 2.2%；全年专利申请量达 118.5 万件，成为全国首个申请量突破百万件的省份；专利授权 20 万件，其中发明专利授权 1.1 万件，增长 53.2%，百亿元 GDP 专利授权数提高到 416 件；全省科技进步贡献率提高到 55.2%，区域创新能力连续 3 年位于全国第一；企业研发投入占全社会研发投入比重达 80% 以上；战略性新兴产业研发投入和专利申请数超过全省总量的 60%。产学研合作深入开展，科技成果转化率大幅提升，一批新技术、新产品在国内居于领先水平，部分达到国际先进水平。

在新能源领域，太阳能晶硅电池转换率达到 19% 的世界领先水平；高温扩散、气相沉积等核心装备实现自主制造，整线国产化率达到 70%。在生物医药领域，开发出了国际上第一个小核酸应用产品；重组人胰岛素、血管内皮抑制素等基因工程药物在全国率先上市。在新材料领域，T300 碳纤维实现批量化生产；为国家大飞机工程配套的镍基高温合金达到世界领先水平。在云计算领域，将曙光“星云”系列高效能计算机系统用于构建云计算中心后端支撑平台，实现“自主、安全、可控”的云计算服务提供。

关键核心技术的突破，促使一大批掌握自主知识产权的企业成长壮大，带动了整个产业链的发展，显著提升了产业技术水平和核心竞争力。江苏省光伏产业规模已占全国的 55.2%、全球的 21.8%，销售收入排名世界前 20 强中有 5 家，海外上市企业有 8 家，形成了全球举足轻重的光伏产业发展集聚地。风电产业整机制造占全国的 20%，齿轮箱占全国的 65%，风机叶片占全国的 58%，轮毂和支承部件等占全国的 50%，构建了国内最完整的风电产业链。生物医药产业销售收入占全国的 12%，继续保持全国第二，超亿元的大品种药物达 52 个，16 家企业入围中国制药百强。集成电路产业规模占全国的 12%，稳居国内之首。

3）集聚特征明显，初步形成重点城市各具特色的新兴产业群

2011 年，江苏省 16 个国家经济技术开发区和 8 个国家高新园区创造了超过 60% 的新兴产业产值，形成了新一代信息技术、智能传感、云计算服务、新能源、新材料等产业集群。江苏省重点中心城市瞄准世界领先水平，形成了具有较强竞争力的区域高端特色产业，成为战略性新兴产业发展的主要聚集地，见表 26.3。南京、苏州、常州、无锡和镇江建有各类国家级园区 34 个，其中国家级经济技术开发区 10 个、国家高新技术开发区 7 个、国家高技术产业基地 5 个、国家级软件产业园 5 个、国家级电子信息产业基地 3 个、国家级电子信息产业园 4 个。苏南超过 70% 的战略性新兴产业销售收入来源于省级以上开发园区及基地。

表 26.3　江苏省调研城市战略性新兴产业重点领域及发展情况

城市	重点领域	主要优势产业
南京	软件和信息服务、智能电网和电力自动化、现代通信、生物医药、节能环保、风电、光伏、航空航天、新材料、轨道交通和新型显示	☆软件和信息服务业，全国领先 ☆智能电网与电力自动化产业，在电网安全稳定分析与控制、继电保护、自动化控制、信息系统集成等领域全国领先 ☆现代通信产业，在第三代移动通信核心技术、微波技术、卫星通信、电信业务、运营支撑等领域全国领先 ☆生物医药产业，新药研发总体居全国第三位
苏州	新型平板显示、新材料、新能源、节能环保、智能电网和物联网、生物技术和新医药、高端装备制造、软件和集成电路	☆以生物纳米为代表的生物医药 ☆以平板显示、高性能集成电路为代表的新一代信息技术 ☆以太阳能光伏为代表的新能源
无锡	物联网、新能源和新能源汽车、生物技术和新医药、微电子、新材料和新型显示、节能环保、软件和服务外包	☆物联网和云计算，自主研发能力较强 ☆新能源和新能源汽车，太阳能电池产量全国第一 ☆新材料和新型显示，重点发展纳米材料、微电子材料、光电子材料、新型显示材料等
泰州	生物技术和新医药、电子信息、新能源	☆生物技术和新医药，以医药城为龙头构建完整产业体系 ☆电子信息，重点是高端光电和新型平板显示
扬州	新光源、新能源、新材料、电子书、智能电网	☆新光源，初步形成了“衬底材料—外延片—芯片—封装—应用”的相对完整产业链，产业集聚度不断提高 ☆电子书，由电子墨水、电子纸、电子书构成的完整产业链已经初显规模

南京依托雄厚的电子工业产业基础，着力发展软件和信息服务、智能电网和电力自动化、现代通信、生物医药、轨道交通、风电、光伏等新兴产业。以软件和信息服务业为例，2011 年南京共有软件企业超过 1 100 家，软件和信息服务业收入达到 1 520 亿元，居全国前三位，是“中国软件名城”。

苏州各大领域发展较为均衡，在以生物纳米为代表的生物医药，以平板显示、高性能集成电路为代表的新一代信息技术，以太阳能光伏为代表的新能源等领域均处于全国前列。以新型平板显示行业为例，2011 年苏州拥有新型平板显示企业 226 家，实现产值 2 586 亿元，同比增长 16.7%。其中，昆山市新型平板显示行业产值占苏州地区的三分之一以上，成为国内综合实力最强的新型显示产业基地。

无锡依托人才聚集、研发力量雄厚的优势，着力发展技术含量高的微电子、光伏和物联网产业。以光伏产业为例，无锡聚集了尚德、高佳、海润光伏等一批全国乃至全球知名的龙头企业，形成了以晶硅太阳能电池为核心产品的完整产业链，太阳能电池产量规模总量位居全国第一。

泰州瞄准世界医药产业前沿阵地，主动对接国际生物医药产业发展，敢于创新突破，精心策划和设计疫苗、生物医药、化学药新型制剂、高端医疗器械、中药现代化、保健品六大特色产业链，以完善的产业链吸纳集聚项目，形成了功能清晰的生物医药产业集群。2011 年，泰州中国医药城实现技工贸总收入 206 亿元，力争通过跨越式发展，成为最具竞争优势的国家生物医药产业基地。

扬州着力发展以LED照明为主导的新光源产业，2012年上半年，全市新光源产业实现产值130亿元，同比增长25%。璨扬光电、乾照光电、德豪润达光电和中科半导体公司等一批LED企业已有121台MOCVD（metal-organic chemical vapor deposition，即金属有机化合物化学气相沉淀）设备投入生产，宇理电子、艾笛森光电、峻茂光电等封装企业产销两旺，开工率均在80%以上。

专栏26.1

泰州中国医药城“产城一体”新模式

突破传统开发园区产学研“由低到高”的发展模式，以研发为龙头推动现代服务业发展，以现代服务业发展加速城市功能提升，以城市功能提升带动产业集聚，实现产业与城市发展良性互动；改变传统园区“滚动开发”模式，坚持政府先期投入，成立七大资产营运公司，对区内基础设施、功能平台、配套设施统一开发，加快推动资产向资本转变；突破传统开发区城市功能、产业功能、平台功能零散布局，以科学有序的功能布局整合资源；通过政府服务功能外包形式，集聚社会力量承担公共服务职能。

26.2 江苏省推动战略性新兴产业发展的主要措施

1）政府引导有力，初步形成左右协调、上下联动的工作机制

江苏省将战略性新兴产业跨越发展作为促进产业结构优化升级的重要途径，政府自上而下强力推进。江苏省先后出台了《江苏省新兴产业倍增计划（2010—2012）》、《江苏省“十二五”培育和发展战略性新兴产业规划》等政策文件，选择创新能力强、竞争优势明显、增长潜力大的产业作为突破口，推动产业整体发展与重点领域率先突破。

2011年8月，江苏省政府印发了《关于成立省推进战略性新兴产业发展工作领导小组的通知》，明确领导小组办公室设在江苏省发展改革委。办公室按照江苏省推进战略性新兴产业发展工作领导小组的要求，制定了《关于明确界定推进战略性新兴产业发展工作成员单位及办公室工作职责》，2012年5月由江苏省政府办公厅正式印发。领导小组办公室充分发挥协调职能，有重点、有深度、有实效地开展新兴产业推进工作。针对十大重点产业成立了10个专项工作跟踪推进小组，具体负责跟踪研究相关产业重大问题，深入了解各领域发展进程和存在的问题，及时提出对策建议。目前，各省辖市均已发布了新兴产业发展规划或相关政策，建立了推进机制，出台了考核办法。已基本形成了目标明确、举措务实、责任到位、督促有力、运作顺畅的工作机制。

2）强化规划引领，着力推动战略性新兴产业健康有序发展

为贯彻落实《江苏省“十二五”培育和发展战略性新兴产业规划》，在充分调研论证基础上，2012年5月，江苏省政府颁布了江苏省十大战略性新兴产业推进方案。围绕十大产业领域，按照力争全国前列的目标，通过建设百个重大项目、构建百个创新平台、培育百家骨干企业、攻克百项关键技术、引导千亿元投资，实现产业带动性、发展示范性和市场有效性的有机结合，引导战略性新兴产业跨越发展。

2010年，江苏省建立了六大新兴产业综合统计报表制度，对有关部门及时掌握新兴产业发展动态、研究产业发展中的重大问题、提出对策建议，提供了有力的统计监测数据。2012年7月，江苏省统计局发布了《江苏省战略性新兴产业统计报表制度》，将原有的六大新兴产业统计体系拓展到十大战略性新兴产业领域，确定了十大战略性新兴产业的统计范畴和指标体系，并开展了统计监测和信息发布工作。

专栏26.2

江苏省“十二五”培育和发展战略性新兴产业规划

总体思路：坚持以邓小平理论和“三个代表”重要思想为指导，深入贯彻科学发展观，把握世界新科技革命和产业革命的历史机遇，立足成为国家战略性新兴产业发展的策源地，瞄准世界产业发展前沿水平，围绕战略需求，坚持高端引领、重点突破，着力发展一批引领省内乃至国内产业结构调整的高端产业；突出企业主体，产学研结合，着力突破一批高端技术，培育一批高端环节产品；强化政策扶持，营造良好环境，着力打造一批世界级的领军企业；注重有序发展、错位竞争，着力形成优势互补、特色鲜明的产业布局；不断提升战略性新兴产业的核心竞争力，促进经济发展方式的根本性转变，为又好又快推进“两个率先”奠定长远战略优势。

发展重点：根据经济基础、产业优势和未来发展趋势，“十二五”期间，江苏省重点发展新能源、新材料、生物技术和新医药、节能环保、新一代信息技术和软件、物联网和云计算、高端装备制造、新能源汽车、智能电网和海洋工程装备十大战略性新兴产业，使其成为引领江苏省国民经济发展的先导产业和支柱产业。

发展目标：到“十二五”末，江苏省战略性新兴产业的技术水平和规模居全国领先地位，成为全国战略性新兴产业的引领发展区和全球有影响力的战略性新兴产业高地。

（1）引领作用显著增强。战略性新兴产业产值年均增长率保持在30%以上，到2015年，战略性新兴产业和新兴产业增加值占地区生产总值的比重分别达到10%和18%，对产业升级、节能减排、增加就业等的引领带动作用明显提高。到2020年，战略性新兴产业和新兴产业成为全省经济社会发展的重要推动力量，增加值占地区生产总值的比重分别达到18%和25%。

（2）重点领域率先突破。围绕100个重点技术方向，着力攻克和掌握核心技术，组织实施100个以上重大自主创新和产业化项目，培育100个重大自主创新产品，形成100个国内外知名品牌，部分产业和关键技术跻身国际先进水平，部分领

域成为全球重要的战略性新兴产业研发制造基地。

（3）创新能力大幅提升。到 2015 年，战略性新兴产业领域骨干企业研发投入占销售收入的比重超过 3%，战略性新兴产业企业专利授权量占全省企业专利授权量的比重达 40% 以上。

（4）集约发展特色鲜明。重点发展 50 条技术含量高、特色鲜明的战略性新兴产业链。建设 50 个省级以上战略性新兴产业特色产业基地，培育 100 家具有自主创新能力和技术引领作用的骨干企业、500 家重点创新型企业，逐步培育一批世界性行业领军企业。

3）集聚创新要素，力推重点领域和关键环节实现突破

江苏省集中人力财力，支持和引导各类资本投向战略性新兴产业发展的重要环节、关键技术、重点工程和平台建设，实现产业整体发展与重点领域跨越发展。对建有省级以上创新平台、综合竞争力处于国内同行前列的重点企业，全力扶持和培育。同时，支持中小企业向专、精、特方向发展，着力提高产品技术水平，为龙头骨干企业提供产业链上下游的协作与配套，形成集群优势。例如，苏州市出台了鼓励龙头企业发展的相关政策，计划对年营业收入首次超过 50 亿元、100 亿元、500 亿元、1 000 亿元的新兴民营企业，连续三年按照不低于新增税收地方留成部分 15%、20%、25%、30% 的比例奖励企业，专项用于增加研发投入，并对年营业收入首次超过 5 000 万元的新兴产业民营企业，当年一次性奖励 20 万元。

2010 年，江苏省政府设立首期规模为 10 亿元的省级新兴产业创业投资引导基金，这是全国首只以母基金形式设立的省级政策性创业投资引导基金，重点培育具有自主知识产权、自主品牌的新兴产业，扶持新兴产业科技研发、孵化以及市场培育等重点环节，补贴光伏发电等新兴产业产品应用示范工程。目前，10 亿元引导基金确定合作单位 17 家，直接形成创投资本 40 亿元，带动民间资本超过 80 亿元，拉动社会资本共同投资新兴产业超过 300 亿元。2011 年，江苏省重点技术创新项目中，共支持战略性新兴产业领域项目 1 110 个，占项目总数的 76%；省重点技术改造项目中，共支持战略性新兴产业领域项目 181 项，总投资 2 366.9 亿元，占全部计划的 44.5%；省工业和信息产业转型升级专项引导资金中，支持战略性新兴产业领域项目 630 个，扶持资金 5.96 亿元。江苏省重点打造 16 条新兴产业链，培育 100 家具有自主知识产权和知名品牌的重点企业、500 家创新型骨干龙头企业、30 家以上超百亿元企业，形成一批千亿元级科技领军企业和产业基地。

江苏省发挥科教大省优势，以科技创新为先导，切实发挥科技创新的支撑引领作用，着力引进和培养创新创业团队、高端领军人才和各类高素质人才。2006 年，江苏省率先在全国制订“高层次创业创新人才引进计划”，投入专项资金 20 亿元，引进各类高层次人才 6 000 多名，创新团队 840 多个。无锡率先启动面向全球 5 年内引进 30 名领军型海外留学归国人才的“530 计划”，为创新创业的高层次人才提供创业、生活等方面的便利与扶持，落户项目数连年翻番，2009 年落户总数达到 325 个。

4）建设创新平台，重点打造标志性产业高地

江苏省按照“突出优势、差别竞争、错位发展”的原则，统筹布局建设产业基地、科技基础设施和创新创业载体，引导各地产业错位发展，重点打造区域标志性高端产业，促使其成为地方经济发展新的支柱亮点。截至2011年，江苏省拥有国家级高新技术创业服务中心68家，国家级软件园5个，国家大学科技园11家，均居全国首位。大中型企业建有研发机构的比例超过80%，拥有国家级工程中心和工程实验室23个，国家级企业技术中心50个，省级工程中心和工程实验室170个，强化了科教协同创新和产学研用结合，提升了企业科技创新和产业化能力。

截至2011年，江苏省已建有16个国家经济技术开发区和8个国家高新园区，以及高技术特色产业基地92个。江苏省依托现有园区培育发展了一批特色产业基地（表26.4），使其成为战略性新兴产业发展的引擎和载体，在要素互补、生产营销环节共用、上下游产业配套、吸引企业集聚等发面，发挥了重要作用。

表26.4　江苏省战略性新兴产业发展重点和区域布局

产业领域	重点方向	区域布局	特色产业基地
新能源	重点发展太阳能利用技术、风力发电、生物质能和核电关联产业等	太阳能光伏形成以无锡为重点，以徐州、常州、南京、苏州、扬州等为支撑的发展格局	无锡市/苏州市国家太阳能光伏产业化基地、徐州新能源特色产业基地等
新材料	重点发展新型功能材料、先进结构材料和共性基础材料等	高性能材料和碳纤维形成以镇江、连云港、淮安、宿迁等为重点的发展格局	江阴国家新材料产业带、江阴高性能合金材料及制品产业基地等
生物技术和新医药	重点发展新医药、生物医学工程、生物育种和生物制造等	形成以泰州“中国医药城”为中心，南京、无锡、苏州、连云港等相互促进的发展格局	泰州医药产业基地、连云港新医药产业基地、苏州纳米技术产业基地等
节能环保	大力发展高效节能、先进环保和资源循环利用等新技术装备与产品	形成以盐城、宜兴等为重点的发展格局	宜兴水处理产业集聚区、盐城大气治理环保产业集聚区
物联网和云计算	重点培育和发展物联网、云计算的核心产业和关联产业	形成以无锡为产业核心区，以苏州、南京为产业支撑区的发展格局	无锡物联网高技术产业基地、无锡传感网国家高技术产业基地
新一代信息技术和软件	重点发展下一代信息网络、电子核心基础技术与器件、新型显示技术与产品、高端软件和服务外包	平板显示形成以苏州、南京、昆山等为重点的发展格局	南京软件园、江苏软件园、苏州软件园、无锡软件园、昆山平板显示特色产业基地等
高端装备制造	重点发展轨道交通、智能制造等装备和系统	形成以常州为重点的发展格局	常州智能制造装备产业基地、常州城市轨道交通车辆制造产业基地
新能源汽车	重点发展新能源客车、乘用车和专用车	形成以盐城、扬州等为重点的发展格局	扬州汽车及零部件产业基地等
智能电网	重点发展新能源并网及控制、智能电网储能、智能输变电、智能配用电和智能调度通信系统等装备	形成以南京为重点的发展格局	南京智能电网特色产业基地、南京市江宁区电力自动化产业基地等
海洋工程装备	重点发展新型海洋工程装备和主力海洋工程装备	形成以南通为重点的发展格局	南通海洋工程装备产业基地等

5）创新金融服务，全面拓宽融资渠道

近年来，江苏省出台了一系列政策文件，积极推动金融机构为战略性新兴产业发展提供支持，促进产业与金融、科技与金融的结合。江苏省设立了省科技成果转化风险补偿专项资金，引导银行向企业发放项目贷款，支持科技型小企业发展。目前，13个省辖市政府都出台了加快新兴产业创业投资发展的政策性文件，在企业数量、资产规模、投资项目数量和吸引创业投资资金等六项发展指标上，江苏省已连续两年保持全国第一。全省纳入备案管理的创业投资企业有207家，注册资本规模达344.57亿元。江苏省金融工作办公室会同人民银行南京分行等有关部门定期举办包括科技型企业在内的中小企业融资集中洽谈活动，开展了“百企千亿”等重大银企对接活动。

26.3 江苏省战略性新兴产业发展面临的困难与障碍

从总体情况看，江苏省战略性新兴产业发展速度明显高于其他产业，但同时也存在一些问题和挑战。一是增速放缓。2012年上半年江苏省战略性新兴产业产值增速低于2011年，主要是受经济大环境影响，面临下行压力较大。二是出口形势严峻，内需不足。江苏省战略性新兴产业的一些重点产品市场在国外，受金融危机和欧债危机的影响，产品出口面临困难，尤其是新能源和海工装备产业受到的冲击较大，如光伏产业受贸易保护主义影响，面临形势严峻，市场供需失衡，产能严重过剩。三是部分企业效益下降。一些企业产值、销售虽然出现一定的增长，但由于原材料上涨、价格下跌和用工成本提高等原因，利润下降，有的甚至还出现了萎缩和亏损。四是企业融资依然困难。由于企业贷款不易，面临融资困难、融资成本上升的局面。不少企业资金周转出现一定的困难，资金的缺乏也制约着一些项目落地和开工。

26.4 启示和建议

1）加大政策资金支持力度

一是加大财税政策扶持。对处于初创期、国际领先、填补国内空白的战略性新兴产业的重点产品，给予免征或减征增值税优惠。二是鼓励支持研发创新。努力营造有利于战略性新兴产业创新发展的环境条件，支持探索性强、风险高的前沿技术研究开发项目。三是创新投融资模式。加快风险投资体系建设，引导风险投资机构向战略性新兴产业集聚，引导各种担保机构加大对战略性新兴产业的融资担保力度，引导各金融机构建立适应战略性新兴产业发展特点的信贷体系，促进知识产权质押贷款等金融创新。

2）集中资源打造优势产业

一是强化分类指导。对处于前沿先导阶段的领域，重点加强技术突破，尽快形成标志性产品；对处于成长性阶段的领域，重点加强具有自主知识产权的科技成果的转化和产业化，尽快形成产业规模；对已具规模的领域，重点推进向高端攀升，提升产业国际竞争力。二是加强薄弱环节。集中统筹使用财政资金，分阶段、分层次集中突破一些制约产业发展的关键技术和薄弱环节，如平板显示产业的玻璃基板核心技术、半导体照明产业的LED衬底、外延、芯片制造技术等。三是扶持龙头骨干企业。支持产业集聚载体建设，重点支持创新驱动的高成长性优势企业，通过支持首台（套）装备及关键零部件产品和重点应用示范工程，以明确的政策导向，促进龙头骨干企业做大做强。

3）营造产业发展良好环境

一是加强公共服务平台建设。鼓励和支持各类投资主体投向战略性新兴产业基地、重点产业集群和优势产业，建设信息查询、培训咨询、技术创新、检验检测、设备共享等公共服务平台，服务新兴产业企业共性需求。二是优先保障生产要素供给。加大资源整合力度，优先保障战略性新兴产业重点企业发展用地、生产用电，在项目审批备案、质量监督、检验检疫、通关等方面提供优质服务。三是加快技术创新联盟建设。在纳米技术、生物医药和下一代网络等前沿重点领域组建一批产业技术创新联盟，建立由地方政府和高校、科研院所、企业及投资机构共同参与的“新兴产业创新合作组织”，推进科技、教育和产业发展的深度融合。四是加大人才引进和培养。依托重大科研和工程项目、国际学术交流合作项目、重点学科和高层次科研院所，着力引进和培养一批创新创业团队和高端领军人才；创新工学交替的教育模式，培育一支高技能、复合型人才队伍。

4）积极引导市场需求

一是发挥政府采购激励作用。将具有自主知识产权的新兴产业产品列入政府采购目录，优先予以采购。完善各类重大技术装备国产化政策，加快建立政府补贴和重大建设项目工程采购制度，鼓励优先使用国产首台（套）设备，充分发挥政府首购和订购的激励作用。二是实施产品应用示范工程。选择尚处于产业化初期、社会效益大、市场机制难以有效发挥作用的重大技术和产品，组织实施绿色发展、惠民服务等新兴产业产品应用示范工程，引导消费模式改变，培育市场，拉动产业发展。三是着力启动本土市场需求，制定本土新产品推广目录，对采购国产战略性新兴产业技术设备提供政策支持，帮助企业突破产品进入市场初始阶段的瓶颈约束。积极帮助企业宣传产品、发布市场信息，提高战略性新兴产业产品的市场认可度，引导更新消费观念。

第 27 章

安徽省战略性新兴产业发展情况

王刚波

【内容提要】 国务院《决定》发布以来，安徽省市两级政府先后出台了一系列政策措施，加大支持力度，着力优化战略性新兴产业发展的综合环境，取得了初步成效。目前，安徽战略性新兴产业的发展，拉动了经济增长，优化了产业结构，增强了区域的产业竞争力，集聚了人才，增强了发展后劲。但同时，安徽省也面临着产业发展基础薄弱、资源要素供给趋紧、融资体系脆弱等困难与障碍，须认真研究并加以解决。

安徽省是我国中部内陆省份，现阶段正处于全面建设小康社会的关键时期，面临工业化、城镇化、信息化和国际化全面提速与产业结构亟待优化提升的突出矛盾。国务院《决定》出台以来，安徽省委省政府抢抓发展机遇，更新发展观念，创新发展模式，转变发展方式，高度重视战略性新兴产业的培育和发展，提出把培育和发展战略性新兴产业作为加快新型工业化进程、构建现代产业体系的重要任务，举全省之力打造具有国际竞争力的战略性新兴产业。

27.1 安徽省培育和发展战略性新兴产业取得的成效

在内生发展和加速崛起的双轮驱动下，在政府引导和政策优惠的双重激励下，安徽省战略性新兴产业的规模快速扩大；在经济增速放缓的情况下，战略性新兴产业保持高位增长，成为引领安徽省经济增长的重要力量，走在了中部崛起的前列。

1）产业规模迅速扩大

2011 年，安徽全省共有战略性新兴产业规模以上企业 1 560 家，产值为 4 132.1 亿元，同比增长 62.1%，比全部规模以上工业产值增速快 16 个百分点，其中，战略性新兴产业产值占全部规模以上工业产值的比重为 16.4%。2012 年上半年，战略性新兴产业保持快速增长的发展势头，总产值达 2 311.6 亿元，同比增长 35.5%，比规模以上工业产值增速快 16.1 个百分点；战略性新兴产业产值占规模以上工业产值的比重由 2011 年同期的 15.5% 提高到 2012 年的 17.6%，对规模以上工业的增长贡献率达到 28.4%，拉动工业增长 5.5 个百分点，成为稳增长的重要力量，其中合肥市贡献率达到 45.3%，铜陵市贡献率达到 117.9%。

分产业看，2012 年上半年安徽战略性新兴产业的产值增长均超过 20%，按照产值规模大体分为三个梯队。其中，高端装备制造、电子信息、新材料三大产业产值占战略性新兴产业总产值比重分别为 27%、25.4% 和 20%，合计超过 70%，居战略性新兴产业第一梯队；生物、新能源、节能环保产业产值分别占 13.7%、6.9% 和 5.6%，属于第二梯队；而新能源汽车、公共安全产业目前尚处于起步阶段，规模很小，比重小于 2%，属于第三梯队。

2）产业集聚效应初步显现

安徽省以合芜蚌自主创新试验区和皖江示范区为依托培育和发展战略性新兴产业，战略性新兴产业主要集中在合肥、芜湖、铜陵、蚌埠和滁州 5 市。2012 年 1 ～ 6 月，5 市新兴产业产值约占全省的 70.9%，其中，合肥和芜湖产值分别为 750.8 亿元和 435.4 亿元，占全省的比重分别为 32.5% 和 18.8%。分行业看，电子信息产业主要集中在合肥、滁州、芜湖和铜陵，节能环保产业主要集中在芜湖和合肥，生物产业主要集中在合肥、亳州和蚌埠，新材料产业主要集中在合肥、蚌埠、芜湖，高端装备制造业主要集中在合肥、芜湖、安庆和马鞍山，新能源产业主要集中在合肥、滁州，新能源汽车产业主要集中在芜湖和合肥。皖江示范区和合芜蚌自主创新试验区已经成为安徽省战略性新兴产业发展的集聚区和引领区。

专栏 27.1

安徽省各市战略性新兴产业发展布局

合肥：电子信息、新能源、公共安全、高端装备制造、生物医药等
芜湖：LED 光电、汽车电子、节能环保、装备制造
滁州：信息家电、绿色照明、玻璃（硅）材料
蚌埠：硅基新材料、生物制造
亳州：现代中药
马鞍山：高性能铁基新材料
铜陵：电子材料及新型元器件
安庆：高分子复合材料
阜阳：循环经济产业

3）产业竞争力不断提高

平板显示、信息家电、LED光电、电子材料和元器件、雷达装备制造等领域在全国的比较优势明显，软件、汽车电子、微电子等自主创新成效突出。节能装备、节能产品、环保装备、环保产品、资源综合利用等领域有所突破，新产品研制和工程应用成效显著。铜基、铁基、硅基新材料处于全国领先地位。生物制造、生物医药、生物育种等领域产业基础良好，现代中药具有明显的地方特色，生物制造在全国处于领先地位。太阳能光伏产业已形成“拉棒/铸锭—切片—电池片—电池组件—逆变器—电站建设”较为完善的产业链，进入快速发展阶段。以工程机械为龙头，以大型专用机械和基础件为支撑，高端装备制造产业呈现集聚发展的态势。安徽拥有奇瑞、江淮、安凯三家新能源汽车自主品牌，合肥跻身全国13个新能源汽车推广试点城市、国家首批私人购买新能源汽车补贴试点城市。通信及信息安全、矿山安全、交通安全、食品安全、防火安全等领域基础较好，量子通信技术、核聚变技术、语音合成和识别技术等科技成果在国内外领先。

4）一批重大项目加快建设

合肥京东方6代线、三安光电一期、德豪润达一期、鑫昊等离子显示面板、蚌埠晟光科技电容式触摸屏等项目顺利建成。其中，合肥京东方液晶显示面板6代线是国内第一条高世代液晶显示器件——TFT-LCD生产线，也是国家发展改革委从全国区域布局考虑的重点项目。目前，该项目集聚了包括法液空、住友化学等几十个总投资超400亿元的配套项目，构成了“上游设备及材料—中游面板与模块—下游液晶电视等终端产品”完整产业链。联想产业基地、芜湖东旭平板显示玻璃基板、马鞍山数字硅谷产业园、池州艾可蓝柴油机尾气后处理、中建材蚌玻院电子信息显示超薄基板、阜阳悦康药业等一批重大项目陆续开工建设；京东方8.5代线、池州正威半导体产业园、池州普洛康裕制药、亳州修正药业年产10万吨中药提取及制剂等项目加快推进前期工作，这些项目为产业提供了强大支撑和发展后劲。

5）龙头企业带动作用显著增强

随着一批重大项目相继投产，部分企业规模不断壮大，有力地带动了安徽省战略性新兴产业的发展。在电子信息产业中，京东方、德豪润达、三安光电产值占全省该产业的比重分别为5.8%、2.2%、1.6%。在新能源产业中，赛维LDK、海润光伏产值占整个产业的比重分别为22.6%、10.5%。在生物产业中，中粮生物化学产值达88.2亿元，占整个生物产业的比重达到14.9%。

27.2　安徽省推进战略性新兴产业发展的举措

近年来，安徽省各级政府高度重视战略性新兴产业的发展，认真贯彻落实国家关于加快培育和发展战略性新兴产业的战略部署，加强总体谋划和工作推进，形成了发展共识，出台了一系列重大措施，完善了政策支持体系。

1）布局早、动手快，着力构建先发优势

国务院《决定》发布后，安徽很快就出台了《关于加快培育和发展战略性新兴产业的意见》（皖发〔2010〕29号），成为全国最早出台相关文件的省份之一。早在2009年，安徽省发展改革委就在全省范围内展开调研，撰写了《安徽省战略性新兴产业发展调研报告》，并在全省经济工作会议、全省发展改革工作会议上印发，引起了较好反响。2011年3月，《安徽省国民经济和社会发展第十二个五年规划纲要》将战略性新兴产业确定为安徽“十二五”经济社会发展的6个主要奋斗目标之一，把战略性新兴产业放在构建现代产业体系的突出位置，提出要把经济增长转到以现代农业为基础、战略性新兴产业为先导、先进制造业和现代服务业为支撑的发展轨道上来。

2）方向明、思路清，着力引导各市次序发展

安徽省政府于2012年2月印发了《安徽省战略性新兴产业“十二五”发展规划》，进一步明确了产业发展目标，细化了发展重点和发展举措，提出把培育战略性新兴产业作为抢占未来发展制高点的重要突破口，大力推进知识产权战略，按照“领军企业—重大项目—产业链—产业集群—产业基地”的思路，实施战略性新兴产业“千百十工程”，促进电子信息、节能环保、新能源、生物、高端装备制造、新材料、新能源汽车、公共安全产业快速发展，力争到2015年战略性新兴产业产值突破1万亿元，形成若干支撑安徽省未来发展的新的支柱产业。

专栏27.2

安徽省战略性新兴产业“十二五”发展规划

总体思路：深入贯彻落实科学发展观，牢牢把握战略性新兴产业快速发展和国家高度重视的历史机遇，集中力量，以领军企业为主体，以核心重大项目为主抓手，以技术和人才为支撑，着力完善产业链和产业集群，加快培育战略性新兴产业基地。力争经过一段时间的努力，使战略性新兴产业成为全省先导产业和支柱产业。

发展目标：未来5年，实现战略性新兴产业增加值翻一番，确保战略性新兴产业产值超过1万亿元，电子信息、高端装备制造、新材料等产业产值超过千亿元，争取培育出2～3个产值超千亿元的国家级战略性新兴产业基地，10个左右产值在百亿元级的省级特色战略性新兴产业基地，自主创新能力和科技支撑产业发展能力明显提升，使战略性新兴产业成为全省经济增长的重要支撑力量。

发展重点：根据国家重点支持领域，并结合本省实际，现阶段重点培育壮大电子信息、节能环保、新材料、生物、新能源、高端装备制造、新能源汽车、公共安全八大产业。

专栏 27.3

安徽省战略性新兴产业“千百十工程”

主要内容：到 2015 年，开工建设 1 000 个左右重点项目，培育和引进 100 个左右重点企业，培育 10 个左右特色产业基地。

实施机制：①采用分级负责制，围绕 10 个左右重点产业基地，省市联手，每年抓好 200 个左右重点项目，20 个左右省级龙头企业。②建立调度机制，加强检查和督导，及时发现问题并予以解决，促进项目早日投产。

工程目标：通过实施过程，形成“领军企业—重大项目—产业链—产业集群—产业基地”的发展格局。

建设情况：2012 年，全省战略性新兴产业“千百十工程”调度项目达 292 个，总投资 3 123.99 亿元，其中年度计划投资 592.2 亿元。上半年累计完成投资 388.4 亿元，占年度计划的 65.6%，“千百十工程”进展顺利，投资完成情况良好。

安徽省重视引导各市结合自身实际和比较优势，选择战略性新兴产业发展的首位产业，并明确战略性新兴产业专项资金原则上只支持各市首位产业重点项目。在这一思想指导下，合肥市确定电子信息、铜陵确定铜基新材料、亳州确定现代中药为首位产业。通过这一措施，安徽省成功地引导各地错位竞争，有效地避免了重复建设、低端竞争，也相对集中了资源，加大了对优势产业的支持力度。

安徽省重视开展战略性新兴产业的专题培训和普及有关产业发展的基础知识，努力在各地形成发展共识。一是组织编写《战略性新兴产业基础知识读本》，并在全省经济工作会议上印发。目前该套读本已印发 5 000 套，在全省各相关部门、各市发放，引导和帮助各级领导干部更好地学习和掌握战略性新兴产业的基础知识。二是组织了战略性新兴产业培训班。邀请一批专家，在电子信息、新材料、新医药、创业投资等领域，对全省发展改革系统主管高技术工作的副主任、高技术科长、国家级开发区分管领导进行培训，提升全省高技术队伍的专业技术水平。三是形成简报制度，构建信息发布与交流平台。从 2011 年开始，安徽省发展改革委组织编辑《培育和发展战略性新兴产业简报》，内容包括地方发展动态、调研报告、国家有关政策、各地发展举措与经验等信息。安徽省发展改革委将其作为重要的信息发布平台，形成了定期向有关部门和社会公众发布的制度。截至 2012 年 8 月，《培育和发展战略性新兴产业简报》已印发 14 期，取得了较好的社会反响。

3）本土培、外部引，着力探索产业发展的新路径

安徽省作为一个科教优势比较突出的中西部省份，培育和发展战略性新兴产业主要抓住了两条基本路径。一是立足于本土“培”，做好转化和提升的文章。一方面，促进本土重大科技创新成果产业化，如量子通信、北斗导航、火灾安全等公共

安全领域重大技术的产业化；另一方面，促进传统优势产业技术创新，包括与新兴技术、新兴商业模式结合，实现创新发展，如智能家电产业、新能源汽车产业、农业物联网产业等。二是着眼于外部“引”，着力做好“无中生有”的文章。安徽省抢抓国际国内产业转移重大机遇，发挥皖江示范区、合芜蚌自主创新试验区战略平台效应，积极引进国内外战略性新兴产业重大项目，如京东方、晶澳、三安光电等一批重大项目的引进，迅速填补了安徽省在新型显示、光伏、LED光电等领域的空白，提升了其在全国格局中的地位。

4）抓共管、促协调，着力构建四大推进体系

安徽省成立了省长任组长，常务副省长任第一副组长，24个省直部门及金融机构为成员的战略性新兴产业发展领导小组。由领导小组统筹全省战略性新兴产业发展战略、规划和政策，协调解决相关重大问题，推进重大项目建设。领导小组将办公室设在省发展改革委，负责日常工作，明确各部门的具体任务及年度工作重点。同时，安徽省召开了高规格的全省培育和发展战略性新兴产业大会，省委书记、省长作重要讲话，省委副书记、省政协主席主持会议。由于领导级别高，阵容强大，战略性新兴产业的培育发展工作形成了各级政府及相关部门齐抓共管、协同推进的良好局面，构建形成了省市联动、“千百十工程”项目调度、指标统计和考核四大推进体系，为战略性新兴产业快速发展奠定了坚实的基础。

（1）省市联动体系。安徽省战略性新兴产业大会后，各地各部门都把培育和发展战略性新兴产业摆上重要位置，绝大多数城市都召开了会议，成立了领导机构和办事机构，设立了专项资金。安徽省科技厅、财政厅、人力资源和社会保障厅、商务厅等省直部门也都采取有力措施支持战略性新兴产业发展。市县主要领导都亲自抓招商、抓企业、抓项目、抓统计，呈现出省市共同推动的喜人局面。

（2）“千百十工程”项目调度体系。利用省“861”行动计划平台，建立了战略性新兴产业项目调度系统，形成了投产达效一批、开工建设一批、谋划储备一批的项目推进格局。2011年，战略性新兴产业项目个数、总投资分别占“861”调度系统的41%和42%。领导小组办公室每个月对战略性新兴产业投资情况进行统计，每个季度进行分析，发现问题及时通知市里帮助解决，加快重点项目建设步伐。

（3）指标统计体系。综合运用企业法和产品法，建立了战略性新兴产业统计体系，并在省统计月报中逐月公布。统计体系建立以后，省发展改革委加强对产业的跟踪分析，及时、全面、准确地掌握全省战略性新兴产业的发展动态，为领导决策提供依据。

（4）考核体系。将战略性新兴产业发展情况纳入到省对各市的考核体系中，一类市分值达到了8分，超过了GDP的分值。在省对县的考核中，对战略性新兴产业完成好的县也给予加分奖励，调动各地加快培育和发展战略性新兴产业，推动结构升级步伐。

5）敢突破、善创新，着力营造良好的产业发展环境

安徽省财政厅积极探索和优化财政资金的支持方式，如新设立了战略性新兴产业发展引导资金50亿元。其中，省财政一次安排战略性新兴产业专项资金20亿元，引导各市设立引导基金；2010～2015年，每年安排5亿元资金，用于支持战略性新兴产业重大项目。为完善运作机制，安徽省出台了《战略性新兴产业发展引导资金项目管理办法》。安徽省战略性新兴产业发展引导资金2010～2012年先后支持了三批重大项目，充分发挥了财政资金的杠杆作用和乘数效应，有效引导了社会资本投资战略性新兴产业，起到了四两拨千斤的作用。例如，2010年的5亿元引导资金，通过投资补助的方式支持了合肥京东方8.5代线等21个重大项目，撬动社会投资794亿元，形成了新兴产业加速发展的良好开局。为进一步发挥财政资金的示范引导作用，安徽省从2011年开始，采取贴息方式，重点支持省主导产业、战略性新兴产业和各市首位产业发展。

安徽省科技厅从企业规划、产品研发、知识产权保护、成果转化、研发机构建设、人才培养、上市融资等多角度提供服务，促进企业加快发展。安徽省科技厅组织编制了新能源汽车、语音等13个新兴产业优势领域技术发展指南，引导科技资源向战略性新兴产业聚焦聚力；组织实施自主创新（试验区、试点省）专项资金重大项目97项，省级科技攻关项目174项，省属企业自主创新重大项目16项，争取国家科技型中小企业技术创新基金项目253项，其中80%以上属于安徽确立的八大战略性新兴产业领域。安徽省重视完善科技服务体系，初步形成了以科技企业孵化器、生产力促进中心、技术转移中心、信息咨询机构等为主体的多元化、专业化、特色化、网络化科技服务体系，形成了对战略性新兴产业的服务支撑。

安徽省经济和信息委员会选择具有比较优势和发展前景的新兴产业子行业，每年开展1～2个技术路线图研究，目前已编制完成《安徽省新能源汽车产业技术路线图》和《安徽省生物医药产业技术路线图》，启动了《安徽省铜基新材料产业技术路线图》编制工作。这为企业明确研发投入方向和重点起到了重要引导作用，也对相关科研院所和高等院校的参与以及政府的支持明确了方向和重点。

合肥市加强对战略性新兴产业的跟踪分析，解决本地经济运行中存在的问题，帮助企业开拓市场，促进健康发展。例如，合肥市政府在甘肃酒泉、嘉峪关及新疆等地签订了800兆瓦的光伏产品供货合同，并拿出5 000万元支持光伏产品在本市的应用。原来以商贸、物流业发展为主的合肥新站区，2005年以后开始了以工业发展为主的战略转型。为提高城市创新承载力，优化园区发展环境，合肥新站区树立了“企业就是一切、一切为了企业”的服务理念，搭建和完善了无障碍服务平台、融资服务平台、人力资源服务平台、功能配套服务平台和企业交流合作平台五个服务平台，为企业提供全方位的服务。依托这些平台，合肥新站区成功引进了一大批战略性新兴产业，如京东方、鑫昊、彩虹、海润等，目前已经形成以新型平板显示为主引领，以LED、光伏太阳能、新材料三大新兴产业为支撑的创新型经济。

芜湖市创新招商引资思路，围绕战略性新兴产业领域，从单纯项目招商向产业

链招商和产业基地招商转变，面向国内外重点区域和知名企业，对新兴产业涉及领域的20强企业进行梳理，由市领导和县区、开发区、部门负责同志实行“一对一”招商跟踪服务，加快引进一批战略性新兴产业重大项目，重点培育一批战略性新兴产业领军企业。

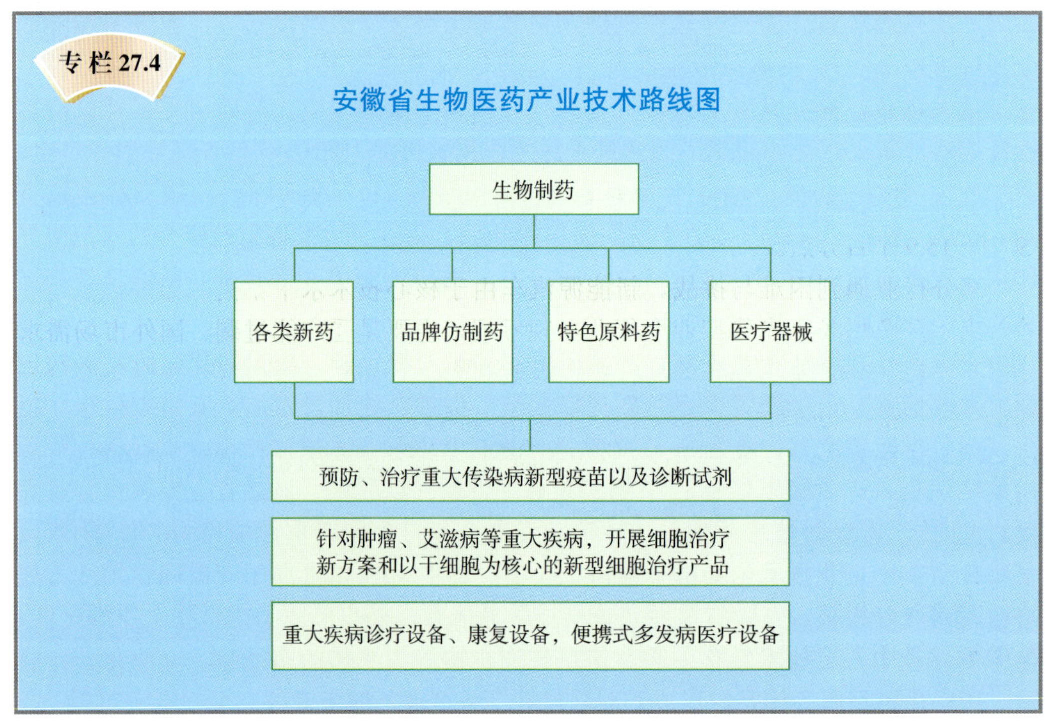

27.3 安徽省加快培育和发展战略性新兴产业面临的困难

国务院《决定》发布以来，安徽省战略性新兴产业发展势头良好，已成为加快产业结构调整和转型升级的强劲力量，对调结构、转方式的引领带动作用也日益凸显。但安徽省战略性新兴产业发展也存在一些困难和障碍，主要表现在以下几个方面。

1）产业规模小，领军企业少，产品附加值不高

从产业规模看，战略性新兴产业规模较小，占GDP的比重还不高，居行业龙头地位、带动力强、规模超十亿元甚至上百亿元、具有国际竞争力的企业还不多。除新材料、电子信息产业外，生物、节能环保等产业仍处于起步阶段。从价值链来看，存在“高端产业、低端环节”的矛盾，不少企业处于产业链的低端，产品附加值不高。在高新技术主导产品中属于传统产业领域的比例较高，属于战略性新兴产业领域的比例较低。安徽省内骨干大企业对战略性新兴产业涉足较少，部分科技型企业

领域较窄，成长性不足，成为行业中的“小老树”。总体上看，安徽省的战略性新兴产业只有一些“点”，尚未形成以点带线、以线带面的联动效应。

2）国内外环境出现变化，部分行业遇到了困难与挑战

随着国内外发展环境的变化，2012年安徽省经济主要指标同比增速普遍出现回落，经济运行面临较大下行压力。1～5月全省40个工业行业中有21个行业增加值同比增速回落，43种主要工业产品中有30种产品产量同比增速回落，企业效益明显下滑。战略性新兴产业发展也受到影响，与2011年同期相比，1～5月，产值增速从59.1%降到了2012年的37%，回落约22个百分点，电子信息、节能环保、新材料、生物、高端装备制、新能源产业增速分别回落25.2个、26.8个、24.3个、19.8个、29个、15.9个百分点。

部分行业遇到困难与挑战。新能源汽车由于核心技术水平不高，消费环境不完善，出现了负增长。光伏产业全行业出现亏损，主要是受产能过剩、国外市场需求萎缩、光伏发电成本过高等因素影响。光伏新能源产业进入“严冬”，安徽省部分光伏生产企业停产，部分在建光伏项目放缓建设进度。

战略性新兴产业发展放缓的主要原因有企业投资意愿下降、企业生产经营困难加大、各地招商引资势头放缓、当前市场有效需求不足。

3）资源日趋紧张，人才、资金等创新要素保障较为薄弱

土地资源紧张，尤其是缺乏工业用地指标，给引进项目带来困难。一些重大项目由于没有用地指标，迟迟不能落地。此外，由于新能源产业传统的单晶硅和多晶硅拉棒、铸锭等耗能巨大，节能减排压力大。

高级人才缺乏，企业技术创新支撑不够。拥有自主知识产权和核心技术的企业不多，自主创新能力不强，以创新驱动的产业发展模式尚未真正形成。高层次、复合型的技术带头人和技能型人才严重不足，且缺乏良好的引人、用人、留人机制，很难留住高级人才。

融资体系脆弱，加快产业发展的后劲不足。由于战略性新兴产业投入大、风险高、回收慢，企业融资途径少、门槛高、难度大，特别是受金融危机的影响，融资平台缺乏，融资渠道不畅，这严重制约了部分企业扩大规模和引进先进技术。

27.4　政策取向

1）针对税收优惠政策执行难，进一步加大宣传和落实力度

调研中企业反映，税收优惠政策太复杂，执行部门自由裁量权过大，企业很难得到优惠；对高新技术企业15%的所得税优惠政策，由于政策操作难、企业不了解等原因，政策执行难，受惠面有限。为此，建议重点加大税收政策落实力度，加大

相关政策宣传解读力度，使符合条件的企业充分享受政策支持；大大简化相关政策操作办法，使相关部门和企业都便于准确理解和执行。

2）针对新情况新问题，把握好政策的稳定性与灵活性

例如，有企业反映，目前关于采用“内保外贷”方式实施海外发展项目，国内银行担心境外资产抵押贷款的金融风险而不予以抵押，这限制了企业的融资能力，使企业容易失去大好的发展机遇。又如，国务院关税税则委员会颁布的《关于调整部分商品进口关税的通知》规定，自2012年4月1日起，32英寸及以上不含背光模组液晶显示板的进口税率由原暂定的3%提高到5%，为我国平板显示产业创造了良好的发展环境。关于液晶面板的进口关税率，韩国是8%，巴西是12%，印度是15%。特别是韩国作为全球液晶面板生产制造能力最强的国家，其出货量占到全球总出货量的近50%，但韩国政府对液晶面板仍采取较高的关税，限制进口面板对韩国市场的冲击。在世界贸易组织（WTO）规则范围下，我国相关产品的进口税率有进一步提高和调整的空间。为此，建议针对培育和发展战略性新兴产业实践中的新情况、新问题，适时调整相关政策。尽快把生产企业与研发企业之间的研发合作纳入支持范畴；加快研究出台支持相关企业国际化发展的金融支持政策；修订进口关税政策，适当提高国内具备一定竞争力的产品的关税税率；补充制定符合战略性新兴产业企业特点与要求的加速折旧等间接优惠手段。

3）针对行业特点和发展阶段，制定并实施分类扶持的政策

调研中发现，战略性新兴产业行业众多，特点不同，企业所处发展阶段各异，不同行业面临的突出问题差异较大。例如，高端装备制造业重点需要有市场应用和验证、提高的机会；新能源产业重点需要通过发电并网带动大发展；节能环保产业重点需要倒逼机制拓展市场；新能源汽车产业需要在扩大市场应用的基础上联合开展关键核心技术攻关；等等。同时，所处发展阶段不同，政策的效用也不大相同甚至大不相同，如处于发展早中期阶段的企业，其更多地要靠财政、金融政策支持，由于尚未量产，还不用交税，所以税收政策的效用就小一些，如企业所得税优惠政策就不起作用；而对于技术比较成熟、已经进入产业化阶段，且产品已达到一定规模的战略性新兴产业企业来说，核心问题是市场问题，而不是财政政策扶持问题。另外，对于国际化程度不高的企业，外汇政策的影响较小，而对于国际化程度较高的企业，外汇政策影响就很大。凡此种种，不一而足，很难用统一的政策予以解决。为此，建议在制定实施普遍适用的政策基础上，针对行业特点、企业所处发展阶段等，加快组织力量研究制定针对性更强、功效更好的差异性、特惠性政策。

4）加强宏观管理，提高服务能力

重点加快建立部际、省际协调机制，及时发布重点技术与产品指南，加强统计监测分析与信息发布，动态调整相关规划等，指导地方融入国家战略，发挥区域优势，发展特色产业，避免结构趋同。同时，加大对发展中重大问题的研究，加强对

产业发展情况的预警，及时出台新的政策措施，增强各项扶持政策的协调性和操作性。此外，还应加强技术信息、专利信息等方面的信息共享平台建设，完善信息资源库，扩展信息服务；建立良好的商贸信息平台，加强国际市场经贸信息的交流和沟通；支持各地探索建立政府、高校、科研院所、企业有机结合的官产学研协同创新平台；不断拓展工作领域，推进建立战略性新兴产业创新发展联盟、促进中小型科技企业创新创业等。

第 28 章

广东省战略性新兴产业发展情况

张　军　王晓昀　徐玉芳

【内容提要】《决定》发布以来，广东省按照党中央和国务院的部署，坚定不移地培育和发展战略性新兴产业，促进产业转型升级，推动广东省经济长期可持续发展。当前，广东省战略性新兴产业发展迅速，日益成为新的经济增长点。在推进战略性新兴产业发展的过程中，广东突破了传统的产业发展理念，选择了一些高起点、具有原创性的产业领域进行超前布局。具体做法上，广东在推进创新能力建设、创新财政资金使用方式和发挥市场机制作用等方面进行了积极探索，形成了具有较强创新性、针对性和可操作性的发展思路与举措，值得学习和借鉴。

广东省是我国改革开放的先行地区，是我国重要的经济中心区域，在全国经济社会发展和改革开放大局中具有突出的带动作用和举足轻重的战略地位。改革开放以来，广东省已发展成为全国乃至世界具有重要影响的制造业基地，初步形成了现代产业体系，拥有比较完整的产业链条和较强的产业配套能力。在新形势下，广东省正处在经济结构转型和发展方式转变的关键时刻。

28.1　发展现状

28.1.1　2011 年发展情况

据目前广东省初步建立的战略性新兴产业统计指标体系测算（下同），2011 年，

全省战略性新兴产业产值达1.29万亿元，比2010年（1.07万亿元）增长20.56%，占工业产值比重达12.8%，产业发展格局初步确立。

（1）部分优势产业日益凸显。高端新型电子信息产业发展势头强劲。2011年，广东省液晶显示屏产量达12.7亿片，同比增长17.4%；代表新一代移动通信技术方向的数字程控交换机、3G手机产量分别达1 829.78万线和12 970.68万台，同比分别增长11.2%和87.4%；反映“三网融合”发展趋势的3G电视机产量达246.28万台，同比增长5 874.2%。新能源汽车产业发展蓄势待发。目前广东省新能源汽车整车生产能力超过2万辆，示范应用规模达1.5万辆。2011年，广东省各类新能源汽车产量达6 203辆，同比增长100.4%，初步显现出起步增长势头。半导体照明产业发展形势喜人。2011年，广东省LED产量达395.2亿只，增长54.3%；全省LED产业产业规模约占全国的50%。生物、软件等产业继续保持较快增长。2011年，广东省医药制造业实现增加值285.14亿元，同比增长14.4%；全省软件业务收入达3 502.5亿元，同比增长24.3%，占到全国的1/6。

（2）产业投资保持较快增长。战略性新兴产业投资快速增长，2011年投资额突破1 000亿元。其中，广东省全省信息产业完成固定资产投资766.1亿元，同比增长33.4%，医药制造业完成固定资产投资70.3亿元，同比增长47.1%，增速分别高于全社会固定资产投资15.8个和29.5个百分点。外商投资在前两年低位水平上实现较大幅度增长。2011年，广东省通信设备、计算机及其他电子设备合同利用外资36.66亿美元，同比增长56.89%。

（3）重大项目建设进展顺利。2011年，在广东省重点建设项目中，战略性新兴产业项目实际完成投资372.6亿元，占计划投资的120.2%，高于全省平均水平19.1个百分点。其中，佛山南海奇美光电液晶电视模组项目已开工生产，深圳华星光电8.5代液晶面板生产线项目完成投资116.8亿元，已进行试生产。新能源汽车项目年度投资完成率为97.1%，基本完成年度计划；其中佛山陆地方舟新能源电动车项目圆满完成年度计划，中山大洋电机新能源动力及控制系统项目完成年度投资计划的135.7%。河源汉能薄膜太阳能电池完成投资24.9亿元，完成年度投资计划的124.6%。广州南车城市轨道装备公司首列地铁车辆正式下线，填补了广东城轨车辆整车装备制造的空白。

（4）产业创新发展趋势日益明显。据统计，2010年广东省战略性新兴产业领域发明专利授权量占全国的五分之一，居全国首位，其中高端新型电子信息、LED、太阳能光伏、新材料、节能环保5个领域的发明专利授权量居全国第一。延续上年的良好势头，2011年，全省发明专利申请量为52 012件，授权18 242件，分别增长27.3%和33.2%，分别位居全国第二位和第一位；PCT（专利合作条约）国际专利申请量为8 941件，连续8年高居全国榜首。全省专利密度达562.3件/百万人，居全国第一位，是全国平均水平的2.37倍。部分创新产品实现了进口替代。确定引进第二批共20个创新科研团队，将汇聚150多位国内外高层次人才。创新平台建设取得新突破，全省新增4家国家重点实验室、10家国家企业技术中心、15家国家地方联合工程实验室（工程研究中心），技术创新体系进一步完善。

（5）产业发展载体不断壮大。截至目前，广东省在信息、生物、新材料、航空、高技术服务等战略性新兴产业相关领域累计建立了13家国家高技术产业基地，拥有9家国家级高新技术产业开发区，数量均居全国首位，基地和园区将为广东战略性新兴产业集聚发展提供良好发展空间。中新（广州）知识城起步区获得国家发展改革委核准，该区占地面积8平方公里，总投资120亿元，将成为引领产业高端发展尤其是知识经济发展的新引擎，有望成为未来一段时期广东战略性新兴产业的重要集聚地。广州国际生物岛于2011年7月8日正式“开岛”，该岛作为广州国家生物产业基地的核心区，将成为广东今后生物产业发展的重要平台。

（6）示范应用初见成效。在“三网融合”试点方面，目前云浮试点规模已超过7万户，广州番禺区已完成20万户高清互动试点。在新能源汽车领域，目前广东省新能源汽车推广应用规模已超8千辆。在LED照明领域，目前广东全省安装LED路灯超过26万盏，示范路段2 500多公里，完成“千里十万”LED路灯示范工程，示范规模和建设进度居全国前列。在新能源领域，目前广东省共有60个光伏发电项目列入国家“金太阳”示范工程，总装机容量约300兆瓦；截至2011年年底已建成风电总装机容量约110万千瓦，在建规模110万千瓦。

28.1.2　2012年上半年发展情况

（1）战略性新兴产业保持平稳较快增长。据目前广东省初步建立的战略性新兴产业统计指标体系测算，2012年上半年，全省战略性新兴产业实现产值4 961.5亿元，同比增长8.7%；实现增加值1 201.6亿元，同比增长10.9%，分别高于GDP和规模以上工业增加值增速3.5个和3.9个百分点。其中，新能源汽车（76.6%）、生物（17.3%）、节能环保（11.9%）、新能源（13.4%）等产业增加值增速均超过10%，战略性新兴产业发展质量强于高技术产业。

（2）部分产品发展势头良好。2012年上半年，广东省电子计算机整机产量为3 554万台，同比增长21.3%；受平板显示产业转型升级的影响，全省LCD电视机产量为1 694.7万台，增长23.0%；受益于国内3G深入推广应用、4G和下一代互联网试商用，通信设备和终端产量增长迅速，广东省移动通信基站设备产量为5 425.7万信道，同比增长44%。受国家及广东省鼓励发展新能源汽车和促进节能环保相关政策的带动，新能源和节能产品发展迅速，上半年全省新能源乘用车产量为971辆，同比增长716.0%；全省光电子器件产量为445.1亿只，同比增长28.5%；LED产量为217.1亿只，同比增长50.1%。新能源发电量增速较快，上半年广东省核能发电量为229.4亿度，风力发电量为9.7亿度，分别增长10.6%和43.8%；风力发电机组114.2万千瓦，同比增长63.3%。

（3）产业投资保持活跃，重大项目建设进展总体顺利。2012年上半年，广东省电子信息制造业、医药制造业、计算机服务和软件业分别完成固定资产投资278.7亿元、35.9亿元、28.0亿元，同比分别增长15.6%、48.4%、73.4%，增速分别高于全社会固定资产投资（10.1%）5.5 个、38.3 个、63.3 个百分点。医药制造业和信息服务业合同利用外资额分别增长 142.1% 和 10.7%。在 2012 年省重点建设项目中，广东省战略性新兴产业项目累计完成投资 101.9 亿元，占计划投资的 57.8%，高于全省平均水平（38.7%）19.1 个百分点。其中，高端新型电子信息、新能源汽车、半导体照明、生物、太阳能光伏和新材料产业项目分别完成计划投资的 60.6%、46%、56.5%、57.3%、54.3% 和 83.7%，总体进展较为顺利。

（4）产业创新活力逐步增强。延续近年来的良好发展态势，广东省发明专利授权量、PCT 国际专利申请量等指标继续位居全国首位。2012 年上半年，全省发明专利申请受理量和授权量分别为 26 683 件和 10 873 件，分别增长 17.9% 和 18.9%，比第 1 季度增速分别提高了 14.7 个和 16.4 个百分点；PCT 国际专利受理量为 4 458 件，占全国的 55.1%；广东省每万人口发明专利拥有量已达到 6.59 件，是全国平均水平的 2.4 倍。确定引进第三批“固态存储系统及核心控制芯片海外创新团队”等 26 个创新科研团队和 18 名领军人才，将汇聚 190 多位国内外高层次人才，有利于提高产业创新能力。

总体上看，广东省战略性新兴产业呈现出良好的发展态势，为当前推动广东省实现“稳增长、调结构”的目标发挥了积极作用。但是，当前广东省战略性新兴产业仍处于起步阶段，存在着许多需要特别关注的薄弱环节和突出问题。一是自主创新能力有待进一步提高。相当一部分企业特别是电子信息企业缺乏自主核心技术，尤其是革命性的创新技术，一些产业关键零部件和主要装备依赖进口，高层次领军人才和创新型人才缺乏，自主创新能力不强。二是产业体系有待进一步健全。部分新兴产业规模不大，产业链不完备，企业大多集中在中下游环节，产业配套能力不强，尚未形成集聚发展的良性态势。三是本土企业实力有待进一步增强。目前本土战略性新兴产业企业总体规模较小，竞争力较弱，承接世界先进技术、产业转移和自主发展的能力不强，带动力强的龙头企业不多。四是产业配套环境有待进一步完善。技术标准体系建设滞后于产业发展，智能电网、新能源汽车充电充气网络等配套设施尚不完备，支撑产业发展的商业推广模式尚未建立，市场培育力度有待进一步加大。

28.2　近年来主要工作情况

广东省委、省政府高度重视培育和发展战略性新兴产业，根据国务院统一部署，将发展战略性新兴产业作为推进产业结构调整、加快经济发展方式转变、抢占国际经济科技发展制高点的重大战略任务来抓。近年来，各级政府加强组织领导，狠抓工作落实，相关企业加大投入，努力攻关，取得了积极的阶段性成效。

28.2.1　明确战略部署，初步构建了政策保障体系

广东省政府于 2011 年出台了《关于贯彻落实国务院部署加快培育和发展战略性

新兴产业的意见》(简称《意见》)。《意见》明确了“十二五”期间广东省战略性新兴产业发展思路，提出要以抢占世界产业发展制高点为目标，以提升产业创新能力为核心，打造全国战略性新兴产业发展的重要策源地和高端产业集聚地，将广东省建设成为国家战略性新兴产业发展示范区(“两地一区”)。《意见》同时确定了重点发展高端新型电子信息、新能源汽车、半导体照明、生物、高端装备制造、节能环保、新能源和新材料八大产业，提出了16项主要工作和10项扶持政策，具体措施涵盖了产业发展的各个环节，涉及财政、税收、金融、人才、土地等各个产业要素，具有较强的创新性、针对性和可操作性。《意见》出台之后，各项规划和政策文件相继出台。2012年3月，广东省政府正式印发实施了《广东省战略性新兴产业发展“十二五”规划》；高端新型电子信息、半导体照明、生物医药、节能环保、新材料、航空航天、海洋7个产业的专项规划已经广东省政府审定同意并由广东省有关部门印发实施；新能源汽车、核电、风电、太阳能光伏等产业发展专项规划以及轨道交通产业发展实施意见等政策文件也将陆续出台。

28.2.2 坚持重点突破，推动三大产业率先发展

广东省政府于2010年作出了“近期要重点推动高端新型电子信息、新能源汽车和半导体照明这三大产业取得率先发展”的部署，着力推动三大产业发展。一是分别制订了高端新型电子信息、电动汽车、半导体照明三大产业发展行动计划，明确具体工作目标和任务；二是分别召开产业发展现场会，做好动员部署，营造良好产业发展氛围；三是设立专项资金大力推进三大产业的技术研发及产业化、重大项目建设、示范应用等工作，加大政府对产业发展的引导和支持力度。同时，着眼布局其他战略性新兴产业，推动生物、高端装备制造、节能环保、新能源、新材料等产业领域的协调发展。

28.2.3 立足自主创新，推动产业创新发展

一直以来，广东省注重坚持产学研结合，大力集聚并充分利用全国高校、科研机构的各种创新资源，不断提升战略性新兴产业的自主创新能力。一是着力加强产学研合作。2006年，广东省与教育部、科技部联合在全国率先建立了省部产学研合作机制，成为全国第一个与国家有关部门共同开展产学研合作的省份。2009年和2010年，广东省政府分别与中国科学院、中国工程院签订了《全面战略合作协议》，不断拓展产学研合作的深度和广度。二是加强核心技术攻关。2003年，广东省开始组织实施粤港关键领域重点突破联合招标，2011年开始启动实施核心技术攻关专项，围绕核心高端芯片、云计算关键技术及系统集成、新型显示技术与数字家庭、电动汽车电驱动技术、重大创新药物研制、节能环保、高端装备、新材料等战略性新兴产业领域，不断加大对核心关键和共性技术研发的支持力度。三是促进创新成果产业化。围绕信息、生物、新材料、卫星应用等重点领域组织实施高技术产业化专项。四是加强区域创新体系建设。截至目前，广东省共建立了近120多家国家级和900

多家省级创新平台，初步形成了“以企业为主体、以市场为导向、产学研相结合”的多层次、宽领域的区域创新体系。

28.2.4　推进重大项目，促进产业集聚发展

以组织实施战略性新兴产业100强项目为抓手，推动建设高世代液晶面板、OLED显示、薄膜太阳能光伏电池、通用飞机制造、轨道交通车辆修造等一批投资大、带动力强、关联度高的重大项目，推动产业从以生产制造环节为主不断向前端的研发设计和后端的市场营销环节延伸，促进形成较为完整的产业链条，推动产业集聚发展。2010年，广东省组织遴选了战略性新兴产业100强项目，项目总投资达2 893亿元；2012年，广东省对项目进行了动态调整，项目总投资调整为2 015亿元。与此同时，广东省积极推进产业基地等产业集群建设，努力打造承接重大项目建设的重大平台，拓宽战略性新兴产业发展空间，促进产业集聚发展。截至目前，广东省在信息、生物、软件、新材料、航空航天、高技术服务业等领域累计建立了13家国家高技术产业基地。为加快培育形成一批创新能力突出、特色鲜明的战略性新兴产业链，促进产业集聚发展，广东省已在高端新型电子信息、新能源汽车、半导体照明、新能源、高端装备制造、生物、新材料等领域认定了首批23家广东省战略性新兴产业基地。

28.2.5　探索模式创新，培育市场需求

积极探索商业模式创新，以示范应用为手段，完善市场应用环境，积极培育市场需求，以市场带动产业发展。在高端新型电子信息领域，广东省推进“三网融合”国家级深圳试点和省级云浮试点，推动省部共建数字家庭广州试点由万户级向十万户级跨越。正式启动了“发展物联网建设智慧广东计划”，开展广州、佛山、云浮、东莞等智慧城市试点示范工作。成功争取到中国第二代卫星导航系统重大专项第一个区域应用示范工程落地珠三角。在新能源汽车领域，启动了广东省新能源汽车推广应用示范工程，将珠三角各市以及汕头、湛江、韶关、潮州、茂名、梅州等15市列为广东省新能源汽车推广应用示范城市。在LED照明领域，采用“合同能源管理+供应链+金融”的模式，启动实施绿色照明示范城市专项行动；印发了《广东省推广使用LED照明产品实施方案》，力争3年普及公共照明领域LED照明。在新能源领域，积极组织实施“金太阳”示范工程，推进建设核电和风电场项目。

28.2.6　完善配套政策，优化发展环境

一是加大财税支持力度。广东省政府确定“十二五”期间集中安排220亿元财政资金支持战略性新兴产业发展，并采用多种方式对核心技术攻关、产业化、创业投资、市场培育等各个环节进行全面支持，引导社会资本投入。认真落实国家关于企业研发费用加计扣除以及高新技术企业、技术先进型服务企业、软件和集成电路企业等的税收优惠政策。二是探索多层次金融支持模式。设立了战略性新兴产业创

业投资引导资金，与深创投、中科招商、三峡集团等公司合作成立创业投资基金；与国家联合设立了高端新型电子信息、生物、超材料、新能源、节能环保等新兴产业创业投资基金；注资广东省粤科风险投资公司，引导社会资金投向战略性新兴产业。与有关金融机构签订了《加快培育和发展战略性新兴产业金融合作协议》，组织实施战略性新兴产业政银企合作专项，安排 11.9 亿元贷款贴息资金。推动国家级高新区开展代办股份转让系统试点工作。三是建设创新人才队伍。坚持人才引领产业创新发展。广东省从 2010 年开始创新科研团队和领军人才的引进工作，全省 3 年累计引进 57 个创新科研团队、49 名领军人才。于 2001 年启动实施“百名南粤杰出人才培养工程”，评选表彰首届南粤功勋奖和南粤创新奖。四是积极推动知识产权保护与利用工作。启动实施“广东省战略性新兴产业专利信息资源开发利用计划”，开展战略性新兴产业专利态势分析；积极推进专利联盟建设，以知识产权为纽带推动产业创新发展。五是深入开展标准体系建设工作。开展高端新型电子信息、新能源汽车、半导体照明三大产业标准化发展规划和路线图研究，基本明确了三大产业的标准化路径，为下一步建立完善的产业标准体系奠定了基础。加大战略性新兴产业领域地方标准制定和修订的工作力度，积极争取国家汽车质检中心、高分子工程材料及制品质检中心落户广东，努力完善战略性新兴产业标准支撑体系。六是切实保障省级战略性新兴产业项目用地。优先保障战略性新兴产业土地利用年度计划指标，加快建设用地报批，为战略性新兴产业发展提供高效优质的用地保障服务。

28.3 对策分析

28.3.1 加大战略性新兴产业市场需求侧的引导和支持力度

大多数战略性新兴产业还处于成长阶段，通常存在技术成熟度差、生产成本高、市场开拓难等问题，建议按照“以新应用创造新需求，以新需求带动新产业”的原则，针对不同产业领域特点采取有针对性的举措，加大对战略性新兴产业需求侧的引导和支持力度，努力创造战略性新兴产业的初始市场需求。一是组织推动战略性新兴产业新技术和新产品的市场应用。适当采用强制性措施，推进战略性新兴产业新产品在社会公共领域的应用，尽快扩大市场应用规模，如新能源汽车在公交、公务等领域的使用，以及半导体照明在市政等领域的应用。二是着力创造良好市场应用环境。建议综合运用价格杠杆、税收优惠、费用减免、标准体系建设、完善基础设施等手段，优化新技术和新产品的市场应用环境，开拓市场空间。例如，在电动汽车方面，可采取电动汽车充电电价优惠，加快电动汽车充电网络建设，实行电动汽车优先策略、通行费优惠和购置税减免等措施；在新能源产业方面，可采取提高可再生能源发电上网电价、加快智能电网建设等措施；在节能环保产业方面，可实行节能减排差别价格。

28.3.2 加强重大技术和产业项目的组织

关键核心技术缺乏是制约新兴产业发展的瓶颈，要加大对关键核心技术创新的支持力度，在抢抓技术制高点上实现突破。建议参照当年韩国在消费类电子行业"联合开发、成果共享"的模式，选取新兴产业重点领域的核心共性技术，统一组织行业龙头企业、高校和科研院所组建核心技术攻关团队，国家予以重点支持，整合各方资源，集中力量突破掌握一批具有自主知识产权的核心技术，技术成果可由参与攻关的单位共享。在重大项目组织方面，建议国家参照在高世代液晶面板项目引进方面所采取的措施，加强中央在重大项目区域布局、引进以及重大技术引进消化吸收等方面的统筹协调，避免各地的恶性竞争和重复建设。

28.3.3 选择重点区域加快推动战略性新兴产业集聚创新发展

国务院《决定》出台以来，全国各地掀起了发展战略性新兴产业的热潮，但与此同时也出现了部分产业遍地开花、重复建设等问题。为防止各地战略性新兴产业发展中出现盲目发展、无序发展的问题，建议国家从促进区域内战略性新兴产业协同、差别化、集聚发展的角度出发，建立重点区域协调发展机制，通过在重点地区打造若干全国战略性新兴产业集聚发展创新区，促进重点领域尽快实现重大技术突破和重大成果产业化。珠三角地区是我国经济发展的三大重要区域之一，高技术产业约占全国的五分之一，具有发展战略性新兴产业的较好产业基础。在国家确定的节能环保、新一代信息技术、生物、高端装备制造、新能源、新材料和新能源汽车七大战略性新兴产业中，珠三角地区已形成了一定的比较优势，并在全国确立了重要位置，基本具备建设全国战略性新兴产业集聚发展创新区的条件。为此，建议国家支持在珠三角地区开展战略性新兴产业集聚发展试点，充分发挥重点区域在全国战略性新兴产业发展中的引领带动作用。

第 29 章

深圳市战略性新兴产业发展情况

王刚波

【内容提要】 面对“成长的烦恼”、“转型的阵痛”，深圳市努力破解发展难题，坚定不移地以深圳质量作为发展的新导向、新标杆，加快产业新的布局和结构调整，为经济社会发展释放新的活力、创造新的空间。深圳果断以战略性新兴产业作为提升深圳质量的突破口，期望在研发、产业等方面实现对西方发达经济体的“弯道超车”。

深圳是我国第一个经济特区，从南海之滨小镇发展成为现代国际化城市，在城市化、工业化和现代化方面，创造了举世瞩目的“深圳速度”，是我国改革开放和现代化建设的精彩缩影。深圳是我国第一个创新型城市，同时也是国家的高技术产业基地和新兴产业基地。在发展战略性新兴产业的过程中，深圳围绕创造“深圳质量”，积极探索新的产业发展模式，通过先发布局前沿领域来抢占产业发展的战略制高点，以科技创新和产业升级来提升深圳的核心竞争力，以创新载体和产业载体的双重建设来推动战略性新兴产业朝着高端化、集约化迈进，并取得了明显成效。

29.1 背景——创造深圳质量，破解发展难题

经过三十余年的发展，深圳积累了较为雄厚的经济基础，形成了改革开放的体

制优势、自主创新的先发优势、深港澳台更加紧密合作的区位优势，有能力、有条件实现经济社会发展再上新台阶。但在快速发展的同时，深圳面临着多种发展矛盾交织、两难问题增多的复杂局面。

一是粗放式、外延式的传统发展模式难以支撑深圳经济社会可持续发展。深圳过去三十余年的发展取得了明显成效并积累了一些成功经验，但对照科学发展观的要求，还有很大差距和不足。多年的高速发展也使传统发展模式的弊端暴露得更早更集中。深圳人口多、资源少、生态环境脆弱，高速的城市化与工业化带来资源消耗不断加剧，土地、环境等刚性约束逐渐强化，创新要素供给偏紧的矛盾日趋尖锐，粗放型、外延式的传统经济增长方式亟须转型等问题。因此，对于深圳，突破传统的发展道路显得极为紧迫，创新发展的要求变得更为强烈。在新的历史条件和新的发展理念下重新审视和突破过去的发展模式，优化产业结构，转变发展方式，需要更多的信心和勇气。

二是持续创新面临设施滞后、源头不足和人才缺乏等突出问题。由于城市发展的历史原因，深圳市的科技基础设施相对滞后，缺乏高水平大学和一流科研机构，缺乏高水平的学术交流平台和产业发展载体。而产业升级和结构调整迫切需要基础研究和源头创新的有力支撑，需要进一步解决好在核心技术、关键部件、营销渠道、业务流程等方面的对外依赖。目前，深圳总体还处在“制造基地”的地位，产业还处在迈向高端化的进程中。尽管深圳前30年以比较优厚的经济待遇、良好的创业氛围以及市场需求为导向的创新模式，吸引了众多科技人才，但随着深圳创新需求不断向源头延伸和向高端攀升，高端人才的短缺越来越成为制约未来发展的瓶颈。

三是深圳作为特区的政策优势和地缘优势逐步弱化。随着生活指数和经营成本的逐步走高，作为内地城市的一些弊病日益显现，深圳的“磁石”效应正在减弱。在特殊政策已经在全国“普惠”后，特区的“特”如何体现，如何再造新优势和增强核心竞争力显得重要而紧迫。同时，与中国香港等世界先进城市相比，深圳在公共行政、城市管理、公共服务和法制化水平等方面还有较大差距，还需要在优质、高效、透明、规范服务上花大力气，行政效能建设和执行力建设还需要进一步加强。

四是企业发展面临的挑战和风险日益增加。这是由经济形势复杂多变、原材料和劳动力成本上升造成的。当前，世界经济复苏进程艰难曲折，主要发达经济体增长动力不足，国内面临长期通胀压力以及原油、有色金属等大宗商品价格全面上涨的压力，且深圳近年来多次调高了最低工资标准，劳动力成本不断攀升。加之深圳外贸依存度高，在外需增长放缓和生产要素成本上升的双重压力下，企业生产经营压力和风险明显上升，企业经营发展面临更大挑战。

面对“成长的烦恼”、“转型的阵痛”，努力破解发展难题，走出一条科学发展新路，为全国提供新的示范和借鉴，是中央赋予深圳的新的重大使命，也是深圳实现科学发展的内在要求。深圳市委、市政府认识到，只有坚定不移地以深圳质量作为发展的新导向、新标杆，加快产业新的布局和结构调整，才能为经济社会发展释放新的活力，创造新的空间。为此，深圳果断布局战略性新兴产业，以此作为提升深圳质量的突破口，期望在研发、产业等方面实现对西方发达经济体的“弯道超车”。

29.2 战略——立足产业基础，选择重点领域

战略性新兴产业是以重大技术突破和重大发展需求为基础，对经济社会全局和长远发展具有重大引领带动作用，知识技术密集、物质资源消耗少、成长潜力大、综合效益好的产业。加快培育和发展战略性新兴产业对未来的发展至关重要，科学选择战略性新兴产业同样非常关键。

深圳一方面从战略角度考虑既能够代表未来发展方向，又能带动本市产业结构调整和优化升级的领域；另一方面，按照“有所为有所不为”的原则，根据国家和广东省确定的七大战略性新兴产业，选择条件较好、有一定基础的产业作为发展重点。这样，既对应国家和广东省发展重点，又结合自身实际。

生物、互联网和新能源三大产业的附加值都比较高，是未来需求很强的产业。在面临资源环境约束条件下，这三大产业对于改变深圳原来经济发展方式和模式必有很强的引导作用。在这三大新兴产业上，深圳已经具备了一定的产业基础，无论是产业规模还是创新能力，都具有很好的优势。其拥有腾讯、比亚迪、海普瑞、迈瑞等在各自领域都处于龙头地位的一批“明星”企业，它们有望成为继中兴、华为之后诞生于深圳的又一批国家自主创新型跨国企业。

在生物产业领域，深圳是国家第一批布局的 3 个国家生物产业基地之一。2009 年，深圳生物产业规模超过 430 亿元，位居全国 22 个国家生物产业基地前三位。深圳在生物医疗设备、生物医药等方面拥有很好的基础，华大基因研究院等科研机构为未来产业的发展和成果转化提供了技术源泉。

在互联网产业领域，深圳是国内城市信息化程度最高的地区之一，也是国务院公布的全国首批三网融合试点城市之一。2009 年，深圳互联网产业规模约占全国的 12%，已经有腾讯、迅雷、A8、芒果网等本土企业基础，构建起以华为、中兴为代表的覆盖通信设备和网络设备全领域的产业链，并引进了阿里巴巴、百度，建立区域中心，从而形成了互联网产业的集群示范效应。

在新能源领域，2009 年，深圳新能源产业总值达 390 亿元，同比增长 30%，其中核电产值超过 180 亿元；新能源产业规模居全国大中城市前列，太阳能薄膜电池生产规模全国领先。作为节能环保产业的重要组成部分，深圳 LED 产业已经走在其他城市的前面，形成了一定规模的产业集聚，在风电技术、新能源汽车、储能电站等方面深圳也拥有非常强的实力。

此外，深圳金融业十分发达，创业投资机构林立，能为三大产业相关企业提供发展所需资金，这是推动三大战略性新兴产业成长为深圳未来支柱产业的先决条件。可以说，深圳之所以选择这三大战略性新兴产业，是因为这三大产业在深圳有基础、有空间，未来实现目标更有可能。

29.3 举措——构建产业创新体系，营造未来发展空间

加快培育和发展战略性新兴产业，是党中央、国务院为抓住后金融危机机遇、构建国际竞争新优势、转变经济发展方式、实现可持续发展作出的重大战略决策。在国家部委和广东省委、省政府的悉心指导和大力支持下，深圳市委、市政府坚决贯彻落实国家战略部署，不断加大培育和支持力度，制定了战略性新兴产业振兴发展规划和政策措施，在优化创新创业环境和集聚创新资源方面狠下工夫。

29.3.1 创新产业发展模式，超前部署前沿领域

对于新形势下的战略性新兴产业发展之路，深圳不再完全照搬过去的发展模式，即“三来一补”、技术引进等，而是注重将源头创新、科技创新作为“根本中的根本”，构建以“高新软优”为特征的现代产业体系，形成追求更高质量、更高附加值的产业发展导向。尽管在服装、钟表、家具、玩具、机械等传统产业方面，深圳都有较大的产业规模，但与生物、互联网和新能源等战略性新兴产业相比，它们很难成为未来新的经济增长点。

从2009年起，深圳就开始强化战略性新兴产业的引领作用，瞄准世界科技发展新趋势，着力提升其在国际产业分工中的地位，明确战略性新兴产业发展方向，率先出台了生物、互联网、新能源三大战略性新兴产业振兴发展规划及政策。深圳大力建设国家新能源产业基地和全球重要生物产业基地，加紧推进三网融合，促进物联网、云计算的研发和示范应用，提升信息服务能力，着力建设“无线城市、智慧深圳”，推动新一代移动通信、下一代互联网核心设备和智能终端的研发及产业化，力争在高性能集成电路、新型显示、高端软件等核心基础产业领域实现突破。

29.3.2 强化创新能力建设，优化创新创业环境

培育和发展战略性新兴产业的关键在于提升创新能力。为此，深圳提供了较为完善的政策扶持体系，积极营造并加快优化自主创新环境。各级政府从法治环境、人居环境和服务环境等方面主动当好自主创新的战略规划者、推动者、服务者和“场地维护者”。深圳强化了财政资金对科技研发投入的力度，设立了战略性新兴产业发展专项资金，投入巨资加强基层创新能力设施建设。截至2011年年底，深圳共建设了重点实验室、工程实验室、工程（技术）研究中心和企业技术研究中心等各级创新载体431家，其中国家级38家。深圳对在建的各种国家级实验室、工程中心予以最高1 500万元的配套支持，对落户的“973”、“863”等国家级科技计划项目予以最高800万元的配套支持。

在完善创新政策体系的过程中，深圳注重以法律手段来推进、激励和保护自主创新。深圳相继颁布了关于科技创新、企业技术秘密保护、技术入股、创业投资、知识产权保护等地方法规、条例和办法，为推进自主创新提供了良好的法律环境。以知识产权保护为例，深圳利用发布白皮书、组织研讨会、举办论坛等多种渠道进

行知识产权知识的宣传与培训，强化各界利用与保护知识产权的意识。深圳率先出台了《深圳经济特区改革创新促进条例》，该条例至今仍为人称道的一点就是“宽容失败”。该条例明确规定，改革创新未达到预期效果的，只要程序符合规定，个人和所在单位没有牟取私利，可予免责。此外，深圳还出台相关文件，对创业失败的人才给予基本生活保障。

深圳长年坚持“人才立市”战略，进一步优化服务环境，为企业和人才的创新活动提供针对性的贴心服务，让人才在深圳“想干事、能干事、能干成事”。出台并完善关于加强高层次专业人才队伍建设的“1+6”文件政策体系，实施人才安居工程，以优先投入切实解决人才住房、子女入学、配偶就业等热点问题。设立“产业发展与创新人才奖”，开展“鹏城杰出人才奖”评选工作，安排专项资金重奖在各方面作出突出贡献的优秀人才。建立健全科学的人才发现评价机制，发布并修订高层次专业人才认定标准，组织专业技术资格特殊评审，探索深港专业技术资格互认。创新人才流动配置机制，率先推动人力资源市场立法，健全人才市场服务体系，推动流动人员人事档案管理公益化服务。

目前，深圳已经形成了有利于市场竞争的体制机制、有利于自主创新的政策环境和有利于创新创业的文化氛围，为战略性新兴产业的企业活动和人才成长提供了绝佳的土壤。

29.3.3　加强产业基地建设，组建产学研资联盟

面对土地资源日趋紧张的局面，深圳制定并出台了《深圳高新技术产业园区发展专项规划（2009—2015）》、《创新型产业用房建设方案》，统筹规划战略性新兴产业的发展布局，保障产业发展空间。深圳重点推进建设新能源（核电）产业基地、大沙河创新走廊新兴产业基地、坪山国家生物产业基地等23个服务功能突出、产业特色鲜明的战略性新兴产业基地和集聚区。其中，比亚迪新能源汽车、海普瑞生物医药、华为新一代通信设备及终端、中兴通讯新一代信息通信、华星光电液晶面板显示等基地被正式认定为广东省战略性新兴产业基地。为推动相关领域技术创新和产业发展，深圳组建了基因、云计算、移动互联网、超材料和新材料等产学研资联盟，在技术、产业、资本和应用集成创新等方面探索新模式，促进科学与产业的紧密衔接。基地集聚区和产业联盟的建设，带动了产业的转型升级，进一步改善了产业发展环境，吸引了更多企业、资金、技术集聚，发挥了示范、带动和辐射效应。

29.3.4　加强改善金融服务，支持实体经济发展

深圳专门出台了《关于加强和改善金融服务支持实体经济发展的若干意见》。在加大对战略性新兴产业的支持力度方面，该意见提出，围绕加快发展生物、互联网、新能源、新材料、文化创意和新一代信息技术产业六大战略性新兴产业，引导金融机构建立适应战略性新兴产业特点的信贷管理和贷款评审制度，加大对战略性新兴产业的信贷支持力度。2012年，新增战略性新兴产业贷款超过200亿元，贷款增速

不低于20%，高于全部贷款平均增速4个百分点。鼓励各金融机构重点支持深圳市12个战略性新兴产业基地和11个产业聚集区建设，促进新兴产业聚集壮大。

为战略性新兴中小企业改制上市开辟“绿色通道”，在不违反国家法律法规和政策的前提下，通过简化审批程序、给予土地优惠、加大财政奖励等方式，支持和引导符合条件的战略性新兴产业优质企业改制上市。2012年，力争辖区战略性新兴产业优质企业上市数量突破全市新上市数量的60%。

积极探索开发适合战略性新兴产业企业特点的中小企业私募债和产业链融资等金融产品，鼓励和支持金融机构及其他机构设立金融租赁公司和融资租赁公司，大力发展设备租赁业务，满足战略性新兴产业、高新科技企业对融资租赁服务的需求。

鼓励金融机构深度参与基因、云计算、移动互联网、新材料、超材料等产学研联盟和产业发展基金建设。在现有信息、生物、超材料、新能源、节能环保、新一代信息技术六只国家创业投资基金的基础上，积极推动设立前海股份投资母基金，支持战略性新兴产业发展。

29.4 成效——竞争优势显现，发展质量提升

深圳战略性新兴产业发展取得了明显的成效，显著提升了城市的竞争优势和发展魅力，主要体现在以下几个方面：

（1）产业规模持续增长，成为推动经济发展方式转变的重要力量。2011年，深圳生物、互联网、新能源、新材料、文化创意和新一代信息技术六大战略性新兴产业规模达9 948亿元，增加值约2 916亿元，占全市GDP比重为25.4%，成为经济增长的重要支柱。其中，生物产业增加值174.96亿元，同比增长24%；互联网产业增加值达1 380.72亿元，同比增长18.9%；新能源产业增加值达254.1亿元，同比增长20.7%；增速均高于全市GDP10%的增速。这六大战略性新兴产业正是深圳所希望培育的未来5～10年的新增长点，它们的发展情况反映了深圳向有竞争力产业和可持续发展产业加速迈进的趋势。

（2）龙头骨干企业竞争力稳步增强，成为推动战略性新兴产业发展的中流砥柱。华为、中兴是全球领先的综合性通信企业，腾讯占据我国互联网领域规模第一的位置，华大基因成为世界第一大基因组测序与分析中心。生物领域的迈瑞、海普瑞，互联网领域的迅雷、宜搜，新能源领域的中广核、比亚迪，新材料领域的通产丽星、星源材质，文化创意领域的华强文化、雅昌集团，新一代信息技术领域的宇龙通信、海思半导体等一大批骨干企业日益壮大，快速走向规模化和国际化，有效带动了战略性新兴产业的发展。

（3）研发能力不断提升，创新成果不断涌现，构筑了相关领域的竞争优势。2011年，深圳市全社会研发支出占GDP比重达到3.66%，PCT国际专利申请量达到

7 933 件，占全国的 45.4%，平均每万人发明专利拥有量达 39 件。部分领域的关键核心技术取得重大突破，新一代移动通信、超材料、基因测序和基因组分析等技术全球领先。华星光电 8.5 代 TFT-LCD 面板项目填补了华南地区空白。医疗设备、生物制药等生物产业竞争优势凸显，先后诞生了第一张亚洲人基因组图谱、国内第一个生物工程一类新药、第一台医用核磁共振诊断仪器和超声血液成像系统等一大批自主创新成果，成为我国生物产业发展的生力军。

（4）高端人才集聚初步显现，为未来发展增添了动力。一批国内高层次人才和海外高层次人才加速集聚，深圳市高层次人才和团队引进驶入“快车道”。“孔雀计划”实施一年，已认定了 137 名海外高层次人才，这些人才所从事的专业涉及高新技术以及新能源、新材料、生物医学等战略性新兴产业。其中博士 131 人，占 95.6%，大部分拥有在国际一流学府学习、研究或在国外著名企业研究工作的经历，部分在海外拥有国际发明专利或拥有核心技术国内发明专利。深圳光启研究院创建团队的 5 位成员均来自欧美一流大学，在光领域取得过重要科研成果，年轻且具有明显的创新潜力。光启成立一年多，机构从最开始的 5 位创始人成长为目前来自全球 40 多个国家的 300 多位人员，并且全部定居在中国做新兴技术的开发。

29.5 启示

当前正是打造竞争新优势的最佳时机，结构调整的步伐不能停，自主创新力度不能减。深圳的实践表明，必须把“发展质量”作为加快转变经济发展方式、推动科学发展的核心理念，努力实现从速度优先向质量优先转变，从注重经济增长向更加注重经济社会全面发展转变，只有这样才能实现可持续发展。战略预示着长远的发展，新兴则立足前沿并快速产业化。各地需要更有竞争力的产业、更先进的产业来支撑未来的可持续发展，而战略性新兴产业是营造未来发展新空间的必然选择。

战略性新兴产业的发展依赖于技术创新，但在当前培育和发展战略性新兴产业的过程中，产业技术创新体系仍然是薄弱环节。完善的产业创新体系是发展新兴产业的重要支撑。基础研究、技术开发、融资环境、创新基础设施、规制政策框架等创新体系上任何一个环节的欠缺，都会成为相关产业发展的“短板”。培育和发展战略性新兴产业必须构建现代产业体系，重视创新环境建设。

人才始终是产业发展的第一要素。关键的人才和团队可以带动一个产业的发展。能否集聚人才、吸引人才、留住人才、用好人才是战略性新兴产业发展顺利与否的关键。培育和发展战略性新兴产业需要加强人才培养与引进工作。

第 30 章

合肥市战略性新兴产业发展情况

李应博　李　燕

【内容提要】合肥市根据产业实情和产业发展趋势，依托各类园区重点发展电子信息、新能源、高端装备制造、公共安全4个产业，积极培育新能源汽车、节能环保、新材料、生物4个产业，突破了一批关键技术，打造了以平板显示为代表的产业集聚，形成了战略性新兴产业的经济社会效益。合肥市在融资模式、全产业链发展、创新平台建设和示范工程等方面形成了一些特色做法，值得学习和借鉴。

合肥市作为安徽省省会，是中部地区新兴城市的代表，也是中部地区白色家电市场消费的核心城市。在发展战略性新兴产业方面，合肥市在若干产业关键技术领域的选择和培育上具有鲜明的特色，形成了一个典型的政策驱动型的产业发展路径。

30.1　合肥市战略性新兴产业发展的总体情况

合肥市委、市政府在2011年6月出台了《关于加快培育和发展战略性新兴产业的意见》，根据产业、技术发展趋势和合肥市产业发展实际，打造“4+4”战略性新兴产业发展格局，重点发展电子信息、新能源、高端装备制造、公共安全4个产业，积极培育新能源汽车、节能环保、新材料、生物4个产业。

在战略性新兴产业投入方面，2010年，合肥市战略性新兴产业投资361亿元，至2011年5月，全市战略性新兴产业续建和新开工项目共计74个，总投资已超过1 074亿元。其中，新一代电子信息产业项目有18个，总投资达467亿元；新能源产业项目有11个，总投资达300亿元。2011年实现战略性新兴产业产值1 331.9亿元，同比增长75.9%，总量占全省的32.2%，近三分之一，见图30.1。

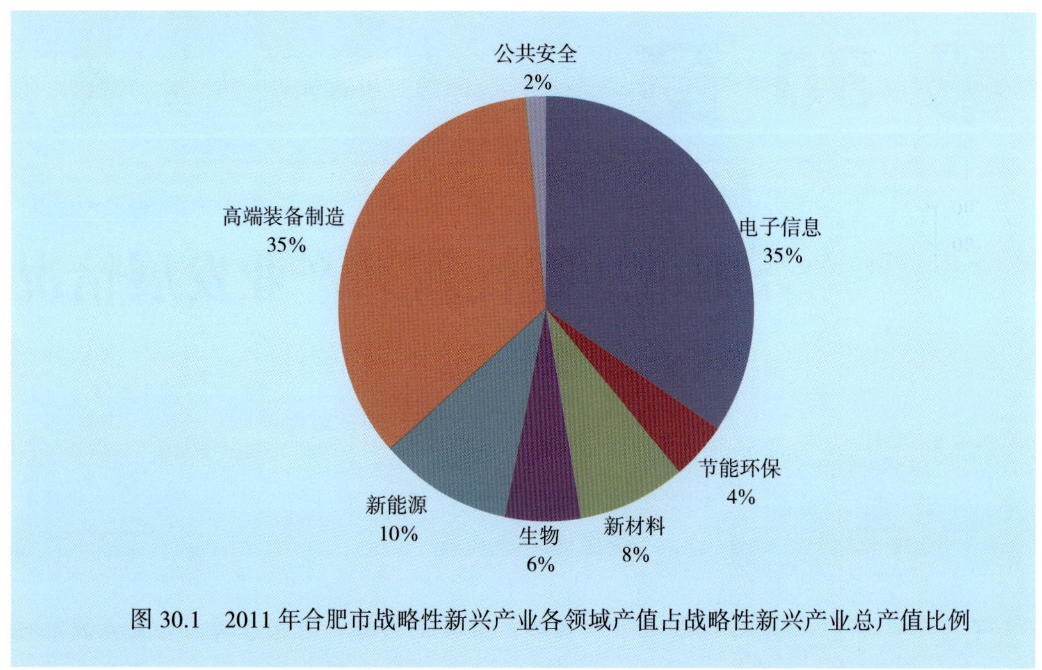

图30.1　2011年合肥市战略性新兴产业各领域产值占战略性新兴产业总产值比例

2011年，合肥市战略性新兴产业研发经费达22.09亿元，比2010年增长29.1 %，占合肥市规模以上工业企业研发经费的42.9%。其中，高端装备制造和电子信息两大产业的研发经费占合肥市新兴产业研发经费的78.5%。研发经费增长最快的为新能源，其次是生物产业，分别比2010年增长了6.4倍和1.2倍，见图30.2。

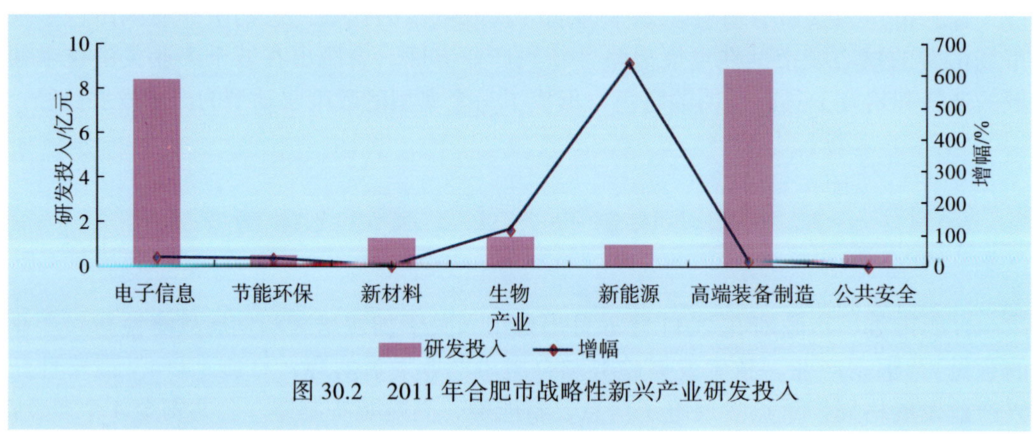

图30.2　2011年合肥市战略性新兴产业研发投入

在战略性新兴产业产出方面，2011年共申请专利2 394件，比2010年增长了99.2%，其中发明专利申请803件，比上年增长了135.5%。新兴产业中专利申请总数和发明专利申请总数最多的为电子信息产业，分别为 522 件和 266 件，比上年增长了 117.6% 和 141.8%；专利申请和发明专利申请数增速最大的均为新材料产业，分别增长了 3.7 倍和 4.4 倍，达到 228 件和 163 件。

在企业研发方面，合肥市 2011 年战略性新兴产业企业共 388 家，其中开展研发活动的企业有 173 家，占规模以上工业企业中开展研发活动企业数的 47%，占新兴产业企业总数的 44.6 %，分别比 2010 年提高了 4.3 个和 5.9 个百分点。其中，电子信息产业的企业数量最多，而节能环保是研发最为活跃的产业，开展研发活动的企业数占比达到 60%，见图 30.3。

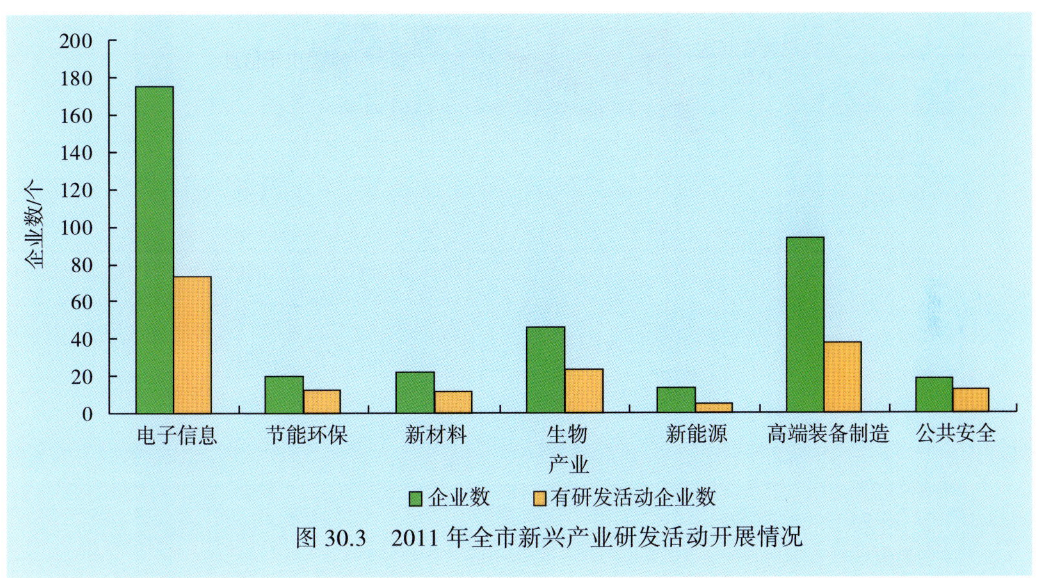

图 30.3　2011 年全市新兴产业研发活动开展情况

30.2　合肥市发展战略性新兴产业的主要成效和经验

30.2.1　主要成效

1）以各类园区为企业发展平台，形成了平板显示等一批关键产业集群

高新区（即合肥高新技术产业开发区）、经开区（即合肥经济技术开发区）和新站区（即合肥新站综合开发试验区）三个国家级开发区成为战略性新兴产业的主战场，完成产值占全市的 70%，并形成了各具特色、错位发展的良好态势。高新区形成了以赛维 LDK、晶澳新能源、科大讯飞、四创电子、美亚光电等为代表的太阳能光伏、电子信息、公共安全等战略性新兴产业集群。为推动新一代平板显示技术，合肥市政府在刚刚建设的新站区吸引若干平板显示企业投资，形成了以 LED、PDP（plasma display panel，即等离子显示板）和 TFT 为核心的

平板显示产业集群。经开区形成了以江淮汽车、安凯新能源汽车、芯硕半导体、熔安动力等为代表的高端装备制造、新能源汽车产业集群；新站区形成了以京东方、鑫昊、彩虹、乐凯等为代表的新型平板显示产业集群。

2）以中国科技大学等高校为技术研发主体，实现了一批关键技术突破

2011 年，合肥市获国家科技奖 10 项，较 2010 年增加 3 项，其中国家技术发明奖 1 项、科技进步二等奖 9 项，其中水泥研究设计院、江淮汽车、通用机械研究院、科大讯飞、中铁钢结构有限公司等企业获得国家奖，占获奖总数的 50%，为历年最高。通过自主创新，一些代表性企业形成了一批在国内乃至国际具有领先水平的优势产业技术，见表 30.1。

表 30.1　合肥市代表性企业及技术

产业	公司 / 园区	成果
平板显示	京东方	6 代线缓解了“国内无屏”的问题
公共安全	量子通讯	世界首个 48 节点通信网建成试运行
	四创电子	测速雷达成功应用于国庆阅兵和汶川大地震援救活动，成功开发了“动中通”等新产品
新一代信息技术	东芯通信	新一代移动通信系统 LTE 终端基带芯片 (准 4G 手机核心芯片) 研制成功
	芯硕半导体	高分辨率光刻机项目列入国家重大专项
	科大讯飞	智能语音核心技术代表了世界最高水平
新能源汽车	安凯汽车	新能源汽车技术处于国内领先水平
	江淮汽车	增程式纯电动汽车
新能源	国轩高科动力能源	磷酸铁锂电池生产线位居国内同行业首位
	阳光电源	占据国内光伏逆变器 60% 左右的市场
生物医药	合肥生命科技园	拥有国内胰岛素产品门类最齐全、生产能力最大的胰岛素及生物制药生产基地，注射用重组人干扰素 α-2b 填补了国内空白
高端装备制造	三益江海泵业	目前最大功率潜水泵等
	合锻机床	高档数控机床获得国家重大科技专项支持

专栏 30.1

合肥的“特色”战略性新兴产业

（1）公共安全。目前，在反恐安全、火灾安全、信息安全、矿山安全、交通安全、食品安全、电力安全等领域拥有了一批国内外领先、具备产业化前景的技术及产品，形成了以高新区集群发展为主，各区县协同发展的格局。2008 ～ 2011 年，全市公共安全产值由 105 亿元增加到 240 亿元，预计 2012 年产值将达到 350 亿元。

重点支持单位：合肥公共安全技术研究院、安徽量子通讯技术有限公司等。

（2）新型显示。围绕京东方、乐凯、彩虹等一大批自主创新的龙头企业，培育、引进了新型显示产业链各环节的企业，已经在 TFT-LCD（2.5 代、3.5 代、6 代和 8.5 代）、PDP 等领域形成了集群化发展的态势，走出了一条国内新型平板显示产业自主创新发展之路。2009 ～ 2011 年，新型显示产业集群的相关投资项目达 100 多个，投资额达到近 1 000 亿元，2011 年，全市新型显示产业产值突破 400 亿元。

重点支持单位：合肥京东方光电科技有限公司、彩虹（合肥）液晶玻璃有限公司、安徽鑫昊等离子显示器件有限公司、合肥乐凯科技产业有限公司等。

3）初期投入初见成效，形成了战略性新兴产业的经济社会效益

在总体经济规模方面，战略性新兴产业成为经济增长的新引擎。2011 年，战略性新兴产业快于全市工业增速 22.2 个百分点，对全市工业增长贡献率达到 39.6%。2012 年上半年，在全市工业增速普遍回落的情况下，战略性新兴产业增长 33.9%，快于全市工业增速 16.7 个百分点。其中，新能源、电子信息产业分别增长了 250% 和 63%，领跑全市产业发展。

在经济结构上，战略性新兴产业成为结构调整的主推手。2011 年，全市战略性新兴产业增加值占工业增加值的比重为 25.08%，占 GDP 比重为 10.36%。全市战略性新型产业综合能耗达 79.71 万吨标准煤，仅占全市规模以上工业能耗的 10.4%，而工业产出占全市规模以上工业企业产出的 23.7%，产出比重高于能耗比重 13.3 个百分点。

在区域竞争力方面，战略性新兴产业成为区域竞争的新标杆。截至 2011 年年底，合肥拥有各类研究开发机构 344 个，国家大科学工程 5 个，国家、省重点 (工程) 实验室 112 个，省部级工程 (技术) 研究中心 74 家，国家、省企业技术中心 165 家，进入“千人计划”的海归人才 29 人，在肥工作的两院院士 60 名，组建新型平板显示、新能源汽车、高端装备制造产业研究院等 10 个，在若干技术领域取得重大突破，抢占了产业发展的技术制高点。同时，战略性新兴产业的快速发展，集聚和吸引了一大批科技人员，凝聚成了数支创业领军团队。例如，新站区吸引近 2 000 名来自世界各国的高端应用型人才；京东方 6 代线项目吸纳 4 600 多人，其中 1 200 多人是高学历、高层次人才。

在社会民生方面，战略性新兴产业成为民生改善的生力军。例如，京东方 6 代线项目的建设，打破了中国大陆以外企业对大尺寸平板显示技术的垄断，改变了 32 英寸以上液晶电视面板完全依赖进口的状况，缓解了下游液晶平板电视产业的“缺屏之痛”，为国家节省了大量的外汇，液晶电视的价格由此开始变得“亲民”。例如，32 寸彩电价格由 5 年前的 5 500 元降到目前的 2 100 元，按国内每年需求 3 800 万台测算，每年节约资金近 1 000 亿元。

30.2.2 主要经验

1）战略性新兴产业发展的政策驱动型投资模式明显

合肥市政府与国元股权投资有限公司共同设立总规模约50亿元的安徽省战略性新兴产业投资基金，通过引入风险投资和建立种子基金、担保资金，逐步形成了一个以政府资金为引导、各种社会资本广泛参与的多元化风险投资体系和投融资担保体系，每年市财政支持战略性新兴产业各类资金超过70亿元。在看准的重大项目上，合肥市敢于拿出“真金白银”，集聚土地、资金、人才等要素资源，推动项目加快建设。例如，京东方6代线项目，除国家和省里支持外，按照“模拟产业投资基金”的模式，一次性拿出30亿元进行战略投资，直接撬动145亿元资金注资该项目。

融资模式创新——京东方6代线项目

以京东方为例，京东方6代线项目的总投资为175亿元，合肥市承诺以自有投融资平台认购金额不低于60亿元，3年锁定期结束后通过二级市场退出。2009年6月10日，京东方50亿股定向增发顺利完成，每股增发价锁定为2.4元（当期京东方股价平均为4.8元）。由于市场反响热烈，社会资金认购踊跃，合肥方让出部分认购权，实际投入仅为30亿元。

这样，合肥市通过30亿元定向增发带动了资本市场和银行145亿元的投资，开创了政府引导资金推动产业发展的新模式，通过资本市场定向增发为企业扩大再生产募集资金，并在政府风险可控并能保证收益的前提下以此带动巨额的银行融资，既实现了政府资金的风险可控，又撬动并引导了大量社会及银行资金投向国家重大产业和关键项目。

据介绍，合肥市计划组建由政府资金引导、社会资本参与的战略性新兴产业股权投资企业，主要以参股方式支持龙头企业发展和建设重大产业项目，探索建立股权投资和银行信贷之间的投贷联动机制。同时，还将支持符合条件的重点企业通过境内外资本市场直接融资。

2）以重大项目为标杆，布局关键产业研发与制造集群

围绕国家战略性新兴产业发展方向，扩大开放投资，承接产业转移，充分发挥大项目的龙头带动作用。以京东方6代线为引领，带动鑫昊PDP（投资20亿元）、彩虹高世代液晶玻璃基板（投资37亿元）、彩虹蓝光LED（投资100亿元）以及住友、法液空、友达等一大批项目陆续落户合肥。初步形成了包括上游玻璃基板、偏光片、特种气体等原材料，中游面板和模组，下端终端整机在内的完整产业链；经过精心策划，赛维LDK太阳能电池（投资25亿元）、海润光伏（投资75亿元）、

晶澳太阳能（投资135亿元）等一批太阳能重大项目相继落户，吸引阳光电源等相关配套企业30多家，形成了除高纯多晶硅制造以外的产业链各个环节的生产集聚。以江淮汽车、安凯客车等为龙头，聚集了国轩高科动力、安赛锂能等新能源汽车产业链企业25家。2011年，全市公共安全产业企业发展到115家，产值达到220亿元。

3）以科研院所改制为契机，建设了10个战略性新兴产业研究院

一方面，与中国科技大学会商协调推进先进技术研究院的建设，开展功能设计，主要建设高端人才培养、先进技术研发、成果转化孵化、公共服务设施四大单元，制定支持研究院建设的人才政策。开展海外引智工作，联合中国科技大学赴美国硅谷开展项目推介和高端人才引进活动。目前，先进技术研究院建设项目已经列入安徽省“861”行动计划，规划设计招标已经启动，安徽省和中国科学院、合肥市、中国科技大学已签署研究院合作共建协议。该研究院将按照“政府支持、企业参与、市场运作”的新体制，实现“四个融合、四个对接、两个中心、两个基地”。“四个融合”是指科技与教育融合、基础研究与应用研究融合、科技研发与产业发展融合、成果转化与金融投资融合。“四个对接”是指研究院建设实现与安徽产业发展对接、与中国科学院系统先进成果对接、与中国科技大学海内外优质科教资源对接、与国际前沿先进技术对接。“两个中心、两个基地”就是指努力打造具有国际影响的高层次人才聚集中心、高技术产业孵化中心和先进技术成果研发基地、转化基地。

另一方面，高标准建设十大战略性新兴产业研究院。通过借鉴台湾工业技术研究院等平台模式，围绕合肥市新兴产业实际及成果“研发、转化、交易、服务”环节，以“企业为主体、高校院所为主角，政府引导服务”为原则，建设实体性的十大战略性新兴产业研究院（公共安全研究院、新能源汽车研究院、语音信息研究院、现代显示研究院、光伏光热研究院、节能研究院、环境工程研究院、农产品加工研究院、安徽循环经济技术工程院、合肥家电技术工程院）。在研究院设立上注重与合肥市未来重点发展的产业相对接，开展合同约束和目标考核；在研究院建设中探索适合各自发展的不同模式和机制，实行动态监测管理，扶优汰劣；在研究院运营方面突出公共开放性，着力打造社会性的专业技术研发服务体系。目前，十大战略性新兴产业研究院研究开发试验场所面积超过8.3万平方米，研发人员达1 432名，在研项目和转化成果分别为423项和144项，实现成果合同交易额近2.7亿元。

4）重视战略性新兴产业的示范工程项目，以政府采购培育本地市场

充分有效发挥政府“有形之手”与市场“无形之手”的作用，把推广应用与商业模式创新有效地结合起来，组织实施一系列重大应用示范工程，引导消费模式转变，培育市场，带动战略性新兴产业发展。推进政府“首台首套”产业示范，加快新能源汽车、LED、“金太阳”等示范工程建设。全国首条18路纯电动公交线路运营里程全国领先，766辆纯电动公交汽车上牌运行，纯电动轿车1 585辆，示范运营的电动汽车数量排名在全国靠前。推广LED照明示范工程5 730盏。阳光电源1兆瓦光伏电站实现并网发电，建成太阳能光伏示范工程14.1兆瓦。积极开展108兆瓦光伏电

站建设的前期工作。加强与酒泉、嘉峪关等西部城市的战略合作，酒泉–合肥光伏产业园正式开工，合肥阳光电源、晶澳、赛维LDK、海润4家太阳能企业顺利入驻。此外，合肥市还积极争取将合肥市具有自主知识产权的战略性新兴产业自主创新产品列入国家、省、市各级政府采购目录，促进战略性新兴产业重点产品在首台（套）自主装备使用政策中优先落实。

专栏30.3

商业模式创新——新能源汽车

在公共领域推广纯电动客车采用电池“融资租赁”的模式，在推广新能源乘用车初期，采用“定向购买”模式，既进一步扩大了新能源汽车认知群体，培育了潜在消费者，又探索了“整车租赁”模式，直接面向普通消费者销售。

专栏30.4

政府推广助力新能源汽车发展

合肥市政府推广新能源汽车的方法有：①公交领域坚决淘汰排放不合格的车辆，今后购置新车或替换淘汰的公交车，原则上应采用新能源车。②在公务用车领域大力推广电动汽车。今后，各级政府机关、事业单位和国有企业购买或更新公务用车，全部采用电动汽车。③大力推广电动微型车。在城市物流等领域试点推广电动微型客车或货车。④在公安、环卫领域大力推广电动汽车。⑤在出租领域推广电动汽车。⑥面向新能源车生产及相关产业链企业的内部职工进行定向推广，同时面向合肥市城市居民、大型企业等有条件的终端客户宣传推广。

30.3 合肥市发展战略性新兴产业面临的问题与对策

30.3.1 主要问题

1）各类企业综合创新能力不足

合肥市目前已经在关键的战略性新兴产业领域进行了整体布局，但主要还是依赖于吸引大企业投资。一些行业内的中小企业的创新能力不强，具体表现在：无法进入核心技术体系内；缺少检测、设计能力；没有掌握关键技术集成方法；一些重

大制造装备仍主要依赖进口。企业、政府、科研院所和大学缺少有效的利益协调机制。科技人才主要集中在高校，企业缺少领军的技术人才和管理人才。

2）在关键环节和重点领域尚未理顺体制机制

合肥市的财政金融税收等扶持政策已经向战略性新兴产业倾斜，但是重点领域投入仍显不足，缺少稳定系统的投入保障机制。针对战略性新兴产业人力成本高、研发费用占比高、新技术新产品进入市场难度大等特点，相应的税收优惠政策支持力度不够。支持战略性新兴产业发展需要的创业投资、场外交易、发行债券等多种直接融资支持和政策性融资支持等制度还亟待建立健全。此外，针对民营企业与国有企业的市场准入制度尚不健全。

3）本地化市场培育的环境有待完善

合肥市是中部地区重要的交通枢纽，也是重要的中心消费城市。很多企业投资的主导动机就在于以合肥市为中心可以形成有效的消费半径。但是，调研发现，合肥市目前发展战略性新兴产业主要还处于初期吸引投资阶段，对战略性新兴产业本地化市场的培育还缺少规划，消费动力略显不足。

4）对处在初创期的企业，亟待完善市场准入政策

以安徽量子通信技术有限公司为例，其与中国科技大学合作建成了全国乃至全球首个城域的量子通信网络，在信息安全领域技术优势明显。但是，要参与政府部门的信息安全建设项目，现有的规定要求，必须取得包括“计算机信息系统集成资质”和“信息安全服务资质”等认证，而这些认证对企业经营业绩都有明确的要求，这对于一个处在初创期的企业来说很难实现，从而导致企业无法获得资质，无法成为系统供应商，也就无法营利。

30.3.2　主要对策

1）完善供给侧的企业创新政策激励

一是尽快建立一批战略性新兴产业的公共关键技术研发平台，切实协助中小企业解决当前的关键技术研发难题。二是在高新区、新站区创建知识共享型的产业技术服务集群，为上游制造企业提供技术服务。三是进一步理顺高校、产业研究院与政府的合作关系，激励大学和科研院所的科研人员主动服务企业技术创新。四是完善财政金融政策，加大各级财政的专项投入，集中支持重大产业创新发展工程、重大应用示范工程、重大创新成果产业化、创新能力建设等，引导创业投资发展。五是建立政府引导性的产业投资基金，关注战略性新兴企业的长期发展，发挥财政资金放大、辐射、引导的乘数效应。

2）制定需求侧的市场培育政策

一是针对合肥市的 8 个战略性新兴产业，重点选择关键的产品，制定政府采购和认购的产品目录。可采用 PPP 模式（public-private partnership，即公共基础设施的

一个资助模式），通过财税杠杆撬动资本市场投资新产品的研发、示范和推广，继续进行商业模式创新，争取做成中部地区市场培育的典范。二是发挥产业园区、产业示范基地的知识溢出与示范效应，使示范基地项目优先获得审批，优先获得资金支持，促进产业基地加快发展。三是积极搭建完整的产业链，组建广泛的关系型企业联盟，以地区特色产业链和产业集群为主要模式培育中间品市场和终端消费市场。

3）营造战略性新兴产业发展的优良环境

一是在地区层面制定知识产权保护政策，并积极引进、组建相应的法律和管理人才队伍，以应对在国际化竞争中可能出现的各类问题。二是创造公平的市场准入和贸易环境，激发企业内在创新的动力，保护企业正当的创新行为。三是加强对产业发展情况的预警和政策引导，尤其是对产业发展的关键性技术的预见要早准备、早规划。四是重视创新资源的合理优化配置，在跨组织、跨部门、跨地区的合作创新中，政府要引导资源的合理流动和企业的理性发展，避免低水平重复建设。

政策篇

第 31 章

培育和发展战略性新兴产业的政策回顾分析

许冠南

【内容提要】 本章收集整理了 2006 年～ 2012 年 9 月国务院及各部委颁布的各战略性新兴产业的主要相关政策，并从供给型、环境型、需求型三个维度进行了梳理和分析。其中，2006 ～ 2009 年阶段出台的相关创新政策，为 2010 年《决定》以及后续一系列战略性新兴产业政策的出台做了酝酿和铺垫；2010 ～ 2012 年阶段出台的有关产业政策及总体政策，为加快培育和发展战略性新兴产业起到了直接推动作用。本章分析发现，政府颁布供给型政策和环境型政策，加强产业要素集聚，构建良好的产业环境，对于促进产业创新发展具有重要意义，但战略性新兴产业的进一步健康、持续发展，有赖于政府从需求侧加大引导和支持，培育市场需求。

近年来，国家有针对性地陆续出台了一系列公共政策来支撑战略性新兴产业的培育与发展。2009 年 9 月，国务院总理温家宝召开了三次新兴战略性产业发展座谈会，听取经济、科技专家的意见和建议。2010 年 10 月，为加快转变经济发展方式，促进经济结构的战略性调整，引领经济社会走上创新驱动、内生增长科学发展的轨道，我国发布了《决定》，确定了战略性新兴产业发展的重点方向、主要任务和扶持政策，开启了发展战略性新兴产业、抢占经济科技制高点的新篇章。2012 年 7 月，国务院出台了《规划》，进一步细化并明确了我国战略性新兴产业发展的具体目标、重点领域和主要任务，着力推进发展战略性新兴产业。

本章通过清华大学公共管理学院政府文献信息系统、国务院及各部委的官方网站以及《中国科技政策要目概览（1949—2010年）》[1]等途径收集整理了2006年～2012年9月国务院及各部委颁布的各战略性新兴产业主要相关政策（详见本章附表），并从供给型、环境型、需求型三个维度进行梳理和分析。其中，2006～2009年阶段是在《国家中长期科学和技术发展规划纲要（2006—2020年）》颁布后，主要围绕节能环保、新一代信息技术、生物、高端装备制造、新能源、新材料、新能源汽车等产业领域整理了相关创新政策，这些政策为2010年《决定》以及后续一系列战略性新兴产业政策的出台做了酝酿和铺垫；2010～2012年阶段主要收集了《决定》中提出的七大重点领域的有关产业政策及总体政策，这些政策对加快培育和发展战略性新兴产业起到了直接推动作用。

31.1 国务院及各部委政策回顾分析

各种政策工具具有不同的表现形式，总体来说，可以分为供给型、环境型和需求型三大类[2，3]。其中，供给型政策工具表现为政策对科技活动的推动力，指政府通过对人才、技术、资金、公共服务等支持直接扩大技术的供给，推动科技创新和新产品开发；环境型政策工具表现为政策对科技活动的影响力，指政府通过目标规划、金融支持、法规规范、产权保护、税收优惠等政策来影响科技发展的环境因素，从而间接影响并促进科技创新和新产品开发；需求型政策工具指的是通过政府采购、贸易政策、用户补贴、应用示范、价格指导等措施减少市场的不确定性，积极开拓并稳定新技术应用市场，以拉动技术创新和新产品开发[4～6]。下面将从供给型、需求型、环境型三方面对战略性新兴产业的相关政策进行分类和解析，梳理我国战略性新兴产业公共政策的现状。

31.1.1 主要供给型政策工具分析

供给型政策工具直接对战略性新兴产业的科技活动给予推动力，主要通过人才培养、技术支持、资金支持以及公共服务等政策，改善技术创新相关要素的供给，从而促进产业创新发展。其中，人才培养主要是指政府有关职能部门根据产业发展的需求，建立长期的、战略性的人才发展规划，并积极完善各级教育体系及各种培训体系，开拓人才交流渠道，为技术创新活动提供不同层次的人力资源；技术支持主要是指政府通过技术辅导与咨询来引导产业的技术创新并加强技术基础设施建设，如出资建立研发实验室、建立学习机制促进技术成果扩散、鼓励企业引进国外先进技术等；资金支持是指政府直接对企业的技术创新行为提供财力上的支援，如提供研发经费和基础设施建设经费等；公共服务是指政府为了保障技术创新的顺利进行，提供相应的信息、交通、通信、咨询等配套服务设施。

从图31.1可以看出，在我国颁布的供给型政策中，技术支持方面的政策数量最多，其中国家从总体层面给予战略性新兴产业以较强的技术支撑，如国家“863”计划、《国家中长期科学和技术发展规划纲要（2006—2020年）》等。在资金支持方面，国家对于各战略性新兴产业有不同程度的财政支持；在公共服务方面，国家通过搭建服务平台、建立监测体系等为战略性新兴产业的发展提供必要的基础设施和管理体系，但缺少高端装备制造产业、新材料产业的公共服务政策支持；在人才培养方面，战略性新兴产业政策总体上对人才培养较为重视，各产业发展规划中都明确提出了人才培养的重要性，但落实到各个产业的具体实施方案仍缺少相对应的政策支撑，这使得人才培养政策在可操作性方面存在欠缺。

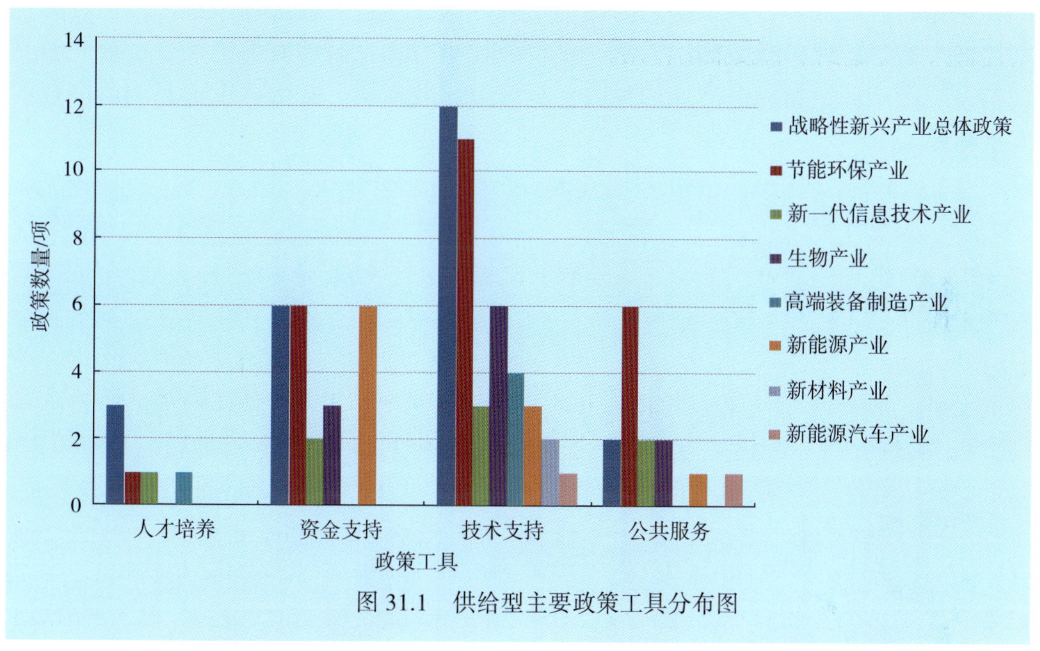

图 31.1　供给型主要政策工具分布图

31.1.2　主要环境型政策工具分析

环境型政策工具主要通过目标规划、金融支持、法规规范、产权保护、税收优惠等政策，为技术创新等科技活动提供有利的政策环境，从而间接作用于产业发展。其中，目标规划是指政府通过制定战略性的发展目标和规划，对产业发展进行宏观性、方向性、指导性的统筹布局；金融支持主要是指政府通过融资、补助、风险投资、特许、财物分配安排、设备提供和服务、贷款保证、出口信用贷款等政策鼓励企业创新；法规规范是指政府通过制定公平交易法、加强市场监管、反对垄断、制定环境和健康标准等措施，规范市场秩序，为创新提供有利的环境；产权保护主要是指政府通过颁布专利、著作权、软件著作权等方面的管理条例和细则，加强知识产权保护，提高企业开展技术创新的积极性；税收优惠主要是指政府对满足特定条件的企业和个人给予赋税上的减免，如投资抵减、加速折旧、免税和租税抵扣等。

从图 31.2 可以看出，我国对各战略性新兴产业均出台了数量较多的环境型政策予以支持。在目标规划方面，各产业都明确提出了发展规划，指明了发展战略方向，其中节能环保、新一代信息技术、生物、高端装备制造等产业还针对其细分产业出台了发展规划或专项规划。在金融支持方面，国家在战略性新兴产业总体上给予了投融资方面的支持，其中节能环保产业、生物产业等还出台了有针对性的金融政策。在法规规范方面，国家在法律、行政法规、部门规章以及规范性文件等多层面为战略性新兴产业的发展构架了规范体系，其中节能环保产业、生物产业的法规规范数量较多。在产权保护方面，随着国家在知识产权保护方面工作的开展，战略性新兴产业总体的产权保护得到了国家的高度重视，国家出台了对应的政策，但在具体产业层面上的产权保护政策颇为匮乏。在税收优惠方面，政府对节能环保产业、新一代信息技术产业、新能源产业的税收优惠政策比较密集，较大程度地影响着产业的发展环境。

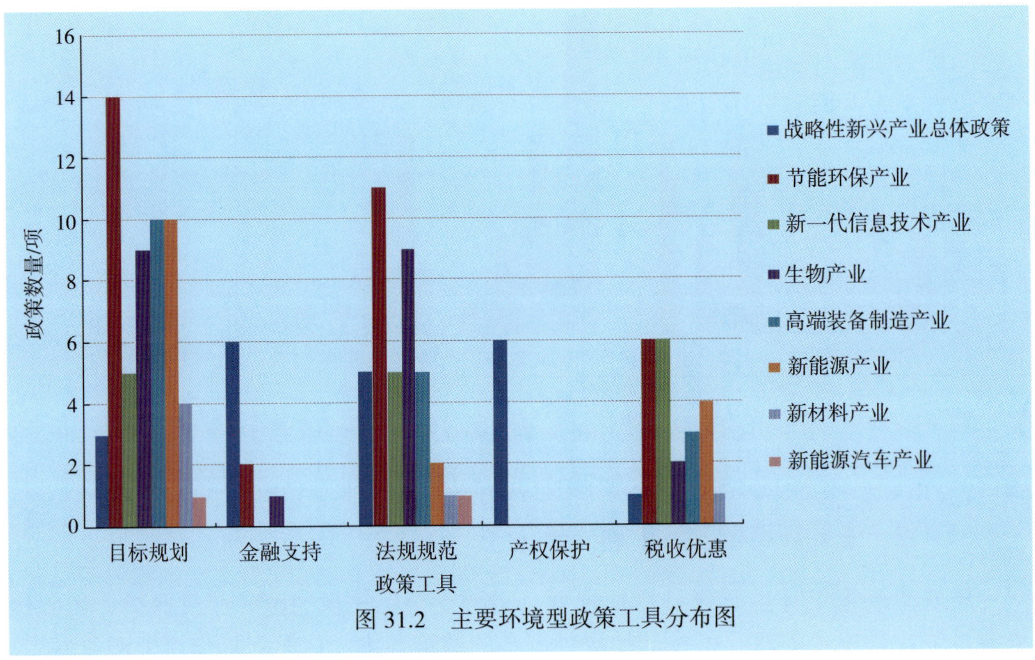

图 31.2 主要环境型政策工具分布图

31.1.3 主要需求型政策工具分析

需求型政策工具是指政府通过政府采购、贸易政策、用户补贴、应用示范、价格指导等措施来引导市场需求，减少市场的不确定性，从而带动产业健康发展。其中，政府采购是指政府通过对特定产品的大宗采购，提供相对稳定的市场预期，降低市场的不确定性，激发企业创新的决心，包括中央或地方政府的采购、公共事业的采购等；贸易政策主要是指政府有关进出口的各项管理措施，如贸易协定、关税、货币调节等；用户补贴主要是指政府通过对产品的需求端给予补贴，从而提升消费者的购买能力和意愿，促进产品推广和市场拓展；应用示范是指政府对特定技术、产品的项目，在现实环境中以全规模或接近全规模进行市场检测和展示，从而提升产品的社会可接受度，促进技术创新；价格指导是指政府通过颁布某类产品的最高、最低限价或建议价格来对产品售价进行干预，引导市场需求。

如图31.3所示，从国务院及各部委的政策现状来看，需求型政策工具明显少于供给型和环境型政策工具的数量。在政府采购方面，政策主要集中在节能环保产业。在贸易政策方面，只有节能环保产业出台了政策对市场进行调控。在用户补贴方面，政府为了引导全民节能环保，出台了相关政策通过消费补贴的方式倡导和引导国民消费。国家为了推广应用新能源汽车，通过给予消费者补贴来引导消费和开拓市场。新能源产业是未来国际能源竞争的重要组成部分，政府出台了相关需求型政策对其加以引导。在应用示范方面，新能源汽车产业、新一代信息技术产业、节能环保产业、新材料产业都有政策指定试点区域以推进示范应用、加快产业发展。在价格指导方面，生物产业和新能源产业出台了部分产品的市场指导价格，对市场需求进行调节。

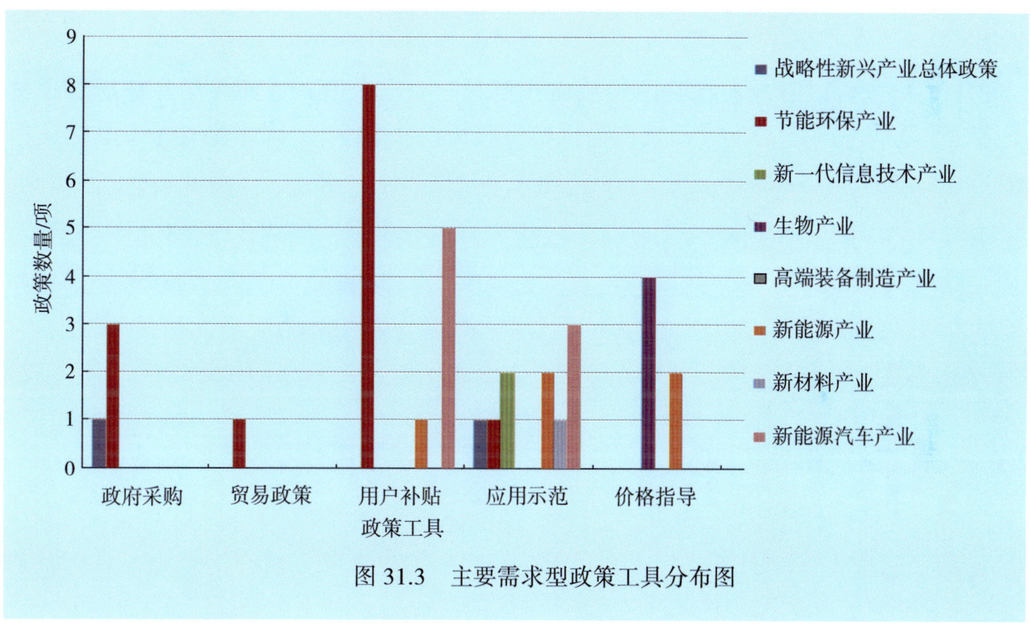

图31.3　主要需求型政策工具分布图

31.1.4　综合分析

自2006年国务院颁布《国家中长期科学和技术发展规划纲要（2006—2020年）》后，截至2012年9月，国务院及各部委颁布的战略性新兴产业的主要政策及相关创新政策数量统计如图31.4所示。可以发现，自2010年10月发布《决定》以来，我国密集出台了一系列相关政策，政策强度显著提高，对战略性新兴产业的培育与发展给予了大力支持。

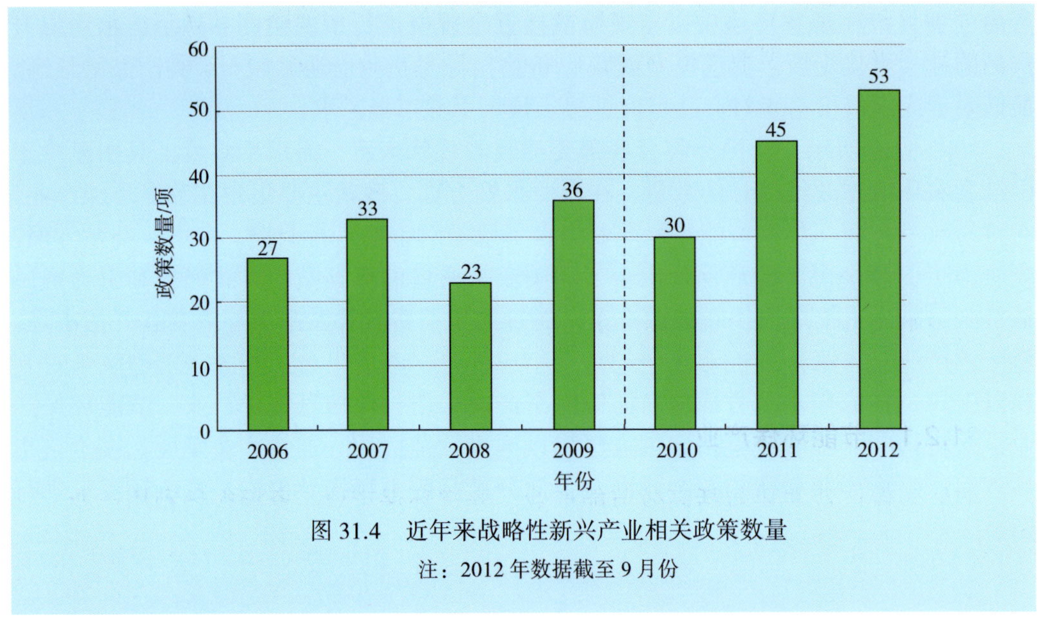

图 31.4　近年来战略性新兴产业相关政策数量

注：2012 年数据截至 9 月份

从图 31.5 可以看出，在我国对战略性新兴产业出台的产业政策中，环境型政策工具的数量最多，共 133 项；其次为供给型政策，共 85 项；需求型政策工具的运用较少，仅 35 项。

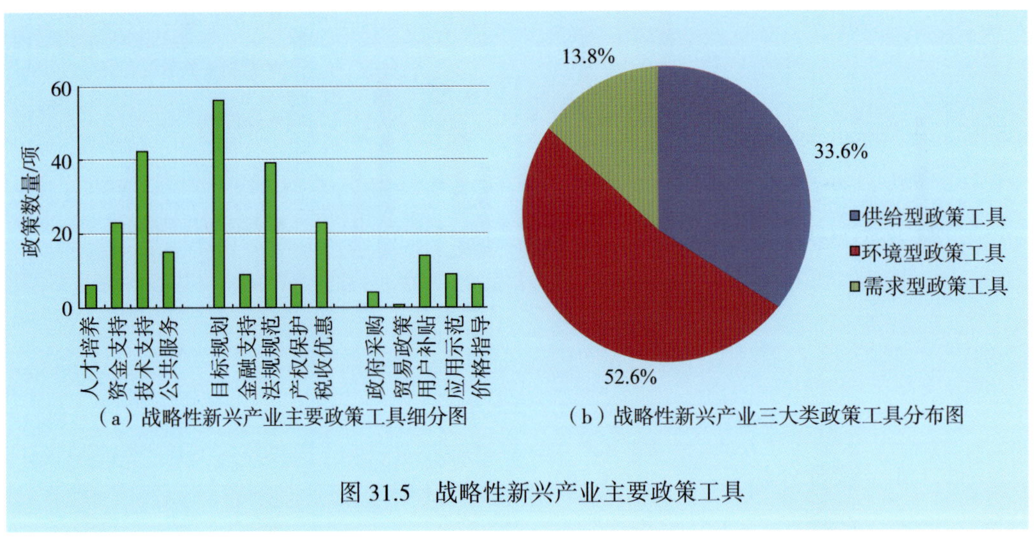

图 31.5　战略性新兴产业主要政策工具

一方面，这与战略性新兴产业的发展阶段有关。我国大部分战略性新兴产业尚处于萌芽发展期，具有技术路径不确定、市场需求不明朗、创新成本高、技术供给能力不足、基础配套设施不完善、法律法规不健全等特点。在这种情形下，政府通过颁布供给型政策和环境型政策，加强产业要素集聚，构建良好的产业环境，对于促进产业创新发展具有重要意义。

另一方面，战略性新兴产业的进一步健康、持续发展，有赖于政府从需求侧加

大引导和支持，培育市场需求。政府将出台更多的用户端补贴、试点示范工程等需求型政策来培育、拓展新兴市场，引导市场需求，拉动产业进一步发展。

31.2　各产业领域政策回顾分析

由于不同产业的发展阶段、产业技术、市场导向性等各具特点，供给型、环境型、需求型政策工具在各产业的应用也不尽相同。下面将对七大战略性新兴产业的政策进行逐一分析。

31.2.1　节能环保产业

节能环保产业主要包括高效节能产业、先进环保产业、资源循环利用产业。其主要政策工具分布如图 31.6 所示，供给型政策共 24 项，环境型政策共 33 项，需求型政策共 13 项。其中，目标规划、技术支持、法规规范、用户补贴、公共服务方面的政策工具数量比较多；相比之下，人才培养、产权保护、应用示范等政策支撑较弱。

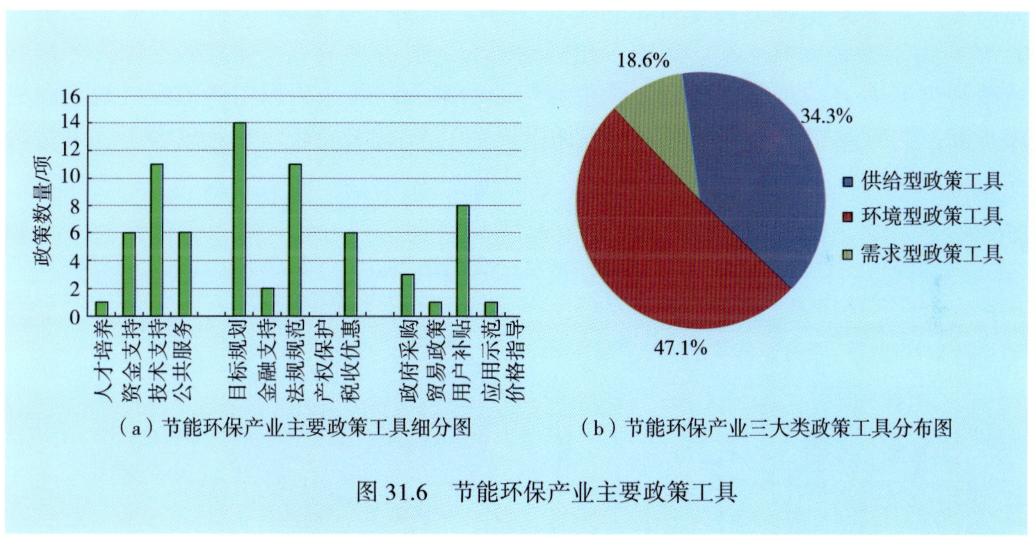

（a）节能环保产业主要政策工具细分图　　（b）节能环保产业三大类政策工具分布图

图 31.6　节能环保产业主要政策工具

31.2.2　新一代信息技术产业

新一代信息技术产业主要包括下一代信息网络产业、电子核心基础产业、高端软件和新信息服务产业。其主要政策工具分布如图 31.7 所示，供给型政策共 8 项，环境型政策共 16 项，需求型政策 2 项。在供给型政策方面，根据新一代信息技术产业自身技术性强、智力密集性高等特点，技术支持政策相对较多；在环境型政策方面，政府主要通过税收优惠、目标规划和法规规范推进新一代信息技术产业的发展；

而在需求侧方面，政策工具支撑则显得比较薄弱。

（a）新一代信息技术产业主要政策工具细分图　（b）新一代信息技术产业三大类政策工具分布图

图 31.7　新一代信息产业主要政策工具

31.2.3　生物产业

生物产业主要包括生物医药产业、生物医学工程产业、生物农业产业、生物制造产业。其主要政策工具分布如图 31.8 所示，供给型政策共 11 项，环境型政策共 21 项，需求型政策共 4 项。其中，在供给层面，技术政策支持非常明显，人才培养政策缺失；在环境层面，国家给予生物产业的细分产业领域以明晰的发展规划和战略步骤，同时政府也运用较多的法规加以规范；在需求层面，政府出台了政策对药品价格加以指导，但尚无其他需求型政策颁布。

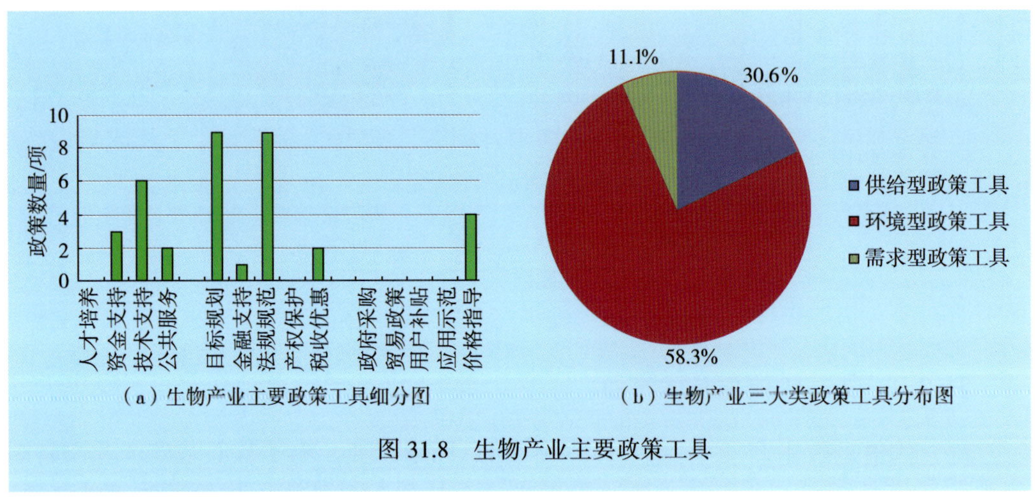

（a）生物产业主要政策工具细分图　（b）生物产业三大类政策工具分布图

图 31.8　生物产业主要政策工具

31.2.4　高端装备制造产业

高端装备制造产业主要包括航空装备产业、卫星及应用产业、轨道交通装备产

业、海洋工程装备产业、智能制造装备产业。其主要政策工具分布如图 31.9 所示，供给型政策工具共 5 项，环境型政策共 18 项，需求型政策共 0 项。其中，在供给型政策方面，针对资金支持和公共服务的产业政策尚无；在环境型政策方面，以目标规划、法规规范、税收优惠相关政策为主；而在需求侧尚待政府部门根据其产业特点出台相关政策。

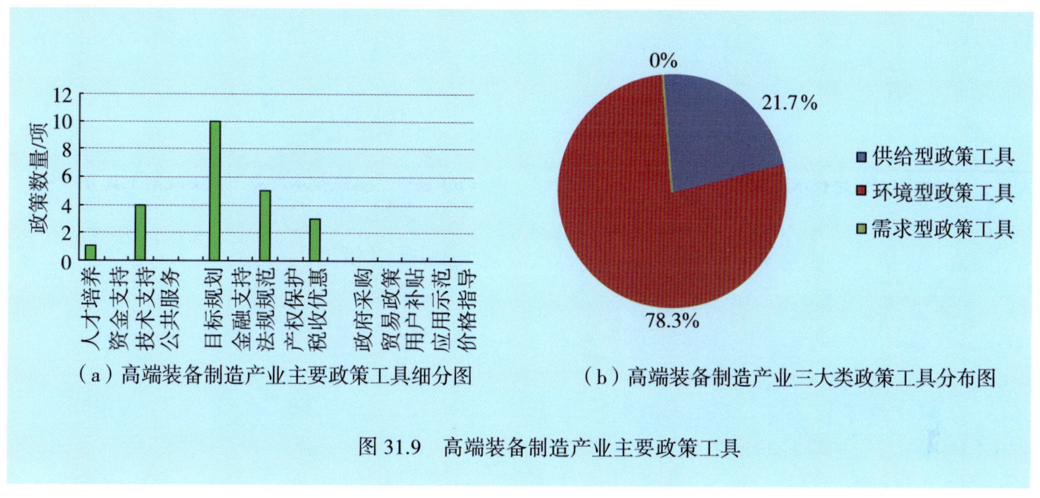

（a）高端装备制造产业主要政策工具细分图

（b）高端装备制造产业三大类政策工具分布图

图 31.9 高端装备制造产业主要政策工具

31.2.5 新能源产业

新能源产业主要包括核电技术产业、太阳能产业、风能产业、生物质能产业。其主要政策工具分布如图 31.10 所示，供给型政策共 10 项，环境型政策共 17 项，需求型政策共 5 项。其中，在供给型政策方面，资金支持、技术支持、公共服务相关政策均有支持，但是针对人才培养方面的操作性政策尚未出台；在环境型政策方面，新能源产业出台的目标规划较多，同时也有较多的税收优惠支持；作为一国经济发展未来能源保障及将来国际竞争的后盾，新能源产业也需要更多的需求型政策以继续推动其市场发展。

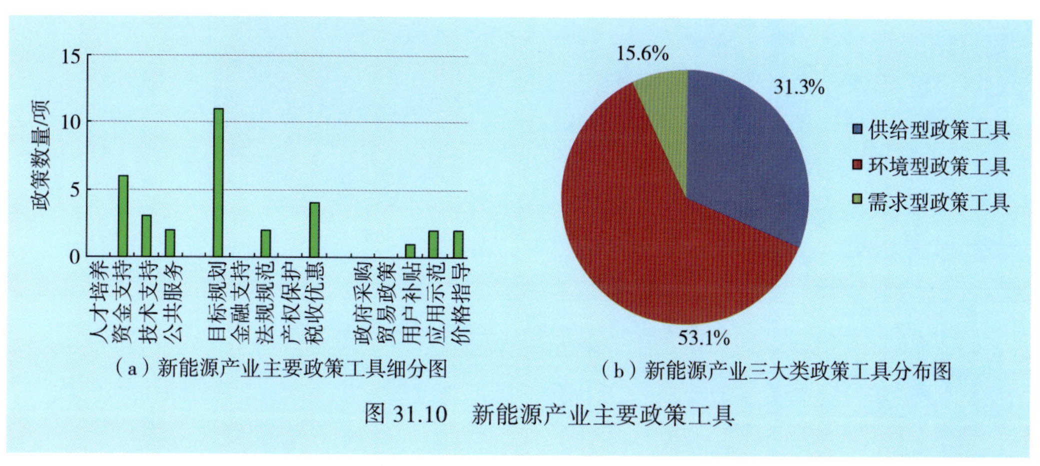

（a）新能源产业主要政策工具细分图

（b）新能源产业三大类政策工具分布图

图 31.10 新能源产业主要政策工具

31.2.6 新材料产业

新材料产业主要包括新型功能材料产业、先进结构材料产业、高性能复合材料产业。其主要政策工具分布如图 31.11 所示，供给型政策共 2 项，环境型政策共 5 项，需求型政策共 1 项。其中，在目标规划方面出台的政策最多。而在人才培养、资金支持、公共服务、金融支持、产权保护等方面的支持较少，需求侧的政策干预也较少。

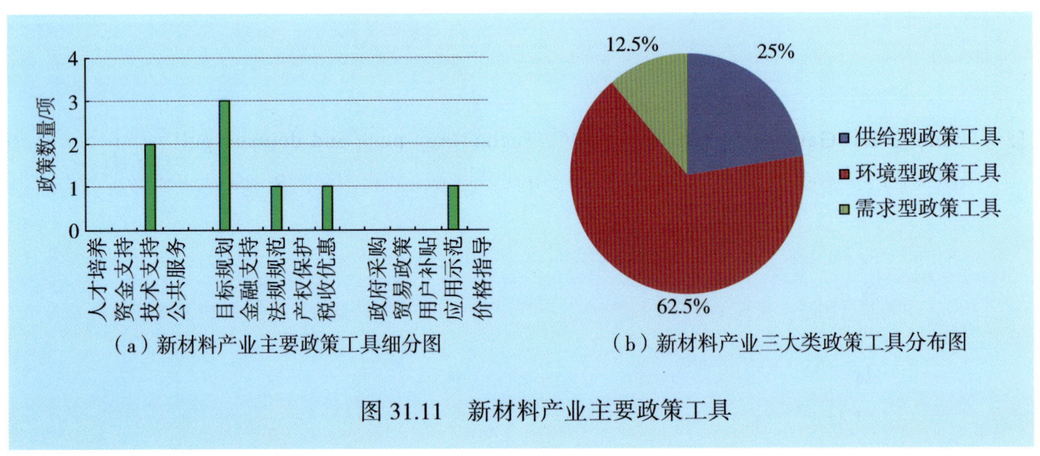

（a）新材料产业主要政策工具细分图

（b）新材料产业三大类政策工具分布图

图 31.11 新材料产业主要政策工具

31.2.7 新能源汽车产业

新能源汽车产业当前重点推进纯电动汽车和插电式混合动力汽车，其主要政策工具分布如图 31.12 所示，供给型政策共 2 项，环境型政策共 2 项，需求型政策共 8 项。其中，技术支持、公共服务、目标规划、法规规范、用户补贴、应用示范有相应的政策工具支持，需求侧用户补贴的相关政策最为密集。

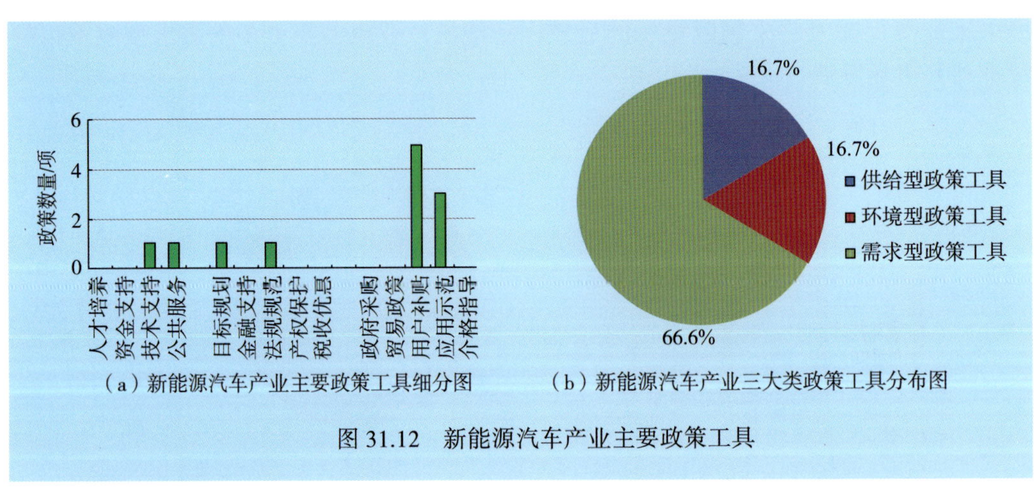

（a）新能源汽车产业主要政策工具细分图

（b）新能源汽车产业三大类政策工具分布图

图 31.12 新能源汽车产业主要政策工具

参考文献

[1] 苏竣，黄萃 . 中国科技政策要目概览（1949—2010 年）. 北京：科学技术文献出版社 , 2012.

[2]Rothwell R ， Zegveld W. Reindustrialization and Technology. Harlow ： Longman Group Limited, 1985.

[3]Nemet G F. Demand-pull, technology-push, and government-led incentives for non-incremental technical change. Research Policy, 2009, 38：700 ～ 709.

[4] 赵筱媛，苏竣 . 基于政策工具的公共科技政策分析框架研究 . 科学学研究，2007，25（1）：52 ～ 56.

[5]Stefano G D，Gambardella A，Verona G. Technology push and demand pull perspectives in innovation studies ： current findings and future research directions. Research Policy, 2012, 41 ： 1283 ～ 1295.

[6]Peters M，Schneider M，Griesshaber T，et al. The impact of technology-push and demand-pull policies on technical change ： does the locus of policies matter? Research Policy, 2012, 41 ： 1296 ～ 1308.

附表　2006 ～ 2012 年战略性新兴产业主要相关政策

政策名称	发文时间	发文机构
战略性新兴产业总体政策		
关于国家高技术产业发展项目管理暂行办法	2006 年	国家发展改革委
关于印发《国家高技术研究发展计划（“863”计划）专项经费管理办法（修订）》的通知	2006 年	财政部、科技部、中国人民解放军总装备部
科技开发贷款项目管理办法（试行）	2006 年	科技部
关于商业银行改善和加强对高新技术企业金融服务的指导意见	2006 年	中国银行业监督管理委员会（简称中国银监会）
关于印发《支持国家重大科技项目政策性金融政策实施细则》的通知	2006 年	中国银监会
关于加强和改善对高新技术企业保险服务有关问题的通知	2006 年	中国保险监督管理委员会（简称中国保监会）、科技部
关于提高知识产权信息利用和服务能力推进知识产权信息服务平台建设的若干意见	2006 年	国务院
国家中长期科学和技术发展规划纲要	2006 年	国务院
关于印发《国家技术研究发展计划（“863”计划）管理办法》的通知	2006 年	科技部、中国人民解放军总装备部、财政部
关于印发《我国应掌握自主知识产权的关键技术和产品目录》的通知	2006 年	科技部、国家发展改革委、国防科学技术工业委员会（简称国防科工委）
关于印发《我国信息产业拥有自主知识产权的关键技术和重要产品目录》的通知	2006 年	信息产业部、科技部、国家发展改革委

续表

政策名称	发文时间	发文机构
战略性新兴产业总体政策		
关于印发《国家科技计划和专项经费监督管理暂行办法》的通知	2007 年	科技部
关于印发《科技型中小企业创业投资引导基金管理暂行办法》的通知	2007 年	财政部、科技部
关于印发《优化机电和高新技术产品进出口结构资金管理暂行办法》的通知	2007 年	商务部、财政部
关于印发建立和完善知识产权交易市场指导意见的通知	2007 年	国家发展改革委、科技部、财政部
关于进一步发挥信用保险作用支持高新技术企业发展有关问题的通知	2007 年	科技部、中国出口信用保险公司
关于进一步加强国家重点领域紧缺人才培养工作的意见	2007 年	教育部、国家发展改革委、财政部、人事部、科技部、国务院国有资产监督管理委员会（简称国资委）
关于印发高技术产业化“十一五”规划的通知	2007 年	国家发展改革委
关于印发“十一五”重大技术装备研制和重大产业技术开发专项规划的通知	2008 年	国家发展改革委
关于印发《国家重点实验室建设与运行管理办法》的通知	2008 年	科技部、财政部
关于印发国家知识产权战略纲要的通知	2008 年	国务院
关于印发实施国家知识产权战略纲要任务的分工的通知	2008 年	国务院
关于印发《高新技术企业认定管理办法》的通知	2008 年	科技部、财政部、国家税务总局
国家科技重大专项管理暂行规定	2008 年	科技部、国家发展改革委、财政部
首台（套）重大技术装备试验、示范项目管理办法	2008 年	国家发展改革委、科技部、财政部、国防科工委
关于实施新兴产业创投计划、开展产业技术研究与开发资金参股设立创业投资基金试点工作的通知	2009 年	国家发展改革委、财政部
关于实施高新科技企业所得税优惠有关问题的通知	2009 年	国家税务总局
关于印发《民口科技重大专项资金管理暂行办法》的通知	2009 年	财政部、科技部、国家发展改革委
关于印发《国家技术创新工程总体实施方案》的通知	2009 年	科技部、财政部、教育部
关于进一步加强技术创新工作的通知	2009 年	工信部
关于加快国家高技术产业基地发展的指导意见	2009 年	国家发展改革委
关于印发《重大技术装备自主创新指导目录》的通知	2009 年	工信部、科技部、财政部、国资委
科学技术部办公厅关于选择一批产业技术创新联盟开展试点工作的通知	2009 年	科技部
关于印发《关于推动产业创新技术联盟构建与发展的实施办法（试行）》的通知	2009 年	科技部

续表

政策名称	发文时间	发文机构
战略性新兴产业总体政策		
关于促进中小企业公共服务平台建设的指导意见	2010年	工信部、国家发展改革委、科技部
关于印发《民口科技重大专项管理工作经费管理暂行办法》的通知	2010年	财政部
关于印发促进科技和金融界试点实施方案的通知	2010年	科技部、中国人民银行、中国银监会、中国证券业监督管理委员会（简称中国证监会）、中国保监会
国家中长期人才发展规划纲要(2010—2020年)	2010年	国务院
国务院关于加快培育和发展战略性新兴产业的决定	2010年	国务院
关于战略性新兴产业相关专业申报和审批工作的通知	2010年	教育部
关于印发《国家科技重大专项知识产权管理暂行规定》的通知	2010年	科技部、国家发展改革委、财政部、国家知识产权局
关于贯彻落实全国知识产权保护与执法工作会议精神进一步加强科技创新知识产权工作的通知	2010年	科技部
促进战略性新兴产业国际化发展指导意见	2011年	商务部、国家发展改革委
“十二五”产业技术创新规划	2011年	工信部
“十二五”国家战略性新兴产业发展规划	2012年	国务院
关于加强中央预算单位政府采购管理有关事项的通知	2012年	国务院
节能环保产业		
电子信息产品污染控制管理办法	2006年	信息产业部、国家发展改革委、商务部、海关总署、国家工商总局、国家质检总局、国家环境保护总局
关于印发《城市污水再生利用技术政策》的通知	2006年	建设部、科技部
国家高技术研究发展计划（“863”计划）资源环境技术领域项目申请指南	2006年	国家“863”计划资源环境技术领域办公室
关于发布《全国民用建筑工程设计技术措施——节能专篇》的通知	2006年	建设部
电子废物污染环境防治管理办法	2007年	国家环境保护总局
中华人民共和国节约能源法（2007年修订版）	2007年	全国人民代表大会
国务院批转《节能减排统计监测及考核实施方案和办法》	2007年	国务院
关于改进和加强节能环保领域金融服务工作的指导意见	2007年	中国人民银行
关于贯彻落实海洋节能减排综合性工作方案若干意见的通知	2007年	国家海洋局
关于印发《节能减排全民行动实施方案》的通知	2007年	国家发展改革委、中共中央宣传部、教育部

续表

政策名称	发文时间	发文机构
节能环保产业		
关于印发《可再生能源与新能源国际科技合作计划》的通知	2007年	科技部、国家发展改革委
关于印发《国家环境保护“十一五”规划》的通知	2007年	国务院
关于进一步加强节能减排工作的通知	2007年	国家测绘局办公室
关于印发《节能技术改造财政奖励资金挂历暂行办法》的通知	2007年	财政部、国家发展改革委
公路水路交通实施《中华人民共和国节约能源法》的办法	2008年	交通运输部
民用建筑节能条例	2008年	国务院
公共机构节能条例	2008年	国务院
关于贯彻实施《中华人民共和国节约能源法》的通知	2008年	国家发展改革委、科技部、工信部
关于印发《循环经济标准化试点工作指导意见》的通知	2008年	国家标准管理委员会
关于印发《淮河、海河、辽河、巢湖、滇池、黄河中上游等重点流域水污染防治规划（2006—2010年）》的通知	2008年	环保部、国家发展改革委、水利部、住房和城乡建设部
关于印发《公路、水路交通节能中长期规划纲要》的通知	2008年	交通运输部
关于印发《民航业节能减排规划》的通知	2008年	民航局、国家发展改革委
关于印发《民用建筑节能信息公示办法》的通知	2008年	住房和城乡建设部
关于外商投资节能环保统计工作的通知	2009年	商务部、环保部
高耗能特种设备节能监督管理办法	2009年	国家质量监督检验检疫总局
关于印发资源节约型、环境友好型、公路水路交通发展政策的通知	2009年	交通运输部
关于印发半导体照明节能产业发展的通知	2009年	国家发展改革委、科技部、工信部
关于公布环境保护节能节水项目企业所得税优惠目录的通知	2009年	国家税务总局
关于开展“节能产品惠民工程”的通知	2009年	财政部、国家发展改革委
关于发布《固体矿体资源技术政策要点》的通知	2009年	科技部、国家发展改革委、国土资源部、国家能源局
关于发布《国家环境保护技术评价与示范管理办法》的通知	2009年	环保部
中国资源综合利用技术政策大纲	2010年	国家发展改革委、科技部、工信部、国土资源部、住房和城乡建设
“节能产品惠民工程”高效电机推广实施细则	2010年	财政部、国家发展改革委
关于环境保护节能节水、安全生产等专用设备投资抵免企业所得税有关问题的通知	2010年	国家税务总局

续表

政策名称	发文时间	发文机构
节能环保产业		
关于促进节能服务产业发展增值税、营业税和企业所得税政策问题的通知	2010 年	财政部、国家税务总局
关于进一步做好税收促进节能减排工作的通知	2010 年	国家税务总局
关于调整大型环保即资源综合利用设备等重大技术装备进口税收政策的通知	2010 年	国家税务总局
关于支持循环经济发展的投融资政策措施意见	2010 年	国家发展改革委、中国人民银行、中国银监会、中国证监会
能源计量监督管理办法	2010 年	国家质量监督检验检疫总局
关于支持循环经济发展的投融资政策措施意见	2010 年	国家发展改革委、中国人民银行、中国银监会、中国证监会
国家重点节能技术推广目录	2011 年	国家发展改革委
关于组织推荐重点节能技术的通知	2011 年	国家发展改革委
交通运输节能减排专项资金管理暂行办法	2011 年	财政部
节能技术改造财政奖励资金管理办法	2011 年	财政部
夏热冬冷地区既有居住建筑节能改造补助资金管理暂行办法	2011 年	财政部
关于开展钢铁化工有色建材等重点用能行业节能标准培训工作的通知	2011 年	工信部
关于调整和完善资源综合利用产品及劳务增值税政策的通知	2011 年	财政部、国家发展改革委
“十二五”资源综合利用指导意见	2011 年	国家发展改革委
建材工业“十二五”发展规划	2011 年	工信部
交通运输“十二五”发展规划	2011 年	交通运输部
关于调整公布第九期节能产品政府采购清单的通知	2011 年	财政部
关于调整公布第十期节能产品政府采购清单的通知	2011 年	财政部
固体废品进口管理办法	2011 年	环保部、商务部、国家发展改革委、海关总署、国家质量监督检验检疫总局
循环经济发展专项自己支持残餐厨弃物资源化利用和无害处理试点城市建设实施方案	2011 年	国家发展改革委
关于建立工业节能减排信息监测系统的通知	2011 年	工信部
关于加强外商投资节能环保统计工作的通知	2012 年	工信部
节能产品惠民工程监管信息实施方案	2012 年	工信部
关于调整公布第十一期节能产品政府采购清单的通知	2012 年	财政部
环保装备“十二五”发展规划	2012 年	工信部
工业“十二五”节能规划	2012 年	工信部
“节能产品惠民工程”高效节能家用热水器推广实施细则	2012 年	财政部、国家发展改革委、工信部

续表

政策名称	发文时间	发文机构
节能环保产业		
“节能产品惠民工程”高效节能电动洗衣机推广实施细则	2012年	财政部、国家发展改革委、工信部
“节能产品惠民工程”高效节能家用电冰箱推广实施细则	2012年	财政部、国家发展改革委、工信部
“节能产品惠民工程”高效节能房间空气调节器推广实施细则	2012年	财政部、国家发展改革委、工信部
“节能产品惠民工程”节能汽车（1.6升及以下乘用车）推广实施细则	2012年	财政部、国家发展改革委、工信部
“节能产品惠民工程”高效节能平板电视推广实施细则	2012年	财政部、国家发展改革委、工信部
绿色制造科技发展“十二五”专项规划	2012年	科技部
废物资源化科技工程十二五专项规划	2012年	科技部、国家发展改革委、工信部、环保部、住房和城乡建设部、商务部、中国科学院
新一代信息技术产业		
关于印发《信息专业技术人才知识更新工程（“653工程”）实施办法》的通知	2006年	人事部、信息产业部
关于印发《2006—2020年国家信息化发展战略》的通知	2006年	中共中央办公厅、国务院办公厅
关于印发《我国信息产业拥有自主知识产权的关键技术和重要产品目录》的通知	2007年	科技部
关于嵌入式软件增值税政策的通知	2008年	财政部
关于软件产品增值税政策的通知	2008年	国家税务总局
关于组织开展信息化试点工作的通知	2008年	国家发展改革委
通信网络安全防护管理办法	2010年	工信部
关于做好工业通信信息化“十二五”规划工作的意见	2010年	工信部
关于推进光纤宽带网络建设的意见	2010年	工信部、国家发展改革委、科技部、财政部
关于做好云计算服务创新发展试点示范工作的通知	2010年	国家发展改革委、工信部
物联网发展专项资金管理暂行办法	2011年	工信部
关于做好2011年物联网专项资金项目申报工作的通知	2011年	工信部
进一步鼓励软件产业和集成电路产业发展的若干政策	2011年	国务院
规范互联网信息服务市场秩序若干规定	2011年	工信部
物联网“十二五”发展规划	2011年	工信部
关于高新技术企业境外所得适用税率及税收抵免问题的通知	2011年	国家税务总局

续表

政策名称	发文时间	发文机构
新一代信息技术产业		
关于退换集成电路企业采购设备增值税期末留抵税额的通知	2011年	国家税务总局
关于印发三网融合第二阶段试点地区（城市）名单的通知	2011年	国务院
当前优先发展的高技术产业化重点领域指南	2011年	工信部
关于组织“新一代宽带无线移动通信网”国家科技重大专项2013年度课题申报的通知	2012年	工信部
关于进一步鼓励软件产业和集成电路产业发展企业所得税政策的通知	2012年	国家税务总局
关于进一步扶持新型显示器产业发展有关税收优惠政策的通知	2012年	财政部、海关总署
关于印发下一代互联网“十二五”发展建设的意见	2012年	国家发展改革委
新型显示科技发展“十二五”专项规划	2012年	科技部
关于深入开展2012年通信建设领域突出问题专项治理工作的通知	2012年	工信部
关于组织实施2012年下一代互联网技术研发、产业化和规模商用专项的通知	2012年	国家发展改革委
生物产业		
关于印发《农业标准化实施示范项目资金管理暂行办法》的通知	2006年	农业部
关于发展生物能源和生物化工财税扶持政策的实施意见	2006年	财政部、国家发展改革委、农业部、国家税务总局、国家林业局
关于印发《农业部实施农业科技成果转化资金项目管理暂行规定》的通知	2006年	农业部
国家高技术研究发展计划（“863”计划）生物和医药技术领域项目申请指南	2006年	国家“863”计划生物和医药技术领域办公室
国家高技术研究发展计划（“863”计划）现代农业技术领域项目申请指南	2006年	国家“863”计划现代农业技术领域办公室
关于印发《中医药国际科技合作规划纲要》的通知	2006年	科技部、卫生部、国家中医药管理局
农业转基因生物加工审批办法	2006年	农业部
关于组织申报生物基材料高技术产业化专项的通知	2007年	国家发展改革委
主要农作物品种审定办法	2007年	农业部
关于印发《中医药创新发展规划纲要（2006—2020年）》的通知	2007年	科技部、卫生部、国家中医药管理局
关于转发发展改革委生物产业发展“十一五”规划的通知	2007年	国务院
关于印发《农业生物质能产业发展规划（2007—2015年）》的通知	2007年	农业部
关于印发《共同推动我国生物产业融资工作意见》的通知	2007年	国家发展改革委、国家开发银行

续表

政策名称	发文时间	发文机构
生物产业		
关于组织申报生物基材料高技术产业化专项通知	2007 年	国家发展改革委办公厅
关于组织申报国家生物产业基地公共服务条件建设专项的通知	2007 年	国家发展改革委
关于组织实施现代化中药高科技产业发展专项通知	2009 年	国家发展改革委、国家中医药管理局
关于印发促进生物产业加快发展的若干政策的通知	2009 年	国务院办公厅
关于组织实施现代化中药高科技产业发展专项的通知	2009 年	国家发展改革委、国家中医药管理局
关于扶持和促进中医药事业的若干意见	2009 年	国务院
促进生物产业加快发展若干政策	2009 年	国务院
关于降低头孢曲松等部分药品最高零售价的通知	2010 年	国家发展改革委
关于进一步加强种子价格和质量监管确保农业生产用种需要的紧急通知	2011 年	国家发展改革委
关于调整部分生物类和循环系统类药品最高零售价格的通知	2011 年	国家发展改革委
生物技术“十二五”发展规划	2011 年	科技部
医药科技发展“十二五”规划	2011 年	科技部
关于做好 2011 年财政支持现代农业生产发展工作的通知	2011 年	财政部
生物产业发展“十二五”规划	2011 年	国家发展改革委
医学科技发展“十二五”规划	2011 年	科技部、卫生部、国家食品药品监督管理局、国家中医药管理局、教育部、人口计生委、中国科学院、中国工程院、国家自然科学基金委员会、中国人民解放军总后勤部
生物技术“十二五”发展专项规划	2011 年	科技部
药品差价比规则	2011 年	国家发展改革委
关于促进种业改革发展的指导意见	2011 年	国务院
关于组织实施生物育种能力建设与产业化专项的通知	2012 年	国家发展改革委
关于调整消化类等药品价格及有关问题的通知	2012 年	国家发展改革委
医药工业“十二五”发展规划	2012 年	国家食品药物监督管理局
关于加强药品出厂价格调查和监测工作的通知	2012 年	国家发展改革委
关于药品经营企业销售生物制品有关增值税问题的公告	2012 年	国家税务总局
高端装备制造产业		
关于加快振兴装备制造业的若干意见	2006 年	国务院
城市轨道交通通信工程质量验收规范	2006 年	建设部
关于促进卫星应用产业发展的若干意见的通知	2007 年	国家发展改革委、国防科工委

续表

政策名称	发文时间	发文机构
高端装备制造产业		
关于落实国务院加快振兴装备制造业的若干意见有关进口税收政策的通知	2007 年	财政部、国家发展改革委、海关总署、国家税务总局
城市轨道交通工程项目建设标准	2008 年	建设部、国家发展改革委
关于调整重大技术装备进口税收政策的通知	2009 年	财政部、国家发展改革委、工信部、海关总署、国家税务总局、国家能源局
海关总署关于城市轨道交通项目进口设备即零部件担保放行的通知	2009 年	海关总署
城市轨道交通工程安全质量管理暂行办法	2010 年	住房和城乡建设部
装备制造人才队伍建设中长期规划（2010—2020 年）	2011 年	工信部
海洋工程装备产业创新发展战略（2011—2020）	2011 年	国家发展改革委、科技部、工信部、国家能源局
智能制造装备产业“十二五”发展规划	2012 年	工信部
海洋工程装备制造业中长期发展规划	2012 年	工信部
“数控一代”装备创新工程行动计划	2012 年	工信部
智能制造装备发展专项 2012 年实施指南	2012 年	工信部、国家发展改革委、财政部
高端装备制造产业“十二五”发展规划	2012 年	工信部
智能制造科技发展“十二五”专项规划	2012 年	科技部
高速列车科技发展“十二五”专项规划	2012 年	科技部
服务机器人科技发展“十二五”专项规划	2012 年	科技部
新能源产业		
可再生能源发电有关管理规定	2006 年	国家发展改革委
能源发展“十一五”规划	2007 年	国家发展改革委
国家核电中长期发展规划	2007 年	国家发展改革委
压水堆核电厂标准体系建设“十一五”规划	2007 年	国防科工委
关于印发可再生能源发展“十一五”规划的通知	2008 年	国家发展改革委
关于进一步加强生物质发电项目环境影响评价公共管理工作的通知	2008 年	环保部、国家发展改革委、国家能源局
金太阳示范工程财政补助资金管理暂行办法	2009 年	财政部、科技部、国家能源局
关于实施金太阳示范工程的通知	2009 年	财政部、科技部、国家能源局
关于印发《太阳能光电建筑应用财政补贴资金管理暂行办法》的通知	2009 年	财政部
全国农村沼气建设工程规划	2009 年	农业部
关于加快推进太阳能光电建筑应用的实施意见	2009 年	财政部、住房和城乡建设部
关于再生资源增值税退税若干问题的通知	2009 年	财政部、国家税务总局
关于以农林剩余物为原料的综合利用产品增值税政策的通知	2009 年	国家税务总局
关于以蔗渣为原料生产综合利用产品增值税政策的补充通知	2010 年	国家税务总局

续表

政策名称	发文时间	发文机构
新能源产业		
关于对利用废弃物的动植物油生产纯生物柴油免征消费税的通知	2010年	国家税务总局
全国生物质能产业发展规划	2010年	农业部
关于印发《合同能源管理项目财政奖励资金暂行办法》的通知	2010年	财政部、国家发展改革委
关于完善农林生物质发电价格政策的通知	2010年	国家发展改革委
关于完善太阳能光伏发电上网电价政策的通知	2011年	国家发展改革委
关于加强太阳能光电建筑应用示范后续工作管理的通知	2011年	国务院
可再生能源发展基金征收使用管理暂行办法	2011年	财政部
关于发展生物能源和生物化工财税扶持政策的实施意见	2011年	财政部
可再生能源电价附加补助资金管理暂行办法	2012年	财政部
可再生能源电价补贴和配额交易方案的通知	2012年	国家发展改革委
风电功率预报与电网协调运行实施细则	2012年	国家能源局
太阳能发电科技发展“十二五”专项规划	2012年	科技部
风力发电科技发展“十二五”专项规划	2012年	科技部
智能电网重大科技产业化工程“十二五”专项规划	2012年	科技部
太阳能光伏产业“十二五”发展规划	2012年	工信部
可再生能源“十二五”规划方案	2012年	国家能源局
新材料产业		
关于建设宁波等7个新材料产业国家高技术产业基地的通知	2008年	国家发展改革委
关于《扶持新型显示器件产业发展有关进口税收优惠政策》的通知	2009年	财政部
“十二五”墙体材料革新指导意见	2011年	国家发展改革委
新材料“十二五”发展重点产品目录	2012年	工信部
半导体科技发展“十二五”专项规划	2012年	科技部
新材料产业“十二五”发展规划	2012年	工信部
半导体照明材料科技发展“十二五”专项规划	2012年	科技部
新能源汽车产业		
新能源汽车生产准入管理规则	2007年	国家发展改革委
关于开展节能与新能源汽车推广试点工作的通知	2009年	财政部、科技部
节能与新能源汽车财政支持办法	2009年	财政部
节能与新能源汽车示范推广财政补助资金管理暂行办法	2009年	财政部、科技部
私人购买新能源汽车试点财政补助资金管理暂行办法	2010年	财政部、科技部、工信部、国家发展改革委

续表

政策名称	发文时间	发文机构
新能源汽车产业		
关于扩大公共服务领域节能与新能源汽车示范推广有关工作的通知	2010 年	财政部、科技部、工信部、国家发展改革委
关于调节节能汽车推广补贴政策的通知	2011 年	财政部、国发展改革委、工信部
关于节约能源使用新能源车辆减免车船税的车型目录（第一批）的公告	2012 年	国家税务总局
关于节约能源使用新能源车船（车船税）政策的通知	2012 年	国家税务总局
节能与新能源汽车产业发展规划（2012—2020年）	2012 年	国务院
纯电动乘用车技术条件	2012 年	工信部

资料来源：根据清华大学公共管理学院政府文献信息系统、国务院及各部委的官方网站、《中国科技政策要目概览（1949—2010）》等收集整理

第 32 章

培育和发展战略性新兴产业的政策取向

王刚波　周　源　梁　正　李应博

【内容提要】本章在前述章节的基础上，重点讨论了培育和发展战略性新兴产业的政策取向，指出今后要重点处理和协调好五大关系：把握新兴产业发展规律，处理好企业主体与产业生态的关系；遵循市场经济运行规律，处理好市场主导与政府调控的关系；提高政策制定的科学性，处理好政策创新与打破体制性障碍的关系；引导各方形成发展合力，处理好全国布局与区域特色的关系；统筹两种资源两个市场，处理好自主创新与开放发展的关系。

培育和发展战略性新兴产业是一项关乎国家长期发展战略的重大宏观决策，其主要目的不仅在于缓解当前经济下行压力，还在于培养支撑未来发展的持续动力。发展战略性新兴产业是转变经济发展方式、加快产业转型升级的重要途径，是营造未来新发展空间的必然要求。只有加快培育发展知识技术密集、物质资源消耗少、成长潜力大、综合效益好的战略性新兴产业，才有利于充分发挥科技引领作用，在更高起点上形成新的经济增长点，提高经济增长质量和效益，真正走上经济社会创新驱动发展之路。在推进战略性新兴产业培育和发展的过程中，必须把握新兴产业的发展规律，客观评价当前取得的进展，冷静思考发展中的问题。

32.1 把握新兴产业发展规律，处理好企业主体与产业生态的关系

新兴产业主要包括三类：其一是新技术商业化应用形成的产业，如新一代信息技术产业、生物制造工程等；其二是满足公众对自然环境、生活娱乐、健康保健等高层次新需求的产业，如环保产业、生物医药产业、现代服务业等；其三是由于资源环境条件的变化，运用新技术改造传统产业后形成的新产业，如新能源产业等。新兴产业的特点可归结为：第一，大多属于知识密集型产业，不同产业技术交叉融合密切，知识扩散和溢出效应明显；第二，产业发展迅速，产业界限模糊，主导产业技术和商业模式往往变化很快；第三，一些产业外部性很强，很多社会收益和成本很难反映出来。

与传统产业有所不同，新兴产业的发轫主要有两种路径，一种是源于基础研究和前沿技术的突破（如信息技术产业、生物技术产业），另一种是源于要素条件或需求偏好的变化（如节能环保产业），而在多数情况下，这两者之间又是相互交叉与作用的（如新能源产业）。

对于第一种产业，技术突破往往由研究型大学、科研机构或科技型中小企业作出，并且往往产生于跨学科交叉融合的新领域。从供给的角度看，新技术产业化不仅缺乏成熟的产业链，如原材料、零部件、工艺设备供应商，还缺乏相关配套设施与服务，如工程化平台、中试基地、检验检测机构等。从需求的角度看，由于此类产业是“从无到有”的，缺乏可资借鉴的商业模式，客户对新产品、新技术的认知度、接受度和信任度较低，从而导致有效需求不足。

对处于发展初期的新兴产业，这种供给和需求上的“双不足”普遍存在，极易导致产业发展陷入“恶性循环”，即生产规模不足导致产品成本高昂、市场需求受到抑制；而需求规模不足导致盈利预期受限制，又使得企业难以融资来投入工艺和生产创新，实现规模效应，降低产品成本。要突破这一困境，除了政府通过相关政策（如政府采购、价格补贴）激发有效需求之外，还应着眼于构建依托产业链的创新联盟，如与高校、科研机构开展联合研发、共建技术平台，与上下游厂商建立技术合作或产业联盟，通过合作、并购与重组的方式迅速壮大产业规模，以及通过“合纵连横”来探索新的商业模式，变“单打独斗”为“抱团发展”，从而有效克服新兴产业在发展初期的规模困境。

对于第二种产业，由于往往涉及新产品、新技术对原有产品、工艺或流程的更新，必将受到原有生产模式的阻滞，所以其发展阻力比起第一种产业甚至更大。而要消除这种阻滞，政府可以通过公共政策的干预发挥积极的作用。一是要给出明确的政策信号，如设定强制性节能减排目标，制定可再生能源发电收购价格，实施可再生能源发电配额制，对节能产品予以价格补贴等，以实现公共利益目标，引导产业发展走向。二是要放松管制，特别是消除不合理的体制机制障碍，为新兴产业的

发展开拓市场空间。对我国当前而言，大力推行“三网融合”，深化电力体制改革，完善药品注册审批、价格管理、招标采购、医保制度、安全评估机制，建立新能源汽车准入制度等均属放松管制的举措。三是维护公平竞争的市场秩序，构建良性发展的产业生态。新兴产业的发展打破了既有产业界限，带来了新的监管问题，如数字出版领域的版权保护、互联网信息安全、伦理问题与生态安全问题等，这些问题正在日益成为社会关注与争论的焦点，亟须深入研究并进行制度规范。政策取向不仅要调整和解除新兴技术产业化面临的不合理束缚，释放市场竞争主体的发展动力与活力，还要加强监管，消除以新形式、新载体出现的不正当竞争与垄断行为。

1）构建新兴产业健康发展的市场环境和产业生态，必须以企业创新能力的提升为出发点和落脚点

企业是国家技术创新体系的主体。一国的产业发展水平与技术创新能力，最终要体现在企业提供的产品创新和服务创新上。改革开放三十多年来，我国科技实力大幅提升，研发能力不断增强，涌现出了一批国际领先的高技术企业。在某些领域中，我国与发达国家处在同一起跑线上，在全球产业竞争中有可能占领制高点和领先地位。然而总体而言，我国仍然存在着自主创新能力有限、核心技术掌握不足等问题。如在高端装备、生物医药、集成电路、节能环保等诸多领域，仍然以跟随模仿、渐进创新为主，关键技术、装备及零部件依赖进口，整体处于产业价值链低端，与国外领先水平差距明显。我国不应仅满足于跟随先进国家技术路线，以渐进性创新为主，而应该将目光放长远，支持关键性、原始性技术的研发和创新。

核心技术的缺乏使得我国诸多新兴产业的发展仍然延续传统产业的发展模式，处于产业链低端，受宏观政策和经济环境的影响较为严重。多数企业仍然依靠相对低廉的劳动力价格和资源成本来获取竞争优势，迅速扩大产能，抢占市场。在新一轮产业发展过程中，创新主要体现在遵循先进国家技术发展路线的工艺创新和过程创新上；然而，研发投入偏低、实力不足、核心技术受制于人，导致产品附加值较低。

事实上，发展战略性新兴产业的目的在于推进产业结构升级，加快经济发展方式转变，构建国际竞争的新优势。如果还走传统产业发展的老路，继续采用引进技术，从加工制造环节入手，以大规模投资的方式发展新兴产业，通过价格竞争抢占市场份额，而忽视技术能力的长期培育，产业的发展将偏离本来目的。短期来看，以制造起家，通过技术引进和成本优势进行市场运作，迅速提高份额的企业能够快速获得经济回报。但从长远来看，以创新起家，致力于开发市场导向源头性技术的企业会有更大发展空间，受经济环境波动的影响也较小。这些企业一旦抓住战略发展机遇，就能够表现出较强的后劲。从根本上看，判断战略性新兴产业取得成效的标志，在于是否培育和成长出一大批掌握核心技术并有国际竞争优势的企业。政策工具必须以提升企业创新能力为出发点和落脚点，应当培育和扶持掌握核心技术的科技型企业，促使企业将重心从短期行为转移到长期的技术研发中，促使技术、资金、人才等创新要素向企业聚集，促使投入研发、提升创新能力成为企业获取竞争优势的重要途径。

2）构建新兴产业健康发展的市场环境和产业生态，必须着力推进大中小企业的协同创新

科技型中小企业是新兴技术最重要的来源，在新兴产业发展中扮演了重要角色。随着知识密集型新产业和新部门的兴起，全球范围内的产业技术研发出现了垂直分化的趋势，专长于产业价值链特定环节的科技型中小企业在技术创新中的重要性愈加突出。在新兴部门的技术创新中，中小企业比大企业更具优势；它们专注于特定领域，灵活性高，技术开发更为高效，资源调配能够更好地回应市场需求。事实上，战略性新兴产业的一些核心关键技术，如超高速无线网核心技术、手机电视、大容量锂电池、首台商业化插电式电动车、OLED 和干细胞医疗技术等均出自科技型中小企业。我国发展战略性新兴产业不仅要支持龙头企业和重点项目，而且还要加强对中小企业的扶持力度。应进一步加强对中小企业，尤其是初创企业的保护和扶持，着力解决中小企业在获得资金、政策方面的困难，为其发展创造公平、宽松的环境，促进中小企业成为产业发展的生力军。

相较中小企业而言，大型企业在整合和配置资源上具有优势，能够更好地解决复杂管理和控制问题，有能力集中力量突破制约产业发展的关键核心技术，在产业发展中的作用不可替代。华为公司在经历最初的模仿、引进阶段后，通过高额的研发投入在核心领域不断积攒关键技术和知识产权，成功地从技术追赶者蜕变为领跑者。很多大型国有企业因为自身在政策、资金、人才、技术基础等方面具有得天独厚的优势，在航天航空、智能装备等领域取得了引人注目的突破。沈阳机床集团自2003 年起组建了核心技术研发团队，每年投入两亿元巨资，最终在数控系统研究上取得了突破，在国际金融危机导致产业低迷的情况下逆势而上，成为成长最为迅速的机床企业。此外，大型企业在市场开拓上具有组织优势，能够为技术创新的大规模应用提供更好的机会。

构建良性的产业生态系统，应当更多地采用普适性政策去规避和消除对中小企业的歧视性做法，对所有企业一视同仁；促进大企业与中小企业的相互竞争与合作，实现优势互补，共同推动创新；帮助企业更好地利用高校、科研院所的技术储备与创新资源，发展由企业主导、科研院所和高校共同参与的产业技术创新联盟；利用好大型企业的资源和能力，攻克制约产业发展的共性、关键性技术，为产业发展奠定坚实的基础。

3）构建新兴产业健康发展的市场环境和产业生态，必须大力推动产业链的整体升级和创新

长期以来，对产业链创新的忽视阻碍了产业的协调发展。例如，我国风电长期规划中一直强调装机容量目标，忽视并网发电量目标，同时缺少配套电力输送体系建设规划，发电与输电不匹配造成产业规模和发电能力之间的不匹配问题；新能源

汽车的配套基础设施规划不够系统，充电站等基础设施布局欠合理，建设审批周期长，各主管部门协调困难，阻碍了新能源汽车市场需求的有效增长。类似产业链延伸政策的缺位使得链上各环节发展不均衡，从而抑制产业发展。

未来政策必须重视产业链各环节的平衡发展，处理好上游技术研发与下游加工制造的协同。在产业链建设方面，要积极探索新型组织形式，形成上下游相互关联的市场化利益机制和联盟，使得技术创新的风险分担、技术溢出的产权界定、供需渠道和质量的稳定性问题都能得到适当解决。未来政策必须围绕经济社会发展重大需求，找准具有战略特质的重点方向和产业高端环节，从着眼于技术的“点突破”转变为推动产业链整体创新，统筹技术开发、工程化、标准制定、市场应用等环节，组织实施《规划》提出的重大产业创新发展工程，集中力量突破一批支撑战略性新兴产业发展的关键核心技术，占领产业技术制高点。同时，要发挥好高端装备制造、新材料、新一代信息技术对其他新兴产业的支撑作用，促进产业融合，形成协同效应。例如，将高端装备制造与风电生产装备、太阳能光伏发电生产装备、高性能集成电路生产装备等其他战略性新兴产业的装备需求结合起来，不仅有较大可能实现装备制造业的跨越式发展，而且能够降低相关产业的生产成本，加快市场应用。

4）构建新兴产业健康发展的市场环境和产业生态，不仅要重视产业技术创新，还要高度重视商业模式创新

战略性新兴产业知识技术密集，创新驱动发展，必须提升技术创新能力，重视商业模式创新。提升技术创新能力、完善产业创新体系是新兴产业发展的重要基础。新兴产业具有知识高度密集、技术快速演进的特征。提升技术创新能力是把握新兴产业发展主动权的关键。技术创新能力既包括核心技术研发能力，也包括产品开发和设计能力，还包括工艺开发和工程化实施能力。在发展战略性新兴产业上，应特别注重从基础研究、人才培养等方面夯实产业发展的基础，构建产学研互动机制，打造全球领先的创新基础设施，提升企业的技术创新能力。完善的产业创新体系是发展新兴产业的重要支撑。基础研究、技术开发、融资环境、创新基础设施、规制政策框架等创新体系上任何一个环节的欠缺，都会成为相关产业发展的“短板”。

商业模式是产业形成的必要条件，发展战略性新兴产业需要建立适合的商业模式。战略性新兴产业着眼于构建国际竞争新优势、掌握发展主动权。这意味着战略性新兴产业的产品必须面向全球，满足不同国度、不同生活习惯的消费者的需要，这不仅需要新产品，还要为消费者提供新形式、新内容的服务方式，这也就是商业模式创新的开始。战略性新兴产业的技术路线尚未确定，各种技术路线之间、新技术与替代性技术之间存在着激烈的竞争，不断上升的研发成本以及不断缩短的产品生命周期意味着即使再先进的技术也需要以商业化获得满意的经济回报。战略性新兴产业以重大技术突破和重大发展需求为基础，技术创新特别是颠覆性的技术创新必然会引起商业模式相对彻底的创新，带来已有产业、企业商业模式的重构。商业

模式的建立与创新也有利于加快形成战略性新兴产业的产业体系，改变原有产业的产业形态，甚至产生新的产业。因此，必须高度重视商业模式创新。

32.2　遵循市场经济运行规律，处理好市场主导与政府调控的关系

东亚经济特别是中国经济的高速发展，不仅使人们认识到政府在构建市场体系、促进市场机制形成方面的能动与积极作用，而且使人们发现政府完全可以借助市场竞争机制更好地发挥其职能。今天的政府与市场关系，更多时候可以是相互促进，而不仅仅是相互替代或补充，这一点在战略性新兴产业领域体现得尤为明显。

1）培育和发展战略性新兴产业，需要政府表明坚定的国家意志和释放明确的政策信号

当前战略性新兴产业的发展尚处于起步阶段，由于技术路线未定，市场需求不明确，创新风险往往较高，出现产品规模和市场需求双双不足的困境，存在着领军企业少、企业规模小、核心技术支撑不足、产业发展有点无链等问题，涉及创新能力、体制机制、环境服务、金融支撑、政策激励等综合性因素，没有政府的强力引导和支持，就很难实现预定目标。战略性新兴产业在起步阶段更加需要政府推动和政策扶持。可以说，政府在培育和发展战略性新兴产业中扮演着基础技术提供者、环境创造者、基础设施提供者、出口推动者和低成本融资者等多个角色。

发展战略性新兴产业具有长期性、战略性，政府必须给予持续支持。面临未来资源、能源、环境的压力，培育和发展战略性新兴产业是一项关乎国家长期发展战略的重大宏观决策，其主要目的是着眼于我国未来10年、20年的产业结构调整和发展方式转变，培养支撑经济长期增长的持续动力。从产业的自身发展来看，战略性新兴产业与一般的高技术产业有所不同，许多重点领域在世界范围内都还处于产业化的初期阶段，真正达到新兴产业的规模化发展还需要较长的时间。新兴产业在发展初期，特别需要政府表明坚定的发展态度，明确长期的发展目标，建立稳定的政策预期，给予持续的有力支持。只有持续稳定地将政策聚焦在重点领域，才能真正出成效。因此，政府必须给予相对长时间的坚定支持，提出明确的发展目标和评价标准，既不能“患得患失”，也不能“朝令夕改”。

2）培育和发展战略性新兴产业，政府的着力点在于解决市场失灵

正是由于在发展初期具有技术路线不确定和市场需求不明确的双重特征，战略性新兴产业对某类技术或产业方向的选择性支持，存在着“锁定”风险。因而，在产业发展早期，政府应尽量避免进行具体技术、产品或标准的选择，而应更多地从技术性能和指标上提出要求，同时将更多精力放到设定竞争规则、调节价格信号、

培育市场需求上，以激发市场检验技术方案和商业模式的潜力。

总的来看，政府对新兴产业伸出“干预之手”是应当的，但这种干预更多地应是倾斜性，而非选择性的。政府的干预并不是对市场竞争的排斥，而是更多地从公共利益和长远利益角度出发，解决市场本身所固有的“逐利”和“短视”两个弊端，弥补市场失灵，修正价格信号，开创市场空间，从而最终使在经济上可行的技术方案和商业模式在市场竞争中脱颖而出。

政府应通过政策激励和有意识的引导，解决市场失灵问题。具体的政策措施包括：其一，鼓励产学研合作、鼓励企业建立技术联盟、完善行业协会，帮助企业构建新兴产业创新链和产业链；其二，资助大学、科研机构的基础研究，鼓励技术转移和商业化，建立共性技术研发平台，以实验、检测、认证等方式为企业提供公共服务；其三，大力完善新兴产业发展所需的外部市场条件，如风险投资、创业辅导、融资上市、信用担保、人才雇佣、技术交易、知识产权等；其四，充分发挥市场机制的作用，更多利用“公私合作”（如引导基金）的方式，将社会资金与要素调动起来，服务于新兴产业发展和经济发展方式转型。

3）培育和发展战略性新兴产业，政策必须适度干预，不能抑制市场机制的内在活力和基础性作用

与传统产业相比，战略性新兴产业知识技术密集，发展需要大量持续的资金投入。当前，新兴产业领域企业发展的融资难问题非常突出。现行的融资体系仍以商业银行为主体，风险投资发展尚需引导，产权交易体系也有待完善，能够提供的融资服务相对单一，难以为处于产业发展初期的企业尤其是中小型科技企业提供必要的融资服务。而战略性新兴产业的又一特点是其产业发展处于早期，在技术路径、市场规模、经济效益等方面都有巨大的不确定性，这也就意味着巨大的风险。发展战略性新兴产业必须尊重市场发展的一般性规律，强调市场机制对于配置资源的基础性作用。要鼓励、支持民营科技企业和中小科技企业的发展，发挥科技型企业家和金融风险资本投资主体在新产品研发以及商业化过程中的作用，激活各类市场主体创新的活力，发挥市场机制在战略性新兴产业先期培育中的技术筛选与选择作用。

战略性新兴产业的发展绝不是单纯的政府主导还是市场主导问题，而是如何让政府更好地干预和监管以及如何让市场更加公平有效地发挥资源配置的基础性作用的问题。政府要把注意力放在构建长期产业竞争力方面，包括营造公平有效的市场环境，尊重企业家精神，尊重企业的自主分散决策，提供高质量的人力资源和产业要素，打造良好的人文社会生活环境等。政策工具应聚焦于促使财政资金使用、产业组织方式、要素投入、产业发展方向、技术路线选择在市场机制下发挥作用，调动企业创新的积极性，整合各种创新资源，形成发展合力，从而形成政府“看得见的手”与市场“看不见的手”的协同。

32.3 提高政策制定的科学性，处理好政策创新与打破体制性障碍的关系

战略性新兴产业以重大技术突破为基础，其技术创新与产业发展快于制度的变化；战略性新兴产业不同于传统产业，不断出现一些新情况新变化，孕育着各种新型的产业组织模式。这些特点迫切需要转变发展模式，突破体制机制障碍。然而，现行的行政监管体制大多是基于传统产业组织方式和发展规律而形成的，无法涵盖和适应战略性新兴产业的新特点、新诉求，从而在客观上制约了新兴产业的发展。培育发展战略性新兴产业，必须提高政策制定的科学性，处理好政策创新与打破体制性障碍的关系。

1）深化体制机制改革，积极探索产业发展新模式

改革开放三十多年，我国从技术追赶发展阶段走过来，产业发展环境和管理体制还比较适合既有的、成熟的产业，对于那些对既有生产方式、生活方式可能产生重大改变的"新兴产业"，则带有某种排斥性。如区域篇提及的三网融合困境、手机电视搁置、分布式能源上网难、新能源汽车领域新的进入者被挡在门外等问题，都是因为遇到了难以逾越的体制性障碍。为支持战略性新兴产业发展，政府出台了《决定》、《规划》，还有一系列政策，但这些大都是在既有体制和政策基础上的"添加"，而对于原有体制和政策中那些不适应的部分却未进行清理和改变。实践证明，政策性调整不足以克服体制性障碍。

当前，战略性新兴产业的发展还面临着诸多体制机制的制约，这既有原有的计划经济体制和政策弊端积累的效应，也有新情况、新变化给现有的管理体制机制带来的挑战。因此，培育和发展战略性新兴产业必须坚持把体制机制创新作为重要的支撑，必须深化相关体制机制改革，积极探索适合市场经济和中国国情的产业发展新模式。

事实上，当前企业和地方相关部门反映的问题主要集中在"老办法管新事物"上。在市场准入方面，企业反映民间资本一直以来难以进入诸如电信、广播、电视等业务领域，一些在电动汽车领域表现出很强的创新活力的民营企业因受传统汽车目录管理体制的限制，出现了"可外销但不能国内使用"的尴尬局面。在垄断性行业领域，如电网、互联网领域行业壁垒成为一些新兴企业发展不可逾越的障碍。在旧规章不适应新产业发展方面，生物医药产业领域、医药创制领域"婆婆多"、环节多、门槛高、投资高、审批周期长、自主创新产品定价低。此外，云计算领域的企业 ISP 牌照发放、电子商务领域的现行工商登记制度和发票制度等，都难以为新兴产业发展创造更为适宜的外部环境。老办法或没办法管理新事物，将会在一定程度上抑制企业创新发展的热情、主动性和积极性，同时也可能导致发展机遇的丧失。

为此，建议加快推进体制机制创新，一方面要督促中央有关部门加快推进重点领域和关键环节的体制机制改革，着力消除历史形成的行业性垄断和部门分割对发

展战略性新兴产业带来的约束和限制，及时解决一些新兴产业发展面临的管理体制问题；另一方面要鼓励示范区、主导功能区等先行先试。特别是要改变传统的市场主体准入管理模式，消除或明或暗的所有制歧视，减少企业规模等经济性管制要求，鼓励不同所有制企业和不同规模企业进入战略性新兴产业，对国内民营企业和中小企业在产品的政府采购和市场准入方面提供和落实更为优惠的区域性政策，营造公平进入、公平竞争的市场环境。

2）针对产业特性与发展阶段的不同，运用不同的政策工具

对于技术发展尚不成熟的产业，政策重点仍应聚焦于研发支持，特别是正外部性强、开发成本高、商业风险大、单个企业无力或不愿承担的产业共性技术研发之上。例如，各国政府均对电动汽车商业化至关重要的电池技术研发予以大力支持，并通过构建共性技术研发平台、产业联盟等方式具体实施，我国也不例外。对于社会效益明显，但由于外部性存在导致市场需求不足的产业，如节能环保、新能源等，则应主要通过财政补贴、税收激励、政府采购、示范工程等多种手段来启动市场需求、扩大市场规模、加速产业发展。在信息技术、生物技术、高端装备制造业等市场机制能够正常发挥作用的产业中，则应主要通过放松规制、建立基础设施、完善知识产权保护等方式建立良好的竞争环境，更大地释放产业自身发展的活力。

新兴产业往往跨越了既有的产业和市场边界，甚至创造出一个全新的市场空间，从而对传统市场、既得利益和既有规制体系形成冲击。在这种情况下，政府不但不应予以阻碍，反而应当通过规制重整与创新，塑造出全新的产业竞争空间。例如，美国政府给予下一代无线网络更宽的频段，提出建立为期 12 个月的快速专利审批流程；英国政府放开干细胞研究禁令，打破通信和媒体监管框架，简化临床试验监管程序，降低医疗服务市场准入；以及我国政府积极推进“三网融合”等举措，对相关产业的发展均有非常积极的意义。

3）更加重视需求型创新政策的制定与实施，通过培育和引导市场推动新兴产业发展

创新活动由创新的供给方和需求方交互、反馈作用而形成。一个成功的创新产品的开发与问世，往往激活了消费者的潜在需求，引导着市场消费的方向，开辟了一个全新的市场。用户需求通过市场信号引导供给方的创新和生产活动，为创新提供了源泉和趋向，从而促进资源的优化配置和有效使用。许多国家都认识到，创新面临的主要挑战不是缺乏知识和技术，而是很难将创新推向市场。因而，英国、芬兰、日本等一些发达国家明确规定，加强需求侧创新政策的研究和应用。

从供求角度，创新政策可分为供给型创新政策和需求型创新政策。前者通过对创新的供给方的激励来促进创新，后者则通过对创新的需求方的激励来促进创新。供给型创新政策与需求型创新政策在产业技术发展的不同阶段应各有侧重并配合使用。在技术研发前期，应当以供给侧政策为主，鼓励加大研发投入；在不同技术路径相互竞争的产业技术发展中期，应配合使用两种政策，发挥协同作用，检验市场

对于技术的接受度；随着主导设计逐渐出现，到技术创新发展后期，已进入市场充分竞争阶段，需求侧政策应考虑退出，转而关注下一个产业技术创新创意的产生和发展。实行需求型创新政策，可以有效提升对创新产品的需求，有利于消除创新供给方对于市场需求的不确定感，减少其财务压力，从而刺激创新活动。但需要注意的是，应用需求侧政策的前提是创新产品的有效供给。

需求型创新政策的目的在于刺激市场的出现或重构新的市场，营造有利于创新的市场环境，加速实现创新扩散。其主要政策工具包括三类：第一类通过挖掘公共需求为新技术新产品提供初始市场，如以创新型产品和服务为导向的政府采购、以技术研发采购为主的商业化前采购等；第二类从推动私人需求角度提升用户对创新产品和服务的认识，如对终端用户的直接补贴、区别定价、税收减免以及间接进行消费者宣传和引导等；第三类通过制定标准、法规等塑造有利于创新扩散的框架条件。

需求型创新政策对战略性新兴产业具有特殊意义，原因在于战略性新兴产业的外部性突出、需求侧瓶颈制约大。例如，节能环保、新能源、新能源汽车等新兴产业在减少化石能源消耗、保护环境和应对气候变化等方面有很强的社会效益和环境效益。把社会效益转化为产业发展的动力，需要通过市场培育、扩大应用，才能有效促进供给方规模发展，进而降低成本，提高经济效益。同时，需求型创新政策具有明确的应用导向，从而引导供给方的创新活动和生产活动，有利于促进技术与经济的紧密结合。

我国在引入和实施需求型创新激励政策方面作了很多有益尝试，不仅考虑到更多的研发投入，也考虑了创新导向的政府采购、消费补贴、首台套等政策的应用与实施。但是需要清醒地认识到，我国需求型政策尚处在起步阶段，总体上还不均衡、不系统、不衔接，与发达国家差距明显，发挥的作用尚不足以满足战略性新兴产业发展的实践需求。因此，我国需要改变以往“重供给、轻需求”的政策倾向，更加重视需求型创新政策的制定与实施，通过培育和引导市场推动新兴产业发展。

32.4　引导各方形成发展合力，处理好全国统筹布局与区域特色发展的关系

从当前情况来看，地方政府发展战略性新兴产业的热情非常高。在新一轮发展机遇面前，各地都在“抢先发展、先行先试”，积极在本地区布局不同类型的战略性新兴产业，掀起了新一轮的地方投资热潮。但同时也出现了部分产业遍地开花、重复建设等问题。究其原因，主要是有些地区不计条件、不计基础，只是以拉动投资、创造 GDP 为目的，盲目跟风、一哄而上地投资战略性新兴产业，以发展传统产业的老思路应对战略性新兴产业。固然，依靠短期内动员资金、土地和研发的大量资源投入是我国得以迅速推进工业化过程的主要动力和成功经验之一，但必须警惕的是，

这些传统产业发展模式有可能放大新兴产业的发展风险。

传统上，地方政府在促进产业发展时，比较重视生产规模和投资规模，容易忽视市场信号、经营风险和核心技术储备。由于战略性新兴产业的市场前景并不像传统制造业那样明确，因此容易导致各地投资过热、产业同质，产生市场饱和、过度竞争、资源浪费等现象。如果照此继续下去，在未来的产业竞争中，我们依然无法摆脱处在产业链中低端的困境。

各地对培育和发展战略性新兴产业非常重视，但政府主导的增长方式延续到新兴产业所带来的一个结果是企业失去了主体地位，与地方政府捆绑得越来越紧，其技术方向和投资决策不是跟踪市场，而是追随政府。例如，一些地方由政府确定本地的“新兴产业”，制订 GDP“倍增计划”，确定重点项目，选择依托企业，甚至政府组织融资，企业进入这一体系，就可以获得优惠政策和政府资助，还可以被冠以“创新型企业”。挖掘近期光伏产业困境的深层原因，可见一斑。政策支持作用不应产生企业“吃偏饭”和地方保护、市场分割的后果。

目前产业政策工具（如研发抵扣等）集中于中央政府，地方政府推动产业发展的政策工具较为单一。当前出现了地方在某些产业领域的盲目攀比和盲目竞争等问题，这在一定程度上影响了战略性新兴产业的发展。从目前各省市出台的战略性新兴产业规划来看，部分地区对战略性新兴产业存在一定的认识偏差。相对于国家层面的选择标准而言，地方政府一般倾向于适度扩大战略性新兴产业的范围，有的产业发展规划把传统的高新技术产业也纳入了战略性新兴产业的范围。这种“宽口径”选择的目的在于争取更多的优惠政策，并确保未来 5 ～ 10 年产业规模发展目标的实现，但是却有违国家发展战略性新兴产业的初衷。

加快培育和发展战略性新兴产业能否真正出成效，关键在于是否能充分发挥中央、地方、企业在产业培育发展中的积极作用，形成发展合力。中央政府应在产业整体战略规划、产业情报宏观预警、基础研究储备、平台技术研发等领域发挥重要作用。中央政府应集中精力进行系统的顶层设计，进一步明确国家层面的战略性新兴产业的战略定位，明确各个战略性新兴产业的发展重点、技术发展路径以及基本政策取向；通过科技管理制度、激励性政策措施和市场环境建设等产业政策机制，在产业的不同发展阶段相应地搭配使用财税、金融及贸易等政策工具；解决战略性新兴产业发展中的知识产权障碍，推动具有自主知识产权的国内标准成为国际标准；针对战略性新兴产业创建统一的经济市场，打破战略性新兴产业中的行业性垄断、限制性标准和约束性规制，充分发挥国有企业和民营企业各自的优势，营造公平竞争的市场环境。

地方政府则应根据当地实际情况，侧重于具有自身优势的战略性新兴产业的发展，进行科学细致规划，并侧重于产业发展的具体实施，因地制宜地选择适合当地资源和市场比较优势的战略性新兴产业；注重研究和制定地方产业发展政策，全面系统地协调本地各产业间的有序发展，在强化产业链延伸的基础上促进产业间的联系，促进产业创新生态的形成，助力企业的集群发展；通过选择重点领域和重点工程予以扶持，开展战略性新兴产业发展的示范应用；帮助进入战略性新兴产业的企业扩大优化企业规模、控制成本，提高研发创新能力，并逐步引导同行业的企业形成有效的产业集聚。

1）增强对培育和发展战略性新兴产业迫切性的认识，切实将《决定》提出的各项政策要求和《规划》落到实处

尽管当前各地对培育和发展战略性新兴产业达成了共识，也采取了一系列积极有效的措施进行引导发展，但对战略性新兴产业能否发挥积极作用的看法并不完全一致。例如，一些人认为，培育和发展战略性新兴产业解决不了当前的经济增长问题，战略性新兴产业是由中央关注的长远和战略问题，他们在实际工作中并未将培育和发展战略性新兴产业工作放到“调结构、转方式”的突出位置来抓，或将其等同一般产业、科技项目来推动，尽管落实了资金，但并未按照新兴产业发展的要求对相关配套设施和配套政策作出统筹安排。对待战略性新兴产业发展的态度，将决定一个地区发展战略性新兴产业和产业结构调整的结果。

为此，建议大力组织与战略性新兴产业相关的专题培训，特别是要在各级政府机构培训中，将对大中型城市一把手的培训计划纳入国家行政学院、中共中央组织部的培训计划中，切实增强将《决定》、《规划》落到实处的领导意识。同时，要加大媒体宣传力度，引导政府部门和社会公众充分认识发展战略性新兴产业的重大战略意义和客观必然性，深刻认识其艰巨性和长期性，增添“半途而废”的忧患意识，避免陷入发展老路。

2）推动政府和企业形成合力，着力打造高端新兴产业集群

尽管各地重视产业集群效应，但许多集群发展缺乏起辐射带动作用的龙头企业，大量空间上集中的中小企业尚未构成共生互助、协调发展的局面，产业链发展上下游脱节，专业分工协作所带来的产业效应还未得到体现。集群发展的多数领域缺乏核心关键技术，缺乏先进的创新设施和高素质研究团队支撑，缺乏产业共性技术服务能力，缺乏国家创新平台与区域产业发展的有机衔接，技术空心化导致集群发展的泛化和同质化。同时，在一些地县级城市有急于求成、大干快上、盲目跟风、一哄而上的倾向，也有以发展传统产业的老思路应对战略性新兴产业，打着战略性新兴产业的旗号做表面文章等现象，这些都增加了战略性新兴产业发展的风险。

政府和企业要形成合力，共同推进《规划》提出的重大任务的落实，加速形成具有重要引领作用和竞争优势的发展制高点，共同推进区域新兴产业集群和产业基地的发展，形成支撑区域经济发展的高端产业集群。为此，建议国家要以实现《决定》和《规划》提出的目标为基础，加快建立统计制度，加快定期发布宏观综合信息，加强引导，避免企业盲目投资和发展。同时，要加大财政专项资金的安排力度，集中资源，形成合力，加快组织实施《规划》提出的20个重大创新发展工程，扶持潜力企业整合产业链，提高骨干企业的集成创新能力，形成规模发展能力，抢占未来竞争的制高点。要建立国家互动发展基金，引导地方资金和金融资金形成发展合

力，形成国家与重点区域、金融机构协调互动发展的机制，打造一批战略性新兴产业集聚发展创新区，引导相关区域战略性新兴产业协同、差别化、集聚发展，优化新兴产业发展布局，强化以企业为主的创新支撑平台和人才团队的建设，在最有基础、最有条件的领域突破产业链的核心环节和关键技术，增强未来主动、持续发展的能力，引领未来发展。

3）建立健全战略性新兴产业的政策实施体系，加强地方政府对产业政策的执行力

中央政府应加强对地方战略性新兴产业发展的激励机制与约束机制。战略性新兴产业的发展需要地方政府的大量前期投入，但市场回报却不能即时兑现。因此，中央政府应以“政治激励”与“经济激励”两只手共同推动地方政府对产业政策的执行，促进地方政府官员采取积极主动的实质行动策略，真实执行中央政府的产业政策。同时，要实现各地错位发展战略性新兴产业，中央政府应该制定较为严格的技术标准，严格遴选鼓励性政策的下发，给予地方和产业领域以明确的信号，避免地方政府各自为政。

地方政府必须充分认识到，发展战略性新兴产业是本地区的长期性、全局性的战略举措，而非短期、临时性的措施。选择战略性新兴产业，要立足于本地区的比较优势和可持续发展，要对本地区经济社会发展起到重要的支撑作用，要引领本地区未来发展的方向，避免产业发展雷同、盲目重复建设、产能过剩等一系列问题。同时，地方政府在确定发展目标时，一方面应根据本地区的历史发展速度，参照中央政府提出的发展目标，横向比较其他省份的发展规划，提出合理的总量目标；另一方面还应重视产业发展的质量，提出一些质量指标，如单位产值能耗、产业增加值率、研发强度等。

32.5　统筹两种资源两个市场，处理好自主创新与开放发展的关系

培育发展战略性新兴产业，我国必须坚持自主创新，加强原始创新、集成创新和引进消化吸收再创新，必须充分利用全球创新资源，加强国际交流合作，探索国际合作发展新模式，走开放式创新和国际化发展道路。

1）坚持自主创新与对外开放相结合，为战略性新兴产业发展集聚全球创新资源

当今世界正处于大发展、大变革、大调整时期，世界多极化、经济全球化深入发展。在新兴产业的发展上，出于应对共同挑战，各国有合作的动力和可能。由于发展起点相对接近，又存在着相互竞争关系，在部分领域，如信息技术、生物技术产业的发展上，市场培育和产业发展环境（主要是规制体系）的塑造是关键。而在经济全球化日益深入和要素流动成本大幅下降的今天，基于分布式创新要素有效整合的集成创新，已成为新兴产业发展的主要模式。从而，一个国家可以借助自己的

市场资源和体制环境优势，吸引和集聚相关产业发展所需的全部要素，充分利用开放带来的便利。例如，中国和印度已成为当前全球最大的研发投资“净进口国”，而这些研发投资绝大部分集中在信息通信技术和医药领域。在另外一些领域，如新能源、新材料、高端装备制造等产业的发展上，核心关键技术是竞争优势的主要来源，也是整合其他相关要素的前提。当前，国家之间的战略高技术竞争的直接性、国际性和快速化愈来愈明显，商业化的技术转让受到严格控制，因此在高端技术领域只有通过自主研发才能实现根本突破。总的来看，各国在发展新兴产业的过程中都坚持了“利用国内国际两个市场、国际国内两种资源”的战略，一方面汇聚全球创新要素，另一方面培育内生技术能力，通过把握创新的关键环节、培育有国际竞争力的本土创新主体来推动新兴技术引入和产业化发展。

2）重视国际科技、经贸的游戏规则，为战略性新兴产业发展营造有利国际空间

伴随国际竞争加剧，目前全球范围内新兴产业领域的贸易争端不断升温，在以“双反”为代表的传统贸易保护主义抬头的同时，以碳关税、环境健康和社会责任标准、知识产权、信息安全为体现的新型贸易壁垒影响日益扩大。

从政策角度来看，一方面，我们应有策略地进行应对，充分利用 WTO 的规则空间和例外条款制定实施相关政策，如研发补贴、政府采购、中小企业扶持等；另一方面，在战略性新兴产业的发展上，应更大力度地推行“引起来”、“走出去”相结合战略。对外商投资企业“一视同仁”，鼓励其进入战略性新兴产业，在华设立研发机构，与本土企业、大学、科研机构联合承担国家科技计划项目。

与此同时，综合运用出口信贷、信用担保、融资保荐、税收减免、放宽外汇使用额度、下放投资审批权限等手段，鼓励包括民营企业在内的国内企业对外投资、兼并收购、境外上市、发行债券；在境外设立研发中心、与国外大学和科研机构开展研发合作；注册商标，申请专利，购买技术许可，参与产业联盟。努力形成战略性新兴产业“你中有我”、“我中有你”的局面，借此化解贸易壁垒和争端。在某些我国具有潜在技术或市场优势的领域，如下一代互联网、第四代移动通信技术、智能电网、电动汽车、物联网等领域，以企业为主体积极参与国际标准制定。在应对气候变化、环境保护、卫生健康、劳动安全、企业社会责任等全球议题治理中，充分利用我国作为重要利益相关者的地位，参与相关国际治理规则的制定，为我国经济社会转型与战略性新兴产业发展创造有利的国际空间。

致　　谢

本报告部分章节是在2012年上半年赴各地开展战略性新兴产业专题调研的基础上撰写的。在此，向为专题调研提供大力支持的北京、上海、江苏、浙江、湖北、安徽、广东等有关省市政府部门和企事业单位表示衷心的感谢；向共同参与调研及相关座谈的财政部经济建设司李方旺副司长，国务院研究室工交贸易司张泰副司长，国务院发展研究中心产业经济部冯飞部长、王忠宏研究员，中国国际工程咨询有限公司规划部郭建斌主任、任远处长、车璐经济师，中国科学院战略研究中心赵兰香执行副主任、周城雄副研究员，财政部财政科学研究所韩凤芹研究员，中国社会科学院数量经济与技术经济研究所蔡跃洲副研究员，国家发展改革委宏观经济研究院产业经济研究所曾智泽副研究员表示衷心的感谢，他们在调研过程及后续讨论中贡献了智慧。

感谢中国工程科技发展战略研究院的丁孟宇、曹锦如、李艳杰、吴波、梁静波、孙立、杨榕、吴淑豪、邓雪娇等同志，感谢清华大学公共管理学院博士研究生徐磊、史可、蒋凌飞等同志，他们参与了前期的预研工作，搜集了大量资料，承担了组织联络工作，确保本报告撰写工作顺利进行。感谢科学出版社的大力支持，尤其感谢编辑马跃先生和徐榕榕女士，是他们辛勤、细心、负责的工作确保本报告能如期与读者见面。

除了上述名字，诸多机构和个人在本报告编写过程中组织的各类实地调研、座谈会、研讨会和工作会中分享了宝贵经验和独到见解。对于所有对本报告给予贡献与支持的机构和个人，一并致以诚挚的谢意！

编委会

2012年12月

中国战略性新兴产业网简介

中国战略性新兴产业网（www.seicn.cn）由中国工程科技发展战略研究院承担建设，于2013年1月正式上线。该网站是以“权威、高端、准确、翔实”为建设原则，以“学术智库信息平台”为建设理念，以丰富的信息资源和强大的专家团队为建设支撑的公益性信息数据平台。

中国战略性新兴产业网全面深入地跟进国内外战略性新兴产业的发展动态，从政策、市场、技术、学术等视角进行战略性新兴产业的多维度信息集聚，构建基于采集、组织、利用、分析等数据服务模块的信息整合平台，为我国战略性新兴产业的发展提供及时准确的信息支撑。网站由以下主要信息模块组成：①政策法规，政策法规信息整合及跟踪研究；②技术前沿，前沿技术动态及发展趋势分析；③领域要闻，产业领域要闻及成果信息整合；④高端视点，权威官方观点及专家视角报道；⑤项目公告，政府产业扶持项目的信息通告；⑥研究报告，国内外智库前沿研究成果交流；⑦企业资讯，重点领军企业的发展动态追踪。

中国战略性新兴产业网首页如下：